客 家 方 言

汉语方言接触视角下的
四川客家方言研究

兰玉英　蓝鹰　曾为志　左福光　魏宇文　闵卫东◎著

中国社会科学出版社

图书在版编目（CIP）数据

汉语方言接触视角下的四川客家方言研究／兰玉英
等著. —北京：中国社会科学出版社，2015.9
ISBN 978-7-5161-4606-4

Ⅰ. ①汉…　Ⅱ. ①兰…　Ⅲ. ①客家话-方言研究-四
川省　Ⅳ. ①H176

中国版本图书馆 CIP 数据核字（2014）第 171631 号

出 版 人	赵剑英
责任编辑	任　明
责任校对	冯　玮
责任印制	何　艳

出　　　版	中国社会科学出版社
社　　　址	北京鼓楼西大街甲 158 号
邮　　　编	100720
网　　　址	http://www.csspw.cn
发 行 部	010-84083685
门 市 部	010-84029450
经　　　销	新华书店及其他书店

印刷装订	北京市兴怀印刷厂
版　　　次	2015 年 9 月第 1 版
印　　　次	2015 年 9 月第 1 次印刷

开　　　本	710×1000　1/16
印　　　张	34.5
插　　　页	2
字　　　数	608 千字
定　　　价	98.00 元

凡购买中国社会科学出版社图书，如有质量问题请与本社营销中心联系调换
电话：010-84083683

序

　　回想我第一次读董同龢先生的《华阳凉水井客家话记音》，即被该书及其中的四川客家话语音语言材料深深地打动，它让我初步了解到四川的客家话是别具特色的。当时自己就萌生了到四川调查四川客家方言的冲动。

　　1985 年秋，应四川大学梁德曼老师的邀请，到四川成都调查客家方言。当时找不到凉水井，但了解到市郊龙潭寺也有讲"广东话"（即客家话）的。于是每日乘第一班早班车与末班车往返于成都市区与龙潭寺之间，由于时间紧迫，只调查了龙潭寺客家话的语音及部分词语。这段经历颇为可贵，开阔了视野，加深了对客家方言特点及演变的认识。当时我找了两个发音人，一位为女性，41 岁，另一位是 72 岁的老先生。女发音人对自己家族的迁徙来历不太清楚，而那位老先生对自己的先辈是如何从广东来四川的，介绍得非常详细，并特意把自家珍藏的族谱从阁楼拿下来展示给我看。老先生还说，他一定会让他的孙辈们牢牢记住先辈是怎样从广东来到四川落户的；并且要告诉他们，一定要记住"宁卖祖宗田，不卖祖宗言"的祖训。通过调查，发现两个发音人所讲的客家方言，在语音方面稍有不同：老先生的发音，声母分尖团，女发音人不分尖团；有些字音，如"尺"的尾音，女发音人在喉塞音前带儿化，但老先生只有喉塞音，不带儿化。由此可以看出，他们虽同在一个村，但语音的演变是有所不同的。调查词汇时，问及各个节令吃的糕点，都离不开"粑粑"，唯有过年时吃的年糕与闽粤一带的客家方言的叫法是一样的，叫"甜粄"。"粄"在闽粤一带客家方言中指大米磨成粉后制成的食品，但在四川的客家方言中已逐渐为"粑粑"所替代。

　　近年来，研究四川客家话的工作有了很大的进展，兰玉英的《洛带客家方言研究》和《泰兴客家方言研究》对洛带、泰兴的客家方言进行了全方位的描述。最近，兰玉英、蓝鹰、曾为志、左福光、魏宇文、闵卫东又推出了60 万字的新作《汉语方言接触视角下的四川客家方言研究》，详细记录了四川境内各地客家方言的来源、分布及演变特点，因而让我们对四川客家方言有一个比较系统的认识，了解 300 年前从广东一带迁徙到四川的客家人，他们所讲的客家方言在今天有什么样的变化。本书内容丰富，分类细致合理，资料翔实，可以想见作者们确实是下了不少功夫的。

读此书，觉得以下几点是值得称许的：

第一，把四川客家方言放在四川境内的西南官话互相影响或融通的地域背景中，全面描述了四川客家方言当今的面貌与传承、演变的情况。

第二，选取四川客家方言的不同分布点进行深入调查，详细记录其音系、词汇、语法特点，并与古音作比较，使人们对当前的四川客家方言有比较全面、具体的认识。

第三，四川客家人多来自广东，本书研究了四川客家方言与广东客家方言的异同，并从语音、词汇、语法等方面做了较深入的分析，清楚地展示了四川客家方言的演变。举个语音方面的例子，古全浊声母字今逢塞音、塞擦音，不论平仄，多读送气清音，这是客家方言最突出的语音特点。四川客家方言在这方面有些许不同。古全浊声母字，今逢塞音、塞擦音，平声字仍多读送气清音，而仄声字有好些今读不送气清音（如成都_{洛带}"电 tien⁵³|助 tsu⁵³"），这与四川官话的特点相似，说明四川客家方言有许多古全浊声母字在今音的演变趋同四川官话。

第四，三百年前许多四川客家人是从广东来到四川的，虽当今的四川客家方言仍保留了许多广东客家方言的特点，但在与四川当地人交流、表达思想感情时，不可避免地受四川官话的深刻影响，四川官话的语音、词汇、语法都不同程度地渗透到当地的客家方言，使四川客家方言具有浓烈的官话特色。举例说，名词重叠式是四川官话的显著构词特点，如今的四川客家方言也具备此特点，如："粑粑_{疤痕；补丁}，钵钵_{钵子}，竿竿_{竹竿}，壳壳_壳，巾巾_{布条}"等。这一点与闽、粤、赣一带的客家话有显著不同。本书在这些方面作了细致、广泛的对比描述和分析研究，给人以不少新的启示。

1985 年，我调查龙潭寺客家话时，了解到当地客家人的孩子从小在家必须说客家方言，但上学以后，在学校说西南官话，回到家才说客家方言。当地人告诉笔者，一些家庭由于婚配的关系，父母当中若有一方不是客家人，不会说客家方言，那么孩子也不一定会说客家方言。现在时隔 30 年，情况有了很大的变化。根据本书作者的深入调查，了解到目前四川客家方言仅存于客家方言岛，在四川省来说，客家方言是弱势方言，由于经济的发展和人口流动的日益频繁，四川客家地区急剧变化的社会生活，现存的四川各客家方言岛处于逐渐萎缩的状态，大量的非客家人涌入客家方言岛，说客家方言的人日渐减少，这一切，都使我们看到四川客家方言的危机。换句话说，四川客家方言在四川已处于濒危状态，在某些地区，正被官话取代。从这个角度来说，本书的作者花了这么大的精力对当前的四川客家方言进行调查、研究，确实是一件功德无量的事。可以想见，再过若干年，四川的客家方言定有新的变化，到那时，今天所记录的四川客家方言，将对于我们研究客家方言、研究各地濒危方言具有重要意义，对研究语言的演变有重大意义。

本书还对董同龢先生的《华阳凉水井客家话记音》的语料进行语法分析，并与广东五华客家方言进行比较，全面探讨四川客家方言在语法方面的特点和演变情况。这项工作同样挺有意义，也是我们过去没有认真做过的。如果本书能把一些活生生的短篇语料用国际音标准确记录下来，那么，对今后进一步研究四川客家方言和更深刻地了解四川客家方言的演变轨迹，一定会更有帮助。

最后，作为客家方言研究工作者和读者，我在这里谨向本书的作者们表示由衷的敬意！

黄雪贞

2014 年 8 月于北京甜水园

目　录

第一章　导论

　　《三国演义》开篇说道："天下大势，分久必合，合久必分。"人类社会的历史就是分分合合，人类社会的分分合合导致了人类语言的分分合合。分，便有了语言的分化；合，即产生语言的接触与融合。当然，这是笼而统之的说法，即或没有"合"，人类社会的交往，也会造成语言的接触。

　　尽管人类分合的历史久矣，但是从语言接触的角度来研究语言的历史并不长。一般认为，作为一门科学的接触语言学的产生，可以追溯到 20 世纪 50 年代，以 1953 年出版的瓦茵莱赫的专著《语言接触》作为标志，它为接触语言学奠定了理论基础。直到 1979 年 6 月，"接触语言学"的术语在比利时首都布鲁塞尔举行的第一次国际语言接触和语言冲突大会上才正式提出。[①] 其后，人们才慢慢地接受了把接触语言学从社会语言学中分离出来的现实。

　　从语言接触来审视不同语言的相互影响、冲突、变异、融合、衰变与消亡，无疑给语言研究提供了一个新的视角。

第一节　语言接触与语言接触研究

一　语言接触是一种普遍现象

　　语言接触的本质是文化接触。不同文化之间的交流是不同文化的人交往的结果，而人的交往便不可避免地要产生语言的接触。一部人类的历史，也可以说是一部人类文化交流的历史，是人类语言接触的历史。

　　美国语言学家爱德华·萨丕尔说："语言，象文化一样，很少是自给自足的。交际的需要使说一种语言的人和说邻近语言的或文化上占优势的语言的人发生直接或间接接触。交际可以是友好的或敌对的。可以在平凡的事务和交易关系的平面上进行，也可以是精神价值——艺术、科学、宗教——的借贷

---

　　① 张兴权：《接触语言学》，商务印书馆 2012 年版，第 78 页。

或交换。"①

人类在世界的各个角落行走，也就把文化带到了各地，其结果势必产生语言的相互影响。就是在原始社会，在那个我们认为封闭、隔绝，"鸡犬之声相闻，老死不相往来"的时代，交往也不可阻挡地进行着。萨丕尔认为，原始部落的人们"和说别的方言甚至说完全无关的语言的陌生部落通婚不是罕见的事"。因为对于原始部落的人们来说，他们之间的"文化交换"也许比我们今天具有更重要的意义。②

人类社会活动的诸多动因推动着文化的交流，使得文化接触的形式异常丰富，贸易、迁徙、传教、游牧、殖民、战争、灾害等均可导致不同国家、不同民族、不同地域、不同阶层之间的接触。

生存和交换的需要使贸易无疑成为推动人类文化交流最普遍的形式之一。《易·系辞下》："昔神农氏时，日中为市，致天下之民，聚天下之货，交易而返，各得其所。"商贸活动使得"天下之民"从四面八方来到一起，可以想见"交易"必须借助语言才能进行。这是远古时期的文化交流与语言接触。如果说神农氏时还仅仅是神话传说，那么，到黄帝的时候，"商旅很发达了，各地游商很多，'道不拾遗，市不预贾，城郭不关，邑无盗贼，旅之人相让以财'"③（《淮南子·览冥训》）。到了夏禹时代，商贸活动的范围更是扩大到了九州内外。汉代逐渐形成的丝绸之路，向西达大月氏、安息、大食（今伊朗），再向西达条支（今伊拉克）、犁轩（今地中海东岸），向西南至今天的巴基斯坦、印度。

几乎相同的情况出现在古埃及。虽然上古时期的埃及"对外贸易"具有"随贡互市"的性质，互市的物品大多进入上流社会为少数权贵们享用，对埃及社会内部的自然经济甚至具有毁损作用，但是，"商品交换必然会影响到文化交流，外来的腓尼基人、希腊人将埃及文化吸收并传播，使相对落后的区域得以汲取埃及的精神营养，并结合自己的祖传酿出新的精神文化。外来的文化又刺激了埃及文化，使它更丰富多彩。"不独埃及，在两河流域、地中海、欧罗巴以及非洲大陆，无论是聚敛型还是发散型，无论是区域内还是跨区域，贸易活动都像弥漫的空气一般在广泛地进行着。④很难想象语言不会随着人们的流动而去到世界各地，正像我们今天所看到的那样，在凡是有旅游和商贸

---

① 爱德华·萨丕尔：《语言论》，商务印书馆 1986 年版，第 173 页。

② 爱德华·萨丕尔：《语言论》，商务印书馆 1986 年版，第 173 页。

③ 王晓明：《世界贸易史：一个普通中国人的诠释》，中国人民大学出版社 2009 年版，第 24 页。

④ 王晓明：《世界贸易史：一个普通中国人的诠释》，中国人民大学出版社 2009 年版，第 94 页。

交易的地方和场合，语言接触是如此奇异、多彩地存在。其重要的表现之一是文化借此"随同商品一起，从一个语言到另一个语言"。①

　　文化的交流和语言的接触并不总是以友好的形式出现的，正如美国语言学家布龙菲尔德在谈到言语形式的借用时所说："这种情况大多是征服的结果，较少见的则起于和平迁徙的方式。"②

　　战争和殖民是文化交流的特殊形式，这种残酷、血腥形式的影响同样可以通过语言的接触得到表现。征服者往往会把自己的语言强加给被征服的民族，把语言这种符号表征作为胜利的旗帜高高举起。拉丁语原本是意大利中部拉提姆地区的方言，在成为罗马帝国的官方语言之后，便随着罗马帝国的铁蹄遍布帝国的疆域之内。例如，高卢人就是在被罗马人征服之后改用了拉丁语的，直到今天还可以在法语中找到高卢语的底层。不列颠岛曾经遭受过多批外族的入侵，于是有"罗马人带来的拉丁语、盎格鲁-撒克逊人引进的古英语、海盗时代输入的北欧语，还有诺曼底法语"，这些外族语言给英国各地的地名烙上了化石般的痕迹。③日本在占领中国东北的期间，"除了强迫中国学生必须学好日语外，唱歌、图画和手工等课程也尽量采用日本内容和日本风格，算术课的某些例题也都明显地透露出日本气息，连中国学生的名字都要改为日本名字"。④这一时期，中国的东北出现了一种语言接触的特殊形式——协和语，很多老人都还有协和语泛滥的记忆。瑞士语言学家索绪尔推论："我们能否至少承认，一种语言本来属于一个种族，如果它为他族人民所使用，那是由于征服而强加给他们的？"⑤

　　有学者统计，在人类漫长的历史上，在从公元前3200年到公元1964年这5000多年的时间里，世界只有329年没有战争。⑥人们由于征战或躲避战乱而迁徙，同时把语言也带到了他们所及之处。当然，战争给语言接触留下的印迹也不都是征服者的标记，有时会有另外的结果。1066年诺曼底人在征服者威廉的统率下成功地入侵英格兰，此后150年间英国宫廷的贵族们操着法语。而其后的百年英法战争却促使英语成为不列颠土著的民族语言。"14世纪中期起议会的讨论便使用英语了，用英语讨论的第一次书面记录始于1362

---

① 布龙菲尔德：《语言论》，商务印书馆1930年版，第565页。

② 布龙菲尔德：《语言论》，商务印书馆1930年版，第568页。

③ 杨卫东、戴卫平：《英国地名的历史文化涵义》，《开封大学学报》，2008年第1期。

④ 杨春宇：《东北亚语言发展与辽宁文化战略对策》，《理论界》，2010年第2期。

⑤ 索绪尔：《普通语言学教程》，商务印书馆1980年版，第310页。

⑥ 陈中原、李续明：《古今战争知多少》，《建筑工人》，1999年第9期。

年。到 14 世纪 70 年代，坎特伯雷宗教会议也常常用英语主持，……到了亨利五世时，他甚至不鼓励在政府和知识界使用法语。"①英国的君主有意识地促使英语成为民族语言，以区别于法国人。即便是那场深刻而深远地影响东西方世界的十字军东征，尽管方式野蛮而残忍，但仍不能不说是东西方世界的第一次大的文化交往与碰撞，其结果是在相当程度上对文化交流的促进。十字军战士出征前被告知，他们将踏上前往圣墓之路，并将其从东方恶魔的手中夺回来。然而他们在中东大地上却看到的是富足的生活、彬彬有礼的气质和优雅的服饰。于是，即便杀戮、掠夺等暴行也无法阻止他们中的一些人开始"学习阿拉伯人的语言，模仿他们的生活礼仪，着阿拉伯人的服装。用一位阿拉伯头人的话来说：'在法兰克人中，我们发现有些来到东方后，已与我们穆斯林社会打成一片，经过文化洗礼，远比那些刚来者要有教养得多'"。②文化的接触给语言接触造成的结果是令人难以置信的，"我们几乎可以承认，古代在地中海沿岸一带，单一语言的国家是绝无仅有的"。③

今天，战争、贸易这些形式依然存在，但人类有了更文明的方式来实现文化的交流，旅游、移民、考察、婚姻、留学、就业、各种形式的合作等都在促进不同文化的互动，尤其是社会经济和科学技术的加速发展，使得人类在世界范围的流动变得前所未有的频繁，语言的接触也呈现空前的繁荣。

广义的语言接触并不限于不同国家、不同民族之间人们的交往，它就在我们身边无时无刻地发生着。因为"每一个言语社团都向它的邻区学习"。"往往成群成批的人步调一致，采纳或爱好或嫌弃一种言语形式。在同年龄，同职业，或邻近聚居的一伙人里面，一种言语风尚辗转传递，互相学习。"④由于社会流动，持某种语言或方言的社会成员来到另一个言语社团工作、学习、生活，或组成家庭，便会出现双语、双方言（甚至多语、多方言）的接触现象。例如，在今天的大学里，这种情况比比皆是。一个以藏语、彝语或羌语为母语的少数民族学生，不仅要与说汉语的同学相处，还要接触来自汉语不同方言区的同学，还要接触网络语言（社会方言）学会网聊；一个来自非洲的留学生，他不仅要学习汉语普通话，可能还要学会跟农贸市场里的小贩用当地的方言讨价还价（社会阶层的社团言语）。语言接触的形态因为社会的变

---

① 刘志伟：《论英法百年战争对英国的影响》，《考试周刊》，2009 年第 24 期。

② 张倩红：《解读阿拉伯人的内心创伤——评〈阿拉伯人眼中的十字军东征〉》，《世界历史》，2006 年第 3 期。

③ 索绪尔：《普通语言学教程》，商务印书馆 1980 年版，第 272 页。

④ 布龙菲尔德：《语言论》，商务印书馆 1930 年版，第 549 页，586 页。

迁而变得更加丰富多彩。

　　语言的接触会在不同层面上对语言各要素产生影响。也就是说,语音、词汇(词义)、语法都会因为接触而发生变化,甚至连记录语言的文字也避免不了。[①]其中最常见的、最普遍的影响出现在词汇上,这是由于词汇与社会生活紧密相连的缘故。布龙菲尔德曾列举了不少语言接触导致的词汇借用现象。如日耳曼诸部族在接受基督教时同时也采纳了 God(上帝)、heaven(天堂)、hell(地狱)等异教词语;罗马士兵和商贩也从日耳曼部族那里学到了不少词语,如日耳曼语词 hose(长筒袜)、harp(竖琴)、soap(肥皂)、flask(长颈酒瓶)等很早就进入了拉丁语;有些时候这些借词还不经意泄露了一个民族什么时候从另一个民族学习了什么,如英语晚近从法语中借入的多半是与妇女的服饰、化妆品和奢侈品相关的词语,从德语中借入的是较粗的食物品种和哲学科学的概念,从意大利语中借入的则是音乐术语。[②]王力也曾指出了汉民族与其他民族交往时汉语吸收外来词语的不少事例。例如,与西域通商进入汉语的有关植物、动物、食品、用品、乐器等类的词语"葡萄"、"石榴"、"狮子"、"箜篌"等;与佛教传入有关的是"禅"、"伽蓝"(佛寺)、"菩提"(觉)、"和尚"、"罗汉"等。[③]有人统计,现代英语中起源于盎格鲁–萨克逊的词约占30%,11 世纪诺尔曼人征服英国时又使后者吸收了大量起源于罗曼语族的词。[④]作为多民族杂居而产生的语言接触的典型个案之一,是出现在青海省东部黄南藏族自治州同仁县隆务镇五屯庄的五屯话。"它被认为是长期受到藏语和土族语言影响的以汉语为基础发展起来的一种独立语言,基本被确定是一种混合语。据研究,五屯话的词汇由 65%的汉语词、20%藏语词,5%左右的藏、汉混合词,10%左右来源不明词组成。"[⑤]

　　萨丕尔说:"每一个文化浪潮都在英语上沉积下一层借词。仔细研究这样的借词,可以为文化史作有意味的注疏。留意各个民族的词汇渗入别的民族的词汇的程度,就差不多可以估计他们在发展和传播文化思想方面所起的作用。"[⑥]无论以何种方式,文化的浪潮从来就没有停息过。雁过留声,语言接触产生的变化成为每一个文化浪潮的见证。而从文化接触的视角来审视语言,

---

① 徐通锵:《历史上汉语和其他语言的融合问题说略》,《语言学论丛》,1981 年第七辑。

② 布龙菲尔德:《语言论》,商务印书馆 1930 年版,第 561 页,567 页。

③ 王力:《汉语史稿》(下册),中华书局 1980 年版,第 518 页,520 页。

④ 柯杜霍夫:《普通语言学》,外语教学与研究出版社 1987 年版,第 247 页。

⑤ 曹道巴特尔:《蒙汉历史接触与蒙古语言文化变迁》,辽宁民族出版社 2010 年版,第 12 页。

⑥ 爱德华·萨丕尔:《语言论》,商务印书馆 1986 年版,第 174 页。

则给语言研究展开了一个别开生面的领域。

二　语言接触的研究

一个民族之所以意识到本民族的语言，就是在与其他民族的语言接触和比较中得来的。①中国古代早就注意到中原地区的人们与周边兄弟民族之间语言的不同。《左传·襄公十四年》记录了戎子驹支的一段话，其中有："我诸戎饮食衣服，不与华同，货币不通，言语不达，何恶之能为？"这种言语的"不达"显然不利于中原地区政治力量和经济实力的远播。故而《吕氏春秋·知化》说："夫习俗不同，言语不通，我得其地不能处，得其民不能使。"因此，无论用"文治"还是"武功"，是武力征伐还是"修文德以来之"，都需要实现语言上的沟通。即使是王土之内，语言的沟通同样重要。为了更好地统治，周秦时代就设置了专司方言调查的"輶轩使者"，前往各地采集风土民情，"使考八方之风雅，通九州之异同，主海内之音韵，使人主居高堂知天下风俗也。"（东晋常璩《华阳国志》）

在"经过春秋战国时期的会盟、战伐、吞并等方式，发生了民族和民族语言的融合，因而史书上看不到各族人民往来时要求有翻译的记载，倒可以见到很多直接通话的文字。例如卫庄公避石圃之难奔入戎州己氏，示己氏以璧说："活我，吾与女璧。"己氏曰："杀女，璧其焉往？"（《左传·哀公十七年》）从类似这样的记载中我们可以推知所谓夷、蛮、戎、狄的语言很多已与汉语融合"。②

到汉代，各地的交往愈加频繁，尽管有了"通语"、"雅言"，但是语言的障碍仍旧会影响人们之间的沟通。扬雄编写的《輶轩使者绝代语释别国方言》可以一定程度地帮助人们了解各地语言的异同，减轻语言障碍对沟通的影响。这是我们今天能见到的最早的汉语方言专著。特别难能可贵的是，这是一个人进行的全国性的方言调查，他为此付出的艰苦劳动可想而知。例如：

"胹，饪，亨，烂，糦，酋，酷，熟也。自关而西秦晋之郊曰胹，徐扬之间曰饪，嵩岳以南陈颍之间曰亨。自河以北赵魏之间火熟曰烂，气熟曰糦，久熟曰酋，谷熟曰酷。熟，其通语也。"

"猪，北燕朝鲜之间谓之豭，关东西或谓之彘，或谓之豕。南楚谓之豨。其子或谓之豚，或谓之貕，吴扬之间谓之猪子。其槛及蓐曰橧。"

---

① 索绪尔：《普通语言学教程》，商务印书馆1980年版，第266页。

② 徐通锵：《历史上汉语和其他语言的融合问题说略》，《语言学论丛》，1981年第七辑。

从扬雄的《輶轩使者绝代语释别国方言》中我们获得不少有关语言接触的信息。其一，中原地区与周边存在广泛的文化交流与语言接触，领域之广达及"秦晋"、"徐扬"、"嵩岳"、"陈颍"、"赵魏"、"北燕"、"朝鲜"、"南楚"等地；其二，在语言接触的过程中，人们认识到语言之间的差异，同样的"熟"在各地有不同的说法，影响的结果是通语的产生；其三，人们不仅注意到语言接触产生的不便与影响，而且开始着手加以解决，《方言》、《尔雅》等书的问世便是这样的产物。

《尔雅》说："五方之言不同，皆以近正为主也。"可见，经历了秦的统一之后（秦在语言文字上的统一是"书同文"），到汉时，已经有一种"正言"（又称"雅言"，扬雄称"通语"）在通行，操各地方言的人们要交流，都要以雅言为主，就像今天的普通话成为全国各地人们沟通的主要工具。

当然，中国古代对方言的关注，还不能算是严格意义上的语言接触研究。扬雄做方言调查，是为了"其不劳戎马高车，令人君坐帷幕之中，知绝遐异俗之语。"[①]《尔雅》如此关心当时的方言，从政治上来说是为了加强与诸侯国之间的联系，研究别国方言，是实现政治联系的第一步。"[②]但是，他们毕竟注意到语言接触这一事实，并给我们留下了宝贵的语言遗产。

在"语言接触"、"接触语言学"的术语产生之前，对语言接触的研究就已经开始了，只不过人们使用的是"语言的相互影响"、"语言相互作用"、"语言混合"、"语言渗透"、"语言融合"等概念而已。19 世纪是历史比较语言学的世纪，它的诞生就是建立在对不同语言关系的认知基础之上的。对语言接触的研究似乎还可以往前推更早的时间，据说在 12 世纪时冰岛一位学者就曾研究过冰岛语和英语之间的关系；中世纪时，很多传教士热衷于收集世界语言的标本，这给后来的语言比较研究奠定了一定基础；德国哲学家莱布尼茨的《人类理智新论》（1694）最早察觉了语言间的亲属关系，他甚至设想设计一种辅助语言作为国际交流的手段；18 世纪欧洲的人们除了注意到不同语言之间的关系外，他们对语言的起源也充满浓厚兴趣。[③]此后，不少语言学家在他们的研究中论及语言接触的问题，直到这个学科在 20 世纪真正诞生，虽然他们不一定使用语言接触这一概念。例如，洪堡特认为，"每种语言都围绕着它所属的民族形成一个圈子。要跨出这个圈子只有在跨进另一个圈子才有可能。"施莱赫尔认为，"语言在地球上的分布最初应该具有严格的规律性，邻

---

① 扬雄：《答刘歆书》，附《方言》之后。
② 何九盈：《中国古代语言学史》，河南人民出版社 1985 年版，第 27 页。
③ 彭玉兰：《语言学简史》，湖南大学出版社 2007 年版。

接的语言比起居住在世界不同地区的人的语言更应当具有相似性。"舒哈特主张，"现在语言学所研究的所有问题中没有一项是比语言混合更为重要的。应该对这个问题进行详细研究。"因为他认为"没有混合的语言是不存在的"。①索绪尔指出："如果说时间上的分歧往往不是人们所能看到的，空间上的分歧却可以一目了然；就是野蛮人，由于跟说另一种语言的其他部落发生接触，也能理解这一点。一个民族意识到自己的语言，就是通过这些比较得来的。"②这些论述都触及语言接触的问题，他们的关注和论述为接触语言学的诞生作了必要的理论铺垫。

"语言接触"这个术语是马丁内在瓦茵莱赫所作《语言接触》的序言中第一次提出的，时间是 20 世纪 50 年代。它取代了"语言混合"而被广泛使用。瓦茵莱赫的《语言接触》出版是 1953 年，这是一本专论语言接触的著作，它作为接触语言学诞生的标志应该当之无愧。

把接触语言学作为语言学的分支独立出来是语言学发展的历史必然，因为它有自己的研究领域和内容。如语言成分的借用、双语双方言兼用（多语多方言兼用）、语言混用、语言联盟、语言干扰、语言消亡等问题。作为一门新兴学科，语言接触的研究还有很多问题需要解决。例如，对语言演变过程的观察与研究，布龙菲尔德就认为："语言演变的过程是从来不能直接观察的；纵使我们现在有许多便利条件，这种观察还是难以想象的。"③然而更多的学者认为甚至强调，对语言接触的研究不仅要关注结果，更要重视揭示语言互相影响的原因与过程。④又如关于语言融合导致的语言（方言）消亡问题，由于语言是文化的载体，语言或方言的消亡，就意味着某种文化的消亡。因此，近年来国内多地呼吁或建议在当地幼儿园、中小学开设乡土方言课，而这关系到语言政策和作为非物质文化遗产保护等问题，都需要语言接触的理论研究提供支撑。

三　汉语方言接触的研究

从事汉语方言研究，接触语言学是绕不开的。这一点可以从现代的汉语方言研究的实际得到印证。

现代的汉语方言研究起步于 20 世纪初的汉语方言调查，而这又源于此前

① 以上论述均引自张兴权《接触语言学》，商务印书馆 2012 年版，第 7—12 页。

② 索绪尔：《普通语言学教程》，商务印书馆 1980 年版，第 266 页。

③ 布龙菲尔德：《语言论》，商务印书馆 1930 年版。

④ 戴庆厦、田静：《语言的外部影响与内部机制》，《民族语文》，2007 年第 4 期。

的民间歌谣调查。要记录方言地区的歌谣，就得了解当地的方音，了解歌谣的基本意思，由此拉开了方言调查的序幕。1924 年，北京大学成立了方言调查会，提出编绘方言地图，调查方言的语音、语法、词汇，调查移民史，从方言考证古音，调查国内少数民族语言等 7 项任务。但由于种种原因，这个计划没能开展起来。1927 年，清华学校组织了吴语调查，由此产生了我国第一部现代汉语方言学的经典著作《现代吴语的研究》。1928 年，中央研究院历史语言研究所成立后，进行了数次较大规模的方言调查，获得了不少的第一手资料，取得了方言调查的宝贵经验，培养了调查队伍。直到新中国成立以前，以赵元任、岑麒祥、罗常培、王力、丁声树、董同龢等为代表的早期的汉语方言研究者所从事的探索性工作，为 20 世纪汉语方言研究奠定了基础。

　　新中国成立后，汉语方言研究逐步走向全面和深入。20 世纪 50 年代到60 年代，中国科学院语言研究所等单位在全国开展了较大范围的方言普查，共调查了 1800 多个市县的方言材料，撰写调查报告近 1200 份。丁声树、李荣等整理、编撰了《方言调查字表》、《方言调查词汇手册》、《汉语方言调查简表》、《汉语方言调查手册》、《方言调查词汇表》等，给方言调查工作起到了很好的示范和指导作用。这些工作都为进一步的研究夯实了基础。[①]改革开放以后，汉语方言研究进入一个崭新的、飞跃发展的时期。1979 年《方言》杂志创刊，汉语方言研究的学术成果有了专门的学术阵地；方言研究的学术团体和学术机构如雨后春笋般涌现出来；方言研究的学术会议频繁举行，学术活动十分活跃；方言研究的人才培养和队伍建设取得明显成效。[②]当然，最突出的成绩还是汉语方言研究本身有了长足的进展。方言的语音、词汇、语法等各个方面都得到深入的研究，研究的点面也更为广阔。研究由静态描写向规律探求拓展，由对方言本身的研究向与语言密切联系的社会、文化延伸。除了大量的研究论文和专著发表、出版之外，一批重点成果也陆续问世。如中国社会科学院和澳大利亚人文科学院联合编绘的《中国语言地图集》，李荣主编全国高等院校和科研机构 60 多位专家学者参加编写的《现代汉语方言大词典》，复旦大学许宝华教授和日本京都外国语大学宫田一郎教授主编的五卷本《汉语方言大词典》，陈章太、李行健主编，有数以百计的方言工作者参与撰写的五卷本《普通话基础方言基本词汇集》等。各地大型的方言志的编撰与出版亦如火如荼。汉语方言研究进入前所未有的繁荣时期。

---

① 金有景、金欣欣：《20 世纪汉语方言研究述评》，《南洋师范学院学报》（社会科学版），2002 年第 1 期。

② 詹伯慧：《汉语方言研究 30 年》，《云南师范大学学报》（哲学社会科学版），2009 年第 2 期。

在接触语言学理论的指导下进行汉语方言研究是近几年来的事，但这并不等于之前的研究完全与接触语言学无涉。国立中央研究院历史语言研究所成立之初就鲜明地提出汉语方言研究的目的："我们希望……能为中国方言歧异的东南区域画成分县分乡的语言图，能解决在几种方言中音素音调相互影响以成变化的题目若干个，能辨出方言中字的时代层次，能接触到些很宽广的题目，如现在南部方言有没有因为当时土著混合而成的现象，黄河流域语言在南宋时之急变是不是由于金元战争，并且能够破除若干不着边际的迷信如五方水土使音变迁等话，总而言之，我们要横着比较方言，纵着探索某个方言所含的事实。"①在汉语方言研究前辈的视野里，早就包含着对"几种方言中音素音调相互影响以成变化"、"土著混合而成的现象"以及金元战争引起黄河流域语言的语音变迁等语言接触课题的关注。

被称为中国现代语言学开拓者的语言大师赵元任先生，就是一个语言接触的实践者和研究者。他精通英、德、法等国语言，还懂很多中国方言，具有非凡的语言天赋，在他的研究中自然会关注语言接触的现象。他发表于1926年的《北京、苏州、常州语助词的研究》一文，被认为是第一篇汉语方言语法的比较论文。文中指出"同一语助词的各种写法当中可以找到些能暗示咱们它的来历的写法，或是找到与别的方言中语助词相关的地方"，"例如从吧看不出是甚么来历，有罢的写法虽然不足以证明它即是本字，但至少给咱们一个暗示，而且吴音中同用法的语助字是读浊音的而不读清音，又是罢字是本字的一证了"。②这是说北京话的"吧"与吴语的"罢"有渊源关系。在《现代吴语的研究》这部中国现代汉语方言学的经典之作中，当讨论吴方言各地语音的异同时他指出：（上海话）"有新旧派，新派分类近似苏州，旧派近似浦东。（两派人以'苏州音'，'浦东音'互相指斥），但许多人搀杂两种。"③这里他虽然没有明确指出"搀杂两种"是语言接触的产物，但是显然他注意到并记录下这一影响的结果。作为掌握多种语言和方言的语言学家，他清楚地懂得不同语言（方言）之间的关系与相互影响。他在《吴语对比的若干方面》中说："在江苏，只有东南部是吴语区。我的家乡常州几乎是吴语区西端的最后一个城市，跟南方官话区接壤，中间夹着'吴头楚尾'的丹阳。"④处于南

---

① 《所务记载》，傅斯年执笔，《史语所集刊》第一本第一分，1928年。转引自王福堂《二十世纪的汉语方言学》，未刊。

② 赵元任：《北京、苏州、常州语助词的研究》，《清华大学学报》（自然科学版），1926年第2期。

③ 赵元任：《现代吴语的研究》，科学出版社1956年版，第82页。

④ 赵元任：《赵元任语言学论文选》，中国社会科学出版社1985年版。

北方言交界处并受到南北方言影响的常州方言所具有的重要研究价值，他当然也是知道的。因此，他一生中对常州方言多有关注，且论述不少。①

　　不独赵元任，早期的汉语研究者们都不同程度地注意到不同语言或方言接触及其所产生的影响。王力的《汉越语研究》是较早研究汉语对越语（越南语）影响的著述。1939 年秋至 1940 年夏，他在越南河内的远东学院做了一年的研究。其间"除了阅读一般关于东方语言的著作之外，特别注重汉越语的研究工作。"他指出，由于所处地理位置的原因，"越语在地理上和三种语言接触：第一是汉语；第二是泰语；第三是高棉语"。因此，"越语受三种语言的影响最深：1. 汉语；2. 泰语；3. 蒙高棉语"。②他不仅研究了汉语对越语的影响，而且也许是早期汉语研究者中最早使用"语言接触"概念的人之一。他的学生董同龢则在客家方言的研究中注意到语言接触问题。在中国第一篇客家方言调查报告《华阳凉水井客家话记音》中，董同龢就提到："（客家人）他们保守力量很大的，虽然同时都会说普通的四川话以为对外之用，可是一进自己的范围，就有一种无形的力量使他们非说自己的话不可。"③他在客家方言调查中不仅观察到华阳凉水井客家人的双方言现象，而且还记录了凉水井客家方言受四川官话影响而"官话化"的变化。

　　对某一语言或方言进行研究，不外乎对其作静态描写，或就其形成、发展与演变作动态分析，或考察它与别的语言或方言之间的相互影响，或研究它与社会其他因素相互之间的关系。这都可能涉及语言接触问题。如果某种语言或方言受其他语言或方言的影响，这会在对其作静态描写中反映出来；如果研究某种方言的由来与演变，同样可能会遇到别的语言或方言对它的影响。这样的研究有时仅从论文的标题就可以看出。如曾子凡的《"港式普通话"剖析》（《方言》，2000 年第 3 期）针对香港人说普通话时受粤语的影响，在语音、词汇、语法方面常犯一些错误，出现所谓"港式普通话"的现象，分析其产生的原因，并提出纠正的具体方法。李铭娜的《关内人口迁移对东北方言的影响分析——以吉林方言语音、特征词为例》（《河北大学学报》，2012 年第 3 期）则是研究清末至民国时期，关内人口迁移对东北地区语言文化产生的深刻影响。文章指出，吉林中西部地区方言是在北京方言、冀鲁方言和胶辽方言等基础上形成，因此在语音特征上表现出多种方言相互影响痕迹；吉林东部山区通化、白山等 80% 人口是胶东半岛移民，所以保持着胶辽方言特征等。

---

① 金丽藻：《赵元任与常州方言语音研究》，《常州工学院学报》（社科版），2011 年第 3 期。

② 王力：《龙虫并雕斋文集》（第二册），中华书局 1980 年版，第 705 页。

③ 董同龢：《华阳凉水井客家话记音》，科学出版社 1956 年版，第 81 页。

　　进入 21 世纪以后，随着接触语言学理论的引入与推开，人们开始有意识地运用接触语言学的理论和方法指导汉语方言的研究，这方面的研究成果越来越多。从知网（CNKI）数据库的标题检索来看，2000 年以前仅 3 篇标题有"语言接触"字样的论文；2000 年以来，这样的论文已有 200 多篇。而且也出现了《梅州客方言粤语借词的语言接触研究》（温冰、邓小琴：《嘉兴学院学报》2011 年第 3 期）这样从语言接触视角研究客家方言的论文。只是这样的研究才刚刚起步，尚有很多处女地等待人们去开垦。

　　语言接触是包括语言学、人类学、文化学、传播学等很多学科都感兴趣的领域，特别是在经济全球化和文化多元化的背景下，人类的交往与互动如此频繁，语言接触的研究不仅能揭示语言的变迁，而且还能反映文化的交往与互动。我们完全有理由相信语言接触的研究会给我们带来一片崭新的天地，不仅仅是在语言学、方言学的范畴。

第二节　四川客家方言概况

一　四川客家方言的形成和发展

（一）四川客家方言形成的历史背景

　　四川客家方言是在明末清初"湖广填四川"的历史背景下因闽粤赣客家人移民入川而形成的。明末清初的四川，经过长达三十多年的战争，包括张献忠"剿四川"，清军和地主武装与张献忠武装之间的围剿与反围剿战争，南明与清军的战争以及南明将领内部的相互厮杀，以及吴三桂反清后，其叛军与清军的拉锯战①等，这一系列战争，再加上瘟疫、干旱，致使四川人口锐减，田园荒芜。据《清圣祖实录》记载，当时四川总督蔡毓荣说"蜀省有可耕之田，无可耕之民"。清政府一再出台优惠政策以期移民入川，但前期效果并不明显，直到康熙二十九年（1690）颁布的"四川民少而荒地多，凡流寓愿垦荒居住者，将地亩给为永业"、"其开垦地亩，准令五年起科"的诏令才起到了激励作用，最有效地鼓励了移民入川，之后便掀起了一场轰轰烈烈的"湖广填四川"的移民运动。当时移民的主要范围是"湖广省"，湖广省时辖湖北和湖南两湖之地，客家人并不在移民的范围，因此他们是"跟着两湖农民上川"去的；又由于客家人地处偏远，信息传递滞后，入川时还遭到官府的阻

---

　　① 孙晓芬：《清代前期的移民填四川》，四川大学出版社 1997 年版，第 8 页。

拦等原因，客家人大规模入川的时间比湖广省的移民更晚①。崔荣昌认为四川客家方言是在康熙末年到乾隆中期 100 多年间逐步形成的。②支持这个观点的主要材料是四川客家人的族谱，其族谱中多载客家人入川时间为康熙末年以后。崔荣昌在《四川方言与巴蜀文化》中引了 60 部客家族谱数据，除三户入川时间不明之外，其余 57 户入川的时间是：明朝入川的 7 户，清康熙初年入川的 3 户（包括康熙三十一年，1692），康熙末年入川的 12 户，雍正朝入川的 15 户，雍乾年间入川的 1 户，乾隆朝入川的 17 户，道光朝入川的 1 户，还有 1 户周姓客家，其族人是在明朝万历、清康熙、雍正、乾隆几朝陆续迁入的。就是说在 57 户客家人中，只有 10.5 户（周姓客家前后各按 0.5 计算）是早在明朝至康熙三十一年间入川的，所占比例为 18.42%，其余 46.5 户是在康熙末年以后迁入的，有的甚至晚至道光年间，所占比例为 81.58%。《成都东山客家氏族志》中辑录了 34 部成都客家人的族谱，③其中吴氏和胡氏两户祖上入川的时间不详，李氏、冯氏、许氏、钟氏、刘氏和游氏六户祖上是清初入蜀或到成都的，其余 26 户族谱载其祖上是在康熙末年至乾隆年间到成都的，有的甚至晚至乾隆三十四年（1769），即康熙末年以后到成都的客家人比例占 81.25%。两组统计数据十分接近，可以互相支持。因此四川客家方言是在康熙末年到乾隆中期 100 多年间逐步形成的观点是符合历史事实的。

客家民系是汉民族中一个很特殊的支系。汉族中的江浙人、广府人、闽南人等支系都是以地域命名的，客家民系不以地域命名，是由这个民系漫长的迁徙历史，以及广阔而分散的分布特点决定的。④据罗香林的研究，客家民系历史上经历了五次迁徙，即所谓"五次迁徙说"⑤。闽粤赣客家人移民四川属于其中的第四次迁徙。

（二）四川客家的来源

四川客家人来源于闽粤赣三省交界地，那里是我国客家民系集中居住的地方，是客家人生活的大本营。客家大本营的纯客县和非纯客县多达上百个，崔荣昌根据 60 份客家族谱资料，揭示了四川客家的详细来源地：

江西有宁都、瑞金、兴国、泰和、万安、上犹、安远、武宁、吉安等；

---

① 孙晓芬：《清代前期的移民填四川》，四川大学出版社 1997 年版，第 20 页。
② 崔荣昌：《四川方言与巴蜀文化》，四川大学出版社 1996 年版，第 163—168 页。
③ 刘义章、陈世松主编：《成都东山客家氏族志》，四川人民出版社 2001 年版，第 1—354 页。
④ 谢重光：《闽西客家·前言》，生活·读书·新知三联书店 2002 年版，前言。
⑤ 罗香林：《客家研究导论》，上海文艺出版社 1992 年版，第 41—63 页。

福建有汀州、上杭、宁化、清流、龙岩、武平、永定、连城等；广东有梅县、兴宁、大埔、龙川、长乐、河源、平远、乳源、博罗、韶州、乐昌、惠州等。

四川客家人源自闽粤赣，但以广东为主。崔荣昌就60部族谱包含的61宗支（其中吴姓分甲、乙两支）进行研究，得到的结论是：有43宗支由广东入蜀，有10宗支由福建入蜀，有8宗支由江西入蜀①。又关于四川客家人的祖籍，据刘义章、陈世松先生1999—2000年间田野调查收集到的族谱资料，成都客家人的迁出地，包括广东的长乐（今五华）、梅州、惠州、兴宁、河源、连平、翁源、和平、永安、龙川、程乡、海丰、陆丰，江西的龙泉、龙南、崇义、上犹、安远等，另外还有一些迁出地只载广东或粤东；广东籍的则以长乐居多②。笔者还了解到在新都区泰兴镇美泉村、隆昌山川镇界牌村有福建籍客家人。刘正刚根据民国时期修纂的《简阳县志》对清代各省入籍简阳的闽粤客家移民的原籍情况进行了统计，详见下表③。

表1-1　　　　　　　　　简阳移民原籍情况统计

广东	原籍	长乐	兴宁	龙川	和平	归善	大埔	河源	永安	新宁	海丰	博罗	西宁	连平	广州府	嘉应州	不详
	支数	73	29	9	6	3	1	3	1	2	1	1	1	2	1	2	26
福建	原籍	上杭	龙岩	武平	龙溪	宁化	南靖	莆田	汀州	不详							
	支数	19	4	1	1	1	1	1	1	3							

根据《中国语言地图集》，表1-1中的广东长乐（五华）、兴宁、龙川、和平、河源、连平、大埔、嘉应州（梅州市）均为纯客家市县，福建的上杭、武平、宁化、汀州（长汀）也是纯客家市县④；广东的归善（惠阳）、海丰、博罗则为非纯客家县。从表1-1可以看出客家入籍简阳的两个重要信息：第一是广东籍客家人的支数远远多于福建籍客家人，第二是广东籍客家人中长乐

① 崔荣昌：《四川方言与巴蜀文化》，四川大学出版社1996年版，第163—168页。
② 刘义章、陈世松主编：《成都东山客家氏族志》，四川人民出版社2001年版，第341—349页。
③ 刘正刚：《闽粤客家人在四川》，广西教育出版社1997年版，第52页。
④ 中国社会科学院、澳大利亚人文科学院：《中国语言地图集》，048B15-1，香港朗文（远东）有限公司1987年版。

（今五华）客家的支数居多。

以籍贯来称呼人，古今一贯。从四川各地客家人都称为"广东人"、"土广东"、"假广东"之类的名称中，可以看出广东客家人在四川客家人中所占据的人口优势。客家称谓本是一个他称，及至20世纪末，四川客家人才普遍知道自己是客家人，之前只称"广东人"或"土广东"，至今也以这样的称呼而感到亲切。成都客家人自称为"广东人"或"土广东"，隆昌客家人也自称为"广东人"，西昌黄联客家人称为"假广东"，这说明这些地区的客家人多来自广东。因此"广东人"这个称谓既反映了"湖广填四川"中广东客家移民四川的历史，又隐含了广东客家人同化了江西客家人和福建客家人的事实。因此在四川客家地区，"广东人"这个称谓就有这样两个含义：其一是指祖籍为广东省的人，其二是指说客家方言的人。第一个含义区别于江西籍和福建籍的客家人，第二个含义则包含了来自江西和福建的客家人。在成都客家聚居区还有"江西的广东人"和"广东的广东人"的说法，这个说法是对成都客家人内部的细分。

（三）广东客家方言在四川客家方言的主导地位

广东客家人移民四川的人口优势决定了广东客家方言在四川客家方言形成过程中的语言优势地位，因此可以说四川客家方言是在广东客家方言的基础上形成的。跟四川客家地区把客家人冠以"广东"的称谓相应，四川客家方言在各地也都冠以"广东"省名，或称为"广东话"，或称为"广东腔"，这样的名称直接反映了广东客家方言在四川客家方言形成过程的主导地位。广东客家方言在四川客家方言形成过程中的主导地位也就决定了四川客家方言的基本面貌。从语言的三要素语音、词汇、语法三方面来看，四川客家方言跟广东客家方言有很亲近的亲缘关系。崔荣昌的研究也表明："四川的客家话与粤东北客家话有极大的一致性……"[1]

从语言特点看，四川客家方言跟广东客家方言有很多一致性的特点。其中川西成都、川东南内江隆昌、川西南西昌黄联几个地点的客家方言与粤东客家方言有很亲近的亲缘关系，仪陇客家方言则与粤北客家方言有很亲近的亲缘关系。

成都、隆昌、西昌几地客家方言的沟通度很高，其共同的祖籍语是粤东客家方言。在语言演变的各要素中，声调的稳定性比较强，下面从声调的格

---

[1]　崔荣昌：《四川方言与巴蜀文化》，四川大学出版社1996年版，第181页。

局来看这几个地点跟粤东客家方言的亲近关系。①先看表 1-2。

表 1-2　　　　　　　　　　闽粤赣川客家方言声调对照表

方言点		声调	阴平	阳平	上声	去声		入声	
						阴去	阳去	阴入	阳入
广东客家方言	粤东	梅县	44	11	31	53		1	5
		五华	44	13	31	53		1	5
		兴宁	44	11	31	52		2	5
		蕉岭	44	11	42	52		32	5
		平远	34	11	42	55		43	5
		大埔	44	24	31	51		21	4
		丰顺	44	24	53	21		1	5
		惠东	44	11	31	53		1	5
	粤中龙川	北部:上坪	45	24	31	52		31	5
		南部:佗城	44	52	35	31		13	3
四川客家方言		成都	45	13	31	53		2	5
		隆昌	45	13	31	53		2	5
		西昌	45	212	31	53		3	5
闽西客家方言	南片	上杭	44	22	41	352		54	45
		永定	45	22	51	33②		3	5
		武平	35	213	51	53		3	45
	北片	宁化	453	35	31	22	42	5	
		清流	33	12	21	35	32	4	
	中片	长汀	33	24	42	54	21	无	
		连城	433	23	213	52	35	无	

---

① 梅县声调依据黄雪贞《梅县方言词典》，江苏教育出版社 1995 年版；五华声调依据魏宇文《五华方言同音字汇》，《方言》，1997 年第 3 期；兴宁、惠东声调依据罗美珍、林立芳、饶长溶主编《客家话通用词典》，中山大学出版社 2004 年版；大埔声调依据何耿镛《客家方言语法研究》，厦门大学出版社 1993 年版；丰顺声调转引自温昌衍《客家方言》，华南理工大学出版社 2006 年版；蕉岭、平远声调依据刘涛《梅州客话音韵比较研究》，暨南大学博士学位论文，2003 年；闽西各点声调依据李如龙《闽西七县客家方言语音的异同》，载李如龙、周日健主编第二届客家方言研讨会论文集《客家方言研究》，暨南大学出版社 1998 年版，第 105 页；江西各点声调依据刘纶鑫《江西客家方言概况》，江西人民出版社 2001 年版；龙川声调依据侯小英《龙川客家话语音的内部差异》，载李如龙、邓晓华主编《客家方言研究》，福建人民出版社 2009 年版，第 237 页。

② 永定去声的调值在引文中为 53，经黄雪贞先生校订为 33，谨向黄先生表示衷心的感谢！

续表

方言点	声调	阴平	阳平	上声	去声		入声	
					阴去	阳去	阴入	阳入
江西客家方言	赣县	33	213	31	53		5	
	石城_{琴江}	53	24	21	32		5	
	于都	31	44	35	323	42	54	
	宁都	43	24	213	31	55	2	5
	兴国	44	42	24	11	4	2	5
	瑞金	44	24	21	42	43	2	5
	龙南	24	312	53	44	22	5	23
	定南	35	213	31	53	33	2	5
	泰和	44	11	31	53		2	5
	万安	24	11	31	44		3	5
	寻乌	24	214	42	55		21	34
	上犹_{社溪}	24	11	42	55		无	
	安远_{欣山}	35	24	31	53	55	无	

粤东的嘉应州是客家人的大本营。嘉应州为清雍正十一年（1733 年）钦定，领程乡（梅县）、长乐（五华）、兴宁、平远、镇平（蕉岭）五县，后嘉应州实际上还包括了大埔和丰顺两个县。粤东一般还包括惠东县，因此表 1-2 选取梅县、五华、兴宁、大埔、平远、蕉岭、丰顺、惠东八县的声调来作比较。粤中龙川是西昌客家人的主要来源，龙川是一个纯客县，但"县内存在多种口音……尤其是上半县（北部）和下半县（南部），口音差别较大，有些镇之间的互懂度低"[①]。上表所列龙川北部，以上坪为代表，还包括麻布岗、细坳、岩镇、龙母等地点，龙川南部以佗城为代表，还包括老隆、四都两个镇。[②]

闽西是客家的基本住地之一，宁化、清流、长汀、连城、武平、上杭、永定是纯客县，表 1-2 选取这七个地点的声调作比较。

赣州地属江西南部，是客家基本居住地之一，赣州包括哪些地点呢？明

---

① 侯小英：《龙川客家话语音的内部差异》，载李如龙、邓晓华《客家方言研究》，福建人民出版社 2009 年版，第 237 页。

② 侯小英：《龙川客家话语音的内部差异》，载李如龙、邓晓华《客家方言研究》，福建人民出版社 2009 年版，第 237 页。

时，赣州府领县十二：赣县、雩都（今于都）、信丰、兴国、会昌、安远、宁都、瑞金、龙南、石城、定南、长宁（今寻乌）。①结合上文族谱中四川客家来源的信息，表1-2选择了赣县等12个地点的声调作比较。

声调格局可以包括以下三项内容：（1）声调的种类，（2）调型，（3）调值及其特点。从表1-2的比较中可以看出，成都、隆昌、西昌的声调格局跟粤东客家方言的相似度最高：从声调种类看，都是阴平、阳平、上声、去声、阴入、阳入6个，去声均不分阴阳，入声均分阴阳；从调型看，成都、隆昌阳平读低升调，跟五华、大埔、丰顺相同或相近，西昌阳平快读也是升调②，上声为中降调，其声调格局跟龙川北部上坪等地点的相似度极高，粤东各点，除开丰顺外，跟梅县、五华等地点的相似度也很高。

成都、隆昌、西昌几地客家方言的声调格局跟闽西客家方言差异较大。闽西客家方言分南北中三片：上杭、永定、武平属于南片，清流、宁化属于北片，长汀和连城属于中片。闽西各片的差异也很明显。成都、隆昌、西昌客家方言跟南片的主要相同点是：声调种类相同，去声不分阴阳，入声分阴阳；上声为降调；去声的调值为53，阴入低、阳入高两个特点上跟永定和武平相同。但成都、隆昌、西昌客家方言跟南片在调值上的差异比较大。而跟北片和中片的相同点更少，不同点更多：除了调值的差异外，去声分阴阳，北片入声不分阴阳，中片无入声也是很大的差异。

成都、隆昌、西昌几地客家方言的声调格局跟江西客家方言的差异也较大：除了调值多不相同之外，赣县、石城入声不分阴阳是更大的差异；宁都、兴国、瑞金、龙南、定南几地入声分阴阳是相同点，可去声也分阴阳又显示其差异性；从泰和、万安、寻乌去声不分阴阳、入声分阴阳，以及调值的相同性来看，泰和的相同点最多；上犹、安远无入声，以及安远去声分阴阳也都是重要的差别。

从以上的比较分析中看出，成都、隆昌、西昌客家方言跟粤东客家方言在声调上的相同点很多，不同点很少。在闽西和江西的20个客家方言点中，唯有跟江西泰和的声调格局相似度高，但泰和并不是纯客县，当初移民入川的人数必远不及粤东的纯客县梅县、五华、兴宁等地，泰和客家方言在四川客家方言形成过程中的地位必难以与粤东客家方言相比。再从声调格局的一致性看，粤东客家方言在声调格局上的一致性很强，闽西客家方言和江西客

---

① 刘纶鑫：《江西客家方言概况》，江西人民出版社2001年版，第20页。

② 崔荣昌把西昌客家方言的阳平调值记为13调，载崔荣昌《四川境内的客方言》，巴蜀书社2011年版，第692页。

家方言内部的一致性则弱得多，成都、隆昌、西昌几地尽管地理阻隔，但声调格局相似度很高，而且调类、调型、调值等各项目上都整齐地表明，几地的客家方言跟粤东五华、梅县、兴宁等地具有高度的相似性，由此可以看出粤东客家方言在四川客家方言形成过程中的重要作用。

仪陇客家方言是四川客家方言的组成部分。仪陇客家方言跟成都、隆昌、西昌客家方言的差异较大，这跟仪陇客家人的不同来源有密切的关系。崔荣昌根据仪陇客家人的族谱得出结论："仪陇客家人多半是清康熙至乾隆年间从粤北韶州府乳源县迁徙来的。"[1]有的族谱直接记载来自韶州府，韶州府为明代所设，辖境相当于今韶关市及曲江、仁化、乐昌、英德、翁源、乳源等县市，清初建置沿袭明代。我们比对了曲江、仁化、乐昌、英德、翁源、乳源这些地点的声调格局，发现仪陇客家方言在声调的种类和某些特点上跟以上某些地点相同。仪陇客家方言的声调系统是：

阴平 33　　阳平 21　　上声 13　　　去声 53　　　阴入 5　　　阳入 3

仪陇客家方言声调的基本格局是：有阴阳上去和阴入、阳入六个声调，其中去声不分阴阳。各声调调值我们不能在乳源等任何一个粤北客家方言点找到整齐的对应，但是某些特点可以在粤北多个地点找到。请看表 1-3[2]。

表 1-3　　　　　　　　　　粤北客家方言声调对照表

	阴平	阳平	上声	去声	阴入	阳入
乳源	44	24	31	51	2	5
翁源	33	214	31	45	2	5
英德	33	24	31	53	2	4
南雄	43	21	24	12	无	
仁化	44	22	21	55	13	
始兴	12	51	31	33	45	32
连州	34	24	31	53	2	5
乐昌	44	24	41	453	4	2
新丰	44	24	31	53	2	5
清新	44	24	31	51	2	5
曲江	44	24	21	42	12	45

---

[1] 崔荣昌：《四川境内的客方言》，巴蜀书社 2011 年版，第 520 页。

[2] 此表根据中山大学庄初升教授提供的《粤北客家方言字音对照表》整理而成。谨向庄先生表示由衷的感谢！

　　粤北各点，大多有阴平、阳平、上声、去声、阴入、阳入 6 个声调，去声不分阴阳。而闽西、江西客家方言的去声一般都分阴阳，粤东客家方言去声不分阴阳，但阴入低、阳入高。仪陇客家方言与之相反，阴入高、阳入低，这一特点跟始兴和乐昌相同，由此可见，仪陇客家方言具有粤北客家方言的基本格局。

　　通过对客家方言声调方面的比较分析，我们可以看出广东客家方言在四川客家方言中的主导地位。

　　（四）四川客家方言的发展变化

　　在四川客家方言的发展过程中起主导作用的是广东客家方言，福建和江西客家方言的影响力则比较小。就目前对四川客家方言的调查来看，在成都洛带和新都木兰镇还存有"江西广东话"之名和实。江西广东话是指江西籍客家人所说的客家方言，它跟广东籍客家人说的"广东话"也还存在着一些差别。这种情况在四川其他客家方言岛很少见，大概是由于江西籍客家人在成都东山小范围集中居住的原因；而在有福建籍客家人的地点如新都泰兴镇美泉村、隆昌山川镇界牌村，"福建话"已无处找寻了。民国十六年版《简阳县志》卷二十二礼俗篇方言部分收录了湖广人、广东人、江西人、福建人、湖南人在天时、地理、人事、器物方面的基本用词及少数日常生活用语①。所载"广东话"和"福建话"反映出的语言特点跟客家方言是一致的，都属于客家方言。这表明，迟至 1927 年，简阳境内还有客家方言、湘方言、赣方言跟四川官话并存的情况。这些方言资料是历史上"湖广填四川"的移民运动在语言上的反映，既跟移民史相印证，又可以作为移民史的补充。只是其中的"福建话"之名与实至今无论是在原简阳辖地还是在新的简阳市辖地都已经找不到了。

　　四川客家方言在近三百年的发展过程中始终面临着传承与演变两个问题。在传承方面，四川客家方言顽强地保留了客家方言的基本特点，比如"大、柱、皮、鼻、饕、斜、扶、袋、坠、白、读"这些字，在四川各地的客家方言中都读为送气声母，这便是传承了古全浊声母字不论平仄，逢今塞音、塞擦音仍读为送气清音的语音特点，具有闽粤赣客家方言的共性；又如"鸡春鸡蛋"、"倈子儿子"、"心舅儿媳"、"婿郎女婿"、"䭵公外公"、"娭子母亲"、"头那脑袋"、"颈茎脖子"、"鹅公包喉结"、"眼珠眼睛"、"鼻公鼻子"、"舌嫲舌头"、"喉嗹喉咙"、"篆婆鱼篓"、"担竿扁担"、"包粟玉米"、"燋干"、"氂稀"、"㶶烫"、"顶高上面"、"里背里面"

────────────────────

① 林志茂等修，汪金相、胡忠阀等纂：《民国简阳县志》，影印本卷二十二，四川官印刷局，民国十六年丁卯，第 627—633 页。

等词，是客家方言的特征词；又如量词"只"跟名词广泛搭配，用"嘿、哩"作体貌标记，用"个"作结构助词，用内部曲折的手段来表示人称代词单数形式的领属格，用"紧A紧B"的格式来表示"B在程度上随着A的增加而增加"（即越A越B）的意义等，这些都是对客家方言语法特点的传承。四川客家方言在语音、词汇和语法方面的特点决定了它的客家方言归属。

四川客家方言的演变属于跟四川官话的接触而导致的演变。四川客家方言在发展过程中，由于长期跟祖籍方言缺乏对话，没有母体的制约，唯有跟四川官话越来越深刻的接触。四川客家方言在各地都是被四川官话汪洋大海般地包围着的，这种状况决定了四川客家方言的弱势地位，也决定了它必将接受四川官话的影响以适应新的生活和交际的需要。崔荣昌的研究表明："……另一方面又表现出它同客家方言的差异性，具有一些西南官话的特色，表明其入川以后所受四川官话的影响。"[①]把两种演变结合起来观察，四川客家方言在语音、词汇和语法方面都发生了很多变化。

在语音方面产生的规律性的变化主要有以下四点：

第一，古舒声鼻音尾-m已经消失，-m跟-n合流；

第二，入声韵尾-p、-t、-k普遍消失，入声一律收喉塞音韵尾-ʔ；

第三，不分尖团，四川客家方言全都完成了尖团合流，仅有个别例外；

第四，出现了一些新的语音成分，如ɚ、y、z等成分，这些语音成分并不是闽粤赣客家方言普遍具有的。

在语音方面发生的这些变化，引起了音位系统和声韵拼合关系的变化。就音位系统来说，除了西昌客家方言之外，i和y在其他地点的客家方言中一般具有区别意义的作用，是两个音位。就声韵拼合关系来说，由于尖团已经合流，在四川客家方言中，舌尖前音一般只能跟开口呼和合口呼相拼而不能跟齐齿呼和撮口呼相拼，舌面前音 tɕ、tɕʻ、ȵ、ɕ 则只能跟齐齿呼和撮口呼相拼。就字音变化来说，四川客家方言中有相当数量的汉字读音跟来源地不一样，其中声调的差异甚小，声母的差异较大，韵母的差异则很大。

词汇方面发生的变化主要有以下四点：

第一，特征词的叠置。四川客家方言中的特征词有多个词语叠置的现象。比如"下午"在成都客家方言中说"下昼"、"下晡"，这两个都是客家方言特征词，考梅县、五华、兴宁等地各自都不兼有而只具其一：梅县、五华有"下昼"无"下晡"，兴宁有"下晡"无"下昼"。像这种将多个来源地点的特征

---

① 崔荣昌：《四川方言与巴蜀文化》，四川大学出版社1996年版，第181页。

词叠置的例子还不少，这种现象是原乡多个地点的客家方言到达成都经过交混和整合以后而产生的，这符合移民方言到达新居地以后需要内部整合的演变发展规律。

第二，西南官话词语的借用。在跟四川官话的接触中，四川客家方言更加直接而明显的变化是产生了借词。如"脚猪配种用的公猪、沟子屁股、脑壳脑袋"这些词，它们都是从四川官话通道借入的西南官话词语。

第三，特征词的流失。四川客家方言流失客家方言特征词的现象比较突出，如"雹冰雹、火蛇闪电、天光日明天、豹虎豹子、马牯公马、猪哥公猪、蟾蜍罗癞蛤蟆、鲁粟高粱、潾丫围嘴儿、遮哩伞"等，这些说法在四川客家方言中已无从寻觅；再如"老蟹螃蟹、篆婆爸妈"等说法，一般只有七八十岁的老年人才知道，已临濒危状态。

第四，词义的变化。如"豆"，在梅县、五华客家方言中所指的对象范围大，除了指蚕豆、豌豆、绿豆等通常所说的豆类植物及其种子之外，花生也可以称"豆"，梅县把花生称为"番豆"，五华称为"地豆"；在四川客家方言中，"豆"的表义范围不包括"花生"。"花生"，成都客家方言说 fa^{45}çien^{45}，隆昌说 fa^{45}sən^{45}，西昌跟隆昌同，词形都是"花生"。这说明"豆"的表义范围有所缩小。

跟四川官话的接触带给四川客家方言的语法变化也是很明显的。早在 60 多年前，董同龢说到凉水井客家方言语法时就说"这个方言在语法方面跟国语的差别极少"[1]。跟国语差别极少，跟四川官话的差别当然就更加少。主要的变化有以下四个方面：

第一，某些特色词缀的消失。e，是梅县客家方言中运用很广泛的小称，写作"儿"或"欸"；五华客家方言中相对应的小称是"li"，写作"里"或"哩"[2]，这两个小称受前面音素的影响会发生很多种读音变化。在四川没有哪个客家方言点保留下来了这样的小称，一般都用词缀"子"来取而代之，个别词则是直接丢掉小称。

词缀"哥"，在梅县和五华客家方言里可用来指动物和其他事物。在指动物的名称中，有"猴哥猴子"、"猪哥公猪"、"乌鹩哥八哥"等说法，在指其他事物的名称中，把"锈"称为"黸哥"和"黸"。这些带词缀"哥"的词语，除了成都还有"猴哥"，隆昌还有"猴哥"和"乌鹩哥"的说法外，其他地点几无相关的说法。

---

① 董同龢：《华阳凉水井客家话记音》，科学出版社 1956 年版，第 101 页。

② 侯精一主编：《现代汉语方言概论》，上海教育出版社 2002 年版，第 169 页；温昌衍：《客家方言》，华南理工大学出版社 2006 年版，第 172 页。

　　第二，西南官话语法规则和语法成分的借用。在语法规则的借用方面，最突出的一致性表现是四川各地客方言都广泛运用重叠式来构成名词，即构成 AA 式名词，并以 AA 式为基础构成 BAA 式/BCAA 式等名词，而闽粤赣客家方言普遍没有这种构词方式。

　　在语法成分的借用上面也是比较明显的。如普遍用"倒"来表示持续体，像"坐倒坐着"、"倚倒站着"、"拿倒拿着"、"讲倒讲倒说着说着"这类说法在四川各地客家方言中都很常见而在原乡客家方言中则难见到。又如普遍用语气词"哆"来表示先行体，像"唔爱忙给钱，食嘿哆不要急着给钱，吃完了再给"这种句子，其先行体的表示法在原乡客家方言中更是没有的。

　　第三，句式的变化。四川客家方言在句式方面的变化也是比较明显的。"再吃一碗"，梅县客家方言说"（再）食一碗添"[①]，五华客家方言"再食多一碗"[②]。从语序看，"添"和"多"都是状语后置，四川客家方言中已无这种用法，都说成"再食一碗"或"再多食一碗"。其他被动句、双宾句的句式也都跟梅县、五华客家方言有区别。

二　四川客家方言的分布与四川客家方言岛

（一）四川客家方言的分布

　　四川客家方言的分布地域很广泛。关于四川客家方言分布情况的统计，最早出自 1950 年罗香林发表的《客家源流考》，共 13 个县市（含今重庆市），即涪陵、巴县、荣昌、隆昌、泸县、内江、资中、新都、广汉、成都、双流、灌县、新繁；1988 年刘丽川、张卫东的研究补充了会理 1 个县，合计 14 个县市。1985 年崔荣昌根据当时掌握的资料，确定为 26 个县市，1986 年扩大到 31 个县市。1993 年进一步确定为 46 个县市，即（1）成都，成都市市郊东山地区，遍布 38 个乡镇；（2）新都；（3）金堂；（4）双流；（5）彭县；（6）新津；（7）温江；（8）简阳；（9）资阳；（10）乐至；（11）安岳；（12）资中；（13）威远；（14）内江；（15）隆昌；（16）仁寿；（17）井研；（18）彭山；（19）富顺；（20）南溪；（21）宜宾；（22）高县；（23）泸县；（24）叙永；（25）合江；（26）荣昌；（27）永川；（28）巴县；（29）江津；（30）南川；（31）蓬安；（32）广安；（33）南部；（34）仪陇；（35）巴中；（36）通江；（37）广元；（38）德阳；（39）广汉；（40）绵竹；（41）什邡；（42）中江；

---

① 李如龙、张双庆主编：《客赣方言调查报告》，厦门大学出版社 1992 年版，第 448 页。
② 五华话的例句由嘉应学院魏宇文博士提供。

（43）安县；（44）三台；（45）梓潼；（46）西昌。

到 2001 年，又增加了盐源、纳溪、江安、长宁、筠连、珙县、兴文、古蔺等 8 个客家方言分布点。除去今重庆所辖的荣昌、永川、巴县、江津、南川 5 个区县之外，新四川客家方言分布点总数为 49 个。"若继续进行艰苦细致的调查，这个数字可能还将扩大。"①需要说明的是，尽管四川客家方言分布的地域很广泛，但由于四川客家人居住分散、其方言处于弱势地位等原因，至今很多县市虽有客家人却无人能说客家话了。比如在三台县，目前只是在三台客家人的亲属称谓中才能找到客家方言的痕迹。

四川客家方言分布的格局是大分散，小集中。大分散是指广泛而分散地分布在全省众多的县市，小集中是指在分布地以家族、村庄、区乡等为单位的集中分布。集中分布的四川客家方言呈方言岛形态。

（二）四川客家方言岛

川西成都客家方言岛是四川境内最大的客家方言岛。它位于成都市东、北方向的浅山和近山地带，在地理上连续分布，涉及龙泉驿区及与其接壤的成都成华区、锦江区、金牛区、新都区、青白江区、金堂县几个区县的 27②个乡镇范围，其边界大体是东至龙泉山，北至川陕公路东侧，南至老成渝公路北侧，西至沙河；其面积估计达 500 平方公里，客家人口总数约 50 万③。据调查统计，在 27 个乡镇中，客家人比例占 90%以上的乡镇多达 14 个：十陵镇 90%、义和镇 95%、西平镇 90%、长安乡 95%、万兴乡 95%、黄土镇 90%、文安镇 95%、西河镇 95%、龙潭乡 90%、龙王乡 95%、福洪乡 90%、合兴乡98%、木兰乡 95%、石板滩 97%。④成都客家人由于主要居住在东边的浅丘和台地，因此在成都一般称为东山客家。成都客家人的祖籍主要是粤东五华、梅县、兴宁一带，当地人把客家人称为"广东人"，或称"土广东"，把客家方言称为"广东话"，把四川官话称为"湖广话"。龙泉驿所辖洛带镇被称为西部客家第一镇，洛带镇总人口为 28416 人（2008），85%以上的居民都是客家人，他们普遍运用客家方言和成都官话进行交际。成都客家方言可"以靠

---

① 崔荣昌：《四川方言与巴蜀文化》，四川大学出版社 1996 年版，第 173 页。

② 根据成都市最新行政区划。崔荣昌 1985 年、1989 年、1992 年三次调查，查清成都客家方言分布在38 个乡镇，载崔荣昌《四川境内的客家方言》，巴蜀书社 2011 年版，第 96、103 页；2000 年刘义章、陈世松、刘世旭调查为 26 个乡镇，载刘义章、陈世松主编《四川客家历史与现状调查》，四川人民出版社 2001 年版，导言第 5 页。

③ 刘义章、陈世松主编：《四川客家历史与现状调查》，四川人民出版社 2001 年版，第 5 页。

④ 刘义章、陈世松主编：《四川客家历史与现状调查》，四川人民出版社 2001 年版，第 6—7 页。

近龙泉山与否为标准分为近山客话和近城客话两个小类,以洛带为代表的是
近山客话,包括同安、文安、黄土、西坪、万兴等乡镇的客话;以凉水井为
代表的是近城客话,包括龙潭乡、保和乡、青龙乡等乡镇的客话"①。近山客
话与近城客话主要在语言上有细微差异。如"造效开一上皓从"字在近山客话中读
ts'au^{53},在近城客话中 ts'au^{31};又如"谢假开三去祃邪"字在近山客话中读 tɕ'ia^{53},
在近城客话中读 tɕ'ia^{31};再如"梦通合三去送明"字在近山客家话中读 muŋ^{53},在近
城客话中读 muŋ^{31}。"造"是全浊上声字,"谢"是全浊去声字,"梦"是次
浊去声字,几字的读法反映出古代全浊上声(除开少数字的白读音)和全浊、
次浊去声字在近山客话和近城客话中有不同的分派规律。在近山客话中,全
浊上读去声(除开少数字的白读音)、全浊去和次浊去也读去声,跟梅县客家
方言和普通话的声调有共同的分派规律,而在近城客话中,全浊上声字(除开少
数字的白读音)、全浊去声和次浊去读上声,跟五华客家方言有相同的分派规律。
这个差异印证了成都客家人族谱上记载和口传的两大来源:一是梅县,一是五华。

　　川东南内江客家方言集中分布在内江市东南郭北区的永东乡、永西乡、
太华乡和隆昌县的界市镇、普润乡、周兴镇,基本呈连续分布的特点。其东
面与重庆市荣昌县盘龙镇大建乡相接,荣昌盘龙的客家方言无论从地理上还
是语言特点上看都应包括在这一区域。隆昌是川东最大的客家人聚居地,人
口约 20 多万。②在隆昌西南面的胡家镇还有比较集中的分布,其他在响石、
金鹅、山川、圣灯、石碾等乡镇还有零星的分布。在集中分布的界市镇、普
润乡、周兴、胡家镇,客家人都操客家话和隆昌话进行交际。据陈若愚的调
查报告,内江郭北区 20 世纪 90 年代初仅有一二千人讲客方言③。近年由于政
府和媒体对客家文化的积极宣传,该地点的客家人对客家身份的认同感明显
增加,说客家方言的人数有增加的趋势。此外,威远石坪乡过去是一个客家
方言点,40 年前崔荣昌对自己的母语石坪客方言进行调查时,他的同辈人已
基本不说客家方言;2010 年兰玉英、曾为志赴石坪调查,了解到在石坪至今
还有个别老年人能说客家方言,但这个方言点已呈消亡状态。跟石坪相邻的
资中铁佛场至今还有较多的人能说客家话,同时他们还使用资中话进行交际。
内江片内客家人的祖籍主要是粤东梅县、五华,石坪的客家人则主要来自河
源、龙川。此片内普遍把客家人称为"广东人",把客家方言称为"广东话",
把四川官话称为"湖广话",唯石坪把客家方言称为"广东腔"。

① 陈世松主编:《四川客家》,广西师范大学出版社 2005 年版,第 241 页。
② 崔荣昌:《四川方言的形成》,《方言》,1985 年第 1 期。
③ 四川省内江市东兴区志编纂委员会编纂:《内江县志》,巴蜀书社 1994 年版,第 762 页。

　　川西南西昌黄联客家方言分布在西昌境内的南宁区黄联关镇和盐中区中坝乡。具体分布在黄联乡鹿马村一、二、八组，约500人；石坝村一、二、三、四、五组，约1200人；大德村一、二、三、四、五组，约1000人；东坪村三、四、五组，约1000人；中坝乡大中村，约2000人；共计6000人左右。①黄联关镇大德村被称为凉山客家第一村，居民80%以上是客家人，普遍会说客家方言和被当地人称为"四外话"的西南官话。西昌多数客家人的祖籍为粤中龙川，少数为梅县、五华、兴宁等地，当地人普遍把客家人称为"广东人"，或称"假广东"，把客家方言称为"广东话"，把两种相邻的官话分别称为"四外话"和"保十三话"。黄联客家人普遍会说客家话和四外话。

　　川北仪陇片客家方言集中分布在仪陇中部丘陵地区，包括永乐区的乐兴乡（全部）和武棚乡（全部），日兴区的凤仪乡（部分）和大风乡（部分），马鞍区的旭日乡（部分）、周河乡（部分）和马鞍乡（部分），人口约5万。②乐兴乡是仪陇客家方言使用的核心地带，乐兴乡总人口1万余人，约有5000人会说客家方言，他们也操双方言交际。仪陇客家人的祖籍主要是粤北韶州府乳源县一带，当地人把客家人称为"广东人"，把客家方言称作"广东话"或"土广东话"，把仪陇官话称作"四邻话"或"四里话"。

　　游汝杰把方言岛的类型分为板块状——巨岛型、点状——孤岛型、斑点状——群岛型、带状——列岛型、块中点状——岛中岛型、沿海据点型、流动状——浮岛型七种类型，③并认为成都华阳凉水井和成都近郊的客家方言岛属于斑点状方言岛④。据上面的介绍，成都客家方言在成都的东北边连续分布，凉水井只是其中的一个点，与其相连接的仍然是客家方言，并绵延500平方千米，周围被成都官话包围，当属板块状——巨岛型方言岛，仪陇客家方言岛和西昌客家方言岛面积比较小，可以看成点状——孤岛型客家方言岛，岛外分别是仪陇官话和具有昆贵片特点的四外话。内江隆昌客家方言岛由数个小岛组成，内江—隆昌一线面积较大，胡家镇和石燕的面积较小，中间有隆昌官话隔开，应该属于斑点状——群岛型方言岛。

三　四川客家的双言现象

　　双方言又称作双言，双言现象是普通语言学、社会语言学、接触语言学、

---

① 四川省西昌市志编纂委员会：《西昌市志》，四川人民出版社1996年版，第985页。
② 崔荣昌：《四川境内的客方言》，巴蜀书社2011年版，第520页。
③ 游汝杰：《汉语方言学导论》，上海教育出版社1992年版，第57页。
④ 游汝杰：《汉语方言学导论》，上海教育出版社1992年版，第67页。

方言学都非常重视的内容。双言，英语叫做 diglossia，可以指一种语言的标准语和方言，也可以指一种语言的两种方言。什么是双言现象呢？"双言现象是指在不同的场合分别使用一种语言的两种变体，也就是说存在于同一语言集团中的一种语言的两种变体，如标准语和方言，两种不同的方言。"[①]说双语的人被称作双语人，仿照"双语人"的说法，说双言的人可以称作双言人。

汉语方言分歧严重，由于大方言区之间多不能直接通话，不能相互通话的方言区的人如果要交际的话就得发生方言接触，双言现象是方言接触的结果之一。

关于双言的范围有不同的界定，有的把普通话包括在内，有的没有包括。李如龙和庄初升先生明确把普通话排除在双方言现象的考察之外。[②]本书论述四川客家的双方现象也把普通话排除在外。庄初升先生根据地理差异把方言接触分为两种类型：一是方言区（片）交接带的方言接触，二是方言岛与包围方言的方言接触。[③]在四川成都、西昌、隆昌、仪陇几地的客家聚居区，客家人普遍说双方言，客家方言是以方言岛的形态存在的，因此四川客家方言与四川官话的接触属于方言岛与包围方言的地缘性接触。

把普通话排除在外，四川客家人普遍使用四川官话和客家方言。四川客家方言岛存在于成都、西昌、隆昌和仪陇，几地的官话方言存在着明显的差异，四川客家所说的双言，主要有以下几种不同的情况：

（1）成都客家：说客家方言与成都官话；

（2）隆昌客家：说客家方言与隆昌官话；

（3）西昌客家：说客家方言与四外话[④]；

（4）仪陇客家：说客家方言与仪陇官话。

就客家方言来说，四川客家方言内部存在着差异：成都、隆昌、西昌几点的客家方言内部一致性强，能够顺利通话；仪陇客家方言跟这三地客家方言的差异较大，沟通度则比较低，不能顺利通话。

就官话来说，成都、隆昌、西昌、仪陇各地客家人由于所处的地理位置不同，所说的官话也有差别。成都客家人使用的成都官话，属于成渝片；仪陇客家人所说的仪陇官话尽管也属成渝片，但其语感与 h、f 不分等特点跟成

---

① 马学良、瞿蔼堂、黄布凡、罗美珍、王远新：《普通语言学》，中央民族大学出版社 1997 年版，第 358—359 页。

② 庄初升：《双方言现象的一般认识》，《韶关大学学报》，1995 年第 1 期。

③ 庄初升：《双方言现象的一般认识》，《韶关大学学报》，1995 年第 1 期。

④ 在西昌黄联，有的客家人还使用被当地人称为"保十三"的官话。

都官话也有明显的区别；隆昌客家人使用的隆昌官话，古入声字归去声，有成套的平翘舌音，属于灌赤片的仁富小片；西昌黄联客家人普遍使用的是跟德昌话一致的"四外话"，在语音上有系统的平翘舌音，没有撮口呼韵母，可以归到昆贵片。

成都官话和隆昌官话在成都、隆昌两地客家聚居区都被称为湖广话，仪陇官话在仪陇客家聚居区被称为四邻话，在西昌客家聚居区，非客家人说的官话被称为"四外话"。各地的官话后文统称时，用"四川官话"的名称。

近些年笔者的足迹遍及成都东山、西昌黄联、内江隆昌和仪陇乐兴等客家人聚居区，在做四川客家方言调查的同时，为了了解四川客家双方言使用的详情，还通过问卷和口头访问去了解四川各地客家人的语言生活。在客家聚居区，双方言运用的大体情况是：在客家人内部说客家话，对非客家人则说四川官话。运用双方言的主要方式有以下三种：

（1）根据交际对象自由灵活使用客家话和四川官话：对客家人说客家话，对湖广人说四川官话，这是客家双言现象的主流表现。多年前，在青龙乡境内的熊猫馆里，笔者用客家话与两位从事环卫工作的客家妇女拉家常，她们告诉笔者当地的广东人都会讲广东话和湖广话①，在单位上班都讲湖广话，但遇到家乡人就讲广东话，对不熟悉的人则依据对方的方言来应对。

这种方式不仅发生在客家人对外交际，也发生在家庭内部。陈婷是成都信息工程大学 2009 级学生，家住仪陇乐兴镇东兴乡梁家坝村，她的爷爷、奶奶和父亲能够自如地使用客家话和仪陇官话，但她母亲不是客家人，不会说客家话。在陈婷家里，她爷爷、奶奶跟她父亲之间说客家话，他们跟她母亲则说仪陇官话。

（2）在使用客家方言的过程中插入四川官话。毛成贵是成都同安镇客家人，职业为自由撰稿人，也是双言的使用者。不久前，他跟笔者用客家话摆谈成都客家的婚丧嫁娶习俗，但他说到婚嫁中过礼的最高规格"九九八十一"和丧葬中"死者为大"时突然换用湖广话，笔者问他换用的原因，他解释说用广东话说觉得拗腔。尽管这是很少量地换用四川官话，但因为是成句的运用，所以也视为双言运用的一种方式。

（3）客家话跟四川官话直接对话。具体表现是一方说客家话、一方说湖广话。据目前的了解，这种对话方式发生在家庭内部。发话人和受话人因在双言能力有差异，或者是语言态度上有差异而选择这种方式。有的会双言，

---

① 当地人把客家话称为广东话，把四川官话称为湖广话。

但是不愿意说客家话。罗友蓉是同安镇的客家人，能够熟练运用客家话和成都官话，其家人也都会说客家话。她在城里做事习惯跟人说湖广话，回到家家人与其说客家话，她本人却仍然用湖广话跟家人对话。江华钦是西南石油大学 2009 级学生，家住成都洛带镇镇兴村，他跟他祖母、父母之间交流都说客家话，其堂兄会听但说不好客家话，兄弟俩从小的对话方式就是：江华钦说客家话，他堂兄说湖广话，这种习惯至今未改变。

　　只能听客家话的一方，不具有完整的双言交际能力，但由于客家话与四川官话的距离较大，需具有一定的习得经历方能听懂，因此，可把听客家话、说四川官话的现象视为半双言现象。这种情况游汝杰、邹嘉彦称为"半双重语言"[1]，为了与前面"双言"的名称相应，所以我们称为"半双言"现象。半双言行为的客家人不能教后代说客家话，其后代将不会自然获得双言能力。

　　为了了解四川客家人双方言使用的详细情况，笔者设计了问卷进行调查。调查问卷收回 152 份，内容主要有调查对象的基本信息、双方言的使用情况、语言态度以及关于湖广话对客家方言影响的认识这四个方面，被调查对象主要分布在四川成都、隆昌、西昌、仪陇等地，多数为当面调查，少数为网络调查。其中四川客家人的双言能力和双言使用情况见表 1-4。

表 1-4　　　　　　　　　四川客家人双言能力与双方言使用情况

	会使用双方言（%）	用广东话与广东人交谈（%）	最先学会广东话（%）
成都	77.27	56.82	80.95
隆昌	66.67	73.68	79.49
西昌	100	88.24	94.12
仪陇	80	74.07	74.07
网络	80	72	88.0

　　成都（主要调查地为龙泉）的问卷一共 44 份。44 名受访者，从年龄看，12 人 50 岁以上，12 人在 30—49 岁之间，20 人 29 岁以下；从文化程度看，4人为大专以上学历，26 人为初高中、中专学历，10 人为小学以下学历，另外有 4 人未告知文化程度；从职业看，1 人为保安，11 人为居民，6 人为农民，2 人为售货员，10 人为学生，7 人为自由职业，7 人为其他职业。经分析得知，这 44 人中，有 77.27% 的人会使用双方言，有 80.95% 的人最先学会的方言是广东话，有 56.82% 的人用广东话与广东人交谈。

---

① 游汝杰、邹嘉彦：《社会语言学教程》，复旦大学出版社 2011 年版，第 55 页。

　　隆昌（主要调查地为界市镇和胡家镇付家乡）的问卷一共 39 份。39 名受访者，从年龄看，17 人 50 岁以上，10 人在 30—49 岁之间，12 人 29 岁以下；从文化程度看，18 人初高中学历，17 人小学以下学历，1 人是私塾教育，另外有 3 人未告知；从职业看，22 人为农民，2 人为学生，1 人为技术工人，1 人为乡镇干部，2 人为教师，1 人为个体户，还有 10 人未告知。经分析得知，这 39 人中，有 66.67% 的人会使用双方言，有 79.49% 的人最先学会的方言是广东话，有 73.68% 的人用广东话与广东人交谈。

　　西昌地区一共 17 份。17 名受访者，从年龄上看，7 人 50 岁以上，4 人在 30—49 岁之间，6 人 29 岁以下；从文化程度看，2 人大专以上学历，10 人初高中学历，5 人小学以下学历；从职业看，6 人为农民，4 人为学生，其余 7 人包括退休工人、自由职业者等。经分析得知，这 17 名受访者，100% 都具有双方言能力（这项指标很高，是因为我们在西昌客家方言岛的核心区域所做的调查），最先学会的方言为广东话的占 94.12%，与广东人交谈时使用广东话的有 88.24%。

　　仪陇地区收回问卷有 27 份。27 名受访者，从年龄上看，15 人 50 岁以上，7 人在 30—49 岁之间，5 人 29 岁以下；从文化程度看，大专以上学历者 3 人，初高中及中专学历者 11 人，小学及不识字者共 13 人；从职业看，农民 15 人，教师 4 人，学生 5 人，工人 2 人，生意人 1 名。在这 27 份问卷中使用双方言、最先学会的方言为广东话的、与广东人交谈时用广东话的人均占据总数的 74.07%。

　　网络调查（通过四川客家网站）收回问卷 25 份。受访者居住地和职业复杂多样，来自成都龙泉驿区、新都区、锦江区、青羊区、金堂赵镇，以及仪陇、隆昌等县；职业包括教师、农民、工程师、文员等。受访者文化程度较高，年轻人居多。在这 25 个被访问者中，会使用双方言的占 80%，用广东话与广东人交谈的占 72%，有 88% 的人最先学会的方言为广东话。

　　被访问者无论居住在何地，不论年龄和职业有何差别，基本上都能使用广东话和湖广话两种方言，绝大部分人从小最先学会的是广东话。数据中值得注意的情况是：除了隆昌外，说客家话的比例多小于会说客家话的比例，双言能力与双言的使用体现出不对称的特点，这说明有些会说客家话的人放弃了对客家话的使用。

　　双言现象的长期存在既有利于弱势方言的保存，也意味着四川客家方言与四川官话接触的持续和深化，对于四川客家方言的研究来说，有利于从方言接触的视角来揭示四川客家方言的真实面貌与发展演变的特点、原因和规律。

第三节　四川客家方言研究综述

四川客家人来自闽、粤、赣三省，所操方言为客家方言。四川客家方言的研究是在四川客家人被"发现"之后才兴起的。1933 年，罗香林在《客家研究导论》中首先指出四川有客家方言分布。[①]1941 年，钟禄元第一次向外界报道了成都近郊客家人的奇风异俗。[②]1946 年春，当时的中央研究院历史语言研究所开展第二次调查四川方言工作，其间董同龢对成都华阳凉水井客家方言进行了调查，四川客家方言研究即肇始于董同龢《华阳凉水井客家话记音》，到 20 世纪 80 年代以后，研究成果渐多，主要针对四川客家方言的调查研究。下分四个方面进行综述。

一　四川客家方言的调查研究

董同龢《华阳凉水井客家话记音》是关于四川客家方言研究的最早的一部记录地点方言口语的调查报告。原载 1948 年上海商务印书馆发行的《历史语言研究所集刊》第 19 本，1956 年 8 月科学出版社重印出版。全书 11.7 万字，分前言、标音说明、记音正文和语汇四个部分。作者在前言中说明调查的主旨是供给材料；在记音部分用国际音标记录了 20 段自成片段的语料，包括对话、独白、祷词、童谣、故事等，同时用国语加以译注；语汇部分收录了多达 3500 个词语，词语按音序排列，附有"国语"对应词语或释文。记音材料保存了 60 多年前凉水井客家方言活生生的语言面貌，成为客家方言研究的宝贵文献。《华阳凉水井客家话记音》不是依据预先选定出来的字进行调查，而是采用"把汉字丢掉，踏踏实实的依照语言研究的基本步骤，去记录一种汉语"[③]的方法，其调查方法很独特。同时，由于调查的主旨是供给材料，作者没有主观的研究结论，表现了纯粹的描写语言学的立场。

继董同龢对华阳凉水井客家方言的调查近 40 年之后，中国社会科学院语言所黄雪贞研究员到当时成都金牛区所辖的龙潭寺（今属成都市成华区）进行实地调查，发表了论文《成都市郊龙潭寺的客家话》（《方言》，1986 年第 2 期）。文章主要包括"龙潭寺的客家人"、"龙潭寺方言的声韵调及语音特点"、"龙潭寺客话与闽粤客话词汇的异同"三部分内容。该文归纳了龙潭寺客家方

---

① 罗香林：《客家研究导论》，上海文艺出版社 1992 年版，第 97 页。
② 钟禄元：《蜀北民族风光》，《文史教学月刊》，1941 年第 3 期。
③ 董同龢：《华阳凉水井客家话记音》，科学出版社 1956 年版，第 82 页。

言的音系，从七个方面揭示了龙潭寺客家方言语音的特点。论文用比较研究的方法显示龙潭寺客家方言跟闽粤客家方言的异同，得出这样一些重要的结论：龙潭寺客家方言中有许多词，尤其是代词和亲属称谓与闽粤客家方言是相同的；龙潭寺客家方言的人称代词单数与闽粤客家方言相同，但表示复数的词缀不同；龙潭寺客家方言表示小称的词缀与闽粤客家方言不同；龙潭寺客家方言由于受四川官话的影响，导致"公、牯、嫲"的使用范围缩小，仅用于动物与没有性别的事物，不用于人；龙潭寺客家方言受成都官话的影响，重叠式较多。

四川大学崔荣昌教授生前在四川客家方言研究领域建树颇丰。他除了早年对自己的母语威远石坪客家方言进行全面调查之外，从 1980 年以来，还对成都合兴、仪陇、西昌几地的客家方言进行了调查，形成了系列的四川客家方言调查报告。各点的调查均以中国社会科学院语言研究所《方言调查字表》和中国社会科学院语言研究所方言组《方言调查词汇表》（包括所列的语法例句）为依据。其调查深入，呈现了四川数个客家方言点的丰富而鲜活的方言语料，在范围上大大拓展了四川客家方言的单点研究，已出版的《四川境内的客家方言》（巴蜀书社 2011 年版），是集作者毕生客家方言调查研究大成之作。此著在概述四川方言概况与四川境内的客家方言与其源流、四川客家方言及其语音、词汇、语法特点的基础上，全面报告了威远石坪、成都合兴、仪陇乐兴与周河、西昌黄联客家方言点的音系、音变、声韵调配合关系、同音字汇、3000 个词语的读音和词形以及 90 余项语法内容，全面描写了这些客家方言点的语言面貌，为开展四川客家方言内部的比较研究与跟原乡客家方言的比较研究打下了坚实的基础。

内江师范学院陈若愚教授在 1994 年对当时内江县（后改县设东兴区）境内的客家方言进行了调查研究，归纳了内江县永东乡客家方言的音系并揭示了其语音特点。[①]

西昌学院李瑞禾先生生前曾致力于西昌黄联关客家方言的研究，其论文《西昌市黄联乡的客家话》（《西昌高等师范专科学校学报》1996 年第 4 期），反映了西昌客家话的概貌，包括黄联客家话的分布、音系、黄联客家话与粤客家话字音对照、黄联客家话与粤客家话词汇对照、黄联客家话基本词汇举例等内容，重点揭示了黄联客家话的语音特点和基本词汇的面貌。李瑞禾还与西昌学院曹晋英发表了《西昌黄联客家话同音字汇》（《西昌高等师范专科

---

① 四川省内江市东兴区志编纂委员会编纂：《内江县志》，巴蜀书社 1994 年版，第 767—768 页。

学校学报》2001 年第 2 期），该文主要整理了西昌黄联客家话的同音字汇。

20 世纪以来，成都信息工程大学兰玉英、曾为志、闵卫东等人涉足四川客家方言研究，出版了《洛带客家方言研究》（兰玉英，四川人民出版社 2005 年版）、《泰兴客家方言研究》（兰玉英、曾为志、李瑞禾，中国社会科学出版社、文化艺术出版社 2007 年版）。《洛带客家方言研究》较全面地揭示了成都洛带客家方言在语音、词汇和语法几方面的面貌。在导论中探讨了成都客家方言的形成，提出两个重要的观点：一是成都东山客家方言是在四川官话方言的影响下，经过来自闽粤赣客家方言的交混和整合而形成的；二是广东客家方言尤其是五华话曾经对成都东山客家方言产生过重要的影响，是在成都东山客家方言形成过程中影响力最大的方言。[①]

《泰兴客家方言研究》在详细调查研究的基础上分析整理了成都泰兴客家方言音系、声韵调配合关系和同音字汇，在共时上把泰兴音与北京音作了比较，在历时上把泰兴音与《广韵》音系作了比较，揭示了泰兴客家方言与《广韵》音系的继承关系，跟普通话音系的对应关系。在词汇方面指出了泰兴客家方言词汇在词形、词义、词语来源以及造词理据方面的特点，列举了 3200 余条比较有特色的词语。在语法方面讨论了泰兴客家方言在词法和句法方面的基本面貌和特点。

西华师范大学曾晓舸 2004 年 7 月对仪陇乐兴客家方言进行了调查，在《南充方言研究》（四川人民出版社 2009 年版）中辟出第四章报告了乐兴客家方言的音系，总结了其语音特点，描写了其同音字汇，并把乐兴客家方言音系同普通话音系进行了全面的比较，还分类列举了乐兴客家方言的常用词汇，描写了乐兴客家方言的语法特点，提供了较为丰富的标音语料。

四川客家方言的调查研究成果还有四川师范大学黄尚军、成都信息工程大学曾为志的论文《四川新都客家话音系》（《重庆三峡学院学报》，2007 年第 4 期），该文记录了四川新都客家方言音系，对该音系声韵调特点及其配合规律进行了探讨。

这些研究继续丰富着四川客家方言单点研究的材料，挖掘到了更多的四川客家方言特色词，对四川客家方言的特点也有了更多的发现。

2012 年，西安工业大学郏远春博士出版了《成都客家话研究》（中国社会科学出版社 2012 年版），这是四川客家方言研究的可喜收获。该著提供了成都客家方言岛所涉及的三圣乡、天回镇、龙潭寺、十陵镇、西河镇、石板滩、

---

① 兰玉英：《洛带客家方言研究》，四川人民出版社 2005 年版，第 4—12 页。

泰兴镇、龙王乡八个客家方言点的翔实语料，全面归纳了成都客家方言的音系，揭示了成都客家方言在语音、词汇、语法各方面的特点及其内部差异，还讨论了成都客家方言的共时演变和历时演变，并从社会语言学的角度调查分析了成都客家人的语言生活。此项成果把传统语言学和社会语言学的研究方法结合起来，描写了成都客家方言的全貌，研究了其发展变化及使用情况，无论在范围上、方法上、深广度上都有力地推进了四川客家方言的研究。

二　四川客家方言的来源和分布等研究

崔荣昌《四川的客家人和客家方言岛》（《龙门阵》，1985 年第 6 期），《客家人"谓母曰姐"》（《文史杂志》，1991 年第 3 期）、《四川方言与巴蜀文化》（四川大学出版社 1996 年版）等一系列成果，揭示了四川客家的来源、分布、四川客家方言在语音、词汇和语法等方面的特点。其中专著《四川方言与巴蜀文化》特辟专章"四川的客话"研究四川客家方言，其内容包括：（1）四川客话及其源流；（2）四川客家人与客家话的分布；（3）四川客家人的传统习俗；（4）四川客家话的特点。关于四川客家方言的分布，在罗香林、刘丽川、张卫东的研究基础上，崔荣昌根据所掌握的文献和实地考察，提出"截止于 1993 年底，四川境内的客方言已多达 46 个"[①]。该著从语音、词汇和语法几方面概括了四川客家方言的特点。此著关于四川客家方言面貌的重要学术观点是："四川的客家话与粤东北客家话有极大的一致性，具有客家方言相通的特点，说明它确确实实是客家方言的嫡系；另一方面又表现出它同客家方言的差异性，具有一些西南官话的特色，表明其入川以后所受四川官话的影响。"[②]

李文泽《四川的客家人和客家方言》（《中国典籍与文化》，1995 年第 1 期），主要探讨了四川客家人的来源和四川客方言的特征，认为四川客家人大多是在清代初年迁徙而来的，迁徙的初始动机是由于为生活所迫，四川客家方言保持了较多的中古汉语特征。兰玉英在《四川客家》（2005）第九章客家方言与巴蜀文化中对四川客家方言的流行情况、四川客家方言的沟通度、四川客家方言保存的原因和某些客家方言文化现象进行了探讨，并就四川几大客家方言岛所处的位置和特点提出将四川客家方言分成川西东山片、川南内江片、川西南黄联片、川北仪陇片[③]。

---

① 崔荣昌：《四川方言与巴蜀文化》，四川大学出版社 1996 年版，第 171—172 页。

② 崔荣昌：《四川方言与巴蜀文化》，四川大学出版社 1996 年版，第 181 页。

③ 陈世松主编：《四川客家》，广西师范大学出版社 2005 年版，第 235 页。

三　四川客家方言的比较研究

自 20 世纪前后，有一些年轻的学者进入四川客家方言研究的队伍中，他们着重把四川客家方言跟梅县客家方言和四川官话进行比较研究。广东教育学院段英《四川黄联关客家话与梅县客家话的比较》（《汕头大学学报》，2002年第 4 期）在归纳黄联关客家方言音系的基础上重点比较了西昌黄联关客家方言与梅县客家方言在声韵调几个方面的共同性和差异性。其主要内容有："黄联关客家话岛的人文背景"、"黄联关客家话声母及其与梅县客家话声母的比较"、"黄联关客家话韵母及其与梅县客家话韵母的比较"、"黄联关客家话声调及其与梅县客家话声调的比较"、"黄联关客家话的文白异读"。曾为志《新都客家话与梅县客家话及成都官话词汇比较研究》（四川师范大学硕士学位论文，2006 年），以其母语新都泰兴客家方言为研究对象，选取 1275 条词语，运用比较研究的方法把新都客家方言跟梅县客家方言、成都官话和新都官话进行比较研究，认为新都客家方言和梅县客家方言具有很大的一致性，新都客家方言保留了客家方言的很多特征词，同时也受到了强势方言——成都官话的影响，借入了相当数量的一批官话词语。王庆《龙潭寺客家话语音研究》（西南大学硕士学位论文，2006 年），全面描写和分析了龙潭寺客家方言的语音系统，通过与闽西、粤东、赣南客家方言以及成都官话的比较，揭示了龙潭寺客家方言语音的构成和来源，还探讨了龙潭寺客家方言受成都官话影响而产生的语音现象与成都官话影响的方式和途径，认为龙潭寺客家方言是一个"融合式"的方言语言群落，该文还分析了方言岛存在的条件。王庆《论成都龙潭寺客家话的 tʂ、tʂ'、ʂ》（《西华大学学报》，2007 年第 3 期），通过对龙潭寺客家方言与梅州客家方言的比较分析，认为这三个音类是受成都话的影响而产生的并随成都话的发展而转变为 ts、ts'、s 的。徐翀《仪陇客家话语音研究》（西南大学硕士学位论文，2007 年）对仪陇县乐兴乡、丁字桥乡客家方言的语音系统进行了全面的描写，通过仪陇客家方言语音与梅县客话、粤北客话以及仪陇官话的共时比较研究，归纳出仪陇客家方言语音所保留的客家方言的若干语音特点和受仪陇官话影响而产生的若干特点。周冀《隆昌客家话语音研究》（西南大学硕士学位论文，2007 年）对隆昌客家方言语音进行了比较全面的描写和研究，通过隆昌客家方言跟广东梅州地区的客家方言与四川官话的共时比较研究，发现隆昌客家方言在声母、韵母、声调诸方面既有来自客家方言的诸多语音特点，也有在四川官话影响下产生的语音特点。同时，本文还认为隆昌客家方言对隆昌当地的西南官话的某些语音也产生了一些影响。

在比较研究方面的成果还有：兰玉英、闵卫东《凉水井客家话与成都方言的通用方言词及其分析》（《西南民族大学学报》，2004 年第 3 期），该文选择了"把细"、"焱"等 75 个在凉水井客家方言与成都官话中都共用的词语进行比较，通过考察这些词语大量地出现在凉水井周边及以远的西南官话方言点，却极少出现在其他客家方言点的情况，认为成都官话对成都客家方言词汇带来了较大的影响。兰玉英《〈凉水井客家话记音〉译注献疑》（《四川师范大学学报》，2004 年第 4 期），结合上下文和词语的音义关系辨析了《华阳凉水井客家话记音》中的几个国语译注，指出了原译注的不妥之处。

西南交大宋伶俐、朴正俸博士《成都客家方言岛词汇使用现状调查——以"华阳凉水井客家话"为例》（《暨南学报》，2010 年第 1 期），该文是在方言学和社会语言学理论指导下综合运用比较研究、应用研究和分析研究方法取得的成果。论文以董同龢曾经调查过的"华阳凉水井客家话"作为调查对象，通过对遴选出的 195 条客家方言特征词使用情况的调查来考察凉水井客家词汇的使用现状。调查结果显示，凉水井客家特征词的掌握情况较好，但从与 60 年前董同龢的记音材料的比较中发现作为通用方言的"湖广话"对于凉水井客家话的渗透程度在加深。文章就影响凉水井客家话词汇使用准确率的主要因素展开了相关分析，认为十陵小区人口来源广，语言使用情况复杂，是影响凉水井客家人的客家词汇准确使用的客观因素，客家方言系统内部的因素中带性别词尾这一重要的构词法特征逐渐为凉水井客家人所忽视，是影响凉水井客家人的客家方言词汇准确使用的主要因素。

兰玉英、曾为志《成都客家方言基本词汇的演变方式初探》（《西南民族大学学报》，2011 年第 2 期），聚焦基本词汇的演变，运用比较分析法就成都客家方言与闽粤赣客家方言和成都官话中相应的词语进行比较研究，揭示出成都客家方言词汇的演变及其方式，认为成都客家方言通过交混、叠置、替代和创新等演变方式来重建了一个基本词汇系统，这个系统表现出传承性、包容性与开放性的特点。

成都信息工程学院闵卫东多年来从事凉水井客家方言的研究，发表了系列论文。《华阳凉水井客家话语音 60 年变化分析》（《大家》，2010 年第 6 期），以 60 年前董同龢《华阳凉水井客家话记音》的对话材料为基础，并依据其田野调查材料，对凉水井客家方言进行纵向比较研究，分析其声、韵、调等方面发生的变化，以期厘清凉水井客家方言语音发展的脉络，激起人们对凉水井客家方言未来走势的关注。《华阳凉水井客家话语音变化原因初探》（《合作经济与科技》，2011 年第 2 期），在前文研究的基础上，尝试从政治、经济、文化的角度对其变化原因进行分析，探索凉水井客家方言语音变化的影响因素。《凉水井客家话亲属称谓词研究》（《时代金融》，2010 年第 10 期），运用田野调查的方法，系统收集整理了凉水井客家方言中的亲属称谓词，建立了凉水井亲属称谓词表，并运用历史比较的方法分析凉水井客家方言亲属称谓词 60 年前后的变迁，以及凉水井客家方言亲属称谓词与中国传统亲属称谓词的关系，探究社会历史因素在凉水井客家方言亲属称谓词系统发展变化中的作用。

四　四川客家方言文化研究

崔荣昌先生在从事客家方言研究的同时，也注重客家方言文化的研究，所著《四川方言与巴蜀文化》在"四川的客话"中专辟出"四川客家人的传统习俗"来介绍客家人的文化礼俗和成都东山的客家山歌⑥。兰玉英《成都东山客家方言中关于生命的民俗语言现象诠释》（《西华大学学报》，2005 年第 3 期），以成都客家方言中的民俗词为研究对象，诠释了成都客家人所信奉的送子娘娘、童子、月亮、秧根、寄生、喊魂等民俗语言现象，指出这是万物有灵观的产物和残存，同时还指出了客家繁复的丧葬习俗所反映的灵魂观。兰玉英《成都东山客家方言中"公、嬷"的语言解读和文化解读》（《中华文化论坛》，2005 年第 1 期），梳理了"公、嬷"的义项，讨论了"公、嬷"用作命名的理据，并分析了由"公、嬷"构成的词语所反映的生殖崇拜等思想。兰玉英《成都客家方言词汇与文化简论》（《成都信息工程学院学报》，2008 年第 5 期），讨论了成都客家方言词汇的面貌及其所反映的文化内容，认为成都客家方言词汇反映了成都客家文化的山居稻作文化形态和包容、创新的移民文化特征，以及鸟崇拜、生殖崇拜、自然崇拜等原始信仰。兰玉英《客家方言中"鸟"、"卵"的意义及其文化意蕴》（《中华文化论坛》，2010 年第 4 期），在梳理"鸟"的各项意义及其演变轨迹的基础上，通过对唐五代以来的文献考察，揭示了客家方言词语"鸟"和"卵"蕴涵男根崇拜和鸟崇拜意义的渊源，认为客家方言词语"鸟"和"卵"所负担的意义直接联系着男根崇拜和鸟崇拜的思想观念。

四川客家方言研究有这样三个突出的特点：第一是重视单点材料的调查和描写；第二是注重比较研究，通过把研究对象跟客家基本住地尤其是跟梅县客家方言和当地西南官话进行比较研究，揭示出该地点客家方言在传承与变异两方面的具体情形；第三，比较重视客家方言的文化阐释。其中跟当地西南官话的比较，立足于方言接触的视角所进行的研究，以及在文化语言学理论指导下的四川客家方言文化的研究拓宽了四川客家方言研究的视野。

　　四川客家方言研究起步较晚，尽管已取得了比较显著的成绩，但是仍有很多问题值得研究。下面从四个方面予以说明：

　　第一，在四川客家方言分布方面。据 2001 年的材料，新四川客家方言分布点总数为 49 个。时过 10 年后，需进一步确认的是：这些分布地点是否都还保存着客家方言？有哪些地点有客家人但已无人能说客家方言了？是否还有新的客家方言点？这些问题尚有待于通过艰苦细致的田野调查来弄清楚。

　　第二，在四川客家方言的单点调查和描写方面。四川客家方言分布点很多，现有成果集中在成都、西昌、仪陇这几个客家方言岛内的数个地点，这些地点的客家方言面貌已经比较清楚，而更多地点的客家方言面貌则还不甚明了。有必要对其他客家方言分布点进行调查，写出详细的调查报告，以进一步丰富四川客家方言点的素材，进而深入研究四川客家方言。

　　第三，在四川客家方言的内外部比较研究方面。内部比较研究，是指四川客家方言与祖籍方言的比较研究和四川各地客家方言之间的比较研究；外部比较研究，是指四川客家方言与四川官话的比较研究。通过这些内外比较研究，需回答四川客家方言传承和变异的详情、途径、规律、原因、条件等理论问题，提升四川客家方言研究的层次。

　　第四，在四川客家方言文化研究方面。目前对四川客家方言文化的研究还是局部的、零星的。客家方言蕴藏着丰富的文化内容，很有必要把客家方言的研究与客家文化的研究结合起来，或者通过四川客家方言来系统发掘客家的历史文化、民俗文化、精神文化、物质文化等，或者对客家方言的研究给予更多的文化关怀。

第四节　研究思路、方法和预期目标

一　研究思路

　　课题研究的基本思路是：在汉语方言学理论和方法的指导下，对四川客家方言面貌进行全面调查研究；在接触语言学理论指导下立足于方言接触的视角对四川客家方言发展演变进行研究。具体分三步实施：

　　第一步是进行田野调查，全面获取四川客家方言的调查材料。项目申报之初，经过董同龢、黄雪贞、崔荣昌、兰玉英、曾为志、李瑞禾、段英等人的调查，尤其是崔荣昌先生多年前的艰苦调查，除了内江隆昌客家方言之外，成都、西昌、仪陇客家方言面貌已经比较清楚，但一来有些调查时间已稍远（董同龢，1946 年；黄雪贞，1985 年；崔荣昌，1961 年，1983 年左右）；二来之前的调查范围有或大或小的分别，三来也很缺乏成都、隆昌、西昌几点官话语音、词汇、语法的全面资料；再者，四川客家主要来源方言五华和梅县客家方言研究的现有文献也不能满足课题研究的需要，因此首先需要对各点的客家方言和官话进行调查，以获取最新的语料。从 2009 年课题立项开始，在 2009—2010 年间，对西昌、仪陇、隆昌、梅县、五华各点进行了相关的各项调查。

第二步是对全部调查材料进行整理、分析和归类处理。2009 年 9 月到 2011 年 12 月对调查材料进行整理、分析和归类处理。项目语料整理工作量巨大，从 2009 年 9 月起陆续进行，直到 2011 年 12 月完成。语料包括多个点的音系、同音字汇、近 5000 条词语、各点的文白异读、145 个语法例句，以及 200 个核心词对照表、1200 余条基本词汇对照表、千词表、字音对照表、语法例句对照表等。

第三步是进行研究。2012 年 1 月到 2013 年 1 月完成专著初稿写作。之前，课题组成员多次讨论，形成了明确的思路和写作大纲，并进行写作分工。2012 年 1 月，课题组全面进入专著写作，团队成员集思广益、精诚合作，于 2013 年 1 月如期完成了专著初稿。2013 年 2 月到 6 月，书稿进入修改完善阶段。经过多次讨论和数易其稿，终于按时定稿。

二　研究方法

课题研究的范围广，牵涉面宽，需要综合运用多学科的多种方法进行研究，主要的研究方法有：

田野调查方法，这是汉语方言研究的基本方法，也是本研究的出发点和起码环节。课题研究的语音、词汇、语法材料大多来自现场实地调查，所有的材料录音存档。在课题研究过程中，遇到少数问题不便去现场则通过电话核实。课题组成员走向田野，亲身感受了四川各地的客家方言，更重要的是获得了新鲜而丰富的语料，为项目研究打下了坚实的基础。

描写方法：这是汉语方言研究的重要方法，是本研究的中间环节，用于全面描写四川各地客家方言语音、词汇、语法基本面貌，以进行各个项目的比较研究、计量研究、分析研究。在进行单点描写的时候，既充分尊重发音合作人的语感，又通过多人的发音比较来排除训读和误读、误说，力求真实地调查各个点的语音、词汇、语法的实际面貌。

　　比较方法：这也是方言研究的重要方法。从时间上看，分为共时比较和历时比较。共时比较是在共时平面把方言与普通话，或者把一个方言与另一个方言进行比较研究；历时比较是把方言与历代共同语或方言作比较研究。课题主要作共时比较，比较的范围包括客家方言内部比较和客家方言与四川官话的外部比较。客家方言内部比较的范围又包括四川客家方言内部的比较和四川客家方言与其来源方言的比较。本次研究，由于调查放眼于全川客家方言及其来源方言，获取了成都、隆昌、西昌、仪陇四个方言岛数个点与来源方言梅县、五华两地的相同调查项目的语料，所报告的语料能满足内外部多向度比较的需要。项目力图通过进行多向度、系统性的比较研究，揭示四川客家方言传承和演变的语言事实，并概括出一般性的理论认识

　　计量分析法：这是汉语研究的一种新的定量研究方法，是传统研究方法的补充和发展。由于这种方法还处于起步阶段，课题组谨慎地运用这种方法来进行研究，根据研究四川客家方言的面貌和演变发展的需要，还以斯瓦迪士（Morris Swadesh）200 核心词为研究对象，计算 200 核心词在四川各客家方言点之间的同异及其跟来源方言的同异，获得核心词在特征词、借词等项目的计量数据，以观察核心词的演变发展情况。

　　问卷调查法：运用社会语言学的问卷调查法，了解四川客家人的语言生活、双言运用、语言态度等情况，借以探讨四川客家方言发展演变的社会原因。

三　预期目标

　　课题采用全新的视角，综合运用多种方法来研究四川客家方言，预期达到的目标有：

　　1. 全面揭示四川客家方言的面貌

　　四川客家方言的调查研究，发端于 1946 年董同龢的《华阳凉水井客家话记音》，后继诸多学者的研究中，崔荣昌先生的贡献巨大。崔先生生前差不多倾注了毕生精力，调查了威远、成都、西昌、仪陇各地点。崔先生的调查，始于 20 世纪 60 年代，止于 20 世纪 80 年代中期。自 80 年代以来，由于改革开放的影响，30 年间我国人民的语言生活发生了很多的变化，四川客家人的语言生活也不例外。基于此，课题组不辞劳苦，不但对未全面调查过的隆昌客家方言进行了调查，而且对以前调查过的地点进行了新的调查，得到了四川客家方言最新的语料，其语音、词汇、语法的具体面貌，本书将在第三、第四、第五章中加以呈现。

2. 系统研究四川客家方言跟四川官话接触的具体语言事实

四川客家方言与四川官话接触背景下的四川客家方言本体研究是课题组研究的主要内容。

四川客家人主要来自清季的嘉应州，五华、梅县两地是四川客家人的主要来源。客家方言在客家基本住地相对稳固，可以作为四川客家方言传承与变异的参考系。故第二章对四川客家方言与其主要来源方言进行语音、词汇和语法的比较研究，从中可以初步了解四川客家方言与主要来源方言的一致性和差异性。第三、四、五章分别就四川客家方言与四川官话接触下的语音、词汇、语法进行比较研究：语音的接触研究包括语音成分、语音特点、语音结构等内容；词汇的接触研究包括特征词、借词、词形等内容，语法的接触研究包括名词重叠式、名量搭配、方位名词、代词、动词的体标记、疑问句、双宾句、被动句等词法和句法问题，并以《华阳凉水井客家话记音》的语料作为个案，全面细致地分析其词法和句法方面跟四川官话相接触的语言事实。如果说第二章总体上是一般概括的话，那么这三章就是具体的、定量的、论证性的研究。

3. 总结四川客家方言演变的方式、特点和规律

课题在描写研究、比较研究、计量研究的基础上，力图进行理论概括，总结出四川客家方言在四川官话的接触下传承与演变发展的情况，第六章方言接触与四川客家方言的发展演变，拟在演变特点、演变方式、传承与演变规律、演变的原因等方面有所发现和突破，期待本课题的研究既能印证现有关于方言接触的研究理论，又能贡献方言接触研究的新成果。

第二章　四川客家方言与梅县、五华客家方言的比较研究

　　四川客家人的主要来源地是粤东的五华和梅县，因此五华、梅县两地的客家方言是四川客家方言的主要来源，或者说是四川客家方言的主要来源方言、主要源方言。

　　成都、隆昌、西昌客家方言跟梅县、五华客家方言具有很近的亲缘关系，其间的可比性很强，仪陇客家方言尽管源自粤北韶关多个区县，但由于跟梅县、五华都同为客家方言，梅县客家方言又是客家方言的代表方言，其间的可比性也毋庸赘言。

　　本章就四川客家方言与梅县、五华客家方言进行比较研究，其目的有三个：一是考察四川客家方言跟梅县、五华客家方言在语音、词汇、语法方面的共同点；二是考察四川客家方言跟梅县、五华客家方言的差异；三是分析四川各地客家方言跟梅县、五华等客家方言之间的亲疏关系。

第一节　四川客家方言与梅县、五华客家方言语音的比较研究

一　音系比较

（一）各客家方言[①]点音系

1. 梅县客家方言音系[②]

（1）声母　一共17个，包括零声母在内：

---

　　① 客家方言、客方言、客家话、客话、客语这些名称都是相同的意思，本书一般称客家方言，有时也称客方言、客家话、客话。

　　② 依据黄雪贞《梅县方言词典》，江苏教育出版社1995年版，引论第4—5页；又，on、ion、uon、oŋ、ioŋ、uoŋ、ot、ok、iok、uok 中的 o，音值为半低元音，为便于比较，这些韵母中的 o，本书按照实际发音写作ɔ。为了简洁起见，除了引用之外，本书国际音标一般不用方括号。

p　pʻ　m　f　v　t　tʻ　n　l　ts　tsʻ　s　k　kʻ　ŋ　h　Ø

声母说明：

① [v] 的摩擦很轻，实际音值是ʋ。

② [k kʻ ŋ h]与[i i-]相拼时实际音质是 [c cʻ ɲ ç]。

（2）韵母　一共 73 个，包括自成音节的 m̩、n̩ 在内。如下：

ɿ	a	e	o	m̩	n̩	ai	oi	ui	au	eu	iu
i	ia	ie	io			iai		iui	iau		
u	ua		uo			uai					
əm	am	em	ən	an	en	ɔn	un	aŋ	ɔŋ	uŋ	
im	iam		in	ian	ien	iɔn	iun	iaŋ	iɔŋ	iuŋ	
	uan	uen	uɔn				uaŋ	uɔŋ			
əp	ap	ep	ət	at	et	ɔt	ut	ak	ɔk	uk	
ip	iap		it	iat	iet		iut	iak	iɔk	iuk	
	uat	uet					uak	uɔk			

韵母说明：

① [e　ie　eu]中的[e]，音值为半高元音[e]；[em　en　ien　uen　ep　et　iet uet]中的[e]，音值为半低元音[ɛ]。

② [o　io　uo　oi]中的[o]，音值为半高元音[o]；[on　ion　uo　nɔŋ　iɔŋ uɔŋ　ot　ok　iok　uok]中的[o]，音值为半低元音[ɔ]。

③ [iu]的两个元音长度平均。

（3）声调　六个单字调，平入分阴阳，上去不分阴阳，轻声在外：

阴平 44　　　　　　上声 31　去声 53　　　　　　阴入 1

阳平 11　　　　　　　　　　　　　　　　　　　　阳入 5

2. 五华客家方言音系①

（1）声母　一共 20 个，包括零母在内：

p　pʻ　m　f　v　t　tʻ　n　l　ts　tsʻ　s　tʃ　tʃʻ　ʃ　k　kʻ　ŋ　h　Ø

（2）韵母　一共 56 个，包括自成音节的 m̩、ŋ̍在内。韵母中只有 i 介音，无 u 介音。如下：

ɿ	a	e	o	ai	oi	ui	au	eu	iu	m̩	ŋ̍
i	ia		io	ioi	iui	iau					
u											

---

① 依据魏宇文《五华方言同音字汇》，《方言》，1997 年第 3 期，但声母系统略有调整。

am	em	im	ən	an	en	on	un	aŋ	əŋ	oŋ	uŋ
iam			in		ien	ion	iun	iaŋ		ioŋ	iuŋ
ap	ep		ip	at	et	ot	ut	ak	ək	ok	uk
iap			it		iet			iak		iok	iuk

（3）声调　一共 6 个：

阴平 44　　上声 31　　去声 53　　阴入 1

阳平 13　　　　　　　　　　阳入 5

3. 洛带客家方言音系

（1）声母　一共 21 个，包括 20 个辅音声母和 1 个零声母：

p pʻ m f v t tʻ n ts tsʻ s z tɕ tɕʻ n̩ ç k kʻ ŋ x Ø

声母说明：

n、l 不形成音位的对立。n 的实际发音有时是舌尖中鼻音 n，有时是舌尖中边音 l，有时是鼻化的边音 ɫ，它们是 n 音位的自由变体，无区别意义的作用，本书一律记作 n。

（2）韵母　一共 57 个，包括自成音节的 m̩。有单韵母 9 个，复韵母 16 个，鼻音尾韵母 17 个，喉塞音尾韵母 15 个。如下：

ɿ	ɚ	a	e	o	ai	au	ei	oi	əu	m̩
i	ia	ie	io	iai	iau			iəu		
u	ua			uai		uei				
y		ye					yoi			
an	ən	ɔn	aŋ	ɔŋ	uŋ					
iɛn	in		iaŋ	iɔŋ	iuŋ					
uan		uən	uaŋ							
yɛn	yn	yɔn								
ɿʔ	aʔ	eʔ	oʔ	ɔʔ						
iʔ	iaʔ	ieʔ	ioʔ	iuʔ						
uʔ	uaʔ	ueʔ								
yʔ		yeʔ								

韵母说明：

① aʔ、iaʔ、uaʔ 几个韵母中的 a，其发音口形比前 a 小，实际发音为 æ。

② m̩ 是双唇鼻辅音作韵母，有时它被 n̩ 和 ŋ̍ 自由替换，今记为 m̩。

③ oi 中主要元音的实际音质介于 o 与 ɔ 之间，记为 o。

④ 韵母 iɛn 中的 n 尾发音不着实，为方便不记为 iɛⁿ 而记为 iɛn。

⑤ iuʔ跟 n 声母相拼时，实际读音为 iəuʔ，仅"六、绿"两个字读为 niəuʔ[2]。因另无 niəuʔ音节的字，故不单立 iəuʔ，但为方便认读，在后面的字、词表中，"绿、六"两字仍按实际发音来记音。

（3）声调　一共有阴平、阳平、上声、去声、阴入、阳入 6 个声调，没有轻声：

阴平 45　　　上声 31　　　去声 53　　阴入 2
阳平 13　　　　　　　　　　　　　　阳入 5

声调说明：阴入多念 2，但收音时略有下降，近似 21，有的字念 1，因为几种调值不区别意义，今一并记为 2。

4. 凉水井客家方言音系

（1）声母　一共有辅音声母 21 个，包括 1 个零声母：

p pʻ m f v t tʻ n ts tsʻ s z tɕ tɕʻ n̦ ç k kʻ ŋ x ∅

声母说明：

① n、l 不形成音位的对立，l 的实际发音有时是舌尖中边音，有时是鼻化的边音 ɬ，有时是舌尖中鼻音，它们是 l 音位的自由变体，无区别意义的作用。在语流中音变中多读为 n，今统一记为 n。

②"食、车"等少数几个字，有时候读成发音靠前的翘舌音，因为不成系统，并且平舌、翘舌不区别意义，所以未立翘舌音。

（2）韵母　一共 56 个，包括自成音节的 m̩。有单韵母 9 个，复韵母 16 个，鼻音尾韵母 17 个，喉塞音尾韵母 14 个。如下：

ɿ	ɚ	a	e	o	ai	au	ei	oi	əu	m̩
i		ia	ie	io	iɛi	iau			iəu	
u		ua	uai				uei			
y		ye					yoi			
an		ən	ɔn	aŋ	ɔŋ	uŋ				
iɛn		in		iaŋ	iɔŋ	iuŋ				
uan		uən		uaŋ						
yɛn		yn	yɔn							
ɿʔ	aʔ	eʔ	oʔ							
iʔ	iaʔ	ieʔ	ioʔ	iuʔ						
uʔ	uaʔ	ueʔ								
yʔ		yeʔ								

韵母说明：

① m̩是双唇鼻辅音作韵母，有时它被 n̩和 ŋ̍自由替换，今记为 m̩。

② oi 中主要元音的实际音质介于 o 与ɔ之间，记为 o。

③ iɛn 韵的大部分字鼻音较弱，有的字读为鼻化韵 iɛ̃，yɛn 韵的字大多能感受到-n 尾，个别字读为鼻化的 yɛ̃。

④ aʔ、iaʔ、uaʔ几个韵母中的 a，其发音口形比前 a 小，实际发音为 æ。

⑤ iu 跟 n 声母相拼时，实际读音为 iauʔ，也仅"六、绿"两字读为 niauʔ²。在后面的字、词表中，也记实际发音。

（3）声调　一共有 6 个声调，没有轻声：

阴平 45　　　上声 31　　　　去声 53　　阴入 2

阳平 13　　　　　　　　　　　　　阳入 5

声调说明：阴入收音时略有下降，近似 21，有的字念 1，因为几种调值不区别意义，今一并记为 2。

5. 隆昌（付家）客家方言音系

（1）声母　一共 25 个，包括零声母：

p pʻ m f v t tʻ n ts tsʻ s z tʂ tʂʻ ʂ ʐ tɕ tɕʻ n̠ ɕ k kʻ ŋ x Ø

声母说明：

① n、l 在实际发音中相混，不形成音位的对立，无区别意义的作用，今统一记为 n。

② 韵母共 56 个，包括自成音节的m̩。有单韵母 10 个，复韵母 15 个，鼻音尾韵母 17 个；喉塞音尾韵母 14 个。如下：

ɿ	ʅ	ɚ	a	e	o	ai	au	ei	oi	əu	m̩
i		ia	ie	io		iau			ioi	iəu	
u		ua	uai				uei				
y		ye									
an		ən	ɔn	aŋ	ɔŋ	uŋ					
iɛn		in	iaŋ	iɔŋ	iuŋ						
uan		uən	uɔn	uaŋ							
yɛn		yn									
ɤʔ		aʔ	eʔ	oʔ							
iʔ		iaʔ	ieʔ	ioʔ	iəuʔ						
uʔ		uaʔ	ueʔ								
yʔ		yeʔ									

（2）韵母说明：

① m̩是双唇鼻辅音作韵母，有时它被ŋ和ŋ̍自由替换，记为m̩。

② oi 中主要元音的实际音质介于 o 与 ɔ 之间，记为 o。

③ iɛn 、yɛn 韵有时读为鼻化韵 iɛ̃ 、yɛ̃。

（3）声调　一共有6个声调，没有轻声：

阴平 45　　　上声 31　　　去声 53　　阴入 3

阳平 13　　　　　　　　　　　　　　阳入 5

6. 西昌黄联（大德）客家方言音系

（1）声母　一共23个声母，包括零声母：

p p' m f v t t' n ts ts' s tʂ tʂ' ʂ ʐ tɕ tɕ' ɕ
k k' ŋ x ∅

声母说明：

n、l不形成音位的对立，l的实际发音有时是舌尖中边音，有时是鼻化的边音，有时是舌尖中鼻音，它们是l音位的自由变体，无区别意义的作用，本书一律记作n。

（2）韵母　西昌客家方言一共48个韵母，包括自成音节的 m̩。有单韵母8个，复韵母13个，鼻音尾韵母14个，塞音尾韵母12个。如下：

ɿ	ʅ	ɚ	a	e	o	ai	au	ei	əu	m̩
i			ia	ie	io		iau		iəu	
u			ua			uai		uei		
				ye						
an		ən	aŋ	ɔŋ	uŋ					
iɛn		in	iaŋ	iɔŋ	iuŋ					
uan		uən	uaŋ							
yɛn①										
ʅʔ			aʔ	eʔ	oʔ					
iʔ			iaʔ	ieʔ	ioʔ	iuʔ				
uʔ			uaʔ	ueʔ						

（3）声调　一共六个声调，没有轻声：

阴平 45　　　上声 31　　　去声 53　　阴入 3

阳平 13　　　　　　　　　　　　　　阳入 5

---

① yɛn 这个韵母不稳定，有的人没有介音 y，读为 iɛn。

7. 仪陇客家方言音系

（1）声母　一共 21 个，其中辅音声母 20 个，零声母 1 个。如下：

p p' m f v t t' **n** ts ts' s z tɕ tɕ' ȵ ɕ k k' ŋ x Ø

声母说明：

① n 的实际发音有时是舌尖中边音 l，有时是鼻化的边音，有时是舌尖中鼻音。它们是 n 音位的自由变体，二者不形成音位上的对立，不区别意义，一律记作 n。

② 古晓匣母字有时读为 h，有时读为 x，因 h 与 x 也不对立，一并记为 x。

③ 在实地调查中，有个别老人在发少数庄、章组字时带有轻微的翘舌动作，但发音不稳定，与 ts、ts'、s 并不形成对立，也不成系统。且 50 岁以下的人在发庄、章组字时已完全没有翘舌音色彩了，故未将翘舌音声母单独列出。

（2）韵母　一共有 54 个韵母，包括自成音节的 ŋ̩。有单韵母 9 个，复韵母 11，鼻音尾韵母 18 个，塞音尾韵母 15 个。如下：

ɿ	ɚ	a	ɛ	ɔ	ai	au	ei	əu	n̩
i	ia	iɛ			iau		iəu		
u	ua				uai		uei		
y		yɛ							
an		ən		aŋ	ɔŋ	uŋ			
iɛn		in		iaŋ	iɔŋ	iuŋ			
uan		uən	uɔn	uaŋ	uɔŋ				
yɛn		yn							
	aʔ	ɛʔ	ɔʔ	əuʔ		eiʔ			
iʔ	iaʔ	iɛʔ	iɔʔ	iəuʔ					
uʔ	uaʔ	uɛʔ				ueiʔ			
yʔ		yɛʔ							

韵母说明：

① ŋ̩、ŋ 是鼻辅音作韵母，它们之间有时可以自由替换。

② iɛn、yɛn 两个韵母有时发为鼻化音 iɛ̃、yɛ̃。

③ 据崔荣昌 20 世纪 80 年代初的调查，仪陇客家方言中有客家方言中的典型韵母 oi，《四川境内的客方言》记录了这个韵母，曾为志、兰玉英 2008 年、2010 年实地调查时发现其中的 i 已脱落，如"妹、梯、胎、台、才、菜、海"等字，韵母为 ɔ。

（3）声调　一共有 6 个调类。古入声字在仪陇客家方言中分为阴入、阳入两调。阴入的调值高，阳入的调值低。如下：

阴平 33　　　上声 13　　　去声 53　　　　阴入 5

阳平 21　　　　　　　　　　　　　　　　　阳入 3

（二）音系特点

上面所列各客家方言点的音系，有共同特点，但也各具特色。下面立足于音类，就主要的方面进行分析。

1. 声母特点

① 从声母数量看，梅县 17 个，五华 20 个，五华比梅县多出 tʃ、tʃʻ、ʃ。四川各客家方言点的声母数都比梅县、五华多，但主要的声母类别相同。洛带、凉水井、仪陇无翘舌音，都是 21 个，比梅县多出 4 个，比五华多出 1 个；隆昌 25 个，西昌 23 个，都有 tʂ、tʂʻ、ʂ、ʐ　4 个翘舌音，隆昌有舌尖前浊擦音 z 和舌面前鼻音 ȵ，西昌无这两个音。

② 梅县、五华有 n、l 的分别，四川各地 n、l 均无辨义作用，n、l 是一个音位的两个自由变体。

③ 梅县和五华都没有舌面前音 tɕ、tɕʻ、ȵ、ɕ，四川除了西昌，都有齐全的舌面前音 tɕ、tɕʻ、ȵ、ɕ 4 个，西昌有 tɕ、tɕʻ、ɕ，无 ȵ。

④ 各点都有 v，但梅县、五华无 z，也无 ʐ；四川成都、仪陇有 v，也有 z，无 ʐ；隆昌有 v、z，也有 ʐ；西昌有 v、ʐ，无 z。

⑤ 隆昌、西昌有 tʂ、tʂʻ、ʂ、ʐ　4 个翘舌音声母，梅县、五华、凉水井、洛带、仪陇无翘舌音。

2. 韵母特点

① 从韵母数量看，梅县 73 个，五华 56 个，四川洛带 57 个，凉水井 56 个，隆昌 56 个，仪陇 54 个。这几个地点的韵母数跟五华相近，但相同的韵母不到半数，西昌的韵母最少，仅 48 个，缺少撮口呼韵母。

② 都有鼻辅音自成音节的特点。梅县 m̩、ŋ̍ 自成音节，五华 n̩、ŋ̍ 自成音节；成都洛带、凉水井 m̩ 自成音节，另有ņ、ŋ̍ 两个自由变体，隆昌、西昌 m̩ 自成音节；仪陇 n̩ 自成音节，n̩ 与 ŋ̍ 可自由替换。

③ oi、ioi 是客家方言的特色韵母，梅县、五华都有这两个韵母；四川成都凉水井和洛带有 oi、yoi；隆昌有 oi、ioi；西昌、仪陇无 oi，分别对应成了 uai、ɔ。

④ on/ɔn、oŋ/ɔŋ 也是客家方言的特色韵母，梅县、五华都具有这 2 个韵母，还有前加介音的 ion/iɔn、ioŋ/iɔŋ；四川各点都有 oŋ、iɔŋ，成都凉水井、洛带还有 yɔn，仪陇有 uɔn，西昌无 ɔn，对应成了 uan。

⑤ 梅县、五华都有舌面前半高元音 e，e 可在 eu、em、en 、ep、et、iet

等韵母中作韵腹，四川各点也有 e，除仪陇外，e 可在 ie、ye 、ei、eʔ、ieʔ、ueʔ这些韵母中作韵腹；在仪陇客家方言中，e 可在 ei、eiʔ、uei、ueiʔ这几个韵母里作韵腹。

⑥ 梅县、五华都没有卷舌央元音 ɚ，四川各点都有这个语音成分。

⑦ 梅县、五华没有撮口韵，四川各点全都有撮口韵，其中西昌没有单元音 y，但却有 ye、yɛn 两个撮口韵。

⑧ 从韵尾看，梅县、五华有 -m、-n、-ŋ 三个鼻音韵尾和-p、-t、-k 三个塞音韵尾，四川各点只有-n、-ŋ 两个鼻音韵尾，有喉塞音韵尾-ʔ而无-p、-t、-k 韵尾。

3. 声调特点

梅县、五华和四川各点都有六个声调，平声和入声分阴阳。入声的调值唯仪陇阴入调值高，阳入调值低，其他点都是阴入低，阳入高。

以上的同异列表显示，y 代表撮口韵，m̩代表鼻辅音自成音节。

表 2-1　　　　　广东、四川七地客家方言声韵调特点对照表

音类\地点	n l	tɕ tɕʰ ɕ	v	z/z̩	m̩	oi	on/ɔn/uɔn	oŋ/ɔŋ	y	e	ɚ	-m-p-t-k	-ʔ	阴入低，阳入高
梅县（粤）	+	—	+	—	+	+	+	+	—	+	—	+		+
五华（粤）	+	—	+	—	+	+	+	+	—	+	—	+		+
成都洛带	—	+	+	+	+	+	+	+	+	+	+	—	+	+
成都凉水井	—	+	+	+	+	+	+	+	+	+	+	—	+	+
隆昌付家	—	+	+	+	+	+	+	+	+	+	+	—	+	+
西昌黄联	—	+	+	+	—	—	+	+	+	+	+	—	+	+
仪陇乐兴	—	+	+	+	—	+	+	+	+	+	+	—	+	—

二　字音对照

从音系比较中可以看出，四川各客家方言点的音系特点有同有异。这些相同和不相同的语音成分是怎样分布的？跟古音有怎样的关系？为了进一步考察四川客家方言语音的特点及其与主要源方言的语音对应关系，本部分列出《四川客家方言与来源方言字音对照表》进行字音对照[①]。表中共 720 字，均来自《方言调查字表》。选字的原则有三：一是选取在口语里能够单说的字，二是这些字尽量覆盖中古音的不同音韵地位；三是多选能有效考察客家方言语音特点的字，比如全浊上声字、次浊上声字、全浊去声字、入声字。

---

① 《四川客家方言与来源方言字音对照表》，源自中山大学庄初升教授的设计，表中的粤北翁源和乳源两点的字音也由庄先生提供，在此谨表谢忱。

四川客家方言与来源方言字音对照表

表2-2

单字（古音）\地点	多 果开一平歌端	驼 果开一平歌定	大 果开一去箇定	罗 果开一平歌来	左 果开一上哿精	哥 果开一平歌见	饿 果开一去箇疑	河 果开一平歌匣	茄 果开三平戈群	婆 果合一平戈并	坐 果合一上果从	座 果合一去过从	火 果合一上果晓	祸 果合一上果匣	靴 果合三平戈晓	麻 假开二平麻明	马 假开二上马明	拿 假开二平麻泥
梅县	to^{44}	t'o^{11}	t'ai^{53}	lo^{11}	tso^{31}	ko^{44}	ŋo^{53}	ho^{11}	k'io^{11}	p'o^{11}	ts'o^{44}	ts'o^{53}	fo^{31}	fo^{53}	hio^{44}	ma^{11}	ma^{44}	na^{44}
五华	to^{44}	t'o^{13}	t'ai^{31}	lo^{13}	tso^{31}	ko^{44}	ŋo^{31}	ho^{13}	k'ioi^{13}	p'o^{13}	ts'o^{44}	ts'o^{31}	fo^{31}	fo^{31}	hio^{44}	ma^{13}	ma^{44}	na^{44}
翁源$_{新江}$	tou^{23}	t'ou^{214}	t'ai^{31}	lou^{214}	tsou^{31}	kou^{23}	ŋou^{31}	hou^{214}	k'iou^{214}	p'ou^{214}	ts'ou^{23}	ts'ou^{31}	fou^{31}	fou^{31}	ʃou^{23}	ma^{214}	ma^{23}	na^{23}
乳源$_{桂公源}$	tou^{44}	t'ɔu^{24}	t'ʌ^{31}	lɔu^{24}	tsɔu^{31}	kɔu^{24}	ɕ̩ɔ^{31}	hɔu^{24}	k'iɔi^{24}	p'ɔu^{24}	ts'ɿ^{44}	ŋɛ,sɿ^{31}	fɿ^{31}	vɔ^{24}	sou^{24}	bʌ^{44}	bʌ^{44}	lʌ^{44}
成都$_{洛带}$	to^{45}	t'o^{13}	t'ai^{53}	no^{13}	tso^{31}	ko^{45}	ŋo^{53}	xo^{13}	tɕ'io^{13}	p'o^{13}	ts'o^{45}	tso^{53}	fo^{31}	fo^{53}	ɕye^{45}	ma^{13}	ma^{45}	na^{45}
成都$_{凉水井}$	to^{45}	t'o^{13}	t'ai^{31}	no^{13}	tso^{31}	ko^{45}	ŋo^{31}	xo^{13}	tɕ'io^{13}	p'o^{13}	ts'o^{45}	tso^{53}	fo^{31}	fo^{53}	ɕio^{45}	ma^{13}	ma^{45}	na^{45}
隆昌$_{付家}$	to^{45}	t'o^{13}	t'ai^{31}	no^{13}	tso^{31}	ko^{45}	ŋo^{31}	xo^{13}	tɕ'io^{13}	p'o^{13}	ts'o^{45}	ts'o^{31}	fo^{31}	fo^{53}	ɕye^{45}	ma^{13}	ma^{45}	na^{45}
西昌$_{黄联}$	to^{45}	t'o^{212}	t'ai^{53}	no^{212}	tso^{31}	ko^{45}	ŋo^{53}	xo^{212}	tɕ'io^{212}	p'o^{212}	ts'o^{45}	tso^{53}	fo^{31}	xo^{53}	ɕie^{45}／ɕye^{45}	ma^{212}	ma^{45}	na^{45}
仪陇$_{乐兴}$	teu^{33}	t'eu^{21}	t'ai^{53}	neu^{21}	tsɛu^{53}	kɛu^{33}	ŋɛu^{13}	xɛu^{13}	tɕ'iɛ,tɕ^{21}	p'ɛu^{21}	ŋɛ,sɿ^{33}／ŋɛ,sɿ^{33}	ŋɛsi^{13}	fɛʅ^{53}	fɛʅ^{13}	ɕye^{33}	ma^{21}	ma^{33}	na^{21}

续表

单字古音\地点	家 假开二平麻见	假 假开二上马见	嫁 假开二去祃见	牙 假开二平麻疑	虾 假开二平麻晓	姐 假开三上马精	借 假开三去祃精	写 假开三上马心	斜 假开三平麻邪	谢 假开三去祃邪	遮 假开三平麻章	扯 假开三上马昌	蛇 假开三平麻船	赊 假开三平麻书	社 假开三上马禅	惹 假开三上马日	爷 假开三平麻以	夜 假开三去祃以
梅县	ka^{44}	$kʌ^{31}$	ka^{53}	$ŋa^{11}$	ha^{11}	$tsia^{31}$	$tsia^{53}$	sia^{31}	sia^{11}	$tsʻia^{53}$	tsa^{44}	$tsʻa^{31}$	sa^{11}	$tsʻa^{44}$	sa^{44}	$ŋia^{44}$	ia^{11}	ia^{53}
五华	ka^{44}	ka^{31}	ka^{53}	$ŋa^{13}$	ha^{13}	$tsia^{31}$	$tsia^{53}$	sia^{31}	sia^{13}	$tsʻia^{31}$	$tʃa^{44}$	$tʃʻa^{31}$	$ʃa^{13}$	$tʃʻa^{44}$	$ʃa^{44}$	$ŋia^{44}$	ia^{31}	ia^{31}
翁源新江	ka^{23}	ka^{31}	ka^{45}	$ŋa^{214}$	ha^{214}	$tsia^{31}$	$tsia^{45}$	sia^{31}	$tsʻia^{214}$	$tsʻia^{31}$	$tʃa^{23}$	$tʃʻa^{31}$	$ʃa^{214}$	$tʃʻa^{23}$	$ʃa^{23}$	nia^{31}	ia^{31}	ia^{31}
乳源侯公渡	$kʌ^{44}$	$kʌ^{31}$	ka^{51}	$gʌ^{24}$	$hʌ^{44}$	$tsiʌ^{31}$	$tsiʌ^{51}$	$siʌ^{31}$	$tsʻiʌ^{24}$	$tsʻia^{31}$	$tʃʌ^{44}$	$tʃʻʌ^{31}$	$ʃʌ^{24}$	$ʃʌ^{44}$	$ʃʌ^{44}$	$giʌ^{44}$	$iʌ^{31}$	$iʌ^{31}$
成都洛带	ka^{45}	ka^{31}	ka^{53}	$ŋa^{13}$	xa^{45}	$tɕia^{31}$	$tɕia^{53}$	$ɕia^{31}$	$tɕʻia^{13}$	$tɕʻia^{53}$	tsa^{45}	$tsʻa^{31}$	sa^{13}	sa^{45}	sa^{53}	nia^{45}	ia^{53}	ia^{53}
成都凉水井	ka^{45}	ka^{31}	ka^{53}	$ŋa^{13}$	xa^{45}	$tɕia^{31}$	$tɕia^{53}$	$ɕia^{31}$	$tɕʻia^{13}$	$tɕʻia^{31}$	tsa^{45}	$tsʻa^{31}$	sa^{13}	sa^{45}	sa^{31}	nia^{45}	ia^{31}	ia^{31}
隆昌付家	ka^{45}	ka^{31}	ka^{53}	$ŋa^{13}$	xa^{45}	$tɕia^{31}$	$tɕia^{53}$	$ɕia^{31}$	$tɕʻia^{13}$	$tɕʻia^{53}$	tsa^{45}	$tsʻa^{31}$	sa^{13}	sa^{45}	sa^{53}	nia^{45}	ia^{53}	ia^{53}
西昌黄联	ka^{45}	ka^{31}	ka^{53}	$ŋa^{212}$	$ɕia^{33}$	$tɕia^{31}$	$tɕia^{53}$	$ɕia^{31}$	$tɕʻia^{212}$	$tɕʻia^{53}$	tsa^{45}	$tsʻa^{31}$	$ʂa^{212}$	$ʂa^{45}$	$ʂa^{53}$	nia^{45}	ia^{212}	ia^{53}
仪陇乐兴	ka^{33}	ka^{53}	ka^{13}	$ŋa^{21}$	xa^{33}	$tɕi^{53}$	$tɕia^{53}$	$ɕia^{53}$	$tɕʻia^{21}$	$tɕʻia^{53}$	tsa^{33}	$tsʻa^{53}$	$ʂa^{21}$	$ʂa^{33}$	sa^{53}	ia^{33}	ia^{53}	ia^{53}

续表

地点＼单字·古音	瓦 假合二 上马疑	花 假合二 平麻晓	化 假合二 去祃晓	铺~ 遇合一 去暮滂	苦~ 遇合一 平模并	部 遇合一 上姥并	步 遇合一 去暮并	杜 遇合一 上姥定	度 遇合一 去暮定	鲁 遇合一 上姥来	路 遇合一 去暮来	祖 遇合一 上姥精	粗 遇合一 平暮清	醋 遇合一 去暮清	苏 遇合一 平模心	箍 遇合一 平模见	苦 遇合一 上姥溪	裤 遇合一 去暮溪
梅县	ŋa^{31}	fa^{44}	fa^{53}	pʼu^{53}	pʼu^{11}	pʼu^{53}	pʼu^{53}	tʼu^{53}	tʼu^{53}	lu^{31}	lu^{53}	tsɿ^{31}	tsʼɿ^{44}	tsʼɿ^{53}	sɿ^{44}	kʼu^{44}	kʼu^{31}/fu^{31}	fu^{53}
五华	ŋa^{31}	fa^{44}	fa^{53}	pʼu^{44}	pʼu^{13}	pʼu^{53}	pʼu^{31}	tʼu^{45}	tʼu^{31}	lu^{44}	lu^{31}	tsɿ^{31}	tsʼɿ^{44}	tsʼɿ^{53}	sɿ^{44}	kʼu^{44}	fu^{31}/kʼu^{31}	fu^{53}
翁源新江	ŋa^{31}	fa^{23}	fa^{45}	pʼu^{45}	pʼu^{214}	pʼu^{31}	pʼu^{31}	tʼu^{45}	tʼu^{31}	lu^{23}	lu^{31}	tsɿ^{31}	tsʼɿ^{23}	tsʼɿ^{45}	sɿ^{23}	kʼu^{23}	kʼu^{31}	kʼu^{45}
乳源侯公渡	gА^{31}	fА^{44}	fА^{51}	pʼu^{51}	pʼu^{24}	pʼu^{31}	pʼu^{31}	tʼu^{31}	tʼu^{31}	lu^{44}	lu^{31}	tsɿ^{31}	tsʼɿ^{44}	tsʼɿ^{51}	su^{44}	kʼu^{44}	fu^{31}/kʼu^{31}	kʼu^{51}
成都沙河堡	ŋa^{31}	fa^{45}	fa^{53}	pʼu^{53}	pʼu^{13}	pu^{53}	pʼu^{53}	tu^{53}	tu^{53}	nu^{45}	nu^{53}	tsu^{31}	tsʼɿ^{45}	tsʼɿ^{53}	su^{45}	kʼu^{45}	fu^{31}/kʼu^{31}	fu^{53}
成都洛带	ŋa^{31}	fa^{45}	fa^{53}	pʼu^{53}	pʼu^{13}	pu^{53}	pʼu^{31}	tu^{53}	tu^{53}	nu^{31}	nu^{31}	tsu^{31}	tsʼɿ^{45}	tsʼɿ^{53}	su^{45}	kʼu^{45}	fu^{31}/kʼu^{31}	fu^{53}
隆昌付家	ŋa^{31}	fa^{45}	fa^{53}	pʼu^{53}	pʼu^{13}	pu^{53}	pʼu^{31}	tu^{53}	tu^{53}	nu^{45}	nu^{53}	tsu^{31}	tsʼɿ^{45}	tsʼɿ^{53}/tsʼu^{53}	su^{45}	kʼu^{45}	fu^{31}/kʼu^{31}	fu^{53}
西昌黄联	ŋa^{31}	fa^{45}	fa^{53}	pʼu^{53}	pʼu^{212}	pu^{53}	pʼu^{53}	tu^{53}	tu^{53}	nu^{31}	nu^{53}	tsu^{31}	tsʼu^{45}	tsʼu^{51}	su^{45}	kʼu^{45}	fu^{31}/kʼu^{31}	fu^{53}
仪陇乐兴	ŋa^{53}	fa^{33}	fa^{13}	pʼu^{13}	pʼu^{21}	pu^{13}	pʼu^{53}	tu^{13}	tu^{53}	nu^{53}	nu^{13}	tsu^{53}	tsʼu^{33}	tsʼu^{13}	su^{33}	kʼu^{33}	kʼu^{53}	kʼu^{13}

续表

地点＼单字（古音）	吴 遇合一平模疑	五 遇合一上姥疑	虎 遇合一上姥晓	胡 遇合一平模匣	乌 遇合一平模影	女 遇合三上语泥	吕 遇合三上语来	徐 遇合三平鱼邪	锄 遇合三平鱼崇	助 遇合三去御崇	梳 遇合三平鱼生	鼠 遇合三上语书	薯红~ 遇合三去御禅	锯 遇合三去御见	去 遇合三去御溪	鱼 遇合三平鱼疑	虚 遇合三平鱼晓	斧 遇合三上麌非
梅县	ŋ¹¹	ŋ³¹	fu³¹	fu¹¹	vu⁴⁴	n̩³¹	li⁴⁴	tsʻi¹¹	tsʻɿ¹¹	tsʻɿ⁵³	sʅ⁴⁴	tsʻu³¹	su¹¹	ki⁵³	kʻi⁵³/hi⁵³	n̩¹¹	hi⁴⁴	pu³¹
五华	ŋ¹³	ŋ³¹	fu³¹	fu¹³	vu⁴⁴	ŋi³¹	li⁴⁴	tsʻi¹³	tsʻo¹³	tsʻɿ³¹	so⁴⁴	tʃʻu³¹	ʃu¹³	ki⁵³	hi⁵³	ŋ¹³	hi⁴⁴	pu³¹
翁源新江	m²¹⁴	m³¹	fu³¹	fu²¹⁴	vu²³	ny³¹	ly²³	tsʻy²¹⁴	tsʻɿ²¹⁴	tsʻɿ⁴⁵	sɿ²³	tʃʻy³¹	ʃy²¹⁴	ky⁴⁵	kʻy⁴⁵	ny²¹⁴	ʃy²³	pu³¹
乳源侯公渡	vu²⁴	m³¹	fu³¹	fu²⁴	vu⁴⁴	gi³¹	li⁴⁴	tsʻi²⁴	tsʻɿ²⁴	tsʻu³¹	su⁴⁴	ʃi³¹	ʃi²⁴	ky⁵¹	kʻi⁵¹	gi²⁴	ʃi⁴⁴	pʻu³¹
成都洛带	m¹³	m³¹	fu³¹/fu⁵³	fu¹³	vu⁴⁵	ny³¹	ny⁴⁵	ɕy¹³	tsʻo¹³	tsu⁵³	so⁴⁵	tsʻu¹³	su¹³	tɕy⁵³	ɕi⁵³	m̩¹³	ɕy⁴⁵	pu³¹
成都淴水井	m¹³	m³¹	fu⁵³	fu¹³	vu⁴⁵	ny³¹	ni⁴⁵	ɕy¹³	tsʻo¹³	tsu⁵³	so⁴⁵	tsʻu¹³	su¹³	tɕy⁵³	ɕi⁵³	m̩¹³	ɕy⁴⁵	pu³¹
隆昌付家	m¹³	m³¹	fu⁵³	fu¹³	vu⁴⁵	m³¹/ny³¹	ny⁴⁵	ɕy¹³	tsʻo¹³	tsu⁵³	so⁴⁵	tsʻu¹³	su¹³	tɕy⁵³	ɕi⁵³	m̩¹³	ɕy⁴⁵	pu³¹
西昌黄联	m²¹²	m³¹	fu³¹	fu²¹²	vu⁴⁵	ni³¹	nuei⁴⁵	ɕy²¹	tsʻo²¹²	tsʻu³¹	so⁴⁵	tʂʻu²¹²	ʐu²¹²	tɕi⁵³	ɕi⁵³	m̩²¹²	ɕi⁴⁵	fu³¹
仪陇乐兴	n¹³	n²¹	fu⁵³	fu²¹	u³³	y⁵³	ny³³	ɕy¹³	tsʻu²¹	tsu¹³	su³³	tʂʻu⁵³	su⁵³	tɕy¹³	tɕʻi¹³	y²¹	ɕy³³	pu⁵³

单字 古音 / 地点	扶 遇合三 平虞奉	舞 遇合三 上虞微	娶 遇合三 上虞清	柱 遇合三 上虞澄	住 遇合三 去遇澄	数~学 遇合三 去遇生	树 遇合三 去遇禅	雨 遇合三 上虞云	芋 遇合三 去遇云	台 蟹开一 平咍定	苔~藓 蟹开一 平咍定	代 蟹开一 去代定	袋 蟹开一 去代定	来 蟹开一 平来	菜 蟹开一 去代清	开 蟹开一 平咍溪	海 蟹开一 上海晓	哀 蟹开一 平咍影
梅县	p'u^{11}/fu^{11}	vu^{31}/mu^{31}	ts'i^{31}	ts'u^{44}	ts'u^{53}	sɿ^{53}	su^{53}	i^{31}	vu^{53}	t'oi^{11}	t'oi^{11}	t'oi^{53}	t'oi^{53}	loi^{11}	ts'oi^{53}	k'oi^{44}/hoi^{44}	hoi^{31}	oi^{44}
五华	p'u^{13}	vu^{31}	ts'i^{31}	tʃ'u^{44}	tʃ'u^{31}	sɿ^{53}	ʃu^{31}	i^{31}	vu^{31}	t'oi^{13}	t'oi^{31}	t'oi^{31}	t'oi^{31}	loi^{13}	ts'oi^{53}	k'oi^{44}	hoi^{31}	oi^{44}
翁源翁江	fu^{214}	vu^{31}	ts'y^{31}	tʃ'y^{23}	tʃ'y^{31}	sɿ^{45}	ʃy^{31}	y^{31}	y^{31}	t'oi^{214}	t'oi^{214}	t'oi^{31}	t'oi^{31}	loi^{214}	ts'oi^{45}	k'oi^{44}	hoi^{41}	oi^{23}
乳源温公渡	fu^{24}	vu^{31}	ts'i^{31}	tʃ'i^{44}	tʃ'i^{31}	su^{51}	ʃi^{31}	i^{31}	i^{31}	t'uoi^{24}	t'uoi^{44}	t'uoi^{31}	t'uoi^{31}	luoi^{24}	ts'uoi^{51}	k'uoi^{44}	huoi^{31}	uoi^{44}
成都洛带	p'u^{13}/fu^{13}	vu^{53}	tɕ'i^{31}/tɕ'y^{31}	ts'u^{45}	ts'u^{53}	su^{53}	su^{53}	y^{31}	vu^{53}	t'oi^{13}	t'oi^{45}	tai^{53}	t'oi^{53}	noi^{13}	ts'oi^{53}	xoi^{45}	xoi^{31}	ŋai^{45}
成都凉水井	p'u^{13}/fu^{13}	vu^{53}	tɕ'i^{31}/tɕ'y^{31}	ts'u^{45}	ts'u	su^{53}	su^{31}	y^{31}	vu^{31}	t'oi^{45}	t'oi^{45}	tai^{53}	t'oi^{53}	noi^{13}	ts'oi^{53}	xoi^{45}	xoi^{31}	ŋai^{45}
隆昌付家	p'u^{13}/fu^{31}	vu^{53}	tɕ'i^{31}	tʂ'u^{45}	tʃ'u^{53}	su^{53}	su^{53}	i^{31}	vu^{53}	t'oi^{45}	t'uai^{45}	tai^{53}	t'oi^{53}	nuai^{212}	ts'oi^{53}	xoi^{45}	xoi^{31}	ŋai^{45}
西昌黄联	fu^{212}	m̩^{31}	tɕ'i^{31}	ts'u^{33}	tsu^{13}	su^{53}	su^{53}	i^{31}	vu^{53}	t'uai^{212}	t'ɔ^{21}	tai^{53}	t'uai^{53}	nɔ^{21}	ts'uai^{53}	xuai^{45}	xuai^{31}	ŋai^{45}
仪陇乐兴	p'u^{21}/fu^{21}	vu^{53}	tɕ'y^{53}	tsu^{33}	tsu^{13}	su^{53}	su^{53}	y^{53}	y^{53}	t'ɔ^{21}	t'ɔ^{21}	tai^{13}	tai^{13}	nɔ^{21}	ts'ɔ^{13}	k'ɔ^{33}	xɔ^{53}	ŋai^{33}

续表

单字\古音\地点	爱 蟹开一 去代影	菜 蟹开一 去泰精	盖 蟹开一 去泰见	艾 蟹开一 去泰疑	害 蟹开一 去泰匣	阶 蟹开二 平皆见	界 蟹开二 去怪见	稗 蟹开二 去卦并	买 蟹开二 上蟹明	筛 蟹开二 平佳生	街 蟹开二 平佳见	鞋 蟹开二 平佳匣	蟹 蟹开二 上蟹匣	矮 蟹开二 上蟹影	败 蟹开二 去夬并	祭 蟹开三 去祭精	批 蟹开四 平齐滂	底 蟹开四 上荠端
梅县	oi⁵³	tsʻai⁵³	koi⁵³	ne⁵³	hoi⁵³	kiai⁴⁴	kiai⁵³	pʻai⁵³	mai⁴⁴	si⁴⁴	ke⁴⁴	hai¹¹	hai³¹	ai³¹	pʻai⁵³	tsi⁵³	pʻi⁴⁴	tai³¹
五华	oi⁵³	tsʻoi⁵³	koi⁵³	ŋoi⁵³	hoi³¹	kai⁴⁴	kai⁵³	pʻai³¹	mai⁴⁴	si⁴⁴	kai⁴⁴	hai¹³	hai³¹	ai³¹	pʻai³¹	tsi⁵³	pʻi⁴⁴	tai³¹
翁源 新江	oi⁴⁵	tsʻai⁴⁵	koi⁴⁵	ŋei²³	hoi³¹	kai²³	kai⁴⁵	pʻai³¹	mai²³	tsʻei²³	kai²³	hai²¹⁴	hai³¹	ei³¹	pʻai³¹	tsi⁴⁵	pʻei²³	tei³¹
乳源 侯公渡	uoi⁵¹	tsʻʌi⁵¹	kuoi⁵¹	gei⁵¹	huoi³¹	kʌi⁴⁴	kʌi⁵¹	pʻʌ³¹	bʌi⁴⁴	sei⁴⁴	kʌi⁴⁴	hʌi²⁴	hʌi³¹	ei³¹	pʻʌi³¹	tsi⁵¹	pʻei⁴⁴	tei³¹
成都 洛带	oi⁵³	tsʻai⁵³	koi⁵³	nyoi⁵³	xoi⁵³	kai⁴⁵	kai⁵³	pʻai⁵³	mai⁴⁵	sai⁴⁵	kai⁴⁵	xai¹³	xai⁵³	ai³¹	pʻai⁵³	tɕi⁵³	pʻei⁴⁵	tai³¹
成都 凉水井	oi⁵³	tsʻai⁵³	koi⁵³	nyoi⁵³	xoi³¹	kai⁴⁵	kai⁵³	pʻai³¹	mai⁴⁵	sai⁴⁵	kai⁴⁵	xai¹³	xai³¹	ai³¹	pʻai⁵³	tɕi⁵³	pʻei⁴⁵	tai³¹
隆昌 付家	oi⁵³	tsʻoi⁵³	koi⁵³	niɔi⁵³	xoi³¹	kai⁴⁵	kai⁵³	pʻai⁵³	mai⁴⁵	ɕi⁴⁵	kai⁴⁵	xai¹³	xai³¹	ai³¹	pʻai⁵³	tɕi⁵³	pʻi⁴⁵	tai³¹
西昌 黄联	uai⁵³	tsʻai⁵³	kuai⁵³	ŋai⁵³	xuai⁵³	kai⁴⁵	kai⁵³	pʻai⁵³	mai⁴⁵	sai⁴⁵	kai⁴⁵	xai²¹²	xai³¹	ai³¹	pʻai⁵³	tɕi⁵³	pʻi⁴⁵	tai³¹
仪陇 乐兴	ɔ¹³	tsʻɔ¹³	kɔ¹³	ŋie¹³	xai¹³	kai³³	kai¹³	pʻa³³	mai³³	tsʻɛ³³	kai³³	xai²¹	xai¹³	ɛ⁵³	pʻai⁵³	tɕi¹³	pʻei³³	tei⁵³

续表

单字\地点 古音	梯 蟹开三平齐透	剃 蟹开四去霁透	蹄 蟹开四平齐定	弟 蟹开四上荠定	泥 蟹开四平齐泥	礼 蟹开四上荠来	妻 蟹开四平齐清	细 蟹开四去霁心	鸡 蟹开四平齐见	背~脊 蟹合一去队帮	赔 蟹合一平灰并	梅 蟹合一平灰明	妹 蟹合一去队明	堆 蟹合一平灰端	罪 蟹合一上贿从	灰 蟹合一平灰晓	回 蟹合一平灰匣	外 蟹合一去泰疑
梅县	t'oi⁴⁴	t'i⁵³	t'ai¹¹	t'i⁵³/t'ai⁴⁴	ni¹¹/nai¹¹	li⁴⁴	ts'ï⁴⁴	sei⁵³	ke⁴⁴	poi⁵³	p'oi¹¹	moi¹¹	moi⁵³	toi⁴⁴	ts'ui⁵³	foi⁴⁴	fi¹¹	ŋoi⁵³
五华	t'oi⁴⁴	t'ai⁵³	t'ai¹³	t'i³¹/t'ai⁴⁴	nai¹³	li⁴⁴	ts'ï⁴⁴	se⁵³	kai⁴⁴	poi⁵³	p'oi¹³	moi¹³	moi⁵³	toi⁴⁴	ts'ui³¹	foi⁴⁴	fi¹³	ŋoi³¹
翁源新江	t'oi²³	t'ei⁴⁵	t'ei²¹⁴	t'i³¹/t'ei³⁴	nei²¹⁴	li²³	ts'ï²³	sei⁴⁵	kei²³	poi⁴⁵	p'ui²¹⁴	moi²¹⁴	moi⁴⁵	tui²³	ts'ui³¹	foi²³	fui²¹⁴	ŋoi⁴¹
乳源必背	t'uoi⁴⁴	t'ɛi⁵¹	t'ɛi²⁴	t'ɛi⁴⁴/t'i³¹	lei²⁴	li⁴⁴	ts'ï⁴⁴	sei⁵¹	kei⁴⁴	puɔi⁵¹	p'uoi²⁴	buoi²⁴	buoi⁵¹	tui⁴⁴	ts'ui³¹	fuoi⁴⁴	fui²⁴	guɔi³¹
成都洛带	t'oi⁴⁵	t'ai⁵³	t'ai¹³	t'ai⁴⁵/t'i⁵³	nai¹³	ni⁴⁵	tɕ'i⁴⁵	ɕie⁵³	kai⁴⁵	poi⁵³	p'oi¹³	mei¹³	moi⁵³	toi⁴⁵	ts'uei⁵³	foi⁴⁵	fei¹³	ŋoi⁵³
成都凉水井	t'oi⁴⁵	t'ai⁵³	t'ai¹³	t'ai⁴⁵/t'i⁵³	nai¹³	ni⁴⁵	tɕ'i⁴⁵	ɕie⁵³	kai⁴⁵	poi⁵³	p'oi¹³	mei¹³	moi⁵³	toi⁴⁵	ts'uei³¹	foi⁴⁵	fei¹³	ŋoi³¹
隆昌付家	t'oi⁴⁵	t'ai⁵³	t'ai¹³	t'ai⁴⁵/t'i³¹	nai¹³	ni⁴⁵	tɕ'i⁴⁵	ɕie⁵³	kai⁴⁵	poi⁵³	p'oi¹³	mei¹³	moi⁵³	toi⁴⁵	ts'uei³¹	foi⁴⁵	fei¹³	voi³¹
西昌黄联	t'uai⁴⁵	t'ai⁵³	t'i²¹²	t'ai⁴⁵/t'i⁵³	nai²¹²	ni⁴⁵	tɕ'i⁴⁵	sei⁵³	kai⁴⁵	puai⁵³	p'uai²¹²	muai²¹²	muai⁵³	tuai⁴⁵	ts'uei⁵³	xuai⁴⁵	fei²¹²	nau⁵³/uai⁵³
仪陇乐兴	t'ɔ³³	t'ei¹³	t'ei²¹	t'ei³³	nei²¹	ni³³	tɕ'i³³	sei¹³	kei³³	pɔ¹³	p'ɔ²¹	mei²¹	mo¹³	tuei³³	ts'uei⁵³	fɔ³³	fei²¹	ɔ⁵³

续表

单字\古音\地点	回 蟹合一 平灰匣	会～ 蟹合一 去泰匣	会 蟹合一 去泰匣	坏 蟹合二 去怪匣	拐 蟹合二 上蟹见	话 蟹合二 去夬匣	脆 蟹合三 去祭清	岁 蟹合三 去祭心	肺 蟹合三 去废敷	碑 止开三 平支帮	披 止开三 平支滂	皮 止开三 平支并	避 止开三 去寘并	知 止开三 平支知	支 止开三 平支章	儿 止开三 平支日	骑 止开三 平支群	义 止开三 去寘疑
梅县	fi¹¹	fi⁵³	voi⁵³	fai⁵³	kuai³¹	va⁵³/fa⁵³	tsʻoi⁵³	sui⁵³	fi⁵³	pi⁴⁴	pʻi⁴⁴	pʻi¹¹	pʻit¹	ti⁴⁴/tsʅ⁴⁴	ki⁴⁴/tsʅ⁴⁴	i¹¹	kʻi¹¹	ŋi⁵³
五华	fi¹³	fi³¹	fi³¹	fai³¹	kai³¹	va³¹	tsʻoi⁵³	soi⁵³	pʻi⁵³	pi⁴⁴	pʻi⁴⁴	pʻi¹³	pʻut¹	ti⁴⁴/tʃi⁵³	tʃi⁴⁴	i¹³	kʻi¹³	ŋi⁵³
翁源新江	fui²¹⁴	fui³¹	fui⁵³	fʌi³¹	kuai³¹	va³¹	tsʻui⁴⁵	sui⁴⁵	fui⁵¹	pi²³	pʻi²³	pʻi²¹⁴	pʻit²	ti²³/tʃi²³	tʃi²³	y²¹⁴	kʻi²¹⁴	ŋi⁴⁵
乳源侯公渡	fui²⁴	fui³¹	fui⁵³	fai⁵³	kuai³¹	vʌ³¹	tsʻui⁵¹	sui⁵¹	fui⁵¹	pi⁴⁴	pi⁴⁴	pʻi²⁴	pʻit²	ti⁴⁴/tsʅ⁴⁴	tʃi⁴⁴	i²⁴	kʻi²⁴	gi³¹
成都洛带	fei¹³	fei⁵³	voi⁵³	fai⁵³	kuai³¹	va⁵³	tɕʻyoi⁵³	soi⁵³	pʻei⁵³/fei⁵³	pei⁴⁵	pʻei⁴⁵	pʻi¹³	pʻie²	ti⁴⁵/tsʅ⁴⁵	tsʅ⁴⁵	ɚ³¹	tɕʻi¹³	ŋi⁵³
成都龙水井	fei¹³	fei⁵³	voi⁵³	fai³¹	kuai³¹	va³¹	tɕʻyoi⁵³	soi⁵³	fei⁵³	pei⁴⁵	pʻei⁴⁵	pʻi¹³	pʻi⁵³	ti⁴⁵/tsʅ⁴⁵	tsʅ⁴⁵	ɚ³¹	tɕʻi¹³	ŋi⁵³
隆昌付家	fei¹³	fei³¹	voi³¹	fai³¹	kuai³¹	va⁵³	tɕʻioi⁵³	soi⁵³	fei⁵³	pei⁴⁵	pʻei⁴⁵	pʻi¹³	pʻi⁵³	ti⁴⁵/tsʅ⁴⁵	tsʅ⁴⁵	ɚ³¹	tɕʻi¹³	ŋi⁵³
西昌黄联	fei²¹²	fei⁵³	uai⁵³	huai⁵³	kuai⁵³	va⁵³	tsʻuei⁵³	suai⁵³	fei⁵³	pei⁴⁵	pʻei⁴⁵	pʻi²¹²	pʻi⁵³	ti⁴⁵/tsʅ⁴⁵	tsʅ⁴⁵	ɚ⁴⁵	tɕʻi²¹²	ŋi⁵³
仪陇乐兴	fei²¹	fei⁵³	ɔ¹³	fai⁵³	kuai⁵³	va⁵³	tsʻuei¹³	suei¹³	fei¹³	pei³³	pʻei³³	pʻi²¹	pi¹³	tsʅ³³	tsʅ³³	ɚ²¹	tɕʻi²¹	i¹³

续表

地点＼单字（古音）	备 止开三 去至并	鼻 止开三 去至并	地 止开三 去至定	白 止开三 去至从	死 止开三 上旨心	四 止开三 去至心	二 止开三 去至日	器 止开三 去至溪	里 止开三 上止来	字 止开三 去志从	事 止开三 去志崇	之 止开三 平之章	市 止开三 上止禅	耳 止开三 上止日	起 止开三 上止溪	疑 止开三 平之疑	喜 止开三 上止晓	以 止开三 上止以
梅县	$p^\text{‘}i^{53}$	$p^\text{‘}i^{53}$	$t^\text{‘}i^{53}$	$ts^\text{‘}ŋ^{53}$	si^{31}	si^{53}	$ɲi^{53}$	hi^{53}	$li^{44}/li^{\text{ʔ}31}$	$sɿ^{53}$	$sɿ^{53}$	$tsɿ^{44}$	$sɿ^{53}$	$ɲi^{31}$	hi^{31}	$ɲi^{11}$	hi^{31}	i^{44}
五华	$p^\text{‘}i^{31}$	$p^\text{‘}i^{31}$	$t^\text{‘}i^{31}$	$ts^\text{‘}ŋ^{31}$	si^{31}	si^{53}	$ɲi^{31}$	hi^{53}	li^{31}	$sɿ^{31}$	$sɿ^{31}$	$tɕi^{44}$	$ʃi^{31}$	$ɲi^{31}$	hi^{31}	$ɲi^{13}$	hi^{31}	i^{44}
翁源_{新丰}	$p^\text{‘}i^{31}$	$p^\text{‘}i^{31}$	$t^\text{‘}i^{31}$	$ts^\text{‘}ŋ^{31}$	si^{31}	si^{45}	$ɲi^{31}$	$k^\text{‘}i^{45}$	li^{23}	$sɿ^{31}$	$sɿ^{31}$	$ʨi^{23}$	$ʨi^{45}$	$ɲi^{31}$	$k^\text{‘}i^{31}$	$ɲi^{214}$	$k^\text{‘}i^{31}$	i^{45}
乳源_{侯公渡}	$p^\text{‘}i^{31}$	$p^\text{‘}i^{31}$	$t^\text{‘}i^{31}$	$ts^\text{‘}ŋ^{31}$	si^{31}	si^{51}	gi^{31}	$ʃi^{51}$	li^{44}	$sɿ^{31}$	$sɿ^{31}$	$tsɿ^{44}$	$sɿ^{51}$	gi^{31}	$k^\text{‘}i^{31}$	gi^{24}	$k^\text{‘}i^{31}$	i^{24}
成都_{洛带}	pi^{53}	$p^\text{‘}i^{53}$	$t^\text{‘}i^{53}$	$ʨ^\text{‘}ŋ^{53}/ʨ^\text{‘}ŋ^{13}$	$ɕi^{31}$	$ɕi^{53}$	$ɲi^{53}$	$ʨi^{53}$	ti^{45}/mi^{13}	$sɿ^{53}$	$sɿ^{53}$	$tsɿ^{45}$	$sɿ^{53}$	$ɲi^{31}$	$ʨi^{31}$	$ɲi^{13}$	$ʨi^{31}$	i^{45}
成都_{淴水井}	pi^{53}	$p^\text{‘}i^{53}$	$t^\text{‘}i^{53}$	$ʨ^\text{‘}ŋ^{13}/ts^\text{‘}ŋ^{31}$	$ɕi^{31}$	$ɕi^{53}$	$ɲi^{31}$	$ʨi^{53}$	ti^{45}/mi^{13}	$sɿ^{31}$	$sɿ^{31}$	$tsɿ^{45}$	$sɿ^{53}$	$ɲi^{31}$	$ʨi^{31}$	$ɲi^{13}$	$ʨi^{31}$	i^{53}
隆昌_{付家}	pi^{53}	$p^\text{‘}i^{53}$	$t^\text{‘}i^{53}$	$ts^\text{‘}ŋ^{53}$	$ɕi^{31}$	$ɕi^{53}$	$ɲi^{53}$	$ʨi^{53}$	ti^{45}/mi^{45}	$sɿ^{53}$	$sɿ^{53}$	$tsɿ^{45}$	$sɿ^{53}$	$ɲi^{31}$	$ʂɿ^{31}$	$ɲi^{13}$	$ʨi^{31}$	i^{45}
西昌_{黄联}	pi^{53}	$p^\text{‘}i^{53}$	$t^\text{‘}i^{53}$	$ts^\text{‘}ŋ^{53}$	$sɿ^{31}$	$ɕi^{53}$	$ɲi^{53}$	$ʨi^{53}$	ti^{45}/mi^{212}	$sɿ^{53}$	$sɿ^{53}$	$tsɿ^{45}$	$ʂɿ^{53}$	$ɲi^{31}$	$ʨi^{31}$	$ɲi^{212}$	$ʨi^{31}$	i^{45}
仪陇_{乐兴}	pi^{13}	$p^\text{‘}i^{53}$	$t^\text{‘}i^{25}$	$ts^\text{‘}ŋ^{53}$	$ʨi^{53}$	$ɕi^{13}$	i^{53}	$ʨ^\text{‘}i^{13}$	ti^{33}/mi^{53}	$sɿ^{53}$	$sɿ^{53}$	$tsɿ^{33}$	$ɕi^{13}$	i^{53}	$ʨi^{53}$	i^{21}	$ʨi^{53}$	i^{53}

续表

地点＼单字古音	机 止开三平微见	几一个 止开三上尾见	气 止开三去未溪	睡 止合三去寘禅	跪 止合三上纸群	柜 止合三去至群	费 止合三去未敷	肥 止合三平微奉	尾 止合三上尾微	味 止合三去未微	魏 止合三去未疑	胃 止合三去未云	毛 效开一平豪明	帽 效开一去号明	道 效开一上皓定	稻 效开一上皓定	盗 效开一去号定	造 效开一上皓从
梅县	ki^{44}	ki^{31}	hi^{53}	ʃoi^{53}	kʻui^{31}	kʻui^{53}	fi^{53}	pʻi^{11}	mi^{44}	mi^{53}	ŋui^{53}	vi^{53}	mau^{44}	mau^{53}	tʻau^{53}	tʻau^{44}	tʻau^{53}	tsʻau^{53}
五华	ki^{44}	ki^{31}	hi^{53}	ʃoi^{31}	kʻui^{31}	kʻui^{31}	fi^{53}	pʻi^{13}	mi^{44}	mi^{31}	ŋui^{31}	vi^{31}	mau^{44}	mau^{31}	tʻau^{31}	tʻau^{44}	tʻau^{31}	tsʻau^{31}
翁源新江	ki^{23}	ki^{31}	kʻi^{45}	tʃʻi^{31}	kʻui^{31}	kʻui^{31}	fui^{45}	fui^{214}	mui^{23}	mui^{31}	ŋui^{31}	vu^{31}	mou^{23}	mou^{31}	tʻou^{31}	tʻau^{23}	tʻou^{31}	tsʻou^{31}
乳源侯公渡	ki^{44}	ki^{31}	ʃi^{51}	ʃuoi^{31}	kʻui^{31}	kʻui^{31}	fui^{51}	fui^{24}	bui^{44}	bui^{31}	gui^{31}	vui^{31}	bou^{44}	bou^{31}	tʻɔt	tʻAu^{44}	tʻɔu^{53}	tsʻAu^{31}
成都洛带	tɕi^{45}	tɕi^{31}	ɕi^{53}	soi^{53}	kʻuei^{31}	kʻuei^{53}	pei^{45}/fei^{53}	pʻei^{13}/fei^{13}	mei^{45}	mei^{53}	vei^{53}	vei^{53}	mau^{44}	mau^{53}	tʻau^{53}	tau^{53}	tau^{53}	tsʻau^{53}
成都凉水井	tɕi^{45}	tɕi^{31}	ʂʅ^{53}	soi^{31}	kʻuei^{31}	kʻuei^{31}	pei^{45}/fei^{53}	pʻei^{13}/fei^{13}	mei^{45}	mei^{31}	vei^{31}	vei^{31}	mau^{45}	mau^{53}	tʻau^{31}	tau^{53}	tau^{53}	tsʻau^{53}
隆昌付家	tɕi^{45}	tɕi^{31}	ɕi^{53}	soi^{53}	kʻuei^{53}	kʻuei^{53}	fei^{53}	pʻei^{13}/fei^{13}	mei^{45}	mei^{53}	vei^{53}	vei^{53}	mau^{45}	mau^{53}	tʻau^{31}	tau^{53}	tau^{53}	tsʻau^{53}
西昌黄联	tɕi^{45}	tɕi^{31}	ɕi^{53}	suai^{53}	kʻuei^{53}	kʻuei^{53}	fei^{53}	pʻei^{212}/fei^{212}	mei^{45}	mei^{53}	vei^{53}	vei^{53}/uei^{53}	mau^{45}/mou^{45}	mau^{53}	tʻau^{53}	tau^{53}	tau^{53}	tsʻau^{53}
仪陇系兴	tɕi^{33}	tɕi^{53}	tɕʻi^{13}	sɿ^{21}	kʻuei^{53}	kʻuei^{13}	fei^{13}	pʻei^{21}	mei^{33}	mei^{53}	uei^{13}	uei^{13}	mou^{33}	mau^{13}	tɕʻi^{53}	tei^{13}	tau^{13}	tsʻou^{53}

续表

单字古音　地点	母 流开一 上厚明	头 流开一 平侯定	豆 流开一 去侯定	漏 流开一 去候来	狗 流开一 上厚见	口 流开一 上厚溪	扣 流开一 去候溪	藕 流开一 上厚疑	喉 流开一 平侯匣	呕 流开一 上厚影	妇 流开三 上有奉	谋 流开三 平尤明	纽 流开三 上有泥	秋 流开三 平尤清	就 流开三 去有从	袖 流开三 去有邪	昼 流开三 去有知	皱 流开三 去有庄
梅县	mu⁴⁴	tʻeu¹¹	tʻeu⁵³	leu⁵³	keu³¹	kʻeu³¹/heu³¹	kʻeu⁵³	ŋeu³¹	heu¹¹	eu³¹	fu⁵³	meu¹¹	njiu³¹	tsʻiu⁴⁴	tsʻiu⁵³	tsʻiu⁵³	tsu⁵³	tsiu⁵³
五华	mu⁴⁴	tʻeu¹³	tʻeu³¹	leu³¹	keu³¹	kʻeu³¹	kʻeu⁵³	ŋeu³¹	heu¹³	eu³¹	fu³¹	meu¹³	neu³¹	tsʻiu⁴⁵	tsʻiu³¹	tsʻiu⁵³	tsiu⁵³	tsiu⁵³
翁源新江	mu²³	tʻeu²¹⁴	tʻeu³¹	leu³¹	keu³¹	kʻeu³¹	kʻeu⁴⁵	ŋeu³¹	heu²¹⁴	eu³¹	pu²³/fu³¹	meu²¹⁴	ȵiu³¹/neu³¹	tsʻiu²³	tsʻiu³¹	tsʻiu⁵³	tʃiu⁴⁵	tsiu⁴⁵
乳源侯公渡	bu⁴⁴	tʻeu²⁴	tʻeu³¹	leu³¹	keu³¹	kʻeu³¹/heu³¹	kʻeu⁵¹	geu⁴⁴	heu²⁴	eu³¹	pʻu⁴⁴/fu³¹	beu²⁴	leu³¹	tsʻiu⁴⁴	tsʻiu³¹	tsʻiu⁵³	tʃiu⁵¹	tseu⁵¹
成都	mu⁴⁵	tʻieu¹³	tʻieu⁵³	nieu⁵³	kieu³¹	xieu³¹/kʻieu³¹	kʻieu⁵³	ȵieu⁴⁵	xieu¹³	ieu³¹	pu⁴⁵/fu⁵³	muŋ¹³	nieu³¹	tɕʻieu⁴⁵	tɕʻiu⁵³	tɕʻieu⁵³	tseu⁵³	tsuŋ⁵³
成都凉水井	mu⁴⁵	tʻieu¹³	tʻieu⁵³	neu⁵³	kieu³¹	xieu³¹/kʻieu³¹	kʻieu⁵³	ȵieu⁴⁵	xieu¹³	ieu³¹	pu⁴⁵/fu⁵³	muŋ¹³	nieu³¹	tɕʻieu⁴⁵	tɕʻiu³¹	tɕʻieu³¹	tsou⁵³	tsuŋ⁵³
隆昌付家	mu⁴⁵	tʻau¹³	tʻeu⁵³	neu⁵³	keu³¹	xeu³¹/kʻieu³¹	kʻieu⁵³	ŋeu⁴⁵	xeu¹³	eu	pu⁴⁵/fu⁵³	muŋ¹³	neu³¹	tɕʻieu⁴⁵	tɕʻiu³¹	tɕieu⁵³	tseu⁵³	tsuŋ⁵³
西昌黄联	mu⁴⁵	tʻou²¹²	tʻau⁵³	neu⁵³	kau³¹	xau³¹/kʻau³¹	kʻeu⁵³	ŋau⁴⁵	xau²¹²	eu	fu⁵³	muŋ²¹²	nau³¹	tɕʻieu⁴⁵	tɕʻiu⁵³	tɕieu⁵³	tsoŋ⁵³	tsuŋ⁵³
仪陇乐兴	mu³³	tʻai²¹	tʻai⁵³	nai⁵³	ke⁵³	kʻe⁵³	kʻe¹³	ȵie²¹	xai¹³	ai⁵³	pu³³/fu¹³	muŋ²¹		tɕʻieu³³	tɕʻiu⁵³	tɕʻieu⁵³	tsou¹³	tsuŋ¹³

续表

地点 ＼ 单字/古音	搜 流开三 去宥生	周 流开三 平尤章	受 流开三 上有禅	纠 流开三 平尤见	九 流开三 去宥见	球 流开三 平尤群	舅 流开三 上有群	旧 流开三 去宥群	牛 流开三 平尤疑	有 流开三 上有云	友 流开三 上有云	诱 流开三 上有以	彪 流开三 平幽帮	幼 流开三 去幼影	答 咸开一 入合端	探 咸开一 去勘透	谭 咸开一 平覃定	男 咸开一 平覃泥
梅县	seu^{53}	tsu^{44}	su^{53}	keu^{44}	kiu^{31}	k'iu^{11}	k'iu^{44}	k'iu^{53}	ŋiu^{11}	iu^{44}	iu^{31}	leu^{53}/iu^{53}	piau^{44}	iu^{53}	tap^{1}	t'am^{31}	t'am^{11}	nam^{11}
五华	seu^{45}	tsiu^{44}	ʃiu^{31}	keu^{44}	kiu^{31}	k'iu^{13}	k'iu^{44}	k'iu^{53}	ŋiu^{13}	iu^{44}	iu^{44}	iu^{53}	piau^{44}	iu^{31}	tap^{1}	t'am^{53}	t'am^{13}	nam^{13}
翁源 翁江	seu^{45}	tʃiu^{23}	ʃiu^{31}	keu^{23}	kiu^{31}	k'iu^{214}	k'iu^{23}	k'iu^{31}	ŋeu^{214}	iu^{23}	iu^{45}	iu^{45}	piau^{23}	iu^{45}	tak^{2}	t'am^{45}	t'am^{214}	nam^{214}
乳源 侯公渡	seu^{51}	tʃeu^{44}	ʃiu^{31}	tʃiu^{44}	kiu^{31}	k'iu^{24}	k'iu^{44}	k'iu^{31}	geu^{24}	iu^{24}	iu^{51}	iu^{51}	piau^{44}	iu^{51}	taʔ^{2}	t'ʌn^{51}	t'ʌn^{24}	lʌn^{24}
成都 洛带	seu^{33}	tsau^{45}	seu^{53}	tɕieu^{45}	tɕieu^{31}	tɕ'ieu^{13}	tɕ'ieu^{45}	tɕ'ieu^{53}	ȵieu^{13}	ieu^{45}	ieu^{45}	ȵieu^{53}/ieu^{53}	piau^{45}	ieu^{53}	taʔ^{2}	t'an^{53}	t'an^{13}	nan^{211}
成都 沙水井	seu^{53}	tsau^{45}	seu^{53}	tɕieu^{45}	tɕieu^{31}	tɕ'ieu^{13}	tɕ'ieu^{45}	tɕ'ieu^{31}	ȵieu^{13}	ieu^{45}	ieu^{45}	ȵeu^{53}/ieu^{53}	piau^{45}	ieu^{53}	taʔ^{3}	t'an^{45}	t'an^{13}	nan^{13}
隆昌 付家	seu^{53}	tʂau^{45}	seu^{53}	tɕieu^{45}	tɕieu^{31}	tɕ'ieu^{212}	tɕ'ieu^{45}	tɕ'ieu^{31}	ȵieu^{13}	ieu^{45}	ieu^{45}	ieu^{53}	piau^{45}	ieu^{53}	taʔ^{3}	t'an^{53}	t'an^{13}	nan^{13}
西昌 黄联	seu^{53}	tsau^{45}	seu^{53}	tɕieu^{45}	tɕieu^{53}	tɕ'ieu^{21}	tɕ'ieu^{45}	tɕ'ieu^{53}	ȵieu^{212}	ieu^{45}	ieu^{45}	ȵeu^{53}/ieu^{53}	piau^{45}	ieu^{53}	taʔ^{3}	t'an^{53}	t'an^{212}	nan^{212}
仪陇 柳垭	seu^{13}	tsau^{33}	seu^{13}	tɕieu^{33}	tɕieu^{53}	tɕ'ieu^{21}	tɕ'ieu^{33}	tɕ'ieu^{53}	ȵie^{21}	ieu^{33}	ieu^{53}	ieu^{13}	piau^{33}	ieu^{13}	taʔ^{5}	t'an^{13}	t'an^{21}	nan^{21}

地点＼单字	蚕 咸开一平覃从	杂 咸开一入合从	鸽 咸开一入合见	合 咸开一入合匣	暗 咸开一去勘影	塔 咸开一入盍透	淡 咸开一上敢定	蓝 咸开一平谈来	腊 咸开一入盍来	三 咸开一平谈心	喊 咸开一上敢晓	赚 咸开二去陷澄	减 咸开二上见	夹 咸开二入洽见	咸 咸开二平咸匣	狭 咸开二入洽匣	甲 咸开二入押见	鸭 咸开二入押影
梅县	ts'am¹¹	ts'ap⁵	kap¹	hap⁵/kap¹	am⁵³	t'ap¹	t'am⁴⁴	lam¹¹	lap⁵	sam⁴⁴	ham⁵³	ts'an⁵³	kam³¹	kap¹	ham¹¹	hiap⁵	kap¹	ap¹
五华	ts'am¹³	ts'ap⁵	kap¹	hap⁵	am⁵³	t'ap¹	t'am⁴⁴	lam¹³	lap⁵	sam⁴⁴	hem⁵³	ts'an⁵³	kam³¹	kiap¹	ham¹³	k'iap⁵	kap¹	ap¹
翁源新江	ts'aŋ²¹⁴	ts'ak⁵	kak⁵	hak⁵	aŋ⁴⁵	t'ak²	t'aŋ³¹/t'aŋ²³	laŋ²¹⁴	lak⁵	saŋ²³	haŋ⁴⁵	ts'an³¹	kaŋ³¹	kaik²/kaik⁵	haŋ²¹⁴	k'iak⁵	kak²	ak²
乳源侯公渡	ts'An²⁴	ts'At⁵	kAt²	fuoʔ⁵	An⁵¹	t'At²	t'an⁴⁴/t'An³¹	lAn²⁴	lAt⁵	sAn⁴⁴	hAn⁵¹	ts'uon³¹	kAn³¹	kAt²	hAn²⁴	hAt⁵	kAt²	at²
成都洛带	ts'an¹³	ts'aʔ⁵	kaʔ²	xoʔ⁵	an⁵³	t'aʔ²	t'an⁴⁵	nan¹³	naʔ⁵	san⁴⁵	xan⁵³	ts'an⁵³	kan³¹	kaʔ²	xan¹³	tɕ'iaʔ⁵	kaʔ²	aʔ²
成都龙水井	ts'an¹³	ts'aʔ⁵	kaʔ²	xoʔ⁵	an⁵³	t'aʔ³	t'an⁴⁵	nan¹³	naʔ⁵	san⁴⁵	xan⁵³	ts'an³¹	kan³¹	kaʔ²	xan¹³	tɕ'iaʔ⁵	kaʔ²	aʔ²
隆昌付家	ts'an¹³	ts'aʔ⁵	koʔ³	xoʔ⁵	an⁵³	t'aʔ³	t'an⁴⁵	nan¹³	naʔ⁵	san⁴⁵	xan⁵³	ts'an⁵³	tɕien³¹	kaʔ³	xan¹³	ts'eʔ⁵	kaʔ³	aʔ³
西昌黄联	ts'an²¹²	ts'aʔ⁵	koʔ³	xoʔ⁵	an⁵³	t'aʔ⁵	t'an³³	nan²¹²	naʔ⁵	san³³	xan⁵¹	tsuan⁵³	kan³¹	ka²¹²	xan²¹²	tɕ'ieʔ⁵	kaʔ⁵	aʔ³
仪陇乐兴	ts'an¹³	ts'aʔ³	koʔ⁵	xoʔ³	an⁵³	t'aʔ⁵	t'an³³	nan²¹	naʔ⁵	san³³	xan⁵³	ts'an⁵³	tɕien⁵³	kaʔ⁵	xan²¹	tɕ'ieʔ³	kaʔ⁵	aʔ⁵

续表

地点 ＼ 单字	压	聂	镰	浸	集	心	针	汁	深	湿	十	壬	入	今	急	弹~琴	蛋	达
古音	咸开二 入狎影	咸开二 入叶泥	咸开三 平盐来	深开三 去沁精	深开三 入缉从	深开三 平侵心	深开三 平侵章	深开三 入缉章	深开三 平侵书	深开三 入缉书	深开三 入缉禅	深开三 平侵日	深开三 入缉日	深开三 平侵见	深开三 入缉见	山开一 平寒定	山开一 去翰定	山开一 入曷定
梅县	ap¹	ŋiap¹	liam¹¹	tsim⁵³	sip⁵	sim⁴⁴	tsəm⁴⁴	tsəp¹	ts'əm⁴⁴	sap¹	səp⁵	ŋim¹¹	ŋip⁵	kim⁴⁴	kip¹	t'an¹¹	t'an⁵³	t'at⁵
五华	ap¹	ŋiap¹	liam¹³	tsim⁵³	sip⁵	sim⁴⁴	tʃim⁴⁴	tʃip¹	tʃ'im⁴⁴	ʃip¹	ʃip⁵	ŋim³¹	ŋip⁵	kim⁴⁴	kip¹	t'an¹³	t'an³¹	t'at⁵
翁源（岩庄）	ak²	niak¹	liaŋ²¹⁴	tsin⁴⁵	ts'it⁵	sin²³	tʃin²³	tʃit²	tʃ'in²³	ʃit²	ʃit⁵	in²¹⁴	nit⁵	kin²³	kit²	t'an²¹⁴	t'an³¹	t'at⁵
乳源（侯公渡）	ak²	giet¹	liam¹³	tsin⁵¹	ts'it⁵	sin⁴⁴	tʃin⁴⁴	tʃit²	tʃ'in⁴⁴	ʃit²	ʃit⁵	gin²⁴	git⁵	kin⁴⁴	kit²	t'An²⁴	tan³¹	t'At⁵
成都（洛带）	ia⁵³	nieʔ⁵	nien¹³	tɕ'in⁵³	tɕiʔ²	ɕin⁴⁵	tsən⁴⁵	tsəʔ²	ts'ən⁴⁵	sʅʔ²	sʅʔ⁵	ȵin¹³	noʔ⁵	tɕin⁴⁵	tɕieʔ²	t'an¹³	t'an⁵³	taʔ²
成都（凉水井）	ia⁵³	nieʔ⁵	nien¹³	tɕin⁵³/tɕ'in⁵³	tɕiʔ²	ɕin⁴⁵	tsən⁴⁵	tseʔ²	ts'ən⁴⁵	sʅʔ²	sʅʔ⁵	ȵin¹³	noʔ⁵	tɕin⁴⁵	tɕieʔ²	t'an¹³	t'an³¹	taʔ²
隆昌（付家）	aʔ³	nieʔ³	nien¹³	tɕin⁵³/tɕ'in⁵³	tɕiʔ³	ɕin⁴⁵	tsən⁴⁵	tsəʔ³	ts'ən⁴⁵	seʔ³	seʔ⁵	ȵin¹³	zu⁵	tɕin⁴⁵	keʔ³/tɕiʔ³	t'an¹³	t'an⁵³	taʔ³
西昌（黄联）	ia⁵³	nieʔ⁵	nien¹³	tɕ'in⁵³/tɕ'in⁵³	tɕieʔ³	ɕin⁴⁵	tsən⁴⁵	tseʔ⁵	ts'ən³³	seʔ⁵	seʔ³	nin²¹²	niuʔ⁵/zu⁵³	tɕin⁴⁵	tɕieʔ⁵	t'an²¹²	t'an⁵³	taʔ²
仪陇（乐兴）	ia⁵³	nieʔ⁵	nien²¹	tɕ'in¹³	tɕiʔ³	ɕin³³	tsən³³	tseiʔ⁵	ts'ən³³	seiʔ⁵	seiʔ³	in²¹	zu²¹	tɕin³³	tɕiʔ⁵	t'an²¹	t'an⁵³	taʔ⁵

续表

单字 地点	见_{中~} 山开四平山见	眼 山开二上产疑	闲 山开二平山匣	限 山开二上产匣	宽 山开二去裥匣	慢 山开二去裥明	雁 山开二去裥疑	瞎 山开二入鎋晓	辨 山开三上獮并	便_{方~} 开山三去线并	别_{离~} 山开三入薛并	贱 山开三去线从	仙 山开三平仙心	撒 山开三入薛初	舌 山开三入薛船	蝉 山开三平仙禅	折_{~本} 山开三入薛禅	然 山开三平仙日
梅县	kian⁴⁴	ŋian³¹	han¹¹	han⁵³	han⁵³	man⁵³	ŋian⁵³	hat¹	p'ien⁵³	p'ien⁵³	p'iat⁵	ts'ien⁵³	sien⁴⁴	ts'at⁵	sat⁵	sam¹¹	sat⁵	ian¹¹
五华	kan⁴⁴	ŋan³¹	han¹³	han³¹	han³¹	man³¹	ŋan⁵³	hat¹	p'en³¹	p'en⁵³	p'et⁵	ts'ien³¹	sen⁴⁴	tʃ'et⁵	ʃet⁵	ʃam¹³	set⁵	ien¹³
翁源_{翁江}	kan²³	ŋan³¹	han²¹⁴	han³¹	han³¹	man³¹	ŋai³¹	hat²	p'ien³¹	p'ien³¹	p'iet⁵	ts'ien³¹	sien³¹	tʃ'et²	ʃet⁵	tʃ'en²¹⁴	ʃet⁵	ien²¹⁴
乳源_{侯公渡}		gʌn³¹	hʌn²⁴	hʌn³¹	han³¹	bʌn³¹	gʌn⁵¹	hʌt²	p'ien³¹	p'ien³¹	p'iet⁵	ts'ien³¹	sien⁴⁴	tʃ'et²	ʃet⁵	ʃen²⁴	ʃet⁵	ien²⁴
成都_{洛带}	kan⁴⁵	ŋan³¹	xan¹³	ɕien³¹	xan⁵³	man⁵³	ŋan⁵³	xa²²	pien⁵³	pien⁵³	pie?²	tɕ'ien⁵³	ɕien⁴⁵	ts'a²⁵	sʅ²⁵	san¹³	sʅ?⁵	zan¹³
成都_{崇州井}	kan⁴⁵	ŋan³¹	xan¹³	ɕien³¹	xan⁵³	man³¹	ŋan³¹	xa²³	pien³¹	pien⁵³	pe?²	tɕ'ien³¹	ɕien⁴⁵	ts'a²⁵	se²⁵	san¹³	se?⁵	zan¹³
隆昌_{付家}	kan⁴⁵	ŋan³¹	xan¹³	ɕien³¹	xan⁵³	man³¹	ŋan⁵³	xa²³	pien⁵³	pien⁵³	pie?³	tɕ'ien⁵³	ɕien⁴⁵	ts'a²³	se²⁵	ts'an¹³	se?³	zan¹³
西昌_{黄联}	kan⁴⁵	ŋan³¹	xan²¹²	ɕien³¹	xuan⁵³	man⁵³	ŋan⁵³	xa²³	pien⁵³	pien⁵³	p'ie?²⁵	tɕien⁵³	ɕien⁴⁵	tʃ'e?³	se?⁵	ʃan²¹²	se?³	zan²¹²
仪陇_{乐兴}	kan³³	ŋan⁵³	ɕien²¹	ɕien¹³	xan¹³	man¹³	ŋan¹³	xa²⁵	pien¹³	p'ien⁵³	pie?³	tɕien¹³	ɕien³³	ts'a²⁵	sɛ?³	san²¹/ts'an²¹	sɛ?³	zan²¹

续表

单字 古音　　地点	热 山开三 入薛日	件 山开三 上群	孽 山开三 入薛疑	延 山开三 平仙以	建 山开三 去愿见	揭 山开三 入月见	健 山开三 去愿群	言 山开三 平元疑	歇 山开三 入月晓	撇~菜 山开四 入屑滂	辫 山开四 上铣并	眠 山开四 平先明	面~条 山开四 去霰明	篾 山开四 入屑明	铁 山开四 入屑透	田 山开四 平先定	电 山开四 去霰定	年 山开四 平先泥
梅县	ȵiat⁵	kʰien⁵³	ȵiat⁵	ian¹¹	kian⁵³	kiat¹/iat¹	kʰian⁵³	ȵian¹¹	hia¹	pʰiat¹	pian⁴⁴	min¹¹	mian⁵³	mat¹	tʰiet¹	tʰien¹¹	tʰien⁵³	ȵian¹¹
五华	ȵiet⁵	kʰien³¹	ȵiap⁵	ian¹³	kian⁵³	ket¹	kʰian⁵³	ȵian¹³	ʃet¹	pʰet¹	pen⁴⁴	min¹³	mian³¹	met⁵	tʰet¹	tʰen¹³	tʰen³¹	ȵien¹³
翁源新江	ȵiet⁵	kʰien³¹	ȵiak²	ien²¹⁴	kien⁴⁵/kien³¹	kʰiet²	kʰien³¹	ȵien²¹⁴	ʃet²	pʰiet²	pien²³	men²¹⁴	mien³¹	miet⁵	tʰiet²	tʰien²¹⁴	tʰien³¹	ȵien²¹⁴
乳源洛阳	giet⁵	kʰien³¹	giet²	ien²⁴	kien⁵¹	kiet²	gien²⁴	kʰien⁴⁴	ʃet²	pʰiet²	pʰien⁴⁴	bin²⁴	bien³¹	biet⁵	tʰiet²	tʰien²⁴	tʰien³¹	gien²⁴
成都凉水井	ȵieʔ⁵	tɕʰien⁵³	ȵieʔ⁵	iai¹³	tɕien⁵³	tɕieʔ²	tɕʰien⁵³	ien³¹	ɕieʔ²	pʰieʔ²	pien⁴⁵	mien¹³	mien⁵³	mieʔ⁵	tʰieʔ²	tʰien¹³	tien⁵³	ȵien¹³
成都凉水井	ȵieʔ⁵	tɕʰien⁵³	ȵieʔ⁵	iei¹³	tɕien⁵³	tɕieʔ³	tɕʰien⁵³	ien¹³	ɕieʔ²	pʰieʔ²	pien⁴⁵	mien¹³	mien³¹	mieʔ⁵	tʰieʔ³	tʰien¹³	tien⁵³	ȵien¹³
隆昌付家	ȵieʔ⁵	tɕʰien⁵³	ȵieʔ⁵	ien¹³	tɕien⁵³	tɕieʔ³	tɕʰien⁵³	ien¹³	ɕieʔ³	pʰieʔ³	pien⁴⁵	mien¹³	mien³¹	mieʔ⁵	tʰieʔ³	tʰien¹³	tien⁵³	ȵien¹³
西昌黄联	nieʔ⁵	tɕʰien⁵³	nieʔ⁵	ian²¹²	tɕien⁵³	tɕieʔ³	tɕʰien⁵³	ien²¹²	ɕieʔ³	pʰieʔ³	pien⁵³	mien²¹²	mien⁵³	mieʔ⁵	tʰieʔ³	tʰien²¹²	tien⁵³	nien²¹²
仪陇乐兴	ieʔ⁵	tɕʰien⁵³	ieʔ⁵	ien²¹	tɕien¹³	tɕieʔ⁵	tɕʰien¹³	ien²¹	ɕieʔ⁵	pʰieʔ⁵	pien¹³	mien²¹	mien¹³	mieʔ³	tʰieʔ⁵	tʰien²¹	tien¹³	ien²¹

续表

单字\古音\地点	捏 山开四入屑泥	节 山开四入屑精	切 山开四入屑清	前 山开四平先从	截 山开四入屑从	先 山开四平先心	结 山开四入屑见	牵 山开四平先溪	研 山开四平先疑	现 山开四去霰匣	泼 山合一入末滂	伴 山合一上缓并	满 山合一上缓明	末 山合一入末明	端 山合一平桓端	短 山合一上换端
梅县	ȵiap¹	tsiat¹	ts'iat¹	ts'ian¹¹	ts'et⁵	sien⁴⁴	kiat¹	k'ian⁴⁴	ŋan⁴⁴	hian⁵³	p'at¹	p'an⁵³	man⁴⁴	mat⁵	ton⁴⁴	t'ɔn³¹
五华	ȵiap¹	tset¹	ts'et¹	ts'en¹³	ts'et⁵	sen⁴⁴	ket¹	k'ien⁴⁴	ŋan⁴⁴	hien³¹	p'at¹	p'an³¹	man⁴⁴	mat⁵	ton⁴⁴	ton³¹
翁源 韶江	niak²	tsiet²	ts'iet²	ts'ien²¹⁴	ts'iet⁵	sien²³	kiet²	k'ien²³	nien²³	ʃen³¹	p'at²	p'an³¹	man²³	mat⁵	ton²³	ton³¹
乳源 侯公渡	let²	tsiet²	ts'iet²	ts'ien²⁴	ts'iet⁵	siʌn⁴⁴	kiet²	k'ien⁴⁴	gien⁴⁴	ʃen³¹	p'uot²	p'uon³¹	buon⁴⁴	buot⁵	tuon⁴⁴	tuon³¹
成都 洛带	nieʔ²	tɕieʔ²	tɕ'ieʔ²	tɕ'ien¹³	tɕ'ieʔ²	ɕien⁴⁵	tɕieʔ²	k'ien⁴⁵	nien⁴⁵	ɕyen⁵³	p'oʔ²	pan⁵³	man⁴⁵	maʔ⁵	ton⁴⁵	ton³¹
成都 水井	nie⁴⁵	tɕieʔ²	tɕ'ieʔ²	tɕ'ien¹³	tɕ'ieʔ²	ɕien⁴⁵	tɕieʔ²	k'ien⁴⁵	nien⁴⁵	ɕyen³¹	p'oʔ²	pan⁵³	man⁴⁵	maʔ⁵	ton⁴⁵	ton³¹
隆昌 付家	nieʔ³	tɕieʔ³	tɕ'ieʔ³	tɕ'ien¹³	tɕ'ieʔ³	ɕien⁴⁵	tɕieʔ³	tɕ'ien⁴⁵	n.ien⁴⁵	ɕien³¹	p'aʔ³	pan⁵³	man⁴⁵	moʔ³	ton⁴⁵	ton³¹
西昌 黄联	nieʔ³	tɕieʔ³	tɕ'ieʔ³	tɕ'ien²¹²	tɕ'ieʔ³	ɕien⁴⁵	tɕieʔ³	tɕ'ien³³	nien²¹²	ɕien⁵³	p'aʔ³	pan⁵³	man⁴⁵	moʔ³	tuan⁴⁵	tuan³¹
仪陇 乐兴	ieʔ³	tɕieʔ⁵	tɕ'ieʔ⁵	tɕ'ien²¹	tɕ'ieʔ⁵	ɕien³³	tɕieʔ⁵		ien³³	ɕien¹³	p'aʔ⁵	pan¹³	man³³	mɔ²¹	tuon³³	tuon⁵³

续表

单字（古音） / 地点	脱 山合一 入末透	团 山合一 平桓定	断~绝 山合一 上缓定	暖 山合一 上缓泥	卵 山合一 上缓来	乱 山合一 去换来	酸 山合一 平桓心	算 山合一 去换心	官 山合一 平桓见	阔 山合一 入末溪	欢 山合一 平桓晓	唤 山合一 去换晓	换 山合一 去换匣	活 山合一 入末匣	碗 山合一 上缓影	滑 山合二 入黠匣	挖 山合二 入黠影	刷 山合二 入黠生
梅县	tʰot^1	tʰɔn^{11}	tʰɔn^{44}	nɔn^{44}	lɔn^{31}	lɔn^{53}	sɔn^{44}	sɔn^{53}	kuɔn^{44}	fat^1	fɔn^{44}	fɔn^{53}	fɔn^{53}	fat^5	vɔn^{31}	vat^5	vat^1	sɔt^1
五华	tot^1	tʰɔn^{13}	tʰɔn^{44}	nɔn^{44}	lɔn^{31}	lɔn^{31}	sɔn^{44}	sɔn^{53}	kɔn^{44}	fat^1	fɔn^{44}	fɔn^{31}	fɔn^{53}	fat^5	vɔn^{31}	vat^5	vat^1	sɔt^1
翁源新江	tʰot^2	tʰon^{214}	tʰon^{23}	nɔn^{23}	lɔn^{31}	lɔn^{31}	sɔn^{23}	sɔn^{45}	kuan^{23}	kʰuat^2	fan^{23}	fan^{31}	fan^{31}	fat^5	vɔn^{31}	vat^2	vat^2	sɔt^2
乳源侯公渡	tʰuot^2	tʰuɔn^{24}	tʰuɔn^{44}	luɔn^{44}	luɔn^{31}		suɔn^{44}	suɔn^{51}	kuɔn^{44}	kʰuat^2	kʰuɔn^{44}	fuɔn^{51}	vɔn^{53}	fuɔt^5	vuɔn^{31}	vʌt^5	vet^2	suɔt^2
成都洛带	tʰoʔ^2	tʰɔn^{13}	tʰɔn^{45}	nɔn^{45}	nɔn^{31}	nɔn^{53}	sɔn^{45}	sɔn^{53}	kɔn^{45}	faʔ^2	fɔn^{45}	xuan^{53}	vɔn^{53}	xoʔ^5	vɔn^{31}	vaʔ^5	va^{45}	sua^{45}
成都木兰	tʰoʔ^2	tʰɔn^{13}	tʰɔn^{45}	nɔn^{45}	nɔn^{31}	nɔn^{31}	sɔn^{45}	sɔn^{53}	kɔn^{45}	faʔ^2	fɔn^{45}	vɔn^{53}	vɔn^{31}	xoʔ^5	vɔn^{31}	vaʔ^5	va^{45}	sua^{45}
隆昌付家	tʰoʔ^3	tʰɔn^{13}	tʰɔn^{45}	nɔn^{45}	nɔn^{31}	nɔn^{31}	sɔn^{45}	sɔn^{53}	kɔn^{45}	faʔ^2	fɔn^{45}	xuan^{53}	vɔn^{53}	xoʔ^5	vɔn^{31}	vaʔ^5	va^{45}	sua^{45}
西昌黄联	tʰoʔ^3	tʰuan^{212}	tʰuan^{45}	nuan^{45}	nuan^{31}	nuan^{53}	suan^{45}	suan^{53}	kuan^{45}	flue^{23}	xuan^{45}	xuan^{53}	uan^{53}	xoʔ^{25}/xo^{212}	uan^{31}	vaʔ^5	va^{45}	suaʔ^3
仪陇乐兴	tʰoʔ^5	tʰuɔn^{21}	tʰuɔn^{33}	nuɔn^{33}	nuɔn^{53}	nuɔn^{13}	suɔn^{33}	suɔn^{13}	kuan^{33}	faʔ^5	xuan^{33}	xuan^{13}	uan^{53}	xau^{21}	uon^{53}	faʔ^{21}	ua^{33}	sua^{21}

续表

单字地点	关	刮	全	绝	选	雪	转身	专	船	软	圈	圆	院	缘	发	饭	罚	万
古音	山合二 平删见生	山合二 入鎋见	山合三 平仙从	山合三 入薛从	山合三 上狝心	山合三 入薛心	山合三 上狝知	山合三 平仙章	山合三 平仙船	山合三 上狝日	山合三 平仙溪	山合三 平仙云	山合三 去线云	山合三 平仙以	山合三 入月非	山合三 去愿奉	山合三 入月奉	山合三 去愿微
梅县	kuan^{44}	kuat^{1}	tsʰien^{11}	tsʰiat^{5}	sien^{31}	siat^{1}	tsɔn^{31}	tsɔn^{44}	sɔn^{11}	ŋion^{44}	kʰian^{44}	ian^{11}	ian^{53}	ian^{11}	fat^{1}	fan^{53}	fat^{5}	van^{53}
五华	kan^{44}	kat^{1}	tsʰien^{13}	tsʰet^{5}	sen^{31}	set^{1}	tʃɔn^{31}	tʃɔn^{44}	ʃɔn^{11}	ŋion^{44}	kʰen^{44}	ien^{13}	ien^{53}	ien^{13}	pok^{1}	fan^{31}	fat^{5}	van^{31}
翁源新江	kuan^{23}	kuat^{2}	tsʰiɔn^{214}	tsʰiet^{5}	sien^{31}	siet^{2}	tʃɔn^{31}	tʃɔn^{23}	ʃɔn^{214}	nion^{23}	kʰien^{23}	ien^{214}	ien^{45}	ien^{214}	fat^{2}/pot^{2}	fan^{31}	fat^{5}	van^{31}
乳源侯公渡	kuɔn^{44}	kuot^{2}	tsʰuɔn^{24}	tsʰiet^{5}	sien^{31}	siet^{2}	tʃʰuɔn^{31}	tʃʰuɔn^{44}	ʃuɔn^{24}	gion^{41}	kʰien^{44}	ien^{24}	ien^{51}	ien^{24}	fʌt^{2}	fʌt^{31}	fʌt^{5}	vʌn^{31}
成都凉水井	kuan^{45}	kuaʔ^{2}	tɕʰien^{13}	tɕʰieʔ^{5}/tɕyeʔ^{2}	ɕyen^{31}	ɕyeʔ^{2}	tsɔn^{31}	tsɔn^{45}	sɔn^{13}	nyon^{45}	tɕʰyen^{45}	ien^{13}/yen^{13}	van^{53}	ien^{13}	poʔ^{2}/faʔ^{2}	fan^{53}	faʔ^{5}	van^{53}
成都洛带	kuan^{45}	kuaʔ^{2}	tɕʰien^{13}	tɕʰyeʔ^{5}	ɕyen^{31}	ɕyeʔ^{2}	tsɔn^{31}	tsɔn^{45}	sɔn^{13}	nyon^{45}	tɕʰyen^{45}	ien^{13}/yen^{13}	yen^{53}	ien^{13}	poʔ^{2}/faʔ^{2}	fan^{31}	faʔ^{5}	van^{31}
隆昌付家	kuan^{45}	kuaʔ^{2}	tɕʰien^{13}	tɕʰieʔ^{5}	ɕien^{31}	ɕieʔ^{3}	tsɔn^{31}	tsɔn^{45}	tsʰɔn^{13}	nion^{45}	tɕʰien^{45}	ien^{13}	van^{31}	ien^{13}	faʔ^{3}	fan^{31}	faʔ^{5}	van^{31}
西昌黄联	kuan^{45}	kuaʔ^{3}	tɕʰien^{212}	tɕʰieʔ^{5}	ɕien^{31}	ɕieʔ^{3}	tʂuan^{31}	tʂuan^{45}	ʂuan^{212}	nyen^{45}	tɕʰien^{45}	ien^{212}	ien^{53}	ien^{212}	faʔ^{3}	fan^{53}	faʔ^{5}	van^{53}
仪陇乐兴	kuan^{33}	kuaʔ^{5}	tɕʰyen^{21}	tɕʰieʔ^{5}	ɕyen^{53}	ɕyeʔ^{5}	tsuɔn^{53}	tsuɔn^{33}	tsʰuɔn^{21}	yen^{33}	tɕʰyen^{33}	yen^{21}	uan^{13}/yen^{13}	yen^{21}	faʔ^{5}	fan^{13}	faʔ^{5}	uan^{13}

续表

地点 \ 单字·古音	袜 山合三 入愿微	劝 山合三 去愿溪	愿 山合三 去愿疑	月 山合三 入月疑	冤 山合三 平元影	远 山合三 上阮云	越 山合三 入月云	决 山合四 入屑见	缺 山合四 入屑溪	血 山合四 入屑晓	县 山合四 去霰匣	根 臻开一 平痕见	根 臻开一 去恨匣	恩 臻开一 平痕影	笔 臻开三 入质帮	匹 臻开三 入质滂	民 臻开三 平真明	密 臻开三 入质明
梅县	mat¹	k'ian⁵³	ŋian⁵³	ŋiaʔ⁵	ian⁴⁴	ian³¹	iat⁵	kiat¹	k'iat¹	hiat¹	ian⁵³	ken⁴⁴	hen⁵³	en⁴⁴	pit¹	p'it¹	min¹¹	met⁵
五华	mat¹	k'en³¹	ŋien³¹	ŋiet⁵	ien⁴⁴	ien³¹	iet⁵	ket¹	kiet¹	ʃet¹	ien³¹	kin⁴⁴	hen³¹	en⁴⁴	put¹	p'ut¹	mun¹³	met⁵
翁源新江	mat²	k'ien⁴⁵	nien³¹	niet⁵	ien²³	ien³¹	iet⁵	kiet²	k'iet²	ʃet²	ien³¹	ken²³	hen³¹	en²³	pit²	p'it²	min²¹⁴	met⁵
乳源桂头	bʌt²	k'ien⁵¹	gien³¹	giet⁵	ien⁴⁴	ien³¹	iet⁵	kiet²	k'iet²	ʃet²	ien³¹	ken⁴⁴		en⁴⁴	pit⁴	p'it²	bin²⁴	bit⁵
成都洛带	ma²²	tɕ'yen⁵³	yen⁵³	nieʔ⁵	ien⁴⁵	yen³¹	ye²⁵	tɕye²²	k'e²²/tɕ'ye²²	ɕie²²	ɕien⁵³	kien⁴⁵	xien⁵³	ŋien⁴⁵	pi²	p'i¹³	min¹³	mi²⁵
成都木尔	ma²³	tɕ'yen⁵³	yen⁵³	nieʔ⁵	ien⁴⁵	yen³¹	ye²⁵	tɕye²²	k'e²²/tɕ'ye²²	ɕye²²	ɕien³¹	kien⁴⁵	xien⁵³	ŋien⁴⁵	pi²	p'i¹³	min¹³	mi²⁵
隆昌付家	ma³	tɕ'ien⁵³	ien⁵³	nieʔ⁵	ien⁴⁵	ien³¹	ie²³	tɕie²³	tɕ'ye²³	ɕie²³	ɕien⁵³	kan⁴⁵	xan⁵³	ŋon⁴⁵	pi³	p'i¹³	min¹³	mi²³
西昌黄联	ma³	tɕ'ien⁵³	ien⁵³	nieʔ⁵	ien⁴⁵	yen³¹	ye²⁵	tɕie²³	tɕ'ie²³	ɕie³	ɕien⁵³	kien⁴⁵	xan⁵³	ŋon⁴⁵	pi³	p'i²¹²	min²¹²	mie²⁵
仪陇乐兴	ma²⁵	tɕ'yen¹³	yen¹³	ieʔ³	yen³³	yen⁵³	ye²⁵	tɕye²⁵	tɕ'ye²⁵	ɕie²⁵	ɕien¹³	kan³³	xan¹³	ŋaŋ³³	pi⁵	p'i²¹	min²¹	mi²⁵

续表

单字 古音 地点	鳞	栗	七	尽	疾	信	膝	陈	任	氤	真	质	实	失	室	晨	肾	人
古音	臻开三 平真来	臻开三 入质来	臻开三 入质清	臻开三 上轸从	臻开三 入质从	臻开三 去震心	臻开三 入质心	臻开三 平真澄	臻开三 入质澄	臻开三 入栉生	臻开三 平真章	臻开三 入质章	臻开三 入质船	臻开三 入质书	臻开三 入质书	臻开三 平真禅	臻开三 上轸禅	臻开三 平真日
梅县	lin^{44}	lit^{5}	ts'it^{1}	ts'in^{53}	ts'it^{5}	sin^{53}	ts'it^{1}	ts'ən^{11}	ts'at^{5}	set^{1}	tsən^{44}	tsat^{1}	sat^{5}	sət^{1}	sət^{1}	sən^{11}	sən^{53}	ɲin^{11}
五华	lin^{44}	lit^{5}	ts'it^{5}	ts'in^{31}	ts'it^{5}	sin^{53}	ts'it^{5}	tʃ'ən^{13}	tʃ'it^{5}	sit^{1}	tʃen^{44}	tʃit^{1}	ʃit^{5}	ʃit^{1}	ʃit^{5}	ʃin^{13}	ʃim^{31}	ɲin^{13}
翁源新江	lit^{5}		ts'it^{5}	ts'in^{31}	ts'it^{5}	sin^{45}	ts'it^{5}	tʃ'in^{214}	tʃ'it^{5}	set^{2}	tʃin^{23}	tʃit^{2}	ʃit^{5}	ʃit^{2}	ʃit^{2}	ʃin^{214}	ʃin^{31}	nin^{214}
乳源侯公渡	lin^{44}	lit^{5}	ts'it^{2}	ts'in^{31}	ts'it^{5}	sin^{51}	ts'it^{2}	tʃ'in^{24}	tʃ'it^{5}	set^{2}	tʃin^{44}	tʃit^{2}	ʃit^{5}	ʃit^{2}	ʃi^{31}	ʃin^{24}	ʃim^{31}	gin^{24}
成都洛带	nin^{45}	nieʔ^{5}	tɕ'iʔ^{2}	tɕ'in^{53}	tɕ'ieʔ^{2}	ɕin^{53}	tɕ'iʔ^{2}	ts'ən^{13}	ts'ə^{5}	ɕiʔ^{2}	tsən^{45}	tsəʔ^{2}	ʂɿʔ^{5}	sɿʔ^{2}	sɿ^{2}	sən^{13}	sən^{53}	nin^{13}
成都凉水井	nin^{45}	ni^{5}	tɕ'iʔ^{2}	tɕ'in^{31}	tɕ'iʔ^{2}	ɕin^{53}	tɕ'iʔ^{2}	ts'ən^{13}	ts'ɿ^{5}	ɕiʔ^{2}	tsən^{45}	tsəʔ^{2}	ʂɿʔ^{5}	ʂɿ^{31}	sɿ^{31}	sən^{13}	sən^{53}	ɲin^{13}
隆昌付家	nin^{13}	nieʔ^{5}	tɕ'ieʔ^{3}	tɕ'in^{53}	tɕ'iʔ^{3}	ɕin^{53}	tɕ'ie^{3}	ts'ən^{13}	ts'e^{5}	cieʔ^{3}/seʔ^{3}	tsən^{45}	tsəʔ^{3}	ʂeʔ^{5}	seʔ^{5}	seʔ^{5}	ts'ən^{212}	sən^{53}	nin^{13}
西昌黄联	nin^{212}	ni^{5}	tɕ'ieʔ^{3}	tɕ'in^{53}	tɕ'iʔ^{3}	ɕin^{53}	ci^{45}	ts'ən^{212}	ts'e^{5}	ɕiʔ^{3}	tsən^{45}		ʂeʔ^{5}	seʔ^{5}	seʔ^{5}	sən^{212}	sən^{53}	nin^{212}
仪陇乐兴	nin^{21}	ni^{21}	tɕ'iʔ^{5}	tɕin^{13}	tɕ'iʔ^{5}	ɕin^{13}	tɕ'iʔ^{5}	ts'ən^{21}	ts'ei^{3}	seʔ^{5}	tsən^{33}	tsɿ^{21}	ʂɿ^{3}	seʔ^{5}	sɿ^{21}	ts'ən^{21}	sən^{13}	in^{21}

续表

单字古音 / 地点	忍 臻开三 上轸日	日 臻开三 入质日	紧 臻开三 上轸见	吉 臻开三 入质见	银 臻开三 平真疑	乙 臻开三 入质影	一 臻开三 入质影	引 臻开三 上轸以	筋 臻开三 平殷见	勤 臻开三 平殷群	近 臻开三 上隐群	本 臻合一 上混帮	门 臻合一 平魂明	嫩 臻合一 去慁泥	村 臻合一 平魂清	孙 臻合一 平魂心	骨 臻合一 入没见	婚 臻合一 平魂晓
梅县	ȵiun^{44}	ȵit^{1}	kin^{31}	kit^{1}	ȵiun^{11}	it^{1}	it^{1}	in^{31}	kin^{44}	k'iun^{11}	k'iun^{53}	pun^{31}	mun^{11}	nun^{53}	ts'un^{44}	sun^{44}	kut^{1}	fun^{44}
五华	ȵiun^{44}	ȵit^{1}	kin^{31}	kit^{1}	ȵiun^{13}	iet^{1}	it^{1}	in^{31}	kin^{44}	k'in^{13}	k'iun^{53}	pun^{31}	mun^{11}	nun^{53}	ts'un^{44}	sən^{44}	kuk^{1}	fun^{44}
翁源 新江	ȵin^{31}	ȵit^{2}	kin^{31}	kit^{2}	ŋen^{214}	iet^{2}	it^{2}	in^{31}	kin^{23}	k'in^{214}	k'im^{31}/k'en^{24}	pun^{31}	mun^{214}	nun^{31}	ts'un^{23}	sun^{23}	kut^{2}	fun^{23}
乳源 侯公渡	ŋin^{44}	git^{2}	kin^{31}	kit^{2}	giun^{24}	iet^{2}	it^{2}	in^{31}		k'in^{24}	k'iun^{44}/k'iun^{31}	pun^{31}	bun^{24}	lun^{31}	ts'un^{44}	sun^{44}	kut^{2}	
成都 清得	ȵyn^{45}	ȵi?^{2}	tɕin^{31}	tɕi?^{2}	ȵyn^{13}	i?^{2}	i?^{2}	in^{31}	tɕin^{45}	tɕ'in^{13}	tɕ'in^{45}	pən^{31}	men^{13}	nen^{53}	ts'uan^{45}	suan^{45}	ku?^{2}	fan^{45}
成都 凉水井	ȵin^{45}	ȵi?^{2}	tɕin^{31}	tɕie?^{2}	ȵin^{13}	i?^{2}	i?^{2}	in^{31}	tɕin^{45}	tɕ'in^{13}	tɕ'in^{45}	pən^{31}	man^{13}	nan^{31}	ts'uan^{45}	suan^{45}	ku?^{2}	fan^{45}
隆昌 付家	ȵyn^{45}	ȵie?^{3}	tɕin^{31}	tɕie?^{3}	in^{13}	ie?^{3}	ie?^{3}	in^{31}	tɕin^{45}	tɕ'in^{13}	tɕ'in^{45}	pən^{31}	men^{13}	nen^{31}	ts'uan^{45}	suan^{45}	kue?^{3}	fan^{45}
西昌 黄联	ȵin^{45}	ȵie?^{5}	tɕin^{31}	tɕie?^{3}	in^{212}	i?^{3}	ie?^{3}	in^{31}	tɕin^{45}	tɕ'in^{13}	tɕ'in^{53}	pən^{31}	man^{212}	nan^{53}	ts'uan^{45}	suan^{45}	ku?^{3}	fan^{45}
仪陇 乐兴	in^{53}	i?^{3}	tɕin^{31}	tɕi?^{5}	in^{21}	i?^{5}	i?^{5}	in^{53}	tɕin^{33}	tɕ'in^{21}	tɕ'yn^{33}	pən^{53}/pan^{53}	mən^{21}	nuan^{53}	ts'uan^{33}	suan^{33}	kue?^{5}	fan^{33}

续表

单字古音 / 地点	魂	混	稳	律	笋	戌(时)	旬	春	出	唇	纯	闰	桔	菌	分	粪	坟	佛
	臻合一 平魂匣	臻合一 上混匣	臻合一 上混影	臻合三 入术来	臻合三 上准心	臻合三 入术心	臻合三 平谆邪	臻合三 平谆昌	臻合三 入术昌	臻合三 平谆船	臻合三 平谆禅	臻合三 去谆日	臻合三 入木见	臻合三 上准群	臻合三 平文非	臻合三 去问非	臻合三 平文奉	臻合三 入物奉
梅县	fuŋ¹¹	fuŋ⁵³	vuŋ³¹	lit⁵	suŋ³¹	sut¹	suŋ¹¹	ts'un⁴⁴	ts'ut¹	sun¹¹	ʃun¹¹	iun⁵³	kit¹	k'iun⁴⁴	pun⁴⁴/fun⁴⁴	pun⁵³	fun¹¹	fut⁵
五华	fuŋ¹³	fuŋ³¹	vuŋ³¹	lut⁵	suŋ¹³	suk¹	sun¹³	tʃ'un⁴⁴	tʃ'ut¹	ʃun¹³	ʃun¹³	iun³¹	kit¹	k'iun⁴⁴	fun⁴⁴	pun⁵³	fun¹³	fut⁵
翁源岩庄	fuŋ²¹⁴	fuŋ³¹	vuŋ³¹	lut⁵	suŋ³¹	sut²	sun²¹⁴	tʃ'un²³	tʃ'ut²	ʃun²¹⁴	ʃun²¹⁴	iun³¹	kiut²	k'in²³/k'in⁴⁵	fun²³/pun²³	pun⁴⁵	fun²¹⁴	fut⁵
乳源桂公底	fuŋ²¹⁴	fuŋ³¹	vuŋ³¹	lut⁵	suŋ³¹	sut²	sun²⁴	tʃ'un⁴⁴	tʃ'ut²	ʃun²⁴	ʃun²⁴	iun³¹	kit²	tʃ'un⁴⁴/k'iun⁵¹	pun⁴⁴/fun⁴⁴			fut⁵
成都洛带	ven¹³/xuan¹³	fən⁵³	vən³¹	nuʔ²	suən³¹	ɕioʔ²	ɕyn¹³	ts'uen⁴⁵	ts'uʔ²	sən¹³	suən¹³	yn⁵³	tɕy²	tɕ'yn⁴⁵	pən⁴⁵/fən⁴⁵	pən⁵³	fən¹³	fu²
成都淘水井	ven¹³/xuan¹³	fən³¹	vən³¹	nuʔ²	suən³¹	ɕiuʔ²	ɕyn¹³	ts'uen⁴⁵	ts'uʔ³	sən¹³	suən¹³	nin³¹	tɕy²	tɕ'yn⁴⁵	pən⁴⁵/fən⁴⁵	pən⁵³	fən¹³	fu¹³
隆昌付家	ven¹³	fən³¹	vən³¹	nuʔ³	suən³¹	ɕiuʔ³	ɕyn¹³	ts'uen⁴⁵	ts'ʅ³	suen¹³	suen¹³	ȵyn⁵³	tɕie³	tɕ'in⁴⁵	fən⁴⁵	pən⁵³	fən¹³	fu⁵
西昌黄联	fən²¹²	fən⁵³	vən³¹	nuʔ³	suən³¹	ɕiuʔ³	ɕin²¹²	ts'ʅ⁴⁵	ts'ʅ³	suenʅ²¹²	suenʅ²¹²	zuən⁵³	tɕiu³	tɕ'in⁴⁵	fən⁴⁵	pən⁵³	fən²¹²	fu³
仪陇乐兴	uen²¹	fən²¹	uən⁵³	nu²¹	suen⁵³	ɕy²¹	ɕyn¹³	ts'uen³³	ts'uei²⁵	suen²¹	suen²¹	yn²¹	tɕy²¹	tɕ'yn¹³	fən³³	pən¹³	fən²¹	fu²¹

续表

单字古音＼地点	蚊 臻合三 平文微	问 臻合三 去问微	物 臻合三 入物微	裙 臻合三 平文群	薰 臻合三 平文晓	云 臻合三 平文云	运 臻合三 去问云	帮 宕开一 平唐帮	薄 宕开一 入铎并	汤 宕开一 上荡端	烫 宕开一 去宕透	塘 宕开一 平唐定	汤 宕开一 上荡定	狼 宕开一 平唐来	浪 宕开一 去宕来	落 宕开一 入铎来	葬 宕开一 去宕精	作 宕开一 入铎精
梅县	mun⁴⁴	mun⁵³	vut⁵	kʰiun³¹	hiun⁴⁴	iun¹¹	iun⁵³	pɔŋ⁴⁴	pʰɔk⁵	tʰɔŋ⁴⁴	tʰɔŋ⁵³	tʰɔŋ¹¹	tʰɔŋ³¹	lɔŋ¹¹	lɔŋ⁵³	lɔk⁵	tsɔŋ⁵³	tsok¹
五华	mun⁴⁴	mun⁵³	vut⁵	kʰiun¹³	hiun⁴⁴	iun¹³	iun³¹	pɔŋ⁴⁴	pʰɔk⁵	tʰɔŋ⁴⁴	tʰɔŋ⁵³	tʰɔŋ¹³	tʰɔŋ³¹	lɔŋ¹³	lɔŋ⁵³	lɔk⁵	tsɔŋ⁵³	tsok¹
翁源新江	mun²³	mun⁴⁵	vut⁵	kʰiun³¹	ʃun²³	iun²¹⁴	iun³¹	pɔŋ²³	pʰɔk⁵	tʰɔŋ²³	tʰɔŋ⁴⁵	tʰɔŋ²¹⁴	tʰɔŋ³¹	lɔŋ²¹⁴	lɔŋ³¹	lɔk⁵	tsɔŋ⁴⁵	tsok²
乳源侯公渡	bun⁴⁴	bun⁵¹	vut²		ʃun⁴⁴	iun²⁴	iun³¹	pɔŋ⁴⁴	pʰɔk⁵	tʰɔŋ⁴⁴	tʰɔŋ⁵¹	tʰɔŋ²⁴	tʰɔŋ³¹	lɔŋ²⁴	lɔŋ³¹	lɔk⁵	tsɔŋ⁵¹	tsok²
成都洛带	man⁴⁵	man⁵³	vuʔ²	tɕʰyn¹³	ɕyn⁴⁵	yn¹³	yn⁵³	pɔŋ⁴⁵	pʰoʔ⁵	tʰɔŋ⁴⁵	tʰɔŋ⁵³	tʰɔŋ¹³	tʰɔŋ⁴⁵	nɔŋ¹³	nɔŋ⁵³	noʔ⁵	tsɔŋ⁵³	tsoʔ²
成都水井	man⁴⁵	man⁵³	vuʔ⁵	tɕʰyn¹³	ɕyn⁴⁵	yn¹³	yn³¹	pɔŋ⁴⁵	pʰoʔ⁵	tʰɔŋ⁴⁵	tʰɔŋ⁵³	tʰɔŋ¹³	tʰɔŋ⁴⁵	nɔŋ¹³	nɔŋ⁵³	noʔ⁵	tsɔŋ⁵³	tsoʔ²
隆昌付家	man⁴⁵	man⁵³	vuʔ³	tɕʰin²¹²	ɕyn⁴⁵	yn¹³	yn⁵³	pɔŋ⁴⁵	pʰoʔ⁵	tʰɔŋ⁴⁵	tʰɔŋ⁵³	tʰɔŋ¹³	tʰɔŋ⁵³	nɔŋ¹³	nɔŋ⁵³	noʔ⁵	tsɔŋ⁵³	tsoʔ³
西昌黄联	man⁴⁵	man⁵³	vuʔ³	tɕʰyn²¹	ɕin⁴⁵	in²¹²	in⁵³	pɔŋ⁴⁵	pʰoʔ⁵	tʰɔŋ⁴⁵	tʰɔŋ⁵³	tʰɔŋ²¹²	tʰɔŋ⁴⁵	nɔŋ²¹²	nɔŋ⁵³	noʔ⁵	tsɔŋ⁵³	tsoʔ³
仪陇乐兴	man³³	man¹³	vu²¹	tɕʰyn²¹	ɕyn³³	yn²¹	yn¹³	pɔŋ³³	pʰoʔ³	tʰɔŋ³³	tʰɔŋ¹³	tʰɔŋ²¹	tʰɔŋ³³	nɔŋ²¹	nɔŋ¹³	nɔʔ⁵	tsɔŋ¹³	tsʰoʔ⁵

续表

古音　地点（单字）	醋	昨	桑	索	缸	各	糠	恶凶~	娘	粮	两一只	两二	浆	雀	枪	墙	匠	削
古音	宕开一入铎从	宕开一入铎从	宕开一平唐心	宕开一入铎心	宕开一平唐见	宕开一入铎见	宕开一平唐溪	宕开一入铎影	宕开三平阳泥	宕开三平阳来	宕开三上养来	宕开三上养来	宕开三平阳精	宕开三入药精	宕开三平阳清	宕开三平阳从	宕开三去漾从	宕开三入药心
梅县	ts'ɔk^5	ts'ɔk^5	soŋ^{44}	sok^1	koŋ^{44}	kok^1	hoŋ^{44}	ɔk^1	ɲioŋ^{11}	lioŋ^{11}	lioŋ^{31}	lioŋ^{44}	tsioŋ^{44}	tsiok^1	ts'ioŋ^{44}	ts'ioŋ^{11}	sioŋ^{53}	siok^1
五华	ts'ok^5	ts'ap^5	soŋ^{23}	sok^1	koŋ^{44}	kok^1	hoŋ^{44}	ok^1	ɲioŋ^{13}	lioŋ^{13}	lioŋ^{31}	lioŋ^{44}	tsioŋ^{44}	tsiok^1	ts'ioŋ^{44}	sioŋ^{13}	sioŋ^{31}	siok^1
翁源（新江）	ts'ok^5	ts'ok^2	soŋ^{44}	sok^2	koŋ^{23}	kok^2	k'oŋ^{23}	ok^2	nioŋ^{214}	lioŋ^{214}	lioŋ^{31}	lioŋ^{23}	tsioŋ^{23}	tsiok^2	ts'ioŋ^{23}	ts'ioŋ^{214}	sioŋ^{31}	siok^2
乳源（保公坝）	ts'ɔk^5	ts'ɔk^5	soŋ^{44}	sok^2	koŋ^{44}	kok^2	hoŋ^{44}	ɔk^2	gioŋ^{24}	lioŋ^{24}	lioŋ^{31}	lioŋ^{44}	tsioŋ^{44}	tsiok^2	ts'ioŋ^{44}	ts'ioŋ^{24}	sioŋ^{31}	siok^2
成都（洛带）	ts'ɔ^5	ts'u^{45}	soŋ^{45}	so^2	koŋ^{45}	koʔ^2	xoŋ^{45}	ŋo^{53}	nioŋ^{13}	nioŋ^{13}	nioŋ^{31}	nioŋ^{45}	tɕioŋ^{45}	tɕ'io^{45}	tɕ'ioŋ^{45}	ɕioŋ^{13}	ɕioŋ^{53}	ɕioʔ^2
成都（高水井）	ts'ɔ^5	ts'u^{45}	soŋ^{45}	so^2	koŋ^{45}	koʔ^3	xoŋ^{45}	ŋo^{31}	nioŋ^{13}	nioŋ^{13}	nioŋ^{31}	nioŋ^{45}	tɕioŋ^{45}	tɕ'io^{45}	tɕ'ioŋ^{45}	ɕioŋ^{13}	ɕioŋ^{53}	ɕioʔ^2
隆昌（付家）	ts'o^5	ts'u^{45}	soŋ^{45}	so^3	koŋ^{45}	koʔ^3	xoŋ^{45}	ŋo^{53}	nioŋ^{13}	nioŋ^{13}	nioŋ^{31}	nioŋ^{45}	tɕioŋ^{45}	tɕ'ioʔ^3	tɕ'ioŋ^{45}	ɕioŋ^{13}	ɕioŋ^{53}	ɕioʔ^3
西昌（黄联）	ts'ɔ^5	ts'o^{212}	soŋ^{45}	so^3	koŋ^{45}	koʔ^3	xoŋ^{45}	oʔ^3	nioŋ^{212}	nioŋ^{212}	nioŋ^{31}	nioŋ^{45}	tɕioŋ^{45}	tɕ'ioʔ^3	tɕ'ioŋ^{45}	tɕ'ioŋ^{212}	tɕioŋ^{212}	ɕioʔ^3/ɕiau^{45}
仪陇（乐兴）	ts'ɔ^5	ts'a^{21}	soŋ^{33}	so^3	koŋ^{33}	k'oʔ^5	k'oŋ^{33}	oʔ^5	ioŋ^{21}	nioŋ^{21}	nioŋ^{21}	nioŋ^{33}	tɕioŋ^{33}	tɕ'ioʔ^3	tɕ'ioŋ^{33}	tɕ'ioŋ^{21}	ɕioŋ^{53}	ɕyeʔ^5

续表

地点＼单字古音	像 宕开三 上养邪	张 宕开三 平阳知	着~衣 宕开三 入药知	长~短 宕开三 平阳澄	文 宕开三 上养澄	着睡~ 宕开三 入药澄	装 宕开三 平阳庄	床 宕开三 平阳崇	霜 宕开三 平阳生	唱 宕开三 去漾昌	伤 宕开三 平阳书	上~山 宕开三 上养禅	让 宕开三 去漾日	弱 宕开三 入药日	姜~生 宕开三 平阳见	脚 宕开三 入药见	香 宕开三 平阳晓	约 宕开三 入药影
梅县	tsʰioŋ⁵³	tsoŋ⁴⁴	tsɔk¹	tsʰoŋ¹¹	tsʰoŋ³¹	tsʰɔk⁵	tsɔŋ⁴⁴	tsʰoŋ¹¹	sɔŋ⁴⁴	tsʰoŋ⁵³	sɔŋ⁴⁴	sɔŋ⁴⁴	ioŋ⁵³	ɲiɔk⁵	kioŋ⁴⁴	kiɔk¹	hioŋ⁴⁴	iɔk¹
五华	tsʰioŋ⁵³/sioŋ³¹	tʃoŋ⁴⁴	tʃok¹	tʃʰoŋ¹³	tʃʰoŋ³¹	tʃok¹	tsoŋ⁴⁴	tsʰoŋ¹³	soŋ⁴⁴	tʃʰoŋ⁵³	ʃoŋ⁴⁴	ʃoŋ⁴⁴	ioŋ³¹	iok⁵	kioŋ⁴⁴	kiok¹	ʃoŋ⁴⁴	iok¹
翁源新江	sioŋ³¹/sioŋ⁴⁵	tʃoŋ²³	tʃok²	tʃʰoŋ²¹⁴	tʃʰoŋ³¹/tʃʰoŋ²³	tʃʰok⁵	tsoŋ²³	tsʰoŋ²¹⁴	soŋ²³	tʃʰoŋ⁴⁵	ʃoŋ²³	ʃoŋ²³	ioŋ³¹	ɲiɔk⁵	kioŋ²³	kiɔk²	ʃoŋ²³	iɔk²
乳源侯公渡	tsʰioŋ⁵¹	tʃoŋ⁴⁴	tʃɔk²	tʃʰoŋ²⁴	tʃʰoŋ³¹	tʃʰɔk⁵	tsɔŋ⁴⁴	tsʰoŋ²⁴	sɔŋ⁴⁴	tʃʰoŋ⁵¹	ʃoŋ⁴⁴	ʃɔŋ⁴⁴	ɡioŋ³¹	ɡiɛk⁵	kioŋ⁴⁴	kiɔk²	ʃoŋ⁴⁴	iɛk²
成都洛带	tɕʰioŋ⁵³	tsoŋ⁴⁵	tsoʔ²	tsʰoŋ¹³	tsʰoŋ⁴⁵/tsoŋ⁵³	tsʰoʔ⁵	tsoŋ⁴⁵	tsʰoŋ¹³	soŋ⁴⁵	tɕʰoŋ⁵³	soŋ⁴⁵	soŋ⁴⁵	ȵioŋ⁵³	ȵioʔ⁵	tɕioŋ⁴⁵	tɕioʔ²	ɕioŋ⁴⁵	ioʔ²
成都冰水井	tɕʰioŋ⁵³	tsoŋ⁴⁵	tsoʔ²	tsʰoŋ¹³	tsʰoŋ⁴⁵/tsoŋ³¹	tsʰoʔ⁵	tsoŋ⁴⁵	tsʰoŋ¹³	soŋ⁴⁵	tɕʰoŋ⁵³	soŋ⁴⁵	soŋ⁴⁵	ȵioŋ⁵³	ȵioʔ⁵	tɕioŋ⁴⁵	tɕioʔ²	ɕioŋ⁴⁵	ioʔ²
隆昌付家	tɕʰioŋ⁵³	tsoŋ⁴⁵	tsoʔ³	tsʰoŋ¹³	tsoŋ⁵³	tsoʔ³	tsoŋ⁴⁵	tsʰoŋ¹³	soŋ⁴⁵	tɕʰoŋ⁵³	soŋ⁴⁵	soŋ⁴⁵	ȵioŋ³¹	ȵioʔ⁵	tɕioŋ⁴⁵	tɕioʔ³	ɕioŋ⁴⁵	ioʔ³
西昌黄联	tɕʰioŋ⁵³	tsoŋ⁴⁵	tsoʔ³	tsʰoŋ²¹²	tsoŋ⁵³	tsoʔ³	tsoŋ⁴⁵	tsʰoŋ²¹²	soŋ⁴⁵	tɕʰoŋ⁵³	soŋ⁴⁵	soŋ⁴⁵	ȵioŋ³¹	ȵioʔ⁵	tɕioŋ⁴⁵	tɕioʔ³	ɕioŋ⁴⁵	ioʔ³
仪陇乐兴	tɕʰioŋ¹³	tsoŋ³³	tsoʔ⁵	tsʰoŋ²¹	tsʰoŋ⁵³	tsoʔ⁵	tsoŋ³³	tsʰoŋ²¹	soŋ³³	tsʰoŋ¹³	soŋ³³	soŋ³³	ioŋ⁵³	iɔʔ⁵	tɕioŋ³³	tɕioʔ⁵	ɕioŋ³³	iɔʔ⁵

续表

地点＼单字（古音）	养 宕开三 上养以	药 宕开三 入药以	光 宕合一 平唐见	郭 宕开一 入铎见	荒 宕合一 平唐晓	黄 宕合一 平唐匣	镬二 宕合一 入铎匣	方 宕合三 平阳非	纺 宕合三 上养敷	网 宕合三 上养微	望 宕合三 去漾微	筐 宕合三 平阳溪	王 宕合三 平阳云	剥 江开二 入觉帮	胖 江开二 去绛滂	双 江开二 平江生	江 江开二 平江见	角 江开二 入觉见
梅县	$ioŋ^{44}$	iok^5	$kuoŋ^{44}$	$kuok^1$	$foŋ^{44}$	$voŋ^{11}$	vok^5	$foŋ^{44}$	$foŋ^{31}$	$mioŋ^{31}$	$moŋ^{53}$	$k'ioŋ^{44}$	$voŋ^{11}$	pok^1	$p'aŋ^{53}$	$suŋ^{44}$	$koŋ^{44}$	kok^1
五华	$ioŋ^{31}$	iok^5	$koŋ^{44}$	kok^1	$foŋ^{44}$	$voŋ^{13}$	vok^5	$foŋ^{44}$	$foŋ^{31}$	$mioŋ^{31}$	$moŋ^{31}$	$k'ioŋ^{44}$	$voŋ^{13}$	pok^1	$p'aŋ^{53}$	$saŋ^{44}$	$koŋ^{44}$	kok^1
翁源新江	$ioŋ^{23}$	iok^5	$koŋ^{23}$	kok^2	$foŋ^{23}$	$voŋ^{214}$	vok^5	$foŋ^{23}$	$foŋ^{31}$	$mioŋ^{31}$	$moŋ^{31}$	$k'ioŋ^{23}$	$voŋ^{214}$	pok^2	$p'an^{31}$	$suŋ^{23}$	$koŋ^{23}$	kok^2
乳源侯公渡	$ioŋ^{44}$	iok^5	$koŋ^{44}$	$kɔk^2$	$foŋ^{44}$	$voŋ^{24}$	$vɔk^5$	$foŋ^{44}$	$foŋ^{31}$	$boŋ^{31}$	$boŋ^{31}$	$k'ioŋ^{44}$	$voŋ^{24}$	$pɔk^2$	$p'uoŋ^{31}$	$suŋ^{44}$	$koŋ^{44}$	
成都洛带	$ioŋ^{45}$	$ioʔ^5$	$koŋ^{45}$	$kueʔ^2$	$foŋ^{45}$	$voŋ^{13}$	$voʔ^5$	$foŋ^{45}$	$p'ioŋ^{31}/foŋ^{31}$	$p'miaŋ^{31}$	$mɔŋ^{53}$	$k'uaŋ^{45}$	$vɔŋ^{13}$	$poʔ^2$	$p'ɔŋ^{53}$	$suŋ^{45}/soŋ^{45}$	$koŋ^{45}$	$koʔ^2$
成都沙水井	$ioŋ^{45}$	$ioʔ^5$	$koŋ^{45}$	$koʔ^2$	$foŋ^{45}$	$vɔŋ^{13}$	$voʔ^5$	$foŋ^{45}$	$foŋ^{31}$	$miaŋ^{31}$	$moŋ^{31}$	$k'uaŋ^{45}$	$vɔŋ^{13}$	$poʔ^2$	$p'ɔŋ^{53}$	$suŋ^{45}/soŋ^{45}$	$koŋ^{45}$	$koʔ^2$
隆昌付家	$ioŋ^{45}$	$ioʔ^5$	$koŋ^{45}$	$koʔ^3$	$foŋ^{45}$	$vɔŋ^{13}$	$voʔ^5$	$foŋ^{45}$	$p'ioŋ^{31}$	$miaŋ^{31}$	$moŋ^{53}$	$k'uaŋ^{45}$	$vɔŋ^{13}$	$poʔ^3$	$p'ɔŋ^{53}$	$suŋ^{45}/soŋ^{45}$	$koŋ^{45}$	$koʔ^3$
西昌黄联	$ioŋ^{45}$	$ioʔ^5$	$koŋ^{45}$	$kueʔ^3$	$foŋ^{45}$	$vɔŋ^{212}$	$vuʔ^5$	$foŋ^{45}$	$p'ioŋ^{31}$	$miaŋ^{31}$	$moŋ^{53}$	$k'ɔŋ^{45}$	$vɔŋ^{212}$	$poʔ^3$	$p'ɔŋ^{53}$	$soŋ^{45}$	$koŋ^{45}$	$koʔ^3$
仪陇乐兴	$ioŋ^{33}$	$ioʔ^3$	$kuoŋ^{33}$	$kɔʔ^5$	$foŋ^{33}$	$uoŋ^{21}$	$vɔʔ^5$	$foŋ^{33}$	$p'ioŋ^{53}$	$uaŋ^{53}$	$mɔŋ^{53}$	$k'uaŋ^{33}$	$uɔn^{21}$	$poʔ^5$	$p'ɔŋ^{13}$	$soŋ^{33}/suŋ^{33}$	$koŋ^{33}$	$koʔ^5$

续表

单字	确	壳	岳	乐音~	巷	学	握	崩	朋	北	墨	默	等	得	德	邓	特	勒
古音	江开二	江开二	江开二	江开二	江开二	江开二	江开二	曾开一	曾开一	曾开一	曾开一	曾开一	曾开一	曾开一	曾开一	曾开一	曾开一	曾开一
地点	入觉溪	入觉溪	入觉疑	入觉疑	去绛匣	入觉匣	入觉影	平登帮	平登并	入德帮	入德明	入德明	上等端	入德端	入德端	去嶝定	入德定	入德来
梅县	kʼɔk^1	hok^1	ŋɔk^5	ŋɔk^5	hɔŋ^{53}	hɔk^5	vɔk^1	pen^{44}	pʼen^{11}	pet^1	met^5	met^5	ten^{31}	tet^1	tet^1	tʼen^{53}	tʼit^5	lit^5
五华	kʼok^1	hok^1	ŋok^5		hɔŋ^{31}	hok^5	vok^1	pen^{44}	pʼen^{13}	pet^1	met^5	met^5	ten^{31}	tet^1	tet^1	tʼen^{31}	tʼit^5	let^5
翁源(翁江)	kʼɔk^2	kʼɔk^2	ŋɔk^5	ŋɔk^5/lɔk^5	hɔŋ^{31}	hok^5	vɔk^2	pen^{23}	pʼen^{214}	pet^2	met^5	met^5	ten^{31}	tet^2	tet^2	tʼen^{31}	tʼit^5	let^5
乳源(皈公瑶)	kʼɔk^2	kʼɔk^2	gɔk^5	gɔk^5	hɔŋ^{31}	hɔk^5	vɔk^5	pen^{44}	pʼen^{24}	pet^2	bet^5	bet^2	ten^{31}	tet^2	tet^2	tʼen^{31}	tʼet^5	let^5
成都(洛带)	tɕʼioʔ^2	xoʔ^2/kʼoʔ^2	ioʔ^5	ioʔ^5	xɔŋ^{53}	xoʔ^5	oʔ^2	pan^{45}	pʼuŋ^{13}	pieʔ^2	mieʔ^5	mieʔ^5	tien^{31}	tieʔ^2	tieʔ^2	tʼien^{53}	tʼieʔ^2	nieʔ^5
成都(凉水井)	tɕʼioʔ^2	xoʔ^2/kʼoʔ^2	ioʔ^5	ioʔ^5	xɔŋ^{53}	xoʔ^5	oʔ^2	pan^{45}	pʼuŋ^{13}	pieʔ^2	mieʔ^5	mieʔ^5	tien^{31}	teʔ^2	teʔ^2	tʼien^{31}	tʼieʔ^2	nieʔ^5
隆昌(付家)	tɕʼioʔ^3	xoʔ^3	ioʔ^3	ioʔ^3	xɔŋ^{53}	xoʔ^5	oʔ^3	pan^{45}	pʼuŋ^{13}	peʔ^3	meʔ^3	meʔ^5	tan^{31}	teʔ^3	teʔ^3	tan^{53}	tʼeʔ^3	neʔ^5
西昌(黄联)	tɕʼioʔ^3	xoʔ^3	ioʔ^3	ioʔ^3	xɔŋ^{53}	xoʔ^5	ŋoʔ^3	puŋ^{33}	pʼuŋ^{212}	peʔ^3	meʔ^5	meʔ^5	tan^{31}	teʔ^5	teʔ^5	tan^{53}	tʼeʔ^3	neʔ^{25}
仪陇(乐兴)	tɕʼiɔʔ^5	kʼɔʔ^5	iɔʔ^5	iɔʔ^3	xɔŋ^{13}	xɔʔ^5	ɔʔ^5	pan^{33}	pʼuŋ^{21}	peʔ^5	meʔ^3	meʔ^5	tan^{53}	teʔ^5	teʔ^5	tʼan^{53}	tʼe^{21}	neʔ^{25}

续表

单字古音 \ 地点	勒~紧 曾开一 入德来	曾曾~ 曾开一 平登精	层 曾开一 平登从	赠 曾开一 去嶝从	皴 曾开一 入德从	塞~住 曾开一 入德心	刻 曾开一 入德溪	冰 曾开三 平蒸帮	逼 曾开三 入职帮	凭 曾开三 平蒸并	力 曾开三 入职来	熄 曾开三 入职心	直 曾开三 入职澄	值 曾开三 入职澄	侧 曾开三 入职庄	色 曾开三 入职生	蒸 曾开三 平蒸章	织 曾开三 入职章
梅县	lit^5	tsen^{44}	ts'en^{11}	tsen^{53}	ts'et^5	set^1	k'et^1	pen^{44}	pit^1	pen^{53}	lit^5	sit^1	ts'ət^5	ts'ət^5	tsət^1	set^1	tsən^{44}	tsət^1
五华	let^5	tsen^{44}	ts'en^{13}	tsen^{53}	ts'et^5	set^1	k'et^1	pen^{44}		pen^{53}	lit^5	sit^1	tʃ'it^5	tʃ'it^5	tset^1	set^1	tʃin^{23}	tʃit^1
翁源（新江）	let^5	tsen^{23}	ts'en^{214}	ts'en^{31}	ts'et^5	set^2	k'et^2	pen^{23}	pit^2	p'in^{214}	lit^5	sit^2	tʃ'it^5	tʃ'it^5	tset^1	set^2	tʃin^{44}	tʃit^2
乳源（侯公渡）	let^5	tseŋ^{44}	ts'en^{24}	tsen^{51}	ts'et^5	set^2	k'et^2	pin^{44}	pit^2	p'in^{24}	lit^5	sit^2	tʃ'it^5	tʃ'it^5	tset^2	set^2	tʃin^{44}	tʃin^{51}
成都（洛带）	nie?^{5}	tɕⁱien^{45}	tɕ'ⁱien^{13}	tɕien^{53}/tsan^{53}	tɕ'ie?^{5}	ɕie?^{2}	k'e?^{2}	pin^{45}	pie?^{5}	p'ien^{53}/p'in^{13}	ni?^{5}	ɕi?^{2}	ts'ʅ?^{5}/tsʅ?^{2}	ts'ʅ?^{5}/tsʅ?^{2}	tɕie?^{2}	ɕie?^{2}	tsən^{45}	tsə?^{2}
成都（泌水井）	nie?^{5}	tɕⁱien^{45}	tɕ'ⁱien^{13}	tɕien^{53}/tsan^{53}	tɕ'ie?^{5}	ɕie?^{2}	k'e?^{2}	pin^{45}	pie?^{5}	p'ien^{31}/p'in^{13}	nie?^{5}	ɕi?^{2}	ts'ʅ?^{5}/tsʅ?^{2}	ts'ʅ?^{5}	ts'e?^{2}	se?^{2}	tsən^{45}	tse?^{2}
隆昌（付家）	ne?^{3}	tsan^{45}	ts'an^{13}	tsan^{53}	tɕ'ie?^{5}	se?^{2}	k'e?^{2}	pin^{45}	pie?^{3}	p'ien^{13}	ni?^{5}	ɕi?^{3}	ts'e?^{5}	ts'e?^{5}	tse?^{3}	se?^{3}	tsən^{45}	tse?^{3}
西昌（黄联）	ne?^{5}	tsan^{45}	ts'an^{212}	tsan^{53}	ts'e?^{5}	se?^{3}	k'e?^{3}	pin^{45}	pie?^{3}	p'an^{45}/p'in^{212}	nie?^{5}	ɕie?^{3}	ts'e?^{5}	ts'e?^{5}	tse?^{3}	se?^{3}	tsən^{45}	tse?^{3}
仪陇（乐兴）	ne?^{5}	tsan^{33}	ts'an^{21}	tsan^{13}	ts'ɛ?^{3}	se?^{5}	k'ɛ?^{3}	pin^{33}	pi?^{1}	p'ian^{21}	ni?^{5}	ɕi?^{3}	ts'ei^3	ts'ei^3	tsei?^{5}	se?^{5}	tsən^{33}	tsei?^{5}

续表

地点 \ 单字	职	秤	乘	食	蚀	升	识	极	应答	忆	蝇	翼	国	域	百	魄	彭	白
古音	曾开三入职章	曾开三去证昌	曾开三平蒸船	曾开三入职船	曾开三入职船	曾开三平蒸书	曾开三入职书	曾开三入职群	曾开三去证影	曾开三入职影	曾开三平蒸以	曾开三入职以	曾合一入德见	曾合一入职云	梗开二入陌帮	梗开二入陌滂	梗开二平庚并	梗开二入陌并
梅县	tsət^1	tsʰən^{53}	sən^{44}	sət^5	sət^5	sən^{44}	sət^1	kʰit^5	in^{53}	it^5	in^{11}	it^5	kuet^1	vet^1	pak^1	pʰak^1	pʰaŋ^{11}	pʰak^5
五华	tʃit^1	tʃʰin^{53}	ʃin^{53}	ʃit^5	ʃit^5	ʃin^{44}	ʃit^2	kʰit^5	in^{53}	i^{53}	in^{13}	it^5	ket^1	vet^1	pak^1	pʰak^1	pʰaŋ^{13}	pʰak^5
翁源(新江)	tʃit^2	tʃʰin^{45}	ʃim^{214}	ʃit^5	ʃit^5	ʃim^{23}	ʃit^2	kʰit^5	in^{45}	it^5/et^5	ʃiŋ^{214}	it^5	kuk^2	iuʔ^5	pak^2	pʰak^2	pʰaŋ^{214}	pʰak^5
乳源(侯公渡)	tʃit^2	tʃʰin^{44}	tʃʰin^{51}	ʃit^5	ʃit^5	ʃin^{44}	ʃit^2	kʰit^5	in^{51}	it^5	in^{24}	it^5	kuet^2	iuʔ^5	pʌk^2	pʰʌk^2	pʰʌŋ^{24}	pʰʌk^5
成都(洛带)	tsəʔ^2	tsʰən^{53}	sən^{13}	sʅʔ^5	sʅʔ^5	sən^{45}	sʅʔ^5	tɕʰieʔ^2	in^{53}	i^{53}	in^{13}	i^{45}	kueʔ^2	ioʔ^5	paʔ^2	pʰaʔ^2	pʰən^{13}	pʰaʔ^5
成都(木水井)	tseʔ^2	tsʰən^{53}	sən^{13}	seʔ^5	seʔ^5	sən^{45}	seʔ^5	tɕʰieʔ^2	in^{53}	i^{53}	in^{13}	i^{45}	kueʔ^2	y^{53}	paʔ^2	pʰeʔ^3	pʰən^{13}	pʰaʔ^5
隆昌(付家)	tseʔ^3	tsʰən^{53}	sən^{13}	seʔ^5	ʂeʔ^5	sən^{45}	sʅʔ^5	tɕiʔ^3	in^{53}	i^{53}	in^{13}	i^{45}	kueʔ^3	ioʔ^5	paʔ^3	pʰeʔ^3	pʰən^{13}	pʰaʔ^5
西昌(黄联)	tseʔ^3	tsʰən^{53}	ʂən^{212}	ʂeʔ^3	ʂeʔ^5	sən^{45}	sʅʔ^5	tɕʰieʔ^2	in^{53}	i^{53}	iŋ^{212}	i^{45}	kueʔ^3	iuʔ^3	paʔ^3/pʰaʔ^5	pʰaʔ^3	pʰən^{212}	pʰaʔ^5
仪陇(乐兴)	tseiʔ^5	tsʰən^{13}	sən^{21}	seiʔ^3	seiʔ^3	sən^{33}	seiʔ^3		in^{13}	i^{13}	in^{21}	i^{33}	kueʔ^5	y^{21}	paʔ^5	pʰɛʔ^5	pʰən^{21}	pʰaʔ^5

续表

地点 \ 单字	冷	撑	拆~开	择	生	性	甥	省~长	更五~	梗	格	坑	客	硬	额
古音	梗开二上梗来	梗开二平庚彻	梗开二入陌彻	梗开二入陌澄	梗开二平庚生	梗开二平庚生	梗开二平庚生	梗开二上梗生	梗开二平庚见	梗开二上梗见	梗开二入陌见	梗开二平庚溪	梗开二入陌溪	梗开二去映疑	梗开二入陌疑
梅县	laŋ^{44}	tsʻaŋ^{44}	tsʻak^1	tsʻet^2/tʻɔk^5	sen^{44}/saŋ^{44}	sen^{44}	sen^{44}	san^{44}	kaŋ^{44}	kuaŋ^{31}	ket^1/kak	haŋ^{44}	kʻek^2/hak^1	ŋaŋ^{53}	ŋiak^1
五华	laŋ^{44}	tsʻaŋ^{53}	tsʻak^1	tsʻet^5	saŋ^{44}	saŋ^{44}	saŋ^{44}	sen^{31}	kaŋ^{44}	kaŋ^{31}	kak^1	haŋ^{44}	hak^1	ŋaŋ^{31}	ŋiak^1
翁源新江	len^{23}	tsʻaŋ^{45}	tsʻak^1	tsʻak^5	saŋ^{23}	sen^{23}	saŋ^{23}	sen^{31}	kaŋ^{23}	kuaŋ^{31}	ket^2/kak^2	haŋ^{23}	kʻak^2	ŋaŋ^{31}	niak^2
乳源侯公渡	lʌŋ^{44}	tsʻʌŋ^{51}	tsʻʌk^2	tsʻʌk^5	sʌŋ^{44}	sʌŋ^{44}	sʌŋ^{44}	suan^{31}	kʌŋ^{44}	kuʌŋ^{31}	kʌk^2	hʌŋ^{44}	kʻʌk^2	gʌŋ^{31}	giak^2
成都洛带	naŋ^{45}	tsʻaŋ^{53}	tsʻaʔ^2	tʻoʔ^5	saŋ^{45}	saŋ^{45}	saŋ^{45}	sən^{31}	kaŋ^{45}	kuaŋ^{31}	keʔ^2	kʻien^{45}	kʻaʔ^2	ŋaŋ^{53}	nieʔ^2
成都凉水井	naŋ^{45}	tsʻaŋ^{53}	tsʻaʔ^2	tʻoʔ^5	saŋ^{45}	saŋ^{45}	saŋ^{45}	suan^{31}	kaŋ^{45}	kuaŋ^{31}	kaʔ^2	kʻien^{45}	kʻaʔ^2	ŋaŋ^{31}	nieʔ^2
隆昌付家	naŋ^{45}	tsʻaŋ^{53}	tsʻaʔ^2	tʻoʔ^5	saŋ^{45}	saŋ^{45}	saŋ^{45}	sən^{212}	kaŋ^{53}	kuaŋ^{31}	kaʔ^2	kʻən^{45}	xaʔ^3	ŋaŋ^{53}	nieʔ^3
西昌黄联	naŋ^{45}	tsʻaŋ^{53}	tsʻeʔ^3	tsʻeʔ^3/tʻoʔ^5	saŋ^{45}	saŋ^{45}	saŋ^{45}	sən^{53}	kon^{53}	kuaŋ^{31}	kaʔ^3	kʻən^{45}	xaʔ^3	ŋaŋ^{53}	ŋeʔ^3
仪陇乐兴	nan^{33}	tsʻan^{13}	tsʻɛʔ^5	tsʻɛʔ^5	saŋ^{33}	saŋ^{33}	saŋ^{33}	san^{53}	kan^{33}	kuaŋ^{21}	kaʔ^5	kʻaŋ^{33}	kʻaʔ^5	ŋaŋ^{53}	iaʔ^5

续表

单字 古音 地点	行 梗开二 平庚匣	杏 梗开二 上梗匣	棚 梗开二 平耕并	麦 梗开二 入麦明	脉 梗开二 入麦明	摘 梗开二 入麦知	橙 梗开二 平耕澄	争 梗开二 平耕庄	责 梗开二 入麦庄	策 梗开二 入麦初	册 梗开二 入麦初	耕 梗开二 平耕见	隔 梗开二 入麦见	革 梗开二 入麦见	核 梗开一 入麦匣	丙 梗开三 上梗帮	吓 梗开二 入陌晓	平 梗开三 平庚并
梅县	kaŋ¹¹	hen⁵³	p'aŋ¹¹	mak⁵	mak¹	tsak¹	ts'aŋ¹¹	tsaŋ⁴⁴	tsit¹	ts'et¹	ts'ak¹	kaŋ⁴⁴	kak¹	ket¹	fut⁵	piaŋ³¹	hak¹	p'iaŋ¹¹/p'in¹¹
五华	haŋ¹³	hen³¹	p'aŋ¹³	mak⁵	mak¹	tsak¹	tʃ'aŋ¹³	tsaŋ⁴⁴	tsek¹	ts'ek¹	ts'ak¹	kaŋ⁴⁴	kak¹	ket¹	fuk⁵	piaŋ³¹	hak¹	p'aŋ¹³
翁源新江	haŋ²¹⁴	hen³¹	p'aŋ²¹⁴	mak⁵	mak²	tsak²	ts'aŋ²¹⁴	tsaŋ²³	tsak²	ts'ak²	ts'ak²	kaŋ²³	kak²	ket²	hot⁵	piaŋ³¹	hak²	p'aŋ²¹⁴/p'in²¹⁴
乳源必公坑	hʌŋ²⁴	ʃin³¹	p'aŋ²⁴	bʌk⁵	bʌk²	tsʌk²	ts'aŋ²⁴	ts'ʌŋ⁴⁴	tsʌk²	ts'ʌk²	ts'ʌk²	kaŋ⁴⁴	kʌk²	kʌk²	vut⁵	piʌŋ³¹	hʌk²⁴	p'ʌŋ²⁴/p'in²⁴
成都洛带	çin¹³	xien⁵³	p'uŋ¹³	maʔ⁵	maʔ²	tsaʔ²	ts'ɘn¹³	tsaŋ⁴⁵	tɕieʔ²	ts'ɘʔ²	ts'ɘʔ²	kien⁴⁵	kaʔ²	keʔ²	faʔ⁵	piaŋ³¹	xaʔ²	p'aŋ¹³
成都木兰水井	çin¹³	xien³¹	p'uŋ¹³	maʔ⁵	maʔ²	tsaʔ²	ts'ɘn¹³	tsaŋ⁴⁵	tseʔ²	ts'eʔ²	ts'eʔ²	kien⁴⁵	keʔ²	keʔ²	fuʔ⁵	piaŋ³¹	xaʔ²	p'aŋ¹³
隆昌付家	çin¹³	xan⁵³	p'uŋ¹³	maʔ⁵	ma³	tsaʔ³	ts'ɘn¹³	tsaŋ⁴⁵	tseʔ³	ts'eʔ³	ts'eʔ³	kaŋ⁴⁵	keʔ³	keʔ³	xeʔ⁵	piaŋ³¹	xaʔ²	p'iaŋ¹³
西昌黄联	çin²¹²	xan⁵³	p'uŋ²¹²	maʔ⁵	ma³	tsaʔ⁵	ts'an²¹²	tsaŋ⁴⁵	tsɛʔ⁵	ts'aʔ⁵	ts'aʔ⁵	kaŋ⁴⁵	keʔ³	keʔ³	fuʔ²¹²	piaŋ³¹	xaʔ³	p'aŋ²¹²
仪陇乐兴	çin²¹	xan¹³	p'uŋ²¹	maʔ⁵	ma⁵	tsaʔ⁵	ts'an²¹	tsan³³	tsɛʔ⁵	ts'aʔ⁵	ts'aʔ⁵	kan³³	kaʔ⁵	kaʔ⁵	xeʔ⁵	piaŋ⁵³	xaʔ⁵	p'iaŋ²¹

续表

地点＼单字（古音）	评（梗开三平庚并）	病（梗开三去映并）	明（梗开三平庚明）	命（梗开三去映明）	惊（梗开三平庚见）	剧（梗开三入陌群）	迎（梗开三平庚疑）	逆（梗开三入陌疑）	英（梗开三平庚影）	影（梗开三上梗影）	饼（梗开三上静帮）	僻（梗开三入昔滂）	名（梗开三平清明）	领（梗开三上静来）	岭（梗开三上静来）	清（梗开三平清清）	请（梗开三上静清）	晴（梗开三平清从）
梅县	$p'in^{11}$	$p'iaŋ^{53}$	$maŋ^{11}/min^{11}$	$miaŋ^{53}/min^{31}$	$kiaŋ^{44}$	$k'iak^{1}$	$ŋiaŋ^{11}$	$ŋiak^{1}$	in^{44}	$iaŋ^{31}$	$piaŋ^{31}$	$p'it^{1}$	$miaŋ^{11}$	$liaŋ^{44}/liaŋ^{31}$	$liaŋ^{44}/liaŋ^{31}$	$ts'in^{44}/ts'iaŋ^{44}$	$ts'iaŋ^{31}$	$ts'iaŋ^{11}/ts'in^{11}$
五华	$p'un^{13}$	$p'iaŋ^{31}$	mun^{13}	$miaŋ^{53}$	$kiaŋ^{44}$	$k'iak^{1}$	$ȵiaŋ^{13}$	$ȵiak^{5}$	in^{44}	$iaŋ^{31}$	$piaŋ^{31}$		$miaŋ^{13}$	$liaŋ^{44}$	$liaŋ^{44}$	$ts'in^{44}$	$ts'iaŋ^{31}$	$ts'iaŋ^{13}$
翁源（铁龙）	$p'in^{214}$	$p'iaŋ^{31}$	$miaŋ^{214}/min^{214}$	$miaŋ^{31}/min^{31}$	$kiaŋ^{23}$	$k'iak^{2}$	$ȵiaŋ^{214}$	$ȵiak^{5}$	in^{23}	$iaŋ^{31}$	$piaŋ^{31}$	$p'it^{1}$	$maiŋ^{214}$	$liaŋ^{23}$	$liaŋ^{23}$	$ts'in^{23}$	$ts'iaŋ^{31}$	$ts'iaŋ^{214}$
乳源（侯公渡）	$p'in^{24}$	$p'iAŋ^{31}$	$biAŋ^{24}/bin^{24}$	$biAŋ^{31}/bin^{31}$	$kiAŋ^{44}$	$k'iak^{2}$	$giAŋ^{24}$	$giAk^{5}$	in^{44}	$iAŋ^{31}$	$piAŋ^{31}$	$p'it^{1}$	$biAŋ^{24}$	$liAŋ^{44}$	$liAŋ^{44}$	$ts'in^{44}$	$ts'iAŋ^{31}$	$ts'iAŋ^{24}$
成都（西河）	$p'in^{13}$	$p'iaŋ^{53}$	$miaŋ^{13}$	$miaŋ^{53}$	$tɕin^{45}$	$tɕy^{53}$	in^{13}	$nieʔ^{2}$	in^{45}	$iaŋ^{31}$	$piaŋ^{31}$	$p'iʔ^{2}$	$miaŋ^{13}$	$niaŋ^{45}$	$niaŋ^{13}/niaŋ^{31}$	$tɕ'iaŋ^{45}/tɕ'in^{45}$	$tɕ'iaŋ^{31}$	$tɕ'iaŋ^{13}$
成都（沙河井）	$p'in^{13}$	$p'iaŋ^{31}$	$ȵiaŋ^{13}$	$ȵiaŋ^{53}$	$tɕin^{45}$	$tɕy^{53}$	in^{13}	$nieʔ^{2}$	in^{45}	$iaŋ^{31}$	$piaŋ^{31}$	$p'ie^{2}$	$miaŋ^{13}$	$niaŋ^{45}$	$niaŋ^{13}/niaŋ^{45}$	$tɕ'iaŋ^{45}/tɕ'in^{45}$	$tɕ'iaŋ^{31}$	$tɕ'iaŋ^{13}$
隆昌（付家）	$p'in^{13}$	$p'iaŋ^{31}$	$miaŋ^{13}$	$miaŋ^{53}$	$tɕin^{45}$	$tɕy^{53}$	in^{13}	$nieʔ^{5}$	in^{45}	$iaŋ^{31}$	$piaŋ^{31}$	$p'iʔ^{2}$	$miaŋ^{13}$	$niaŋ^{45}$	$niaŋ^{45}$	$tɕ'iaŋ^{45}/tɕ'in^{45}$	$tɕ'iaŋ^{31}$	$tɕ'iaŋ^{13}$
西昌（黄联）	$p'in^{212}$	$p'iaŋ^{53}$	$miaŋ^{212}/min^{212}$	$miaŋ^{53}$	$tɕin^{45}$	$tɕiʔ^{2}$	in^{212}	$nieʔ^{5}$	in^{45}	$iaŋ^{31}$	$piaŋ^{31}$	$p'ie^{3}$	$miaŋ^{212}$	$niaŋ^{45}$	$niaŋ^{45}$	$tɕ'iaŋ^{45}/tɕ'in^{45}$	$tɕ'iaŋ^{31}$	$tɕ'iaŋ^{212}$
仪陇（乐兴）	$p'iaŋ^{21}$	$p'iaŋ^{21}$	$miaŋ^{21}$	$miaŋ^{53}$	$tɕin^{33}$	$tɕy^{13}$	in^{21}	$ieʔ^{3}$	in^{33}	$iaŋ^{53}$	$piaŋ^{53}$	$p'iʔ^{3}$	$miaŋ^{21}$	$niaŋ^{33}$	$niaŋ^{33}$	$tɕ'iaŋ^{33}$	$tɕ'iaŋ^{53}$	$tɕ'iaŋ^{21}$

续表

单字古音 / 地点	静 梗开三 上静从	净 梗开三 去静从	籍~贯 梗开三 入昔从	姓 梗开三 去劲心	性 梗开三 去劲心	惜 梗开三 入昔心	席 梗开三 入昔邪	郑 梗开三 去劲澄	正~月 梗开三 平清章	整 梗开三 上静章	正~西 梗开三 去静章	只~ 梗开三 入昔章	尺 梗开三 入昔昌	声 梗开三 平清书	适 梗开三 入昔书	成 梗开三 平清禅	城 梗开三 平清禅	石 梗开三 入昔禅
梅县	$ts'in^{53}$	$ts'iaŋ^{53}$	sit^5	$siaŋ^{53}$	sin^{53}	$siak^1$/sit^1	$ts'iak^5$	$ts'aŋ^{53}$	$tsaŋ^{44}$	$tsən^{31}$	$tsən^{53}$	$tsak^1$	$ts'ak^1$	$saŋ^{44}$	set^1	$sən^{11}$/$ts'aŋ^{11}$/$saŋ^{11}$	$saŋ^{11}$	sak^5
五华	$ts'in^{31}$	$ts'iaŋ^{31}$	$ts'it^5$	$siaŋ^{53}$	$siaŋ^{53}$	sit^1	$ts'iak^5$	$tʃ'aŋ^{31}$	$tʃaŋ^{44}$	$tʃaŋ^{31}$	$tʃin^{53}$	$tʃak^1$	$tʃ'ak^1$	$ʃaŋ^{44}$	$ʃit^1$	$ʃaŋ^{13}$	$ʃaŋ^{13}$	$ʃak^5$
翁源新江	$ts'im^{31}$	$ts'iaŋ^{31}$	$ts'it^5$	$siaŋ^{45}$	sin^{45}	sit^2	$ts'iak^5$/sit^5	$tʃ'aŋ^{31}$	$tʃaŋ^{23}$	$tʃin^{31}$	$tʃin^{45}$	$tʃak^2$	$tʃ'ak^1$	$ʃaŋ^{23}$	$ʃit^2$	$ʃaŋ^{13}$	$ʃaŋ^{214}$	$ʃak^5$
乳源侯公渡	$ts'im^{31}$	$ts'iAŋ^{31}$	sit^5	$siAŋ^{51}$	sin^{51}	sit^2	$ts'iAk^5$/sit^5	$tʃ'Aŋ^{31}$	$tʃAŋ^{44}$	$tʃin^{31}$	$tʃAŋ^{31}$	$tʃAk^2$	$tʃ'Ak^2$	$ʃAŋ^{44}$	$ʃit^2$	$ts'Aŋ^{24}$/$ʃAŋ^{24}$	$ʃAŋ^{24}$	$ʃAk^5$
成都洛带	$tɕin^{53}$	$tɕ'iaŋ^{31}$	$tɕie?^2$	$ɕiaŋ^{53}$	$ɕim^{53}$	$ɕia?^2$	$tɕia?^5$	$ts'aŋ^{53}$	$tsaŋ^{45}$	$tsən^{31}$/$kuan^{31}$	$tsən^{53}$	$tsa?^2$	$ts'a?^2$	$saŋ^{45}$	$sɿ?^5$	$sən^{13}$/$ts'aŋ^{13}$/$saŋ^{13}$	$saŋ^{13}$/$sən^{13}$	$sa?^5$
成都凉水井	$tɕin^{53}$	$tɕ'iaŋ^{31}$	$tɕi?^2$	$ɕiaŋ^{53}$	$ɕin^{53}$	$ɕia?^2$	$tɕia?^5$	$ts'aŋ^{31}$	$tsaŋ^{45}$	$tsən^{31}$/$kuan^{31}$	$tsən^{53}$	$tsa?^2$	$ts'a?^2$	$saŋ^{45}$	$sɿ?^5$	$saŋ^{13}$/$ts'ən^{13}$	$saŋ^{13}$/$ts'ən^{13}$	$sa?^5$
隆昌付家	$tɕin^{53}$	$tɕ'iaŋ^{31}$	$tɕie?^2$	$ɕiaŋ^{53}$	$ɕiaŋ^{13}$	$ɕie?^3$	$tɕ'ia?^5$	$tʂ'aŋ^{31}$	$tʂaŋ^{45}$	$tʂən^{31}$	$tʂən^{53}$	$tʂa?^3$	$tʂ'a?^3$	$ʂaŋ^{45}$	$ʂɿ?^3$	$ʂaŋ^{13}$/$tʂ'ən^{13}$	$ʂaŋ^{13}$/$tʂ'ən^{13}$	$ʂa?^5$
西昌黄联	$tɕin^{53}$	$tɕ'iaŋ^{53}$	$tɕie?^3$	$ɕiaŋ^{53}$	$ɕim^{53}$	$ɕia?^3$/$ɕie?^3$	$ɕia?^5$/$ɕi?^3$	$tʂ'aŋ^{53}$	$tʂaŋ^{45}$	$tʂən^{31}$	$tʂən^{53}$	$tʂa?^3$	$tʂ'a?^3$	$ʂaŋ^{45}$	$ʂɿ^3$	$ʂaŋ^{212}$/$tʂ'ən^{212}$	$ʂaŋ^{212}$/$ts'ən^{212}$	$se?^5$
仪陇乐兴	$tɕin^{13}$	$tɕ'iaŋ^{53}$	$tɕi?^5$	$ɕiaŋ^{13}$	$ɕin^{53}$	$ɕi?^5$	$ɕia?^5$/$ɕi?^5$	$ts'aŋ^{53}$	$tsaŋ^{33}$	$tsən^{53}$	$tsən^{13}$	$tsa?^3$	$ts'a?^5$	$saŋ^{33}$	$sɿ^{21}$	$ts'ən^{21}$	$ts'ən^{21}$	$sa?^3$

续表

单字 古音 地点	颈 梗开三 上静见	轻 梗开三 平清溪	益 梗开三 入昔影	盈 梗开三 平清以	赢 梗开三 平清以	易_{交~} 梗开三 入昔以	壁 梗开三 入锡帮	瓶 梗开四 平青并	项 梗开四 上迥端	钉_{~住} 梗开四 去径端	的_{日~} 梗开四 入锡端	滴 梗开四 入锡端	听_{~见} 梗开四 平青透	厅 梗开四 平青透	踢 梗开四 入锡透	定 梗开四 去径定	敌 梗开四 入锡定	灵 梗开四 平青来
梅县	kiaŋ^{31}	k'iaŋ^{44}/k'in^{44}	it^{1}	in^{11}	iaŋ^{11}	it^{5}	piak^{1}	p'iaŋ^{11}	taŋ^{31}	taŋ^{44}	tit^{1}	tit^{1}	t'aŋ^{44}	t'aŋ^{44}	t'et^{1}	t'in^{53}	t'it^{5}	lin^{11}
五华	kiaŋ^{31}	k'iaŋ^{44}	it^{1}	in^{13}	iaŋ^{13}	it^{5}	piak^{1}		taŋ^{31}	taŋ^{53}	tit^{1}	tit^{1}	t'aŋ^{44}	t'iaŋ^{44}	t'et^{1}	t'in^{31}	t'it^{5}	lin^{13}
翁源_{翻江}	kiaŋ^{31}	k'iaŋ^{23}	it^{2}	in^{214}	iaŋ^{214}	it^{5}	piak^{2}	p'in^{214}	tiaŋ^{31}/teŋ^{31}/tin^{31}	teŋ^{23}	tit^{2}	tit^{2}	teŋ^{23}/t'in^{23}/t'iaŋ^{23}	teŋ^{23}	t'iak^{2}	t'in^{31}	t'it^{5}	lin^{214}
乳源_{桂头公硖}	kiaŋ^{31}	k'iaŋ^{44}	zit^{2}	zin^{24}	iaŋ^{24}	zit^{4}	piak^{2}	p'in^{24}	tiaŋ^{31}	tiaŋ^{44}	tit^{2}	tiet^{2}	t'iaŋ^{44}	t'iaŋ^{44}	t'iak^{2}	t'in^{31}	t'it^{5}	lin^{24}
成都_{洛带}	tɕiaŋ^{31}	tɕ'iaŋ^{45}	iʔ^{2}	in^{13}	iaŋ^{13}	i^{53}	piaʔ^{2}	p'in^{13}	taŋ^{31}	tin^{53}	tiʔ^{2}	tiʔ^{2}/tiʔ^{45}	t'aŋ^{53}	t'aŋ^{45}	tie^{2}	t'in^{53}	ti^{2}	nin^{13}
成都_{沙水井}	tɕiaŋ^{31}	tɕ'iaŋ^{45}	ie^{2}	in^{31}	iaŋ^{13}	i^{53}	piaʔ^{2}	p'in^{13}	taŋ^{31}	tin^{53}	tiʔ^{2}	tiʔ^{2}/ti^{45}	t'aŋ^{53}	t'aŋ^{45}	t'ie^{2}	t'in^{31}	ti^{2}	nin^{13}
隆昌_{付家}	tɕiaŋ^{31}	tɕ'iaŋ^{45}	ie^{3}	in^{13}	iaŋ^{13}	i^{53}	piaʔ^{2}	p'in^{13}	taŋ^{31}	tin^{53}	ti^{31}	tie^{23}	t'aŋ^{53}	t'aŋ^{45}	t'ie^{2}	t'in^{53}	ti^{31}	nin^{13}
西昌_{黄联}	tɕiaŋ^{31}	tɕ'iaŋ^{45}	ie^{3}	in^{212}	iaŋ^{212}	i^{53}	piaʔ^{3}	p'in^{212}	taŋ^{31}	tin^{53}	tiʔ^{3}	ti^{45}	t'aŋ^{53}	t'aŋ^{45}	t'ie^{3}	t'in^{53}	tie^{3}	nin^{212}
仪陇_{乐兴}	tɕiaŋ^{53}	tɕ'iaŋ^{33}	i^{13}	in^{21}	iaŋ^{21}	i^{13}	piaʔ^{5}	p'in^{21}	tan^{53}	tan^{33}	ti^{21}	tiʔ^{5}	t'aŋ^{44}	t'an^{33}	tiʔ^{5}	t'in^{53}	tiʔ^{5}	nin^{21}

续表

地点＼单字古音	零 梗开四 平青来	历一 梗开四 入锡来	绩 梗开四 入锡精	青 梗开四 平青清	戚 梗开四 入锡清	星 梗开四 平青心	醒 梗开四 上迥心	析 梗开四 入锡心	锡 梗开四 入锡心	经 梗开四 平青见	击 梗开四 入锡见	横一 梗合二 平庚匣	获 梗合二 入麦匣	划一 梗合二 入麦匣	兄 梗合三 平庚晓	荣 梗合三 平庚云	琼 梗合三 平清群	营 梗合三 平清以
梅县	laŋ¹¹	lat⁵	tsit¹	tsʻiaŋ⁴⁴	tsʻit¹	sen⁴⁴	siaŋ⁴⁴	sit¹	siak¹	kin⁴⁴	kit¹	vaŋ¹¹	fet¹	vak⁵	hiuŋ⁴⁴	iuŋ¹¹	kʻiuŋ¹¹	in¹¹/iaŋ¹¹
五华	laŋ¹³	lit⁵	tsit¹	tsʻiaŋ⁴⁴	tsʻit¹	sin⁴⁴	siaŋ³¹	sit¹	siak¹	kin⁴⁴	kit¹	vaŋ¹³	fet¹	vak⁵	sioŋ⁴⁴	iuŋ¹³	kʻiuŋ¹³	iaŋ¹³
翁源新江	len²¹⁴	lit⁵	tsit²	tsʻiaŋ²³	tsʻit²	sen²³	siaŋ³¹	sit²	siak²	kaŋ²³/kin²³	kit²	vaŋ²¹⁴	fet²³/vok²	vak⁵	ʃuŋ²³	iuŋ²¹⁴	kʻiuŋ²¹⁴	iaŋ²¹⁴
乳源硋公坝	liaŋ²⁴	lit⁵	tsit²	tsʻiaŋ⁴⁴	tsʻit²	sen⁴⁴	siʌŋ³¹	sit²	siaK²	kin⁴⁴	kit²	vʌŋ²⁴	vɔk⁵	vʌK⁵	ʃuŋ⁴⁴	iuŋ²⁴	kʻiuŋ²⁴	iʌŋ²⁴
成都洛带	naŋ¹³	nieʔ⁵	tɕieʔ²	tɕʻiaŋ⁴⁵	tɕʻiʔ²	tɕʻin⁴⁵	ɕiaŋ³¹	ɕiʔ²	ɕiaʔ²	kaŋ⁴⁵/tɕin⁴⁵	tɕieʔ²	vaŋ¹³	xue¹³	fa⁵³	ɕiuŋ⁴⁵	in¹³	tɕʻin¹³	yn¹³
成都凉水井	naŋ¹³	nieʔ⁵	tɕieʔ²	tɕʻiaŋ⁴⁵	tɕʻiʔ³	tɕʻin⁴⁵	ɕiaŋ³¹	ɕie²	ɕiaʔ²	kaŋ⁴⁵/ɕin⁴⁵	tɕie²	vaŋ¹³	xue²	fa⁵³	ɕiuŋ⁴⁵	iuŋ¹³	tɕʻin¹³	yn¹³
隆昌付家	naŋ¹³	nieʔ³	tɕieʔ³	tɕʻiaŋ⁴⁵	tɕʻie³	tɕʻin⁴⁵	ɕiaŋ³¹	ɕie³	ɕiaʔ³	kaŋ⁴⁵/ɕin⁴⁵	tɕiʔ³	vaŋ¹³	xue³	fa⁵³	ɕiuŋ⁴⁵	in¹³	tɕʻin¹³	in¹³
西昌黄联	naŋ²¹²	nieʔ³	tɕieʔ³	tɕʻiaŋ³³	tɕʻiʔ³	tɕʻin³³	ɕiaŋ³¹	ɕieʔ³	ɕiaʔ³	tɕin³³	tɕieʔ³	vaŋ²¹²	xue³	fa¹³	ɕiuŋ⁴⁵	iuŋ²¹²	tɕʻin²¹²	in²¹²
仪陇乐兴	niaŋ²¹	niʔ³	tɕiʔ⁵	tɕʻiaŋ³³	tɕʻiʔ⁵	tɕʻin³³	tɕʻiaŋ⁵³	ɕiʔ⁵	ɕiaʔ⁵	tɕin³³	tɕiʔ⁵	uaŋ²¹	xue⁵	fa¹³	ɕiuŋ³³	yn²¹	tɕʻyn²¹	yn²¹

续表

地点＼单字古音	役 梗合三入昔以	扑 通合一入屋滂	篷 通合一平东并	蒙 通合一平东明	木 通合一入屋明	东 通合一平东端	秃 通合一入屋透	动 通合一上董定	洞 通合一去送定	独 通合一入屋定	读 通合一入屋定	聋 通合一平东来	弄 通合一去送来	鹿 通合一入屋来	族 通合一入屋从	速 通合一入屋心	公 通合一平东见	谷 通合一入屋见
梅县	it^5	$p'ɔk^1$	$p'uŋ^{11}$	$muŋ^{11}$	muk^1	$tuŋ^{44}$	$t'ut^1$	$t'uŋ^{44}/t'uŋ^{53}$	$t'uŋ^{53}$	$t'uk^5$	$t'uk^5$	$luŋ^{44}$	$luŋ^{31}$	luk^5	$ts'uk^5$	suk^1	$kuŋ^{44}$	kuk^1
五华	iut^5	$p'ok^1$	$p'uŋ^{13}$	$muŋ^{13}$	muk^1	$tuŋ^{44}$	$t'ut^5$	$t'uŋ^{31}$	$t'uŋ^{31}$	$t'uk^5$	$t'uk^5$	$luŋ^{44}$	$luŋ^{31}$	luk^5	$ts'ək^5$	$sək^1$	$kuŋ^{44}$	kuk^1
翁源新江	iut^5	$p'uk^2$	$p'uŋ^{214}$	$muŋ^{214}$	muk^2	$tuŋ^{23}$	$k'ut^5$	$t'uŋ^{23}/t'uŋ^{31}$	$t'uk^5$	$t'uk^5$	$luŋ^{23}/luŋ^{214}$	$luŋ^{23}$	luk^5	luk^5	$ts'uk^5$	suk^2	$kuŋ^{23}$	kuk^{21}
乳源公蟆	$ioɔ^5$	$p'uk^2$	$p'uŋ^{24}$	$buŋ^{24}$	buk^2	$tuŋ^{44}$		$t'uŋ^{44}/t'uŋ^{31}$	$t'uŋ^{31}$	$t'uk^5$	$t'uk^5$	$luŋ^{44}$	$luŋ^{31}$	luk^5	$ts'uk^5$	suk^2	$kuŋ^{44}$	kuk^2
成都洛带	$ioʔ^5$	$p'u^2$	$p'uŋ^2$	$muŋ^2$	mu^2	$tuŋ^{45}$	$t'u^2$	$t'uŋ^{45}/tuŋ^{53}$	$t'uŋ^{53}$	$t'u^{25}$	$t'u^{25}$	$nuŋ^{45}$	$nuŋ^{45}$	nu^{53}	$tɕ'io^{25}$	$ɕio^{22}$	$kuŋ^{45}$	ku^{22}
成都凉水井	$ioʔ^5$	$p'u^2$	$p'uŋ^2$	$muŋ^2$	mu^2	$tuŋ^{45}$	$t'u^{25}$	$t'uŋ^{45}/tuŋ^{53}$	$t'uŋ^{53}$	$t'u^{25}$	$t'u^{25}$	$nuŋ^{45}$	$nuŋ^{45}$	nu^{25}	$tɕ'io^{25}$	$ɕio^{22}$	$kuŋ^{45}$	ku^{22}
隆昌付家	$ieʔ^3$	$p'u^3$	$p'uŋ^{13}$	$muŋ^{13}$	mu^{23}	$tuŋ^{45}$	$t'u^3$	$t'uŋ^{45}$	$t'uŋ^{53}$	$t'u^{25}$	$t'u^{25}$	$nuŋ^{45}$	$nuŋ^{45}$	nu^{53}	$ts'u^{25}$	su^{23}	$kuŋ^{45}$	ku^{23}
西昌黄联	i^3	$p'u^3$	$p'uŋ^{212}$	$muŋ^{212}$	mu^3	$tuŋ^{45}$	$t'u^3$	$t'uŋ^{45}/tuŋ^{53}$	$t'uŋ^{53}$	$t'u^{25}$	$t'u^{25}$	$nuŋ^{45}$	$nuŋ^{13}$	nu^{53}	$tɕ'iu^{25}$	$ɕio^{21}$	$kuŋ^{45}$	ku^{23}
仪陇东兴	y^{21}	$p'u^{21}$	$p'uŋ^{21}$	$muŋ^{21}$	$məu^{25}$	$tuŋ^{33}$	$t'u^{21}$	$t'uŋ^{33}$	$tuŋ^{13}$	$t'əu^{23}$	$t'u^{23}$	$nuŋ^{33}$	$nuŋ^{13}$	nu^{21}	$ts'u^{21}$	$ɕy^{21}$	$kuŋ^{33}$	ku^{25}

续表

地点 \ 单字(古音)	空气 通合一 平东溪	哭 通合一 入屋溪	红 通合一 平东匣	虹 通合一 平东匣	屋 通合一 入屋影	督 通合一 入沃端	毒 通合一 入沃定	农 通合一 平冬泥	风 通合三 平东非	福 通合三 入屋非	覆 通合三 入屋敷	冯 通合三 平东奉	服 通合三 入屋奉	伏 通合三 入屋奉	梦 通合三 去送明	目 通合三 入屋明	隆 通合三 平东来	六 通合三 入屋来
梅县	k'uŋ^{44}	k'uk^{1}	fuŋ^{11}	fuŋ^{11}/koŋ^{53}	vuk^{1}	tuk^{1}	t'uk^{1}	nuŋ^{11}	fuŋ^{44}	fuk^{1}	fuk^{1}	p'uŋ^{1}	fuk^{5}	puk^{5}	muŋ^{53}	muk^{1}	luŋ^{11}	liuk^{1}
五华	k'uŋ^{44}	k'uk^{1}	fuŋ^{13}	fuŋ^{13}	vuk^{1}	tuk^{1}	t'uk^{5}	nuŋ^{13}	fuŋ^{44}	fuk^{1}	fuk^{1}	p'uŋ^{13}	fuk^{5}	fuk^{5}	muŋ^{31}	muk^{1}	luŋ^{13}	liuk^{1}
翁源（新江）	k'uŋ^{23}	k'uk^{2}	fuŋ^{214}	fuŋ^{214}	vuk^{2}	tuk^{2}	t'uk^{5}	nuŋ^{214}	fuŋ^{23}	fuk^{2}	fuk^{2}	fuŋ^{214}	fuk^{5}	p'uk^{5}/fuk^{4}	imuŋ^{31}	muk^{2}	luŋ^{214}	luk^{2}
乳源（桂头公坡）	k'uŋ^{44}	k'uk^{2}	fuŋ^{24}	fuŋ^{24}	vuk^{2}	tu?^{2}	t'uk^{5}	luŋ^{24}	fuŋ^{44}	fuk^{2}	fuk^{2}	fuŋ^{24}	fuk^{5}	fuk^{5}	buŋ^{31}	buk^{2}	luŋ^{24}	luk^{2}
成都（洛带）	k'uŋ^{45}	k'u?^{2}	fuŋ^{13}	koŋ^{53}	vu?^{2}	tu?^{5}	t'u?^{5}	nuŋ^{13}	fuŋ^{45}	fu?^{2}	p'u?^{5}	p'uŋ^{13}	fu?^{5}	fu?^{5}	muŋ^{53}	mu?^{2}	nuŋ^{13}	niou?^{2}
成都（水井）	k'uŋ^{45}	k'u?^{2}	fuŋ^{13}	koŋ^{53}	vu?^{2}	tu?^{5}	t'u?^{5}	nuŋ^{13}	fuŋ^{45}	fu?^{2}	p'u?^{5}	p'uŋ^{13}	fu?^{5}	fu?^{5}	muŋ^{31}	mu?^{2}	nuŋ^{13}	niou?^{2}
隆昌（付家）	k'uŋ^{45}	k'u?^{3}	fuŋ^{13}	koŋ^{53}	vu?^{3}	tu?^{3}	t'u?^{5}	nuŋ^{13}	fuŋ^{45}	fu?^{3}	fu?^{3}	fuŋ^{13}	fu?^{5}	fu?^{5}	muŋ^{53}	mu?^{3}	nuŋ^{13}	niou?^{3}
西昌（黄联）	k'uŋ^{45}	k'u?^{3}	fuŋ^{212}	fuŋ^{212}	vu?^{3}	tu?^{3}	t'u?^{5}	nuŋ^{212}	fuŋ^{45}	fu?^{3}	fu?^{3}	fuŋ^{212}	fu?^{5}	fu?^{5}	muŋ^{53}	mu?^{3}	nuŋ^{212}	niu?^{3}
仪陇（乐兴）	k'uŋ^{33}	k'u?^{3}	fuŋ^{21}	koŋ^{13}	vu?^{5}		t'ou?^{3}	nuŋ^{21}	fuŋ^{33}	fu^{21}	fu^{21}	fuŋ^{21}	fu?^{3}	fu?^{3}	muŋ^{53}	mu?^{3}	nuŋ^{21}	neu?^{5}

续表

单字古音 / 地点	肃 通合三入屋心	宿 住~ 通合三入屋心	中 ~间 通合三平东知	竹 通合三入屋知	畜 ~生 通合三入屋彻	虫 通合三平东澄	逐 通合三入屋澄	缩 通合三入屋生	祝 通合三入屋章	叔 通合三入屋书	熟 通合三入屋禅	绒 通合三平东日	肉 通合三入屋日	弓 通合三平东见	菊 通合三入屋见	穷 通合三平东群	畜 ~牧 通合三入屋晓	熊 通合三平东云
梅县	siuk¹		tsuŋ⁴⁴	tsuk¹	hiuk¹	tsʰuŋ¹¹	tsʰuk⁵	suk¹	tsʰuk¹	suk¹	suk⁵	iuŋ¹¹	ɲiuk¹	kiuŋ⁴⁴	kʰiuk¹	kʰiuŋ¹¹	hiuk¹	iuŋ¹¹
五华	siuk¹	siuk¹	tʃuŋ⁴⁴	tʃuk¹		tʃʰuŋ¹³	tʃʰək⁵	sat¹	tʃuk¹	ʃuk¹	ʃuk⁵	iuŋ¹³	ɲiuk¹	kiuŋ⁴⁴	kʰiuk¹	kʰiuŋ¹³	ʃuk¹	
翁源 曲江	suk²	suk²	tʃuŋ²³	tʃuk²	ʃuk²	tʃʰuŋ²¹⁴	tʃʰuk⁵	sok²	tʃuk²	ʃuk²	ʃuk⁵	iuŋ²¹⁴	niuk²	kuŋ²³	kʰiuk²	kʰiuŋ²¹⁴	ʃuk²	tʃʰuŋ²³
乳源 侯公渡	suk²	suk²	tʃuŋ⁴⁴	tʃuk²	ʃuk²	tʃʰuŋ²⁴	tʃʰuk⁵	suk²	tʃuk²	ʃuk²	ʃuk⁵	iuŋ²⁴	giuk²	kiuŋ⁴⁴/kuŋ⁴⁴	kʰiuk²	kʰiuŋ²⁴	ʃuk²	ʃuŋ²⁴
成都 洛带	ɕiuʔ²	ɕiu²²	tsuŋ⁴⁵	tsu²²	ɕiu²²	tsʰuŋ¹³	tɕiu²⁵	su²²	tsu²²	su²²	su²⁵	iuŋ¹³	ɲiu²³	kuŋ⁴⁵/tɕiuŋ⁴⁵	tɕiuʔ²	tɕʰiuŋ¹³	ɕioʔ²	ɕiuŋ¹³
成都 凉水井	ɕioʔ²	ɕioʔ²	tsuŋ⁴⁵	tsu²²	tsʰu²²	tsʰuŋ¹³	tɕiu²⁵	su²²	tsu²²	su²²	su²⁵	iuŋ¹³	niu²³	kuŋ⁴⁵	tɕiuʔ²	tɕʰiuŋ¹³	ɕioʔ²	ɕiuŋ¹³
隆昌 付家	su⁵³	ɕiu²³	tsuŋ⁴⁵	tʂu²³	tʂʰu²³	tʂʰuŋ¹³	tʂu²³	su³	tʂu²³	su²³	su²⁵	zuŋ¹³	nio³	kuŋ⁴⁵	tsʰuʔ³	tɕʰiuŋ¹³	ɕioʔ³	ɕiuŋ¹³
西昌 黄联	su²³	ɕiu³	tsuŋ⁴⁵	tsu²³	tʂʰu²³	tʂʰuŋ²¹²	tɕiu²⁵	su³	tsu²³	su²³	su²⁵	iuŋ²¹²	iuei⁵	kuŋ⁴⁵	tɕʰioʔ³/tɕʰyʔ³	tɕʰiuŋ²¹²	ɕiuʔ³	ɕiuŋ²¹²
仪陇 东兴	su²¹	cy²¹	tsuŋ³³	ʐuei²⁵	tʂʰu²⁵/tɕʰieu²⁵	tʂʰuŋ²¹	tʂueiʔ	suŋ²⁵	ʐuei²⁵	səuʔ²⁵/su²⁵	səuʔ³	iuŋ²¹	iuei	kuŋ³³	tɕy²⁵	tɕʰiuŋ²¹	cy²¹	ɕiuŋ²¹

续表

地点 \ 单字(古音)	育 通合三 入屋以	封 通合三 平钟非	捧 通合三 上肿敷	龙 通合三 平钟来	绿 通合三 入烛来	足 通合三 入烛精	粟 通合三 入烛心	松(木) 通合三 平钟邪	俗 通合三 入烛邪	重(轻~) 通合三 上肿澄	烛 通合三 入烛章	茸 通合三 平钟日	曲 通合三 入烛溪	共 通合三 去用群	局 通合三 入烛群	玉 通合三 入烛疑	狱 通合三 入烛疑	答 通合三 平钟以	浴 通合三 入烛以
梅县	iuk¹	fuŋ⁴⁴	p'uŋ³¹	luŋ¹¹	liuk⁵	tsiuk¹	siuk¹	ts'uŋ¹¹	siuk¹	ts'uŋ⁴⁴	tsuk¹	iuŋ¹¹	k'iuk¹	k'iuŋ⁵³	k'iuk⁵	ŋiuk⁵	ŋiuk⁵	iuŋ¹¹	iuk⁵
五华	iuk²	fuŋ⁴⁴	p'uŋ³¹	luŋ¹³	liuk⁵		siuk¹	ts'iuŋ¹³	siuk⁵	tʃ'uŋ⁴⁴	tʃuk¹	iuŋ¹³	k'iuk¹	k'iuŋ³¹	k'iuk⁵	ŋiuk⁵	ŋiuk⁵	iuŋ¹³	iuk⁵
翁源新江	iuk⁵	fuŋ²³	p'uŋ³¹	luŋ²¹⁴	luk⁵	tsuk²	suk²	ts'uŋ²¹⁴	suk⁵	tʃ'uŋ²³	tʃuk²	iuŋ²¹⁴	k'iuk²	k'iuŋ³¹	k'iuk⁵	ŋiuk⁵	ŋiuk⁵	iuŋ²¹⁴	iuk⁵
乳源桂公桥	iuk⁵	fuŋ⁴⁴	p'uŋ³¹	luŋ²⁴	luk⁵	tsuk²	siuk²	ts'uŋ²⁴	suk⁵	tʃ'uŋ⁴⁴	tʃuk²	iuŋ²⁴	k'iuk²	k'iuŋ³¹	k'iuk⁵	niuk⁵	giuk⁵	iuŋ⁴⁴	iuk⁵
成都洛带	io?⁵	fuŋ⁴⁵	p'uŋ³¹	nuŋ¹³	nieu?⁵	tɕio?²	ɕiu?²	suŋ⁴⁵	ɕiu?²	ts'uŋ⁴⁵	tsu²	iuŋ¹³	tɕ'io?²	kuŋ⁵³	tɕy²	y⁵³	io?²	iuŋ¹³	y⁵³
成都东山水井	io?⁵	fuŋ⁴⁵	p'uŋ³¹	nuŋ¹³	nieu?⁵	tɕio?²	ɕiu?²	suŋ⁴⁵	ɕiu?²	ts'uŋ⁴⁵	tsu²	zuŋ⁵³	tɕ'io?²	kuŋ⁵³	tɕio?⁵	y⁵³	io?⁵	iuŋ¹³	y⁵³
隆昌付家	io?³	fuŋ⁴⁵	p'uŋ³¹	nuŋ¹³	nieu?⁵	tɕio?³	ɕio?³	suŋ⁴⁵	ɕi?³	ts'uŋ⁴⁵	tsu³	zuŋ¹³	tɕ'i?³	kuŋ⁵³	tɕi?³	i⁵³	io?³	iuŋ¹³	i⁵³
西昌黄联	io?⁵	fuŋ⁴⁵	p'uŋ³¹	nuŋ²¹²	niu?⁵	tɕiu?³	ɕiu?³	suŋ⁴⁵	ɕiu?³	tʂ'uŋ⁴⁵	tsu³	zuŋ²¹²	tɕ'iu?³	kuŋ⁵³	tɕiu?³	i⁵⁵	io?³	iuŋ²¹²	iu?³
仪陇乐兴	y²¹	fuŋ³³	p'uŋ³¹	nuŋ²¹	neu⁵	ɕi?²⁵	ɲei?³³	suŋ³³	ɕy²¹	ts'uŋ³³	tsou⁵	iuŋ¹³	tɕ'y²¹	kuŋ⁵³	tɕy?⁵	y¹³	y?¹	iuŋ²¹	y¹³

三　语音特点比较

客家方言的语音特点，经袁家骅、黄雪贞、刘纶鑫、刘镇发、庄初升、谢留文等学者的研究，现在已经很清楚了。黄雪贞先生从古今声韵调演变的角度全面总结了梅县客家方言声韵调的特点。[①]梅县客家方言是客家方言的代表，其语音特点可以作为客家方言语音特点的典型代表，梅县客家方言又是四川客家方言的主要来源之一，跟四川多个地点客家方言有较亲近的关系，所以跟四川客家方言的可比性很强。下文的比较以黄雪贞先生所概括的梅县客家方言的语音特点为基本依据。

（一）声母特点

1. 古全浊声母字的读音

古全浊声母字不论平仄，逢今塞音、塞擦音多读为送气清音，这是客家方言的重要的语音特点。梅县、五华客家方言的这一语音特点很突出，四川客家方言还保留着这样的特点，但今读送气音的字较少。有的字，在五华、梅县客家方言读为送气音，在四川客家方言读为不送气音。例如表 2-3。

表 2-3　　梅县、五华与四川客家方言古全浊声母字今读音对照表

	菩并	大定	坐从	谢邪	杜澄	锄崇	跪群	倍并	电定	杜定	助崇	健群
梅县	p'u¹¹	t'ai⁵³	ts'o⁴⁴	ts'ia⁵³	ts'u⁴⁴	ts'ʅ¹¹	k'ui³¹	p'i⁵³	t'ien⁵³	t'u⁵³	ts'ʅ⁵³	k'ian⁵³
五华	p'u¹³	t'ai³¹	ts'o⁴⁴	ts'ia³¹	tʃ'u⁴⁴	ts'o¹³	k'ui³¹	p'i³¹	t'en³¹	t'u³¹	ts'ʅ³¹	k'ian³¹
成都洛带	p'u¹³	t'ai⁵³	ts'o⁴⁵	tɕ'ia⁵³	ts'u⁴⁵	ts'o¹³	k'uei³¹	pei⁵³	tien⁵³	tu⁵³	tsu⁵³	tɕien⁵³
成都凉水井	p'u¹³	t'ai³¹	ts'o⁴⁵	tɕ'ia³¹	ts'u⁴⁵	ts'o¹³	k'uei³¹	pei⁵³	tien⁵³	tu⁵³	tsu⁵³	tɕien⁵³
隆昌	p'u¹³	t'ai³¹	ts'o⁴⁵	tɕ'ia³¹	tsu⁵³	ts'o¹³	k'uei³¹	pei⁵³	tien⁵³	tu⁵³	tsu⁵³	tɕien⁵³
西昌	p'u²¹²	t'ai⁵³	ts'o⁴⁵	tɕ'ia⁵³	tʂ'u⁴⁵	ts'o²¹²	k'uei³¹	pei⁵³	tien⁵³	tu⁵³	ts'u³¹	tɕien⁵³
仪陇	p'u²¹	t'ai⁵³	ts'əu³³	tɕ'ia⁵³	tʂ'u⁵³	ts'ʅ²¹	k'uei⁵³	pei¹³	tien¹³	tu¹³	tsu¹³	tɕien¹³

2. 古非组字的读音特点

古非组字，在梅县、五华客家方言中有 f、v 唇齿声母与 p、p'、m 双唇声母两种读法。四川多数地点具有这样的特点，仪陇微母字逢 u 才读 v。例如表 2-4。

---

① 黄雪贞：《梅县客家话的语音特点》，《方言》，1992 年第 4 期。

表 2-4　　　　　广东、四川客家方言古非组声母字今读音对照表

	方非	副敷	饭奉	文微	万微	物微	斧非	肥奉	尾微	蚊微	问微	味微	袜微
梅县	foŋ44	fu53	fan53	vun11	van53	vut5	pu31	p'i11	mi44	mun44	mun53	mi53	mat1
五华	foŋ44	fu53	fan31	vun13	van31	vut5	pu31	p'i13	mi44	mun44	mun53	mi31	mat1
成都洛带	foŋ45	fu53	fan53	vən13	van53	vuʔ2	pu31	p'ei13	mei45	mən45	mən53	mei53	maʔ2
成都凉水井	foŋ45	fu53	fan31	vən13	van31	vuʔ2	pu31	p'ei13	mei45	mən45	mən53	mei31	maʔ2
隆昌	foŋ45	fu53	fan53	vən13	van13	vuʔ5	pu31/fu31	p'ei13	mei45	mən45	mən53	mei53	maʔ3
西昌	foŋ45	fu53	fan53	vən13	van13	vu3	fu31	p'ei13	mei45	mən45	mən53	mei53	maʔ3
仪陇	foŋ33	fu13	fan13	uən21	uan13	vu21	fu53	p'ei21	mei33	mən33	mən13	mei53	maʔ5

3. 古精、见晓组字的读音特点

梅县、五华古精、见晓组声母分尖团：逢齐齿呼韵母，古精组字今读 ts、ts'、s 声母，见晓组字今读 k、k'、h 声母。四川客家方言不分尖团，在各地古精组细音一律读 tɕ、tɕ'、ɕ，跟见系细音相混。例如表 2-5。

表 2-5　　梅县、五华与四川客家方言古精组、见组细音今读音对照表

	酒精组	九见组	就精组	旧见组	全精组	权见组	枪精组	腔见组	箱精组	姜见组
梅县	tsiu31	kiu31	ts'iu53	k'iu53	ts'ien11	k'ian11	ts'ioŋ44	k'ioŋ44	sioŋ44	kioŋ44
五华	tsiu31	kiu31	ts'iu31	k'iu53	ts'ien13	k'en13	ts'ioŋ44	k'ioŋ44	sioŋ44	kioŋ44
成都洛带	tɕiəu31		tɕ'iəu53		tɕ'yen13		tɕ'ioŋ45		ɕioŋ45	tɕioŋ45
成都凉水井	tɕiəu31		tɕ'iəu31		tɕ'yen13		tɕ'ioŋ45		ɕioŋ45	tɕioŋ45
隆昌	tɕiəu31		tɕ'iəu31		tɕ'ien13		tɕ'ioŋ45		ɕioŋ45	tɕioŋ45
西昌	tɕiəu31		tɕ'iəu53		tɕ'ien212		tɕ'ioŋ45		ɕioŋ45	tɕioŋ45
仪陇	tɕiəu53		tɕ'iəu53		tɕ'yen21		tɕ'ioŋ33		ɕioŋ33	tɕioŋ33

4. 古晓匣两母字的读音特点

在梅县、五华客家方言中，逢一二等合口，晓母字读 f，匣母字读 v、f，四川各点晓母拼合口一二等读 f，匣母拼合口一二等读 v、f、x、ø，比梅县、五华增加了 x、ø。例如表 2-6。

表 2-6　　　梅县、五华与四川客家方言古晓匣两母字今读音对照表

	火晓	花晓	灰晓	荒晓	胡匣	换匣	混匣	镬匣	黄匣	获匣	划计~匣
梅县	fo³¹	fa⁴⁴	foi⁴⁴	foŋ⁴⁴	fu¹¹	vɔn⁵³	fun⁵³	vɔk⁵	vɔŋ¹¹	fet¹	vak⁵
五华	fo³¹	fa⁴⁴	foi⁴⁴	foŋ⁴⁴	fu¹³	fon³¹	fun³¹	vok⁵	voŋ¹³	fet¹	vak⁵
成都洛带	fo³¹	fa⁴⁵	foi⁴⁵	foŋ⁴⁵	fu¹³	vɔn⁵³	fən⁵³	voʔ⁵	vɔŋ¹³	xue¹³	fa⁵³
成都凉水井	fo³¹	fa⁴⁵	foi⁴⁵	foŋ⁴⁵	fu¹³	vɔn⁵³	fən⁵³	voʔ²	vɔŋ¹³	xueʔ²	fa⁵³
隆昌	fo³¹	fa⁴⁵	foi⁴⁵	foŋ⁴⁵	fu¹³	vɔn⁵³	fən³¹	voʔ⁵	vɔŋ¹³	xueʔ³	fa⁵³
西昌	fo³¹	fa⁴⁵	xuai⁴⁵	foŋ⁴⁵	fu²¹²	uan⁵³	fən⁵³	vuʔ⁵	vɔŋ²¹²	xueʔ³	fa⁵³
仪陇	fəu⁵³	fa³³	fo³³	foŋ³³	fu²¹	uan⁵³	fən²¹	voʔ⁵	uɔŋ²¹	xuɛ⁵	fa¹³

5. 古泥来二母的读音特点

梅县、五华客家方言为不混型，来母字读 l，泥母字逢洪音读 n，逢细音读 ŋ，梅县"女"字读 n̩，是例外。四川各点均为相混型，来泥母拼洪音 n、l混读，读 n 读 l 都不区别意义。成都、隆昌泥母拼细音读 n̠；西昌无 n̠，泥母拼细音也 n、l 混读；仪陇泥母拼细音多读为零声母。例如表 2-7。

表 2-7　　　梅县、五华与四川客家方言古泥、来两母字今读音对照表

	暖	漏	闹	连	吕	泥	嫩	落	年	女	娘	捏
梅县	nɔn⁴⁴	leu⁵³	nau⁵³	lien¹¹	li⁴⁴	ni¹¹/nai¹¹	nun⁵³	lɔk⁵	ŋian¹¹	n̩³¹	ŋiɔŋ¹¹	ŋiap¹
五华	non⁴⁴	leu³¹	nau⁵³	len¹³	li⁴⁴	nai¹³	nun⁵³	lok⁵	ŋien¹³	ŋi³¹	ŋioŋ¹³	ŋiap¹
成都洛带	lɔn⁴⁵	niəu⁵³	nau⁵³	nien¹³	ny⁴⁵	nai¹³	nən⁵³	noʔ⁵	n̠ien¹³	n̠y³¹	n̠iɔŋ¹³	n̠ie⁴⁵/n̠ieʔ²
成都凉水井	nɔn⁴⁵	niəu³¹	nau⁵³	nien¹³	ny⁴⁵	nai¹³	nən⁵³	noʔ⁵	n̠ien¹³	n̠y³¹	n̠iɔŋ¹³	n̠ie⁴⁵
隆昌	nɔn⁴⁵	nəu⁵³	nau⁵³	nien¹³	ni⁴⁵	nai¹³	nuɔn⁵³	noʔ⁵	n̠ien¹³	n̠i³¹	n̠iɔŋ¹³	n̠ieʔ³
西昌	nuan⁴⁵	nəu⁵³	nau⁵³	nien¹³	ni¹³	nai²¹²	nən⁵³	noʔ⁵	nien¹³	ni³¹	niɔŋ²¹²	nieʔ³
仪陇	nuɔn³³	nau⁵³	nau⁵³	nien²¹	ny⁵³	nei²¹	nuɔn⁵³	noʔ⁵	ien²¹	n̠y⁵³	iɔŋ²¹	iɛʔ³

6. 古知章庄组字的读音特点

梅县客家方言古知章庄组字跟古精组字合流读 ts、tsʻ、s，五华客家方言古精组、知二、庄组今读 ts、tsʻ、s，知三、章组字今读 tʃ、tʃʻ、ʃ。成都洛带、凉水井古精组字跟知庄章组字合流，大多读 ts、tsʻ、s，有少数字腭化为 tɕ、tɕʻ、ɕ；西昌和隆昌两地古知章庄多读 tʂ、tʂʻ、ʂ，但西昌 tʂ、tʂʻ、ʂ 的辖字范围比隆昌大。仪陇客家方言里个别精组字与知庄章组字以及个别古心母字也

略带翘舌音色彩，不过这种现象仅出现在部分老年人口中，50 岁以下的人已无翘舌音，古知章庄在仪陇客方言中也有读 tɕ、tɕʻ、ɕ 的。例如表 2-8。

表 2-8　　梅县、五华与四川客家方言古知庄章组声母字今读音对照表

	虱	侧	诗	虫	找	遮	之	吹	沾	执
	臻开三入栉生	曾开三入职庄	止开三平之书	通合三平东澄	效开二平巧庄	假开三平麻章	止开三平之章	止合三平支昌	咸开三平盐知	深开三入缉章
梅县	set¹	tsət¹	sʅ⁴⁴	tsʻuŋ¹¹	tsau³¹	tsa⁴⁴	tsʅ⁴⁴	tsʻoi⁴⁴	tsam⁴⁴	tsep¹
五华	sit¹	tset¹	ʃi⁴⁴	tʃʻuŋ¹³	tʃau³¹	tʃʻa⁴⁴	tʃi⁴⁴	tʃʻui⁴⁴	tʃam⁴⁴	tʃip¹
成都洛带	ɕiʔ²	tɕieʔ²	sʅ⁴⁵	tsʻuŋ¹³	tsau³¹	tsa⁴⁵	tsʅ⁴⁵	tsʻuei⁴⁵	tsan⁴⁵	tsʅʔ²
成都凉水井	ɕiʔ²	tsʻeʔ²	sʅ⁴⁵	tsʻuŋ¹³	tsau³¹	tsa⁴⁵	tsʅ⁴⁵	tsʻuei⁴⁵	tsan⁴⁵	tsʅʔ²
隆昌	ɕieʔ³/seʔ³	tseʔ³	sʅ⁴⁵	tʂʻuŋ¹³	tʂau³¹	tʂa⁴⁵	tʂʅ⁴⁵	tʂʻuei⁴⁵	tʂan⁴⁵	tʂeʔ³
西昌	ɕiʔ³	tseʔ³	sʅ⁴⁵	tʂʻuŋ²¹²	tʂau³¹	tʂa⁴⁵	tʂʅ⁴⁵	tʂʻuei⁴⁵	tʂan⁴⁵	tʂeʔ³
仪陇	seʔ⁵	tseʔ⁵	sʅ³³	tsʻuŋ²¹	tsau⁵³	tsa³³	tsʅ³³	tsʻuei³³	tsan³³	tseʔ⁵

7. 古见组字的读音特点

古见组声母，无论韵母的洪细，梅县、五华均读舌根音声母 k、kʻ、ŋ，[①] 在四川各地，古见组声母逢洪音一般读 k、kʻ、ŋ，逢细音读腭化音 tɕ、tɕʻ、ɲ。成都洛带、凉水井，iuei、ien 两个细音韵母可以跟 k、kʻ相拼（也可以跟来自晓匣的 x 相拼），仪陇客家方言的区别是疑母逢细音 ɲ 多脱落，西昌客家方言的区别是逢细音读腭化音 tɕ、tɕʻ、ɲ。有个别例外。例如表 2-9。

表 2-9　　梅县、五华与四川客家方言古见系二等字今读音对照表

	家	牙	讲	孽	建	官	勤	确	额	狗	耕
	假开二平麻见	假开二平麻疑	江开二上讲见	山开三入薛疑	山开三去愿见	山合一平桓见	臻开三平殷群	江开二入觉溪	梗开二入陌疑	流开一上厚见	梗开二平耕见
梅县	ka⁴⁴	ŋa¹¹	koŋ³¹	ŋiat⁵	kian⁵³	kuon⁴⁴	kʻiun¹¹	kʻɔk¹	ŋiak¹	keu³¹	kaŋ⁴⁴
五华	ka⁴⁴	ŋa¹³	koŋ³¹	ŋiap⁵	kian⁵³	kon⁴⁴	kʻin¹³	kʻok¹	ŋiak¹	keu³¹	kaŋ⁴⁴
成都洛带	ka⁴⁵	ŋa¹³	koŋ³¹	ɲieʔ⁵	tɕien⁵³	kɔn⁴⁵	tɕʻin¹³	tɕʻioʔ²	ɲieʔ²	kiəu³¹	kien⁴⁵
成都凉水井	ka⁴⁵	ŋa¹³	koŋ³¹	ɲieʔ⁵	tɕien⁵³	kɔn⁴⁵	tɕʻin¹³	tɕʻioʔ²	ɲieʔ²	kiəu³¹	kien⁴⁵

---

① 梅县舌根音 k、kʻ、ŋ、h 拼[i i-]时，实际音质是舌面中音 c、cʻ、ɲ、ç，载黄雪贞《梅县方言词典》，江苏教育出版社 1995 年版，引论第 5 页。

	家	牙	讲	孽	建	官	勤	确	额	狗	耕
	假开二平麻见	假开二平麻疑	江开二上讲见	山开三入薛疑	山开三去愿见	山合一平桓见	臻开三平殷群	江开二入觉溪	梗开二入陌疑	流开一上厚见	梗开二平耕见
隆昌	ka⁴⁵	ŋa¹³	kɔŋ³¹	n.ie?⁵	tɕien⁵³	kɔn⁴⁵	tɕ'in¹³	tɕ'io?³	n.ie?³	kəu³¹	kən⁴⁵
西昌	ka⁴⁵	ŋa²¹²	kɔŋ³¹	nie?⁵	tɕien⁵³	kuan⁴⁵	tɕ'in²¹²	tɕ'io?³	ŋe?³	kəu³¹	kaŋ⁴⁵
仪陇	ka³³	ŋa²¹	kɔŋ⁵³	iɛ?⁵	tɕien¹³	kuan³³	tɕ'in²¹	tɕ'io?⁵	ia?⁵	kɛ⁵³	kan³³

（二）韵母特点

1. 遇摄字的读音特点

古遇摄字梅县、五华主要读 u，遇摄三等庄组字梅县今读 ɿ，五华多读 ɿ，但"锄"、"梳"两字读 o；遇摄一等精组字梅县、五华都读 ɿ；遇摄一、三等字逢疑母常用字为鼻辅音自成音节，读 m̩、ŋ̍，遇摄三等精组字、见系字除疑母外读 i，三等泥来母字一般也读 i。古遇摄字在四川客家方言中也主要读 u，但遇摄三等庄组字不读 ɿ，精组字仅有"粗"、"醋"在成都和隆昌读 ɿ，遇摄三等庄组字"锄"、"梳"两字，成都、隆昌、西昌从五华读 o 韵；遇摄一、三等字逢疑母常用字也是鼻辅音自成音节，读 m̩、ŋ̍①；遇摄三等精组字、见系字除疑母外成都、隆昌、仪陇多读 y，西昌则都读 i 韵。四川客家方言中"粗"、"醋"的读音，是祖籍方言遇摄字读 ɿ 韵的残留。例如表 2-10。

表 2-10　　　梅县、五华与四川客家方言古遇摄一三等精组、
庄组字今读音对照表

	租	祖	粗	醋	苏	锄	助	梳	数—学	柱
	遇合一平模精	遇合一上姥精	遇合一平暮清	遇合一去暮清	遇合一平模心	遇合三平鱼崇	遇合三去御崇	遇合三平鱼生	遇合三去遇生	遇合三上麌澄
梅县	tsɿ⁴⁴	tsɿ³¹	ts'ɿ⁴⁴	ts'ɿ⁵³	sɿ⁴⁴	ts'ɿ¹¹	ts'ɿ⁵³	sɿ⁴⁴	sɿ⁵³	ts'u⁴⁴
五华	tsɿ⁴⁴	tsɿ³¹	ts'ɿ⁴⁴	ts'ɿ⁵³	sɿ⁴⁴	ts'o¹³	ts'ɿ³¹	so⁴⁴	sɿ⁵³	tʃ'u⁴⁴
成都洛带	tsu⁴⁵	tsu³¹	ts'ɿ⁴⁵	ts'ɿ⁵³	su⁴⁵	ts'o¹³	tsu⁵³	so⁴⁵	su⁵³	ts'u⁴⁵
成都凉水井	tsu⁴⁵	tsu³¹	ts'ɿ⁴⁵	ts'ɿ⁵³	su⁴⁵	ts'o¹³	tsu⁵³	so⁴⁵	so⁵³	ts'u⁴⁵
隆昌	tsu⁴⁵	tsu³¹	ts'ɿ⁴⁵	ts'ɿ⁵³/tsu⁵³	su⁴⁵	ts'o¹³	tsu⁵³	so⁴⁵	su⁵³	ts'u⁴⁵
西昌	tsu⁴⁵	tsu³¹	ts'u⁴⁵	ts'u⁵³	su⁴⁵	ts'o²¹²	ts'u³¹	so⁴⁵	su⁵³	tʂ'u⁴⁵
仪陇	tsu³³	tsu⁵³	ts'u³³	ts'u¹³	su³³	ts'u²¹	tsu¹³	su³³	su³³	ts'u³³

---

① 在成都客家方言中，m̩有 m̩、ŋ̍两个变体。

表 2-11   梅县、五华与四川客家方言古遇摄三等见系字、
泥来母字今读音对照表

	吴	五	女	鱼	吕	举	去	虚	句	遇
	遇合一平模疑	遇合一上姥疑	遇合三上语泥	遇合三平鱼疑	遇合三上语来	遇合三上语见	遇合三去御溪	遇合三平鱼晓	遇合三去遇见	遇合三去遇疑
梅县	$ŋ̍^{11}$	$ŋ̍^{31}$	$ŋ̍^{31}$	$ŋ̍^{11}$	li^{44}	ki^{31}	$k'i^{53}/hi^{53}$	hi^{44}	ki^{53}	$ŋi^{53}$
五华	$ŋ̍^{13}$	$ŋ̍^{31}$	$ŋi^{31}$	$ŋ̍^{13}$	li^{44}	ki^{31}	hi^{53}	hi^{44}	ki^{53}	$ŋi^{31}$
成都洛带	$m̩^{13}$	$m̩^{31}$	$n.y^{31}$	$m̩^{13}$	ny^{45}	$tɕy^{31}$	$ɕi^{53}$	$ɕy^{45}$	$tɕy^{53}$	y^{53}
成都凉水井	$m̩^{13}$	$m̩^{31}$	$n.y^{31}$	$m̩^{13}$	ni^{45}	$tɕy^{31}$	$ɕi^{53}$	$ɕy^{45}$	$tɕy^{53}$	$ŋi^{31}$
隆昌	$m̩^{13}$	$m̩^{31}$	$n.y^{31}$	$m̩^{13}$	ny^{45}	$tɕy^{31}$	$ɕi^{53}$	$ɕy^{45}$	$tɕy^{53}$	y^{53}
西昌	$m̩^{212}$	$m̩^{31}$	ni^{31}	$m̩^{212}$	$nuei^{45}$	$tɕi^{31}$	$ɕi^{53}$	$ɕi^{45}$	$tɕi^{53}$	i^{53}
仪陇	$ŋ̍^{13}$	$ŋ̍^{21}$	y^{53}	y^{21}	ny^{33}	$tɕy^{53}$	$tɕ'i^{13}$	$ɕy^{33}$	$tɕy^{13}$	y^{53}

2. 蟹摄一等开口字的读音特点

蟹摄一等开口字梅县、五华多读 oi,四川成都、隆昌有 oi 韵,但辖字范围比梅县、五华小,西昌读 ai/uai,仪陇读 ɔ/ai。例如表 2-12。

表 2-12   梅县、五华与四川客家方言蟹摄一等字今读音对照表

	台抬平咍定	灰平灰晓	待上海定	代去代定	袋去代定	来平咍来	怀平皆匣	爱去代影	赛去代心	改上海见	哀平廥影
梅县	$t'oi^{11}$	foi^{44}	$t'oi^{53}$	$t'oi^{53}$	$t'oi^{53}$	loi^{11}	fai^{11}	oi^{53}	soi^{53}	koi^{31}	oi^{44}
五华	$t'oi^{13}$	foi^{44}	$t'oi^{31}$	$t'oi^{31}$	$t'oi^{31}$	loi^{13}	fai^{13}	oi^{53}	sai^{53}	koi^{31}	oi^{44}
成都洛带	$t'oi^{13}$	foi^{45}	tai^{53}	tai^{53}	$t'oi^{53}$	noi^{13}	fai^{13}	oi^{53}	sai^{53}	kai^{31}	$ŋai^{45}$
成都凉水井	$t'oi^{13}$	foi^{45}	tai^{53}	tai^{53}	$t'oi^{31}$	noi^{13}	fai^{13}	oi^{53}	sai^{53}	kai^{31}	$ŋai^{45}$
隆昌	$t'oi^{13}$	foi^{45}	tai^{53}	tai^{53}	$t'oi^{53}$	noi^{13}	fai^{13}	oi^{53}	sai^{53}	kai^{31}	$ŋai^{45}$
西昌	$t'uai^{212}$	$xuai^{45}$	tai^{53}	tai^{53}	$t'uai^{53}$	$nuai^{212}$	$xuai^{212}$	uai^{53}	sai^{53}	kai^{31}	$ŋai^{45}$
仪陇	$t'ɔ^{21}$	$fɔ^{33}$	tai^{13}	tai^{13}	tai^{13}	$nɔ^{21}$	$xuai^{21}$	$ɔ^{13}$	sai^{13}	kai^{53}	$ŋai^{33}$

3. 山摄舒声字的读音特点

山摄一等字梅县、五华多读 ɔn/on、三等知系字读 ɔn/on, iɔn/ion。山摄一等字成都、隆昌读ɔn,仪陇读 uɔn,西昌读 uan,三等知系字成都、隆昌主要元音仍读 ɔ,西昌、仪陇日母字读 yɛn,其他声母字西昌也读 uan。例如表 2-13。

表 2-13 梅县、五华与四川客家方言古山摄一、三等字今读音对照表

	端	团	断~绝	暖	算	欢	转~身	专	船	软
	山合一平桓端	山合一平桓定	山合一上缓定	山合一上缓泥	山合一去换心	山合一平桓晓	山合三上狝知	山合三平仙章	山合三平仙船	山合三上狝日
梅县	ton⁴⁴	t'ɔn¹¹	t'ɔn⁴⁴	nɔn⁴⁴	sɔn⁵³	fɔn⁴⁴	tsɔn³¹	tsɔn⁴⁴	sɔn¹¹	ŋiɔn⁴⁴
五华	ton⁴⁴	t'on¹³	t'on⁴⁴	non⁴⁴	son⁵³	fon⁴⁴	tʃon³¹	tʃon⁴⁴	ʃon¹¹	ŋion⁴⁴
成都洛带	ton⁴⁵	t'ɔn¹³	t'ɔn⁴⁵	nɔn⁴⁵	sɔn⁵³	fɔn⁴⁵	tsɔn³¹	tsɔn⁴⁵	sɔn¹³	nʲɔn⁴⁵
成都凉水井	ton⁴⁵	t'ɔn¹³	t'ɔn⁴⁵	nɔn⁴⁵	sɔn⁵³	fɔn⁴⁵	tsɔn³¹	tsɔn⁴⁵	sɔn¹³	nʲɔn⁴⁵
隆昌	ton⁴⁵	t'ɔn¹³	t'ɔn⁴⁵	nɔn⁴⁵	sɔn⁵³	fɔn⁴⁵	tsɔn³¹	tsɔn⁴⁵	ts'ɔn¹³	nion⁴⁵
西昌	tuan⁴⁵	t'uan²¹²	t'uan⁴⁵	nuan⁴⁵	suan⁵³	xuan⁴⁵	tʂuan³¹	tʂ'uan⁴⁵	ʂuan²¹²	nyen⁴⁵
仪陇	tuɔn³³	t'uɔn²¹	t'uɔn³³	nuɔn³³	suɔn¹³	xuan³³	tsuɔn⁵³	tsuɔn³³	ts'uɔn²¹	yen³³

4. 古宕摄、江摄舒声字的读音特点

古宕摄舒声字不论开合在梅县、五华客家方言中读 ɔŋ/oŋ，三等字逢泥母和精组读 iɔŋ/ioŋ，江摄多读 ɔŋ/oŋ，四川客家方言比较完整地传承了这一个特点。例如表 2-14。

表 2-14 梅县、五华与四川客家方言宕摄、江摄舒声字今读音对照表

	帮	塘	浪	糠	娘	墙	霜	窗	江	网
	宕开一平唐帮	宕开一平唐定	宕开一去宕来	宕开一平唐溪	宕开三平阳泥	宕开三平阳从	宕开三平阳生	江开二平江初	江开二平江见	宕合三上养微
梅县	pɔŋ⁴⁴	t'ɔŋ¹¹	lɔŋ⁵³	hɔŋ⁴⁴	ŋiɔŋ¹¹	ts'iɔŋ¹¹	sɔŋ⁴⁴	ts'uŋ⁴⁴	kɔŋ⁴⁴	miɔŋ³¹
五华	pɔŋ⁴⁴	t'ɔŋ¹³	lɔŋ⁵³	hɔŋ⁴⁴	ŋioŋ¹³	sioŋ¹³	soŋ⁴⁴	ts'ɔŋ⁴⁴	kɔŋ⁴⁴	mioŋ³¹
成都洛带	pɔŋ⁴⁵	t'ɔŋ¹³	nɔŋ⁵³	xɔŋ⁴⁵	nʲiɔŋ¹³	ɕiɔŋ¹³	sɔŋ⁴⁵	ts'ɔŋ⁴⁵	kɔŋ⁴⁵	miaŋ³¹
成都凉水井	pɔŋ⁴⁵	t'ɔŋ¹³	nɔŋ⁵³	xɔŋ⁴⁵	nʲiɔŋ¹³	ɕiɔŋ¹³	sɔŋ⁴⁵	ts'ɔŋ⁴⁵	kɔŋ⁴⁵	miaŋ³¹
隆昌	pɔŋ⁴⁵	t'ɔŋ¹³	nɔŋ⁵³	xɔŋ⁴⁵	nʲiɔŋ¹³	ɕiɔŋ¹³	sɔŋ⁴⁵	ts'ɔŋ⁴⁵	kɔŋ⁴⁵	miaŋ³¹
西昌	pɔŋ⁴⁵	t'ɔŋ²¹²	nɔŋ⁵³	xɔŋ⁴⁵	niɔŋ²¹²	tɕ'iɔŋ²¹²	ʂɔŋ⁴⁵	ts'ɔŋ⁴⁵	kɔŋ⁴⁵	miaŋ³¹
仪陇	pɔŋ³³	t'ɔŋ²¹	nɔŋ¹³	k'ɔŋ³³	iɔŋ²¹	tɕ'iɔŋ²¹	sɔŋ³³	ts'ɔŋ³³	kɔŋ³³	uan⁵³

5. 韵尾的特点

梅县、五华有-m、-n、-ŋ 三个舒声鼻音尾，还有-p、-t、-k 三个塞音韵尾跟-m、-n、-ŋ 对应。四川客家方言阳声韵已无-m 尾，只有-n 和-ŋ 尾，咸深二摄普遍跟山臻二摄合流收-n 尾；入声韵尾-p、-t、-k 在四川各点都已全部脱落，统收-ʔ尾。例如表 2-15。

表 2-15　　　梅县、五华与四川客家古舒声、入声韵尾今读音对照表

	蚕	浸	鸭	蛋	热	七	娘	江	学	石
	咸开一平覃从	深开三去沁精	咸开二入狎影	山开一去翰定	山开三入薛日	臻开三入质清	宕开三平阳泥	江开二平江见	江开二入觉匣	梗开三入昔禅
梅县	ts'am¹¹	tsim⁵³	ap¹	t'an⁵³	ŋiat⁵	ts'it¹	ŋioŋ¹¹	koŋ⁴⁴	hok⁵	sak⁵
五华	ts'am¹³	tsim⁵³	ap¹	t'an³¹	ŋiet⁵	ts'it¹	ŋioŋ¹³	koŋ⁴⁴	hok⁵	ʃak⁵
成都洛带	ts'an¹³	tɕ'in⁵³/tɕin⁵³	aʔ²	t'an⁵³	n.ieʔ⁵	tɕ'iʔ²	n.ioŋ¹³	koŋ⁴⁵	xoʔ⁵	saʔ⁵
成都凉水井	ts'an¹³	tɕ'in⁵³/tɕin⁵³	aʔ²	t'an³¹	n.ieʔ⁵	tɕ'iʔ²	n.ioŋ¹³	koŋ⁴⁵	xoʔ⁵	saʔ⁵
隆昌	ts'an¹³	tɕ'in⁵³/tɕin⁵³	aʔ³	t'an⁵³	n.ieʔ⁵	tɕ'iʔ³	n.ioŋ¹³	koŋ⁴⁵	xoʔ⁵	ʂaʔ⁵
西昌	ts'an²¹²	tɕ'in⁵³/tɕin⁵³	aʔ³	t'an⁵³	nieʔ⁵	tɕ'ieʔ³	nioŋ²¹²	koŋ⁴⁵	xoʔ⁵	ʂeʔ⁵
仪陇	ts'an²¹	tɕ'in¹³	aʔ⁵	t'an⁵³	ieʔ⁵	tɕ'iʔ⁵	ioŋ²¹	koŋ³³	xɔʔ⁵	saʔ⁵

（三）声调特点

1. 梅县、五华客家方言有六个声调，平声和入声分阴阳，即：阴平、阳平、上声、去声、阴入、阳入。四川客家方言声调数十分统一，也都为六个。在调值上，除了仪陇差别较大之外，成都、隆昌、西昌跟梅县、五华比较接近，仪陇不但阴阳上去四声的调值不同，阴入高、阳入低的特点也跟梅县、五华与四川其他地点不同。见表 2-16。

表 2-16　　　　　梅县、五华与四川客家方言声调对照表

方言点 \ 声调		阴平	阳平	上声	去声	阴入	阳入
梅县		44	11	31	53	1	5
五华		44	13	31	53	1	5
成都	凉水井	45	13	31	53	2	5
	洛带	45	13	31	53	2	5
	泰兴	45	13	31	53	32	5
西昌		45	212	31	53	3	5
隆昌		45	13	31	53	3	5
仪陇		33	21	53	13	5	3

2. 古次浊平声字、古次浊上声字中的部分字与全浊上声字的白读音，在梅县和五华客家方言中今读阴平，四川各地客家方言也保留了这一特点，但辖字范围更小。见表 2-17。

表 2-17　　　　　梅县、五华与四川客家古次浊平声字，古次浊、
全浊上声部分字今读音对照表

	毛	蚊	尾	忍	淡	坐	舅	社	旱
	效开一平豪明	臻合三平文微	止合三上尾微	臻开三上轸日	咸开一上敢定	果合一上果从	流开三上有群	假开三上马禅	山开一上旱匣
梅县	mau⁴⁴	mun⁴⁴	mei⁴⁴	ŋiun⁴⁴	tʻan⁴⁴	tsʻo⁴⁴	kʻiu⁴⁴	sa⁴⁴	hon⁴⁴
五华	mau⁴⁴	mun⁴⁴	mei⁴⁴	ŋiun⁴⁴	tʻan⁴⁴	tsʻo⁴⁴	kʻiu⁴⁴	ʃa⁴⁴	hon⁴⁴
成都洛带	mau⁴⁵	mən⁴⁵	mei⁴⁵	n̦yn⁴⁵	tʻan⁴⁵	tsʻo⁴⁵	tɕʻiəu⁴⁵	sa⁵³	xɔn⁵³
成都凉水井	mau⁴⁵	mən⁴⁵	mei⁴⁵	n̦yn⁴⁵	tʻan⁴⁵	tsʻo⁴⁵	tɕʻiəu⁴⁵	sa³¹	xɔn³¹
隆昌	mau⁴⁵	mən⁴⁵	mei⁴⁵	n̦yn⁴⁵	tʻan⁴⁵	tsʻo⁴⁵	tɕʻiəu⁴⁵	sa⁵³	xɔn⁵³
西昌	mau⁴⁵	mən⁴⁵	mei⁴⁵	n̦yn⁴⁵	tʻan⁴⁵	tsʻo⁴⁵	tɕʻiəu⁴⁵	ʂa⁵³	xuan⁵³
仪陇	məu³³	mən³³	mei³³	in⁵³	tʻan³³	tsʻəu³³	tɕʻiəu³³	sa⁵³	xuɔn⁵³

3. 古全浊上声字（除白读音）、古全浊次浊去声字在梅县客家方言中今读去声，在五华客家方言中今读上声。这些字的读音在四川客家方言中的归属有别。在洛带、西昌两个点归去声，在凉水井归上声，在隆昌多归为上声，有少数归去声，在仪陇多数归上声，部分归去声。见表 2-18。

表 2-18　　　　　梅县、五华与四川客家方言古上声、
去声浊音声母字今读音对照表

	罪	混	杏	谢	字	鼻	豆	饭	梦	夜
	蟹合一上贿从	臻合一上混匣	梗开二上梗匣	假开三去箇邪	止开三去志从	止开三去至并	流开一去侯定	山合三去愿奉	通合三去送明	假开三去箇以
梅县	tsʻui⁵³	fun⁵³	hen⁵³	tsʻia⁵³	sɿ⁵³	pʻi⁵³	tʻeu⁵³	fan⁵³	muŋ⁵³	ia⁵³
五华	tsʻui³¹	fun³¹	hen³¹	tsʻia³¹	sɿ³¹	pʻi³¹	tʻeu³¹	fan³¹	muŋ³¹	ia³¹
成都洛带	tsʻuei⁵³	fən⁵³	xien⁵³	tɕʻia⁵³	sɿ⁵³	pʻi⁵³	tʻiəu⁵³	fan⁵³	muŋ⁵³	ia⁵³
成都凉水井	tsʻuei³¹	fən³¹	xien³¹	tɕʻia³¹	sɿ³¹	pʻi³¹	tʻiəu³¹	fan³¹	muŋ³¹	ia³¹
隆昌	tsʻuei³¹	fən³¹	xɔn⁵³	tɕʻia³¹	sɿ³¹	pʻi³¹	tʻəu³¹	fan³¹	muŋ³¹	ia⁵³
西昌	tsʻuei⁵³	fən⁵³	xɔn⁵³	tɕʻia⁵³	sɿ⁵³	pʻi⁵³	tʻəu⁵³	fan⁵³	muŋ⁵³	ia⁵³
仪陇	tsʻuei⁵³	fən²¹	xan¹³	tɕʻia⁵³	sɿ⁵³	pʻi⁵³	tʻai⁵³	fan¹³	muŋ⁵³	ia⁵³

第二节　四川客家方言与梅县、五华客家方言词汇的比较研究

一　200 核心词比较

统计学的方法很早就被引入方言研究，20 世纪 50 年代以来国内陆续开展了汉语词汇的统计工作。词汇统计学侧重于研究词汇的统计特征，如词频、词频与词序等级关系、各类词的词频分布、常用词数及覆盖率关系、语言或方言间同源词或基本词关系等。后来，计量的方法也被用于研究方言间的可懂度（郑锦全，1973 年）、方言的亲疏关系（黄行，1999 年）、方言的分区（李如龙等）、词汇的相关度等。

在针对词汇计量比较的研究中，郑锦全、詹伯慧、陈保亚、王士元、游汝杰等学者纷纷提出了自己的计算方法：相关系数统计法（郑锦全，1973 年）、算术统计法（詹伯慧，1988 年）、概率法（陈保亚，1996 年）、矩阵分解（王士元，1998 年）、加权平均法（游汝杰，1999 年）、频级统计法（苏新春，2007 年），并取得了可喜的成绩。

1. 研究方法的选择

对于语言的计量研究，这些方法各有优缺点[①]。其中算术统计法将不同方言词汇的同或异，用加减法进行统计，然后以百分比计算接近率。詹伯慧和张日升曾根据《珠江三角洲方言词汇对照》（1988 年）的语料，比较了北京话和粤语词汇的接近率。参加比较的词汇有 1001 个，两者相同的只有 140 多个，仅占 10.4%。该方法的不足之处在于参加比较的词汇的数量不同会影响计量结果。1973 年郑锦全提出相关系数统计法，他用"皮尔逊相关"和"非加权平均系联法"计算不同方言的字音和词汇文字表现形式的亲疏程度，同时提供方言分区的方案。然后在相关系数统计结果的基础上，再做聚类分析。

郑锦全的相关系数统计法基于计算机技术的发展，他用树形图描写了 18

---

① 文中几种方法参考了下列文献：杨蓓：《吴语五地词汇相关度的计量研究》，《语言文字应用》，2003 年第 1 期；游汝杰、杨蓓：《上海话、广州话、普通话接近率的计量研究》，载邹嘉彦等编《汉语计量和计算研究》（香港城市大学语言资讯科学研究中心 1998 年）；郑锦全：《汉语方言亲疏关系的计量研究》，《中国语文》，1988 年第 2 期；王士元、沈钟伟：《方言关系的计量表述》，《中国语文》，1992 年第 2 期；陈保亚：《论语言接触与语言联盟》，语文出版社 1996 年版。

种方言间的亲疏程度。相关系数统计法比算术统计法要精密、合理得多。不过它有两个主要缺点：一是没有考虑词频这个重要因素；二是比较词汇异同，只考虑词形异同，并不顾及词内部词根或中心语素的异同。如两地方言中，"太阳"有"太阳、日头、太阳佛"三种说法，"太阳"和"日头"词形不同，两者的相同率为 0；"太阳"和"太阳佛"词形不同，两者的相同率也为 0。实际上"太阳佛"的中心语素跟"太阳"完全相同，将两者的相同率当作 0 来处理是不合理的。同样，算术统计法也存在这两个缺点。

王士元和沈钟伟于 1992 年撰文指出郑锦全方法的不合理性。计算的基本单位应该是语素，而不是词。他们进一步完善了相关系数统计法和聚类分析法，并且对吴语内部 33 个点方言词汇的亲疏关系进行了计量研究。

后来，郑锦全也意识到其计量方法的不足，接受了学界的意见，采用语素作为计量的基本单位。其在第九届客家方言国际学术研讨会上（北京）的论文《台湾客家方言词汇关系与语言活力》一文中详尽阐述了用改进后的计量方法来计算方言词汇的相似度问题。他指出：从方言词汇的异同计算方言的相似度，主要的理念是计算每个词目下两种方言词语的语素数目，两个词语的相同语素的数目除以这两个词语语素的总数就是相似指数，指数介于 0 与 1 之间。下面三个词目是四县和海陆词汇相似度计算举例[①]。

表 2-19 四县和海陆词汇相似度计算示例

词目	四县	海陆	相同	总量	计算	指数
一套	一身	一身	4	4	4/4	1.000
下雨	落雨	落水	2	4	2/4	0.500
三更半夜	三更半夜	三光半夜	6	8	6/8	0.750

如果同一个词目两个方言的词语是反序词则给 0.75，例如闽南话"猪母"，普通话是"母猪"，词素完全相同，但是反序，得 0.75。

至此，郑氏关于方言词汇相似度的计算已经比较完善了。本书将采用郑氏计量法进行计量研究。

2. 材料的选取

对于语言的计量来说，材料是至关重要的。一般来说，选用词作为计量

---

① 此例引自郑锦全《台湾客家方言词汇关系与语言活力》，第九届客家方言国际学术研讨会会议论文。

的材料一定要达到相当的数量，涵盖面广才妥当。鉴于语料、篇幅等因素，本文采用 200 核心词作为语料进行计量研究。

　　200 核心词最早由美国语言学家莫里斯·斯瓦迪士（Morris Swadesh）系统地提出。他从统计学的角度来分析不同的语言（以印欧语系语言为主），在 1952 年和 1955 年先后列出了 200 词的核心词表①。他认为，基本上所有语言的词汇都应该包含这 200 个词语；另一方面，只要认识这 200 个词语，就可以利用该种语言作最基本的沟通②。一些学者甚至认为，在某种语言中存在一个绝对稳定的核心词表，陈保亚则认为没有绝对稳定的词表，他提出给核心词分阶的相对观念，认为核心程度越高越稳定，并在 Swadesh 的词表基础上提出第 100 个词为高阶词；余下的 100 个词则为低阶词。Swadesh 提出的 200 核心词在进行民族语分类和历时层面语言发生学研究上应用较多，在亲缘关系明确的语言接触中也被用来探讨一些语言演变问题。本文拟通过 200 核心词的比较来初步得出五华、梅县与四川成都凉水井、洛带及隆昌、西昌、仪陇客方言的亲疏关系。

　　在制作 200 词对应表时，由于四川客家方言难以找到与"脂肪"（编号 32）相对应的方言词，"脂肪"类推为客家方言读音，发音人亦觉得不妥，故去掉该词。③在具体的研究过程中，需作说明以下几点：

　　（1）采用语素作为计算的基本单位，需要考虑的是不同的语素对方言亲疏关系的重要性是不同的。例如爷爷"阿公"（成都）和"阿□a^{33} ta^{33}"（仪陇）中的"阿"其重要性显然不如"公"和"□ta^{33}"。在此，我们暂不考虑这一因素，因为在语法上，"阿"词缀作为广东和四川客家方言常用的词缀之一，具有客家方言的词法特征，其普遍用法并不多见于四川官话方言。

　　（2）方言俗字与有音无字的情况处理。有些词语有音无字或写作方言俗字。俗字是某种方言的特有用字，也可能是某方言区人为的造字。有音无字的情况可能是本字不可考，或有待考证。广东、四川客家方言中的用字多有不同。这时就不能单从字形上来确定它们的语素是否相同，而是要从音义两

　　① Swadesh，M. Lexico-statistic dating of prehistoric ethnic contacts［J］. *Proceedingsof the American philosophical society*, 96（1952）. 4. Swadesh, M. Time depthsof American linguistic groupings［J］. *American Anthropologist*, 56（1955）.

　　② 陈保亚、李子鹤：《核心词自动分阶的一种计算模型——以纳西族玛丽玛萨话为例》，《云南民族大学学报》2012 年第 5 期。

　　③ 实际用于计算的词只有 199 个，后文习惯还是以 200 词来称呼。

方面综合考量。如果相比较的语素读音有一定的对应关系，并且意义相同，那么就应该将它们作为同源语素的情况对待①。例如，表示"那个"意思的"□个 e^{53} ke^{53}"（洛带）和"□个 ke^{53} ke^{53}"（梅县）。"□ e^{53}"和"□ ke^{53}"有音无字，洛带"□ e^{53}"极有可能是声母"k"脱落造成的，而在成都新都泰兴客方言中就有"□ e^{53}"和"□ ke^{53}"两读，从语音对应和意义上判断，它们应为相同的语素。

所用方言俗字不同，如"谁"的说法在七地的说法有：俫啥 $lai^{31}sa^{13}$（五华）、哪人 na^{31} $n.in^{13}$（凉水井）、瞒人 man^{31} ηin^{11}（梅县）、脉个人 $me\textrm{?}^3 ke^{53} n.in^{13}$（隆昌）、脉人 $man^{33}in^{21}$（仪陇），"俫"和"哪"无论在发音还是在意义上均指向同一个字，故将之认定为相同，书写为"哪"；"瞒、脉"用字不同，根据音义上的联系，我们也将之认定为同一语素。所以，在研究词汇的相关度时，考虑语素和语音两个要素是非常必要的。

（3）同一词目具有不同说法的情况。同一词目在不同方言或不同方言点中往往具有多种说法，常常无法一一对应，在七地客家方言中情况亦是如此。我们把这种同一调查词目下的多种说法，看成是不同的多组词语进行比较，如表 2-20 所示。

表 2-20　　　　　　　四川客家方言词汇相似度计算词语举例

词目	五华	凉水井	洛带	梅县	隆昌	西昌	仪陇
女人	妇道人 $fu^{31}t'au^{31}\eta in^{31}$	妇娘子 $pu^{45}n.io\eta^{13}ts\textrm{ʅ}^{31}$	女个 $n.y^{31}ke^{53}$	大细姑 $t'ai^{53}se^{53}ku^{44}$	女个 $n.y^{31}ke^{31}$	女人 $ni^{31}nin^{212}$	女个 $y^{53}ke^{33}$
	妇人家 $fu^{31}\eta in^{31}ka^{44}$	妇娘子 $pu^{45}n.io\eta^{13}ts\textrm{ʅ}^{31}$	妇娘子 $pu^{45}n.io\eta^{13}ts\textrm{ʅ}^{31}$	妇人家 $fu^{53}\eta in^{11}ka^{44}$	妇娘子 $pu^{45}n.io\eta^{13}ts\textrm{ʅ}^{31}$	女个 $ni^{31}ke^{53}$	婆娘 $pəu^{21}ia\eta^{33}$
		妇娘嬷 $pu^{45}n.io\eta^{13}ma^{13}$		妹儿人 $moi^{53}ien^{11}in^{11}$	妇娘嬷 $pu^{45}n.io\eta^{13}ma^{13}$		妇娘嬷 $pu^{13}io\eta^{53}ma^{21}$

表 2-20 中关于"女人"的说法，五华 2 种、凉水井 2 种、洛带 2 种、梅县 3 种、隆昌 3 种、西昌 3 种、仪陇 3 种。我们把它们分成 3 组，尽量将字数相等、说法相近的词语放在一组比较，这样得出的结论较为准确。此外，由于构词的理据不同，有些说法放在一起，并无可比性，我们只好将某些说法（虽然很有意义）剔除。如鱼，广东、四川两地客家方言中都叫"鱼子"，

---

① 杨蓓：《吴语五地词汇相关度的计量研究》，《语言文字应用》，2003 年第 1 期。

但在成都、隆昌客家方言中还有"老摆"的说法，"老摆"源于渔民的隐语，跟梅县、五华"鱼子"无可比性，故剔除。再如"妻子"，除了"老婆"的说法外，凉水井、隆昌还有"屋下个、内当家"，仪陇"屋下、姐子、煮饭个、饭厨子"等说法。"屋下、姐子"这三种说法非常稳固，故我们保留，而"内当家、煮饭个、饭厨子"等说法源于妻子的主要职责，故剔除。再如丈夫的说法，"赶场个、当家人"之类。剔除这些说法的另一个原因在于，也许广东的客家方言也存在这样的说法，只是我们未能调查到，方言的词汇调查真是难以穷尽的一件事。

通过比较，得出五华、梅县、成都凉水井、洛带、隆昌、西昌、仪陇客家方言 200 核心词的相似度关系[①]。见表 2-21。

表 2-21　　　广东、四川七地客家方言 200 核心词相似度比较表

	五华	梅县	凉水井	洛带	隆昌	西昌
梅县	0.770					
凉水井	0.684	0.647				
洛带	0.697	0.650	0.941			
隆昌	0.680	0.647	0.815	0.809		
西昌	0.629	0.611	0.795	0.790	0.759	
仪陇	0.613	0.624	0.736	0.730	0.731	0.708

相关系数 R 的值在 0 与 1 之间，R 值越大，二者相关性越大；R 值：0.8—1.0 极强相关；0.6—0.8 强相关；0.4—0.6 中等程度相关；0.2—0.4 弱相关；0.0—0.2 极弱相关或无相关。

通过 200 核心词的比较，我们发现成都洛带和成都凉水井客家方言词汇的相似度为 0.941，二者极强相关，差异极小。洛带和凉水井直线距离约 15 千米，洛带靠近龙泉山，凉水井靠近成都市区，因此二者极为相近而略有差异。成都客家方言（包括洛带和凉水井）和四川境内的隆昌、西昌的客家方言词汇相似度分别为 0.815 和 0.795 左右，相似度也极强。独与仪陇客家方言词汇关联相对较低，为 0.736。究其原因，洛带、凉水井、隆昌、西昌四地客

---

① 本表数据使用郑锦全 CCHakka1.0 统计软件，谨此致谢。

家方言来源地主要为粤东五华、梅县、兴宁、大埔、龙川，故内部一致性较强；仪陇客家方言集中来源于粤北韶关，韶关客家方言与粤东客家方言差异本就较大，来到四川后，又经过近300年的变迁，这种差异仍然比较明显。如果加入语音的差异，仪陇客家方言和四川境内其他点的客家方言的沟通难度更大。值得注意的是，虽然仪陇客家方言和四川境内其他点的客家方言来源有异，但相关系数为0.736，仍为强相关。这与四川境内的客家方言吸收了大量的四川官话方言词汇息息相关。

梅县和五华客家方言词汇的相似度为0.770，二者强相关，明显强于与四川境内的客家方言的相关程度。

五华与凉水井、洛带、隆昌、西昌客家方言词汇的相似度分别为0.684、0.697、0.680、0.629；梅县与凉水井、洛带、隆昌、西昌客家方言词汇的相似度分别为：0.647、0.650、0.647、0.611，显示五华客家方言词汇与四川境内的客家方言（仪陇除外）词汇的相似度略高于梅县，这与四川境内的客家人的来源一致，因为广东籍的客家人以五华居多。

200核心词所反映的五华、梅县、成都洛带、凉水井、隆昌、西昌、仪陇客家方言词汇的相关度用树状图表示为：

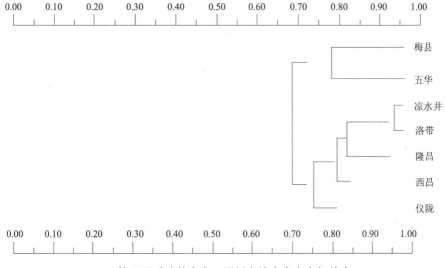

200核心词反映的广东、四川七地客家方言相关度

表 2-22　　七地客家方言 200 词对照表①

词目	五华	梅县	凉水井	洛带	隆昌	西昌	仪陇
1 我	偓 ŋai¹³	偓 ŋai¹¹	偓 ŋai¹³	偓 ŋai¹³	偓 ŋai¹³	偓 ŋai²¹²	偓 ŋai²¹
2 你	你 ŋi¹³	你 n̩¹¹	你 n̩i¹³	你 n̩i¹³	你 n̩i¹³	你 n̩i²¹²	你 n̩²¹
3 我们	偓兜 ŋai¹³teu⁴⁴ 偓等人 ŋai¹³teu⁴⁴ŋin¹³	偓等人 ŋai¹¹ten⁴⁴ŋin¹¹	偓们 ŋan¹³men⁴⁵ 偓等人 ŋan¹³nin⁴⁵	偓们 ŋan¹³ nin⁴⁵	偓等 ŋai¹³tan⁴⁵	偓等 ŋai²¹²tan⁴⁵	偓等 ŋai²¹ tan³³
4 这	嘞 le¹³	□ e³¹	□ n̩i³¹	底 i³¹ 样 iaŋ¹³	个 kai¹³ 底 ti³¹（老派）	底 i³¹	底 ti⁵³
5 那	個 kai⁵³	□ ke⁵³	样 iaŋ¹³/niaŋ¹³ 個 kai⁵³ □ e⁵³	個 kai⁵³ □ e⁵³	個 kai⁵³	□ ei⁵³	個 kai³³
6 谁	哪啥 lai³¹ sa¹³	瞒人 man³¹ ŋin¹¹	哪只（人）nai³¹tsa²（nin¹³） 哪侪（人）na³¹ xa¹³（nin¹³） 哪人 nai³¹ŋin¹³	哪个 nai³¹ke⁵³ 哪侪 nai³¹sa¹³	哪只 nai³¹tsa²³ 哪人 na³¹nin¹³ 哪侪 na³¹sa¹³ 哪个人 me²³ke⁵³nin¹³	哪侪 na⁵³xa²¹² 哪侪 nai⁵³ke⁵³	瞒人 man³³in²¹ 瞒呢 man³³ nɛ²¹
7 什么	脉个 mak¹ke³¹	脉个 mak¹ke⁵³	脉个 ma²kie⁵³ 么个 mo²kie⁵³	脉个 ma²ke⁵³ 么个 mo²ke⁵³	脉个 me²³ke⁵³	么个 mo²ke³¹	脉個 ma²ke²¹
8 不	唔 m̩¹³	唔 m̩¹¹	唔 m̩¹³	唔 m̩¹³	唔 m̩¹³	唔 m̩²¹²	唔 n̩²¹
9 全部	一下 it¹ha³¹ 一概 it¹k'ai³¹	一下 it¹ha⁵³ 一概 it¹k'oi³¹	全部 tɕ'yen¹³pu⁵³	一下 i²xa⁵³ 全部 tɕ'yen¹³pu⁵³	一下 i²³xa³¹ 全部 tɕ'yen¹³pu⁵³	一下 i²⁵xa¹³ 全部 tɕ'ien²¹²pu⁵³	一下 i²⁵xa¹³ 全部 tɕ'yen²¹pu¹³
10 多	多 to⁴⁴	多 to⁴⁴	多 to⁴⁵	多 to⁴⁵	多 to⁴⁵	多 to⁴⁵	多 tau³³

① 表中缺 32 号词，实际只有 199 个核心词，前 99 个词为一阶核心词，后 100 个词为二阶核心词。

续表

词目	五华	梅县	凉水井	洛带	隆昌	西昌	仪陇
11 一	一 it^1	一 it^1	一 i?^{2}	一 i?^{2}	一 ie?^{3}	一 ie?^{3}	一 i?^{5}
12 二	二 ŋi^{31}	二 ŋi^{53}	二 ɲi^{53}	二 ɲi^{53}	二 ɲi^{53}	二 ɲi^{53}	二 i^{53}
13 大	大 tʻai^{31}	大 tʻai^{53}	大 tʻai^{31}	大 tʻai^{53}	大 tʻai^{31}/tʻai^{53}	大 tʻai^{53}	大 tʻai^{53}
14 长	长 tʃʻoŋ^{13}	长 tsʻoŋ^{11}	长 tsʻoŋ^{13}	长 tsʻoŋ^{13}	长 tsʻoŋ^{13}	长 tʂʻoŋ^{212}	大 tʻai^{53}
15 小	细 se^{53}	细 se^{53}	细 cie^{53}	细 cie^{53}	细 se^{53}	细 sei^{53}	细 sei^{53}
16 女人	妇道人 fu^{31}tʻau^{31}ŋin^{31} 妇人家 fu^{31}ŋin^{44}ka^{44}	妇人家 fu^{53}ŋin^{11}ka^{44} 妹敿人 moi^{53}ie ŋin^{11} 大细姑 tʻai^{53}se^{53}ku^{44}	妇娘子 pu^{45}ɲioŋ^{13}tsɿ 妇娘嫲 pu^{45}ɲioŋ^{13}ma^{13}	女个 ɲy^{31}ke^{53} 妇娘子 pu^{45}ɲioŋ^{13}tsɿ	女个 ɲy^{31}ke^{31} 妇娘子 pu^{45}ɲioŋ^{13}tsɿ 妇娘嫲 pu^{45}ɲioŋ^{13}ma^{13}	女人 ɲi^{31}ɲin^{212} 女个 ɲi^{31}ke^{53}	女个 y^{53}ke^{21} 婆娘 pʻeu^{21}ɭiaŋ^{33} 妇娘嫲 pu^{13}ɭioŋ^{13}ma^{21}
17 男人	男子人 nam^{13}mi^{53}ŋin^{13}	男敿人 nam^{11}me ŋin^{11}	男个 nam^{13}kie^{53} 男子人 nam^{13}tsɿ^{31}ɭin^{13}	男个 nam^{13}ke^{53} 男子人 nam^{13}tsɿ^{31}ɲin^{13}	男个 nam^{13}ke^{31} 男娃儿 nam^{13}va^{31}ɚ^{45} 男子人 nam^{13}tsɿ^{31}ɲin^{13}	男人 nam^{212}ɲin^{212} 男个 nam^{212}ke^{53}	男个 nan^{21}ke^{21}
18 人	人 ŋin^{13}	人 ŋin^{11}	人 ɲin^{13}	人 ɲin^{13}	人 ɲin^{13}	人 nin^{212}	人 in^{21}
19 鱼	鱼哩 ŋ^{44}ɭi	鱼敿 ŋ^{11}ne	鱼子 m̩^{13}tsɿ^{31}	鱼子 m̩^{13}tsɿ^{31}	鱼子 m̩^{13}tsɿ^{31}	鱼子 m̩^{212}tsɿ^{31}	鱼 y^{21}
20 鸟	鸟哩 tiau^{44}ɭi	鸟敿 tiau^{44}ve	鸟子 tiau^{45}tsɿ^{31} 雀雀 tɕʻio^{13}tɕʻio^{45}	鸟子 tiau^{44}tsɿ^{31}	鸟子 tiau^{45}tsɿ^{31} 野猫儿 ia^{45}miau^{53}ɚ^{13}tsɿ	鸟子 tiau^{45}tsɿ^{31} 雀儿 tɕʻio^{31}ɚ^{45}	鸟子 tiau^{33}tsɿ^{53}
21 狗	狗哩 keu^{31}ɭi	狗敿 keu^{31}ve	狗 kiou^{31}	狗 kiou^{31}	狗 keu^{31}	狗 keu^{31}	狗 ke^{53}
22 瓦子	瓦嫲 sit^{1}ma^{13}	瓦嫲 set^{1}ma^{11}	瓦嫲 ci?^{2}ma^{13}	瓦嫲 ci?^{2}ma^{13}	瓦嫲 ie?^{2}ma^{13}	瓦嫲 ci?^{3}ma^{212}	瓦嫲 se?^{5}ma^{21}

续表

词目	五华	梅县	凉水井	洛带	隆昌	西昌	仪陇
23 树	树哩 ʃu³¹li	树 su⁵³ve	树子 su⁵³tsɿ³¹	树子 su⁵³tsɿ³¹	树子 ʂu³¹su³¹tsɿ³¹	树 su⁵³tsɿ³¹ 树树 su⁵³su⁵³	树子 su⁵³tsɿ⁵³
24 种子	种哩 tʃoŋ³¹ŋi	种籽 tsoŋ³¹ŋe	种子 tsuŋ³¹tsɿ³¹	种子 tsuŋ³¹tsɿ³¹	种子 tsuŋ³¹tsɿ³¹	种子 tʂuŋ³¹tsɿ³¹	种子 tsuŋ⁵³tsɿ⁵³
25 叶子	叶哩 iap⁵pi⁵³	叶籽 iap⁵ve	叶子 ieʔ⁵tsɿ³¹	叶子 ieʔ⁵tsɿ³¹	叶子 ieʔ⁵tsɿ³¹ 叶叶 ieʔ⁵ieʔ⁵	叶叶 yeʔ⁵yeʔ⁵ 叶子 yeʔ⁵tsɿ³¹	叶子 ieʔ³tsɿ⁵³
26 根	根 kin⁴⁴	根 kin⁴⁴	根根 kien⁴⁵kien⁴⁵	根根 kien⁴⁵kien⁴⁵	根根 kən⁴⁵kən⁴⁵	根根 kən⁴⁵kən⁴⁵	根根 kan³³kan³³
27 树皮	树皮 ʃu³¹pʻi³¹	树皮 su⁵³pʻi¹¹	树皮 su³¹pʻi¹³	树皮 su⁵³pʻi¹³	树皮 su⁵³pʻi¹³	树 su⁵³pʻi²¹²	树皮 su⁵³pʻi¹³
28 皮肤	皮 pʻi¹³	皮 pʻi¹¹	皮肤 pʻi¹³fu⁴⁵	皮肤 pʻi¹³fu⁴⁵	皮肤 pʻi¹³fu⁴⁵	皮肤 pʻi²¹²fu⁴⁵	皮肤 pʻi²¹fu³³
29 肉	肉 ŋiuk¹	肉 ŋiuk¹	肉 ɳiuʔ²	肉 ɳiuʔ²	肉 ɳiəuʔ³	肉 nioʔ³	肉 iouʔ⁵
30 血	血 ʃet¹	血 hiat¹	血 cyeʔ²	血 cyeʔ²	血 cyeʔ³	血 cieʔ³	血 cieʔ⁵
31 骨头	骨头 kutʻt'eu¹³	骨头 kutʻt'eu¹¹	骨头 kuʔ²tʻiou¹³	骨头 kuʔ²tʻiou¹³	骨头 kuʔ³tʻou¹³	骨头 kuʔ³tʻou²¹²	骨头 kueiʔ⁵tʻai²¹
33 蛋	春 tʃʻun⁴⁴	卵 lom³¹ 春 tsʻun⁴⁴	蛋 tʻan³¹	蛋 tʻan⁵³	蛋 tʻan³¹ 春 tsʻuən⁴⁵	蛋 tʻan⁵³	春 tsʻuən³³
34 角	角 kok¹	角 kok¹	角 koʔ²	角 koʔ²	角巴儿 koʔ³par⁴⁵	角（牛角）koʔ³	角 koʔ³
35 尾巴	尾 mi⁴⁴	尾巴 mi⁴⁴pa⁴⁴	尾巴 mei⁴⁵pa⁴⁵	尾巴 mei⁴⁵pa⁴⁵	尾巴 mei⁴⁵pa⁴⁵	尾巴 mei⁴⁵pa⁴⁵	尾巴 mei³³pa³³
36 羽毛	羽毛 i⁴⁴mau⁴⁴	羽毛 iʻ⁴⁴mau⁴⁴	羽毛 yʻ⁵³mau¹³	羽毛 yʻ⁵³mau³¹	羽毛 iʻ³¹mau¹³	羽毛 iʻ³¹mau²¹²	羽毛 yʻ⁵³mau³³
37 头发	头那①毛 tʻeu¹³na⁴⁴mau⁴⁴	头那毛 tʻeu¹¹na¹¹mau⁴⁴	头发 tʻiou¹³faʔ² 头发毛 tʻiou¹³faʔ²mau⁴⁵	头发 tʻiou faʔ² 头发毛 tʻiou¹³faʔ²mau⁴⁵	头发毛 tʻiou¹³faʔ³mau⁴⁵	头发 tʻou²¹²faʔ³	头毛 tʻai⁻⁵³mou³³ 头那毛 tʻai²¹ŋa²¹mau³³

① 本书方言用字遵从以下三个原则：（1）有本字的用本字；（2）无本字的用俗字或同音字；（3）无合适同音字的用方框"□"。

续表

词目	五华	梅县	凉水井	洛带	隆昌	西昌	仪陇
38 头	头那 tʻeu⁴⁴na⁴⁴	头那 tʻeu¹¹na¹¹	头发 tʻiau¹³faʔ² 头发毛 tʻiau¹³faʔ²mau⁴⁵	头那 tʻiau⁴⁵na⁴⁵ 脑壳 nau³¹kʻoʔ²	头那 tʻou⁴⁵na⁴⁵ 脑壳 nau³¹kʻoʔ³	头那 tʻou²¹²na⁴⁵	头那 tʻai²¹ŋa²¹ 脑壳 nau⁵³kʻoʔ³
39 耳朵	耳公 ŋi³¹kuŋ⁴⁴	耳公 ŋi³¹kuŋ⁴⁴	耳朵 ni³¹to³¹	耳公 ni³¹to³¹	耳朵 ni³¹to³¹	ni³¹to⁴⁵	耳朵 i⁻⁵³tsu³³
40 眼睛	目珠 muk⁵tʃu⁴⁴	眼珠 ŋian¹¹tsu⁴⁴	眼珠 ŋan³¹tsu⁴⁵	眼珠 ŋan³¹tsu⁴⁵	眼珠 ŋan³¹tsu⁴⁵ 眼睛 ŋan³¹tɕin⁴⁵	眼睛 ŋan³¹tɕin⁴⁵	眼珠 ŋan⁵³tsu³³ 眼睛 ŋan⁵³tɕin³³
41 鼻子	鼻公 pʻi³¹kuŋ⁴⁴	鼻公 pʻi⁻⁵³kuŋ⁴⁴	鼻公 pʻi³¹kuŋ⁴⁵	鼻公 pʻi⁻⁵³kuŋ⁴⁵	鼻公 pʻi³¹kuŋ⁴⁵	鼻公 pʻi⁻⁵³kuŋ⁴⁵	鼻头 pʻi⁻⁵³tʻai²¹
42 嘴	嘴 tʃoi⁵³	嘴 tsoi⁵³	嘴 tsoi⁵³ 嘴巴 tsoi⁵³pa⁴⁵	嘴 tsoi⁵³ 嘴巴 tsoi⁵³pa⁴⁵	嘴巴 tsoi⁵³pa⁴⁵	嘴巴 tʂuai⁵³pa⁴⁵	嘴巴 tso¹³pa³³
43 牙	牙齿 ŋa¹³ɡʻi³¹	牙齿 ŋa¹¹tsʻɿ³¹	牙齿 ŋa¹³tsʻɿ³¹	牙齿 ŋa¹³tsʻɿ³¹	牙巴 ŋa¹³pa⁴⁵ 牙齿 ŋa¹³tsʻɿ³³	牙齿 ŋa²¹²tsʻɿ	牙巴 ŋa²¹pa³³ 牙齿 ŋa²¹tsʻɿ³³
44 舌头	舌嫲 ʃet⁵ma¹³	舌嫲 set⁵ma¹¹	舌嫲 seʔ²ma¹³	舌嫲 sɿʔ²ma¹³	舌嫲 seʔ²ma¹³	舌嫲 seʔ⁵ma²¹²	舌头 seʔ³tʻai⁵³
45 爪子	爪 tsau³¹	爪 tsau³¹	爪爪 tsau³¹tsau³¹	爪爪 tsau³¹tsau³¹	爪子 tsua³¹tsɿ 爪爪 tsau³¹tsau³¹	爪爪 tsau²¹²tsau³¹	爪爪 tsau⁵³tsau⁵³
46 脚	脚 kiok¹	脚 tʃiok¹	脚 tɕioʔ²	脚 tɕioʔ²	脚 tɕioʔ³	脚 tɕioʔ³	脚 tɕioʔ⁵
47 膝	膝头 tsʻit¹tʻeu¹³	膝头 tsʻit¹tʻeu¹¹	膝头 tɕʻiʔ²tʻiau¹³	膝头 tɕʻiʔ²tʻiau¹³	膝头 tɕiʔ²tʻiau¹³	磕膝儿 kʻeʔ³ɕi⁴⁵tʻər²¹²	膝头包口 tɕʻiʔ³tʻai²¹pəu³³nau³³
48 手	手 ʃu³¹	手 su³¹	手 səu³¹	手 səu³¹	手 səu³¹	手 səu³¹	手 səu⁵³
49 肚子	肚白 tu³¹pʻaʔ⁵	肚笥 tu³¹sɿ³¹	肚白 tu³¹pʻaʔ⁵	肚白 tu³¹pʻaʔ⁵	肚白 tu³¹pʻaʔ⁵	肚白 tu³¹pʻaʔ³	肚子 tu¹³tsɿ⁵³ 肚皮 tu⁵³pʻi²¹

续表

词目	五华	梅县	凉水井	洛带	隆昌	西昌	仪陇
50 脖子	颈 kiaŋ³¹	颈圣 kiaŋ³¹kin⁴⁴	颈圣 tɕiaŋ³¹tɕin⁴⁵	颈圣 tɕiaŋ³¹tɕin⁴⁵	颈圣 tɕiaŋ³¹tɕin⁴⁵	颈圣 tɕiaŋ³¹tɕin⁴⁵	颈项 tɕiaŋ⁵³xaŋ²¹
51 乳房	奶姑 nen⁵³ku⁴⁴	奶姑 nen⁵³ku⁴⁴	奶奶 nai⁴⁵nai⁴⁵ 奶 nien⁵³	奶 nien⁵³	奶 nen⁵³ 奶旁 nan⁵³p'əŋ¹³	奶奶 nen⁵³nen⁵³	奶姑 nan¹³ku³³
52 心脏	心 sim⁴⁴	心 sim⁴⁴	心肝 ɕin⁴⁵kon⁴⁵	心肝 ɕin⁴⁵kon⁴⁵	心肝 ɕin⁴⁵kon⁴⁵	心脏 ɕin⁴⁵tsɔŋ⁵³	心肝 ɕin³³kon³³
53 肝	肝 kon⁴⁴	肝 kon⁴⁴	肝子 kon⁴⁵tsɿ³¹	肝子 kon⁴⁵tsɿ³¹	肝子 kon⁴⁵tsɿ³¹	肝 kuan⁴⁵	猪肝 tsu³³kuan³³
54 喝	食 ʝit⁵	食 sat⁵ 啜 ts'ot¹	喝 xo⁴⁵ 食 sɿʔ⁵	喝 xo⁴⁵ 食 sɿʔ⁵	喝 xo⁴⁵ 食 ʂeʔ⁵	喝 xo⁴⁵ 食 seʔ⁵	啜 ts'ɔʔ⁵ 食 seiʔ³
55 吃	食 ʝit⁵	食 sat⁵	食 sɿʔ⁵	食 sɿʔ⁵	食 ʂeʔ⁵	食 seʔ⁵	食 seiʔ³
56 咬	啮 ŋat¹	啮 ŋat¹ 咬 ŋau⁴⁴	啮 ŋat¹ ŋa²	啮 ŋa²	啮 ŋau⁴⁵	咬 ŋau⁴⁵	咬 ŋau³³
57 看	看 k'on⁵³	看 k'on⁵³ 睐 lai⁵³	看 k'ɔn⁵³	看 k'ɔn⁵³	看 k'ɔn⁵³	看 k'uan⁵³	看 k'uɔn¹³
58 听	听 t'aŋ⁵³	听 t'aŋ⁴⁴	听 t'aŋ⁵³	听 t'aŋ⁵³	听 t'aŋ⁵³	听 t'aŋ⁵³	听 t'an³³
59 知道	知得 ti⁴⁴tet¹	知得 ti⁴⁴tet¹	晓得 ɕiau³¹teʔ²	晓得 ɕiau³¹tieʔ²	知得 ti⁴⁵teʔ³ 晓得 ɕiau³¹teʔ³	晓得 ɕiau³¹teʔ³ 知得 ti⁴⁵teʔ³	晓得 ɕiau⁵³teʔ⁵
60 睡	睡 ʃoi³¹	睡 soi⁵³	睡 soi³¹ 眠 mien¹³	睡 soi⁵³	睡 soi³¹	睡 ʂuai⁵³	睡 so⁵³
61 死	死 sɿ³¹ 过身 ko⁵³ʃin⁴⁴	死 sɿ³¹ 过身 kuo⁵³sən⁴⁴	死 ɕi³¹	死 ɕi³¹	死 ɕi³¹	死 ɕi³¹	死 ɕi⁵³
62 杀	剐 gi'i¹³	剐 ts'ɿ¹¹	剐 ts'ʅ¹³	剐 ts'ʅ¹³	剐 ts'ʅ¹³ 杀 saʔ³	剐 ts'ʅ²¹²	杀 sa²¹
63 游水	洗身躶 se³¹ʃin⁴⁴ni	洗身 se³¹sən⁴⁴ sən⁴⁴ne	洗身 ɕie³¹san⁴⁵	洗身 ɕie³¹san⁴⁵	兔水 p'u¹³suei³¹ 洗身 ɕie³¹san⁴⁵	兔水 fu²¹²suei³¹ 洗身 se³¹ʂən⁴⁵	洗身 sei⁵³san³³
64 飞	飞 pi⁴⁴(白) fi⁴⁴(文)	飞 pi⁴⁴(白) fi⁴⁴(文)	飞 fei⁴⁵	飞 fei⁴⁵	飞 fei⁴⁵	飞 fei⁴⁵	飞 fei³³

续表

词目	五华	梅县	凉水井	洛带	隆昌	西昌	仪陇
65 走	行 haŋ¹³	行 haŋ¹¹	走 tsou³¹	走 tsou³¹	走 tsou³¹ 行 xaŋ¹³	走 tsou³¹	走 tsai⁵³
66 来	来 loi¹³	来 loi¹¹	来 noi¹³	来 noi¹³	来 noi¹³	来 nuai²¹²	来 nɔ²¹
67 躺	睡 ʃoi³¹ 眠 min¹³ □k'oŋ⁵³	眠 min¹¹ □k'oŋ⁵³	睡 soi³¹	睡 soi⁵³	睡 soi³¹	睡 ʃuai⁵³	睡 sɔ⁵³
68 坐	坐 ts'o⁴⁴	坐 ts'o⁴⁴	坐 ts'o⁴⁵	坐 ts'o⁴⁵	坐 ts'o⁴⁵	坐 ts'o⁴⁵	坐 ts'ou³³
69 站	徛 k'i⁴⁴	徛 k'i⁴⁴	徛 k'i⁴⁵	徛 k'i⁴⁵	徛 k'i⁴⁵	徛 k'i⁴⁵	徛 k'i³³
70 给	分 pun⁴⁴	分 pun⁴⁴	分 pən⁴⁵ 给 ke⁴⁵	分 pən⁴⁵ 给 ke⁴⁵	分 pən⁴⁵ 给 kan⁴⁵	给 ke⁴⁵	分 pən³³
71 说	讲 koŋ³¹ 话 va³¹	话 va⁵³ 讲 koŋ³¹	讲 koŋ³¹	讲 koŋ³¹	讲 koŋ³¹	讲 koŋ³¹	讲 koŋ⁵³
72 太阳	日头 ɲit⁵t'eu¹³	日头 ɲit⁵t'eu¹¹	日头 ɲiʔ²t'iou¹³	日头 ɲiʔ²t'iou¹³	日头 ɲiʔ²t'eu¹³	日头 nieʔ²t'eu²¹²	日头 ieʔ³ t'ai³³
73 月亮	月光 ɲiet⁵koŋ⁴⁴	月光 ɲiat⁵kuoŋ⁴⁴	月光 ɲieʔ⁵koŋ⁴⁵	月光 ɲieʔ⁵koŋ⁴⁵	月光 ɲieʔ⁵koŋ⁴⁵	月光 nieʔ²koŋ⁴⁵	月光 ieʔ⁵ koŋ³³
74 星星	星哩 sin⁴⁴ni	星斀 sen⁴⁴ne	星宿 ɕin⁴⁵ɕiu²	星宿 ɕin⁴⁵ɕiu²	星宿子 ɕin⁴⁵ ɕioʔ²tsʅ³¹	星宿 ɕin⁴⁵ ɕiu²³	闪子 san⁵³ tsʅ⁵³
75 水	水 ʃui³¹	水 sui¹¹	水 suei³¹	水 suei³¹	水 suei³¹	水 suei³¹	水 suei⁵³
76 雨	水 ʃui³¹	雨 i³¹	水 suei³¹	水 suei³¹	水 suei³¹	水 suei³¹	水 suei⁵³
77 石头	石头 ʃak⁵t'eu¹³	石头 sak⁵t'eu¹¹	石头 saʔ⁵t'iou¹³	石头 saʔ⁵t'iou¹³	石头 saʔ⁵t'eu¹³	石头 ʃeʔ²t'eu²¹²	石头 saʔ³ t'ai³³
78 沙	沙 sa⁴⁴	沙 sa⁴⁴	沙子 sa⁴⁵tsʅ³¹	沙子 sa⁴⁵tsʅ³¹	沙子 sa⁴⁵tsʅ³¹	沙子 sa⁴⁵tsʅ³¹	沙子 sa³³tsʅ⁵³
79 土地	地 t'i³¹	地 t'i⁵³	地 t'i³¹	地 t'i⁵³	地 t'i³¹	地 t'i⁵³	地 t'i⁵³
80 云	云 iun¹³	云 iun¹¹	云 yn¹³	云 yn¹³	云 in¹³	云 in²¹²	云 in³¹
81 烟	烟 ien⁴⁴	烟 ian⁴⁴	烟子 ien⁴⁵tsʅ³¹	烟子 ien⁴⁵tsʅ³¹	烟子 ien⁴⁵tsʅ³¹	烟子 ien⁴⁵tsʅ³¹	烟子 ien³³ tsʅ⁵³

续表

词目	五华	梅县	凉水井	洛带	隆昌	西昌	仪陇
82 火	火 fo^{31}	火 fo^{31}	火 fo^{31}	火 fo^{31}	火 fo^{31}	火 fo	火 fau^{53}
83 灰	灰 fo^{44}	灰 foi^{44}	灰 foi^{45}	灰 foi^{45}	灰 foi^{45}	灰 xuai^{45} xuai^{45}	灰 fɔ^{33}
84 烧	烧 ʃau^{44}	烧 sau^{44}	烧 sau^{45}	烧 sau^{45}	烧 sau^{45}	烧 sau^{45}	烧 sau^{33}
85 路	路 lu^{31}	路 lu^{53}	路 nu^{31}	路 nu^{53}	路 nu^{53}	路 nu^{53}	路 nu^{53}
86 山	山 san^{44} / 山岭 san^{44}liaŋ^{44} / 岭岗 liaŋ^{44}kɔŋ^{44}	山 san^{44} / 岭 liaŋ^{44} / 岭岗 liaŋ^{44}kɔŋ^{44}	山 san^{45} / 岭岗 niaŋ^{45}kɔŋ^{45}	山 san^{45} / 岭岗 niaŋ^{45}kɔŋ^{45}	山 san^{45} / 岭岗 niaŋ^{45}kɔŋ^{45}	山 san^{45} 岭 niaŋ^{45} / 岭岗 niaŋ^{45}kɔŋ^{45}	山 san^{33} / 岭子 niɔŋ^{21}tsʅ^{53}
87 红	红 fuŋ^{13}	红 fuŋ^{11}	红 fuŋ^{13}	红 fuŋ^{13}	红 fuŋ^{13}	红 fuŋ^{212}	红 fuŋ^{21}
88 绿	绿 liuk^5	绿 liuk^5	绿 niouʔ^5	绿 niouʔ^5	绿 niouʔ^5	绿 nioʔ^5	绿 neuʔ^3
89 黄	黄 voŋ^{13}	黄 voŋ^{11}	黄 voŋ^{13}	黄 voŋ^{13}	黄 uoŋ^{13}	黄 voŋ^{212}	黄 uoŋ^{21}
90 白	白 p'ak^5	白 p'ak^5	白 p'aʔ^5	白 p'aʔ^5	白 p'aʔ^5	白 p'aʔ^5	白 p'aʔ^3
91 黑	乌 vu^{44}	乌 vu^{44}	乌 vu^{45}	乌 vu^{45}	乌 vu^{45}	乌 vu^{45}	乌 vu^{33}
92 晚	迟 tʃ'ʅ^{13}	迟 tʃ'ʅ^{11}	晏 an^{53} 迟 ts'ʅ^{13}	晏 an^{53} 迟 ts'ʅ^{13}	晏 an^{53} 迟 ts'ʅ^{13}	晏 an^{53} 迟 ts'ʅ^{212}	迟 ts'ʅ^{21}
93 热	烧 ʃau^{44}	烧 sau^{44}	热 nieʔ^5	热 nieʔ^5	热 nieʔ^5	热 nieʔ^5	热 ieʔ^3
94 冷	冷 laŋ^{44}	冷 laŋ^{44}	冷 naŋ^{45}	冷 naŋ^{45}	冷 naŋ^{45}	冷 naŋ^{45}	冷 naŋ^{33}
95 满	满 man^{44}	满 man^{44}	满 man^{45}	满 man^{45}	满 man^{45}	满 man^{45}	满 man^{33}
96 新	新 sin^{44}	新 sin^{44}	新 çin^{45}	新 çin^{45}	新 çin^{45}	新 çin^{31}	新 çin^{33}
97 好	好 hau^{31}	好 hau^{31} 烦 tsan^{31}	好 xau^{31}	好 xau^{31}	好 xau^{31}	好 xau^{31}	好 xəu^{53}
98 圆	圆 ien^{13}	圆 ian^{11}	圆 ien^{13}	圆 yen^{13}	圆 yen^{13}	圆 ien^{212}	圆 yen^{21}

续表

词目	五华	梅县	凉水井	洛带	隆昌	西昌	仪陇
99 干燥	燥 tsau^{44}	燥 tsau^{44}	燥 tsau^{45}	燥 tsau^{45}	燥 tsau^{45}	燥 tsau^{45}	燥 tsau^{33}
100 名字	名 miaŋ^{13}	名 miaŋ^{11}	名字 miaŋ^{13} sɿ^{31}	名字 miaŋ^{13} sɿ^{53}	名字 miaŋ^{13} sɿ^{53}	名字 miaŋ^{212} sɿ^{53}	名字 miaŋ^{21} sɿ^{53}
101 和	同 t'oŋ^{31}	同 t'uŋ^{11}	摎 nau^{45} 同 t'uŋ^{13}	摎 nau^{45} 同 t'uŋ^{13}	跟 kən^{45} 同 t'uŋ^{13} 摎 nau^{45}	跟 kən^{45} 同 t'uŋ^{212} 摎 nau^{45}	跟 kən^{33} 同 t'uŋ^{21}
102 动物	动物 t'uŋ^{31}ut^5	动物 t'uŋ^{53}ut^5	动物 tuŋ^{53}vu^2	动物 tuŋ^{53}vu^2	动物 tuŋ^{53}vu^3	动物 tuŋ^{53}vu^3	动物 tuŋ^{13}vəu^5
103 后背	背 poi^{53}	背 poi^{53}	背 poi^{53}	背 poi^{53}	背 poi^{53}	背 puai^{53}	背 po^{33}
104 坏	坏 fai^{31}	坏 fai^{53}	坏 fai^{31}	坏 fai^{53}	坏 fai^{31}	坏 xuai^{53}	坏 fai^{53}
105 因为	因为 in^{44} vi^{13}	因为 in^{44} vi^{53}	因为 in^{45}vei^{53}	因为 in^{45} vei^{13}	因为 in^{45} vei^{13}	因为 in^{45} vei^{212}	因为 in^{33} uei^{21}
106 吹	吹 tʃ'oi^{44}	吹 ts'oi^{44} 歕 p'un^{11}	吹 ts'uei^{45}	吹 ts'uei^{45}	吹 ts'uei^{53}	吹 ts'uei^{45}	吹 ts'uei^{33}
107 夫妻	两公婆 lioŋ^{31}kon^{44} p'o^{13}	（两）公婆 lioŋ^{31}kuŋ^{44} p'o^{13}	两公婆 nioŋ^{31}kuŋ^{45} p'o^{13} 两口子 nioŋ^{31}k'əu^{31} tsɿ^{31}	两公婆 nioŋ^{31}kuŋ^{45} p'o^{13} 两口子 nioŋ^{31}k'əu^{31} tsɿ^{31}	两口子 nioŋ^{31}k'əu^{31} tsɿ^{31} 两公婆 nioŋ^{31}kuŋ^{45}p'o^{13}	两口子 nioŋ^{31}k'əu^{31} tsɿ^{31}	两口子 nioŋ^{53}k'e^{53} tsɿ^{53}
108 孩子	细嘅哩 se^{53}tsai^{31}li	细人倈 se^{53} ŋin^{11}ne	细崽子 cie^{53}tɕie^{53}tsɿ^{31} 细子 cie^{53}tsɿ^{31}	细崽子 cie^{53} tɕie^{31}tsɿ^{31} 细子 cie^{53} cie^{53}tsɿ^{31}	细崽子 se^{53}tse^{53}tsɿ^{31} tsɿ^{31} 细娃儿 se^{53}ua^{13}ɚ^{45}	细娃儿 sei^{53}ua^{212}ɚ^{45}	大细子 t'ai^{53} ɕi^{13}tsɿ^{53} 大细子人 t'ai^{53} ɕi^{13}tsɿ^{53}in^{21}
109 数、计算	算 son^{53}	算 son^{53}	算 son^{53}	算 son^{53}	算 son^{53}	数 su^{53}	算 son^{13}
110 砍	斩 tsam^{31} 斫 tok^5	斩 tsam^{31} 砍 k'am^{31}	砍 k'an^{31}	砍 k'an^{31}	砍 k'an^{31} 斩 tsan^{31}	砍 k'an^{53}	砍 k'an^{53}
111 白天	日子辰 ŋit^{1}ti^{31}ʃin^{13}	日辰头 ŋit^{1}sən^{11}t'əu^{11} 日时头 ŋit^{1}sɿ^{11}t'əu^{11}	日子辰 ŋit^{2}tsɿ^{31}sən^{13}	日子辰 ŋit^{2}tsɿ^{31}sən^{13}	日子辰 nie^{2}tsɿ^{31}sən^{13}	白日 p'a?^{3} nie^3 日子辰 nie?^{3}tsɿ^{31}ʂən^{212}	日子头 ie?^{3}tsɿ^{31}t'ai^{53}

续表

词目	五华	梅县	凉水井	洛带	隆昌	西昌	仪陇
112 挖	挖 vat¹	挖 vat¹	挖 va⁴⁵	挖 va⁴⁵	挖 ua⁴⁵	挖 va⁴⁵	挖 ua³³
113 脏	□□lui⁵³ʃui⁵³ 穄 me⁵³	□□eu⁵³neu⁵³ 穄 me⁵³	□□nai⁴⁵tai⁴⁵	□□nai⁴⁵tai⁴⁵	龌龊 oʔ⁵³tsʻoʔ³ □□nai⁴⁵tai⁴⁵ 烦 fan¹³	□□ nai⁴⁵tai⁴⁵	龌龊 oʔ⁵tsʻoʔ⁵
114 呆、笨	蠢 tʃʻun³¹ □ŋoŋ⁵³	□ŋoŋ⁵³ 笨 pun⁵³	笨 pen⁵³ 瓜 kua⁴⁵	笨 pen⁵³ 瓜 kua⁴⁵	笨 pen⁵³ 莽 maŋ⁴⁵ 傻 xa³¹	笨 pen⁵³ 杏 cin⁵³	笨 pan¹³ 闷 man⁵³
115 尘土	尘灰 tʃʻin¹³fo⁴⁴	尘灰 tsʻən¹¹foi⁴⁴	灰尘 foi⁴⁵tsʻən³¹ 灰灰 foi⁴⁵foi⁴⁵	灰尘 foi⁴⁵tsʻən¹³ 灰灰 foi⁴⁵foi⁴⁵	灰尘 foi⁴⁵tsʻən¹³ 灰灰 foi⁴⁵foi⁴⁵	灰尘 xuai⁴⁵tsʻən²¹² 灰灰 xuai⁴⁵xuai⁴⁵	灰尘 fo³¹tsʻən⁵³
116 掉落	跌 tet¹	跌 tiet¹	跌 te²	跌 tie²	跌 tie²	跌 tieʔ³	跌 tieʔ⁵
117 远	远 ien³¹	远 ian³¹	远 yen³¹	远 yen³¹	远 yen³¹	远 ien⁵³	远 yen⁵³
118 父亲	阿爸 a⁴⁴pa⁴⁴	阿爸 a⁴⁴pa⁴⁴ 爷哀 iaʔ¹e（背称）	阿爸 a⁴⁵pa³¹ 阿爷 a⁴⁵ia¹³	阿爸 a⁴⁵pa³¹ 阿爷 a⁴⁵ia¹³	阿爷 a⁴⁵ia¹³ 阿爸 a⁴⁵pa³¹	阿爸 a⁴⁵pa⁴⁵ 老头儿 nau³¹tʻər²¹²	爹爹 tei³³tei³³ 老者 nau⁵³tsa³³
119 害怕	惊 kiaŋ⁴⁴	惊 kiaŋ⁴⁴ 怕畏 pʻa⁵³·vi⁵³	害怕 xai⁴⁵pʻa⁵³ 怕 pʻa⁵³	害怕 xai⁴⁵pʻa⁵³ 怕 pʻa⁵³	害怕 xai⁴⁵pʻa⁵³ 怕 pʻa⁵³	害怕 xai⁴⁵pʻa⁵³ 怕 pʻa¹³	怕 pʻa¹³
120 少	少 ʃau³¹	少 sau³¹	少 sau³¹	少 sau³¹	少 sau³¹	少 ʂau³¹	少 sau⁵³
121 打架	打交 ta³¹kau⁴⁴	打交敜 ta³¹kau⁴⁴ve	打捩子 ta³¹tin⁵³tsʻ 打交 ta³¹kau⁴⁵ 打捶 ta³¹tsʻuei¹³	打捩子 ta³¹tin⁵³tsʻ 打交 ta³¹kau⁴⁵ 斗交 tiou⁵³kau⁴⁵ 打捶 ta³¹tsʻuei¹³	打交 ta³¹kau⁴⁵ 肇交 tsʻau³¹kau⁴⁵ 打捶 ta³¹tsʻuei¹³	打捶 ta³¹tsʻuei²¹² 角逆 koʔ³nieʔ⁵ 打捶角逆 ta³¹tsʻuei²¹²koʔ³nieʔ⁵	打交 ta³¹kau³³ 角逆 koʔ³ieʔ³ 打捩子 ta⁵³tin¹³tsʻ
122 五	五 ŋ̍³¹	五 ŋ̍³¹	五 m̩³¹	五 m̩³¹	五 m̩³¹	五 m̩⁵³	五 ŋ̍⁵³
123 飘浮	浮 feu¹³	浮 feu¹¹	浮 fu¹³	浮 fu¹³	浮 fu¹³	浮 fu²¹²	浮 fu²¹

续表

词目	五华	梅县	凉水井	洛带	隆昌	西昌	仪陇
124 流	流 liu^{13}	流 liu^{11}	流 niou^{13}	流 niou^{53}	流 niou^{53}	流 nou^{53}	流 niou^{21}
125 花	花 fa^{44}	花 fa^{44}	花 fa^{45}	花 fa^{45}	花 fa^{45}	花 fa^{45}	花 fa^{33}
126 雾	蒙沙 muŋ^{13}sa^{44}	蒙雾 muŋ^{11}vu^{53} 蒙纱 muŋ^{11}sa^{44}	雾 vu^{53} 蒙露 muŋ^{13}nu^{53}	雾 vu^{53} 蒙露 muŋ^{13}nu^{53} 蒙沙 muŋ^{13}sa^{45}	蒙露 muŋ^{13}nu^{53} 雾露 vu^{53}nu^{53}	雾罩 vu^{53}tsau^{53}	雾罩子 vu^{13}tsau^{13}tsɿ^{53}
127 四	四 si^{53}	四 si^{53}	四 ɕi^{53}	四 ɕi^{53}	四 ɕi^{53}	四 ɕi^{53}	四 ci^{13}
128 结冰	青雪 k'en^{31}set^{1}	落□ lɔk^{5}k'en^{53}	下凌 xa^{45}pin^{53} 起凌冰 ɕi^{31}nin^{53}pin^{45}	下凌 xa^{45}nin^{53} 起凌冰 ɕi^{31}nin^{53}pin^{45}	结冰 tɕiei^{3}pin^{45}	下凌 xa^{45}nin^{53} 起凌冰 tɕ'i^{31}nin^{53}pin^{45}	结凌冰 tɕiei^{3}nin^{13}pin^{33}
129 水果	生果 saŋ^{44}ko^{31}	水果 sui^{31}kuo^{53} 生果 saŋ^{44}kuo^{31}	水果 suei^{31}ko^{31} 果木 ko^{31}mu^{2}	水果 suei^{31}ko^{31} 果木 ko^{31}mu^{2}	水果 suei^{31}ko^{31}	水果 suei^{53}ko^{31} 果木 ko^{31}mu^{23}	水果 suei^{53}kau^{53}
130 草	草 ts'au^{31}	草 ts'au^{31}	草 ts'au^{31}	草 ts'au^{31}	草 ts'au^{31}	草 ts'au^{31}	草 ts'u^{53}
131 肠子	肠 tʃ'oŋ^{13}	肠 ts'ɔŋ^{11}	肠子 ts'ɔŋ^{13}tsɿ^{31}	肠子 ts'ɔŋ^{13}tsɿ^{31}	肠子 ts'ɔŋ^{13}tsɿ^{31}	肠子 ts'ɔŋ^{212}tsɿ^{31}	肠子 ts'ɔŋ^{21}tsɿ^{53}
132 他	佢 ki^{13}	佢 ki^{11}	佢 tɕi^{13}	佢 tɕi^{13}	佢 tɕi^{13}	佢 tɕi^{212}	佢 tɕi^{21}
133 这里	□□liak^{1}ki^{44}	□敨 ke^{31}ie 口片 ke^{31}p'en^{31}/p'ien^{31}	□子 nian^{13}tsɿ^{31} 底子 i^{31}tsɿ^{31}	底子 i^{31}tsɿ^{31} 样子 ian^{13}tsɿ^{31}	個样（子） kai^{13}iaŋ^{53}(tsɿ^{31}) 底样 ti^{13}iaŋ^{53}	样 iaŋ^{53} 底样 ti^{31}tsɿ^{31}	底子 ti^{21}tsɿ^{53}
134 古打	打 ta^{31}	打 ta^{31}	打 ta^{31}	打 ta^{31}	打 ta^{31}	打 ta^{31}	打 ta^{53}
135 拿	拿 na^{44}	拿 na^{44}	拿 na^{45}	拿 na^{45}	拿 na^{45}	拿 na^{45}	拿 na^{33}

续表

词目	五华	梅县	凉水井	洛带	隆昌	西昌	仪陇
136 怎样	酿般哩 ŋɔŋ³¹pan⁴⁴ni	酿般 ŋiɔŋ⁵³pan⁴⁴	嘟们子 niɔŋ³¹men⁴⁵tsɿ³¹	嘟们子 niɔŋ³¹men⁴⁵tsɿ³¹	嘟们（子）niɔŋ³¹men⁴⁵(tsɿ³¹)	哪个样子 nai⁵³ke⁵³iɔŋ⁵³tsɿ³¹	嘟们（子）nɔŋ³³man³³(tsɿ⁵³) 嘟们样 nɔŋ³³man³¹ɔŋ⁵³
137 打猎	打猎 ta³¹liap⁵	打猎 ta³¹liap⁵	打猎 ta³¹nieʔ⁵	打猎 ta³¹nieʔ⁵	打猎 ta³¹nieʔ⁵	打猎 ta³¹nieʔ⁵	打猎 ta³¹nie²¹
138 丈夫	老公 lau³¹kɔŋ⁴⁴	老公 lau³¹kuŋ⁴⁴	老公 nau³¹kuŋ⁴⁵	老公 nau³¹kuŋ⁴⁵	老公 nau³¹kuŋ⁴⁵	老公 nau³¹kuŋ⁴⁵	老公 nɐu⁵³kuŋ³³ 屋下 vuʔ⁵kʰua³³
139 冰	冰 pen⁴⁴□kʰen⁵³	冰 pen⁴⁴	冰 pin⁴⁵ 凌冰 nin⁵³pin⁴⁵	冰 pin⁴⁵ 凌冰 nin⁵³pin⁴⁵	冰 pin⁴⁵	冰 pin⁴⁵ 凌冰子 nin⁵³pin⁴⁵tsɿ³¹	凌冰 nin⁵³pin³³
140 如果	爱系 oi⁵³he⁵³	系话 he⁵³va⁵³	爱系 oi⁵³xe⁵³	爱系 oi⁵³xe⁵³	爱系 oi⁵³xe⁵³	爱系 uai⁵³xe⁵³	爱系 ɔ¹³xe²¹
141 在	在 tsʰai³¹	喺 hoi⁵³ 在 tsʰai⁵³	适 sɿ⁵ 朝 tsʰau¹³ 在 tsa⁵³	适 sɿ⁵ 朝 tsʰau¹³ 在 tsa⁵³	适 seʔ⁵	在 tsʰai⁵³ 朝 tsʰau²¹²	在 tsai¹³ 朝 tsʰau²¹
142 湖	湖 fu¹³	湖 fu¹¹	湖 fu¹³ 海子 xoi³¹tsɿ³¹	湖 fu¹³ 海子 xoi³¹tsɿ³¹	湖 fu¹³	海子 xuai³¹tsɿ	湖 fu²¹
143 笑	笑 siau⁵³	笑 siau⁵³	笑 ɕiau⁵³	笑 ɕiau⁵³	笑 ɕiau⁵³	笑 ɕiau⁵³	笑 ɕiau¹³
144 左边	左边 tso³¹pen⁴⁴	左片 tso³¹pʰien³¹ 左手□tso³¹su¹sak¹	左边 tso³¹pien⁴⁵ 左手边 tso³¹seu³¹pien⁴⁵ 左手 tso³¹seu³¹	左边 tso³¹pien⁴⁵ 左手边 tso³¹seu³¹pien⁴⁵ 左手 tso³¹seu³¹	左边 tso³¹pien⁴⁵ 左手边 tso³¹seu³¹pien⁴⁵ 左手 tso³¹seu³¹	左边 tso³¹pien⁴⁵ 左手边 tso³¹ʂeu³¹pien⁴⁵ 左手 tso³¹ʂeu³¹	左手边 tsu⁵³seu⁵³pien³³ 左手 tseu⁵³pien³³
145 腿	脚臂 kiok¹pi³¹	脚 kiok¹	脚梗 tɕioʔ²kuaŋ³¹	脚梗 tɕioʔ²kuaŋ³¹	脚梗 tɕioʔ²kuaŋ³¹	脚梗 tɕio²³kuaŋ³¹	脚杆 tɕioʔ⁵kuaŋ⁵³

续表

词目	五华	梅县	凉水井	洛带	隆昌	西昌	仪陇
146 活(的)	生 saŋ⁴⁴	生 saŋ⁴⁴	活 xoʔ⁵ 生 saŋ⁴⁵	活 xoʔ⁵ 生 saŋ⁴⁵	生 saŋ⁴⁵	生 saŋ⁴⁵ 活 xoʔ⁵	活 xoʔ⁵
147 母亲	阿娘 a⁴⁴ȵioŋ¹³ 阿嫲 a⁴⁴mi⁴⁴	阿娭 a⁴⁴me⁴⁴ 阿嫲 a⁴⁴ma¹¹	阿娘 a⁴⁵ȵioŋ¹³ 阿嫲 a⁴⁵mi⁴⁵	阿娘 a⁴⁵ȵioŋ¹³ 阿嫲 a⁴⁵mi⁴⁵	阿娭 a⁴⁴me⁴⁵ 伯娭 paʔ³me⁴⁵	阿娭 a⁴⁵me⁴⁵	娭□ ɔ³³ia³³
148 窄	狭 kʻiap⁵	狭 hap⁵	狭 tɕʻieʔ⁵	狭 tɕʻiaʔ²	狭 tɕʻieʔ⁵	狭 tɕʻieʔ⁵	狭 tɕʻieʔ³
149 近	近 kʻiun⁴⁴	近 kʻiun⁴⁴	近 tɕʻyn⁴⁵	近 tɕʻyn⁴⁵	近 tɕʻin⁴⁵	近 tɕʻin⁴⁵	近 tɕʻyn³³
150 老	老 lau³¹	老 lau³¹	老 nau³¹	老 nau³¹	老 nau³¹	老 nau³¹	老 nau⁵³
151 玩	嫽 liau³¹	嫽 liau⁵³	嫽 niau³¹	嫽 niau⁵³	嫽 niau³¹	嫽 niau⁵³	嫽 niau⁵³
152 拉	拉 lai⁴⁴	拉 la⁴⁴	拉 nai⁴⁵	拉 na⁴⁵	拉 no⁴⁵	拉 nai⁴⁵	拉 nau³³
153 推	扱 suŋ³¹	扱 suŋ³¹	擤 ɕiau⁴⁵	擤 ɕiau⁴⁵	擤 ɕiau⁴⁵ 扱 suŋ³¹	推 tuei⁴⁵	擤 tsʻuŋ⁵³
154 右边	右边 iu³¹pen⁴⁴	右片 iu⁵³pʻien³¹	右边 iau³¹pien⁴⁵ 右手边 iau³¹suŋ³¹pien⁴⁵	右边 iau⁵³pien⁴⁵ 右手 iau⁵³suŋ³¹	右手边 iau³¹suŋ³¹pien⁴⁵ 右手 iau³¹suŋ³¹	右边 iau⁵³pien⁴⁵ 右手边 iau⁵³ʂuŋ⁵³pien⁴⁵ 右手 iau⁵³ʂuŋ⁵³	右手边 iau⁵³suŋ⁵³pien³³ 右手 iau¹³suŋ⁵³
155 对、正确	着 tʃʻok⁵	着 tsʻok⁵ 啱 ŋam⁴⁴	对 tuei⁵³	对 tuei⁵³	对 tuei⁵³	对 tuei⁵³	对 tuei¹³
156 江河	河 ho¹³	河 ho¹¹	河 xo¹³	河 xo¹³	河 xo¹³	河 xo²¹²	河 xou²¹
157 绳子	索嫲 sok¹ma¹³	索 sok¹	索嫲 soʔ²ma¹³	索嫲 soʔ²ma¹³	索子 soʔ³tsๅ³¹	索索 soʔ³soʔ³	索子 seʔ³tsๅ⁵³
158 腐烂	烂 lan³¹	烂 lan⁵³	烂 nan³¹	烂 nan⁵³	烂 nan⁴⁵	烂 nan⁵³	烂 nan⁵³
159 擦	揢 tsʻut⁵	揢 tsʻut⁵	揢 tsʻuʔ⁵ 抹 maʔ²揩 kʻai⁴⁵	揢 tsʻuʔ⁵ 抹 maʔ²揩 kʻai⁴⁵	□ tsʻeʔ⁵揢 tsʻuʔ⁵ 揩 kʻai⁴⁵	擦 tsʻaʔ³ 揩 xuai⁴⁵ 抹 maʔ³	擦 tsʻaʔ⁵

词目	五华	梅县	凉水井	洛带	隆昌	西昌	仪陇
160 盐	盐 iam¹³	盐 iam¹³	盐巴 ien¹³ pa⁴⁵	盐 ien¹³	盐巴 ien¹³ pa⁴⁵	盐巴 ien²¹² pa⁴⁵	盐 ien²¹
161 抓	抓 tsa⁴⁴ 挠 ia³¹	挠 ia³¹	挠 ia³¹ 抓 tsua⁴⁵	挠 ia³¹ 抓 tsua⁴⁵	挠 ia³¹ 抓 tsua⁴⁵	抓 tsua⁴⁵ 挠 ia³¹	抓 tsua³³
162 海	大海 t'ai³¹ hoi³¹	海 hoi³¹	海 xoi³¹ 大海 t'ai⁵³ xoi³¹	海 xoi³¹ 大海 t'ai⁵³ xoi³¹	大海 t'ai³¹ xoi³¹ 海子 xoi⁵³ tsʅ³¹	海 xuai³¹ 大海 t'ai⁵⁵ xuai³¹	海 fe⁵³
163 缝	缝 len¹³	缝 liam¹¹	缝 nien¹³	缝 nien¹³	缝 nien¹³	缝 nien²¹²	载 tsai³¹
164 尖、锋利	利 li³¹ 快 k'ai⁵³	利 li⁵³	快 k'uai⁵³	快 k'uai⁵³	快 kuai⁵³	快 k'uai⁵³	快 k'uai¹³
165 短	短 ton³¹	短 ton³¹	短 ton³¹	短 ton³¹	短 tuon³¹	短 tuan³¹	短 tuon¹³
166 唱	唱 tʃ'oŋ⁵³	唱 ts'oŋ⁵³	唱 ts'oŋ⁵³	唱 ts'oŋ⁵³	唱 ts'oŋ⁵³	唱 ts'oŋ⁵³	唱 ts'oŋ¹³
167 天空	天 t'en⁴⁴	天 t'ien⁴⁴	天 t'ien⁴⁵	天 t'ien⁴⁵	天 t'ien⁴⁵	天 t'ien⁴⁵	天 t'ien³³
168 闻	鼻 p'i³¹	鼻 p'i⁵³	鼻 p'i³¹	鼻 p'i⁵³	鼻 p'i³¹	鼻 p'i⁵³	鼻 p'i⁵³ 闻 uan²¹
169 平	平 p'iaŋ¹³	平 p'iaŋ¹¹	平 p'iaŋ¹³	平 p'iaŋ¹³	平 p'iaŋ¹³	平 p'iaŋ²¹²	平 p'iaŋ²¹
170 蛇	蛇 ʃa¹³	蛇哥 sa¹¹ ko⁴⁴	蛇 sa¹³ 梭老二 so⁴⁵ nau³¹ ŋi⁵³	蛇 sa¹³ 梭老二 so⁴⁵ nau³¹ ŋi⁵³	长虫 ts'oŋ¹³ ts'uŋ¹³ 梭老二 so⁴⁵ nau³¹ ŋi⁵³	蛇 sa²¹² 老梭 nau³¹ so⁴⁵	蛇 sa²¹ 长虫 ts'oŋ²¹ ts'uŋ²¹
171 雪	雪 set¹	雪 siet¹	雪 cye?²	雪 cye?²	雪 cie?³	雪 cie?³	雪 cye?⁵
172 吐（口水）	吐 t'u⁵³	吐 t'u⁵³	吐 t'u³¹ / t'uei⁵³	吐 t'uei⁵³	吐 t'u⁵³	吐 t'u⁵³	吐 t'u⁵³
173 撕裂	扯烂 tʃ'a³¹ lan³¹	扯烂 ts'a³¹ lan³¹	爆 pau⁵³	爆 pau⁵³	爆 pau⁵³	爆 pau⁵³	爆 pau¹³
174 压	榨 tsak¹	榨 tsak¹	压 ia⁵³ 榨 tsa⁵³	压 ia⁵³ 榨 tsa⁵³	榨 tsa³	压 ia⁵³ 榨 tsa⁵³	榨 tsa?⁵

续表

词目	五华	梅县	凉水井	洛带	隆昌	西昌	仪陇
175 剥戳	□tsʻiam^{44}	捅tʻuŋ^{31} 拵*tuk^1 / □tsʻiam^{44}	拵tuʔ^2	拵tuʔ^2	捅tʻuŋ^{45}	拵toʔ^3	拵toʔ^5
176 棍子	棍哩kun^{53}mi	棍敠kun^{53}ne	棒棒poŋ^{53}poŋ^{53}	棒棒poŋ^{53}poŋ^{53}	棒棒poŋ^{53}poŋ^{53}	棍棍kuan^{53}kuan^{53}	棒棒poŋ^{53}poŋ^{53}
177 直	直tʃit^5	直tsʻat^5	直tsʻʅʔ^5	直tsʻʅʔ^5	直tsʻeʔ^5	直tsʻeʔ^5	直tsʻeiʔ^3
178 唅吸	嗦tsot^5	嗦tsot^5	唅tɕioʔ^5	唅tɕioʔ^5	唅tɕy^{31}	唅tɕioʔ^5	嗦soʔ^5
179 肿	肿tʃuŋ^{31}	肿tsuŋ^{31}	肿tsuŋ^{31}	肿tsuŋ^{31}	肿tsuŋ^{31}	肿tsuŋ^{31}	肿tsuŋ^{53}
180 那里	倔哩kai^{53}li	倔狘ke^{53}ie / 倔片ke^{53}pʻen^{31}/pʻien^{31}	倔子kai^{53}tsʅ^{31}	倔子kai^{53}tsʅ^{31}	倔样（子）kai^{53}iaŋ^{53}（tsʅ^{31}）	□样ei^{53}iaŋ^{53}	倔子kai^{13}tsʅ^{53}
181 他们	倔兜人ki^{13}teu^{44}ŋin^{13}	倔等人ki^{11}ten^{44}ŋin^{11}	倔等tɕi^{13}men^{45}	倔□tɕin^{13}nin^{45}	倔等tɕi^{13}tan^{45}	倔等tɕi^{212}tan^{45}	倔等tɕi^{21}tan^{33}
182 厚	贺pʻun^{44}	贺pʻun^{44}	贺pʻən^{45}	贺pʻən^{45}	贺pʻən^{45}	贺pʻan^{45}	贺pʻan^{33}
183 薄	薄pʻok^5	薄pʻok^5	薄pʻoʔ^5	薄pʻoʔ^5	薄pʻoʔ^5	薄pʻoʔ^5	薄pʻɔʔ^3
184 想	偭men^{31}想sioŋ^{31}	偭men^{31}想sioŋ^{31}	想ɕioŋ^{31}	想ɕioŋ^{31}	想ɕioŋ^{31}	想ɕioŋ^{31}	想ɕioŋ^{53}
185 三	三sam^{44}	三sam^{44}	三san^{45}	三san^{45}	三san^{45}	三san^{45}	三san^{33}
186 扔	丢tiu^{44} □fut^1 / □ep^5	□fit^1 □taŋ^{44}	丢tieu^{45} 甩suai^{31}	丢tieu^{45} 甩suai^{31}	甩ɕuai^{31} 丢tieu^{45}	甩suai^{31} 丢tieu^{45}	网uaŋ^{53}
187 捆	绢tʻak^1 绑poŋ^{31}	捆kʻun^{31}	绢tʻaʔ^2 捆kʻuen^{31} 绑poŋ^{31}	绢tʻaʔ^2 捆kʻuen^{31} 绑poŋ^{31}	绢tʻau^{13} 绑poŋ^{31} 捆kʻuen^{31}	绢tʻaʔ^3 捆kʻuen^{31}	捆kʻuan^{53}
188 转	转tʃon^{53}	转tson^{31}	□niʔ^2	□niʔ^2	□nieʔ^3	转tsuan^{53}	转tsuan^{53}
189 唲吐	唲eu^{31} □tsʻiak^1	唲eu^{31}	唲ieu^{31} 发唲poʔ^{2}iau^{31}	唲iau^{31} 发唲poʔ^{2}iau^{31}	唲eu^{31} 发唲poʔ^{2}eu^{31}	吐tʻu^{53} 发唲poʔ^{3}eu^{53}	发唲faʔai^{53} 发吐faʔtʻu^{53}

续表

词目	五华	梅县	凉水井	洛带	隆昌	西昌	仪陇
190 洗	洗 se³¹	洗 se³¹	洗 ɕie³¹	洗 ɕie³¹	洗 se³¹	洗 se³¹	洗 se⁵³
191 湿	湿 ʃip¹	湿 səp¹	湿 sʅʔ²	湿 sʅʔ²	湿 seʔ³	湿 ʂeʔ³	湿 seiʔ³
192 哪里	哪哩 lai³¹li	哪欸 mai⁵³ie	哪子 nai³¹tsʅ 哪样 nai³¹iaŋ⁵³	哪子 nai³¹tsʅ 哪样 nai³¹iaŋ⁵³	哪子 nai³¹tsʅ 哪样 nai³¹iaŋ⁵³	哪样 nai⁵³iaŋ⁵³ 哪只地塥 nai⁵³tʂaʔti⁵³tʻaʔ³	哪子 nai⁵³tsʅ⁵³
193 宽	阔 fat¹	阔 fat¹	阔 faʔ²	阔 faʔ²	阔 faʔ³	宽 kʻuan⁴⁵	宽 kʻuan³³
194 妻子	老婆 lau³¹pʻo¹³	老婆 lau³¹pʻo¹¹	老婆 nau³¹pʻo¹³	老婆 nau³¹pʻo¹³	老婆 nau³¹pʻo¹³	婆娘 pʻo²¹²niɔŋ²¹² 老婆 nau³¹pʻo²¹²	老婆 nau⁵³pʻau²¹ 姐子 tɕia⁵³tsʅ 屋下 vuʔ⁵kʻua³³
195 风	风 fuŋ⁴⁴	风 fuŋ⁴⁴	风 fuŋ⁴⁵	风 fuŋ⁴⁵	风 fuŋ⁴⁵	风 fuŋ⁴⁵	风 fuŋ³³
196 翅膀	翼膀 itʻpʻiak¹	翼甲 itʻkak¹	翼拍 iʔ⁴⁵pʻaʔ²	翼拍 iʔ⁴⁵pʻaʔ²	翼拍 iʔpʻeʔ³	翅膀 tsʻʅ⁵³pɔŋ³¹ 翼拍 iʔpʻaʔ³	翅膀 tsʻʅ¹³pɔŋ⁵³
197 重	重 tsʻuŋ⁴⁴	重 tsʻuŋ⁴⁴	重 tsʻuŋ⁴⁵	重 tsʻuŋ⁴⁵	重 tsʻuŋ⁴⁵	重 tsʻuŋ⁴⁵	重 tsʻuŋ³³
198 树林	树林 ʃu³¹lim¹³	树林 su⁵³lim¹¹	树林 su³¹nin¹³	树林 su⁵³nin¹³	树林 su⁵³nin¹³	树林 su⁵³nin²¹²	树林 su⁵³nin²¹
199 虫	虫哩 tʃʻuŋ⁴⁴ŋi	虫欸 tsʻuŋ¹¹ŋe	虫 tsʻuŋ¹³	虫 tsʻuŋ¹³	虫 tsʻuŋ¹³	虫 tʂʻuŋ²¹²	虫 tsʻuŋ²¹
200 年	年 ɲien¹³	年 ɲian¹¹	年 ɲien¹³	年 ɲien¹³	年 ɲien¹³	年 nien²¹²	年 ien²¹

二　四川客家方言与梅县、五华客家方言词汇特点的一致性

在 199 条词语中，词形完全一致的达到了 98 条，比例为 49%。前 100 高阶词完全一致的有 50 条；后 100 低阶词完全一致的有 48 条，高阶词的数量略高于低阶词。

其中名词 34 条，分别是：18 人、22 虱子、27 树皮、29 肉、30 血、31 骨头、34 角、38 头、41 鼻子、43 牙、44 舌头、46 脚、48 手、72 太阳、73 月亮、75 水、79 土地、80 云、82 火、83 灰、85 路、102 动物、103 后背、125 花、130 草、138 丈夫、156 江河、167 天空、171 雪、194 妻子、195 风、198 树林、199 虫、200 年；

动词 26 条：55 吃、57 看、64 飞、66 来、68 坐、69 站、71 说、84 烧、106 吹、112 挖、116 掉落、123 飘浮、124 流、134 击打、135 拿、137 打猎、143 笑、151 玩、152 拉、158 腐烂、166 唱、168 闻、172 吐（口水）、174 压、184 想、190 洗；

形容词 26 条：10 多、13 大、14 长、87 红、88 绿、89 黄、90 白、91 黑、92 晚、94 冷、95 满、96 新、97 好、98 圆、99 干燥、104 坏、117 远、148 窄、149 近、150 老、165 短、169 平、177 直、183 薄、191 湿、197 重；

代词 4 条：1 我、2 你、7 什么、132 他；

数词 5 条，11 一、12 二、122 五、127 四、185 三；

副词 1 条：8 不；

连词 1 条：101 和；

介词 1 条：105 因为。

名词的相同数最多，囊括亲属称谓、人体器官、动植物和天文地理方面，其次是动词和形容词。四川客家方言与梅县、五华客家方言词汇的显著差异是：四川客家方言名词多用"子"尾，而梅县多用"欸"尾，五华多用"哩"尾。除去这个差异，还有"鱼、鸟、狗、树、叶子"5 个名词几乎完全一致。如果我们将来源不同的仪陇客家方言除开，"父亲、活的、抓、厚、捆、冰"这 6 个词条，在四川客家方言和梅县、五华客家方言中完全一致。那么 7 点一致的词语就达到了 108 条，占到了 199 条核心词的 54.3%。

在这些相同的词目中，有一部分词与共同语的说法一致。如指称天文地理、颜色的名词，表示事物性状的形容词和数词等。此外，还有一些词语见于梅县、五华和四川客家方言，不见于共同语和四川官话方言，如𠊎、佢、脉个、头那、鼻公、舌嫲、食（吃）、徛（站）、讲（说）、日头（太阳）、月

光（月亮）、岭（山）、乌（黑）、缉（拴）、燥（干）、嫽（玩）、鼻（闻）、笨（厚）阔（宽）、揿等。这些属于客家方言共同使用的词语，我们把它们叫做特征词。又如面（脸）、奶（乳房、乳汁）、翼（翅膀）、昼（上午、下午）、索（绳子）、湖蜞（蚂蟥）、猫公、地（坟地）、叫（哭）、睡目（睡觉）、劂（杀）、核（挑）、着（穿）、行（走）、寻（找）、洗身（洗澡）、挼（搓）、啮（咬）、知（知道）、畀（给）、打交（打架）、细（小）、光（亮）、一只（个）人、唔（不）、嫲、公、婆、哥、牯等。四川客家方言中保留的客家方言特征词，是四川官话方言中没有的。这表明四川客家方言与梅县、五华客家方言具有直接的传承关系。

三 四川客家方言与梅县、五华客家方言词汇特点的差异性

（一）借用了大量的四川官话词汇

从来源看，四川客家方言传承了客家方言词汇，但在脱离了母体环境的300年间，在与官话方言接触中，四川客家方言借用了相当数量的四川官话方言词语。仅从200核心词来看，就出现了以下来自四川官话的词汇：

海子 xuai^{31}ts^{31}（湖，西昌）、梭老二 so^{45}nau^{31}ni^{53}（蛇，凉水井、洛带）、长虫 ts'ɔŋ^{13}ts'uŋ^{13}（蛇，隆昌、仪陇）、两口子 niɔŋ^{31}k'əu^{31}ts^{31}（夫妻俩，隆昌、西昌、仪陇）、抹 maʔ^2（擦，凉水井、洛带）、揩 k'ai^{45}（擦，隆昌、西昌、仪陇）、雀儿 tɕ'o^{31}ɚ^{45}（鸟，西昌）、磕膝头儿 k'e^{3}ɕi^{45}t'ɚ^{212}（膝盖，西昌）、杀 saʔ^3（杀，仪陇）、细娃儿 se^{53}ua^{13}ɚ^{45}（小孩，隆昌、西昌）、杏 ɕin^{53}（笨，西昌）、打捶 ta^{31}ts'uei^{13}（打架，凉水井、洛带、隆昌、西昌）、宽 kuan^{45}（西昌）、翅膀 ts'^{53}pɔŋ^{31}（翅膀，西昌）、吐 t'u^{53}（吐，西昌）、晓得 ɕiau^{31}teʔ^3（知道，均说）、哪个 nai^{31}ke^{53}（谁，均说）、耳朵 ni^{31}to^{31}（耳朵，均说）、脑壳 nau^{31}k'oʔ^2（头，均说）。

上述词语分布在四川各地官话而不见于广东客家方言，显然是借自官话方言。借词在四川客家方言中以叠置式和替代式两种方式存在[①]。

叠置式是指传承词与借词相重叠的演变方式。如四川各地客家方言中，"头"有"头那"和"脑壳"的说法、夫妻俩有"两口子"和"两公婆"的种说法、打架有"打捶"和"打交"的说法、"知道"有"晓得"和"知（或知得）"的说法、"公牛"有"牛公"和"牯牛"的说法、"睡觉"有"睡目"和"睡瞌睡"的说法、"锅底灰"有"镬捞"和"锅烟子"的说法。在这些例子

---

① 兰玉英、曾为志：《成都客家方言基本词汇的演变方式初探》，《西南民族大学学报》，2011 年第 2 期。

中，前者是客家方言的特色词，是底层词，后者则是来自官话方言的借用词，是上层词。这些词和客家方言并存，使用频率也相当。

还有一些使用频率高的四川官话词汇，甚至取代了客家方言词汇，成为日常交际的工具，我们称为替代式。替代式是指借词代替了客家方言原词的方式。如说"杀"不说"劀"（仪陇），说"吐"不说"呕"（西昌）、说"宽"不说"阔"（西昌）。

再如四川客家方言中称"屁股"，不说"屎窟"而说"沟子"；称"肛门"，不说"屎窟门"而说"屁眼"；称"聊天"，不说"□□tiam^{11}te^{11}"而说"摆龙门阵"；称"蜻蜓"，少说"囊蚁子"而多说"虰虰猫儿"；"解大小便"除了说成"屙屎"、"屙尿"外，常说成"解大手"、"解小手"；"吹牛"不说"车大炮"而说"冲壳子"；"傻子或脑子迟钝的人"不说"戆牯"而说"瓜娃子"；"傻"不说"戆"而说"瓜"。我们知道"沟子、屁眼、摆龙门阵、解手、冲壳子、瓜娃子、瓜"等词语，是四川官话方言的特征词。

还有一些词语，被创造性地以客家方言特征词加上官话方言词语构成，如细娃儿 se^{53}ua^{13}ɚ^{45}（小孩，隆昌、西昌），"细"是客家方言特征词，娃儿则来自官话方言。

官话方言词语的大量涌入带来的结果是客家方言特征词流失，有一些词已无人能说，如雹（冰雹）、火蛇（闪电）、天光日（明天）、豹虎（豹子）、马牯（公马）、驴牯（公驴）、猪哥（公猪）、蟾蜍罗（癞蛤蟆）、细螺哥（蜗牛）火炎虫（萤火虫）、鲁粟（高粱）、云吞（馄饨）、潾丫（围嘴儿）、遮哩（伞）。

上述词语，在四川客家方言中已无从寻觅；有一些词，一般只有上年纪的老年人才知道，如"老蟹_{螃蟹}、田塍_{田埂}、篾婆_{笆篓}、湖蚬_{蚂蟥}"等，已濒临消亡。

（二）名词词尾的差异

四川客家方言和梅县、五华客方言词语最显著的一个差异在于名词词尾。梅县客家方言用"欸"做词尾是一大特色，五华客家方言则普遍用"哩"尾。如梅县：鱼欸、鸟欸、叶欸、星欸、细人欸、爷欸（父亲，背称）；五华：鸟哩、狗哩、树哩；四川客家方言普遍无这两个后缀，普遍用"子"尾（仪陇客家方言有时也用"儿"尾）。"子"尾，可用在名词、形容词和量词中，所构成的词，很多是四川官话方言和普通话中都没有的。用在名词中，"子"尾作为词缀，构成了很多不同于普通话的名词，如鱼子、鸟子、树子、种子、叶子、学生子、脚背子、鹅子、马子、老鼠子、蚂蚁子、洋芋子（土豆儿）、樱桃子。

（三）多音节词语比较多

与四川客家方言相较，梅县、五华客家方言词汇单音节词语占优势，四川客家方言的双音节、多音节词语数量更多。下面仅就 200 核心词举例，如表 2-23。

表 2-23　　　　　　　　　　　　　词汇音节数量比较

普通话	梅县、五华客家方言	四川客家方言
沙	沙 sa^{44}	沙子 sa^{45} tsๅ^{31}（均说）
烟	烟 ian^{44}	烟子 ien^{45} tsๅ^{31}（均说）
山	岭 lian^{44}/山 san^{44}	岭子 nian^{13} tsๅ^{31}（均说）
根	根 kin^{44}	根根 kien^{45}kien^{45}（均说）
爪子	爪 tsau^{31}	爪爪 tsau^{31} tsau^{31}（均说）
膝盖	膝头 tsʻitʻtʻeu^{13}	磕膝头儿 kʻeʔ^3 ɕi^{45} tʻɚr^{212}（西昌） 膝头包□ tɕʻiʔ^5 tʻai^{21} pəu^{33} nəu^{33}（仪陇）

　　四川客家方言的双音节、多音节词语较梅县、五华客家方言数量为多的原因，一是词缀"子"的广泛使用，一是重叠形式较多。

　　四川客家方言的"子"尾非常活跃，最主要的功能是附在一些词根语素后面构成名词，跟普通话中词缀"子"的功能相同，不仅如此，"子"尾还可以用在形容词和数词、量词中，它所构成的名词比普通话更加丰富多彩。如用在名词后：今年子（今年）、旧年子（去年）、明年子（明年）、前年子（前年）、小郎子（小叔子）、细崽子（小孩儿）、妇娘子（妇女）；用在数量词语后，表示概数：下下子、兜兜子、两两子、斤斤子、分分子、角角子、块块子；用在形容词后一般具有附加意义，表示量少或程度较轻：轻轻子、慢慢子、乖乖子、黄黄子、乌乌子、矮矮子、重重子、大大子、细细子。

　　另一个原因是四川客家方言名词具有重叠式，通过语素重叠的方式来构成名词，是四川客家方言具有的重要词法特点。四川客家方言中名词的重叠形式多样、数量较大，重叠方式和重叠的词语多与官话方言一致，与梅县、五华等地的客家方言差别较大。

　　四川客家方言名词的重叠方式根据构成的音节数目大概可以分为两字组重叠式、三字组重叠式、四字组重叠式三种大的类型：

　　两字组重叠式：疤疤（疤痕；补丁）、坝坝（较小的平地）、**钵钵、槽槽**（槽子）、坼坼（裂痕）、齿齿、梗梗、棒棒、灰灰等。

　　三字组重叠式：艾蒿蒿（艾草）、菜梆梆（菜梗）、谷吊吊（稻穗）、叫咕咕（蝈蝈）、后啄啄（后脑）、手把把（手柄）、纸人人（纸人）、病婆婆（多病或常生病的人）、毛毛水（毛毛雨）、梭梭板（滑梯）、尖尖脚（旧时指女子包裹过的小脚）、眯眯眼（特别小的眼睛）。

四字组重叠形式：耳朵珠珠（耳垂）、光山包包（秃岭）、鸡毛扫扫（鸡毛掸子）、罂衣钵钵（坛盖）、婆婆大娘（已婚的妇女）、团团转转（周围一带）、仙人板板（祖宗牌位）、手板心心（掌心）、头那顶顶（头顶）。

四川客家方言的名词重叠式是从西南官话借用来的构词规则，后文将专门讨论。

（四）词义的变化

有些词语在梅县客家方言和四川客家方言中说法相同，但是在具体的语义上二者略有不同，总的来说有以下两种情况：

1. 词形完全相同，但词义发生变化，所表达的意义完全不同。例如："嚣擦"梅县客家方言中的意思是"吝啬"，而在四川（洛带、凉水井）客家方言中是"可恶"的意思。"过家"在梅县客家方言中是"串门"的意思，在四川客家方言中却是"走亲戚"的意思。"分人嫌"在梅县客家方言中指"受到斥责或受到埋怨"，而在四川（洛带、凉水井）客家方言中却是"惹人讨厌"的意思。"沸水"在梅县客家方言中指的是"开水"，而在四川客家方言中却指的是"热水"。

2. 词义的范围大小不一致。例如"阿婆嘴"除了戏称"无牙的人"外，在梅县客家方言中还多出一个义项，即"比喻说话唠叨"，四川（洛带、凉水井）客方言则没有此义。四川客家方言中的"日头"除了指太阳，还表示阳光的意思。

第三节 四川客家方言与梅县、五华客家方言语法的比较研究

一 重要词法特点比较

（一）名词词缀

梅县、五华客家方言常见的名词前缀是 "老"和"阿"，后缀除了都有"头"、"公"、"牯"、"嫲"之外，梅县还用"e³¹"、五华用"哩"①来广泛构词。

"公、牯"在梅县、五华客家方言中可以分别跟"嫲"配对使用，即"牯、

---

① 魏宇文：《五华客家方言的词汇特点》，《西南民族大学学报》，2011 年第 2 期。

嫲"是一对，"公、嫲"又是一对。"公、嫲"对禽类来说，相当于"雄、雌"，如"鸡公、鸡嫲"；"牯、嫲"对兽类来说，相当于"公、母"，如"狗牯、狗嫲"。这个用法的"公、牯、嫲"表示动物的性别，有实在意义，作用同普通话的"公母"、"雌雄"，可以作为区别词看待，但因为所构成的"鸡公、鸡嫲"等词语，其内部结合紧密，难于插入有关成分，所以我们作为词根语素看待。

"公、牯、嫲"在梅县、五华客家方言中还有不指动物的虚指用法，这是属于词缀语素的用法，表示"同类中的粗大者"、"用于身体部位或器具"、"用于小动物，不指性别"等[①]。

梅县客家方言的"儿"尾，读作 e^{31}，用字上有分歧，黄雪贞先生写作"儿"[②]，据谢栋元先生的研究，文读音为 $ts\text{ʅ}^{31}$，白读音为 e^{31}，记作"子"[③]，侯小琳先生写作"欸"[④]，林立芳先生根据意义和读音差异，把名词后缀 e^{31} 写作"子"，把助词 e^{11} 写作"欸"[⑤]。本书中根据其读音，一律用同音字"欸"。

四川客家方言中名词有前缀"老"、"阿"；后缀用得最多的是"子"，其次是"头"、"婆"，"儿"在西昌用得多；"牯"普遍只作为词根语素来用，构成"牯牛"一词，作词缀的用法较少。还有"哥"可以作为词缀语素来用，但构成的词语很少；四川客家方言后缀不用"哩"、"欸"，就是说梅县客家方言中的词缀"欸"、五华客家方言中的词缀"哩"在四川客家方言中已经消失。

表 2-24　　　　　　　　　　前缀"老"比较表

	丈夫	妻子	弟弟	妹妹	乌鸦	老虎	老鼠
梅县	老公	老婆	老弟	老妹	老鸦	老虎	老鼠
五华	老公	老婆	老弟	老妹	老鸦	老虎	老鼠哩
成都洛带	老公	老婆	老弟	老妹	老鸦 乌鸦	老虎	老鼠子
成都淡水井	老公	老婆	老弟	老妹 阿妹	老鸦 乌鸦	老虎	老鼠子

① 温昌衍：《客家方言》，华南理工大学出版社 2006 年版，第 17 页。

② 黄雪贞：《梅县客方言词典》，江苏教育出版社 1995 年版，引论，第 19 页。

③ 谢栋元：《梅县客方言"子"尾、"儿"尾辨》，载谢栋元主编《客家方言研究：第四届客家方言研讨会论文集》，暨南大学出版社 2002 年版，第 378 页。

④ 侯小琳：《梅县话里的"欸"［·e］探析》，《嘉应大学学报》，1999 年第 2 期。

⑤ 林立芳：《梅县客方言语法论稿》，中华工商联合出版社 1997 年版，第 114 页。

续表

	丈夫	妻子	弟弟	妹妹	乌鸦	老虎	老鼠
隆昌	老公	老婆	老弟	老妹	乌老鸹	老虎	老鼠子 老鼠精
西昌	老公	老婆 婆娘	老弟	老妹	老鸦	老虎	老鼠子
仪陇	老公 屋下 kʻua³³	老婆	老弟	老妹	老鸹子 老鸹 ua³³	老虎	老鼠子

表 2-25　　　　　　　　　　前缀"阿"比较表

	祖父	祖母	父亲	母亲	叔父	姨母	舅父	哥哥	嫂子	姐姐
梅县	阿公	阿婆	阿爸 爷𫮃背称	阿婆 阿嫲	阿叔	阿姨	阿舅	阿哥	阿嫂	阿姊
五华	阿公	阿婆	阿爸	阿娘 阿婆	阿叔	阿姨	舅爷	阿哥	阿嫂	阿姊
成都洛带	阿公	阿婆	阿爸 阿爷	阿娘 阿婆	阿叔	排行+姨	舅爷	阿哥	大嫂	阿姐
成都凉水井	阿公	阿婆	阿爸 阿爷	阿娘 阿婆	阿叔 叔叔	排行+姨	舅爷	阿哥	大嫂	阿姐
隆昌	阿公 爷爷 公	阿婆 阿姐	阿爸 伯阿爷	阿婆 伯婆	阿爸 阿叔 排行+爸	姨孃	舅爷	阿哥	大嫂	阿姊 阿姐
西昌	阿公	阿婆	阿爸 老头儿	阿婆	阿叔	满姨	舅爷	阿哥 哥哥	大嫂	阿姐
仪陇	阿爹	奶奶	阿爸 爹爹 老者	姎□ia³³	排行+叔	满姨	满舅	阿哥 哥哥	嫂嫂	姊姊

表 2-26　　　　　　　　　　后缀"头"比较表

	太阳	白天	石头	锅	砧板	坛子	罐子	锁	斧头	膝盖
梅县	日头	日辰头 日时头	石头	镬	砧头	瓮	罐	锁头	斧头	膝头
五华	日头	日哩辰	石头	镬头	砧头	罂头	钵头	锁头	斧头	膝头
成都洛带	日头	日子辰	石头	镬头	菜板	罂头	钵头 钵钵	锁	斧头	膝头
成都凉水井	日头	日子辰	石头	镬头	砧板	罂头	钵头	锁	斧头	膝头盖

续表

	太阳	白天	石头	锅	砧板	坛子	罐子	锁	斧头	膝盖
降昌	日头	日子辰	石头	镬头	菜板	罂头 坛子 罂子	钵钵	锁	斧头	膝头
西昌	日头	白日 日子辰	石头	镬头	菜板	罂罂	钵钵	锁	大刀	磕膝头儿
仪陇	日头	日子头	石头	镬头	菜板	罂	钵头	锁	斧头	膝头包□nəu³³

表 2-27　　　后缀 "欨"、"哩"、"子"、"儿" 比较表

	星星	日子	狮子	兔子	驴子	羊	鸽子	蜻蜓	蟋蟀	锯子
梅县	星欨	日欨	狮欨	兔欨	驴欨	羊欨	月鸽欨	囊蚁欨	蟋蟀欨	锯欨
五华	星哩	日哩	狮哩	兔哩	驴哩	羊哩	月鸽哩	囊蚁哩	土狗哩	锯哩
成都洛带	星宿	日子	狮子	兔子	驴子	羊子	白鸽子	虹虹猫	灶鸡子	锯子
成都凉水井	星宿	日子	狮子	兔子	驴子	羊子	白鸽子	龙蚁子	灶鸡子	锯子
隆昌	星宿	日子	狮子	兔子	驴子	羊子	鸽子	马马登	叫鸡子儿 灶鸡子	锯子
西昌	星宿	日子	狮子	兔子	毛驴驴儿	羊子	鸽子	虹虹猫儿	灶鸡子	锯子
仪陇	闪子	日子	狮子	兔子	驴子	羊子	鸽子	羊咪咪	灶鸡子	锯子

表 2-28　　　后缀 "公" 比较表

	雷	猫公	虾	蚯蚓	蚂蚁	鼻子	耳朵	大碗	大拇指
梅县	雷公	猫公	虾公	蛇公	蚁公	鼻公	耳公	大碗公	(大)手指公
五华	雷公	猫公	虾公	红蛇	蚁公	鼻公	耳公	碗公	手指公
成都洛带	雷公 雷	猫公	虾子 虾公	红蛇	蚂蚁子	鼻公	耳朵	碗公	手指公
成都凉水井	雷	猫公	虾公	红蛇	蚂蚁子 蚂蚁公	鼻公	耳朵	碗公	大手指 手指公
隆昌	雷公	猫公	虾子 虾公	蛇公虫	蚂蚁子	鼻公	耳朵	碗公	手指公 大手指
西昌	雷公 雷	猫儿 猫公	虾子	蛐蟮(子)	蚂蚁子	鼻公	耳朵	碗公	手指公
仪陇	雷	猫公	虾子	虫蛇	蚂蚁子	鼻头	耳朵	大碗	手指公 大指拇儿

表 2-29　　　　　　　　　　　　后缀"嘛"比较表

	鲤鱼	水舀子	绳子	舌头	虱子	姜	斗笠
梅县	鲤儿	勺嘛	索 索嘛粗绳	舌嘛	虱嘛	姜嘛 姜 生姜	笠嘛
五华	鲤嘛	勺嘛	索嘛	舌嘛	虱嘛	姜嘛	笠嘛
成都洛带	鲤嘛	勺嘛	索嘛	舌嘛	虱嘛	姜嘛	笠嘛
成都凉水井	鲤嘛	水舀子 瓜瓢	索嘛	舌嘛	虱嘛	姜嘛 生姜	笠嘛
隆昌	鲤嘛 鲤鱼	勺嘛 瓜瓢	索子	舌嘛	虱嘛	姜嘛	笠嘛
西昌	鲤鱼	勺嘛	索索	舌嘛	虱嘛	姜嘛	帽子
仪陇	鲤鱼	勺嘛	索子	舌头	虱嘛	姜	笠嘛

表 2-30　　　　　　　　　后缀"哥"、"牯"、"婆"比较表

	猴子	八哥	蜗牛	老鹰	小偷	棉袄	鱼篓
梅县	猴哥	乌鹩哥	细螺哥	鹞婆	贼牯	棉袄	篡公
五华	猴哥	乌鹩哥	细螺哩	鹞婆	贼牯	袄婆	篡公
成都洛带	猴子	八哥	肉螺蛳	鹞婆	细贼 细贼娃子	袄婆	篡婆
成都凉水井	猴哥 猴子	八哥	蜗牛	鹞婆 老鹰	贼娃子 贼哥摸 细贼娃子	袄婆	篡婆
隆昌	猴子 猴子精	乌鹩哥	蜗牛	鹞婆	贼牯佬 偷哥儿	袄婆 棉衫	鱼篓
西昌	猴子	八哥儿	蜗牛	鹞婆	贼哥儿	棉袄	笆篓
仪陇	猴子	八哥	螺蛳	鹞婆	贼娃子 溜表子	棉袄 袄子	笆笼

（二）构词比较

1. 语素的次序

有些意义相同的词语，四川客家方言与主要来源方言构词语素的顺序不一定相同。例如表 2-31。

表 2-31　　　　　　　　　　　语素次序对照表

普通话	要紧	灰尘	热闹	高兴	客人	司机	曾祖父	曾祖母
梅县	紧要	尘灰	闹热	欢喜	人客	司机	公太	婆太
五华	紧要	尘灰	闹热	欢喜	人客	机司	太公	太婆
成都_{洛带}	爱紧	灰尘 灰灰	闹热	高兴 欢喜	客 人客	司机	太公	太婆
成都_{凉水井}	爱紧 紧要	灰尘 灰灰 尘泥	闹热	高兴 欢喜	人客 客	司机	太公	太婆
隆昌	紧要 要紧	灰尘 灰灰	闹热	高兴 欢喜	人客 客人	司机	太公	太婆
西昌	爱紧	灰尘 灰灰	闹热	高兴	客人	司机	太公	太婆
仪陇	爱紧	灰尘	闹热	喜欢 欢喜	人客 客	司机	太公	太婆 太太

2. 构词方式

（1）正偏式词语

"牯、嫲"和"公、嫲"这两对表示属性的实语素，在梅县和五华客家方言中，与名语素组合成词，其位置放在中心语之后，成为正偏式词语，这也是客家方言的重要特点。四川客家方言也保留了这一特点，但是正偏式的运用没有来源方言广泛，并且有的词还有偏正式的同义词，在西昌、仪陇两地表雄性的词语也还有不是正偏式的。例见表 2-32。

表 2-32　　　　　　　　　　　构词方式对照表

	公牛	母牛	公马	母马	公猫	母猫	公鸡	母鸡	公鸭	母鸭
梅县	牛牯	牛嫲	马牯	马牯	猫牯	猫嫲	鸡公	鸡嫲	鸭公	鸭嫲
五华	牛牯	牛嫲	马嫲	马嫲	猫牯	猫嫲	鸡公	鸡嫲	鸭公	鸭嫲
成都_{洛带}	牯牛 牛公	牛嫲 骑牛	公马	母马	猫公	猫嫲	鸡公	鸡嫲	鸭公	鸭嫲
成都_{凉水井}	牯牛 牛公	牛嫲 骑牛	公马子 马公	马嫲 嫲子	猫公	猫嫲	鸡公	鸡嫲	鸭公	鸭嫲
隆昌	牯牛 牛公 公牛	牛嫲 骑牛 母牛	公马	母马	猫公	猫嫲	鸡公	鸡嫲	鸭青	鸭嫲

续表

	公牛	母牛	公马	母马	公猫	母猫	公鸡	母鸡	公鸭	母鸭
西昌	牯牯_儿	牛嫲 骚牯子	公马马_儿	母马马_儿	猫公	猫嫲 男猫	鸡公	鸡嫲	鸭公	鸭嫲
仪陇	牯牛 脚牛 公牛	牛嫲 骟牛	公马	母马	猫公	母猫 猫嫲 女猫	鸡公	鸡嫲	鸭青 鸭公	母鸭

（2）附加式词语

"阿"等词缀构成的词语，其结构方式为附加式。有些词语在四川客家方言已丢失了原有词缀，或者换用词根，或者换用词缀，其构成方式也就发生了改变。如：

嫂子：梅县、五华叫"阿嫂"，四川各点都没有带前缀"阿"，成都、隆昌、西昌说"大嫂"，结构方式为偏正式，仪陇说"嫂子"，为词根加后缀的方式。

锁：梅县、五华都说"锁头"，为词根加词缀的合成词，四川各地都不用后缀"头"，"锁"成了单音节单纯词，跟四川官话相同。

罐子：五华说"钵头"，构词方式为词根加词缀，四川仪陇说"钵头"，洛带和凉水井除了说"钵头"之外，还说"钵钵"，西昌、隆昌、仪陇也说"钵钵"，"钵钵"的构成方式则改变为重叠式，为 AA 式名词。名词的 AA 式为西南官话重要的构词特点。

（三）助词比较

1. 结构助词"个"　普通话中的结构助词"的"，梅县、五华客家方言用"个"表示。结构助词说"个"，这也是客家方言重要的词法特点。

四川客家方言保留了这个特点，只是各点读音不尽相同：洛带、西昌读 ke^{53}，凉水井读 kie^{53}，隆昌读 ke^{31}，仪陇读 kɛ^{33}。如表 2-33。

表 2-33　　　　　　　　　　　　助词"个"比较表

	我的	大的	穿的	一样长的绳子
梅县	偓个 ŋa^{44} ke^{53}	大个 t'ai^{53} ke^{53}	着个 tsok^{1}ke^{53}	平长个索 p'iaŋ^{11} ts'oŋ^{11}ke^{53}sok^1
五华	偓个 ŋa^{44}ke^{53}	大个 t'ai^{31} ke^{53}	着个 tʃok^{1}ke^{53}	般长个索哩 pan^{44}ts'oŋ^{13}ke^{53}sok^{1}ki^{31}
成都_{洛带}	偓个 ŋa^{45}ke^{53}	大个 t'ai^{31} ke^{53}	着个 tso?^{2} ke^{53}	一样长个索嫲 i?^{2}ioŋ^{53}ts'oŋ^{13} ke^{53}so?^{2}ma^{13}
成都_{凉水井}	偓个 ŋa^{45}kie^{53}	大个 t'ai^{31} ke^{53}	着个 tso?^{2}kie^{53}	一样长个索嫲 i?^{2}ioŋ^{31}ts'oŋ^{13}kie^{53}so?^{2}ma^{13}
隆昌	偓个 ŋa^{45}ke^{31}	大个 t'ai^{31} ke^{31}	着个 tso?^{3} ke^{31}	一样长个索子 ie?^{33}ioŋ^{31}ts'oŋ^{13}ke^{31}so?^{3}tsʅ^{31}

	我的	大的	穿的	一样长的绳子
西昌	倕个 ŋa⁴⁵ke⁵³	大个 t'ai⁵³ke⁵³	着个 tʂoʔ²³ke⁵³	一样长个索索 iʔ³iɔŋ⁵³tʂ'ɔŋ²¹²ke⁵³soʔ³soʔ³
仪陇	倕个 ŋai²¹ke³³	大个 t'ai⁵³kɛ²¹	着个 soʔ⁵kɛ²¹	一样长个索子 ie²³⁵iɔŋ⁵³ts'ɔŋ²¹kɛ²¹soʔ⁵tsɿ⁵³

2. 动态助词"等、欸、哩、撒"表示动作正在进行的动态助词，梅县和五华客家方言都用"等"，在四川客家方言中，成都洛带、凉水井等多用"等"，也可用"倒"，隆昌、西昌一般用"倒"，有时也用"等"，仪陇则用"倒"不用"等"。就是说，四川客家方言基本上保留了客家方言富有特色的动态助词。如表 2-34。

表 2-34　　　　　　　　　动态助词对照表（一）

	说着说着	爬着走
梅县	讲等讲等　kɔŋ³¹ten³¹kɔŋ³¹ten³¹	爬等走　p'a¹¹ten³¹tseu³¹
五华	讲等讲等　kɔŋ³¹teŋ³¹ kɔŋ³¹teŋ³¹	爬等走　p'a¹³teŋ³¹tsiu³¹
成都洛带	讲等/倒讲等/倒　kɔŋ³¹tiɛn³¹/tau³¹ kɔŋ³¹tiɛn³¹/tau³¹	爬等走　p'a¹³tiɛn³¹tsəu³¹
成都凉水井	讲等/倒讲等/倒　kɔŋ³¹tiɛn³¹/tau³¹kɔŋ³¹tiɛn³¹/tau³¹	爬等/倒走　p'a¹³ tiɛn³¹/tau³¹ tsəu³¹
隆昌	讲等讲等　kɔŋ³¹ tən³¹ kɔŋ³¹ tən³¹	爬倒走　p'a¹³ tau³¹ tsəu³¹
西昌	讲倒讲倒　kɔŋ³¹tau³¹kɔŋ³¹tau³¹	爬倒/等走　p'a²¹²tau⁵³/ tən³¹tsəu³¹
仪陇	讲倒讲倒　kɔŋ⁵³ təu²¹ kɔŋ⁵³ təu²¹	爬倒走　p'a²¹ təu²¹ tsai⁵³

表示动作完成的动态助词，梅县用"欸"[1]，五华一般用"哩"、"核"[2]，四川洛带和凉水井保留了"嘿"、"哩"[3]，西昌用"嘿"，隆昌用"哩"，仪陇用"撒"。如表 2-35。

表 2-35　　　　　　　　　动态助词对照表（二）

	他吃了饭了。	我照了相了。
梅县	佢食欸饭欸。ki¹¹sət⁵e³¹fan⁵³ne。	倕影欸像欸。ŋai¹¹iaŋ³¹ŋe¹¹siɔŋ⁵³ŋe。
五华	佢食哩饭啘。ki¹³ʃit⁵ti⁴⁴fan³¹nau¹³。	倕影哩像嗷。ŋai¹³iaŋ³¹ŋi⁴⁴siɔŋ³¹au³¹。

① 林立芳：《梅县客方言语法论稿》，中华工商联合出版社 1997 年版，第 120 页。

② 朱炳玉：《五华客家话研究》，华南理工大学出版社 2010 年版，第 400 页。

③ 五华话中的"核"，四川客家方言读为 xe⁴⁵ 或 xe⁵³，根据在四川客家方言中的读音，一律记为"嘿"。

续表

	他吃了饭了。	我照了相了。
成都_{洛带}	佢食嘿/哩饭了。tɕi¹³ sʅʔ⁵xe⁴⁵/ni¹³fan⁵³niau³¹。	𠊎照嘿/哩相了。ŋai¹³tsau⁵³xe⁴⁵/ni¹³ɕioŋ⁵³niau³¹。
成都_{凉水井}	佢食嘿饭了。tɕi¹³sʅʔ⁵xe⁴⁵fan³¹niau³¹。	𠊎照嘿相了。ŋai¹³tsau⁵³xe⁴⁵ɕioŋ⁵³niau³¹。
隆昌	佢食哩饭了。tɕi¹³ʃeʔ⁵ni¹³fan³¹no¹³。	𠊎照哩相了。ŋai¹³tsau⁵³ni¹³ɕioŋ⁵³no¹³。
西昌	佢食/干嘿饭了。tɕi¹²ʃeʔ⁵/kan⁵³xe⁵³fan⁵³nau³¹。	𠊎照嘿相了。ŋai²¹²tsau⁵³xe⁵³ɕioŋ⁵³nau³¹。
仪陇	佢食撇饭了。tɕi²¹sei?³pɛ³³fan⁵³nɛ²¹。	𠊎照撇相了。ŋai²¹tsau⁵³pɛ³³ɕioŋ¹³nɛ²¹。

（四）代词比较

客家方言代词有三个最重要的特点，其一是把第一人称"我"说成"𠊎"，因为这个特点，客家方言在有的地区被称为"𠊎"话；其二是疑问代词"什么"说"脉个"，因为这个特点，客家方言在有的地区又被称为"脉个话"；其三是人称代词单数有领格变化。梅县、五华客家方言的代词完整地具有上述三个特点。四川客家方言有一些差异：仪陇客家方言没有领格变化，"什么"在洛带和西昌都常说"么个"，除此之外，其他特点都保留较好。人称代词领属格见表 2-36。

表 2-36　　　　　　　　　人称代词领属格比较表

代词特点 地点	第一人称		第二人称		第三人称	
	非领格	领格	非领格	领格	非领格	领格
	我	我的	你	你个	佢	佢个
梅县	𠊎 ŋai¹¹	𠊎个 ŋa⁴⁴ke⁵³	你 n̩¹¹	你个 n̩⁴⁴ke⁵³	佢 ki¹¹	佢个 kie⁴⁴ke⁵³
五华	𠊎 ŋai¹³	𠊎个 ŋa⁴⁴ke⁵³	你 n̩i¹³	你个 ŋi⁴⁴ke⁵³	佢 ki¹³	佢个 ki⁴⁴ke⁵³
成都_{洛带}	𠊎 ŋai¹³	𠊎个 ŋa⁴⁵ke⁵³	你 n̩i¹³ke⁵³	你个n̩i⁴⁵ke⁵³	佢 tɕi¹³	佢个 tɕi⁴⁵ke⁵³
成都_{凉水井}	𠊎 ŋai¹³	𠊎个 ŋa⁴⁵kie⁵³	你 n̩i¹³ke⁵³	你个 n̩i⁴⁵ke⁵³	佢 tɕi¹³	佢个 tɕi⁴⁵kie⁵³
隆昌	𠊎 ŋai¹³	𠊎个 ŋa⁴⁵ke³¹	你 n̩i¹³ke⁵³	你个n̩i⁴⁵ke⁵³	佢 tɕi¹³	佢个 tɕi⁴⁵ke³¹
西昌	𠊎 ŋai²¹²	𠊎个 ŋa⁴⁵ke⁵³	你 ni²¹²ke⁵³	你个 ni⁴⁵ke⁵³	佢 tɕi²¹²	佢个 tɕi⁴⁵ke⁵³
仪陇	𠊎 ŋai²¹	𠊎个 ŋai²¹kɛ³³	你 n̩²¹	你个 n̩²¹ke³³	佢 tɕi²¹	佢个 tɕi²¹kɛ³³

二 重要句法特点比较

（一）语序特点

1. 在梅县、五华客家方言中，某些表示数量、重复等意义的状语，位置需放在动词之后，如有"买多点"、"讲少两句话"、"食一碗添"等结构，而在四川客家方言中没有哪一个点还有这种用法。

2. 在梅县、五华客家方言中，双宾语句中表人的间接宾语可以放在表物的直接宾语后，如有"佢分钱倻"这样的句子，四川客家方言也没有这个特点。

两种语序比较如表 2-37。[①]

表 2-37 　　　　　　　　　　　　语序对照表

	再吃一碗	给我一本书
梅县	（再）食一碗添。(tsai⁵³) set⁵it¹vɔn⁴⁴ t'iam⁴⁴。	分一本书倻。pun⁴⁴it¹pun³¹su⁴⁴ŋai¹¹。
五华	再食多一碗。tsai⁵³ ʃit⁵to⁴⁴it¹vɔn³¹。	拿本书分倻。na⁴⁴pun³¹ʃu⁴⁴pun⁴⁴ŋai¹³。
成都洛带	再食一碗。tsai⁵³ sŋʔⁱ²⁵iʔ²vɔn³¹。	拿本书分倻。na⁴⁵pən³¹su⁴⁵pən⁴⁵ŋai¹³。 拿分倻一本书。na⁴⁵pən⁴⁵ŋai¹³iʔ²pən³¹su⁴⁵。
成都凉水井	再食一碗。tsai⁵³ sŋʔⁱ²⁵iʔ²vɔn³¹。	拿本书分倻。na⁴⁵pən³¹su⁴⁵pən⁴⁵ŋai¹³。 拿分倻一本书。na⁴⁵pən⁴⁵ŋai¹³iʔ²pən³¹su⁴⁵。
隆昌	再食一碗。tsai⁵³ ʂeʔ²⁵ieʔ³vɔn³¹。	拿本书给倻。na⁴⁵ pən³¹su⁴⁵ke⁴⁵ŋai¹³。 给倻一本书。ke⁴⁵ŋai¹³ieʔ³pən³¹su⁴⁵。
西昌	再食一碗。tsai⁵³ʂeʔ²⁵iʔ³uan³¹。	拿给倻一本书。na⁴⁵ ke⁴⁵ŋai²¹²iʔ³pən³¹su⁴⁵。 给倻一本书。ke⁴⁵ŋai²¹²iʔ³pən³¹ʂu⁴⁵。
仪陇	再食一碗。tsai¹³ seiʔ³iʔ⁵uɔn²¹。	给倻一本书。kɛ³³ŋai²¹iʔ⁵ pən⁵³ su³³。

（二）句式特点

1. 有字句

有字句是梅县客家方言中很有特点的句式：句中的"有"可以直接加在动词前表示"已经、已然"，如"佢有来电话"、"学生有食昼无"等。[②] 四川各地的客家方言均无此特点。

2. 比较句

梅县客家方言中表示"优于"的比较句，可以用"NP1+A+过+ NP2"的格式。[③]四川客家方言中也没有哪一个点有这样的格式。

---

① 普通话中的双宾句在四川客家方言中有很多种表达方式，表中只列举两种有代表性的格式。
② 黄雪贞：《客家方言的词汇和语法特点》，《方言》，1994 年第 4 期。
③ 黄雪贞：《客家方言的词汇和语法特点》，《方言》，1994 年第 4 期。

两种句式比较如表 2-38。

表 2-38　　　　　　　　　　　句式对照表

	老师告诉我了。	这个比那个大。
梅县	老师有话㑚知。lau³¹sๅ⁴⁴iu⁴⁴va⁵³ŋai¹¹ti⁴⁴。	□只大过个只。e³¹tsak¹t'ai⁵³kuo⁵³ke⁵³tsak¹。
五华	老师话过分㑚听。lau³¹sๅ⁴⁴va³¹ko⁵³pun⁴⁴ŋai¹³t'aŋ⁵³。	嘞只比个只大。lei¹³tʃak¹pi³¹kai⁵³tʃak¹t'ai³¹。
成都洛带	老师撂㑚讲过。nau³¹sๅ⁴⁵nau⁴⁵ŋai¹³kɔŋ³¹ko⁵³。	底个比个个过大。i³¹ke⁵³pi³¹kai⁵³ke⁵³ ko⁵³t'ai⁵³。
成都凉水井	老师撂㑚讲过。nau³¹sๅ⁴⁵nau⁴⁵ŋai¹³kɔŋ³¹ko⁵³。	□个比個只过大。niaŋ¹³tsaʔ²pi³¹kai⁵³tsaʔ²ko⁵³t'ai³¹。
隆昌	老师跟㑚讲过。nau³¹sๅ⁴⁵kən⁴⁵ŋai¹³kɔŋ³¹ko⁵³。	個只比個只大。kai¹³tsaʔ³pi³¹kai⁵³tsaʔ³t'ai³¹。
西昌	老师同㑚讲过。nau³¹sๅ⁴⁵t'uŋ²¹²ŋai²¹²kɔŋ³¹ko⁵³。	底只比□大。i³¹tʂa³¹pi³¹iʔ⁵tʂaʔ³t'ai⁵³。
仪陇	老师跟㑚讲过。nɔu⁵³sๅ³³kən³³ŋai²¹kɔŋ⁵³kəu¹³。	底个比個大个。ti⁵³kai¹³pi⁵³kai³³kai¹³t'ai⁵³。

3. 被动句的特点

梅县、五华客家方言的被动句不用介词"被"、"给"，而用"分 pun⁴⁴"表示被动，在四川客家方言中隆昌、仪陇、西昌都不用"分"，成都各点可以单独用"分 pən⁴⁵"，但一般多用"拿分"。"我被狗咬了"这个句子各地的常见说法是：

梅县：㑚分狗啮欻。ŋai¹¹pun⁴⁴keu³¹ŋat¹e。

五华：㑚分狗咬嗽。ŋai¹³pun⁴⁴keu³¹ŋai³¹au³¹。

成都洛带、凉水井：㑚拿分狗啮倒了。ŋai¹³na⁴⁵pən⁴⁵kiəu³¹ŋaʔ²tau³¹niau³¹。

隆昌：㑚拿给狗啮倒哩。ŋai¹³na⁴⁵ke⁴⁵kəu³¹ŋau⁴⁵tau³¹ni¹³。

西昌：㑚拿给狗咬倒喽。ŋai¹³na⁴⁵ke⁴⁵kəu³¹ŋau³¹tau³¹nɔu³¹。

仪陇：㑚遭狗咬倒了。ŋai²¹tsau²¹kɛ⁵³ŋau³³tau⁵³nɛ²¹。

第四节　四川客家方言与广东客家方言的关系
——兼论四川客家方言的分区

导论中谈到四川客家方言是在广东客家方言的基础上形成的，这个论断突出了广东客家方言在四川客家方言形成过程中的基础地位，但这个说法很概括，在这里我们拟讨论更加具体的亲疏关系，以便确定四川各地点客家方言发展演变的参照坐标。

　　亲疏关系的确定是一个很复杂的问题，牵涉的方面很多，很难用简单管用的标准和方法来得到令人信服的结论。由于四川客家方言是经过其内部整合并在与四川官话的接触中发展演变的，今天的面貌与其来源方言已经有了比较大的距离，这就更增加了鉴定亲疏关系的难度。导论中关于移民史和族谱资料所揭示的四川客家的来源，只是基本锁定了四川客家人来源的主要范围——粤东和粤北。但哪些地点主要来自粤东，哪些地点主要来自粤北，抑或哪些地点主要来自粤东的梅县，哪些地点主要来自粤东的五华，都应该有语言学上的证据。

　　怎样运用语言学证据来证明四川客家方言跟广东客家方言的亲疏关系呢？本章前三节关于四川客家方言与其主要来源方言梅县、五华客家方言在语音、词汇、语法几方面的比较，既揭示了四川客家方言所保留的客家方言的一致性特点，又显示了四川客家方言内部的某些差异性特点，这些差异性特点反映了不同地点官话的影响，也透露了各自在主要来源方言上的差异，把这些差异拿来与广东某些地点的客家方言比对，再根据具体的同异来确定其亲疏关系应该是比较合理的思路。鉴于此，我们在综合族谱资料、声调格局的基础上尝试提出区别性语音标准（+核心词标准+语法标准）来鉴别。限于篇幅，后文仅用区别性语音标准来鉴定。区别性语音特点是主要标准，区别性的特征可以是一组，也可以是一条，核心词、语法标准则是参考性标准、印证性标准。古浊去（包括全浊和次浊）字的今读在客家方言内部有不同的特点，这也是梅县客家方言和五华客家方言的重要差异，可把它用来作区别性语音标准。这条标准，涉及声调、全浊声母与某些韵摄，便于进行比较综合的观察。

　　比对的基本结果是：成都凉水井客家方言与五华客家方言的关系十分亲近；成都洛带客家方言跟梅县、兴宁客家方言的关系十分亲近；隆昌客家方言跟五华客家方言很亲近，跟梅县、兴宁客家方言的关系也比较近；西昌客家方言跟龙川北部客家方言的关系很亲近；仪陇客家方言与粤北客家方言的关系很亲近。

一　与梅县、兴宁等客家方言的关系

　　郏远春就据可查的地方文史资料得出结论，成都客家人主要来自广东省，包括广东长乐（五华）、程乡（梅县）、兴宁、和平、永安、龙川、连平等县，部分来自江西省，包括吉安、南安、安远、龙南、上犹等县，还有少数来自福建南靖、平和等县。郏远春还统计了成都龙泉驿区和新都区客家姓氏的来源地情况，成都龙泉驿区44个客家姓氏来源的情况是：89%的姓氏来自广东，11%的姓氏来自江西；新都区 31 个客家姓氏中，有 26 个来自广东，3 个来自福建，2 个来自江西。成华区和青白江区未统计，从列表中可以看出，成华区的 24 个姓氏，13 个来自长乐（包括长乐、梅州的杨姓），3 个来自兴宁，1 个来自梅县，1 个来自龙川，1 个来自连平，1 个来自和平，1 个来自吉安，还有 3 个来自广东（未写明具体县份）；青白江区客家人也以祖籍广东为主。[①]

洛带俗称甑子场，是成都客家的腹地，也是清代以来成都东山始建年代最早的历史文化名镇。洛带与同安、文安、黄土、西平、万兴等近山客家的来源比较复杂，也有来自广东长乐和龙川的，以及江西吉安、安远、龙南的，但以梅县和兴宁、和平为主。

洛带萧姓、卜姓都来自程乡（梅县），万兴叶姓也来自程乡。发音合作人刘国文所珍藏的《刘氏族谱》载，先祖官授江西吉安庐陵县令，后迁至兴宁，雍正年间由兴宁入蜀。

洛带客家方言的语音特点跟梅县、兴宁客家方言有很近的亲缘关系。从导论部分声调格局的比较中已经知道，洛带客家方言与梅县、兴宁客家方言的声调格局相似度很高。洛带/梅县/兴宁的调值调类情况是：阴平 45/44/44、阳平 13/11/11、上声 31/31/31、去声 53/53/52、阴入 2/1/2、阳入 5/5/5，声调类型完全相同，调值也很接近。古全浊去字今读去声（53），这是洛带客家方言具有区别作用的语音特征，区别于凉水井读上声（31），隆昌分读为上声（31）、去声（53），以及仪陇读上声（53）或去声（13）。古全浊去在梅县客家方言中也读去声，例如表 2-39。

表 2-39　　　　梅县、洛带家方言古全浊、次浊去声字读音对照

古全浊去	梅县	成都洛带	古次浊去	梅县	成都洛带
大果开一去箇定	$t'ai^{53}$	$t'ai^{53}$	饿果开一去箇疑	ηo^{53}	ηo^{53}
步遇合一去暮并	$p'u^{53}$	$p'u^{53}$	夜假开三去箇以	ia^{53}	ia^{53}
败蟹开二去夬并	$p'ai^{53}$	$p'ai^{53}$	芋遇合三去遇云	vu^{53}	vu^{53}
字止开三去志从	$s\textipa{1}^{53}$	$s\textipa{1}^{53}$	路遇合一去暮来	lu^{53}	nu^{53}
柜止合三去至群	$k'ui^{53}$	$k'uei^{53}$	漏流开一去候来	leu^{53}	$niəu^{53}$
就流开三去宥从	$ts'iu^{53}$	$tɕ'iəu^{53}$	慢山开二去谏明	man^{53}	man^{53}
病梗开三去映並	$p'ia\eta^{53}$	$p'ia\eta^{53}$	面山开四去霰明	$mian^{53}$	$mien^{53}$
谢假开三去箇邪	$ts'ia^{53}$	$tɕ'ia^{53}$	乱山合一去换来	lon^{53}	non^{53}

① 此处数据来自郗远春《成都客家话研究》，中国社会科学出版社 2012 年版，第 11—17 页。

续表

古全浊去	梅县	成都洛带	古次浊去	梅县	成都洛带
鼻 止开三去至并	p'i⁵³	p'i⁵³	样 宕开三去漾以	ioŋ⁵³	ioŋ⁵³
豆 流开一去候定	t'eu⁵³	t'iəu⁵³	望 宕合三去漾微	moŋ⁵³	moŋ⁵³
办 山开二去襉并	p'an⁵³	p'an⁵³	硬 梗开二去映疑	ŋaŋ⁵³	ŋaŋ⁵³/ ŋaŋ³¹
定 梗开四去径定	t'in⁵³	t'in⁵³	命 梗开三去映明	miaŋ⁵³/min³¹	miaŋ⁵³
饭 山合三去愿奉	fan⁵³	fan⁵³	梦 通合三去送明	muŋ⁵³	muŋ⁵³

　　从《客家话通用词典》所收的古浊去字的读音看，古浊去字在兴宁的今读音也是去声。如：

　　树 遇合三去遇禅 ʂu⁵²|字 止开三去志从 sʅ⁵²|闹 效开二去效泥 nau⁵²|尿 效开四去啸泥 niau⁵²|袖 流开三去宥邪 ts'iu⁵²|豆 流开一去候定 t'iu⁵²|后 ~生，流开一上厚匣 hiu⁵²|耐 蟹开一去代泥 nai⁵²|饭 山合三去愿奉 fan⁵²|面 山开四去霰明 mien⁵²|健 山开三去愿群 k'ien⁵²|电 山开四去霰定 tien⁵²|酿 宕开三去漾泥 nioŋ⁵²|鼻 梗开三去劲从 p'i⁵²|净 梗开三去劲从 ts'iaŋ⁵²

　　显然，古浊去字在洛带的今读音是从梅县和兴宁客家方言带来的，这有力地说明了洛带客家方言与梅县、兴宁客家方言的亲近关系。在成都，古去字今读去声的还有靠近龙泉山的同安、文安、黄土、西坪、万兴等乡镇的客话，这些地点的客家方言跟梅县、兴宁客家方言也有很亲近的关系。

二　与五华客家方言的关系

　　凉水井与五华客家方言的关系很近。凉水井当地人的口述多说来自长乐，这与我们从族谱中了解到的信息相符。凉水井《范氏族谱》记载，原籍在广东县①横陂约泥坑甲增古塘寨，祖上于乾隆六年辛酉岁（1741）入川，先到永宁县，后移至华阳石板滩佃李姓之田，后移至凉水井。《卢氏族谱》载，原居长乐县南一里地洪丫下，于乾隆戊寅年（1758）入蜀，先到成都府华阳县北门外隆兴场佣工、佃地耕种，于甲申年（1758）创业于凉水井。

　　从语音特点看，凉水井客家方言与五华客家方言的声调相似度极高：阴平 45/44、阳平 13/13、上声 31/31、去声 53/53、阴入 2/1、阳入 5/5，声调类

---

　　① 族谱中的"广东县"，当是误记。令笔者纳闷的是：范氏原籍中的小地名记得那么清楚，大地名为什么会记错呢？就此问题，笔者向暨南大学刘正刚教授请教，得到的答复是：广东从来没有设立过广东县，可能是这部族谱为普通人所修，他们对家乡的小地名记得非常清楚，但具体到省县一类的大地名，就不一定清楚。本课题组成员魏宇文博士系五华横陂人，其《五华方言音字汇》系横陂语音。由此，我们推知《范氏族谱》中的"广东县"当为"长乐县"（今五华县）。谨向刘正刚先生表示谢忱！

型完全相同，调值也几乎完全相同。古浊去字今读上声（31），这是凉水井客家方言具有的区别性语音特征，区别于洛带读去声（53），也与仪陇读上声（53）或去声（13）不同。隆昌有较多的字读为上声（31），部分字读去声（53），显示跟五华的关系也很亲近。例如表 2-40。

表 2-40　五华、凉水井、隆昌客家方言古全浊、次浊去声字今读对照

全浊去	五华	成都凉水井	隆昌付家	古次浊去	五华	成都凉水井	隆昌付家
大(蟹开一去箇定)	t'ai^{31}	t'ai^{31}	t'ai^{31}	饿(果开一去箇疑)	ŋo^{31}	ŋo^{31}	ŋo^{31}
步(遇合一去暮并)	p'u^{31}	p'u^{31}	p'u^{31}	夜(假开三去禡以)	ia^{53}	ia^{31}	ia^{53}
败(蟹开二去夬并)	p'ai^{31}	p'ai^{31}	p'ai^{31}	芋(遇合三去遇云)	vu^{31}	vu^{31}	vu^{53}
字(止开三去志从)	sɿ^{31}	sɿ^{31}	sɿ^{31}	路(遇合一去暮来)	lu^{31}	nu^{31}	nu^{31}
柜(止合三去至群)	k'uei^{31}	k'uei^{31}	k'uei^{53}	漏(流开一去候来)	leu^{31}	nəu^{31}	nəu^{53}
就(流开三去宥从)	ts'iu^{31}	tɕ'iəu^{31}	tɕ'iəu^{31}	慢(山开二去谏明)	man^{31}	man^{31}	man^{31}
病(梗开三去映並)	p'iaŋ^{31}	p'iaŋ^{31}	p'iaŋ^{31}	面(山开四去霰明)	mian^{31}	miɛn^{31}	miɛn^{31}
谢(假开三去禡邪)	ts'ia^{31}	tɕ'ia^{31}	tɕ'ia^{31}	乱(山开一去换来)	lon^{53}	non^{31}	non^{31}
鼻(止开三去至並)	p'i^{31}	p'i^{31}	p'i^{31}	样(宕开三去漾以)	ioŋ^{31}	ioŋ^{31}	ioŋ^{53}
豆(流开一去候定)	t'eu^{31}	t'iəu^{31}	t'əu^{53}	望(宕合三去漾微)	moŋ^{31}	moŋ^{31}	moŋ^{53}
办(山开二去裥並)	p'an^{31}	p'an^{31}	p'an^{53}	硬(梗开二去映疑)	ŋaŋ^{31}	ŋaŋ^{31}	ŋaŋ^{31}
净(梗开三去劲从)	ts'iaŋ^{31}	tɕ'iaŋ^{31}	tɕ'iaŋ^{53}	命(梗开三去映明)	miaŋ^{53}	miaŋ^{31}	miaŋ^{31}
饭(山合三去愿奉)	fan^{31}	fan^{31}	fan^{31}	梦(通合三去送明)	muŋ^{31}	muŋ^{31}	muŋ^{53}

凉水井到洛带的直线距离约 15 公里，两地客家方言的一致程度很高，差别极小，但在浊去字的今读特点上却泾渭分明。凉水井今读上声，是五华客家方言语音特点的传承，或者是五华客家方言语音特点在四川的流布。在成都，古浊去字今读上声的还有靠近城区的三圣乡、龙潭乡、保和乡、青龙乡、西河镇等乡镇的客家方言，这些地点的客家方言跟五华客家方言话的亲缘关系也很亲近。

隆昌客家的主要来源地也是广东长乐，此外，还有梅县、兴宁以及福建上杭等地。隆昌《李氏族谱》载，祖上于雍正三年从长乐迁往隆昌县；民国《隆昌陈氏族谱》记载，陈氏来源于"广东省长乐县，隆昌《蓝氏族谱》载，蓝氏先祖由上杭迁广东嘉应州长乐县。玉明公十一代孙乔锦公，于康熙五十七年，举家入川，定居于隆昌"。据刘正刚的研究："上杭县胜运里的蓝仲荣

年五十八岁，于康熙五十八年（1719）'统子孙入四川'，定居隆昌县。"①

隆昌客家方言的声调格局跟五华、梅县客家方言的相似度看：阴平
45/44/44、阳平 13/13/11、上声 31/31/31、去声 53/53/53、阴入 3/1/1、阳入 5/5/5。
就古浊去字的读音来说，隆昌客家方言今多读为上声（31），一部分读为去声
（53），显示隆昌客家方言跟五华客家方言有相当亲近的关系，也显示了跟梅
县、兴宁等客家方言的亲近关系。

三　与龙川客家方言的关系

西昌客家人祖籍多为粤中龙川。西昌《黄姓谱序》载，黄氏祖上"先后
移居福建、江西、广东，乾隆二十三年从广东省惠州府龙川县老虎石狮子口
迁四川西昌县"②。笔者在西昌调查期间，得到发音合作人谢朝俊之《谢氏族
谱》，其谱序云，谢氏先祖先居锡州，后迁龙川，在龙川传至十五世，文云公
自龙川迁蜀建南宁远府西昌县形家垮。又有《刘氏族谱》载，原籍广东惠州
府龙川县，乾隆乙丑入川到成都府，后移居西昌黄联。又有《张氏族谱》载，
原居地为广东惠州府龙川县，入川后先居住在成都府，乾隆年间从成都府汉
州西门外杨家沟赵家碾后迁徙到宁远府西昌黄联坡大中坝。

在导论中我们比较了龙川县南部和北部的声调格局，从比较中看出西昌
客家方言的声调格局跟龙川北部上坪等地相似度高。由于龙川北部客家方言
尚无全面的语音研究材料，因此我们无法像其他各点一样进行古全浊去字的
今读对比，但从现有研究中对相关特点的概括来看，西昌客家方言古全浊去
的今读跟龙川北部、中部与南部的个别地点客家方言的读音相同："北部的上
坪、麻布岗、细坳、岩镇和中部的龙母、车田及南部的铁场等属于同一类型"③，
"古浊去字的归属，北部的上坪、麻布岗、岩镇和细坳，是浊去与清去合流，
跟梅县、兴宁等地一样"④，亦即也归为去声，其调值为52，跟西昌读53十
分相似。文中所举到的"夏、袋、败、第、话、袖、赖、尿、慢、乱"等读去声
的字，西昌也读去声，这点跟梅县客家方言也相同，而跟五华客家方言相异。

① 刘正刚：《清代福建移民在四川分布考——兼补罗香林四川客家人说》，《中国历史地理论丛》，1995
年第3期。

② 引自崔荣昌《四川境内的客方言》，巴蜀书社2011年版，第689页。

③ 侯小英：《龙川客家话语音的内部差异》，载李如龙、邓晓华《客家方言研究》，福建人民出版社2009
年版，第236页。

④ 侯小英：《龙川客家话语音的内部差异》，载李如龙、邓晓华《客家方言研究》，福建人民出版社2009
年版，第236页。

四　与粤北乳源等客家方言的关系

仪陇客家主要来自粤北乳源，仪陇《陈氏族谱》载，广东韶州府乳源县武阳都崇德都，康熙四十八年入川，在顺庆府仪陇县乐兴、丁字桥、碧泉乡等安插；仪陇《杨氏族谱》载，原居地为广东韶州府乳源县大坪寨，入川后在顺庆府仪陇县落业。仪陇《饶氏族谱》载，原居地为粤韶州云门。

仪陇客家方言的声调格局跟成都、隆昌、西昌三地完全不同，其阴平读33，阳平读21，上声读53，去声读13，阴入读5，阳入读3。其独具特色的调值及其特点显示跟其他几个地点的来源有别。但是我们比较了粤北翁源、乳源、英德、南雄、新丰等各客家方言点的声调，在调值方面还没有发现跟仪陇客家方言完全契合的。因此古浊去声字在仪陇客话中今读上声（53）或去声（13）的特点能把仪陇客家方言与成都等三地客家方言加以区别，但还不能有力证明仪陇客家方言跟粤北客家方言的亲缘关系。这里我们再追加一条区别性特征来鉴别，那就是歌、豪今读不分。古歌、豪韵在仪陇客家方言今基本不分，读为 əu；在粤北翁源新江、乳源侯公渡、乐昌梅花、英德洺洸等地也大体上今读不分，读为 ɔu①。下面的例字中涉及古歌、豪韵的字在仪陇的今读都不分。

表 2-41　　　粤北与仪陇客家方言古全浊、次浊去声字今读对照表

全浊去	乳源	翁源	仪陇乐兴	古次浊去	乳源	翁源	仪陇乐兴
造效开一上皓从	ts'ou^{31}	ts'ou^{31}	ts'əu^{53}	饿果开一去箇疑	gou^{31}	ŋou^{31}	ŋəu^{13}
大果开一去箇定	t'ʌ^{31}	t'ai^{33}	t'ai^{53}	夜假开三去祃以	iʌ^{31}	ia^{31}	ia^{53}
谢假开三去祃邪	ts'iʌ^{31}	ts'iʌ^{31}	tɕ'ia^{53}	芋遇合三去遇云	i^{31}	i^{31}	y^{53}
鼻止开三去至并	p'i^{31}	p'i^{31}	p'i^{53}	路遇合一去暮来	lu^{31}	lu^{31}	nu^{13}
豆流开一去候定	t'ɛu^{31}	t'eu^{31}	t'ai^{53}	外蟹合一去泰疑	guɔi^{31}	ŋɔi^{41}	ɔ^{53}
轿效开三去笑群	k'iau^{31}	k'iau^{31}	tɕ'iau^{13}	漏流开一去候来	leu^{31}	leu^{31}	nai^{53}
病梗开三去映并	p'iaŋ^{31}	p'iaŋ^{31}	p'iaŋ^{53}	慢山开二去谏明	bʌn^{31}	man^{31}	man^{13}
定梗开四去径定	t'in^{31}	t'in^{31}	t'in^{53}	面山开四去霰明	bien^{51}	mien^{23}	mien^{13}
败蟹二去夬并	p'ʌi^{31}	p'ai^{31}	p'ai^{53}	让宕开三去漾日	giɔŋ^{31}	iɔŋ^{31}	iɔŋ^{53}
柜止合三去至群	k'ui^{31}	k'ui^{31}	k'uei^{13}	乱山合一去换来		lon^{31}	nuɔn^{13}
就流开三去宥从	ts'iu^{31}	ts'iu^{31}	tɕ'iəu^{53}	样宕开三去漾以	iɔŋ^{31}	iɔŋ^{31}	iɔŋ^{53}

---

① 庄初升：《粤北客家方言语音概貌》，《韶关学院学报》，2005 年第 5 期。

续表

全浊去	乳源	翁源	仪陇乐兴	古次浊去	乳源	翁源	仪陇乐兴
袖流开三去宥邪	ts'iu³¹	ts'iu³¹	tɕ'iəu⁵³	硬梗开二去映疑	gʌŋ³¹	ŋaŋ³¹	ŋaŋ⁵³
办山开二去裥并	p'ʌn³¹	p'an³¹	p'an⁵³	命梗开三去映明	biaŋ³¹/bin³¹	miaŋ³¹ 生~ /min³¹ ~令	miaŋ⁵³
净梗开三去劲从	ts'iaŋ³¹	ts'iaŋ³¹	tɕ'iaŋ⁵³	梦通合三去送明	buŋ³¹	muŋ³¹	muŋ⁵³

还有进一步的证据证明仪陇客家方言与粤北客家方言的亲缘关系，比如阴入高、阳入低的特点跟成都、隆昌、西昌三地相区别，而跟粤北某些地点的客家方言相同。据庄初升先生的研究，始兴太平和乐昌梅花客家方言也是阴入高、阳入低[①]。

以上关于四川客家方言与源方言关系的讨论结果，跟四川客家人来源地的资料是吻合的。跟上一节 200 核心词相似度比较也是吻合的。需要说明的是，相似度比较如果加进语音条件（由于该研究方法和研究水平的局限，我们还未能找到合理的办法来增加语音条件），两项研究的结果会更加统一。还需要说明的是，关于四川客家方言与广东客家方言亲疏关系讨论的结果只是作出了一种基本的判断，反映了某种祖籍方言的基础地位，不能加以绝对化。事实上，洛带客家方言中也有不少五华客家方言的成分，凉水井客家方言中也有不少梅县客家方言的成分，西昌客家方言的祖籍方言也并非只是龙川客家方言。

五　四川客家方言的分区

四川客家方言是客家移民四川以后形成的，具有特殊性，其特殊性在于它不但具有客家方言的一般特点，而且被深深地打上了四川官话的烙印，具有鲜明的西南官话特色。汉语方言的分区通常采用语音标准，或者以语音为主要标准，因为"语音特点具有明显的对应性、系统性，容易掌握，用来区分方言的功效化较高"[②]。我们也以语音标准为主，再结合来源和地缘标准对四川客家方言进行内部分区。在语音标准中，客家方言的声调特点对客家方言的分区很重要，谢留文、黄雪贞先生主要依据客家方言的声调特点把客家方言分为粤台片、海陆片、粤北片、粤西片、汀州片、宁龙片、于信片、铜

---

① 庄初升：《粤北客家方言语音概貌》，《韶关学院学报》，2005 年第 5 期。
② 王福堂：《汉语方言语音的演变和层次》，语文出版社 1999 年版，第 46 页。

桂片八片，其中粤台片又分为梅惠小片和龙华小片。[①]各片和小片内部在声调方面都有很多或较多的一致性特点。刘镇发先生认为："鉴于客家话主要是移民的结果，分类不宜以地理语言学出发，而应以历史及语音特点，尤其是声调特点较为合适。一般认为，客家话的特点以声调为主。很多地方的客家人虽然迁移多时，词汇及语音特点已经改变不少，但声调特点还是和'原居地'的相似。"[②]

首先根据语音特点和来源标准，可把四川客家方言分为四川粤东片和四川粤北片，再根据地缘标准进一步把四川粤东片客家方言分为川西成都小片、川东南内江小片、川西南黄联小片。

1. 从语音特点看，四川粤东片和四川粤北片都保存了客家方言的重要特点。其中四川粤东片在声母、韵母方面全面具有粤东客家方言，甚至客家方言的一般特点，在声调方面跟梅县、五华客家方言的一致性很强；四川粤北片具有粤北客家方言的重要特点，客家方言一般特点的体现则较弱，其声调格局跟四川粤东片的差异也比较大。

两片的声韵调特点已详见前文，此处再就韵母和声调的某些突出特点作集中比较。见表 2-42。

表 2-42　　　　　　客家方言粤东片和粤北片韵母、声调对照表

地点	比较项目	哥 果开一平歌见	桃 效开一平豪定	狗 流开一上厚见	阴平	阴入	阳入
梅县	粤东客家方言	ko^{44}	t'au^{11}	keu^{31}	44	1	5
五华		ko^{44}	t'au^{13}	keu^{31}	44	1	5
成都洛带	四川粤东片	ko^{45}	t'au^{13}	kiəu^{31}	45	2	5
成都凉水井		ko^{45}	t'au^{13}	kiəu^{31}	45	2	5
隆昌付家		ko^{45}	t'au^{13}	kəu^{31}	45	3	5
西昌黄联		ko^{45}	t'au^{212}	kəu^{31}	45	3	5
乳源	粤北客家方言	kɔu^{44}	t'ɔu^{24}	keu^{31}	44	2	5
翁源		kou^{23}	t'ou^{214}	keu^{31}	23	2	5
乐昌		kɔu^{44}	t'ɔu^{24}	kɛu^{41}	44	4	2
英德		kou^{33}	t'ou^{24}	kɛi^{31}	33	2	4
仪陇	四川粤北片	kəu^{33}	t'əu^{21}	kɛ^{53}	33	5	3

　①　谢留文、黄雪贞：《客家方言的分区》，《方言》，2007 年第 3 期。

　②　刘镇发：《客家人的分布与客语的分类》，载李如龙、周日健主编第二届客方言研讨会论文集《客家方言研究》，暨南大学出版社 1998 年版，第 49 页。

　　从表 2-42 中看出，果开一歌韵的"哥"字与效开一豪韵的"桃"字，今在四川粤东片各点高度统一，也都要加以区分，分别读为 o 和 au。而在粤北片仪陇则今读不分，读为复韵母 əu。歌、豪韵读为 o 和 au，跟五华、梅县相同而跟粤北乳源等地点相异；读为 əu 跟英德、翁源等地点十分接近，跟乳源、乐昌也相近而跟粤东五华、梅县相异。流开一的"狗"字，成都洛带、凉水井读 kiəu³¹、隆昌、西昌都读为 kəu³¹，跟梅县、五华读音 keu³¹ 比较接近并能建立对应关系；仪陇读为 kɛ⁵³，韵腹跟粤北各点相同，应当是 eu 或 ɛi 脱落韵尾所致。在声调方面，四川粤东片各点的一致性也很强，阴平读为次高升调，跟五华、梅县客家方言相近；阴入低，阳入高的特点也跟五华、梅县话一致。仪陇客家方言阴平是 33，为中调，跟乐昌客家方言一致，阴入高，阳入低是仪陇客家方言入声的读音特点，这跟粤北乐昌客家方言相同。阴入高，阳入低这个特点在粤北的始兴县还可以找到。"入声以阴阳分调的方言，太平和梅花是阴入高、阳入低，与一般的客家方言不同。"①这里说到的太平属于始兴客家方言，梅花属于乐昌客家方言。

　　仪陇客家方言跟成都、隆昌、西昌客家方言之间在语音特点上的重要差异是四川客家方言分片的重要依据。结合四川客家的来源，可以把成都、隆昌、西昌客家方言叫作四川粤东片客家方言，把仪陇客家方言叫作四川粤北片客家方言。

　　2. 从四川客家的来源看，四川客家人的迁徙具有同籍同族同迁一地落业定居的特点。成都客家人的祖籍以粤东长乐（今五华）、梅县居多，西昌客家人的祖籍以龙川居多，隆昌客家人也多来自长乐（五华）、梅县。成都、隆昌、西昌客家方言的一致性很强，几地客家人今能用客家方言比较顺利沟通，其主要原因在于有共同的来源，这几个地点的客家方言可以归为同一片。西昌客家人的原籍龙川，龙川尽管属于粤中，不把它独立为粤中片而归到粤东片的理由有三：第一是语音特点尤其是声调格局跟成都、隆昌的相似度高。第二是龙川东接梅州，其地属河源，河源有时也被包括在粤东。第三是西昌客家人并非都是龙川籍的，也有五华、梅县等籍的。

　　仪陇客家人的祖籍来源于粤北韶关乳源、翁源、乐昌、始兴等地，跟成都、隆昌、西昌客家方言的沟通度较低，因此应该跟成都等地的客家方言分开，单独归为四川粤北片。

　　3. 从地缘看，四川各地的客家方言有不同的特色，这种特色主要取决于

---

① 庄初升：《粤北客家方言语音概貌》，《韶关学院学报》，2005 年第 5 期。

来源方言的影响，同时还取决于所受到的相邻官话的影响。仪陇客家方言独立成四川粤北片，跟成都、内江、西昌客家方言的差异，便包括了地域差异。成都、隆昌、西昌三地因语音、词汇、语法基本面貌上的一致性强、沟通度高而同归为粤东片，但三地客家人使用的四川官话有别：成都客家人使用的成都官话，无翘舌音，古入声字今归阳平；隆昌客家人使用的隆昌官话，有系统的翘舌音，古入声字今读去声；黄联客家人普遍使用的"四外话"在语音上有系统的平翘舌音，没有撮口呼韵母。由于四川粤东片分布的地域广并且三地不同特色的西南官话带给了当地客家方言以不同的影响，因此，三地的客家方言有进一步分为小片的必要。根据其所处地点，分为川西成都小片、川东南内江小片和川西南黄联小片三个小片。四川客家方言的分区如下所示：

（1）四川粤东片客家方言
- ① 川西成都小片
- ② 川东南内江小片
- ③ 川西南黄联小片

（2）四川粤北片客家方言——川北仪陇片

　　从四川客家方言的语音特点和人口来源入手，厘清成都、西昌、隆昌、仪陇几个客家方言点的内部关系和分区，将其分为四川粤东片和四川粤北片，再结合地缘情况进一步把四川粤东片客家方言分为川西成都小片、川东南内江小片、川西南黄联小片。四川客家方言的分区可以为进一步深入研究四川客家方言奠定基础。

第三章 四川客家方言与四川官话
接触下的语音研究

在导论中，我们阐明了本书研究四川客家方言的特殊方法，就是把静态描写与动态描写结合起来，把共时比较与历时考察结合起来，把四川客家方言放在与四川境内的西南官话（四川官话）相接触的平台上来观察四川客家方言的面貌与传承、变异情况。为此，第二章特地把四川客家方言与主要来源方言梅县、五华客家方言进行了比较研究，展示了其间的异同与亲疏关系，初步说明了四川客家方言已不再是一般意义上的客家方言，而是具有四川地域特色的客家方言。从本章起，包括第四章和第五章，我们将通过四川客家方言与四川官话接触下的语音研究、词汇研究、语法研究来反映四川客家方言在传承和演变方面的具体情形，揭示四川各地客家方言因为地缘性的方言接触而产生的共同特点与不同特点。

第三、四、五章是本书的核心内容。除了运用语言接触理论之外，我们还在"系统感染"理论的指导下进行研究。"系统感染"理论是指"处于同一地区的若干语言在语音、语法系统的结构格局、结构规则方面逐渐趋同，但仍保持了各自语言的本质——有相当数量继承于自己语言祖语的核心词根。另外，这些语言也会有较大数量的词语借贷。经济水平低的一方主要向高的一方借用文化政治方面的词汇，而经济水平高的一方主要向低的一方借用当地事物、风俗或观念的名称，但核心词根一定有相当数量还用各自语言原有的。"[1]系统感染理论不仅适用于语言接触下的不同的语言，而且也适用于方言接触下的不同方言。具体说来，系统感染理论引发我们研究这一系列的问题：四川客家方言在语音、词汇和语法系统上受到了四川官话的哪些影响？产生了哪些变异？这些影响和变异是否触及了其核心特点？等等。后文将分别予以讨论。

---

① 叶蜚声、徐通锵：《语言学纲要》，北京大学出版社 2010 年版，第 215 页。

第一节　与四川各客家方言岛比邻的四川官话

一　四川官话的分区与四川客家方言的比邻官话的类型

四川境内分布的官话方言，几乎是西南官话，唯西昌话比较特殊，在归属上认识有分歧。西昌话阴阳上去四声的调值跟四川官话差别较大，入声独立且调值念 31 调，跟四川入声区的入声普遍读 33 不同，崔荣昌先生认为西昌话属于北方官话的河南话[①]，黄雪贞先生把它归为西南官话灌赤片岷江小片[②]，李蓝先生认为"西昌城区的老派话本不属西南官话，但 50 岁以下的人说的新派话与成都话比较接近，现按新派话，将其归入西南官话"[③]。四川官话通常称为四川话，在与客家方言相接的地方，又有"湖广话"之称。

汉语方言的分区，通常以语音为标准。黄雪贞先生根据调值的相近和入声是否独立以及韵母的某些特点，按照片——小片的层次把西南官话分为成渝、滇西、黔北、昆贵、灌赤、鄂北、武天、岑江、黔南、湘南、桂柳、常鹤等 12 片[④]。根据黄雪贞先生的分区，四川的西南官话分属其中的 4 个片区，主要是成渝片和灌赤片，另有个别地点属昆贵片和黔北片。四川客家方言集中保存在成都、内江—隆昌、西昌、仪陇几个客家方言岛，与其比邻的官话包括成渝片、灌赤片岷江小片和仁富小片三种西南官话类型。

成都客家人说的官话包括属于成渝片的成都话和属于灌赤片岷江小片的新都话两种。成都客家方言由东到北连缀成片，分布在锦江区、龙泉驿区、成华区、新都区和青白江区 6 个区所辖的 27 个街道办事处和乡镇。这片区域的客家人，所说的官话多为成都话，但位于北端的木兰镇、泰兴镇、青龙场、天回镇的客家人则说新都话。

新都话属于灌赤片岷江小片，其语音特点是有入声，还有翘舌音：《广韵》中的"缉、质、职、昔"几个入声韵字的声母在新都话中读为 tʂ、tʂʻ、ʂ、z̩。

成都客家方言的分布见下图。[⑤]

① 崔荣昌：《四川方言与巴蜀文化》，四川大学出版社 1996 年版，第 118 页。
② 黄雪贞：《西南官话的分区（稿）》，《方言》，1986 年第 4 期。
③ 李蓝：《汉语方言的分区（稿）》，《方言》，2009 年第 1 期。
④ 中国社会科学院和澳大利亚人文社会科学院：《中国语言地图集（稿）》，香港（远东）朗文有限公司，1987 年版。
⑤ 下图来自郋远春《成都客家话研究》，中国社会科学出版社 2012 年版。

成都客家话分布图

　　仪陇客家人说的仪陇官话属于成渝片。

　　四外话是西昌黄联大多数客家人用来对非客家人进行交际的西南官话，也可归为成渝片。四外话的名称我们早在崔荣昌先生的文章中看到过，"四川的客家人称四川官话为'四邻话'或'四里话'（仪陇）、'四外话'（西昌）、'湖广话'（成都市东山、资中、威远）和'老湖广'（资中、威远）"①。在 2010年的田野调查中，笔者在黄联关镇大德村了解到，当地人使用的官话，并不是通常所说的西昌话，而主要是四外话，此外还说一种叫保十三话的官话。保十三话得名于保十三，民间传说保十三是十三家汉族土著，其详情还有待研究。关于四外话，我们遍访当地人，得到的解释是"四外人所说的话"，但"四外人"的名称却很多人都不知其意，后得到刘绍刚先生的解释是"四川之外的人"，当是湖广填四川时，其祖上从其他省份移民而来，比保十三更晚入川的外省移民，此说法应该可信。

　　成渝片分布广泛，内部还应再分小片以说明差异。西昌客家人所说的官话"四外话"入声归阳平，这一特点跟成都话相同，但有完整的翘舌音声母，无撮口呼韵母，这两个特点跟成都话不同，兰玉英等曾把德昌话、会理话、

---

　　① 崔荣昌：《四川方言的形成》，《方言》，1985 年第 1 期。

米易话独立为"德盐小片"①。四外话古入声归阳平，有舌尖前音 ts、ts'、s，也有舌尖后音 tʂ、tʂ'、ʂ、z̩，这些特点跟德昌话相同，而且在地缘上也跟德昌话相接②，因此可以归为成渝片德盐小片，但德昌话有撮口呼而四外话没有撮口呼，四外话还带有昆贵片的特点。

隆昌客家人说的隆昌官话属于灌赤片仁富小片。其主要的语音特点是声母有舌尖前音 ts、ts'、s，也有舌尖后音 tʂ、tʂ'、ʂ、z̩，古入声字归去声。

成都、隆昌、西昌、仪陇四个客家聚居区客家人所使用的官话见表3-1。

表 3-1　　　　　　　　　四川客家人使用官话情况表

	所说的官话	归　　属
成都客家	成都话	成渝片
	新都话	灌赤片岷江小片
隆昌客家	隆昌话	灌赤片仁富小片
西昌客家	四外话	成渝片德盐小片（带昆贵片特点）
仪陇客家	仪陇话	成渝片

二　各四川官话方言点音系

（一）成都官话音系③

1. 声母

成都官话一共有20个声母，其中辅音声母19个，零声母1个：

p pʻ m f t tʻ n ts tsʻ s z tɕ tɕʻ ȵ ɕ k kʻ ŋ x ∅

2. 韵母

一共36个。其中单韵母8个，复韵母15个，鼻韵母13个，如下：

ɿ	ɚ	a	o	e	ai	ei	au	əu	an	ən	aŋ	oŋ
i		ia		ie	iɛi		iau	iəu	iɛn	in	iaŋ	
u		ua		ue	uai	uei			uan	uən	uaŋ	
y			yo	ye					yan	yn		yoŋ

① 兰玉英、蓝鹰、左福光、蔡斌：《攀枝花本土方言与习俗研究》，巴蜀书社2011年版，第52页。

② 西昌客家方言集中分布在西昌西南面的黄联关镇，黄联关镇位于西昌市西南部安宁河畔，距西昌市区30公里，境内大德村客家人说的官话多为四外话，少数人说保十三话。大德村南与黄水乡接壤，黄水乡以南则与德昌县麻栗乡相接，黄水乡主要通行四外话。

③ 成都话音系依据梁德曼、黄尚军《成都方言词典》，江苏教育出版社1998年版，引论第8页。

说明：鼻音声母 n 音值不太稳定，包含 n、l 等自由变体。普通话 n、l 两个声母开口呼、合口呼的字，以及从中古来母来的齐、撮两呼字的声母，成都话可以自由发成 n 或 l，还可以发成带鼻音色彩的边音 l，n、l 不区别意义。

3. 声调

成都官话有四个声调，古入声字归阳平：

阴平 55　　　　　阳平 21　　　　上声 53　　　　去声 213

（二）隆昌官话音系[①]

1. 声母

隆昌官话一共 24 个声母，包括零声母在内：

p p' m f t t' n tṣ tṣ' s z tʂ tʂ' ʂ ʐ tɕ tɕ' ȵ ɕ
k k' ŋ x Ø

2. 韵母

隆昌官话一共 37 个韵母，其中单韵母 9 个，复韵母 15 个，鼻韵母 13 个，如下：

ɿ ʮ	ɚ	a	o	e	ai	ei	au	əu	an	ən	aŋ	oŋ
i		ia		ie	iɛi		iau	iəu	iɛn	in	iaŋ	
u		ua		ue	uai	uei			uan	uən	uaŋ	
y			yo	ye					yɛn	yn		yoŋ

3. 声调

隆昌官话有四个声调，古入声字归去声：

阴平 55　　　　　阳平 21　　　　　上声 52　　　　去声 13

（三）四外话音系

1. 声母

四外话一共有声母 22 个，包括零声母：

p p' m f t t' n tṣ tṣ' s tʂ tʂ' ʂ ʐ tɕ tɕ' ɕ
k k' ŋ x Ø

2. 韵母

四外话有韵母 33 个，包括 8 个单韵母，14 个复韵母，11 个鼻韵母，如下：

ɿ ʮ	ɚ	a	o	e	ai	ei	au	əu	an	ən	aŋ	oŋ
i	ia	io	ie				iau	iəu	iɛn	in	iaŋ	ioŋ
u	ua		ue	uai	uei		iu		uan	uən	uaŋ	

---

① 隆昌官话音系参考了四川方言调查工作组《四川方言音系》，《四川大学学报》，1960 年第 3 期。

3. 声调

四外话一共阴阳上去四个，无入声，古入声字归阳平：

阴平 55　　　　阳平 31　　　　上声 53　　　　去声 24

（四）仪陇官话音系

1. 声母

仪陇官话共 20 个声母，包括零声母在内：

p pʻ m f t tʻ n ts tsʻ s z tɕ tɕʻ ȵ ɕ k kʻ ŋ x Ø

2. 韵母

仪陇官话共有 36 个韵母，如下：

ʅ	ɚ	a	o	e	ai	ei	au	əu	an	ən	aŋ	oŋ
i		ia		ie	iai		iau	iəu	iɛn	in	iaŋ	
u		ua		ue	uai	uei			uan	uən	uaŋ	
y			yo	ye					yɛn	yn		yoŋ

3. 声调

仪陇官话有 4 个声调，没有入声，古入声字归阳平：

阴平 55　　　　阳平 21　　　　上声 53　　　　去声 14

第二节　语音成分比较研究

为了便于分析与四川官话接触所引发的四川客家方言的语音变化，本节把四川境内各客家方言点的某些重要语音成分与其比邻官话的语音成分进行比较。由于四川客家方言被分区上有差异的官话分割与包围，因此，在各客家方言点所产生的变化很可能会出现某些差异。成都客家方言岛是四川境内最大的客家方言岛，成都客家人所操的官话分成都官话和新都官话两个小类，应作为本章研究的重点。鉴于此，成都客家方言主要选取洛带、凉水井、泰兴、合兴几个点跟成都官话、新都官话作比较。隆昌客家方言选取胡家镇付家乡这个点跟隆昌官话作比较，西昌客家方言选取黄联大德村这个点跟四外话作比较，仪陇客家方言选取乐兴镇这个点跟仪陇官话作比较。

一　四川客家方言语音成分概览

本节语音成分比较，以音位学的观点为原则并兼顾音质差异来提取语音成分，比如 n 音位实际包含 n、l、ɬ 三个音位变体，提取 n 作为代表，具体讨论时会涉及 l 和 ɬ。所以这里的语音成分实际上是一个音类概念。

（一）四川客家方言的辅音成分

把四川客家方言各地点的辅音成分集中起来看，四川客家方言的辅音成分一共有 25 个，其中隆昌和西昌多出 tʂ、tʂ'、ʂ、ʐ 几个舌尖后音。见表 3-2。

表 3-2　　　　　　　　　　　四川客家方言辅音成分表

发音方法 / 发音部位	塞音		塞擦音		鼻音	擦音	
	不送气	送气	不送气	送气		清	浊
双唇	p	p'			m		
唇齿						f	v
舌尖前	ts	ts'				s	z
舌尖中	t	t'			n①		
舌尖后			tʂ	tʂ'		ʂ	ʐ
舌面前			tɕ	tɕ'	ȵ	ɕ	
舌面后	k	k'			ŋ	x②	
喉	ʔ						

（二）四川客家方言的元音成分

把四川客家方言各地点的元音成分集中起来看，四川客家方言的元音成分共有 12 个：9 个舌面元音：a、o、e、ɛ、ɔ 、i、y、u、ɣ；2 个舌尖元音：ɿ、ʅ，1 个卷舌元音 ɚ。见表 3-3。

表 3-3　　　　　　　　　　　四川客家方言元音成分表

类别 / 舌位	舌尖元音						卷舌元音						舌面元音					
	前		央		后		前		央		后		前		央		后	
	不圆	圆	不圆	圆	不圆	圆	不圆	圆	不圆	圆	不圆	圆	不圆	圆	不圆	圆	不圆	圆
高	ɿ				ʅ								i	y				u
半高													e					o
中									ɚ						ə			
半低													ɛ					ɔ
低															a			

---

① 由于在四川客家方言中 n、l 不具有辨义作用，本书以 n 为代表，l 作为 /n/ 音位的变体。

② 由于在四川客家方言中 x、h 不具有辨义作用，本书以 x 为代表，h 作为 /x/ 音位的变体。

（三）非音质成分

声调是非音质成分，四川客家方言一共具有阴平、阳平、上声、去声、阴入、阳入 6 个调类，各个地点都很统一。调值上的重要差别是四川粤东片阴入低，阳入高；四川粤北片阴入高，阳入低。此外，四川粤东片和四川粤北片在阴阳上去四声的调型和调值上也不相同。见表 3-4。

表 3-4　　　　　　　　　　四川客家方言声调表

调类 调值 方言点	阴平	阳平	上声	去声	阴入	阳入
成都洛带	45	13	31	53	2	5
成都凉水井	45	13	31	53	2	5
成都泰兴	45	13	31	53	32	5
成都合兴	45	13	31	53	3	5
隆昌付家	45	13	31	53	3	5
西昌黄联	45	212	31	53	3	5
仪陇乐兴	33	21	53	13	5	3

总的说来，在跟四川官话的接触中，四川客家方言的音质成分受到了较大的影响，非音质成分的影响则比较小。在音质成分中，p、pʻ、m、f、t、tʻ、k、kʻ、ts、tsʻ、s、a、o、i、e、u 等 16 个是四川客家方言的来源方言与四川官话的共有成分，v、ɔ 2 个是客家方言的固有成分，-ʔ是后起成分。把这些成分除开，下面就鼻边音声母、平翘舌音、舌面前音、撮口元音、卷舌元音五个方面所包含的有关语音成分的接触情况进行讨论，重点讨论四川客家方言中具有异质特点的成分。

二　鼻边音 n、l

n、l 两个音素，是四川客家方言及其来源方言都有的，但所起的作用却不相同。谢留文根据泥母和来母在客家方言中的分合和音值情况，归纳为"不混型"、"半混型"和"全混型"三种类型。不混型指不论今韵母洪细，泥母都读鼻音声母，与来母不混，这是客家方言最主要的类型；不混型分布于广大的客家地区，梅县、河源、赣县、上犹、武平等在这个区域之内。[①]另据

---

① 谢留文：《客家方言语音研究》，中国社会科学出版社 2003 年版，第 4 页。

魏宇文、朱炳玉的研究，五华客方言也属于 n、l 不混型。①另兴宁话也属于不混型。②可见在梅县、五华客话中，鼻边音声母都属于不混型，n、l 是两个音位。

据谢留文的说明，半混型是在洪音韵母前，泥母读同来母，音值一般是 l，在细音韵母前，泥母仍读鼻音声母 ȵ，与来母有别；全混型则是不论洪细，泥母都读来母。③四川客家方言泥母拼细音读 ȵ（西昌除外），来泥母拼洪音与来母拼细音都互混，可读为 n，也可读为 l。如果考虑到泥母拼细音读 ȵ 的因素，成都、隆昌、仪陇基本上都属于半混型，西昌客家方言则是属于全混型。如果撇开泥母拼细音读 ȵ 的情况，只是考虑 n、l 自由替换的特点，则可以说四川客家方言都是全混型。

不管是半混型也好，还是全混型也好，在四川客家方言中，n、l 都不具有对立作用，是一个音位的两个自由变体。从已有的研究看，四川客家方言来泥母字相混的情况最早在 60 年前就已有报告，在后来的研究中也有连续报告。董同龢在对凉水井客家方言的研究报告中曾经说道："'老'、'脑'、'李'诸字，本地人都以为是'同一类'的，即同声母的，不过我们去听，却觉得每个这一类字的声母时而是一个舌尖鼻音（带塞音性），时而是个舌尖边音，时而是个鼻化的边音"，"我在这儿用[n]，为的是这个声母的字在音变中走着鼻音声母的路线"。④崔荣昌依据 20 世纪 80 年代的调查总结说："古'泥来'二母的分合，有三种情况：①西昌客话古'来'母一般读 l，少数字同'泥'母（还有疑日二母）合流读 n。②仪陇客话古'来'母一般读 l，少数字（今洪音）同'泥'母（今洪音）合流读 n，而'泥'母（今细音）又同'疑日'二母（今细音）合流读 ȵ。③成都和威远两地客话则是'泥'母（今洪音）同'来'母合流读 n，'泥'母（今细音）同'疑日'二母（今细音）合流读 ȵ。"⑤

李瑞禾、曹晋英认为西昌黄联客方言"n、l 不分，'难、兰'，'怒、路'同音"，⑥在音系中他们只列 n，未列 l。

段英认为，西昌黄联关古来母一般读 l，少数同泥母合流读 n，从所举例

①　魏宇文：《五华方言同音字汇》，《方言》，1997 年第 3 期；朱炳玉：《五华客家话研究》，华南理工大学出版社 2010 年版。

②　罗美珍、林立芳、饶长溶主编：《客家话通用词典》，中山大学出版社 2004 年版。

③　谢留文：《客家方言语音研究》，中国社会科学出版社 2003 年版，第 4 页。

④　董同龢：《华阳凉水井客家话记音》，科学出版社 1956 年版，第 84 页。

⑤　崔荣昌：《四川方言与巴蜀文化》，四川大学出版社 1996 年版，第 182 页。

⑥　李瑞禾、曹晋英：《西昌黄联客家话同音字汇》，《西昌师范高等专科学校学报》，2001 年第 2 期。

字"难疑女日路"读 n，"懒列连二宁"读 l 来看，n、l 也是相混的。[①]

在洛带客家方言中，n、l 不具有区别音位的作用，半混状态是大致的描述。混淆程度不同的发音人不尽相同，就是同一个人的发音也前后有别，念单字和念词语有别，念词语先后念有时也有别。[②]

四川官话普遍也有 n、l 两个音素，由于 n、l 在四川官话中没有区分音位的作用，所以按照音位化理论与音位化处理的原则，n、l 是一个音位的两个变体，n 或 l 都可以作为音位的代表。由于 n 这个字母还作韵尾，因此根据简明的原则，我们选 n 作为音位的代表。

董同龢 1941 年对成都话的记音，声母系统中有 n 无 l，并说明"n 是一个变值音位，有时也可能读成 l，但大半都读成 n"。[③]隆昌和仪陇的情形也相同。[④]1956 年所进行的四川方言普查，对四川方言中的/n/音位，则有更加细致的说明："在 150 个点中有 n、l、ɬ 三种读法，n 是舌尖鼻音，l 是舌尖边音，ɬ 是带鼻化的舌尖边音。这些读法，可以出现在同一个点不同的发音人口里。但一般的情况是：在齐撮两呼的韵母前，n 绝对占优势，开合两呼的韵母前，n、l、ɬ 自由变异。也有全部念 n，或全部念 l 的，后一种情形较少。"[⑤]

四川客家方言 n、l 两个音素在语音系统中的作用跟四川官话相同而跟来源方言不同，我们认为这是受比邻官话影响的结果。四外话是跟西昌客家方言相邻的官话，有趣的是，在四外话中泥母拼细音不读 ȵ 而读 n，西昌客家方言也不读 ȵ 而读 n。

表 3-5　　　　　　　　　四川客家方言与比邻官话 n、l 比较表

	泥母拼洪音	来母拼洪音细音	泥母拼细音
洛带客话	n 难脑	n 兰老吕李	ȵ 年惹
凉水井客话	n 难脑	n 兰老吕李	ȵ 年惹
合兴客话	n 泥内	n 老路吕李	ȵ 年惹
成都话	n 难脑	n 兰老吕李	ȵ 你年
泰兴客话	n 难脑	n 兰老吕李	ȵ 你年
新都话	n 难脑	n 兰老吕李	ȵ 年你

① 段英：《四川黄联关客家话与梅县客家话的比较》，《汕头大学学报》，2002 年第 4 期。

② 兰玉英：《洛带客家方言研究》，四川人民出版社 2005 年版，第 20 页。

③ 杨时逢：《四川方言调查报告》，"中央研究院"历史语言研究所 1984 年版印行，第 12—13 页。

④ 杨时逢：《四川方言调查报告》，"中央研究院"历史语言研究所 1984 年版印行，第 1400—1401 页，1438—1439 页。

⑤ 四川方言调查工作指导组：《四川方言音系》，《四川大学学报》，1960 年第 3 期。

	泥母拼洪音	来母拼洪音细音	泥母拼细音
隆昌客话	n 难脑	n 兰老吕李	ȵ 年惹
隆昌官话	n 难脑	n 兰老吕李	ȵ 你年
西昌客话		n 难脑　　兰老　李料　女惹	
四外话		n 难脑　　兰老　李料　女年	
仪陇客话	n 难兰	n 李了	ȵ 惹聂
仪陇官话	n 难路	n 李了	ȵ 你年

　　四川客家方言 n、l 相混的情况是受比邻的官话方言的影响当是没有什么问题的。这种影响在当代尤其明显。1985 年，黄雪贞先生调查成都龙潭寺（时属金牛区，今属成华区）客方言时，n 、l 不混（"女泥内脑嫩"读 n，"老路良辣鹿"读 l）。[1]20 余年后，郑远春对龙潭寺客话跟踪调查时，发现发音人 n、l 不分了：有时读为 n、有时读为 l。[2]西昌、仪陇的情况也相同，据崔荣昌 20 世纪 80 年代调查，n、l 还有部分能够分清，兰玉英、曾为志 2010 年前后的调查，n、l 已严重混淆。至此可以说，在四川官话的影响下，四川客家方言中的 n、l 已经彻底实现了由分到混的功能转变，也可以说，n、l 相混是四川客家方言向四川官话靠拢的显著标志之一。

三　平翘舌音 ts、tsʻ、s、z 与 tʂ、tʂʻ、ʂ、ʐ

　　古知、章、庄与精组声母的分合是近现代语音学关注的焦点问题。古知、章、庄与精组声母的分合在四川客家方言中总体情况跟比邻官话也相同：比邻官话分，客家方言也分，比邻官话不分，客家方言也不分。分与不分的差异，形成了四川客家方言在不同地点声母多少的差异。通常把 ts、tsʻ、s 合称为 ts 组，tʂ、tʂʻ、ʂ 合称为 tʂ 组。z、ʐ 来源于古日母，由于 z 的发音部位同 ts、tsʻ、s，ʐ 的发音部位同 tʂ、tʂʻ、ʂ，因此本书分别把这两个语音成分归为 ts 组、tʂ 组，必要时再单独拿出来讨论。

　　（一）ts 组与 tʂ 组在四川客家方言的分布

　　ts、tsʻ、s 与 tʂ、tʂʻ、ʂ 来源于古精组、知组、庄组，这两组声母在四川各客家方言点的情况比较参差。系统地保留了两组声母的地点是隆昌和西昌，西昌的辖字范围大于隆昌；在成都的情况不尽相同：泰兴客家方言有成套的

　　① 黄雪贞：《成都市郊龙潭寺的客家话》，《方言》，1986 年第 2 期。

　　② 郑远春：《成都客家话研究》，中国社会科学出版社 2012 年版，第 82 页。

翘舌音 tʂ、tʂ'、ʂ、ʐ；凉水井客家方言董同龢 1946 年调查时无 tʂ、tʂ'、ʂ，今情况依旧；龙潭寺黄雪贞 1986 年调查时有 ʐ 无 tʂ、tʂ'、ʂ，郯远春 2008 年调查时已无 ʐ，ʐ 变为了 z；洛带长铁村 99% 都是客家人，是纯客村，2003 年兰玉英调查时无翘舌音；据郯远春 2008 年的调查，"三圣、天回、石板滩、泰兴、龙王等地均有知庄组与缉韵、质韵、织韵、昔韵相拼时读作 [tʂ、tʂʰ、ʂ] 的情况，只是数量不一。"[①]四川客家方言 ts 组、tʂ 组的分布情况见表 3-6。

表 3-6　　　　　　　　　　　四川客家方言平翘舌音分布表

			ts	ts'	s	z	tʂ	tʂ'	ʂ	ʐ
成都	锦江区	三圣乡客话	+	+	+	+				
	成华区	龙潭寺客话[②]	+	+	+	+				
	金牛区	天回镇客话	+	+	+	+			+	
	龙泉驿区	洛带客话	+	+	+	+				
		凉水井客话	+	+	+	+			.	
		西河客话	+	+	+	+				
	青白江区	合兴客话	+	+	+	+	+	+	+	+
	新都区	泰兴客话	+	+	+	+	+	+	+	+
隆昌	隆昌客话				+	+	+	+	+	+
西昌	西昌客话						+	+	+	+
仪陇	仪陇客话		+	+	+	+				

需要追问的问题是：

第一，为什么翘舌音在四川客家方言中的分布是如此参差不齐？

第二，为什么在方圆 50 里的成都客家方言岛内在翘舌音的有无上面也不统一？

第三，成都有翘舌音的泰兴等地点，翘舌音为什么只限于知庄组与缉、质、织、昔几个入声韵？

第四，平翘舌音的分布跟四川官话到底有怎样的关联？

第五，跟来源方言的关联有多大？

---

① 郯远春：《成都客家话研究》，中国社会科学出版社 2012 年版，第 82 页。

② 据郯远春的最新调查，《成都客家话研究》，中国社会科学出版社 2012 年版，第 82 页；黄雪贞 1985 年调查有 ʐ。后文再讨论。

这些问题，将通过后文的分析研究来回答。

（二）ts 组与 tʂ 组在来源方言的分布

ts 组中的 z 与 tʂ 组中的语音成分在客家基本住地的语音系统中都不发达。刘纶鑫先生所调查的江西 40 个客家方言点中江西兴国潋江镇、铜鼓县丰田乡、修水县黄沙桥乡、万载县高村乡、兴国县江背乡 5 个地点有 tʂ、tʂʻ、ʂ，均无 z 和 z̩。①据李如龙、张双庆等先生的调查，宁都、大余均只有 ts 组无 tʂ 组，皆无 z，三都既有 ts 组又有 tʂ 组，也无 z 和 z̩。②闽西据李如龙、张双庆等先生的调查，武平、宁化、长汀皆只有 ts 组，无 z；③据项梦冰先生的调查，连城新泉有 ts 组和有 tʂ 组，但也无 z 和 z̩；④据蓝小玲先生的调查，上杭、永定均只有 ts 组无 tʂ 组，也无 z；⑤据罗美珍等先生的研究，福建武平畲坪村有 ts 组，无 tʂ 组，ts 组中有 z，但辖字特别（仅辖"子"字），连城城关只有 ts 组无 tʂ 组，无 z⑥。

在第一章中我们已经论述了四川客家主要来自广东，在第二章中又具体论证了四川客家方言跟广东客家方言的亲疏关系，那么在广东客家方言中 ts 组、tʂ 组分布情况又是怎样的呢？粤东的梅县有 ts 组无 tʂ 组，ts 组无 z；五华有 ts 组、tʃ 组之分（知三、章组字今读 tʃ、tʃʻ、ʃ）但无 tʂ 组，梅县和五华都无 z、z̩；兴宁有 ts 组和 tʂ 组，无 z 但有 z̩⑦；粤中河源源城区只有 ts 组；龙川南部佗城有 ts 组，无 tʂ 组，南部中部的铁场和中部的龙母及北部岩镇的精庄和知二读 ts 组，知三、章组字读 tʂ 组；连平只有 ts 组，包括 z；和平也只有 ts 组，也包括 z⑧。粤北的曲江马坝、翁源龙仙都只有 ts 组无 tʂ 组；⑨新丰也只有 ts 组无 tʂ 组；⑩连南有 ts 组，无 tʂ 组有 tʃ 组⑪。

归纳起来，总的情况是：

在闽粤赣客家基本住地的 60 多个客方言分布地点中，ts 组、tʂ 组的分布

---

① 刘纶鑫：《江西客家方言概况》，江西人民出版社 2001 年版，第 49—83 页。

② 李如龙、张双庆主编：《客赣方言调查报告》，厦门大学出版社 1992 年版，第 7—8 页。

③ 李如龙、张双庆主编：《客赣方言调查报告》，厦门大学出版社 1992 年版，第 6—7 页。

④ 项梦冰：《连城客家话语法研究》，语文出版社 1991 年版，第 3 页。

⑤ 蓝小玲：《闽西客家方言》，厦门大学出版社 1999 年版，第 15 页。

⑥ 罗美珍、林立芳、饶长溶主编：《客家话通用词典》，中山大学出版社 2004 年版，第 350 页，354 页。

⑦ 罗美珍、林立芳、饶长溶主编：《客家话通用词典》，中山大学出版社 2004 年版，第 341 页。

⑧ 练春招、侯小英、刘立恒主编：《客家古邑方言》，华南理工大学出版社 2010 年版，第 17—23 页。

⑨ 余伯禧、林立芳：《韶关方言概说》，《韶关大学韶关师专学报》，1991 年第 3 期。

⑩ 周日健：《广东新丰客家方言记略》，《方言》，1992 年第 1 期。

⑪ 李如龙、张双庆主编：《客家方言调查报告》，厦门大学出版社 1992 年版，第 4 页。

有以下三个重要的信息：

（1）有 tʂ 组的地点有 9 个：广东 2 个（兴宁、龙川部分），江西 6 个（江西兴国潋江镇、铜鼓县丰田乡、修水县黄沙桥乡、万载县高村乡、兴国县江背乡、铜鼓三都），福建 1 个（连城新泉）。

（2）有 tʂ 组的 9 个地点中只有兴宁才有 z̩。

（3）ts 组中含 z 有 3 个地点：连平、和平、武平畲坪村，但所辖非日母字。

（三）四川客家方言与比邻官话的 ts 组、tʂ 组比较

把四川客家方言与比邻官话的 ts 组、tʂ 组进行比较，发现这样一个重要的事实：在四川各客方言点中，tʂ 组的有无跟比邻官话有高度的一致性，即如果四川客家人所说的官话有翘舌音，其所说的客家方言也有翘舌音；如果四川客家人所说的官话无翘舌音，其所说的客家方言也就无翘舌音。有个别例外。如表 3-7。

表 3-7　　　　　　　　四川客家方言与相邻官话 ts 组、tʂ 组比较表

		ts 组	tʂ 组		ts 组	tʂ 组
无 tʂ 组区	洛带客话	+	−	成都官话	+	−
	凉水井客话	+	−			
	三圣乡客话	+	有 ʂ			
	合兴客话	+	−			
	仪陇客话	+	−	仪陇官话	+	−
有 tʂ 组区	泰兴客话	+	+	新都官话	+	+
	木兰客话	+	+			
	隆昌客话	+	+	隆昌官话	+	+
	西昌客话	+	+	四外话官话	+	+

这个比较显示，四川各客家方言点是否有翘舌音跟行政区划并没有必然的联系，而跟四川各地点的客家人所说的官话方言的语言特点有必然联系：隆昌、西昌，以及新都泰兴、木兰镇几地客家人说的官话有翘舌音，所以这几地的客家方言就有翘舌音，成都洛带、凉水井、龙潭寺几地客家人说的成都话没有翘舌音，所以这几地的客家方言就没有翘舌音。这个比较首先可以解释翘舌音在四川客家方言的分布为何存在分歧，还可进一步解释同在成都客家方言岛中翘舌音为何分布也不统一。新都话跟成都话的主要区别在于有入声，有 tʂ 组声母。龙泉驿区、青白江区客家人说的成都话无 tʂ 组，其客家

方言音系中便无 tʂ 组，木兰镇、泰兴镇、天回镇几地客家人操新都话，有 tʂ
声母，其客家方言音系中也有 tʂ 声母。

（四）翘舌音的接触影响讨论

四川客家主要来自广东：成都、隆昌客家方言主要来自粤东，西昌客家
方言主要来自粤中龙川，仪陇客家方言主要来自粤北。考来源方言的翘舌音
情况，兴宁有 tʂ、tʂʻ、ʂ、ʐ 四个语音成分。兴宁也是四川客家的重要来源地，
龙川是西昌客家人的主要来源地，由于这个语音项目不能以今证古，来自粤
东和粤中的四川客家在移民当时所说的客家方言可能已有翘舌音，也可能还
没有。下面根据这两种情况来分别讨论。

先讨论假设有翘舌音的情况。如果 300 年前粤东和粤中客家在移民之时
已把翘舌音带到了四川，那么 300 年后为什么四川粤东片客家方言翘舌音的
保存情况却不一致呢？我们认为，四川客家方言对翘舌音的实际保存情况取
决于各点客家人所说的官话方言是否有翘舌音，因此可以肯定的是，有翘舌
音的新都话、隆昌话、四外话是四川客家方言保存翘舌音的条件。

由于方言接触的影响往往是相互的，或许也可以问：新都官话、隆昌官
话、四外话的翘舌音会不会是比邻的客家方言带来的呢？我们认为不可能。
从周边方言看，新都官话跟彭州官话、郫县官话、都江堰河东官话同属于岷
江小片，有很多共同的语音特点，如入声独立，有翘舌音等，周及徐称为南
路话①。tʂ 组声母覆盖了这一广大的范围，成都客家方言中有翘舌音的地点泰
兴、木兰、三河、天回镇等，即便可以影响到新都官话，也不可能影响到彭
州官话郫县官话和都江堰河东官话。隆昌官话跟内江、自贡、富顺同属于仁
富小片，有很多共同的语音特点，tʂ 组声母也覆盖了这一广大的范围，同样，
即使隆昌客家方言可以影响隆昌官话，也无法影响到更大的范围。四外话跟
德昌话、甚至米易话也有很多共同的语言特点，都有 tʂ 组，同样，西昌客家
方言即便可以影响到比邻的四外话，但也无法把其影响扩散到整个攀西地区。
因为各地客家方言都是当地的弱势方言，跟官话方言的力量对比悬殊，在方
言接触中都是处于被动的、弱势地位，其对官话的影响力非常有限。归根结
底，是成都官话和新都官话制约了成都两个区域客家方言翘舌音的有无，也
是隆昌官话和四外话的翘舌音环境让隆昌、西昌客家方言有了保存翘舌音的
可能。

---

① 周及徐：《从移民史和方言分布看四川方言的历史——兼论"南路话"与"湖广话"的区别》，载四川
师范大学汉语研究所《语言历史论丛》，巴蜀书社 2012 年版，第 29 页。

　　再讨论假设无翘舌音的情况。如果 300 年前粤东客家方言尚无翘舌音，根据四川官话的实际，这组语音成分在四川客家方言则可能在两方面深受相邻官话的影响：其一是受有翘舌音的官话方言的影响产生翘舌音并一直保存至今；其二是随着相邻官话的影响产生翘舌音并随着相邻官话翘舌音的消失而消失。

　　先看仪陇的情况。仪陇官话在 1960 年的调查中有翘舌音，19 世纪 80 年代崔荣昌先生调查仪陇客方言也有翘舌音。2010 年我们调查仪陇金城镇城关话（官话）老派都已经丧失翘舌音，仪陇客家方言老派有把平翘舌自由替换的情况，而五十岁以下的客家人则已无翘舌音了。这说明在仪陇，tʂ 组的消失情况客家方言跟官话基本同步。

　　再看成都的情况。关于成都官话的研究，最早的文献是钟秀芝《西蜀方言》①。甄尚灵认为《西蜀方言》的语音反映的是 19 世纪后期的成都语音，②彭金祥则认为《西蜀方言》反映的是成都附近地区的语音，③黄灵燕也认为所反映的是成都附近地区的方言④。《西蜀方言》出版于 1900 年，以晚清时成都在西南地区的重要地位，料想《西蜀方言》的作者钟秀芝不可能不反映成都语音，很可能《西蜀方言》反映的并不是一个单一的音系，而是包括了成都话和周边区县方言的综合音系。无论《西蜀方言》反映的是成都话的音系还是成都附近地区方言的音系，抑或是一个综合音系，它对研究 19 世纪后期成都及其区县的语音都有着极其重要的参考价值。《西蜀方言》中已有完整的 tʂ 组声母，从肖娅曼先生调查（1999）老派成都人还残留翘舌音的事实⑤，可以说明成都话过去的确存在翘舌音声母。

　　1946 年董同龢调查四川方言时在成都话和凉水井客家方言中都没有发现翘舌音，说明当时的成都话和凉水井客家话的翘舌音都处于消失的状态了。但语言的发展演变具有不平衡性，人的发音又存在个体差异，黄雪贞先生 1985 年在龙潭寺调查发现该地点客家方言有 z̩ 声母，2008 年郄远春在三圣乡调查发现有 ʂ 声母，2010 年笔者在凉水井调查发现 60 来岁的发音合作人对某些字存在平翘舌混用的情况。这种情况反映了成都客家方言翘舌音消失速度的不

---

① [英] Adam Grainger（钟秀芝）：《西蜀方言 Western Mandarin or the Spoken Language of West China》，上海 American Presbyterian Mission Press, 1900。

② 甄尚灵：《〈西蜀方言〉与成都语音》，《方言》，1988 年第 3 期。

③ 彭金祥：《四川方音在宋代以后的发展》，《乐山师范学院学报》，2006 年第 3 期。

④ 黄灵燕：《再论钟秀芝〈西蜀方言〉的入声和基础音系问题》，《语言科学》，2010 年第 4 期。

⑤ 肖娅曼：《关于成都话舌尖后音声母的调查》，《四川大学学报》，1999 年第 6 期。

平衡，也让我们相信成都某些地点的客家方言曾经有完整的翘舌音声母。

1985 年黄雪贞先生调查龙潭寺客家方言有 ʐ 声母，今三圣乡还有 ʂ 声母，凉水井、洛带和仪陇这些地点中，个别老派发音人还有把平翘舌自由替换的情况。这种孤立的翘舌音现象是翘舌音的残留，也当是随着相邻官话翘舌音的消失而消失的。

隆昌和西昌客家方言有全套的翘舌音声母，跟毗邻官话呈平行态势，tʂ、tʂ‘、ʂ 成分难于判断是否为毗邻官话直接影响的结果，但认为有翘舌音的官话环境提供了其保存翘舌音的语言生态环境并不具有武断性。可以肯定的是，tʂ 组中的 ʐ 是受毗邻官话而产生的成分：因为与其亲近的龙川客方言无 ʐ，更重要的是，ʐ 声母只用于某些借用的字词。

西昌客家方言无 z，日母字两分：一部分常用字读 n，如“惹”，一部分则读 ʐ，读 ʐ 的字跟四外话相同。如：

纫 ʐən^{53}	闰 ʐuən^{53}	日 ʐʅ^{31}	瓤 ʐɔŋ^{212}	绒 ʐuŋ^{212}
染 ʐan^{53}	揉 ʐəu^{212}	入 ʐu^{53}	融 ʐuŋ^{212}	桡 ʐau^{212}
挼 ʐua^{212}	擩 ʐu^{45}	然 ʐan^{31}	如 ʐu^{212}	

隆昌客家方言日母字也两分：主要读 ʐ，有个别字读 z，同隆昌官话相同，读 ʐ 的字词也跟隆昌话相同。

绒 ʐuŋ^{13}	日 ʐʅ^{31}	酿 ʐaŋ^{13}	桡 ʐau^{13}	揉 ʐəu^{13}
挼 ʐua^{13}	润 ʐuən^{53}	如 ʐu^{13}	然 ʐan^{13}	绕 ʐau^{31}
染 zan^{53}				

（五）四川客家方言语音成分 z 的来源

四川客家方言除了西昌之外，其他地点都有 z 这个语音成分。

z 是从客家源方言带来的吗？我们认为不是，也是跟四川官话接触的结果。

第一，上文说到仅有连平、和平、武平畲坪村三个点有 z 这个成分，但所辖非日母字：

连平、和平读 z 的字：腰远益用①。

福建武平畲坪村读 z 的字：子。

从所举的例字看，连平、和平读 z 的是影母（腰益）、云母（远）、以母（用）；武平畲坪村读 z 的是精母（子）。

四川客家方言在各点中读 z 的字全来自日母，跟毗邻官话相同。

---

① 练春招、侯小英、刘立恒：《客家古邑方言》，华南理工大学出版社 2010 年版，第 21 页，23 页。

第二，z 的辖字范围小。读 z 的字来自借字或借词。正如董同龢 1946 年调查凉水井客家话时所说："z——在我所得的材料之中，只有两个字是用舌尖浊擦音起头的。'绒'作 zuŋ↗；船上用的'桨'叫 zau↗p'ien↘。但是这两个字也可以说是普通四川话的借字。"[①]

第三，读 z 的字，相邻的官话也读 z，基本上是来自比较文雅的词语，如"自然"中的"然"，"围绕"中的"绕"。

洛带、凉水井、泰兴有很多读音相同的 z 音节字，这些音节，在成都官话和新都官话中也都读 z 声母：

纫 zən⁵³	绒 zuŋ¹³	染 zan⁵³	揉 zəu¹³	挼 zua¹³	日 zʅ³¹
如 zu¹³/ zu³¹	然 zan¹³	冉 zan⁵³	饶 zau³¹	扰 zau³¹	绕 zau⁵³
孕 zuən⁵³	瑞 zuei⁵³	锐 zuei⁵³	柔 zəu¹³	肉 zəu¹³	擩 zəu¹³ 寒

仪陇读 z 的字也基本相同：

然 zan²¹	瓤 zɔŋ²¹	纫 zən¹³	挼 zua²¹	日 zʅ²¹	入 zu²¹
饶 zau²¹	桡 zau²¹	如 zu²¹	润 zuən¹³	绕 zəu⁵³	

显然，四川客家方言中的 z 是通过对四川官话语音的借用而进入的。

（六）四川客家方言翘舌音的辖字范围

西昌客家方言 tʂ 组的辖字范围大，其特点是：知章组字多读 tʂ、tʂ'、ʂ，庄组字部分读平舌音，部分读翘舌音。如 抄 tʂ'au⁴⁵|朝 tʂau⁴⁵/tʂ'au²¹² |山 ʂan⁴⁵ |产 tʂ'an⁵³|刷 ʂuaʔ³|庄 tʂɔŋ⁴⁵。其辖字范围略小于相邻的官话四外话。

隆昌客家方言 tʂ 组的辖字范围比西昌话小。

新都客家方言翘舌音所辖的字比西昌话小，也与新都话基本相同，包括知章庄组声母跟缉韵、质韵、职韵、昔韵相拼的部分字： tʂʅʔ³ 汁揶执植质置织殖职| tʂ'ʅʔ³ 斥吃|tʂʅ'ʅʔ⁵ 侄直白 |ʂʅʔ³ 湿失 | ʂʅʔ⁵ 食十实失拾识释适；有个别例外字也来自新都话的借字，如 zʅʔ³ 日。

三个客家方言点的翘舌音辖字范围是：西昌＞隆昌＞新都，其不平衡也是由比邻官话辖字范围决定的，同时在庄组字中较比邻官话少，这说明在四川官话影响下的四川客家方言也保存了自己的特色。

四　舌面前音 tɕ、tɕ'、ȵ、ɕ

tɕ、tɕ'、ɕ 一般有两个来源，一是来自古见溪群晓匣几母拼细音，二是来自精清从心邪几母拼细音，ȵ 则来自疑母拼细音。四川客家方言在各地都有 tɕ、

---

tɕʻ、ɕ 三个语音成分，除了西昌无 ȵ 之外，其他地点还都有 ȵ。四川客家方言的 ȵ 来自疑日母拼细音；在成都，庄、章、生几母中还有读 tɕ、tɕʻ、ɕ 的。这些成分与其来源方言有关系吗？是从来源方言带来的还是受到四川官话的影响而产生的呢？后文的研究将尝试回答这些问题。

（一）tɕ、tɕʻ、ȵ、ɕ 在客家方言的分布

舌面前音在四川客家方言的来源方言中不发达，多数地点都没有 tɕ、tɕʻ、ɕ、ȵ 这几个舌面音。

五华无 tɕ、tɕʻ、ȵ、ɕ：在 i、i-之前，古精组读 ts、tsʻ、s 声母，古见组读 k、kʻ、h 声母。[①]梅县也无 tɕ、tɕʻ、ȵ、ɕ：k、kʻ、ŋ、h 与 i、i-相拼时，实际音值是舌面中音 c、cʻ、ɲ、ç，[②]或日母、疑母拼细音有 ȵ。[③]兴宁也无 tɕ、tɕʻ、ȵ、ɕ。[④]粤北的曲江马坝无 tɕ、tɕʻ、ɕ，k、kʻ、ŋ 与齐齿呼相拼时，实际音值分别为 c、cʻ、ȵ。翁源龙仙无 tɕ、tɕʻ、ɕ、ȵ，ts、tsʻ、s 与齐齿呼相拼时，舌尖靠后，有舌面音色彩。[⑤]新丰无 tɕ、tɕʻ、ɕ 但有 ȵ。[⑥]连南、河源都无 tɕ、tɕʻ、ɕ、ȵ。[⑦]翁源、英德无 tɕ、tɕʻ、ɕ，有 ȵ。[⑧]据新近的调查，广东和平有 tɕ、tɕʻ、ɕ，但为见组逢今细音腭化而来的，ɕ 有时近 ç[⑨]，精组逢细音并未腭化。又据侯小英的调查，龙川客家方言也无 tɕ、tɕʻ、ɕ。[⑩]

福建武平有 tɕ、tɕʻ、ɕ，包括见组和精组逢细音腭化两个来源，[⑪]江西客家方言比较普遍具有这几个语音成分，赣县蟠龙、上犹社溪的 tɕ、tɕʻ、ɕ 也包括见系和精组逢细音腭化两个来源。[⑫]据谢留文的研究，在客家方言中，古见组声母在"细音韵母前腭化读[tɕ tɕʻ n]，如武平（岩前）、铜鼓（三都）、赣县、大余、上犹、南康、安远、于都、龙南、定南、铜鼓（丰田）、奉新（澡溪）

① 魏宇文：《五华方言同音字汇》，《方言》，1997 年第 3 期。

② 黄雪贞：《梅县方言词典》，江苏教育出版社 1995 年版，引论第 5 页。

③ 李如龙、张双庆主编：《客赣方言调查报告》，厦门大学出版社 1992 年版，第 165 页。

④ 罗美珍、林立芳、饶长溶主编：《客家话通用词典》，中山大学出版社 2004 年版，第 341 页。

⑤ 余伯禧、林立芳：《韶关方言概说》，《韶关大学韶关师专学报》，1991 年第 3 期。

⑥ 周日健：《广东新丰客家方言记略》，《方言》，1992 年第 1 期。

⑦ 李如龙、张双庆主编：《客赣方言调查报告》，厦门大学出版社 1992 年版，第 4 页。

⑧ 据中山大学庄初升先生提供的《粤北客家方言字音对照表》。

⑨ 练春招、侯小英、刘立恒：《客家古邑方言》，华南理工大学出版社 2010 年版，第 17—23 页。

⑩ 侯小英：《龙川客家话语音的内部差异》，载李如龙、邓晓华主编《客家方言研究》，福建人民出版社 2009 年版，第 229 页。

⑪ 李如龙、张双庆主编：《客赣方言调查报告》，厦门大学出版社 1992 年版，第 163—165 页。

⑫ 刘纶鑫：《江西客家方言概况》，江西人民出版社 2001 年版，第 52 页，55 页。

等方言，主要分布在江西南部"[1]；"精组逢细音读[tɕ tɕʻ ɕ]""有武平（岩前）、宁都、龙南、定南、石城等方言"[2]。

综上，在四川客家方言的主要来源地粤东和粤北，舌面前音在多数地点都不发达，有的地点全无，如梅县、五华；有的地方仅有舌面鼻音 ȵ，如曲江马坝、新丰，唯和平有 tɕ、tɕʻ、ɕ，但无 ȵ；在四川客家方言的非主要来源地赣县、武平等有 tɕ、tɕʻ、ɕ，无 ȵ。

（二）四川客家方言与比邻官话的 tɕ、tɕʻ、ȵ、ɕ 比较

四川各客家方言点与其比邻官话在舌面前音方面有着完全一致的表现。见表 3-8。

表 3-8　　　　四川客家方言与比邻官话 tɕ、tɕʻ、ȵ、ɕ 比较表之一

			tɕ	tɕʻ	ȵ	ɕ
成都	龙泉十陵等	洛带客话	+	+	+	+
		凉水井客话	+	+	+	+
		三圣乡客话	+	+	+	+
		合兴客话	+	+	+	+
		成都官话	+	+	+	+
	新都	泰兴客话	+	+	+	+
		新都官话[3]	+	+	+	+
隆昌		隆昌客话	+	+	+	+
		隆昌官话	+	+	+	+
西昌		西昌客话	+	+		+
		四外话官话	+	+		+
仪陇		仪陇客话	+	+	+	+
		仪陇官话	+	+	+	+

表 3-8 显示，四川客家方言与比邻官话在舌面前音成分上有规整的一致性：成都、隆昌、仪陇各地，官话有 tɕ、tɕʻ、ȵ、ɕ，客家方言也有 tɕ、tɕʻ、ȵ、ɕ；西昌四外话有 tɕ、tɕʻ、ɕ 无 ȵ，西昌客家方言也是有 tɕ、tɕʻ、ɕ 而无 ȵ。

---

① 谢留文：《客家方言语音研究》，中国社会科学出版社 2003 年版，第 8 页。

② 谢留文：《客家方言语音研究》，中国社会科学出版社 2003 年版，第 24 页。

③ 据四川方言调查工作指导组《四川方言音系》，《四川大学学报》，1960 年第 3 期。

（三）舌面前音的接触影响讨论

通过舌面前音在客家基本住地各县市的分布与四川客家方言和比邻官话的比较，综合四川客家方言的来源与语音史等情况，我们认为四川客家方言舌面前音的产生也跟与四川官话的接触密切相关，具体情况比较错综复杂，下面分别讨论。

上面说到粤东和粤北客家方言的多数地点，包括四川粤东片的主要源方言梅县、五华今尚无舌面音 tɕ、tɕʻ、ɕ、n̠（梅县记音中或仅有 n̠）。语音演变一般不走回头路，据此可以判断梅县、五华客家人入川之时也并未带来这几个语音成分，因此四川客家方言中的舌面前音不可能是从梅县、五华客话传承下来的。

那么会不会是从非主要来源方言传承下来的呢？从汉语普通话舌面前音分化的时间看，舌面前音的分化在四川客家移民之时已经完成："在十八世纪以前，不但撮口呼的见溪群晓匣已经变成 tɕ，tɕʻ，ɕ，连精清从心邪也变为 tɕ，tɕʻ，ɕ 了"[①]。但 tɕ、tɕʻ、ɕ 在客家方言的产生，谢留文认为是一种晚期的变化[②]。从今武平客家方言"山摄开口四等和臻摄开口三等有少数字还没有腭化，如'肩巾斤筋'读[⊣keŋ]"[③]和精组逢细音并未腭化等情况看，tɕ、tɕʻ、ɕ 在客家方言属于晚期的变化的观点是可以成立的。

客家方言 tɕ、tɕʻ、ɕ 分化的具体时间不可考。但通过四川各地点客家方言的比较，有几个字的读音为我们提供了客家方言中舌面前音产生的线索。"死、四、姊、粟"是几个精组字，在四川各客家方言点都整整齐齐地读舌面前音，具有惊人的一致性，这是为什么呢？这些字四川官话中却都不读舌尖前音，因此显然不是方言接触的结果。是相互对话导致的趋同性吗？在改革开放前的封闭年代，由于地域阻隔，几地客家人各自在不同的空间里生活，并没有什么交往，因此不会是四川各客家方言点相互影响的结果。是巧合吗？全川范围的高度统一的读法，恐怕难以说是巧合。应该是都有所本，有所遵循。兰玉英、曾为志在研究成都客家方言中的腭化现象时提出，"其中的腭化音变很可能始自原乡，加速于成都"[④]，放到四川范围来看，这个观点可以得到进一步的证明，可以进一步推断，福建客家人和江西客家人入川时，精组声母已经出现了腭化音变。尽管这是入川的少数客家人的发音，但由于这种音变

---

① 王力：《汉语史稿》，中华书局 1980 年版，第 124 页。

② 谢留文：《客家方言语音研究》，中国社会科学出版社 2003 年版，第 26 页。

③ 谢留文：《客家方言语音研究》，中国社会科学出版社 2003 年版，第 9 页。

④ 兰玉英、曾为志：《成都客家方言基本词汇的演变方式初探》，《西南民族大学学报》，2011 年第 2 期。

方向跟四川官话的音系结构十分契合，使得四川客家方言语音在调整过程中被保留了下来，并最终导致了入川的五华、梅县等地的客家方言发生腭化音变，并比照四川官话的舌面前音系统，一一产生出了 tɕ、tɕʻ、ȵ、ɕ。

所以，四川客家方言的全面腭化，是因跟四川官话的接触而引起，也是因四川官话的参照作用而得以完成。

需要注意的是，虽然舌面前音这几个语音成分的产生深受四川官话的影响，但是其具体来源和辖字范围与四川官话并不完全一样，显示出不同于四川官话的特点，见表 3-9。

表 3-9　　　　四川客家方言与比邻官话 tɕ、tɕʻ、ȵ、ɕ 比较表之二

	tɕ			tɕʻ			ɕ			ȵ	
	精组	见组	章庄组	精组	见系	章庄组	精组	见系		泥母	疑母
	姐精	金见	责庄	钱从	启溪	朏章	写心	献晓	虱生	尿日	牛疑
洛带客家话	tɕia^{31}	tɕin^{45}	tɕieʔ^{2}	tɕʻien^{13}	tɕʻi^{31}	tɕʻin^{45}	ɕia^{31}	ɕien^{53}	ɕiʔ^{2}	ȵiau^{53}	ȵiəu^{13}
凉水井客家话	tɕia^{31}	tɕin^{45}	tɕieʔ^{2}	tɕʻien^{13}	tɕʻi^{31}	tɕʻin^{45}	ɕia^{31}	ɕien^{53}	ɕiʔ^{2}	ȵiau^{31}	ȵiəu^{13}
三圣乡客家话	tɕia^{31}	tɕin^{45}		tɕʻien^{13}	tɕʻi^{31}	tɕʻin^{45}	ɕia^{31}	ɕien^{53}	ɕiʔ^{2}	ȵiau^{31}	ȵiəu^{13}
合兴客家话	tɕia^{31}	tɕin^{45}	tɕieʔ^{3}	tɕʻien^{13}	tɕʻi^{31}	tɕʻin^{45}	ɕia^{31}	ɕien^{53}	ɕiʔ^{3}	ȵiau^{53}	ȵiəu^{13}
成都官话	tɕie^{53}	tɕin^{55}	tse^{21}	tɕʻien^{21}	tɕʻi^{53}	tɕyn^{213}	ɕie^{53}	ɕien^{213}	se^{21}	ȵiau^{213}	ȵiəu^{21}
泰兴客家话	tɕia^{31}	tɕin^{45}	tseʔ^{32}	tɕʻien^{13}	tɕʻi^{53}	tɕʻin^{45}	ɕia^{31}	ɕien^{53}	ɕiʔ^{32}	ȵiau^{53}	ȵiəu^{13}
新都官话	tɕie^{53}	tɕin^{13}	tse^{33}	tɕʻien^{21}	tɕʻi^{53}	tɕyn^{213}	ɕie^{53}	ɕien^{213}	se^{33}	ȵiau^{13}	ȵiəu^{21}
隆昌客家话	tɕia^{31}	tɕin^{45}	tseʔ^{3}	tɕʻien^{13}	tɕʻi^{31}	tɕin^{45}	ɕia^{31}	ɕien^{53}	ɕiʔ^{3}/seʔ^{3}	ȵiau^{213}	ȵiəu^{13}
隆昌官话	tɕie^{52}	tɕin^{55}	tse^{13}	tɕʻien^{21}	tɕi^{52}	tɕyn^{13}	ɕie^{52}	ɕiɛn^{13}	se^{13}	ȵiau^{13}	ȵiəu^{21}
西昌客家话	tɕia^{31}	tɕin^{45}	tseʔ^{3}	tɕʻien^{212}	tɕʻi^{31}	tɕin^{45}	ɕia^{31}	ɕien^{53}	ɕiʔ^{3}	niau^{212}	niəu^{212}
四外话(官话)	tɕi^{53}	tɕin^{55}	tse^{31}	tɕʻien^{31}	tɕʻi^{31}	tɕin^{24}	ɕie^{53}	ɕien^{24}	se^{31}	niau^{24}	niəu^{31}
仪陇客家话	tɕi^{53}	tɕin^{33}	tsɛʔ^{5}	tɕʻien^{13}	tɕʻi^{53}	tɕʻin^{33}	ɕia^{31}	ɕien^{53}	sɛʔ^{5}	ȵiau^{13}	ŋie^{21}
仪陇官话	tɕie^{53}	tɕin^{55}	tse^{21}	tɕʻien^{21}	tɕʻi^{53}	tɕʻin^{14}	ɕie^{53}	ɕiɛn^{14}	se^{21}	ȵiau^{14}	ȵiəu^{21}

表 3-9 显示了四川客家方言跟比邻官话在舌面前音的来源和字音对应上的差异性。这种特点在四川粤东片客家方言中体现得最为明显。从舌面前音的来源看，四川粤东片客家方言中章庄母字读为舌面前音字比四川官话多；从字音对照方面看，有些字在四川客家方言中读舌面前音，在相邻的官话中

却不读舌面前音。因此四川客家方言的舌面前音有这样的特点：

第一，来源比四川官话更广。先看 tɕ、tɕ'、ɕ。四川粤东片客家方言中章庄母字中也有读舌面前音的，各点的数量不一，以成都客家方言为最多。如上表中有"虱"，又如："侧边"的"侧庄"一般读 tɕ 声母，"花生"的"生生"、"颜色"的"色生"一般都读 ɕ，跟成都官话和新都官话都不同。再看 ȵ，四川官话的这个舌面鼻音来自泥、疑二母，而四川客家方言的这个语音成分则来自泥、疑、日三母，多出一个日母，像"耳、染、壬、软、人、忍、认、日、弱"等字，四川客家方言普遍读 ȵ，而四川官话都不读 ȵ。

第二，来自精组和见组中的舌面前音字，跟四川官话也不统一，四川客家方言内部也不完全统一。有些字四川客家方言读舌面前音，四川官话不读舌面前音，在成都尤其突出。如表 3-10。

表 3-10　　　四川客家方言与比邻官司话精组见组的腭化音比较表

	死心	四心	自从	姊精	贼从	弓见	曾精,姓~	虱生	牛疑
洛带客话	ɕi^{31}	ɕi^{53}	tɕ'i^{53}/tɕ'i^{13}	tɕi^{31}	tɕ'ieʔ^{5}	tɕiuŋ^{45}/kuŋ^{45}	tɕ'iɛn^{45}	ɕiʔ^{2}	ȵiəu^{13}
凉水井客话	ɕi^{31}	ɕi^{53}	tɕ'i^{13}/ts'ŋ^{31}	tɕi^{31}	tɕ'ieʔ^{5}	tɕiuŋ^{45}/kuŋ^{45}	tɕ'iɛn^{45}	ɕiʔ^{2}	ȵiəu^{13}
三圣乡客话	ɕi^{31}	ɕi^{53}	tɕ'i^{13}	tɕi^{31}	tɕ'ieʔ^{5}	tɕiuŋ^{45}	tɕ'iɛn^{45}	ɕiʔ^{2}	ȵiəu^{13}
合兴客话	ɕi^{31}	ɕi^{53}	tɕ'i^{53}/ts'ŋ^{45}	tɕi^{31}	tɕ'ieʔ^{5}	tɕiuŋ^{45}	tɕ'iɛn^{45}	ɕiʔ^{3}	ȵiəu^{13}
成都官话	sŋ^{53}	sŋ^{213}	tsŋ^{213}	tsŋ^{53}	tsuei^{21}	koŋ^{55}	tsən^{55}	se^{21}	ȵiəu^{21}
泰兴客话	ɕi^{31}	ɕi^{53}	tɕ'i^{13}	tɕi^{31}	tɕ'ieʔ^{5}	tɕiuŋ^{45}/kuŋ^{45}	tɕ'iɛn^{45}	ɕiʔ^{32}	ȵiəu^{13}
新都官话	sŋ^{53}	sŋ^{13}	tsŋ^{213}	tsŋ^{53}	tsuei^{21}	kuŋ^{55}	tsən^{55}	se^{33}	ȵiəu^{21}
隆昌客话	ɕi^{31}	ɕi^{53}	tɕ'i^{31}	tɕi^{31}	tɕ'ieʔ^{5}	koŋ^{55}	tsən^{45}	ɕieʔ^{3}/seʔ^{3}	ȵiəu^{13}
隆昌官话	sŋ^{52}	sŋ^{13}	tsŋ^{13}	tsŋ^{52}	tsuei^{21}	koŋ^{55}	tsən^{45}	se^{13}	ȵiəu^{21}
西昌客话	sŋ^{31}	ɕi^{53}	ts'ŋ^{53}	tɕi^{31}	ts'eʔ^{5}	kuŋ^{55}	tsən^{45}	ɕiʔ^{3}	niəu^{212}
四外话言话	sŋ^{53}	sŋ^{24}	tsŋ^{24}	tsŋ^{53}	tsuei^{31}	koŋ^{45}	tsən^{55}	se^{31}	niəu^{31}
仪陇客话	ɕi^{53}	ɕi^{13}	ts'ŋ^{53}	tɕi^{31}	ts'ɛʔ^{3}	kuŋ^{33}	tsan^{33}	sɛʔ^{5}	ŋiɛ^{3}
仪陇官话	sŋ^{53}	sŋ^{14}	tsŋ^{13}		tsuei^{21}	koŋ^{53}	tsən^{53}	se^{21}	ȵiəu^{21}

在成都客家方言中，精组、见组声母中的腭化音之多，甚至超过了成都官话，一些韵母原本为洪音的字如"曾"、"弓"也加入了腭化音的队伍。在仪陇，疑母拼细音还保留舌根音 ŋ，并没有变成舌面鼻音，显然这是存古。这

表明腭化音变在四川客家方言中有差异性。

五　撮口元音 y 与撮口呼

除了西昌点撮口呼韵母不发达之外，四川客家方言普遍具有齐全的撮口呼韵母。韵母是 y 或者以 y 起头的叫撮口呼，撮口呼的产生必须要有撮口元音 y。

四川客家方言中的 y 或作单韵母，或作韵头，或作韵腹。y 作韵腹来源于遇摄合口三等韵鱼虞，y 作韵头来源于蟹摄合口三等祭韵（脆）、山摄合口三等仙薛元月屑韵、臻摄合口三等稕术文物韵、梗开三陌韵、梗合三庚清昔韵以及通合三屋韵。

（一）y 在客家方言的分布

梅县、五华客家方言都没有 y；①兴宁和大埔也无 y；②粤北曲江马坝无 y，翁源龙仙有 y，另还有 yon、yn 两个撮口韵；③新丰"有撮口韵母 y，主要见于古遇摄合口三等端系、见系与知章组的字"；④连南、河源都有较多的撮口韵，连南有 y、yɛn、yɔn、yɛt　4 个撮口韵，河源有 y、yɛ、yi、yai、yan、yn、yɒŋ、yoŋ、yət、yɒ、yok，多达 11 个⑤。据新近的调查，广东和平有 y，仅此一个⑥。

福建客家方言也比较缺乏撮口呼：古合口三等字武平、永定、上杭等多数地点未有撮口呼，北片清流部分字读撮口呼 y、yĩ，连城则有 yE，长汀逢 tʃ、tʃ'、ʃ 时 u 读 ʉ，也具有撮口呼色彩。⑦赣县蟠龙无 y，⑧据刘纶鑫研究，江西客籍话和宁石话无撮口呼、本地话多数地方有撮口呼⑨。

---

① 黄雪贞：《梅县方言词典》，江苏教育出版社 1995 年版引论第 5 页；魏宇文：《五华方言同音字汇》，《方言》，1997 年第 3 期。

② 罗美珍、林立芳、饶长溶主编：《客家话通用词典》，中山大学出版社 2004 年版，第 341—342 页；何耿镛：《客家方言语法研究》，厦门大学出版社 1993 年版，第 98—99 页。

③ 余伯禧、林立芳：《韶关方言概说》，《韶关大学韶关师专学报》，1991 年第 3 期。

④ 周日健：《广东新丰客家方言记略》，《方言》，1992 年第 1 期。

⑤ 李如龙、张双庆主编：《客赣方言调查报告》，厦门大学出版社 1992 年版，第 4 页。

⑥ 练春招、侯小英、刘立恒：《客家古邑方言》，华南理工大学出版社 2010 年版，第 17—23 页。

⑦ 李如龙：《闽西七县客家方言语音的异同》，载李如龙、周日健主编《客家方言研究》（第二届客方言研讨会论文集），暨南大学出版社 1998 年版，第 115 页。

⑧ 李如龙、张双庆主编：《客赣方言调查报告》，厦门大学出版社 1992 年版，第 8 页。

⑨ 刘纶鑫：《江西客家方言概况》，江西人民出版社 2001 年版，第 44—47 页。又：本地话是跟客籍话相对的一个概念，本地话是指赣南中部赣州市郊、赣县、于都、大余、南康等县市客家人所说的客家话，客籍话是指明末清初由闽西和粤东迁入赣中和赣西北地区的客家人说的客家方言。载刘纶鑫《江西客家方言中的客家话和本地话》，《南昌大学学报》，1996 年第 4 期。

综上，就现有调查材料看，撮口元音 y 在粤东和福建客家方言中尚无什么地位，在粤北有较多的撮口韵，且在河源撮口韵十分发达，y 的地位突出，在江西本地话中 y 有一定的地位。

（二）四川客家方言与比邻官话的撮口呼比较

四川客家方言与比邻官话在撮口元音与撮口呼韵母有比较规整的对应关系：成都、隆昌、仪陇各地，官话有撮口元音和发达的撮口韵，几地客家方言也有撮口元音和发达的撮口韵；西昌四外话无 y，西昌客家方言的撮口韵也不发达。见表 3-11。

表 3-11　　　　　　　　四川客家方言与比邻官话撮口韵比较表

	y	ye/yɛ	yo	yoi	yɛn /yẽ	yɔn	yn	yoŋ	yʔ	yeʔ/yɛʔ
洛带客话	y	ye	io	yoi	yɛn	yɔn	yn	iuŋ	yʔ	yeʔ
凉水井客话	y	ye	io	yoi	yɛn	yɔn	yn	iuŋ	yʔ	yeʔ
三圣乡客话	y	ye	io		yɛn	nɔi	yn	iuŋ	yʔ	iɛ
合兴客话	y		yo	ioi	yẽ		yn	iuŋ		yɛʔ
龙潭寺客话	y	iɛ		ioi	yẽ		yn	iuŋ	yʔ	yɛʔ
成都官话	y	ye	yo		yan		yn	yoŋ		
泰兴客话	y	ye	io		yɛn		yn	iuŋ		yɛʔ
新都官话	y	ye	yo				yn	yoŋ		
隆昌客话	y	ye	io	ioi	yɛn		yn	iuŋ	yʔ	yeʔ
隆昌官话	y	ye	io		yɛn		yn	yoŋ		
西昌客话	i	ye	io		yɛn		in	iuŋ	iuʔ	iɛ
四外话官话	i	ie	io		iɛn		in	ioŋ		
仪陇客话	y	yɛ	ɔ		yɛn		yn		yʔ	yɛʔ
仪陇官话	y	ye	yo		yɛn		yn	yoŋ		

四外话没有撮口呼，西昌客家方言竟然有 2 个撮口韵，似乎比较奇怪，其实这也涉及方言接触问题，详见后文。

（三）撮口呼的接触影响讨论

通过撮口元音在客家基本住地各县市的分布与四川客家方言和比邻官话的比较，结合四川客家的来源和语音史等情况，我们认为四川客家方言中的撮口元音 y，主要是在与四川官话长期接触的过程中受到四川官话的影响而产生的。具体情况较为复杂，下面分别讨论。

成都、隆昌属于四川粤东片，从其来源方言五华、梅县、兴宁、大埔等地点的客家方言今仍无撮口元音 y 的情况，可以推知这些地点的客家人入川时并无 y 这个语音成分，因此 y 不会是粤东客家方言在成都、隆昌、西昌的传承，所以是受到四川官话的影响而产生的。四川仪陇客家方言的来源地是粤北，考今粤北翁源、连南、河源都有较多的撮口韵韵母，而乳源的撮口呼韵母并不发达，曲江马坝还没有y。据王力先生的研究，鱼虞模三韵分为u、y的音变最晚在16世纪已经完成了[①]。仪陇客家主要是粤北客家人在17世纪末至18世纪之间入川的，入川时仪陇客家方言在撮口韵方面的情况有三种可能：一是多数人已经有了，第二是仅少数人有，第三是都还没有。如果是第一种情况，在仪陇官话有发达的撮口呼韵母的接触环境中，有利于保存和整合其撮口呼，各自平行发展。若是第二种情况，也跟舌面前音的情况一样，由于这种语音现象跟仪陇官话的音系结构相契合，便促使仪陇客方言全面产生了撮口呼韵母。如果是第三种情况，仪陇客家方言的撮口呼韵母是在仪陇话的影响下而产生的就不用赘言了。

再来看西昌的两个撮口呼韵母。ye 韵仅见于"靴"字，并且有的发音合作人把"靴"字读为 ie 韵；其中的 yen，老年人中见于"软"、"卷"等少数几个字，年轻人当中则还见于"缘元远"等字，并且年轻人中还有 y、yn 等撮口韵，我们认为这里有普通话的影响，这是方言接触的另一个表现。

四川客家方言撮口呼的产生与跟四川官话接触的密切相关，但是四川客家方言有跟四川官话不相同的特点，同时四川客家方言内部也有差异。

跟四川官话不相同的特点是：

第一，四川客家方言的撮口呼有入声韵，四川官话没有入声韵。来自术、屋、烛几个韵的部分字，在成都洛带、凉水井、三圣乡、龙潭寺和隆昌、仪陇读 yʔ，来自月、屑、薛几个韵的部分字在成都洛带、凉水井、合兴、泰兴和仪陇读 yeʔ/yɛʔ。

第二，成都洛带和凉水井还有 yoi、yɔn 两个撮口呼韵母。这是带有客家方言特点的韵母：yoi 是从 ioi 改变了介音而来的，yɔn 是从 iɔn 改变了介音而来的。

第三，在四川官话中，撮口呼的辖字范围普遍大（西昌四外话无撮口韵，除外），四川客家方言的辖字范围普遍更小。有些字，四川官话读撮口韵，成都、隆昌、西昌不读撮口呼；有些字在有些客方言点有齐齿呼和撮口呼两读；

---

① 王力：《汉语史稿》，中华书局 1980 年版，第 173 页。

也有个别字，在四川客家方言某些点读撮口韵，四川官话读齐齿韵，这当是一种归类错误。例字如表 3-12。

表 3-12　　四川客家方言与比邻官话齐齿韵、撮口韵比较表之一

	去御	月月	鱼鱼	缘仙	血屑	园元	近隐
洛带客话	çi⁵³	ȵie?⁵	m̩¹³	iɛn¹³	çie?²	ien¹³	tɕ'in⁴⁵
凉水井客话	çi⁵³	ȵie?⁵	m̩¹³	iɛn¹³	çie?²/çye?²	ien¹³	tɕ'yn⁴⁵
三圣乡客话	çi⁵³	ȵie?⁵	m̩¹³	iɛn¹³	çie?²	ien¹³	tɕ'in⁴⁵
合兴客话	çi⁵³	ȵie?⁵	m̩¹³	iɛ̃¹³	çie?³	ien¹³	tɕ'in⁴⁵
成都官话	tɕ'y²¹³	ye²¹	y²¹	yan²¹	çye²¹	yan²¹	tɕin²¹³
泰兴客话	çi⁵³	ȵie?⁵	m̩¹³	iɛn¹³	çie?³²	ien¹³	tɕ'in⁴⁵
新都官话	tɕ'y¹³	ye³³	y²¹	yan²¹	çye³³	yan²¹	tɕin²¹³
隆昌客话	çi⁵³	ȵie?⁵	m̩¹³	iɛn¹³	çie?³	ien¹³	tɕ'in⁴⁵
隆昌官话	tɕ'y²¹³	ye¹³	m̩¹³	yɛn²¹	çye¹³	yɛn²¹	tɕin¹³
西昌客话	çi⁵³	nie?⁵	m̩²¹²	iɛn²¹²	çie?³	ien²¹²	tɕ'in⁴⁵
四外话官话	k'e²⁴	ie³¹	i³¹	iɛn³¹	çie³¹	ien³¹	tɕin²⁴
仪陇客话	tɕ'i¹³	ie?³	y²¹	yɛn²¹	çie?⁵	ien²¹	tɕ'yn³³
仪陇官话	tɕ'y²¹³	ye²¹	y²¹	yɛn²¹	çye²¹	yɛn²¹	tɕin¹⁴

　　四川客家方言内部在撮口呼方面的差异是：

　　第一，撮口呼的数量不等，即使数量相同但所包括的具体韵母不一定相同。如表 3-13。

表 3-13　　四川客家方言与比邻官话齐齿韵、撮口韵比较表之二

		y	ye/yɛ	yo	yoi	yɛn /yɛ̃	yɔn	yn	y?	ye?/yɛ?	总数
成都	洛带客话	y	ye		yoi	yɛn	yɔn	yn	y?	ye?	8
	凉水井客话	y	ye		yoi	yɛn	yɔn	yn	y?	ye?	8
	三圣乡客话	y	ye			yɛn		yn	y?		5
	合兴客话	y		yo		yɛ̃				yɛ?	5
	龙潭寺客话	y				yɛ̃		yn	y?	yɛ?	5
	泰兴客话	y	ye			yɛn		yn		ye?	5

续表

	y	ye/yɛ	yo	yoi	yɛn /yɛ̃	yɔn	yn	yʔ	yeʔ/yɛʔ	总数
隆昌客话	y	ye			yɛn		yn	yʔ	yeʔ	6
西昌客话		ye			yɛn					2
仪陇客话	y	yɛ			yɛn		yn	yʔ	yɛʔ	6

第二，撮口呼的辖字范围也存在着差别，四川粤北片撮口韵所辖的字最多，其次是成都，再次是隆昌，最小是西昌。即仪陇>成都>隆昌>西昌。其中值得关注的是遇合三的某些字，成都、隆昌、西昌不读 y，仪陇读 y。如：

鱼　　　四川粤东片读 m̩^{13}　　　　　　四川粤北片读 y^{21}
芋　　　四川粤东片读 vu^{53}　　　　　四川粤北片读 y^{21}

六　卷舌元音 ɚ

四川客家方言全都有卷舌元音 ɚ。现代汉语的语音成分 ɚ 来自止开三日母字，四川客家方言的各个点都有这个语音成分，所涉及的字仅有"儿、而、尔、耳、饵、二"几个以及儿化词里的"儿"缀。ɚ 跟四川客家方言的来源方言有关系吗？是从来源方言带来的还是受到四川官话的影响而产生的？这里要讨论这些问题。

（一）卷舌元音在客家方言中的分布

粤东客家方言普遍没有这个语音成分。五华客家方言没有 ɚ："而"字读 lu^{13}，"儿"读 i^{13}，"尔"字 ni^{13}，"饵二"均读 ŋi^{31}，跟普通话"儿"尾相应的成分读 i。[1]梅县客家方言也没有 ɚ："耳"读 ŋi^{31}，"二"读 ŋi^{53}，[2]"尔"读 ni^{44}，"而"读 i^{22}，[3]跟普通话"儿"尾相应的成分读 e。

遍查现有文献，粤东兴宁、粤北曲江马坝、翁源龙仙、新丰等地都无 ɚ，福建武平、长汀也无 ɚ，唯江西于都贡江镇、兴国潋江镇、兴国县江背乡、赣州盘龙镇、龙南县龙南镇、宁冈县茅坪乡、万安县涧田乡这几个地点有 ɚ。[4]

（二）四川客家方言与比邻官话的卷舌元音比较

ɚ 在四川官话和四川客家方言中一般有两个作用：一是单独构成音节，如"而、耳ᵥ、尔、饵"；一是附在前一音节韵母后面并使之带上卷舌音色彩，

---

① 魏宇文：《五华方言同音字汇》，《方言》，1997 年第 3 期。
② 黄雪贞：《梅县方言词典》，江苏教育出版社 1995 年版，第 18—19 页。
③ 林立芳：《梅县话同音字汇》，《韶关大学学报》1993 年第 1 期，文中把阳平字的调值记为 22。
④ 刘纶鑫：《江西客家方言概况》，江西人民出版社 2001 年版，第 49—83 页。

即通常所说的"儿化"。这两个作用跟四川官话完全相同。见表3-14。

表3-14　　　　　　四川客家方言与比邻官话 ɚ 及其作用比较表

	语音成分	自成音节			儿化
洛带客话	ɚ	而 ɚ³¹	佛儿 ɚ³¹ 瓜佛儿瓜	屁儿 ɚ³¹ 黑心肠太坏，骂人用语	摸哥儿 mo⁴⁵kɚ⁴⁵扒手
凉水井客话	ɚ	而 ɚ³¹	周而 ɚ³¹ 屎	瓢儿 ɚ³¹ 白 一种白菜	野物儿 vɚ⁴⁵家禽家畜之外的食兽
三圣乡客话	ɚ	儿异读 ɚ³¹	佛儿 ɚ³¹ 瓜佛儿瓜	屁儿 ɚ³¹ 黑心肠太坏，骂人用语	摸哥儿 mo⁴⁵kɚ⁴⁵扒手
合兴客话	ɚ	尔 ɚ³¹	女儿 ɚ¹³ 经	络耳 ɚ¹³ 胡 络腮胡	
龙潭寺客话	ɚ	儿异读 ɚ³¹	洋马儿 ɚ³¹		虹虹猫儿 mɚ⁴⁵ 蜻蜓
成都官话	ɚ	儿 ɚ³¹	耳朵 ɚ⁵³	小牛儿 ɚ⁵⁵	兔儿 tɚ²¹³
泰兴客话	ɚ	而 ɚ¹³	乌木耳 ɚ³¹	马儿 ɚ¹³ 梗 芦苇	摸哥儿 kɚ⁴⁵ 扒手
新都官话	ɚ	儿 ɚ³¹	耳朵 ɚ⁵³	小牛儿 ɚ⁵⁵	兔儿 tɚ²¹³
隆昌客话	ɚ	而 ɚ³¹	娃儿 ɚ⁴⁵ 书小人书	毛儿 ɚ⁴⁵ 梗著竹	老者儿 tsɚ⁴⁵ 老头
隆昌官话	ɚ	二 ɚ¹³	耳 ɚ⁵³ 朵	娃儿 ɚ⁵⁵	雨点儿 tiɚ⁵³
西昌客话	ɚ	而 ɚ²¹²	雀儿 tɕʻio?ɚ⁴⁵鸟儿	瓢儿 ɚ⁴⁵ 白一种白菜	男猫儿 mɚ⁴⁵公猫
四外话官话	ɚ	而 ɚ³¹	木耳 ɚ⁵³	耳子 ɚ³¹	雪花儿 xuɚ⁵⁵
仪陇客话	ɚ	耳 ɚ⁵³ 子	瓢儿 ɚ³³ 菜	旋儿 ɚ²¹ 风旋风	樱桃儿 tʻɚ²¹
仪陇官话	ɚ	而 ɚ²¹	耳 ɚ⁵³ 子	瓢儿 ɚ⁵⁵ 白	手指拇儿 mɚ⁵³

（三）卷舌元音的接触影响讨论

通过卷舌元音 ɚ 在客家基本住地各县市的分布考察、四川客家方言与比邻官话的比较，我们认为四川客家方言中的 ɚ 是在跟四川官话长期接触的过程中受到了四川官话的影响而产生的。

上面说到粤东、粤北各客家方言点都无ɚ，江西客家方言中有6个地点有ɚ，因为江西客家方言不是四川客家方言的主要来源地，即便入川时有部分江西客家移民的客家方言中已有ɚ，如果没有四川官话有ɚ的外部环境，这个语音成分也必然会被淹没。

四川客家方言中的ɚ当是各个地点的客家方言从比邻的官话中吸收进来的，其产生的途径是通过词语的借用。下面首先结合我们调查的实践来说明：

"儿"字，发音合作人单念的时候，一般都念不出 ɚ，他们会根据词义换用"俫子"，但如果给出"洋马儿_自行车_"这个词，末尾音节自然就念出 ɚ 来了。同样，"耳"字，发音合作人会念 n̩i³¹（成都、隆昌）、ni³¹（西昌）、i⁵³（仪陇），但如果给出"银耳"这个词，会分别念出 in³¹ɚ⁵³（成都）、银耳 in¹³ɚ⁵³（隆昌）、银耳 in²¹ɚ⁵³（仪陇）之类的音来，都会念出 ɚ 这个语音成分。

再结合儿化韵的发音来看，四川各点的客家方言都有一定数量的儿化词，西昌、仪陇客家方言的儿化词尤其多。其儿化韵也遵循四川官话的规律：主要采取直接由 ɚ 代替原韵母的主要元音（包括韵尾）的方法构成；如果原韵母主要元音是 i、u、y，把 ɚ 加在它们之后，一般归并为 ər、iər、uɚr、yɚr 四类。

由于某些借词长期说 ɚ，带来的成果是把 ɚ 吸收进了四川客家方言，其直接表现在三个方面：其一是某些字单念也发 ɚ，如"而、饵"；其二是某些词中的 ɚ 音节字无法换用为客家方言的音，如"银耳"的"耳"字不能用 n̩i³¹ 替换；其三是各个客家方言点都有一定量的儿化词。

第三节　语音特点比较研究

本书在第二章里把四川客家方言与梅县、五华客家方言的语音特点进行了比较研究，从中已经初步了解到四川客家方言对客家方言语音特点的保存情况。总的情况是：四川客家方言一定程度地保留了客家方言的主要特点。所谓一定程度，也就是并非完好地保存。本节主要针对客家方言的核心语音特点进行比较。

一　古全浊声母字逢今塞音、塞擦音的读音特点

（一）古全浊声母字的今读

古全浊声母字不论平仄，逢今塞音、塞擦音多读为送气清音，这是客家方言典型的语音特点。四川客家方言也有这一特点，但是已有所磨损，因为有相当一部分字逢今塞音、塞擦音已读为不送气音。就各地的情况看，一致的特点是古全浊阳平字逢今塞音、塞擦音今读送气音的比例很高，而古全浊上、全浊去、全浊入逢今塞音、塞擦音读为送气音的比例则要低得多。下面重点选择古并、定、从、澄、船、群六个全浊声母字进行比较，有的古邪母字在客家方言中也读送气音，适当加以兼顾。

古全浊平声字 144 个：

陀驮驼爬茶搽菩-_肤徒屠途涂图台苔_舌抬牌柴题提蹄啼齐脐赔皮疲脾
奇骑瓷慈辞词祠持其棋旗期_日-祈袍桃逃陶锤槌葵逵肥淘曹朝-_代潮
乔桥头投绸筹频愁酬求球潭谭谈痰潜钳甜寻琴禽擒弹-_琴檀坛残钱
缠乾-_坤田填前盘团转-_送拳权秦陈臣勤芹盆群裙堂唐糖塘墙长-_短肠场
床强-_大庞朋腾藤曾-_经层彭萍坪评情晴呈程瓶屏亭停廷庭艇挺琼蓬篷
同铜桐筒童丛虫崇穷重-_复松-_木

全浊阳平字在四川客家方言今读送气音的情况十分统一，除了"松"字今读 s 之外，其余的字在各地都一律读为送气音。这些字中，只有"松、愁"两个字跟梅县、五华的读音不相同。"松"字梅县、五华读塞擦音 ts'，四川读 s[①]，"愁"梅县、五华读擦音 s，其余均读送气音。

全浊上声字 49 个：
舵惰坐部杜肚_腹-芏-_麻巨距拒聚柱罪被_子婢技妓跪道皂造赵兆舅
白淡渐俭诞践件键伴断-_绝撰篆尽近笨盾荡丈仗杖强_勉-蚌静艇挺

这 49 个全浊上声字，四川客家方言读为送气与不送气音的情况也很统一，有 29 或 30 个字读为不送气音：

成都洛带 29 个读不送气音：
舵惰部杜肚_腹-巨距拒聚被_子婢技妓皂赵兆渐诞件键伴撰篆笨盾仗杖蚌静

成都凉水井有 30 个读为不送音：
舵惰部杜肚_腹-巨距拒聚被_子婢技妓皂赵兆渐诞践件键伴撰篆笨盾仗杖蚌静

隆昌有 30 个读为不送气音：
舵惰部杜肚_腹-巨距拒聚被_子婢技妓皂赵兆诞践件键伴撰篆笨盾荡仗杖蚌静

西昌有 29 个读为不送气音：
舵惰部杜肚_腹-巨距拒聚被_子婢技妓皂赵渐诞践件键伴撰笨盾荡仗杖蚌静

仪陇有 30 个读为不送气音：
舵惰部杜肚_腹-巨距拒聚被_子婢技妓皂赵兆诞践件键伴撰篆尽笨盾仗杖蚌静

古全浊去 70 字：
大座谢步度渡镀具惧贷代袋稗败寨币毙第递背-_诵佩队兑被-_迫避备鼻地自寺治柜导盗召轿豆逗就袖宙售旧办贱健电殿佃莫垫叛段缎传-_记倦钝傍藏_西脏_心

---

① 据曾为志实地调查，龙潭寺有老地名"穷 tɕ'yuŋ¹³ 树村"，宜宾客家后裔称松树为"穷树"，邛崃官话亦称松树为"穷树"。"穷"实为"松"读塞擦音"ts'"的基础上腭化而成。

状撞邓赠病净郑定洞共

这 70 个古全浊去声字，四川客家方言读为送气与不送气音的情况也很统一，有 35 个左右的字读为不送气音：

成都洛带、凉水井都有 34 个字读不送气音：

度渡镀具惧贷寨递队兑被备寺治盗逗宙售健电殿佃奠垫段缎传倦藏西~脏心~

状赠洞共

隆昌有 36 个字读不送气音：

度渡镀具惧贷寨递队兑被备寺治盗逗宙售健

电殿佃奠垫段缎传倦钝藏西~脏心~状~邓赠洞共

西昌有 35 个字读不送气音：

度渡镀具惧贷寨递队兑被备寺治盗逗袖宙售

贱健电殿佃奠垫段缎倦藏西~脏心~邓赠洞共

仪陇有 33 个字读不送气音：

度渡镀具惧贷寨递队兑被备寺治盗宙售

贱健电殿佃奠垫段缎传倦钝藏西~脏心~状洞

全浊入声字 40 个：

叠碟牒及吸达杰截夺绝疾伎突掘薄凿昨着睡~笪浊

特贼殖植白泽择橙剧戏~屐劈敌笛瀑独读族毒轴逐局

这 40 个古全浊入声字，四川客家方言读为送气与不送气音的情况比较统一，有半数以上的字读为送气音，不读送气音的字在半数以下：

成都洛带有 19 个字读不送气音：

叠碟牒及吸达杰夺疾笪殖植剧戏~屐敌笛轴逐局

成都凉水井有 18 个字读不送气音：

碟牒及吸达杰夺疾笪殖植剧戏~屐敌笛轴逐局

隆昌有 18 个字读不送气音：

叠碟牒及吸达杰疾笪殖植剧戏~屐敌笛轴逐局

西昌有 19 个字读不送气音：

叠碟牒及吸达杰夺疾笪殖植剧戏~屐敌笛轴逐局

仪陇有 18 个字读不送气音：

叠碟牒及吸达杰疾笪殖植剧戏~屐敌笛轴逐局

古全浊声母字逢今塞音、塞擦音不读送气音及所占比例如表 3-15。

表 3-15　　　　　　　　古全浊声母字的今读统计比较表之一

		全浊平 144 个				全浊上 49 个				全浊去 70 个				全浊入 40 个			
		不送气		送气		不送气		送气		不送气		送气		不送气		送气	
		个	比例	个	比例	个	比例	个	比例	个	比例	个	比例	个	比例	个	比例
成都	洛带	1	0.69	143	99.31	29	59.18	20	40.82	34	48.57	36	51.43	19	47.5	21	52.5
	凉水井	1	0.69	143	99.31	30	61.22	19	38.78	34	48.57	36	51.43	18	45	22	55
隆昌		1	0.69	143	99.31	30	61.22	19	38.78	36	52.43	34	47.57	18	45	22	55
西昌		1	0.69	143	99.31	29	60.42	19	39.58①	35	50	35	50	19	47.5	21	52.5
仪陇		1	0.69	143	99.31	30	61.22	19	38.78	33	63	37	52.86	18	45	22	55

从表 3-15 的比较和统计中看出，在四川客家方言中，全浊声母字逢今塞音、塞擦音读为送气音的特点在阳平字中体现得很突出，在全浊入声中因为还有过半的字读送气音，这一特点可以说还比较明显，但在全浊上和全浊去中半数左右的字今不读送气音，表明古全浊声母字逢塞音、塞擦音读为送气音的特点在这两个声调中已经不怎么突出了。而梅县、五华客家方言的这一特点今仍十分突出。

表 3-16　　　　　　　　古全浊声母字的今读统计比较表之二

	全浊平 144 个			全浊上 49 个			全浊去 70 个			全浊入 40 个		
	不送气	送气		不送气	送气		不送气	送气		不送气	送气	
	个	个	比例	个	个	比例	个	个	比例	个	个	比例
梅县	1	143	99.31	4	45	91.84	8	62	87.1	0	40	100
五华	1	143	99.31	4	45	91.84	6	64	91.43	1	39	97.5

从表 3-15 和表 3-16 的数据可以看出，古上、去、入三声的全浊声母字读送气音的特点在四川客家方言已经遭遇了相当程度的磨损。

（二）古全浊声母字读音的接触影响讨论

上面的统计结果显示，今读塞音、塞擦音的古全浊声母字在四川客家方言中读送气音的多少跟所属的声调有关，不像梅县、五华客家方言无论什么声调都读送气音。四川客家方言为什么会发生这样的变化呢？我们认为这也跟四川官话的接触影响有关，具体地说跟全浊声母字在四川官话的读音

① 西昌无"苎"字，以总数 48 个计算。

特点有关。

　　古全浊声母字在四川官话中的分派规律是：古全浊平声字今逢塞音、塞擦音读阳平送气音；全浊上和全浊去都读去声不送气，仅有个别例外；全浊入在成都、西昌、仪陇官话中归阳平读不送气音，在隆昌官话中归去声也读不送气音。这样的特点对四川客家方言全浊声母字的读音影响很大。下面分别讨论。

　　1. 为什么古全浊平声字逢今塞音、塞擦音读送气音的特点能够得到很好保留？这跟与之相接触的四川官话的语音特点有关。古平声以声母的清浊条件分为阴平和阳平，这是客家方言与四川官话的共同规律，同时阳平字还有逢塞音、塞擦音读送气音的特点。四川官话的这个特点是四川客家方言保留其特点的外部环境，这个环境的存在，为四川客家方言提供了平行保留其固有特点的可能。表 3-16 所列古全浊平声字 145 个字中，"松"字梅县、五华读塞擦音 ts'，四川各客家方言点都读 s；"愁"梅县、五华读擦音 s，四川各客家方言点都读塞擦音 ts'。这两个字的读音恰恰跟四川官话相同，各点的读音都没有跟着其主要来源方言走，而跟着四川官话走，由此可以看出四川官话阳平字声母的读音对四川客家方言的影响，其他 143 个字，四川官话也都读送气音。

　　2. 为什么古全浊上字逢今塞音、塞擦音读送气音的特点会遭受较严重的磨损？这也跟与之相接触的四川官话的语音特点有关。浊上变去，古全浊上声在四川官话里读去声，并且逢塞音、塞擦音读不送气。这是四川官话重要的语音特点，这一特点跟客家方言迥异，这种语音生态不利于四川客家方言保留其固有特点。观四川客家方言中的古全浊上声字，无论归去声还是归上声，逢塞音、塞擦音今仍读为送气音的，基本上都是口语中的常用字，如："柱、罪、跪、道、造、淡、断、荡、丈、跪"等，那些口语中的次常用字，如"舵、惰、部、杜、巨、距、聚、婢、妓、渐、诞、践、件、键、撰、篆、盾、杖、蚌"等，在跟四川方言的接触中，便丢失了送气音的读法而变为跟四川官话一样读为不送气音了。

　　3. 为什么古全浊去逢今塞音、塞擦音读送气音的特点也会遭受较严重的磨损？这也跟与之相接触的四川官话的语音特点有关。浊去仍读去，古全浊去声在四川官话里读去声，并且逢塞音、塞擦音读不送气。这也跟客家方言的特点迥异，这种语音生态也不利于四川客家方言保留其固有特点。观古全浊去声字，不管在四川各客家方言点今归上还是归去，也基本上是口语中的常用字，如："大、步、袋、稗、第、鼻、地、自、柜、轿、豆、就、袖、办"等，那些次常用字，如"度、渡、具、惧、寨、币、队、宙、健、佃、备、状"等，在跟四川方言的接触中，也丢失了送气音的读法而变为跟四川官话一样读为不送气音了。

4. 为什么古全浊入声字逢今塞音、塞擦音读送气音的特点也遭受了较严重的磨损？

这也跟与之相接触的四川官话的语音特点有关。古入声字在成都官话、四外话、仪陇官话各官话中归阳平，在隆昌官话中归去声，在新都官话中仍读入声，无论归阳平还是归去声还是仍读入声，在四川官话中全浊入声字逢塞音塞擦音多读为不送气音。这也跟客家方言的特点不同，这种语音生态也不利于四川客家方言保留其固有特点。四川客家方言中古全浊入声字今仍读为送气音的，也基本上是口语中的常用字，如："侄、薄、凿、昨、白、择、读、独、读、毒、贼"等，那些口语中的次常用字，如"碟、牒、及、吸、达、杰、夺、疾、掘、电、殖、植、剧、屐、劈、敌、笛、轴、局"等，在跟四川方言的接触中，也丢失了送气音的读法而变为跟四川官话一样读为不送气音了。

二 古非组部分字读重唇音

（一）古非组部分字今读重唇音的情况

p、p'、b、m 这几个双唇塞音和双唇鼻音称为重唇音，f、v 称为轻唇音。古非组中有部分字今读重唇音 p、p'、m，这是客家方言语音的又一个特点。四川客家方言也有这一特点。通过四川方言与主要源方言的字音对照，我们统计出了在不同地点出现的 24 个非组重唇音（包括有重唇和轻唇两读的）来进行比较。这 24 个字是：

斧孵符扶巫诬辅飞肥微费尾味痱妇袜发~病粪问纺网忘望冯

这些字在各点读重唇的情况不尽相同，并且读重唇的字基本上都有轻唇读法。各点的读音情况是：

成都洛带：有 5 个字不读重唇：巫诬辅飞微；19 个字读重唇，其中 11 个字有重唇、轻唇两读：符扶肥费尾味妇发纺网望。

成都凉水井：有 6 个字不读重唇音：巫诬辅飞微纺；18 个字读重唇，其中 10 个字有重唇、轻唇两读：符扶肥费味尾妇发网望。

隆昌：有 9 个字不读重唇音：符巫诬辅飞微发~病纺冯；15 个字读重唇，其中 9 个字有重唇和轻唇两读：扶肥费味尾妇发网望。

西昌：有 15 个字不读重唇音：斧符巫诬辅飞肥微费痱妇发~病纺望冯；仅

9 个字读重唇：孵扶尾味袜粪问网忘，其中"扶尾味"有重唇轻唇两读。

仪陇：有 11 个字不读重唇音：符巫诬辅飞微费发~病网忘冯：有 13 个读重唇，其中 7 个字有两读：扶味肥费妇望尾。

可见，在四川客家方言中，非组中读重唇音的特点也有了不同程度的磨损，其中西昌客家方言的这个特点磨损程度最为严重，其次是仪陇。而梅县、五华客家方言的这一特点仍十分突出。上例 24 个字中，梅县有仅"辅费妇纺"4 个字不读重唇，五华仅有"费妇纺"3 个字不读重唇。

表 3-17　　　　　　　　　非组部分字读音统计比较

	不读重唇		读重唇	
	个	百分比（%）	个	百分比（%）
梅县	4	16.67	20	83.33
五华	3	12.5	21	87.5
成都洛带	5	20.84	19	79.16
成都凉水井	6	25	18	75
成都泰兴	5	20.84	19	79.16
隆昌	9	37.5	15	62.5
西昌	15	62.5	9	37.5
仪陇	11	45.83	13	54.17

（二）重唇音的接触影响讨论

非组字在四川官话中多读轻唇音。四川客家方言在跟四川官话的接触中，非组字的读音也受到了四川官话的影响，具体表现在以下两方面：

第一，磨损了四川客家方言古非组字中的重唇字音。从上文的比较中看出，西昌不读重唇音的字已近 2/3，仪陇也已近半。洛带、凉水井、泰兴和隆昌也有一定程度的减少。观那些读重唇音的字，也属于口语中的常用字，并且使用频率很高。比如读重唇 m 的"尾"字，具有很强的构词能力，所构成的词广泛出现在口语中：河尾、年尾、尾巴、苕尾苕尖、狗尾巴草狗尾草、豌豆尾豌豆尖、树尾树梢、摆尾子鱼、尾手指小拇指、火尾子火焰、打齐尾称的货份量达到最大、尾尾尖儿、松树尾松树梢、马尾巴、响尾蛇、船尾、摇头摆尾摇头晃脑、尾猪子最后一名、巷尾、尾椎骨、尾盘、羊尾酥—道菜名。另外我们也注意到，有的口语常用字也变读轻唇音了，如"飞"字，在梅县和五华客家方言中读 pi^{44} /fi^{44}，包括重唇和轻唇两读，而在四川各个地点中都无 ₌pi 的读音，且韵母已由 i 变为 ei，跟四川官话的读音一样。口语中用得较少的字"巫诬辅微"，各点都已不读重唇音。

第二，四川官话语音影响了那些读轻唇的字音。如"巫、诬"二字，在梅县和五华客家方言中都读 ₌mu，四川各点的客家方言都读 ₌vu，跟四川官话完全一样①。又如"辅"字，梅县读轻唇 fu³¹，五华为 pʻu³¹，四川客家方言中，除了西昌读 fu³¹ 之外，其余各点都读 fu⁵³，其声母也跟四川官话完全相同。

三　古蟹摄开口一、合口一三等字与止合三等字读 oi/ɔi

（一）古蟹摄开口一、合口一三等字与止合三个别字的今读

古蟹摄开口一、合口一三等字与止合三个别字读为 oi/ɔi 韵母，这也是客家方言的重要语音特点，四川客家方言基本上都还保留着这一特点。通过四川方言与主要源方言的字音对照，我们统计出 42 个字在四川各客家方言点的读音情况，发现这一特点在洛带、凉水井、隆昌保存较好，而在西昌和仪陇则发生了规则性的演变。这 42 个字是：

代袋来菜才财赛该改概开慨碍海亥哀爱蔡盖艾害豺

梯背₋₊楷陪赔背②₋诵梅煤妹堆恢灰外会脆岁税炊睡帅

洛带有 29 个字读 oi，13 个不读 oi。不读 oi 韵的字主要读为 ai：代赛改概慨碍楷哀；有的读为 ei：陪梅煤恢；个别读为 uei：炊。

凉水井 29 个字读 oi，13 个不读 oi。不读 oi 韵的字主要读为 ai：代赛改概慨豺碍楷哀；有的读为 ei：陪梅煤；个别读为 uei：炊。

隆昌有 29 个字读 oi，13 个不读 oi。不读 oi 韵的字主要读 ai，代赛改概慨碍楷哀；有的读为 ei：陪梅煤恢；个别读为 uei：炊。

西昌已没有 oi 韵母，上列字主要读为 uai：袋来菜才财该开海亥爱盖害豺梯背₋脊 赔背₋诵梅煤妹堆灰外会岁税睡帅；有的读为 ai：代赛改概慨碍哀蔡艾楷；有的读为 uei 脆炊；有的读为 ei：陪煤。

仪陇也没有 oi 韵母，上列字主要读为 ɔ：来菜才财该改开海蔡盖豺赔梯背₋脊妹灰外会睡帅；有的读为 ai：代袋赛概慨碍亥哀爱害楷；有的读为 ei：陪背₋诵梅煤；有的读为 uei：堆恢脆岁税炊；有的读为 iɛ：艾。

---

① 四川官话的音系一般没有立 v 这个声母，"巫乌无五雾"等 u 自成音节的字，发音时双唇摩擦很明显，实际发音可以记成 vu。

② 因为两个"背"的音韵地位不同，故此处分为两个字来统计。

在梅县、五华客家方言中古蟹摄开口一、合口一三等字与止合三个别字读 oi 的特点十分突出。上列 42 字中梅县仅"豺"字不读 oi 韵，五华有"赛慨楷豺陪炊"6 个字不读 oi。如表 3-18。

表 3-18　　　　　　　　　　部分蟹止摄字今读统计比较表

		读 oi		不读 oi						
		个	比例	ai	uai	ei	uei/ui	o	iɛ	i
梅县		41	97.62	1						
五华		36	85.71	4			1			1
成都	洛带	29	69.05	8		4	1			
	凉水井	29	69.05	9		3	1			
隆昌		29	69.05	8		4	1			
西昌[①]		0	0	10	28	2	1			
仪陇		0	0	11		4	6	20	1	

从上面的比较中看出，这个特点在成都洛带、凉水井和隆昌 oi 韵得到了一定程度的保存，巧的是，在几地读 oi 韵的字数都相同，保存率都是 69.05%，而且不读 oi 的字洛带与隆昌分毫不差。没有保存 oi 韵的西昌，把 oi 韵字主要读成 uai，仪陇主要读为 ɔ。

（二）蟹止摄字的接触影响讨论

四川官话没有 oi 韵母，在跟四川官话的接触中，四川客家方言的 oi 韵也受到了四川官话的影响。主要表现是：

第一，磨损了四川客家方言的 oi 韵字。从上文的比较中看出，oi 韵字在洛带、凉水井和隆昌已减少到 70% 以下，在西昌、仪陇则已被全部磨损。

第二，影响了一些读非 oi 韵字音。各点读 ai、ei、uei 韵的字，都跟四川官话一样，特别是"陪"，五华话读 i 韵母，四川各点都读 ei 韵了。

四　古山摄一等、合口一三等字今读 ɔn/on

（一）古山摄一等、合口一三等字读 ɔn/on 的情况

古山摄一等、合口一三等字读 ɔn/on（包括 nɔn、uon、ion 等几个韵母）这也是客家方言重要的语音特点，四川客家方言成都、隆昌两地还保留着这一特点。而在西昌和仪陇已发生了规则性的演变。通过四川方言与其主要源

---

① 西昌缺"恢"字，以 41 个计算。

方言的字音对照，我们统计出了在四川多个客方言点读 ɔn/on 的 47 个字来进行比较。这 47 个字是：

餐肝干~活看~见汉寒韩旱汗翰安案端短锻~练团断~绝段缎暖卵乱钻~洞酸算蒜官观~参管馆灌冠~军罐宽欢缓换碗闩惯传~记专砖穿串船软

洛带、凉水井合口与开口合流，读为 ɔn。仅有 2 个字不读 ɔn：干、缓。这两个字都读 an。

隆昌也是合口与开口合流，读为 ɔn，仅有"干、缓"2 个字不读，分别读为 an 和 uan。

西昌已没有 ɔn，上列字除开"软"字读 yɤn 外，其余读为合口 uan。

仪陇开口与合口合流，上列字有 28 字读为 uɔn，1 个"软"字读为 yɤn；有 17 个字读 uan，另有 1 个"餐"字读 an。

表 3-19　　　　　　　　　　部分山摄字的今读统计比较表

		读 ɔn				不读 ɔn			
		ɔn	uɔn	iɔn	yɔn	百分比	an	uan	yɤn	百分比
成都	洛带	44			1	95.74	2			4.26
	凉水井	44			1	95.74	2			4.26
隆昌		44		1		95.74	1	1		4.26
西昌		0				0	1	45	1	100
仪陇			28			59.57	1	17	1	40.43

从表 3-19 的比较中看出，成都洛带、凉水井和隆昌 ɔn 韵保存得很好，巧的是，在三个地点读 ɔn 韵的字数都相同，保存率都是 95.74%，而且不读 ɔn 的字也是"干、缓"。没有保存 ɔn 韵的西昌，把 ɔn 韵字读成 uan，"软"跟 n 拼读 yɤn。仪陇前加介音读合口呼 uɔn，其保存率近 60%，保存得较好，不读 uɔn 的字主要读成 uan。

上列 47 个字，梅县、五华客家方言都有一个"惯"字不读 ɔn，保存率为 97.88%。五华客家方言山开一、合一合流读 ɔn，梅县客家方言有几个山开一字读为 uɔn。

（二）ɔn 韵字的接触影响讨论

在跟四川官话的接触中，ɔn 韵字在成都和隆昌得到了较好的保存，这是最具有客家方言特色的一个特点，西昌已然失去了 ɔn 韵母，仪陇也受到了四川官话的影响。其影响表现在以下两个方面：

第一，彻底改变了西昌客家方言的 ɔn 韵字。这种改变可能已经有了比较长的时间。20 世纪 80 年代初，崔荣昌调查西昌客家方言，其记音已无 ɔn，就是说，ɔn 韵母在西昌客家方言消失至少已经 40 余年了。究其原因，当是四外话制约了 ɔn 演变的方向，也就是说 ɔn 演变为 uan，是四外话的接触影响所致。因为 uan 在其源方言中并不发达。五华话没有 uan，[1]梅县话有 uan，但只跟 k 相拼，只辖"关、惯"二个字[2]。上面的 47 个字中，多数字在四外话中都读 uan，少数字读开口呼 an，西昌客家方言统读成 uan 了。

第二，磨损了仪陇客家方言的 ɔn 韵字。表 3-19 中的数据显示，仪陇客家方言有 40.43% 已经不读 ɔn 韵了，这些字读的韵母跟仪陇官话完全一样：an 餐；uan 官观参~管馆灌冠~军罐宽缓欢换传~记专砖穿串船；yɛn 软。

五　古次浊平声与古全浊、次浊上声部分字今读阴平

（一）古次浊平声与古全浊、次浊上声字的今读

古次浊平声与古全浊、次浊上声字有一部分读阴平，这是客家方言区别于其他方言的重要特点。[3]四川客家方言也有这一特点。通过四川方言与主要源方言的字音对照，我们统计出了 67 个在不同地点出现了读阴平调的古次浊平声与古全浊、次浊上声字在四川各客家方言点的读音情况。这 67 个字是：

礼美里理毛某亩牡母鳞重~轻坐马拿下~山社苣野努鲁吕旅买奶苎麻巨距拒柱羽弟鲤技妓委尾有友淡暖懒碾演旱研免满断~绝研辫软很忍近稻蚊菌允养两二~~往冷领岭动聋拢

成都洛带有 15 个字不读阴平：社奶努巨距拒羽技妓委稻演旱很允。

成都凉水井也有 15 个字不读阴平：社鲁奶努巨距拒羽技妓稻演旱很允。

隆昌有 18 个字不读阴平：社鲁奶美鳞努巨距拒羽技妓委稻演旱很允。

西昌有 19 个字不读阴平：社奶某亩鳞巨距拒羽技 妓委稻演旱很近往研。

仪陇有 28 个字不读阴平：社鲁旅奶美牡鳞努巨距拒羽鲤技妓委稻藕友碾演旱辫很忍菌允往。

梅县、五华客家方言的这一特点仍十分突出。上例 67 个字中，梅县仅有"旅努藕近"4 个字不读阴平，五华仅有"旅努藕碾近动"6 个字不读阴平。

---

① 魏宇文：《五华方言同音字汇》，《方言》，1997 年第 3 期。

② 林立芳：《梅县方言语法论稿》，中华工商联合出版社 1997 年版，第 230 页。

③ 黄雪贞：《客家方言的声调特点》，《方言》，1998 年第 4 期。

表 3-20　　　　古次浊平与全浊、次浊古上声字的今读统计比较表

		次浊平与古上声全浊、次浊声母字 67 个		
		非阴平	阴平	
		个	个	百分比
梅县		4	5.89	94.11
五华		6	8.82	91.18
成都	洛带	15	52	77.61
	凉水井	15	52	77.61
隆昌		18	49	73.13
西昌①		19	47	71.2
仪陇		28	39	58.21

　　相对于其他特点而言，古次浊平与古全浊、次浊上声字读阴平的特点在四川各客家方言点普遍保存得较好，但也遭到了不同程度的磨损，仪陇的磨损程度比较深。

　　（二）古次浊平声与古全浊、次浊上声字的接触影响讨论

　　上面的统计结果显示，古次浊平声与古全浊、次浊上声字在四川客家方言中不读阴平的比例远高于梅县、五华客家方言。究其原因，这也跟与之相接触的四川官话的语音特点有关。其间的不同磨损程度体现了接触程度的差异。平分阴阳，古平声清声母字今读阴平，古平声全浊、次浊声母字今读阳平；古上声全浊声母字今读去声，次浊声母字今读上声，这是古平声次浊与古上声全浊、次浊声母字在四川官话中的分派规律。这种读音特点跟客家方言的特点迥异，也不利于四川客家方言保留其固有特点。观那些读为阴平的字，也是口语中的常用字，如"毛坐马拿下~山惹野买弟有淡暖懒满断~绝软蚊菌两二~~冷领聋"，口语中的常用字容易保存特点，非常用字则容易改变特点，改变的方向往往受所接触方言的牵制或指引。比如"巨、距、拒、妓、稻"这几个字是古全浊上声字，在梅县和五华客家方言中都读为阴平，四川客家方言的各点都整整齐齐地读为去声。其原因只能解释为四川官话的影响，因为这跟四川官话的读音规律相同：全浊上归去是四川官话的分派规律。

----

① 西昌无"苎~麻"的"苎"，以总数 66 个计算。

六 四川客家方言的文白异读

文白异读是汉语中很常见的一种语言现象,文白异读既是语音现象,又是词汇现象。具有文白异读的语词能"体现雅/土这种不同风格色彩的音类差异","一般说来,土词多用白读形式,使其具有'土'的风格色彩,而新词、书面语词以及在比较庄严的交际场合多用文读形式,使其具有'雅'的风格色彩……"。[1]学界对文白异读的界定在范围上有差别。李如龙把汉语方言异读分成文白异读、别义异读和其他异读(包括新旧异读、借用异读等)3 类 8种。[2]其中借用自方言或共同语的音,王福堂认为是文读音:"语言接触中,一个方言从具有权威性的某方言——地区性的权威方言或全国性的权威方言——借入词语,常常不是个别的,而是成批的、这就是异读大量进入方言,构成异音类。……方言中由于借入的词语起初大多用于较为正式的交际场合,和本方言的口语词有不同的风格,因此异音类就被看成读书音"。[3]徐通锵也认为,方言中"文读形式的产生是外方言,主要是权威方言影响的结果"[4]。据此,我们把借用自异方言的异读音也视为文读音。

四川客家方言中的文白异读现象比较突出。古梗摄字中有较多的文白异读,这是客家方言的特点,四川客家方言的文白异读不限于梗摄字,从古韵母看,四川客家方言几乎在十六摄中都有异读,不少异读音也深受四川官话的影响,当然四川客家方言在各个地点的文白异读也具有不平衡性。

(一)四川客家方言的文白读情况

据我们的调查,四川客家方言中的异读音除了无假摄字外,关涉到十五个摄,其中梗摄字最多。见表 3-21。

表 3-21 四川客家方言异读字表(85 字)

果摄	荷 禾	遇摄	苦粗醋步初扶符锄疏许住
蟹摄	在爱艾梯齐泥底弟替肺脆	止摄	知耳里器肥费
效摄	毛道校搅	流摄	诱妇袖
咸摄	暗狭染	深摄	深饮入
山摄	肝院软渴阔发	臻摄	银近

---

① 徐通锵:《历史语言学》,商务印书馆 1996 年版,第 348 页。

② 李如龙:《汉语方言的比较研究》,商务印书馆 2003 年版,第 45 页。

③ 王福堂:《汉语方言语音的演变和层次》,语文出版社 1999 年版,第 29 页。

④ 徐通锵:《历史语言学》,商务印书馆 1996 年版,第 349 页。

果摄	荷 禾	遇摄	苦粗醋步初扶符锄疏许住
宕摄	行养鹊望纺网	江摄	江壳层
曾摄	凭	梗摄	争生杏格择核额声平轻迹惜命丁影 成城青经顶
通摄	动缩绿重六		

通过对 85 个字的调查比较发现，四川各客家方言点在异读字的数量上有差异，依次是：洛带 85，凉水井 77，隆昌 70，西昌 47，仪陇 40；从异读字的分布来看，遇、蟹、止、山、宕几摄字在成都和隆昌客家方言中有较多的异读，在西昌客家方言中的异读较少，在仪陇客家方言中则更少。四川客家方言的白读音一般都反映了客家方言的特点，文读音则一般都是受了四川官话影响而直接或间接产生的。这 85 个字是以前些年对洛带客家方言的调查为基础来对各点展开调查的，尽管并不是完全的统计，但从中也能看出四川客家方言文白异读的情况。详见后表 22—表 27。各表在表头分别注明各点异读字的个数，多数字的异读是出现在不同的词中，少数字的异读是在同样的词中，这种情况用"又"字表明为又音，无异读的则直接注音。

（二）梗摄字的文白异读

四川客家方言在梗摄字中有突出的文白异读，这也是客家方言的特点。梗摄中的文白异读集中在开口二、三、四等韵，从韵母看，舒声字的白读音多为 aŋ/iaŋ，文读音多为 ən、in，入声字白读多为 aʔ/iaʔ，文读音多为 eʔ/ieʔ。各点的字数不等，仪陇最少。缺乏文白读对立的字，或者只有白读音，或者只有文读音。这些异读音一般在不同的词里，有的也出现在同一个词里，如西昌客家方言中的"声明"中的"声"有 şaŋ^{45} /şən^{45} 两读。成都客家方言中的"生"字有两个白读音：① saŋ^{45} ～个，～活 saŋ^{45}；② ɕiɛn^{45} 花～。 saŋ 反映了早期的历史层次， ɕiɛn 是晚起的音，应该是在四川官话"花生" xua sən 的基础上经过类推产生的读音。在成都客家方言中有一批成都官话的 ən 变读为 iɛn 的字，还有一批把成都官话舌尖音拼 ən 变读为舌面前音拼 iɛn 的字。如：

	成都官话	成都客家方言
灯登澄	təŋ^{55}	tiɛn^{45}
藤腾	t'ən^{21}	t'iɛn^{13}
曾$_{姓}$	tsən^{55}	tɕiɛn^{45}
甑	tsən^{213}	tɕiɛn^{53}

层	tsʻən²¹			tsʻiɛn¹³
僧唐~	sən⁵⁵			ɕiɛn⁴⁵
参人~	sən⁵⁵			ɕiɛn⁴⁵

从四川官话来的异类音一般进入文读层，也有的异类音进入了白读层，这是因为所借用的词是口语词，如在成都客家方言中把"果核"说成"核儿核儿"fər⁴⁵ fər⁴⁵，这里的儿化韵 ər，就是从四川官话中来的。其他还有各种不对称的情况。详见表 3-22。

表 3-22　　　　　　　四川客家方言梗摄字文白异读比较表之一[①]

例字	文白读	洛带（20）	凉水井（20）	隆昌（19）	西昌（15）	仪陇（8）
争	白	tsaŋ⁴⁵ ~欠	tsaŋ⁴⁵ ~欠	tsaŋ⁴⁵ ~欠	tsaŋ⁴⁵ ~欠	tsan¹³
	文	tsən⁴⁵ 斗~	tsən⁴⁵ 斗~	tsən⁴⁵ 斗~	tsən⁴⁵ 斗~	
生	白	saŋ⁴⁵ ~个~活 ɕiɛn⁴⁵ 花~	saŋ⁴⁵ ~个 ~活 ɕiɛn⁴⁵ 花~	saŋ⁴⁵ ~个 ~活	saŋ⁴⁵ ~个 saŋ⁴⁵ 花~	san³³ ~个
	文	sən⁴⁵ ~产	sən⁴⁵ ~产	sən⁴⁵ 花~ ~产	sən⁴⁵ 花~ ~产	sən³³ ~产
杏	白	xiɛn⁵³ ~子	xiɛn³¹ ~子	xən⁵³~子	xən⁵³	xən²¹ ~子
	文	ɕin⁵³ 银~	ɕin¹³ 银~	ɕin⁵³ 银~		ɕin¹³ 银~
格	白	kaʔ² ~~	kaʔ² ~~	kaʔ³~~	kaʔ³ ~~	kaʔ⁵ ~~
	文	keʔ² 严~	keʔ² 玩~奢华地享受		keʔ³ 严~	
择	白	tʻoʔ⁵~菜	tʻoʔ⁵ ~菜 ~期	tʻoʔ⁵~菜	tʻoʔ⁵~菜	tsʻa²¹~菜
	文	tsʻeʔ² 选~	tsʻeʔ² 选~	tsʻeʔ³ 选~	tsʻeʔ³ 选~	tsʻɛʔ³ 选~
核	白	fərʔ⁵~儿 xoʔ⁵~桃	fuʔ⁵ ~~ fər⁴⁵~儿~儿 xoʔ⁵~桃	xoʔ⁵ ~桃	fuʔ⁵ ~~ xoʔ⁵~桃	xɛʔ⁵
	文	xeʔ²~心	xeʔ²~心	xeʔ³¹ ~心	~心 xeʔ³	
额	白	ȵieʔ² ~门	ȵieʔ² ~门	ȵiaʔ³~门	ŋeʔ³	ŋaʔ⁵~头
	文	ŋeʔ² 超~	ŋe¹³ 超~	ŋe³¹ 超~		ŋɛ⁵³ 超~
声	白	saŋ⁴⁵~气	saŋ⁴⁵~气 ~明	saŋ⁴⁵~气	ʂaŋ⁴⁵~气 ~明	saŋ³³~气
	文	sən⁴⁵~明	又 sən⁴⁵~明	sən⁴⁵~明	又 ʂən⁴⁵~明	sən³³~明
平	白	pʻiaŋ¹³ 唔~	pʻiaŋ¹³ 唔~	pʻiaŋ¹³ 唔~	pʻiaŋ²¹² 唔~	pʻiaŋ²¹
	文	pʻin¹³ 和~	pʻin¹³ 和~	pʻin¹³ 和~	pʻin²¹² 和~	

---

① 为了简洁和醒目，无异读的字只注统读音。

例字	文白读	洛带（20）	凉水井（20）	隆昌（19）	西昌（15）	仪陇（8）
轻	白	tɕ'iaŋ⁴⁵～重	tɕ'iaŋ⁴⁵～重 ～视	tɕ'iaŋ⁴⁵～重	tɕ'iaŋ⁴⁵～重 ～视	tɕ'iaŋ³³
轻	文	tɕ'in⁴⁵～视	又 tɕ'in⁴⁵～视	tɕ'in⁴⁵～视	又 tɕ'in⁴⁵～视	
迹	白	tɕia?²～印	tɕia?²～～	tɕie?³～印	tɕie?³～印	tɕi²¹
迹	文	tɕie?²事～	tɕie?²痕～	tɕi?³脚～	痕～tɕi⁵³	
惜	白	ɕia?²最～	ɕia?²最～	ɕia?³最～	ɕia?³俭～	ɕie?³
惜	文	ɕie?²可～	ɕie?²可～	ɕie?³可～	ɕie?³可～	
命	白	miaŋ⁵³算～	miaŋ⁵³算～	miaŋ³¹算～	miaŋ⁵³	miaŋ⁵³算～
命	文	min⁵³～令	min¹³～令	min⁵³命～		min¹³～令
丁	白	taŋ⁴⁵甲乙丙～	taŋ⁴⁵甲乙丙～	taŋ⁴⁵甲乙丙～	taŋ⁴⁵姓～	taŋ³³
丁	文	tin⁴⁵姓～	tin⁴⁵～字路口	tin⁴⁵姓～	又 tin⁴⁵姓～ 甲乙丙～	
影	白	iaŋ³¹～～	iaŋ³¹～～	iaŋ³¹～～	iaŋ³¹～～	iaŋ⁵³～子
影	文	in⁵³电～	in⁵³电～	in⁵³电～	in⁴⁵电～	in⁵³电～
成	白	saŋ¹³～人	saŋ¹³～器	aŋ¹³～器	ʂaŋ²¹²	tsʻən²¹
成	文	tsʻən¹³～立	tsʻən¹³～立	tsʻən¹³～立		
城	白	saŋ¹³进～	saŋ¹³进～ ～市	saŋ¹³进～	ʂaŋ²¹²进～ ～市	saŋ¹³进～
城	文	tsʻən¹³～市	又 tsʻən¹³～市	tsʻən¹³～市	tʂən²¹²～市	tsʻən²¹～市
青	白	tɕ'iaŋ⁴⁵～肥	tɕ'iaŋ⁴⁵～肥	tɕ'iaŋ⁴⁵～肥	tɕ'iaŋ⁴⁵～肥	tɕ'iaŋ³³
青	文	tɕ'in⁴⁵～年	tɕ'in⁴⁵～枫	tɕ'in⁴⁵～年	tɕ'iaŋ⁴⁵～肥	
经	白	kaŋ⁴⁵～布	kaŋ⁴⁵～布	kaŋ⁴⁵～布	tɕ'in⁴⁵～年	tɕin³³
经	文	tɕin⁴⁵～济	tɕin⁴⁵～济	tɕin⁴⁵～济		
顶	白	taŋ³¹～高	taŋ³¹～高	taŋ³¹～高	taŋ³¹～高	tin⁵³
顶	文	tin⁵³～球	tin⁵³～球	tin³¹～球	tin⁵³～球	

（三）其他韵摄的文白异读

1. 果遇二摄的文白异读　这两摄的文白异读字数量不多，各点数量相差比较大，仪陇仅 2 个。果遇二摄的白读音保留了客家方言的多个特点，如果摄箇韵的“荷”字今读 ai，如遇摄暮韵的“粗、醋”二字读 ʅ 韵，如“扶、符”读为重唇音等。没有文白读对立的字，一般读的是文读音。文白读音的差异，或者在声母方面，或者在韵母方面，或者在声调方面。值得注意的是，有的字并不是古入声字，在文读音中却读成了入声，如"荷"字，在隆昌文读音为 xoʔ³（阴入），在西昌读 xoʔ⁵（阳入）。这种误读应该是类推错误导致的。例如"藿、获、或、惑"等字隆昌读为 xo₀，"荷"并非入声字，但因与"藿"等字有共同的声韵结构，便比照这些字的入声调，类推成了阴入。西昌把"荷"字读为阳入，则很可能是根据"合、盒、鹤"等字的 xo₀ 的读音来类推的结果。

表 3-23　　　　四川客家方言果遇二摄文白异读比较表之二

例字	文白读	洛带（13）	凉水井（11）	隆昌（10）	西昌（7）	仪陇（2）
荷	白	kʻai⁴⁵~担子	kʻai⁴⁵~担子	kʻai⁴⁵~~子	kʻai⁴⁵~担子	kʻai³³~~子
	文	xo¹³ 负~	xo¹³ 负~	xoʔ³ 负~	xoʔ⁵ 负~	xo²¹ 负~
禾	白	vo¹³~桩子	vo¹³~虾	o¹³~把子	xo¹³	xəu²¹
	文	xo¹³~苗	xo¹³~苗	xo¹³~苗		
苦	白	fu³¹~瓜	fu³¹~瓜	fu³¹~瓜	fu³¹~瓜	kʻu⁵³
	文	kʻu³¹~苦	kʻu³¹ 辛~	kʻu³¹ 辛~	kʻu³¹ 辛~	
粗	白	tsʻɿ⁴⁵~幼	tsʻɿ⁴⁵~幼	tsʻɿ⁴⁵~幼	tsʻu⁴⁵	tsʻu³³
	文	tsʻu⁴⁵~心	tsʻu⁴⁵~心	tsʻu⁴⁵~心		
醋	白	tsʻɿ⁵³ 酱油~	tsʻɿ⁵³	tsʻu⁵³	tsʻu⁵³	tsʻu¹³
	文	tsʻu⁵³ 食~瓶炉				
步	白	pʻu⁵³ 走一~	pʻu³¹ 走一~	pʻu³¹ 走一~	pʻu⁵³ 走一~	pʻu⁵³
	文	pu⁵³~伐	pu⁵³ 散~	pu⁵³~调	pu⁵³~调	
初	白	tsʻo⁴⁵~一	tsʻo⁴⁵~一	tsʻo⁴⁵~一	tsʻo⁴⁵~一	tsʻu³³
	文	tsʻu⁴⁵~中	tsʻu⁴⁵~中	tsʻu⁴⁵~中	tsʻu⁴⁵~中	
扶	白	pʻu¹³~倒	pʻu¹³~倒	pʻu¹³~倒	pʻu²¹²~倒	pʻu²¹~倒
	文	fu³¹~持	fu³¹~持	fu³¹~持	fu²¹²~持	fu²¹~持
符	白	pʻu¹³ 画~	pʻu¹³ 画~	fu¹³ 画~	fu²¹² 画~	fu²¹
	文	fuʔ⁵~合	fuʔ⁵~合	fu¹³~合	fuʔ³~合	
锄	白	tsʻo¹³ 镬~	tsʻo¹³ 镬~	tsʻu¹³	tsʻo²¹²	tsʻu²¹
	文	tsʻu¹³ 挖~	tsʻu¹³ 锛~			
疏	白	so⁴⁵ 生~人	so⁴⁵ 生~人	so⁴⁵ 生~人	su⁴⁵	su³³
	文	su⁴⁵~远	su⁴⁵~远	su⁴⁵~远		
许	白	ɕi³¹ 姓~	ɕy³¹ 姓~	i⁵³	ɕi³¹	ɕy⁵³
	文	ɕy³¹ 允~	ɕy⁵³ 允~			
住	白	tsʻu⁵³~哪子	tsʻu³¹	tsʻu³¹~哪子	tsʻu⁵³/又 tʂu⁵³~哪子	tsʻu⁵³
	文	tsu⁵³~宅		tsu¹³~宅	tʂu⁵³~宅	

2. 蟹止二摄的文白异读　这项比较中，西昌的文白异读字更少。客家方言蟹摄一等字读 oi 的特点，成都、隆昌的白读音反映出来了，西昌变为 uai，仪陇保留主要元音，变为 ɔ，单元音化了。止摄开口三等日母"耳"字读 i 韵，四川各点的白读音都保留了这一特点，读 ɚ，则是从四川官话进入的文读音。

表 3-24　　　　　　四川客家方言蟹止二摄文白异读比较表之三

例字	文白读	洛带（17）	凉水井（16）	隆昌（15）	西昌（8）	仪陇（11）
在	白	$ts'oi^{53}$唔～ tsa^{53}哪子	$ts'oi^{45}$唔～	$ts'oi^{45}$唔～	$ts'ai^{53}$唔～	$ts'ɔ^{33}$
	文	$tsai^{53}$现～	$ts'oi^{53}$现～	$tsai^{53}$现～	$tsai^{53}$现～	
爱①	白	oi^{53}唔～	oi^{53}唔～	moi^{45}唔～	uai^{45}唔～	$mɔ^{33}$唔～
	文	$ŋai^{53}$～护	$ŋai^{53}$～护	$ŋai^{53}$～护	$ŋai^{53}$爱	ai^{13}～护
艾	白	$ȵyoi^{53}$～米粿 $ŋai^{53}$陈～	$ȵyoi^{53}$	$ȵioi^{53}$	$ŋai^{53}$	$ŋie^{13}$
梯	文	$t'oi^{45}$～子	$t'oi^{45}$～子	$t'oi^{45}$～子	$t'uai^{45}$	$t'ɔ^{33}$
	白	$t'i^{45}$～田	$t'i^{45}$～田	$t'i^{45}$～田		
齐	文	$tɕ'i^{13}$整～	$ts'e^{13}$～崭	$tɕ'i^{13}$	$tɕ'i^{212}$姓～	$tɕ'i^{21}$姓～
	白	$tɕ'ie^{13}$～崭	$tɕ'ie^{13}$～整		$ts'e^{212}$～崭	$ts'e^{21}$～崭
泥	文	nai^{13}～巴	nai^{13}～巴	nai^{13}～巴	nai^{212}～巴	nei^{21}～巴
	白	$ȵi^{13}$水～	$ȵi^{13}$水～	$ȵi^{13}$水～	ni^{212}水～	i^{21}水～
底	文	tai^{31}～子 i^{31}～今	tai^{31}～子 i^{31}～今	tai^{31}～下	tai^{31}	tei^{53}～下
	白	ti^{31}到～	ti^{31}到～	ti^{31}～子 到～		ti^{31}到～
弟	文	$t'ai^{45}$老～	$t'ai^{45}$老～	$t'ai^{45}$老～	$t'ai^{45}$老～	$t'ei^{33}$
	白	$t'i^{53}$～兄	$t'i^{31}$～兄	$t'i^{31}$～兄	$t'i^{53}$～兄	
替	文	$t'ai^{53}$～佢拿	$t'ai^{53}$～佢拿	$t'ai^{53}$～佢拿	$t'i^{53}$	$t'ei^{13}$～佢拿
	白	$t'i^{53}$代～	$t'i^{13}$代～	$t'i^{53}$代～		$t'i^{13}$代～
肺	文	$p'ei^{53}$心～	fei^{53}～炎	fei^{53}	fei^{53}	fei^{13}～炎
	白	fei^{53}～炎	fei^{13}～结核			fei^{53}心～
脆	文	$tɕ'yoi^{53}$～个	$tɕ'yoi^{53}$～个	$tɕ'ioi^{53}$～个	$ts'uei^{53}$	$ts'uei^{13}$
	白	$ts'uei^{53}$干～	$ts'uei^{53}$干～	$ts'uei^{53}$干～		

① "爱"字在梅县、五华读"moi"是由连读产生的音变，跟 oi 这个读音并不构成异读关系。

续表

例字	文白读	洛带（17）	凉水井（16）	隆昌（15）	西昌（8）	仪陇（11）
知	文	ti^{45} 唔~	ti^{45} 唔~	ti^{45} ~得	ti^{45} ~得	tsʅ^{33}
	白	tsʅ^{45} ~识	tsʅ^{45} ~识	tsʅ^{45} ~识	tsʅ^{45} ~识	
耳	文	ni^{31} ~朵	ni^{31} ~朵	ni^{31} ~朵	ni^{31} ~朵	i^{53} ~朵
	白	ɚ^{31} 木~	ɚ^{53} 木~	ɚ^{31} 木~	ɚ^{31} 木~	ɚ^{53} 木~
里	文	ti^{45} ~背	ti^{45} ~背	ti^{45} ~背	ti^{45} ~背	ti^{33} ~背
	白	ni^{53} ~应外合	ni^{53} ~应外合	ni^{53} ~应外合	ni^{53} ~应外合	ni^{33} ~子
器	文	ɕi^{53} 瓷~	ɕi^{53} 瓷~	ɕi^{53} 瓷~	ɕi^{53}	tɕʻi^{13}
	白	tɕʻi^{53} 机~	tɕʻi^{53} 机~	tɕʻi^{53} 机~		
肥	文	pʻei^{13} ~料	pʻei^{13} ~肉	pʻei^{13} ~料	fei^{212}	pʻei^{21} ~肉
	白	fei^{13} 化~	fei^{13} 化~ ~料	fei^{13} 化~		fei^{21} 化~ ~料
费	文	pei^{45} ~布	fei^{45} ~布	fei^{45} ~布	fei^{53}	fei^{53} 浪~
	白	fei^{53} 浪~	fei^{53} 浪~	fei^{53} 浪~		pei^{33} ~布

3. 效流二摄的文白异读　效摄二等字白读音没有腭化，韵母读 au，文读音则已经腭化，韵母读 iau，各点都有一定程度的体现。此外，文白读音还反映出声母、声调方面的差异。

表 3-25　　　　　四川客家方言效流二摄文白异读比较表之四

例字	文白读	洛带（7）	凉水井（7）	隆昌（6）	西昌（4）	仪陇（5）
毛	白	mau^{45}~ ~	mau^{45}~ ~	mau^{45}~ ~	mau^{45}~ ~	mau^{33}~ ~
	文	mau^{31} 羽~	mau^{13}~病	mau^{13}~病	mau^{212}~病	mau^{21}~病
道	白	tʻau^{53}~理	tʻau^{31}~理	tʻau^{31}~理	tʻau^{53}~理	tʻəu^{53}~理
	文	tau^{53}~路	tau^{53} 航~	tau^{53}~路	tau^{53}~路	təu^{13}~路
校	白	xau^{53}~长	xau^{53}~长	ɕiau^{53}	ɕiau^{53}	ɕiau^{13}
	文	ɕiau^{53} 党~	ɕiau^{53} 夜~			
搅	白	kau^{13}~匀净	kau^{13}~匀净	kau^{13}~匀净	tɕiau^{31}	kau^{21}~匀
	文	tɕiau^{31}~拌	tɕiau^{31}~拌	tɕiau^{31}~拌		tɕiau^{53}~拌
妇	白	pu^{45}~娘子	pu^{45}~娘子	pu^{45}~娘子	fu^{53}	pu^{13}~娘子
	文	fu^{53}~女	fu^{53}~女	fu^{53}~女		fu^{13}~女

续表

例字	文白读	洛带（7）	凉水井（7）	隆昌（6）	西昌（4）	仪陇（5）
诱	白	niəu⁵³～猪	nəu⁵³～猪	niəu⁵³～猪	nəu⁵³～猪	nai¹³
	文	iəu⁵³ 引～	iəu⁵³ 引～	iəu¹³ 引～	～iəu⁵³ 引	
袖	白	tɕʰiəu⁵³ 衫～	tɕʰiəu³¹ 衫～	tɕʰiəu⁵³ 衫～	tɕʰiəu⁵³ 衫～	tɕʰiəu⁵³ 衫～
	文	ɕiəu⁵³ 领～	ɕiəu³¹ 领～	ɕiəu⁵³ 领～	ɕiəu⁵³ 领～	ɕiəu¹³ 领～

4. 咸深山臻四摄的文白异读　这几摄舒声韵四川客家方言都收 -n 尾，文白读音的特色从韵尾看不出来，但结合整个字音来看，则可看出文白读音反映的不同的语音系统。如影母字客家方言不读 ŋ，日母字也不读 z/ʐ，四川官话有部分影母字要读 ŋ 声母，如"暗、案、恩、哀、爱、挨、矮、祆、奥、鹦"等字的声母，日母字成都、仪陇多读 z，隆昌、西昌多读 ʐ，表 3-26 一些字的文读音反映了四川官话的这些特点。

表 3-26　　　　四川客家方言咸深山臻四摄文白异读比较表之五

例字	文白读	洛带（12）	凉水井（10）	隆昌（8）	西昌（6）	仪陇（7）
暗	白	an⁵³～了	an⁵³～了	an⁵³	an⁵³～了	an¹³～了
	文	ŋan⁵³ 黑～	ŋan⁵³ 黑～		ŋan⁵³ 黑～	ŋan⁵³ 黑～
狭	白	tɕʰiaʔ⁵ 好～	tɕʰieʔ⁵ 好～	tɕʰieʔ⁵ 好～	tɕʰieʔ⁵	tɕʰieʔ³ 好～
	文	ɕia³¹～窄	ɕia³¹～窄	ɕia³¹～窄		ɕia²¹～窄
染	白	ȵiɛn⁵³～布	ȵiɛn³¹～布	ȵiɛn³¹～布	ʐan³¹～布	iɛn⁵³～布
	文	zan⁵³ 传～	zan⁵³ 传～	ʐan⁵³ 传～	ʐan⁵³ 传～	zan⁵³ 传～
深	白	tsʰən⁴⁵ 水～	tsʰən⁴⁵ 水～	sən⁴⁵	ʂən⁴⁵	tsʰən³³ 水～
	文	sən⁴⁵ 厚～	sən⁴⁵ 厚～			sən³³～厚
饮	白	in⁴⁵～食	in⁴⁵	in⁴⁵～食	in⁴⁵～食	in⁵³
	文	in³¹～料		in⁵³～料	in³¹～料	
入	白	noʔ⁵～去	noʔ⁵～去	noʔ⁵～去	ʐu⁵³	ʐu⁵³
	文	zuʔ² 收～	zu³¹ 收～	zuʔ⁵ 收～		
渴	白	xoʔ² 嘴巴～	xoʔ² 嘴巴～	xoʔ³	xoʔ³	kʰɔ²¹
	文	kʰoʔ² ～望	kʰo³¹～望			
阔宽	白	faʔ²～得很	faʔ²～得很	faʔ³～得很	kʰoʔ³	kʰuɛʔ³
	文	kʰueʔ² 开～	kʰueʔ² 开～	kʰueʔ³ 开～		

例字	文白读	洛带（12）	凉水井（10）	隆昌（8）	西昌（6）	仪陇（7）
院	白	van⁵³ 医~	van³¹ 医~	uan⁵³ 医~	van⁵³ 医~	uan¹³ 医~
	文	yen⁵³ ~坝	iɛn⁵³ ~坝	yɛn⁵³ ~坝	iɛn⁵³ ~坝	yen¹³ ~坝
软	白	ȵyɔn⁴⁵ ~个	ȵyɔn⁴⁵	ioi⁴⁵ ~个	niɛn⁴⁵	zuan⁵³
	文	zuan⁵³ ~弱		zuan⁵³ ~弱		
银	白	in¹³ ~行	in¹³ ~行	~子 in¹³	nin²¹²/in²¹² ~子	yn²¹/in²¹ ~子
	文	ȵyn¹³ ~子	ȵin¹³		in²¹² ~行	in²¹ ~行
近	白	tɕin⁴⁵ 远~	tɕyn⁴⁵ 远~	tɕʻin⁴⁵ 远~	tɕʻin⁴⁵ 远~	tɕʻyn³³ 远~
	文	tɕin⁵³ 接~	tɕin⁵³ 接~	tɕʻin⁵³ 亲~	tɕin⁵³ 亲~	tɕin¹³ 亲~

　　5. 宕江曾通四摄的文白异读　这几摄舒声字的白读音都收-ŋ，文读音宕通摄收-ŋ，曾梗收-n尾，这也分别反映了客家方言和四川官话语音系统的差异。受四川官话分派规律和对应方向的影响，入声字在各点的文读音并不完全统一。

表 3-27　　　　　　　　四川客家方言宕江曾通四摄异读比较表之六

例字	文白读	洛带（15）	凉水井（15）	隆昌（11）	西昌（8）	仪陇（7）
行	白	xaŋ¹³ 先~	xaŋ¹³ 先~	in¹³	xaŋ²¹² 先~	in²¹
	文	ɕin¹³ ~动	ɕin¹³ ~动		ɕin²¹² ~动	
养	白	ioŋ⁴⁵ ~鸡	io ŋ⁴⁵ ~鸡	ioŋ⁴⁵	ioŋ⁴⁵	tɕiuŋ³³ ~鸡
	文	ioŋ³¹ 培~	iaŋ⁵³ 培~			ioŋ⁵³ 培~
鹊	白	ɕiaʔ² 阿~	ɕiaʔ² 阿~	iaʔ³ 阿~子	ɕiaʔ³ 阿~子	tɕʻiaʔ³
	文	tɕʻio³¹ ~桥	tɕʻio³¹ ~桥	tɕʻyoʔ³ 喜~	tɕʻio⁵³ 喜~	
望	白	mɔŋ⁵³ ~等	mɔŋ³¹ ~等	mɔŋ⁵³ ~等	mɔŋ⁵³	mɔŋ⁵³ ~等
	文	voŋ⁵³ ~远镜	voŋ³¹ ~远镜	uaŋ¹³ ~远镜		uoŋ¹³ ~远镜
纺	白	pʻioŋ³¹ ~棉花	pʻioŋ³¹ ~棉花	pʻiaŋ³¹ ~棉花	fɔŋ³¹ ~棉花	pʻioŋ⁵³ ~棉花
	文	faŋ³¹ 棉~厂	faŋ⁵³ 棉~厂	fɔŋ³¹ 棉~厂	fɔŋ⁵³ 棉~厂	fɔŋ⁵³ 棉~厂
网	白	miaŋ³¹ 鱼~	miaŋ³¹ 鱼~关系	miaŋ³¹ 鱼~	miaŋ³¹	uaŋ⁵³
	文	uaŋ³¹ 关系~	uaŋ³¹ 关系~ 又 vaŋ³¹	uaŋ⁵³ 关系~		

续表

例字	文白读	洛带（15）	凉水井（15）	隆昌（11）	西昌（8）	仪陇（7）
江	白	$kɔŋ^{45}$姓~	$kɔŋ^{45}$姓~	$kɔŋ^{45}$姓~	$tɕiɔŋ^{45}$	$tɕiɔŋ^{33}$
	文	$tɕiɔŋ^{45}$长~	$tɕiɔŋ^{45}$长~	$tɕiɔŋ^{45}$长~		
壳	白	$xoʔ^{2}$~~	$xoʔ^{2}$~~	$xoʔ^{3}$~~	$xoʔ^{3}$~~	$kʻɔʔ^{5}$
	文	$kʻoʔ^{2}$脑~	$kʻoʔ^{2}$脑~	$kʻoʔ^{3}$脑~	$kʻoʔ^{3}$脑~	
层	白	$tɕʻiɛn^{13}$一~	$tɕʻiɛn^{13}$一~	$tɕʻiɛn^{13}$一~	$tsʻən^{212}$	$tsʻan^{21}$
	文	$tsʻən^{13}$~次	$tsʻən^{31}$~次	$tsʻən^{13}$~次		
凭	白	$pʻiɛn^{53}$凭~	$pʻiɛn^{31}$~椅	$pʻiɛn^{31}$凭~	$pʻiaŋ^{212}$凭~	$pʻan^{53}$凭~
	文	$pʻin^{13}$文~	$pʻin^{13}$/$pʻiaŋ^{13}$文~	$pʻin^{13}$文~	又$pʻən^{45}$凭~	$pʻiaŋ^{21}$文~
动	白	$tʻuŋ^{45}$~手术	$tʻuŋ^{45}$~手术	$tʻuŋ^{45}$~手术	$tʻuŋ^{45}$~手术	$tʻuŋ^{33}$~手术
	文	$tuŋ^{53}$机~船	$tʻuŋ^{31}$~活	$tuŋ^{53}$~活	$tuŋ^{53}$~活	$tuŋ^{53}$~活
缩	白	$suʔ^{2}$~手	$suʔ^{2}$~手	$suʔ^{3}$~手	$soʔ^{3}$~手	$suʔ^{5}$~手
	文	$soʔ^{2}$压~	so^{31}压~	$soʔ^{3}$压~	so^{53}压~	$sɔʔ^{3}$压~
绿	白	$niəuʔ^{5}$~颜色	$niəuʔ^{5}$~颜色	$niuʔ^{5}$	$niuʔ^{5}$	$nəuʔ^{5}$
	文	$niəuʔ^{2}$花花~~	$niəuʔ^{2}$花花~~			
重	白	$tsʻuŋ^{45}$轻~	$tsʻuŋ^{45}$轻~	$tsʻuŋ^{45}$轻~	$tsʻuŋ^{45}$轻~	$tsʻuŋ^{33}$
	文	$tsuŋ^{53}$严~	$tsuŋ^{53}$严~	$tsuŋ^{53}$严~	$tʂuŋ^{53}$严~	
六	白	$niauʔ^{2}$五~	$niauʔ^{2}$五~	$niəuʔ^{3}·$五~	$niuʔ^{3}$	$nəuʔ^{5}$五~
	文	nu^{31}~~粉	nu^{31}~~粉	$no^{13}no^{45}$~~粉		$nəu^{21}$~~粉

（四）四川客家方言与四川官话在文白异读方面的接触影响

在文白异读方面，四川客家方言受到四川官话的影响主要表现在文读音方面，如"院坝"中的"院"字，洛带、隆昌、仪陇都读 $yɛn^{53}$，客家方言中本无 y 的地位，由齐齿呼变为撮口呼，是四川官话的影响所致。下面从以下几个方面予以说明。

第一，四川官话 无 əŋ、iŋ，ɔŋ、iŋ，这几个韵母字基本读为 ən、in。这个特点影响到四川客家方言的文读音，əŋ、iŋ 韵母字在某些词语中，分别读为 ən、in，跟其白读相对。如上面举到的"声、城、杏、影、层、凭"等字的文读音即是。

第二，借用或改造四川官话的读音作为文读音。如：

额：在"额门、超额"中的"额"，梅县读 $ŋiak^{1}$，五华读 $ŋak^{1}$，没有文读音。凉水井、洛带、隆昌、仪陇有文读音。"额门"中的"额",凉水井、洛带读 ȵieʔ², 隆昌读 ȵiaʔ³, 仪陇在"额头"字"额"读 ŋaʔ⁵, 这些都是各点中"额"字的白读音。在"超额"中的"额",凉水井读 ŋe¹³、洛带读 ŋeʔ²,隆昌读 ŋe³¹, 仪陇读 ŋe⁵³。几地声母读 ŋ,韵母读 e,跟所在地的四川官话一致,显然这是借自四川官话而新增的文读音。

脆:梅县、五华统读 tsʻoi⁵³,凉水井、洛带、隆昌在"脆个"中读 tɕʻyoi⁵³/tɕʻioi⁵³。其声母直接来源于精组字的舌面化,是几地客家方言自身发生的历史音变,在"干脆"中读 tsʻueiˀ,是受四川官话影响而产生的新起的文读音,这个音跟四川官话 tsʻueiˀ 的声韵母完全相同,声调也都是去声。

荷:梅县、五华底层音读 kʻai⁴⁴,果摄开口一等字读 ai,保留了上古音,四川各点在"挑"的意义上保留了这个音,如~担子,这是白读音,在"负荷"这个书面语风格的词语中,读为 xo 的声韵母结构,当是与四川官话接触而产生的。

如果用底层和上层的概念来说明异读情况的话,四川各客方言点的文读音中是上层音,它们大多是在与四川官话的接触过程中或通过借用或通过改造来自四川官话的读音;四川各客家方言点的白读音则为底层因,多保留的是客家方言的读音及其特点。

耳:在"耳公耳朵"中梅县读 ŋi³¹,在"木耳"中读 mi³¹,五华统读 ŋi¹³。"耳朵"中的"耳",四川凉水井、洛带、隆昌读 ȵi³¹,舌面鼻音 ȵ 直接脱胎于舌根鼻音 ŋ,ȵi³¹ 成了这几个点的异读中的底层音;西昌读 ni³¹,也是西昌客家方言的底层音,因为在西昌客家方言中来母、泥母与疑母拼细音合流读 n,"耳"的异读音 ni³¹ 便成了西昌客家方言的固有读音;仪陇读 i⁵³,也是其底层音,因为仪陇客家方言中,泥母字与疑母拼细音的字多脱落声母,"耳"的异读音 i⁵³,也是仪陇客家方言的固有读音。在四川各点,"耳"的上层音都是 ɚ 自成音节,ɚ 在客家方言中没有地位,"耳"读 ɚ,是各地四川官话共同的读法,因此这是借自四川官话的上层音。

里:"里背里面"中"里",成都、隆昌、西昌都读 ti⁴⁵,仪陇读 ti³³,ti 阴平是客家方言的底层音,在"里应外合"中,凉水井、洛带和隆昌都读为 ni⁵³,ni 上声,调值 53,跟四川官话完全一样,显然是借用了四川官话的读音而形成的文读音。

第三,有些文读音在各客家方言点相异而跟相邻的官话相同或相近,也是受到了相邻官话的影响。如:

知:在"唔知"或"知得"中的"知",成都、隆昌都读 ti⁴⁵,这是客家方言的底层音。在凉水井和洛带客家人所操的成都官话中，"知"字读 tsʅ⁴⁵，在西昌人所操的四外话中，"知"字读 tʂʅ⁴⁵，于是两地"知"字的异读音就有平翘舌音的区别。

染："染布"中的"染"字，在凉水井和隆昌读 ȵien³¹ 上声，洛带读 ȵien⁵³ 去声，其读音部分具有客家方言的特点，但西昌读为 zan̩³¹，其声母读为 z̩，跟当地的官话四外话相同。至于在"传染"中的文读音，凉水井、洛带、仪陇读为 zan⁵³，当是其相邻的成都官话、仪陇官话的影响所致，隆昌、西昌读为 zan̩⁵³，也当是相邻的官话隆昌官话、四外话的影响所致。

住：在"住哪子哪里"中的"住"，洛带读 tsʻu⁵³ 去声，西昌读 tsʻu⁵³，又 tʂu⁵³，隆昌读 tsʻu³¹ 上声；在"住宅"中的"住"，三地却分别读为 tsu⁵³、tʂu⁵³、～宅 tsu¹³。为何会有这样的差别？这也需要联系其比邻官话才能得到正确解释。洛带客家人所说的成都官话没有翘舌音，其文读音自然对应为 tsu⁵³ 去声，西昌客家人说的四外话有翘舌音，故对应为 tʂu⁵³ 去声，隆昌读为 tsu¹³ 阳平，跟隆昌官话的去声调值 13 相同。

此外，四川官话还直接或间接影响了四川客家方言的白读音，如"花生"的"生"在成都客家方言中的"ɕien⁴⁵"，上面已经分析，这是从 sən⁴⁵ 类推的结果，sən⁴⁵ 在这个类推过程中起到了中间环节的作用。

第四节　语音结构比较研究

每一种语言都由自己富有特色的语音成分根据其组合规则组合成音节，从而形成自己独特的语音系统。汉语音韵学传统的分析方法把汉语音节分成声母、韵母、声调三大部分，这几部分中韵母最复杂。根据韵母构成的情况，韵母分为单韵母、复韵母和鼻韵母三类；按韵母开头元音发音口形又可以分成开口呼、齐齿呼、合口呼和撮口呼，即通常所称的"四呼"；按韵尾为标准来分，又可分作无尾韵母、元音尾韵母、鼻音尾韵母和塞音尾韵母。汉语语音结构的重要内容是韵母结构。韵母的结构包括韵头、韵腹和韵尾。韵头又称介音，作韵腹的元音叫主要元音。从语音结构这一层面来研究四川客家方言的语音，主要探讨韵母结构类型、儿化韵、声韵的配合关系等问题。

一　韵母结构类型比较

（一）韵母结构类型概说

汉语韵母的结构类型就是韵头、韵腹、韵尾三个结构要素之间的组合方式。三部分之间可能的组合方式有：

（1）韵头+韵腹

（2）韵头+韵腹+韵尾

（3）韵腹+韵尾

（4）韵腹

具体到某个方言，由于语音成分及其作用的差异，在不同的位置上填进不同的音素，就产生了具体的结构模式。不同的组合方式，形成了韵母的结构模式的差异性。

从韵头看，i、u、y 在四川客家方言中都可作韵头，其中西昌客家方言撮口呼不发达，y 只出现在 ye、yɛn 两个韵母中作韵头，并且只辖个别字。从韵腹看，四川客家方言一般由 a、e、o、ɛ、ə、ɔ 充当韵腹，i、u、y、ŋ、ɿ、ɚ 也可作韵腹，其中 y 在西昌客方言中不作韵腹，ŋ 只在西昌、隆昌、泰兴客家方言中作韵腹。从韵尾看，四川客家方言中作韵尾的元音是 i、u，鼻辅音韵尾只有 n、ŋ，另外还有喉塞音ʔ作韵尾。这些特点既体现出跟四川官话的共同性，又体现出其差异性。

（二）韵母结构类型的接触影响

在跟四川官话的接触中，四川客家方言的韵母结构类型既受到了四川官话的影响，又保留了客家方言的特点，还产生了自身演变的新类型和模式。

1. 有些结构模式是来源方言和四川官话都有的，也是汉语各方言一般都有的基本的韵母结构模式。四川官话提供了有利于保存该模式的语音生态环境。如：

（1）i+a　　u+a　　i+e——韵头+韵腹型

（2）i+a+u　　u+a+i　　i+ɛ+n　　u+a+n　　i+a+ŋ　　u+a+ŋ——韵头+韵腹+韵尾型

（3）e+i　　i+n——韵腹+韵尾型

（4）a　o　e　i　u　ɿ——韵腹型

2. 有些韵母的结构模式是受了四川官话的影响而产生的。这些结构模式跟四川官话相同而跟来源方言相异。如：

（1）y+e　　　　y+ɛ——韵头+韵腹型

（2）i+ə+u　　u+e+i　　u+ə+n　　y+ɛ+n——韵头+韵腹+韵尾型

（3）ə+u　　y+n——韵腹+韵尾型

（4）y　ɚ　ŋ——韵腹型

先说带 y 的韵母。关于 y 这个语音成分，在上一节"语音成分 y"的内容中有详细的讨论，我们的基本观点为：y 是在四川官话的影响下产生的。上列有 y 的撮口韵在韵母的四种结构类型中都有分布，可见四川官话对四川客家方言渗透的深刻性。

再说其他的结构模式。把"əu、iəu、uei、uən"几个韵母及其所辖的字跟五华客家方言加以对照可以知道它们在梅县、五华客家方言相对应的韵母是[1]：

　　əu——eu　　　　iəu——iu　　　　uei——ui　　uən——un

可见，四川客家方言中的 əu 之于 eu，仅改变了结构模式，而 iəu 之于 iu，uei 之于 ui,uən 之于 un，即既改变了结构模式，还改变了结构类型。

3. 保留了客家方言的结构模式　有些不同于四川官话的结构模式在四川客家方言中保存下来了。如：

（1）i+o　　i+ɔ——韵头+韵腹

（2）i+o+i　　u+ɔ+n　　i+ɔ+ŋ　　u+ɔ+ŋ——韵头+韵腹+韵尾型

（3）o+i　　ɔ+n　　ɔ+ŋ——韵腹+韵尾型

这些韵母的结构模式，体现了鲜明的客家方言特色。

4. 同时兼具四川官话和客家方言特色的结构模式，韵母内部要素的结合方式只限于第（2）种。如：

　　y+ɔ+n　　y+o+i ——韵头+韵腹+韵尾型

这两个韵母只分布在成都。

5. 新增模式　这是四川客家方言在四川的发展模式，主要是由入声韵尾 -p、-t、-k 变成喉塞音-ʔ尾跟其他音素组合的形式，其类型有以下 3 种。如：

（1）iʔ、uʔ、yʔ ——韵腹+韵尾

（2）iaʔ、ieʔ、ioʔ、uaʔ、ueʔ、yeʔ、iuʔ——韵头+韵腹+韵尾（-ʔ）

（3）iəuʔ、ueiʔ ——韵头+韵腹+双韵尾（元音尾和-ʔ尾）

喉塞音尾韵母是入声韵，喉塞音是塞音尾 p、t、k 发展到第二阶段形成的。粤语、赣语、客家方言的入声都保留了中古入声的 p、t、k 三个塞音尾。四川的客家方言，已经演变为一个喉塞音尾，跟吴语苏州方言入声韵尾相同。苏州话的塞尾韵：aʔ法杀罚| iaʔ甲侠捏|uaʔ括骨挖|ɑʔ伯石客|iɑʔ削脚药|ɤʔ不夺直|iəʔ七叶|uəʔ骨忽活|yəʔ决血月|oʔ八福哭|ioʔ菊局育。[2]客家方言传入四川后，在四川方言的影响下，跟吴语入声发生了相同的演变。入声的喉音尾是入声演变的必经阶段，所以这是四川客家方言自身的规律性演变："今天北方话中入

① 魏宇文：《五华方言同音字汇》，《方言》，1997 年第 3 期。

② 詹伯慧：《现代汉语方言》，湖北人民出版社 1985 年版，第 119 页。

声的消失过程，也可从今吴、闽北、湘、江淮等方言的入声情况看出，韵尾p、t、k演变为ʔ以至消失，调值由短到长以致并入其他韵。"[1]

二　儿化韵

（一）四川客家方言的儿化韵

四川客家方言有 ɚ 这个语音成分。在四川客家方言中，ɚ 可以自成音节，还可以发生"儿化"作用，即还可以附在一个音节的后面，使前面的韵母带上卷舌音色彩，通常称为儿化韵，又称为卷舌韵，跟卷舌韵相对的韵母叫平舌韵。

四川各客家方言点都有相当程度的儿化现象。所谓相当程度，是指有很多韵母都可变成儿化韵，并且有批量的儿化词。本书用 ɚ 表示卷舌、央、中、不圆唇元音，用 ər 表示儿化现象。

四川各客家方言点的儿化韵和儿化词的数量不尽相同。

成都、洛带有相同的儿化词。据现有材料，o、i、u、ɿ、au、əu、an、ən、iɛn、uan、oʔ 等 11 个韵母后附加 ɚ 可以变成 ər、iər、uər、ərʔ 4 个儿化韵。见表 3-28。

表 3-28　　　　　　　　　　　成都客家方言儿化韵表

ər	o→ər	唥波ₙ tɕioʔ⁵pər⁴⁵ 接吻	摸哥ₙ mo⁴⁵kər⁴⁵ 扒手
	u→ər	野物ₙ ia⁴⁵vər⁴⁵	
	ɿ→ər	打子ₙ ta³¹ tsər⁵³	
	au→ər	凌包ₙ nin⁵³pər⁴⁵ 地上结的冰	猫ₙ毛沙 mər⁴⁵mau⁴⁵ sa⁴⁵ 很细的沙
	əu→ər	骆猴ₙ no¹³xər¹³ 鬼，吓唬小孩子语	食跟斗ₙ酒 sɿʔ⁵kən⁴⁵tər⁴⁵tɕiəu³¹
	an→ər	打伴ₙ ta³¹ pər⁵³ 作伴	拖板ₙ鞋 tʻo⁴⁵pər⁵³xai¹³ 旧时拖鞋
	ən→ər	闷登ₙ mən⁴⁵tər⁴⁵	翘根ₙ tɕʻiau⁴⁵ kər⁴⁵ 死亡的戏称
iər	i→iər	干希ₙ kən⁴⁵ɕiər⁴⁵ 身体瘦弱而虚弱的人	
	iau→iər	叫叫ₙ tɕiau⁵³ tɕiər⁵³	
	iɛn→iər	扮锅锅筵ₙ pʻan⁵³ko⁴⁵ko⁴⁵iər¹³	
uər	o→uər	丢窝ₙ tiəu⁴⁵ uər⁴⁵	慈菇ₙ tsɿ¹³ kuər⁴⁵
	uan→uər	逮老官ₙ tai¹³nau⁵³kuər⁴⁵ 捉奸	
ərʔ	oʔ→ər	殁ₙ mərʔ²	

① 朱建颂：《汉语方言讲话》，华中师范大学出版社 1990 年版，第 73 页。

　　隆昌客家方言的儿化现象更突出。据我们掌握的材料，a、o、u、ɿ、au、iau、əu、ei、uei、ye、an、iɛn、uan、yɛn、in、ən、uən、ɔŋ 18 个韵母都可以儿化。儿化韵有ər、iər、uər、yər 4 个。见表 3-29。

表 3-29　　　　　　　　　　　隆昌客家方言儿化韵表

ər	a→ ər	洋马儿 iəŋ^{13} mər^{45}	阴凉坝儿 in^{45} niəŋ^{13} pər^{53}
	o→ ər	打波儿 ta^{31}pər^{45} 接吻	偷哥儿 mo^{45}kər^{45} 小偷
	u→ ər	野物儿 ia^{45}vər^{45}	手指拇儿 ʂəu^{31}tʂɿ^{31} mər^{53}
	ɿ→ ər	巴指儿 pa^{45}tsər^{45} 六指拇儿	
	au→ ər	泡儿 pʻər^{53}	猫儿猫儿 mər^{45}mər^{45}
	ei→ ər	驼背儿 tʻo^{13}pər^{53}	
	əu→ ər	骆猴儿 no^{13}xər^{31} 鬼，吓唬小孩子语	胡豆儿 fu^{13} tʻər^{53}
	an→ ər	广柑儿 kuaŋ^{53}kər^{45}	腰杆儿 iau^{45}kər^{31}
	ən→ ər	马马登儿 ma^{53}ma^{31}tər^{45} 蜻蜓	擦粉亮儿 tsʻaʔ^{3} fər^{45}niəŋ^{53}
	ɔŋ→ ər	焱趟趟儿 piau^{45} tʻɔŋ^{53}tʻər^{53}	
iər	iau→ iər	叫叫儿 tɕiau^{53}tɕiər^{45}	
	iɛn→ iər	板眼儿 pan^{31}iər^{31}	烧锅锅筵儿 sau^{45}ko^{45}ko^{45}iər^{13} 过家家
	in→ ər	车糖饼儿 tsʻe^{45} tʻɔŋ^{13}piər^{31}	
uər	o→ uər	丢窝儿 tiəu^{45} uər^{45}	
	u→ uər	巴啷鼓儿 pa^{45}naŋ^{45}kuər^{31}	
	uei→ uər	歪嘴儿 vai^{45} tsuər^{53}	五香嘴儿 vu^{53}iɔŋ^{45} tsuər^{53}
	uan→ uər	逮老官儿 tai^{13}nau^{53}kuər^{45} 捉奸	饭馆儿 fan^{31} kuər^{31}
	uən→ uər	拐棍儿 kuai^{31} kuər^{53}	
yər	ye→ yər	□儿趴 yər^{45}pʻa^{31} 份量少	
	yɛn→ yər	旋儿 yər^{13}	

　　西昌客家方言的儿化现象最突出，能够变为儿化韵的韵母多达 21 个：a、o、i、u、ɿ、ai、au、iau、əu、ei、an、iɛn、uan、in、ən、uən、aŋ、iaŋ、uaŋ、ɔŋ、uŋ。儿化韵有 ər、iər、uər、iərʔ 4 个。见表 3-30。

表 3-30　　　　　　　　　　　西昌客家方言儿化韵表

ər	a→ər	马马儿 ma^{45}mər^{53}	草把儿 tsʻau^{31}pər^{31}
	o→ər	花骨朵儿 fa^{45}ku^{31}tər^{45}	蚌壳儿 pan^{53}kʻər^{53}
	u→ər	指拇儿 tʂɿ^{53}mər^{53}	

	ʐ→ər	六指儿 niɔu?³tʂər³¹	
	ai→ər	踩踩儿 pai⁴⁵pər⁴⁵	
	au→ər	细羊羔儿 sei⁵³iɔŋ²¹²kər⁴⁵	猫儿 mər⁴⁵
	ei→ər	杯杯儿 pei⁴⁵pər⁴⁵	驼背儿 t'o²¹²pər⁵³
ər	əu→ər	松豆儿 suŋ⁴⁵tər²¹²	毛狗儿 mau³¹kər⁵³
	an→ər	担担儿 tan⁴⁵tər⁴⁵	广柑儿 kɔŋ³¹kər⁴⁵
	ən→ər	藤藤儿 t'ən²¹²t'ər⁴⁵	光身身儿 kɔŋ⁴⁵ʂən⁴⁵ʂər⁴⁵
	aŋ→ər	调羹儿 t'iau²¹²kər⁴⁵	瓦当儿 va³¹tər⁴⁵ 曹昌昌
	ɔŋ→ər	跳房房儿 t'iau⁵³fɔŋ²¹²fər⁴⁵	
	uaŋ→uər	大双儿 t'ai⁵³ʂuər⁴⁵	小双儿 sei⁵³ʂuər⁴⁵
	i→iər	毛驴驴儿 mau²¹²ni²¹²niər²¹²	猪鸡儿 tʂu⁴⁵tɕiər⁴⁵ 公猪的阴茎
	iau→iər	知了儿 tʂʅ⁴⁵niər⁴⁵	叫叫儿 tɕiau⁵³tɕiər⁵³
iər	ien→iər	锅烟儿 ko⁴⁵iər⁴⁵ 锅底灰	鸡毛毽儿 kai⁴⁵mau²¹²tɕiər⁵³
	in→ər	瓶瓶儿 p'in²¹²p'iər⁴⁵	纸人人儿 tʂʅ³¹nin²¹²niər⁴⁵
	iaŋ→iər	塌鼻梁儿 t'a?³p'i⁵³niər⁴⁵	
	o→uər	旋涡儿 ɕien⁵³uər⁴⁵	荸荠果儿 p'i?³tɕ'i¹²kuər⁵³
	u→uər	牯牯儿 ku³¹kuər³¹ 公牛	巴嘟鼓儿 pa⁴⁵nɔŋ⁴⁵kuər⁵³
uər	uan→uər	茶馆儿 ts'a²¹²kuər⁵³	滑竿儿 va?⁵kuər⁴⁵
	uən→uər	滚滚儿 kuən³¹kuər³¹	赌棍儿 tu³¹kuər⁵³
	uŋ→uər	葱葱儿 ts'uŋ⁴⁵tsuər⁴⁵	斗虫虫儿 təu⁵³tʂ'uŋ²¹²tʂ'uər⁴⁵
	uaŋ→uər	双儿 t'ai⁵³ʂuər⁴⁵	小双儿 sei⁵³ʂuər⁴⁵
iər?	i→iər?	板栗儿 pan³¹niər?⁵	

仪陇的儿化现象也比较突出。据现有的材料，a、ɔ、i、u、ʅ、ai、au、iau、əu、ua、uei、an、uan、yɛn、ən、uən、ɔn、iɛn、in 19 个韵母都可以变成儿化韵。儿化韵有 ər、iər、uər、yər、ər? 5 个。见表 3-31。

表 3-31 仪陇客家方言儿化韵表

	a—ər	手帕儿 səu⁵³p'ər¹³	等下儿 tan⁵³xər¹³
ər	ɔ—ər	蚌壳儿 pan¹³k'ər³³	细姨妹儿 sei¹³i²¹mər¹³
	u—ər	芦竹儿 nu²¹tsər⁵³	手指拇儿 səu⁵³tsʅ⁵³mər¹³

ɿ	ɿ—ər	瘸指儿 tsua⁵³ tsər⁵³	抓子儿 tsua³³ tsər⁵³
	ai—ər	砖头儿 tsuɔn¹³ t'ər⁵³	老头儿 nəu⁵³ t'ər²¹
	au—ər	鲌包儿 xai³³ pər³³	山包包儿 san³³pau³³ pər³³
	əu—ər	披毛儿 p'ei³³mər³³	
	an—ər	广柑儿 kuaŋ⁵³ kər³³	瞟眼儿 p'iau⁵³ ŋər⁵³
	ən—ər	推针儿顶针 tei⁵³ tsər³³	家门儿 ka³³ mər²¹
	ɔn—ər	病汉儿 p'iaŋ⁵³ xər¹³	
iər	i—iər	披衣儿 p'ei³³ iər³³	
	iau—iər	瓢羹儿 p'iau²¹ kər³³	
	iɛn—iər	窗帘儿 ts'əŋ²¹ niər⁵³	
	in—ər	洋人儿 iɔŋ²¹ iər³³白化病患者	背心儿 pɔ¹³ ɕiər³³
uər	ɔ—uər	冲壳儿 ts'uŋ¹³ kuər³³撒谎大王	
	u—uər	酒窝儿 tɕiəu⁵³ uər³³	
	ua—uər	侄娃儿 ts'eiʔ³ uər³³	
	uei—uər	钉锤儿 tin¹³ ts'uər⁵³	扁嘴儿 pie⁵³ tsuər⁵³
	uan—uər	钻钻儿 tsuan³³ tsuər³³	
	uən—uər	孙儿 suər³³	重孙儿 ts'uŋ²¹ suər³³
yər	yɛn—yər	房圈儿 fɔŋ²¹ tɕ'yər³³	
ərʔ	ɔ—ərʔ	歿儿 mərʔ³	

（二）儿化韵的接触影响

四川客家方言的儿化韵是在与四川官话接触的过程中受其影响而产生的，体现了四川官话对四川客家方言的深刻渗透。具体表现在以下几方面：

第一，主要的儿化韵跟四川官话相同。ər、iər、uər、yər 是四川各地官话共同的四个儿化韵，四川客家方言不但一个也没有落下，甚至在成都、仪陇还多出 ərʔ，西昌还多出 iərʔ，连入声韵也可以儿化。

第二，儿化韵遵循四川官话的规律：如果原韵母无韵头，直接用 ər 代替原韵母；如果原韵母的韵头是 i、u、y，保留韵头，韵腹则变成 ər；如果 i 作韵腹，丢掉其后的韵尾在 i 后加 ər。同时，u 作韵腹的平舌韵变为儿化韵以后存在 ər、uər 两读的情况都跟四川官话相同。

第三，大面积的韵母可以儿化，儿化的韵母多跟四川官话相同，成都、西昌、仪陇还有 ɔn、ɔŋ、iʔ、oʔ这类四川官话没有的韵母也按照四川官话儿化韵的读音规律来变化。当然四川官话能够儿化的韵母还更多，成都官话有25 个韵母可以儿化，下以成都官话为例来比较。

表 3-32　　　　　　　　　　　成都官话儿化韵比较表

ər	a—ər	结巴儿 tɕie²¹ pər⁵⁵	
	o—ər	摸哥儿 mo⁵⁵ kər⁵⁵	打啵儿 ta⁵³ pər⁵⁵
	u—ər	新媳妇儿 ɕin⁵⁵ ɕi²¹ fər²¹³	舅母儿 tɕiəu²¹³ mər⁵³
	ʅ—ər	抓子儿 tsua⁵⁵ tsuər⁵³	
	ai—ər	跰跰儿 pai⁵⁵ pər⁵⁵	
	au—ər	醪糟儿 nau²¹ tsər⁴⁵	水疱儿 suei⁵³ pʻər²¹³
	ei—ər	驼背儿 tʻo²¹ pər²¹³	姨妹儿 i²¹ mər²¹³
	əu—ər	舌头儿 se²¹ tʻər²¹	斤肘肘儿 tɕin⁵⁵ tsəu⁵³ tsər²¹
	an—ər	猪肝儿 tsu⁵⁵ kər⁵⁵	脚板儿 tɕio²¹ pər⁵³
	ən—ər	家门儿 tɕia⁵⁵ mər²¹	纸人人儿 tsʅ⁵³ zən²¹zər²¹
iər	i—iər	蚂蚁儿 ma⁵³ iər⁵⁵	耍玩意儿 sua⁵³ uan²¹ iər²¹³玩具
	ia—iər	豆芽儿 təu²¹³ iər²¹	
	iau—iər	叫叫儿 tɕiau²¹³ tɕiər⁵⁵	
	iəu— iər	泥鳅儿 ȵi²¹ tɕʻiər⁵⁵	
	iɛn—iər	眼镜儿 ian⁵³ tɕiər²¹³	近视眼儿 tɕin²¹³ sʅ²¹³ iər⁵³
	in—ər	背心儿 pei²¹³ ɕiər⁵⁵	麻饼儿 ma²¹ piər⁵³
	iaŋ—ər	老姑娘儿 nau⁵³ ku⁵⁵ȵiər⁵⁵	
uər	o—uər	酒窝儿 tɕiəu⁵³ uər⁵⁵	
	u—uər	胖娃儿 pʻaŋ²¹³ uər²¹	
	ua—uər	麻花儿 ma²¹ xuər⁵⁵	
	uei —uər	葱嘴儿 tsʻoŋ⁵⁵ tsuər⁵³	
	uan—uər	新郎倌儿 ɕin⁵⁵ naŋ²¹ kuər⁵⁵	纂纂儿 tsuan⁵³ tsuər²¹
	uərn—uər	光棍儿 kuaŋ⁵⁵ kuər²¹³	外孙儿 uai²¹³ suər⁵⁵
	uaŋ—uər	双双儿 suaŋ⁵⁵ suər⁵⁵	
yər	y—yər	女儿 ȵyər⁵³	
	yo—yər	雀雀儿 tɕʻyo²¹ tɕʻyər⁵⁵	
	yɛn—yər	旋儿 ɕyər²¹³	

第四，各客家方言点的儿化词，有的是四川官话通用的，有的是跟比邻官话共有的，显然，这些儿化词来自四川官话。如下例（四川官话通用的儿化词用成都话注音）。如：

蹁跹儿 pai^{55}pər^{55}　　　　老汉儿 nau^{53}xər^{213}　　　　醪糟儿 nau^{21}tsər^{55}

葱嘴儿 ts'oŋ^{55}tsuər^{53}猪嘴　豆瓣儿 təu^{213}pər^{213}　　　板眼儿 pan^{53}iər^{53}

躲巴儿 naŋ^{55}pər^{55}　　　　冻疤儿 tuŋ^{213}pər^{55}　　　驼背儿 t'o^{21}pər^{213}

磕膝头儿 k'e^{21}çi^{55}t'ər^{21}　光头儿 kuaŋ^{55}tər^{21}　　偷哥儿 t'əu^{55}kər^{55}

鮈包儿 xəu^{55}pər^{55}　　　　抄手儿 tsau^{55}sər^{53}　　　火炮儿 xo^{53}p'ər^{213}

有的是跟当地的官话方言相同或相近，如西昌客家方言与四外话：

表 3-33　　　　　　　西昌客家方言与四外话儿化词对照表

	西昌客家方言	四外话官话
蝌蚪	乌巴儿 vu^{45}pər^{45}	乌巴儿 vu^{55}pər^{55}
羊羔	细羊羔儿 sei^{53}ioŋ^{212}kər^{45}	小羊羔儿 çiau^{53}iaŋ^{31}kər^{55}
毛驴	毛驴驴儿 mau^{45}ni^{45}niər^{45}	毛驴驴儿 mau^{31}ni^{31}niər^{55}
板栗	板栗儿 pan^{31}niər?^{5}	板栗儿 pan^{53}niər^{31}

又如仪陇客家方言与仪陇官话：

表 3-34　　　　　　　仪陇客家方言与仪陇官话儿化词例表

	仪陇客家方言	仪陇官话
姑父	姑父儿 ku^{33}fər^{53}	姑父儿 ku^{55}fər^{55}
胎盘	胎盘儿 t'ɔ^{33}p'ər^{21}	胎盘儿 t'ai^{55}p'ər^{21}
手绢	手帕儿 səu^{53}p'ər^{13}	手帕儿 səu^{53}p'ər^{14}
嘴歪的人	鼜嘴儿 ŋau^{21}tsuər^{53}	歪嘴儿 uai^{55}tsuər^{53}
捉迷藏	僻猫儿 piaŋ^{13}miər^{33}	藏猫儿 tç'iaŋ^{21}mər^{55}

从儿化韵现象可以看出，四川客家方言与四川官话的接触是非常深刻的。其深刻性不止体现在对儿化词的大量借用，更体现在按照四川官话的变读规律来产生儿化韵的类型。

三　声韵调的配合关系

声韵调的配合规律反映出方言语音的特点。四川客家方言声韵调的配合关系，我们重点以洛带客家方言和仪陇客家方言为例来剖析，它们分别代表四川粤东片和粤北片客家方言。方法采用表解式，使其显得直观、明晰。下表实际上是一张单字音表。每一竖行表示一个声母可以拼哪些韵母，每一横行表示一个韵母可以同哪些声母相拼。阿拉伯数字表示声调，1 为阴平，2 为阳平，3 为上声，4 为去声，5 为阴入，6 为阳入。

（一）洛带客家方言声韵调配合关系

洛带客家方言声韵的配合规则有：

1. p、p'、m能拼的韵母有 24 个。开口呼韵母有 a、o、e（限 m）、ai、au、oi、ei、an、ən、aŋ、ɔŋ、aʔ、oʔ 13 个；齐齿呼韵母有 i、iau、in、iɛn、iaŋ、iʔ、iaʔ（限 p）、ieʔ 8 个；合口呼有韵母 u、uʔ、uŋ 3 个。p、p'、m不拼撮口呼韵母。

2. f、v能拼合口呼韵母 u、uŋ、uʔ 和开口呼韵母 a、o、ai、oi、ei、an、ən、ɔn、aŋ、ɔŋ、uŋ、aʔ、oʔ（限 f）一共 16 个韵母。f、v不拼撮口呼韵母。

3. t、t'、n 能拼合的韵母有 26 个：开口呼韵母有 a、o、ai、au、oi、an、ən、ɔn、aŋ、ɔŋ、aʔ、oʔ 12 个；齐齿呼韵母有 i、ie（限 n）、iau、iəu、in、iɛn、iaŋ（限 n）、iɔŋ（限 n）、iʔ、ieʔ 10 个；合口呼韵母有u、uei、uŋ、uʔ 4 个。t、t'、n 不拼撮口呼韵母。

4. ts、ts'、s、z 能拼合的韵母有 28 个：开口呼韵母有 ɿ、a、e、o、ai、au、oi、əu、an、ən、ɔn、aŋ、ɔŋ、ɿʔ、aʔ、eʔ（限ts'）、oʔ、əʔ 18 个；合口呼韵母有u、ua、uai、uei、ən、uan、uən、uŋ、uʔ、uaʔ 10 个。ts、ts'、s、z 不拼齐齿呼和撮口呼韵母。

5. tɕ、tɕ'、ȵ、ɕ能跟齐齿呼和撮口呼一共 24 个韵母相拼：齐齿呼韵母有 i、ia、ie、io、iau、iəu、in、iɛn、iaŋ、iɔŋ、iuŋ、iʔ、iaʔ、ieʔ、ioʔ、iuʔ 16 个；撮口呼韵母有 y、ye（限 ɕ）、yoi（限 tɕ'）、yn、yɛn、ye、yʔ、yeʔ 8 个。tɕ、tɕ'、ȵ、ɕ不拼开口呼和合口呼韵母。

6. k、k'、ŋ、x能够跟开口呼和合口呼一共 24 个韵母拼合：开口呼韵母有 a、o、e、ai、au、oi、əu（限 ŋ）、an、ɔn、aŋ、ɔŋ、aʔ、oʔ、eʔ 14 个；合口呼有 u、ua、uai、uei、uan、uən、uaŋ、uŋ、uʔ、ueʔ 10 个。k、k'、ŋ、x 还能拼 iəu、iɛn这 2 个齐齿呼韵母，这是比较特殊的拼法。k、k'、ŋ、x不拼撮口呼韵母。

洛带客家方言声韵调配合关系见表 3-35。

表 3-35　洛带客家方言声韵调配合表

韵母	调	p	pʰ	m	f	v	t	tʰ	n	ts	tsʰ	s	z	tɕ	tɕʰ	ȵ	ɕ	k	kʰ	ŋ	x	∅
ɿ	1									知	粗	尸										
	2										厕	时										
	3									子	齿	匙										
	4									智	醋	字	日									
i	1	髀					低	剔		基	徛						西					医
	2		皮	迷眉				题	离	佢	奇					疑						姨
	3			米①			抵	体	礼李	几	娶					耳	死					椅
	4	备	鼻				递	第	蒂	祭	砌					议	四					意
u	1	妇	捕		呼	乌	都		鑢	猪		苏						孤	箍			
	2		菩		胡	梧		徒	驴			薯	儒如									渔
	3	斧	甫	母	府	武	赌	土	卤	祖	杵	署						古	苦			羽
	4	布	孵		富	芋	度	兔	露	助	住	树						顾	库			字
y	1													居	区		虚					
	2																徐					
	3													举	取	女	许					
	4													据	趣		隧					
ɚ	2																					儿
m̩	2																					鱼
	3																					五
a	1	巴	扒	妈	花	挖			拉	遮	车	沙						家	楸	④	虾	丫
	2		爬	麻	华	娃			拿②		茶	蛇								芽		
	3	爸	趴			瓦	打		哪		扯	洒						贾	卡	瓦	下	哑
	4	坝	怕	骂	画	话				蔗	岔	社						嫁	胳		夏	亚

续表

韵母	调	p	p'	m	f	v	t	t'	n	ts	ts'	s	z	tɕ	tɕ'	ȵ	ɕ	k	k'	ŋ	x	∅
ia	1	扁							④							惹	⑥					野
ia	2								⑤					姐	斜		嗛					爷
ia	3													借	谢		写					掖
ia	4																					夜
ua	1									抓		耍						瓜	夸			
ua	2									瘸		厦	授					寡	垮			
ua	3											奢						挂	跨			
ua	4																					
e	1	逼	否							者	车							个			嘿	诶
e	2										彻										黑	呃
e	3																				系	
e	4																					
ie	1	波	坡	摸	和	禾	多	拖	例					聂	齐	捏	蝎					椰
ie	2		婆	魔	火		⑧	驮							且		邪					液
ie	3		破	沫	祸		朵	妥									洗					
ie	4			慕			舵	弹									细					
ye	1													惠			⑦					拐
ye	2																					
ye	3																					
ye	4																					
o	1	踔		买	怀	歪	呆	弟	⑨	灾	坐	蓑	若		敨			哥	科	鹅	喝	越
o	2	摆	牌	埋	坏	⑫	递	蹄	罗	宰	锄	锁			茄			果	可	饿	河	阿
o	3	拜	败	卖		崴	底	大	摞	载	継				瘸①			过	课		贺	哦
o	4						带				错			⑩								卧
io	1								⑬泥		猜	筲⑭			数		嗦	鸡	荷	埃	嗨	哟
io	2								哪		柴	赛			茄			解	楷	捱	鞋	矮
io	3								赖		踩				瘸①			介	溉	爱	蟹	
io	4										菜											

续表

韵母	调	p	pʻ	m	f	v	t	tʻ	n	ts	tsʻ	s	z	tɕ	tɕʻ	ȵ	ɕ	k	kʻ	ŋ	x	∅
iai	1																					延
	2																					
	3																					
	4																					
uai	1											衰						乖				
	2																					
	3									跩⑮								拐				
	4																	怪	快			
au	1	包	抛				刀			糟遭	超	烧艄						交	敲			妖
	2		袍	毛茅				桃	劳		嘈									熬鳌		
	3	保	跑				岛	讨	脑	早	草	少						稿	考	拗		
	4	报		帽			稻	套	闹	灶	造	潲						告		傲		
iau	1		飘	喵猫				挑						焦	悄		消					腰
	2			苗				条	辽嫽⑯				饶		乔							摇
	3	表		秒			鸟屌		了				扰	绞	巧		晓					
	4		票				吊	跳						噍	轿	尿	笑					鹞
oi	1		胚		灰	煨		胎		朘								该	开			挨
	2		赔					台	来		才											
	3																				海	矮
	4	背		妹				袋			菜							盖		外	害①	爱
yoi	1																					
	2																					
	3																					
	4																					
ei	1	杯	批	尾	飞		堆															
	2		培	梅	回	维																
	3				匪	伟委				嘴												
	4	倍	配		废	位	碓					岁			脆							

续表

韵母	调	p	pʻ	m	f	v	t	tʻ	n	ts	tsʻ	s	z	tɕ	tɕʻ	ɲ	ɕ	k	kʻ	ŋ	x	∅
uei	1							推	垒	锥	吹							龟	亏			
	2								雷		槌	随							逵			
	3								累		罪	水	瑞					诡	跪			
	4						对	退	内	醉		碎						贵	柜			
ue	1							偷		周	抽	搜							抠			有
	2							头	楼		仇		柔		求						猴	尤
	3							抖		走	丑	手						狗	口	偶		呕
	4							豆	漏	昼	臭	瘦			袖			够	扣		候	右
uei	1													纠			修	鸠				
	2																					
	3								柳					酒		扭	羞					
	4								纽					救			秀					幼
an	1	班	潘		翻			摊		簪	参	三						干	龛		憨	
	2		盘	蛮	凡			坛	难		蚕		然								含	
	3	板		满					懒	展	铲	闪	冉					感	坎		喊	
	4	半	办		范		旦		烂	暂									坑			暗
ien	1	编	偏				颠	天							千		先	跟			很	烟
	2		便	绵				藤	连						钱	年	嫌			恩	狠	盐
	3			免			点	舔							浅	撚		梗	肯			掩
	4	变	骗	面				邓	链					剑	践	念	线					燕
uan	1					弯									圈		宣	关				
	2					完									全		玄					
	3					挽							软	卷	犬		选		款			
	4					院								倦	旋						唤	
yen	1																					冤
	2												劝									原
	3																					远
	4																					愿
en	1	分			昏	温	墩	吞		针	伸	森									哼	
	2		盆	门	坟	魂		囤	轮		沉	辰	仍								衡	
	3	本	笨		粉	稳				枕	怎	审										
	4	粪		问	愤		盾		嫩	镇	阵											

续表

韵母	调	p	pʻ	m	f	v	t	tʻ	n	ts	tsʻ	s	z	tɕ	tɕʻ	ɲ	ɕ	k	kʻ	ŋ	x	∅
in	1	冰	拼				叮							金	亲		新					因
	2		贫	明				亭	鳞林						勤	人	刑					蝇
	3	秉	品	抿敏			鼎	挺						紧		认	信					引
	4	并	聘				锭	定	令					进	揿							印
uen	1										春	孙						昆				
	2											纯						浑		魂		
	3									撙准	蠢	省						滚	稛			
	4									⑱	顺	孕						棍	困			
yn	1													均	菌							晕
	2														群	银						云
	3															忍	⑲					允
	4													俊								润
ɔn	1						端丁	厅听		专钻争	川	酸声						竿	宽			安
	2					横		团	零		传	船城							康		寒行	
	3					碗	短顶		暖卵冷	转								馆哽	款		旱	
	4					换	锻	断缎	乱㉒	砸正	串郑	算						惯粪	看			案
aŋ	1	泼	潘冇	蚊	欢纺								㉑									罂
	2																					
	3																			硬		
	4																			硬		
iaŋ	1													经	青		腥					
	2		平	名					凉						晴	嬢						赢
	3	丙	品						领岭					井	请		醒					紫
	4	偋	病	命										镜	净		姓					影
uaŋ	1																		筐			
	2																	梗			晃	网
	3																					
	4																					

续表

韵母	调	p	pʰ	m	f	v	t	tʰ	n	ts	tsʰ	s	z	tɕ	tɕʰ	ȵ	ɕ	k	kʰ	ŋ	x	∅
ɔŋ	1	帮			方	汪	当	汤	囔	张	仓	桑						冈	康		糠	
ɔŋ	2		庞	忙	防	黄		糖	狼		长	尝							狂	昂	航	
ɔŋ	3	绑	纺	蟒	访	枉	挡		朗	掌	闯	赏	壤					讲		仰	吭	
ɔŋ	4	棒	胖	忘	放	旺	凼	趟	档	账	唱	尚						杠	况			
iɔŋ	1													姜	枪		香					秧
iɔŋ	2								粮						强	娘	墙					羊
iɔŋ	3								两					蒋	抢		想					养
iɔŋ	4								亮					酱	呛	让	匠					样
uŋ	1	绷	烹	蒙	风	雍	东	通		中	聪	松						公	空		荒	翁
uŋ	2		朋	朦	红			童	聋		虫		戎				凶				宏	容
uŋ	3						懂	桶	农	总	宠	耸						巩	恐		㉒	勇
uŋ	4		喷	梦	奉		洞	痛		综	铳	送					熊	共	空			用
iuŋ	1													弓								
iuŋ	2																					
iuŋ	3								垄													
iuŋ	4																					
iʔ	5	笔㉓	僻	秘						植	直	湿		辑	七		习					一
iʔ	6						敌		㉔力			十				日	席					
uʔ	5	卜	朴		复	屋		突	律	竹	出	叔						骨				
uʔ	6		覆	目	伏		独	读				熟		局					酷			
yʔ	5																					
yʔ	6																					
aʔ	5	八㉕	泼	袜	法		答	塔	纳	炙	拆	萨						夹	客		瞎	鸭
aʔ	6		白	麦	罚	滑			蜡		杂	石										
iaʔ	5	壁								迹				迹			锡			咯		咽
iaʔ	6														㉖挟							叶

续表

		p	pʻ	m	f	v	t	tʻ	n	ts	tsʻ	s	z	tɕ	tɕʻ	ȵ	ɕ	k	kʻ	ŋ	x	∅
uaʔ	5									啄	欻	刷						刮				
	6																					
eʔ	5	北	撒				得				择							革	缺㉗	扼	赫	
	6																					
ieʔ	5		撇	灭				铁	势猎					接	妥跛	逆月	歇					枼
	6																					
ueʔ	5					镂								决	缺			国	扩		获	
	6																雪					
yeʔ	5															弱	雪		瞎			
	6																					
oʔ	5	剥	薄	公		镂	夺	脱	落	着	戳着	索勺		脚嗝	确		削	割			壳活	越
	6																					
ioʔ	5								掠													提
	6																					
aʔ	5									质	策笮	没		逐		肉	栗					扻药
	6								六绿													
iuʔ	5																					
	6																					

① mi⁵³ 把牛羊拴在桩子上吃草
② na¹³ ~罐子：蜘蛛
③ ŋa⁴⁵ 压，挤压
④ nia⁴⁵ ~肥：巴结有钱有势的人
⑤ nia³¹ ~白：撒谎
⑥ ɕia⁴⁵ 张开翅膀
⑦ cye⁴⁵ 担竿~：扁担不扎实
⑧ to¹³ ~莶：飞快跑
⑨ no⁴⁵ ~哩：害怕的样子
⑩ tɕio⁴⁵ 草秸：绾草把
⑪ tɕio⁵³ ~眼：瞄一眼
⑫ vai¹³ 叽叫
⑬ nai⁴⁵~tai⁴⁵：脏
⑭ sai¹³ ~虫：蛔虫
⑮ tsuai⁴⁵ 择，跌
⑯ niau⁴⁵ ~裤脚：缝裤脚
⑰ xoi¹³ 抠~：抠抻
⑱ tsʻuan⁵³ ~包栗：搓下玉米粒
⑲ cyn⁴⁵ 皮肤上抓出的痕迹
⑳ nan⁵³ 死食~撑：贪吃
㉑ zaŋ¹³ 植物长得没有骨力
㉒ xuŋ⁵³ ~鼻：吸流出来的鼻涕
㉓ pi¹²⁵ ~哩跳：团团转
㉔ ni¹² ~哩一圈：转一圈
㉕ paʔ²⁵ 植物等成串的东西，葡萄等：一颗接一颗掉下貌
㉖ tɕʻiaʔ² 面色~白：脸没有血色
㉗ kʻeʔ² ~羹：调和成糊糊

（二）仪陇客家方言声韵调配合关系

仪陇客家方言声韵的配合规则有：

1. p、p'、m 能拼 a、ɔ、ai、au、ei、əu、an、ən、aŋ、ɔŋ、aʔ、iaʔ、ɛʔ、iɛʔ、ɔʔ、əuʔ和i、iɛ、in、iɛn、iaŋ、iau、iɔŋ、iʔ及u、uʔ、uŋ 27 个开、齐、合口三呼韵母相拼，不跟撮口呼相拼，拼合口呼限 u、uʔ、uŋ。

2. f 只能跟开口呼和合口呼相拼；跟合口呼相拼限于 u、uɔn、uŋ、uʔ韵母，能拼 10 个开口呼韵母：a、ɔ、ai、ei、əu、au、an、ən、ɔŋ、aʔ。v 只拼 əu、uŋ、ɔʔ、uʔ 4 个韵母。

3. t、t'、n 能跟开口呼 ɔ、a、ai、au、ei、əu、an、ən、uɔn、aŋ、ɔŋ、aʔ、ɔʔ、ɛʔ、uʔ、iɛʔ、əuʔ和齐齿呼 i、ia（限 t）、iau、iəu、iɛn、in、iaŋ、iɔŋ、iʔ以及合口呼 u、uei、uən、uɔn、uŋ、uʔ等韵母相拼，除了 n 能跟 y 相拼之外，t、t' 不拼撮口呼韵母。

4. ts、ts'、s、z 能跟开口呼 ɿ、a、ɛ、ɔ、ai、au、əu、an、ən、aŋ、ɔŋ、aʔ、ɔʔ、eiʔ、əuʔ 以及合口呼 u、uai、uei、ua、uən、uɔn、uŋ、uʔ、ueiʔ等韵母相拼，不拼齐齿呼和撮口呼韵母。z也不能跟齐齿呼和撮口呼相拼，能拼的开口呼和合口呼韵母只有 an、au、ən、aŋ、u、ua、uei 7 个。

5. tɕ、tɕ'、n̠、ɕ 只能拼齐齿呼和撮口呼韵母，不拼开口呼和合口呼韵母。tɕ、tɕ'、ɕ 能跟 i、ia、iau、iəu、iɛn、in、iaŋ、iɔŋ、iuŋ、iʔ、iaʔ、iɔʔ、iɛʔ 和 y、yɛ、yn、yɛn、yʔ这些齐齿呼和撮口呼韵母相拼，n̠ 在齐齿呼和撮口呼韵母前大都已脱落，只拼 i、iɛn的少数字。

6. k、k'、ŋ、x 只拼开口呼和合口呼，不拼撮口呼韵母。k、k'、x 拼合的开口呼韵母有：a、ɔ、ai、au、uai、ei、əu、an、uan、ən、aŋ、ɔŋ、aʔ、ɔʔ、ɛʔ，拼合的合口呼韵母有：u、uən、uɔn、uaŋ、uɔŋ、uŋ、uɛʔ、uei 相拼，ŋ 拼 a、iɛ、o、ai、au、əu、an、ən、aŋ、ɔŋ 几个韵母。ŋ 跟 iɛ相拼，是特殊的拼法。

零声母四呼都能够相拼：a、ɛ、ɔ、ɚ、ai、əu、an、aʔ、iaʔ；i、ia、iɛ、iɛn、in、iau、iəu、iaŋ、iɔŋ、iuŋ、iɔʔ、iɛʔ、iəuʔ；ua、uai、uei、uan、uən、uɔn、uaŋ、uɔŋ、uŋ、uɛʔ；y、yɛ、yn、yɛn。

表 3-36　仪陇客家方言声韵调配合关系表

韵母	调	p	pʰ	m	f	v	t	tʰ	n	ts	tsʰ	s	z	tɕ	tɕʰ	ȵ	ɕ	k	kʰ	ŋ	x	∅
ɿ	1									资	①	撕										
	2										瓷	时										
	3									紫	眦	寺										
	4									治	自	市										
i	1	逼		眯			里	剔						肌	妻		西					医
	2		皮	眉			笛	题	梨					渠	奇	疑						移
	3	比	鼻	米			底ₓ		李					姊	汽		死					椅
	4	篦	屁	物				地	痢					技	器		四					意
u	1		铺		夫	乌	都			猪	粗	苏						姑	箍			
	2		菩	模	符	无		徒	炉	租	厨	薯	如									
	3	补		母	虎		赌	土	努		住	树						古	苦			
	4		步		妇	雾	杜	兔	露	箸	醋	素						顾	裤			
y	1													居	蛆		虚					
	2								驴						渠		徐					鱼
	3								吕					举	取		许					女
	4								虑					巨	趣		穗					芋
ɚ	1																					
	2																					儿
	3																					耳
	4																					
n̩	1																					
	2																			牙		
	3																					你
	4																			瓦		五
a	1	巴	稗	马	花					渣	车	沙						家			虾	阿
	2		爬	麻	华				拿		茶	蛇										
	3	把		马	画		打			拃	扯	社						假				
	4	坝	帕	骂	化					蔗								嫁	卡		夏	

续表

韵母	调	p	pʻ	m	f	v	t	tʻ	n	ts	tsʻ	s	z	tɕ	tɕʻ	ɲ	ɕ	k	kʻ	ŋ	x	∅
ia	1																					椏
	2														斜							爺
	3																写					也
	4													借	谢							夜
ua	1									抓								瓜	夸			挖
	2												挼									娃
	3									啄								寡	垮			瓦
	4									痩		刷						挂	跨			话
ɛ	1										车							勾	抠			
	2								了											牛		
	3		鄙															狗	口	藕		
	4										厕							购够	扣	怄		
ie	1																靴					
	2																					
	3																					
	4																					
ye	1																					
	2																					
	3																					
	4																					
ɔ	1			摸	灰		哆	梯		胲		梭						歌	开		喝	唉
	2		赔	霉				台	来		才										何	
	3				海					嘴								果				
	4	背	破	妹			堕垛		漏	栽	在菜	睡帅						盖		恶		爱
ai	1		批				兜	偷	捞	走	钗	腮						街	揩		駒	哀
	2	骈	脾	埋	怀			头			柴									崖	鞋	
	3	摆		买			陡		哪		彩							解				
	4	拜	败派	卖	坏		逮戴	大剃	赖	接	蔡	瘦						戒	概	艾碍	后候	

续表

韵母	调	p	pʰ	m	f	v	t	tʰ	n	ts	tsʰ	s	z	tɕ	tɕʰ	ȵ	ɕ	k	kʰ	ŋ	x	∅
uai	1											摔						乖	快			歪
	2																					崴
	3																	拐				
	4											耍						怪	筷			
au	1	包	抛				刀	掏	捞	糟	操	骚						交	敲			
	2		刨	茅				萄	呶	遭	潮									熬		
	3	饱	跑	卯			倒	讨	恼	早	炒	少						搞	考	咬		
	4	抱	炮	帽			道	套	闹	罩	造	潲	绕					告	铐	澳		
iau	1	膘	飘	猫			刁	挑	撩	焦				焦	悄		消					妖
	2		嫖	瞄				条	燎					嚼	桥							摇
	3	表	瞟				鸟	调	嫽					绞	巧		小					舀
	4		票	庙			吊	跳	料					叫	翘		孝					尿
ei	1	杯	披		飞		多	睇										鸡				
	2		肥		肥				尼													
	3			尾			底白					洗										
	4	辈	配	味	废慧			弟				细										
uei	1						堆	推		锥	催							归	亏			威
	2								雷		槌	随							葵			危
	3							腿		嘴	毳	水						鬼	跪			伟
	4						对队	退	内累	醉	脆	絮	瑞					贵				味
əu	1	波	坡	毛		窝	刀	拖	拉		坐	收馊						哥	科		齁	抅
	2		婆	磨		禾		坨	螺		槽								颗	鹅	河	
	3	保簸			火		倒	讨	老		丑	扫						果			好	
	4		炮	帽			到			皂灶	臭							过	槁	饿	货	
iəu	1						丢		溜					揪			羞					
	2								刘流						求		囚					
	3								柳					久	舅		朽					有
	4													救	旧		秀					右幼

续表

韵母	调	p	pʻ	m	f	v	t	tʻ	n	ts	tsʻ	s	ʑ	tɕ	tɕʻ	ȵ	ɕ	k	kʻ	ŋ	x	∅
an	1	班	攀		翻		灯	贪		增	餐	森						间	龛	恩	憨	
	2		盘	瞒	凡			誊	男		蚕	婵	然								咸	
	3	板	拌	满	饭		胆	毯	懒揽	斩	产	伞						敢	肯	眼	很	
	4	半	襻	慢	范		凳	炭	烂	蘸	掌	善						干		按	喊	暗
ien	1	边	偏				癫	天						尖	谦		鲜					拈
	2		便	棉				甜	连						前	年	嫌					严
	3	贬		免			点	舔	捻					拣	浅							碾
	4	变	片	面			电		练					见	欠		限县					念
uan	1									钻								关	宽			豌
	2																					完
	3										铲							管	款			碗
	4																	惯				
yen	1													娟	圈		宣					冤
	2														全		玄旋					圆
	3													卷			癣					远②
	4													倦	劝							
en	1	分			婚					针	称	身								跟	欢	
	2		盆	门	魂				能		存	神	仁									
	3	本			粉					枕		剩									缓	
	4	粪	喷	闷	混					证	趁	胜	任							更		
in	1	冰	拼				钉							今	亲		心					因
	2		贫	民					麟林						琴		行				衡	人
	3	柄	品	敏			顶	挺③						紧								认
	4	箅		命			碇	定	另					进	浸		信					印
uen	1						墩	吞		尊	春	孙							昆			温
	2											纯							浑			文
	3									准	蠢	损						滚	捆			稳
	4						顿		嫩论		寸	顺						棍	困			问

续表

韵母	p	pʻ	m	f	v	t	tʻ	n	ts	tsʻ	s	z	tɕ	tɕʻ	ȵ	ɕ	k	kʻ	ŋ	x	Ø
yn													均　俊	近　群		熏　旬　训					晕　荣　敫
uon				汉		端　短	断　团　段　缎	暖　卵　乱	砖　钻　转	闩　船　串	酸　算						甘　赶	看　坑		寒　汗	安
aŋ	④	螃　右	莽			当	听		争　砌	撑							羹　哽		昂　硬		碗
iaŋ	丙　偋	平　病	名　命					领		村			靓　井　镜	青　晴　请　呛		兄　姓	梗				
uaŋ																	扰	筐			
oŋ	帮　榜	庞　胖	望	方　房　访　放		档　凼　荡	汤　唐　躺　趟	瓤　娘　酿　浪	装　掌　葬	昌　床　丈　唱	桑　尝　偿　上						岗　讲　虹	康　抗	仰	行　吭	赢　影
ioŋ		纺						两　梁　两　亮					浆　蒋　酱	枪　墙　抢		箱　祥　想　向					养　娆

续表

韵母	调	p	pʻ	m	f	v	t	tʻ	n	ts	tsʻ	s	z	tɕ	tɕʻ	ȵ	ɕ	k	kʻ	ŋ	x	∅
ucn	1	绷	峰	蒙	风	壅	东	动	弄	宗	囱	松						光				黄
	2	⑤	朋	梦	红		捕	同	农		虫											
	3		缝		讽		懂	桶	拢	总	宠	总						广				枉
	4		碰	孟	风		洞	捅	笼	众	统	送										旺
uŋ	1																	公	空			
	2																					红
	3																	拱	孔			
	4																	共	控			
iuŋ	1													供			凶					雍
	2														穷		熊					容
	4																					用
iʔ	5	笔												吉	七		息					一
	6			密			敌		力								习					
uʔ	5					屋	督															
	6				服				六													
yʔ	5													菊	曲							
	6																					
aʔ	5	八	拍	袜	法		答		邋	铡	尺	萨						夹	客		瞎	鸭
	6		白	麦				踏	辣		杂	石									匣	
iaʔ	5	壁															锡					
	6														席							
uaʔ	5																	刮				
	6																					
ɔʔ	5	钵	泼					脱										角	壳			
	6		薄	末				夺	落乐	着	着	勺									活	额

续表

韵母	调	p	pʻ	m	f	v	t	tʻ	n	ts	tsʻ	s	z	tɕ	tɕʻ	ȵ	ɕ	k	kʻ	ŋ	x	∅
ioʔ	5 / 6													脚								弱药
εʔ	5 / 6	北	撇	灭墨			得	特	劣		侧	色舌			撅		歇		克		核	
ieʔ	5 / 6			篾			跌	铁帖						接				国	缺			叶
ueʔ	5 / 6																					
yeʔ	5 / 6											雪		决	缺							
eiʔ	5 / 6									汁	值	识										
ueiʔ	5 / 6										出	食					骨					
ʔuŋ	5 / 6		扑	木				毒	六绿	竹		熟									合	
iauʔ	5 / 6													逐								肉

① tsʅ³³ 亲近, 接近　② yem¹³ ~了路: 走了弯路　③ tʻim³³ 转~: 改天　④ paŋ³³ ~硬: 很硬　⑤ puŋ⁵³ 象声词, 同 "砰"

（三）四川客家方言与四川官话声韵配合关系比较

1. 相同的声韵配合规律

关于四川官话声韵的配合规律，《四川方言音系》有如下重要的几条[①]：

（1）p、p'、m、t、t'不与撮口呼韵母结合；

（2）tʂ、tʂ'、ʂ、ʐ不与齐撮两呼韵母结合；

（3）tɕ、tɕ'、n、ɕ不与齐撮两呼韵母结合；

（4）k、k'、ŋ、x不与齐撮两呼韵母结合；

（5）ʅ只与ts、ts'、s、z、tʂ、tʂ'、ʂ、ʐ结合。[②]

以上五条规则，也基本上是四川客家方言声韵配合的主要规律。不过根据各点声韵系统的同异，（2）可以改写为：

ts、ts'、s、z与tʂ、tʂ'、ʂ、ʐ不与齐撮两呼韵母结合。

在隆昌、西昌两个点k、k'、ŋ、x不与齐撮两呼韵母中的任何韵母结合，但在成都，k、k'、ŋ、x要与iəu、iɛn两个齐齿韵结合，仪陇 ŋ 要与齐齿韵 iɛ 结合，所以（4）应修改为：k、k'、ŋ、x基本不与齐撮两呼韵母结合。

（5）还需要细化为：

ɿ只与ts、ts'、s、z结合，ʅ只与tʂ、tʂ'、ʂ、ʐ结合。

此外还可以概括和细化出以下很重要的声母配合规律：

（6）f组（客家方言中包括v）只与开口呼和合口呼结合，不与齐撮两呼相拼；

（7）不分尖团。[③]

2. 声韵调配合差异

从上面的比较中看出，四川客家方言与四川官话的声韵配合规律是大同小异，大同在上面的比较中已反映得比较全面，小异也已有所反映。"k、k'、ŋ、x 基本不与齐撮两呼韵母结合"这条规律显示出了差异性，此外还有一些大小不等的有差异的规律，择要集中表述为：

（8）在成都、仪陇两个客家方言点中，舌根音要与个别齐齿呼韵母配合；

（9）四川客家方言全都具有阴入和阳入声调的音节，而四川官话入声区阴阳入合流，只有一个入声；

（10）与四川官话相同的音节辖字范围差别较大：有的音节四川客家方言

[①] 四川方言调查工作组：《四川方言音系》，《四川大学学报》，1960年第3期。

[②] 据《四川方言音系》的说明，/ʅ/的音值包括ɿ、ʅ、ə三个元音，并且ə只出现在四川官话中有入声的地点。

[③] 从说明和《声韵结合总表》中可以知道，四川仅南江话 ts、ts'、s 可以与齐撮两呼韵母结合，在西昌话中"给"读为 ki，k 与齐齿呼 i 相拼是个特例。

大于四川官话比如同是 ₌fa，有的音节四川客家方言小于四川官话，如 ₌fan；
（11）有相当数量的音节四川官话没有。

　　有些相同的声韵配合规律，体现了四川客家方言与四川官话的接触深度。相异的配合规律则体现了四川客家方言对祖籍方言特征的保留与自身的发展动态。下面选择尖团音问题、某些音节的辖字范围与入声音节来展开讨论。

四　尖团音问题

　　尖团音与分不分尖团是汉语音韵学、方言学等学科常常要说到的概念和现象。对这个问题学界的认识还存有分歧。有的根据共时语音的组合关系来予以通俗性的定义："舌面前塞擦音、擦音与齐、撮二呼的组合叫团音，京剧里的'基'念/tɕi/就是团音。这是中古汉语的舌根音在/i//y/前发生腭化的结果……。舌尖前塞擦音、擦音与齐、撮二呼的组合叫尖音，京剧里的'祭'念/ tsi/就是尖音。如果齐、撮二呼前的舌尖前塞擦音、擦音也因腭化而变成舌面前塞擦音、擦音，那就说明尖、团合流，在语言中不分尖团。"[1]有的根据历时语音的音类来定义，也即根据古精组和见组声类来定义："分不分'尖团音'是指古声母精组（精清从心邪）和见晓组（见溪群晓匣）在今细音前有没有分别说的。所谓'分尖团'是说精组和见晓组在今细音前有分别，读音不同。所谓'不分尖团'是说精组声母和见晓组声母在今细音前没有分别，读音相同。如精母字'津'和见母字'斤'在北京语音里都是[₌tɕin]这就叫做不分尖团。可是在河南、山东有些方言里，'津'是[₌tsin]，'斤'是[₌tɕin]，或 ₌cin)，声母不同，'津'是尖音，'斤'是团音，这就叫分尖团。"[2]

　　前一种定义通俗，但恐只适用于普通话或与普通话相似度高的北方语音，后一种定义则具有广泛的适用性，我们以后者为据。梅县、五华客家方言没有撮口呼韵母，并且古精组和见晓组声母在齐齿呼韵母前没有发生腭化音变，无 tɕ、tɕ'、ɕ 这些语音成分，[3]但古精组和见晓组在今细音前的读音有分别：在今齐齿呼前，古精组声母读 ts、ts'、s，古见晓组声母今读 k、k'、h，因此，梅县和五华客家方言都要分尖团。

　　四川各地客家方言的精组细音一律读 tɕ、tɕ'、ɕ，跟见晓组细音相混：精组和见晓组声母在齐、撮二呼韵母之前，除了成都、仪陇客家方言稍有特殊

---

　　① 叶蜚声、徐通锵：《语言学纲要》，北京大学出版社 2011 年版，第 242—243 页。

　　② 丁声树、李荣：《汉语音韵讲义》，上海教育出版社 1984 年版，第 6—7 页。

　　③ 袁家骅：《汉语方言概要》，语文出版社 2001 年版，第 149 页。k、k'在齐齿韵前面，实际音值是 c、c'，h 是 ç（甚至 ɕ），ŋ 是 n̠（或 ɲ），作音位变体处理。

之外，已经变成 tɕ、tɕʻ、n̠（西昌为 n）、ɕ、ts 组和 k 组声母已不跟齐、撮二呼韵母相拼，是为尖团合流，或不分尖团。比如"津"和"斤"在各个地点的读音都没有分别，一律都读成 [₌tɕin]。

本书在第一章导论和第二章都说到了四川客家方言不分尖团的特点。对照其来源方言梅县和五华客家方言要分尖团的特点，可以肯定地说，不分尖团的特点是四川客家方言与四川官话在长期的接触中受四川官话声韵配合关系的感染而消失的。

仪陇客家方言的特殊性是：齐齿呼韵母 iɛ 要与来自古疑、母的 ŋ 相拼，仅此一韵，字音也只以下四个：

藕 ŋiɛ³³　　牛 ŋiɛ²¹　　陈艾 ŋiɛ¹³　　怄气 ŋiɛ³³

在成都的洛带、凉水井、泰兴几处，今 iəu、iɛn 两个韵母能与 k、kʻ、x 相拼，但不与 ts、tsʻ、s 相拼。如洛带：

kiəu⁴⁵ 勾沟钩鸠|kiəu³¹ 狗苟|kiəu⁵³ 够构购垢

kʻiəu⁴⁵ 抠眍| kʻiəu³¹ 口~袋 | kʻiəu⁵³ 扣寇

ŋiəu⁴⁵ 藕欧

xiəu⁴⁵ 齁瘊|xiəu¹³ 侯喉猴 | xiəu¹³ 口~水 xiəu⁵³ 后厚深~候

kiɛn⁴⁵ 根跟耕| kiɛn³¹ 耿粳~稻　 kiɛn⁵³ 埂崀

kʻiɛn⁴⁵ 坑| kʻiɛn³¹ 恳垦啃肯ᵡ吭咳嗽

ŋiɛn⁴⁵ 恩樱

xiɛn³¹ 很肯ᵦ，~大：肯长| xiɛn⁵³ 恨杏ᵦ，~子

这是不是尖团音的残留呢？见晓组的 k、kʻ、ŋ、x 能与齐齿呼相拼，可视为团音，由于所涉及的韵母只有 iəu、iɛn 两个，并且所辖的字也很有限，可进一步看成是尖团音现象的残留。

今梅县客家方言中找得到与此种现象相对应的语音现象：eu 和声母 k- 相拼时，特别是在上声和去声字里，有轻微的流音 i。如"钩勾沟"keu˦[kⁱeu˦]，"狗苟"keu˅ [kⁱeu˅]，"购构够"keu˅[kⁱeu˅]。[1]这类字音正好与成都各客家方言点中的 kiəu⁴⁵ 类字音相对应，"根"类字今梅县读 en，拼 k、kʻ、x，无 ŋen。这些团音字或许原本就有介音 i？后来演变成了流音？或者原本是流音，后来变成了介音？不管怎样，这种拼法保留了客家方言的特点是无疑的。这也是尖团音现象的最后残留。

① 袁家骅：《汉语方言概要》，语文出版社 2001 年版，第 151 页。

五　特色音节

四川客家方言有很多自己的特色音节，这些音节是四川官话没有的。这是四川客家方言作为客家方言属性的本质内容。以下从五个方面来分析。

1. 从声母方面来看，各个地点都有数量不等的以 v 作声母的音节。v 作为声母，与 o、a、u、oi、ai、ei、an、ən、ɔŋ、aŋ、uʔ等韵母拼合的音节，是四川客家方言的特色音节的主要内容之一。如：

成都洛带：vo⁴⁵ 窝 vo¹³ 禾| va⁴⁵ 蛙| vu⁴⁵ 乌 vu⁵³ 务雾芋| voi⁵³ 会| vai⁴⁵ 歪| vei⁵³ 胃| van⁴⁵ 弯 van¹³ 完| vɔn⁵³ 换| vən¹³ 文| vuʔ² 物屋| vaŋ¹³ 横| vɔŋ¹³ 王

成都凉水井：vo⁴⁵ 窝 vo¹³ 禾| va⁴⁵ 蛙| vu⁴⁵ 乌 vu³¹ 芋 vu⁵³ 务雾| voi³¹ 会| vai⁴⁵ 歪| vei³¹ 胃| van⁴⁵ 弯 van¹³ 完| vɔn³¹ 换| vən¹³ 文| vuʔ² 物屋| vaŋ¹³ 横| vɔŋ¹³ 王

隆昌付家：vo⁴⁵ 窝 vo¹³ 禾| va⁴⁵ 蛙| vu⁴⁵ 乌 vu⁵³ 务雾芋| voi³¹ 会| vai⁴⁵ 歪| vei⁵³ 胃| van⁴⁵ 弯 van¹³ 完| vɔn⁵³ 换| vən¹³ 文| vuʔ³ 物屋| vaŋ¹³ 横| vɔŋ¹³ 王

西昌黄联：va⁴⁵ 蛙| vu⁴⁵ 乌 vu⁵³ 务雾芋| vai⁴⁵ 歪| vei⁵³ 胃| van⁴⁵ 弯 van²¹² 完| vən²¹² 文| vai⁴⁵ 歪| vuʔ³ 物屋| vaŋ²¹² 横| vɔŋ²¹² 王

仪陇乐兴：vəu³³ 窝| vu³³ 乌 vu²¹ 无 vu¹³ 务雾|vuʔ⁵ 屋

2. 从韵母看，四川客家方言的一些舒声韵和喉塞音韵尾入声韵与声母结合所形成的音节，是四川客家方言特色音节的重要内容。上文已经列出 v 声母音节，下面除去这部分，又因为字太多，无法一一列出，故例示。

成都洛带：poi⁵³ 背、moi⁵³ 妹、ŋoi⁵³ 外、soi⁵³ 睡| tɕʻyoi⁵³ 脆| tɔn⁴⁵ 端、tsʻɔn⁴⁵ 餐、kʻɔn⁵³ 看、xɔn⁵³ 汗|ɲyɔn⁴⁵ 软|mɔŋ¹³ 忙、tʻɔŋ⁴⁵ 汤| tɕiɔŋ³¹ 蒋、ɲiɔŋ⁵³ 让|sɿʔ⁵ 实|piʔ² 笔、ɲiʔ² 日、iʔ² 一| fuʔ⁵ 服、tsʻuʔ² 出、kuʔ² 骨| tɕyʔ² 橘| tsaʔ² 织、tsʻəʔ⁵ 侄| paʔ² 百、pʻaʔ⁵ 白、saʔ⁵ 石|kʻaʔ² 客| piaʔ² 壁|kuaʔ² 刮|kʻeʔ² 克| pieʔ² 北、ɲieʔ⁵ 月、ɕieʔ² 血| kueʔ² 国、kʻueʔ² 括|tɕyeʔ² 决|tʻoʔ² 脱、noʔ⁵ 落、tsoʔ² 着ᵂᵉᵃʳ| tɕioʔ² 脚、tɕʻioʔ² 曲族、ɲioʔ⁵ 弱、ioʔ⁵ 药| tɕiuʔ² 菊、tɕiuʔ⁵ 逐、ɲiuʔ² 肉、ɕiuʔ² 粟。

成都凉水井：poi⁵³ 背、moi⁵³ 妹、ŋoi³¹ 外、soi³¹ 睡| tɕʻyoi⁵³ 脆| tɔn⁴⁵ 端、tsɔn³¹ 转、tsʻɔn⁴⁵ 餐、kʻɔn⁵³ 看、xɔn³¹ 汗|ɲyɔn⁴⁵ 软| mɔŋ¹³ 忙、tʻɔŋ⁴⁵ 汤| tɕiɔŋ³¹ 蒋、ɲiɔŋ³¹ 让|tsʻɿʔ⁵ 侄、sɿʔ⁵ 实|piʔ² 笔、ɲiʔ² 日、iʔ² 一| fuʔ⁵ 服、tsʻuʔ² 出、kuʔ² 骨| tɕyʔ² 橘| paʔ² 百、pʻaʔ⁵ 白、saʔ⁵ 石、kʻaʔ² 客| piaʔ² 壁|kuaʔ² 刮| tseʔ² 织、kʻeʔ² 克|pieʔ² 北、ɲieʔ⁵ 月、ɕieʔ² 血、ieʔ³ 一| kʻueʔ² 国| tɕyeʔ² 决|tʻoʔ² 脱、noʔ⁵ 落、tsoʔ² 着ᵂᵉᵃʳ| tɕioʔ² 脚、tɕʻioʔ² 曲族、ɲioʔ⁵ 弱、ioʔ⁵ 药| tɕiuʔ² 菊、tɕiuʔ⁵ 逐、ɲiuʔ² 肉、ɕiuʔ² 粟。

隆昌付家：poi⁵³ 背、moi⁵³ 妹、ŋoi³¹ 外、soi³¹ 睡| tɕʻioi⁵³ 脆| tɔn⁴⁵ 端、tsɔn³¹ 转、tsʻɔn⁴⁵ 餐、kʻɔn⁵³ 看、xɔn⁵³ 汗| ɲiɔn⁴⁵ 软|nuɔn⁴⁵ 暖、kuɔn⁴⁵ 竿| mɔŋ¹³ 忙、tʻɔŋ⁴⁵

汤| tɕioŋ^{31} 蒋、n̦ioŋ^{31} 让| tʂʅʔ^3 织、piʔ^3 笔、n̦iʔ^5 日| fuʔ^5 服、tsʻuʔ^3 出、tsʻuʔ^5 族、kuʔ^3 骨、tɕʻyʔ^5 曲| paʔ^3 百、pʻaʔ^5 白、saʔ^5 石、xaʔ^3 客| piaʔ^3 壁|kuaʔ^3|peʔ^3 北、tsʻeʔ^5 侄、kʻeʔ^3 克| tɕieʔ^3 橘、n̦ieʔ^5 月、ɕieʔ^3 血| kueʔ^3 国、kʻueʔ^3 括| tɕyeʔ^3 决|tʻoʔ^3 脱、noʔ^5 落、tsoʔ^3 着$_穿$|tɕioʔ^3 脚、n̦ioʔ^5 弱、ɕioʔ^3 粟、ioʔ^5 药| tɕʻiuʔ^3 菊、n̦iɔuʔ^5 肉。

西昌黄联：mɔŋ^{212} 忙、tʻɔŋ^{45} 汤| tɕioŋ^{31} 蒋、niɔŋ^{53} 让| fuʔ^5 服、ʂuʔ^5 熟、kuʔ^3 骨| piʔ^5 笔、n̦iʔ^5 日| paʔ^3 百、xaʔ^3 客|pʻaʔ^5 白| piaʔ^3 壁、kuaʔ^3 刮|啄 tʂuaʔ^3|peʔ^3 北、tʂeʔ^3 织、tʂʻeʔ^5 侄、ʂeʔ^5 实石、kʻeʔ^3 克 | tɕieʔ^3 决、n̦ieʔ^5 月、ɕieʔ^3 血、ieʔ^3 一| kueʔ^3 国、kʻueʔ^2 括 |tʻoʔ^3 脱、noʔ^5 落、tʂoʔ^3 着$_穿$| tɕioʔ^3 脚、tɕʻioʔ^3 曲、nioʔ^3 肉、nioʔ^5 弱、ioʔ^5 药| tɕiuʔ^3 橘、tɕiuʔ^5 逐、tɕʻiuʔ^3 族、ɕiuʔ^3 粟。

仪陇乐兴：fuɔn^{53} 汗、suɔn^{13} 算、tsuɔn^{53} 转、tsʻuɔn^{21} 船|tuɔn^{33} 端、tsuɔn^{53} 转、kʻuɔn^{13} 看、xuɔn^{53} 汗| mɔŋ^{21} 忙、tʻɔŋ^{33} 汤| tɕioŋ^{53} 蒋、ioŋ^{53} 让| kuɔŋ^{33} 光、kʻuɔŋ^{33} 筐、uɔŋ^{21} 黄王、uɔŋ^{13} 望|mɵuʔ^5 木、sɵuʔ^5 缩熟、tʻɵuʔ^5 毒| tɕiɵuʔ^5 逐、tɕiɵuʔ^5 肉|piʔ^5 笔| fuʔ^3 服、kuʔ^5 谷、tɕyʔ^5 菊、tɕʻyʔ^5 曲| paʔ^3 百、pʻaʔ^3 白、saʔ^5 石 kʻaʔ^5 客| piaʔ^5 壁| kuaʔ^5 刮、tsuaʔ^3 啄|peʔ^5 北、mɛʔ^5 灭、mɛʔ^3 墨、tɛʔ^5 得、tsʻɛʔ^3 贼、sɛʔ^3 舌、kʻɛʔ^5 克| iɛʔ^3 月|tɕyɛʔ^5 决| kueʔ^3 国、kʻuɛʔ^2 括 tʻɔʔ^5 脱、nɔʔ^5 落、tsɔʔ^5 着$_穿$| tɕiɔʔ^5 脚、iɔʔ^3 弱、iɔʔ^3 药、tsʻeiʔ^3 侄直、seiʔ^3 食 十|tsʻueiʔ^5 出、kueiʔ^5 骨。

3. 有阴入和阳入两类入声音节

音节有入声，分读阴入和读阳入两种入声音节，这也是四川客家方言的特色音节。阴入和阳入的分别是以声母的清浊为依据的，在四川粤东片，古浊音声母字今读阳入，古清音声母字今读阴入，规律性很强，而且四川粤东片阳入高，为5度，阴入低，成都阴入为2度，隆昌和西昌为3度。四川粤北片仪陇客家方言阴阳入分派的基本依据也是古浊音声母今读阳入，古清音声母今读阴入，但规律性更弱，有混读现象；四川粤北片阴入高，为5度，阳入低，为3度。

尽管古入声字在四川客家方言中有萎缩现象，但保留的大多数入声音节也具鲜明的特色，所辖的字音成了四川客家方言在各点区别于相邻官话的标志之一。

表3-37　　　　　　　　四川客家方言与四川官话入声字举例表

	洛带客话	凉水井客话	成都官话	隆昌客话	隆昌官话	西昌客话	四外话$_{官话}$	仪陇客话	仪陇官话
得	tieʔ^2	teʔ^2	te^{21}	teʔ^3	te^{13}	teʔ^3	teʔ^{31}	tieʔ^5	te^{21}
刻	kʻeʔ^2	kʻeʔ^2	kʻe^{21}	kʻeʔ^3	kʻe^{13}	kʻeʔ^3	kʻe^{31}	kʻɛʔ^5	kʻe^{21}
角	koʔ^2	koʔ^2	ko^{21}	koʔ^3	ko^{13}	koʔ^3	ko^{31}	koʔ^5	ko^{21}

续表

	洛带客话	凉水井客话	成都官话	隆昌客话	隆昌官话	西昌客话	四外话官话	仪陇客话	仪陇官话
拍	$p'ie?^2$	$p'ic?^2$	$p'e^{21}$	$p'e?^3$	$p'e^{13}$	$p'e?^3$	$p'e^{31}$	$p'ɛ?^5$	$p'e^{21}$
脊	$tɕie?^2$	$tɕie?^2$	$tɕi^{21}$	$tɕi?^3$	$tɕi^{13}$	$tɕie?^3$	$tɕi^{31}$	$tɕi?^5$	$tɕi^{21}$
墨	$mie?^5$	$mie?^5$	me^{21}	$me?^5$	me^{13}	$me?^5$	me^{31}	$meɛ?^3$	mie^{21}
药	$io?^5$	$io?^5$	yo^{21}	$io?^5$	yo^{13}	$io?^5$	io^{31}	$iɔ?^3$	yo^{21}
食	$sɿ?^5$	$se?^5$	$sɿ^{21}$	$se?^5$	$ʂɿ^{13}$	$se?^5$	$ʂɿ^{31}$	$sei?^3$	$sɿ^{21}$
读	$t'u?^5$	$t'u?^5$	tu^{21}	$t'u?^5$	tu^{13}	$t'u?^5$	tu^{31}	$t'u?^5$	tu^{21}
谷	$ku?^2$	$ku?^2$	ku^{21}	$ku?^5$	ku^{13}	$ku?^3$	ku^{31}	$ku?^5$	ku^{21}

　　4. 鼻辅音音节

　　四川客家方言普遍存在着鼻辅音自成音节的现象，这也是其来源方言的特点。梅县客家方言有 m̩、n̩ 两个鼻辅音音节，[1]五华客家方言有 m̩、ŋ̍ 两个鼻辅音音节，[2]董同龢 1946 年调查四川凉水井客家方言，记录了 m̩、n̩、ŋ̍ 三个鼻辅音[3]，今调查发现念单字为 m̩，在语流中有发生 ŋ̍ 音变的情况。与之毗邻的龙潭寺客家话，1985 年黄雪贞调查时记录了 m̩ 一个音节，[4]洛带的鼻辅音成音节的情况与凉水井相同。西昌黄联客家话 1984 年崔荣昌调查时记录了 m̩ 一个音节，[5]今情况相同。仪陇客家话 1983 年崔荣昌记录了 m̩、n̩、ŋ̍ 三个音节，2010 年笔者调查发现多读为 n̩，可以混读为 ŋ̍，今记为 n̩。

　　从上面的说明中可以看出，鼻辅音自成音节，在四川客家方言中是很普遍的现象。因此，四川客家方言普遍保存了客家方言鼻辅音自成音节的特点。成都官话中，m̩、n̩、ŋ̍ 也可自成音节，但代表的字词多作为应答出现在口语的对话里，多用在句首或单用。[6]客家方言中自成音节的鼻辅音来源于古代疑母、微母部分字，包括"鱼、渔、唔、五、午、武、舞"等[7]。

---

① 黄雪贞：《梅县方言词汇》，江苏教育出版社 1999 年版，引论第 5 页。

② 魏宇文：《五华方言同音字汇》，《方言》，1997 年第 3 期。

③ 董同龢：《华阳凉水井客家话记音》，科学出版社 1956 年版，第 93 页。

④ 黄雪贞：《成都市郊龙潭寺的客家话》，《方言》，1986 年第 2 期。

⑤ 崔荣昌：《四川境内的客家方言》，巴蜀书社 2011 年版，第 689 页，691 页。

⑥ 梁德曼、黄尚军：《成都方言词典》，江苏教育出版社 1998 年版，引论第 10 页。

⑦ 鼻辅音成音节在四川各地所辖的字有歧异，并且有些字的读音有两可现象，比如"武"，可读 $m̩^{31}$ 和 vu^{31}。

5. 某些音节所辖的特色字音

很多声韵组合本是四川官话有的，但是由于所辖的字跟四川官话不同，这些字音也就极具特色，成为有别于四川官话的特色字音。

（1）某些重唇声母的字音。比如"p+u+上声"的配合，四川官话也是有的，如"补"字，但在四川客家方言中"pu^{31}"这个音节所辖的字有"补"，还有"斧"，"斧头"中的"斧"字读为 pu^{31}，因为声母保留了重唇音，使之成为特色字音，区别于官话的轻唇音 f。

（2）古全浊声母今读为送气音声母的字音。比如"p'+u+上声"的配合，四川官话也有，如"普"，但在凉水井、隆昌，"p'u^{31}"这个音节所辖的字，有"普"，还有"步"的白读音，"走一步，走两步"中的"步"即读"p'u^{31}"，区别于官话不送气音 p。

（3）某些保留了古代韵母的字音，比如假开二的中古音拟作 a，假开三拟作 ia，梗开二庚韵拟作 eŋ；在客家方言假开二逢见系今读 a，假开三麻韵逢见系今读 ia，以及梗摄字读为 aŋ 韵（含 iaŋ、uaŋ）等，都是古音的遗留。四川客家方言保存了一定量的这类字音，成为四川客家方言的显著标志。下面表 3-38 说明。

表 3-38　　　　　　　　四川客家方言假、梗摄字读音举例表

	成都洛带	成都凉水井	隆昌付家	西昌黄联	仪陇乐兴
家 假开二平麻见	ka^{45}	ka^{45}	ka^{45}	ka^{45}	ka^{33}
嫁 假开二去祃见	ka^{53}	ka^{53}	ka^{53}	ka^{53}	ka^{13}
牙 假开二平麻疑	ŋa^{13}	ŋa^{13}	ŋa^{13}	ŋa^{212}	ŋa^{21}
哑 假开二上马影	a^{31}	a^{31}	a^{31}	a^{31}	a^{53}
姐 假开三上马精	tɕia^{31}	tɕia^{31}	tɕia^{31}	tɕia^{31}	tɕi^{53}
借 假开三去祃精	tɕia^{53}	tɕia^{53}	tɕia^{53}	tɕia^{53}	tɕia^{13}
谢 假开三去祃邪	tɕ'ia^{53}	tɕ'ia^{31}	tɕ'ia^{31}	tɕ'ia^{53}	tɕ'ia^{53}
惹 假开三上马日	ȵia^{45}	ȵia^{45}	ȵia^{45}	nia^{45}	ia^{33}
爷 假开三平麻以	ia^{13}	ia^{13}	ia^{13}	ia^{212}	ia^{21}
盲 梗开二平庚明	maŋ^{13}	maŋ^{13}	maŋ^{13}	maŋ^{212}	maŋ^{13}
冷 梗开二上梗来	naŋ^{45}	naŋ^{45}	naŋ^{45}	naŋ^{45}	naŋ^{33}
生 牲甥梗开二	saŋ^{45}	saŋ^{45}	saŋ^{45}	saŋ^{45}	saŋ^{33}
哽 梗开二上梗见	kaŋ^{31}	kaŋ^{31}	kaŋ^{31}	kaŋ^{31}	kaŋ^{53}
梗 梗开二上梗见	kuaŋ^{31}	kuaŋ^{31}	kuaŋ^{31}	kuaŋ^{31}	kuaŋ^{21}

	成都洛带	成都凉水井	隆昌付家	西昌黄联	仪陇乐兴
硬 梗开二去映疑	ŋaŋ^{53}	ŋaŋ^{31}	ŋaŋ^{31}	ŋaŋ^{53}	ŋaŋ^{53}
丙 梗开三上梗帮	piaŋ^{31}	piaŋ^{31}	piaŋ^{31}	piaŋ^{31}	piaŋ^{53}
病 梗开三去映並	p'iaŋ^{53}	p'iaŋ^{31}	p'iaŋ^{31}	p'iaŋ^{53}	p'iaŋ^{21}
命 梗开三去映明	miaŋ^{53}	miaŋ^{31}	miaŋ^{53}	miaŋ^{53}	miaŋ^{53}
镜 梗开三去映见	tɕiaŋ^{53}	tɕiaŋ^{53}	tɕiaŋ^{53}	tɕiaŋ^{53}	tɕiaŋ^{13}
影 梗开三上梗影	iaŋ^{31}	iaŋ^{31}	iaŋ^{31}	iaŋ^{31}	iaŋ^{53}
饼 梗开三上静帮	piaŋ^{31}	piaŋ^{31}	piaŋ^{31}	piaŋ^{31}	piaŋ^{53}
名 梗开三平清明	miaŋ^{13}	miaŋ^{13}	miaŋ^{13}	miaŋ^{212}	miaŋ^{21}
领 梗开三上静来	niaŋ^{45}	niaŋ^{45}	niaŋ^{45}	niaŋ^{45}	niaŋ^{33}
请 梗开三上静清	tɕ'iaŋ^{31}	tɕ'iaŋ^{31}	tɕ'iaŋ^{31}	tɕ'iaŋ^{31}	tɕ'iaŋ^{53}
净 梗开三去劲从	tɕiaŋ^{53}	tɕiaŋ^{31}	tɕiaŋ^{31}	tɕiaŋ^{53}	tɕiaŋ^{53}
正 ~月,梗开三澄	tsaŋ^{45}	tsaŋ^{45}	tsaŋ^{45}	tʂaŋ^{45}	tsaŋ^{33}
声 梗开三平清蜀	saŋ^{45}	saŋ^{45}	ʂaŋ^{45}	ʂaŋ^{45}	saŋ^{33}
颈 梗开三上静见	tɕiaŋ^{31}	tɕiaŋ^{31}	tɕiaŋ^{31}	tɕiaŋ^{53}	tɕiaŋ^{21}
轻 梗开三平清溪	tɕ'iaŋ^{45}	tɕ'iaŋ^{45}	tɕ'iaŋ^{45}	tɕ'iaŋ^{45}	tɕ'iaŋ^{33}
赢 梗开三平清以	iaŋ^{13}	iaŋ^{13}	iaŋ^{13}	iaŋ^{212}	iaŋ^{21}
听 ~,见梗开四透	t'aŋ^{53}	t'aŋ^{53}	t'aŋ^{53}	t'aŋ^{53}	t'aŋ^{53}
零 梗开四平青来	naŋ^{13}	naŋ^{13}	naŋ^{13}	naŋ^{212}	naŋ^{21}
青 梗开四平青清	tɕiaŋ^{45}	tɕiaŋ^{45}	tɕiaŋ^{45}	tɕiaŋ^{45}	tɕiaŋ^{33}
醒 梗开四上迥心	ɕiaŋ^{31}	ɕiaŋ^{31}	ɕiaŋ^{31}	ɕiaŋ^{31}	ɕiaŋ^{53}
横 ~直,梗合二匣	vaŋ^{13}	vaŋ^{13}	vaŋ^{13}	vaŋ^{212}	uaŋ^{21}

第四章 四川客家方言与四川官话接触下的词汇研究

第一节 四川客家方言的特征词研究

一 特征词的概念和范围

（一）特征词的概念

李如龙先生最早提出特征词的概念，他认为不同方言之间不仅有不同的语音特征，也有不同的词汇特征，表现方言词汇特征的词就是方言的特征词。方言特征词是"一定地域里的一定批量的，区内大体一致，区外疏异的方言词"①。后来，其又在《闽方言的特征词》一文中指出，方言特征词是在一定地域方言里的有特征意义的方言词，即在区内较为普遍通行，区外又比较少见的方言词②。

定义上二者略有不同，总的来说，方言特征词需具备这样几个特点：

1. 一定地域。方言的概念较为模糊，一定地域大到可以指某个大的方言区，如西南官话、湘方言等，也可以指某个范围不大的方言点、方言岛。

2. 具有一定的数量。方言特征词绝不是孤立的少数几个，而是具有一定的数量。不同的方言点，数量多有不同。方言特征词批量的大小"取决于不同的地域及其历史文化条件"③。

3. 能体现方言特征。一般来说，方言特征词应该是方言土语常用词，而非共同语词汇。其在某一种方言词中其有一定的典型性，在本方言区外少见，但也可能有交叉。

方言特征词是不同方言之间在词汇上的区别特征。特征词概念的提出，

---

① 李如龙：《论汉语方言特征词》，《中国语言学报》，2001年5月第10期。

② 李如龙：《闽方言的特征词》，载李如龙主编《汉语方言特征词研究》，厦门大学出版社2002年版，第278页。

③ 李如龙：《论汉语方言特征词》，《中国语言学报》，2001年5月第10期。

对方言间的亲疏关系、方言接触、汉语方言的分区以及汉语词汇史的研究都具有重要的意义。我们可以通过这些特征词来考察某一方言词汇系统的面貌，例如其基本词汇和一般词汇的大致构成、语词的历史来源、词义内容的表达形式、与外区方言词汇的差异情况等①，同时，也可以考察词汇的发展和演变以及语言的接触情况，进而通过词汇了解方言背后的地域文化。进一步说，方言的特征词还是判定方言归属的重要词汇证据。

不同的方言都有自己的特征词，客家方言亦然。温昌衍将客家方言的特征词界定为："一定批量的区内方言多见、区外方言少见的客家方言词。"②由此，我们将四川客家方言特征词定义为：在四川客家方言区内部普遍通用的、具有一定批量的体现客家方言特征的口语词。

（二）四川客家方言的特征词

从四川客家方言的来源和语言特点看来，四川境内的客家方言总体上可以分为两个大的片，即四川粤东片和四川粤北片客家方言。从地理分布看，四川粤东片客家方言主要分布在成都东山、内江—隆昌、西昌黄联关；四川粤北片客家方言主要分布在仪陇县。故根据地理分布，我们再把四川粤东片客家方言分成三个小片：①川西成都小片，②川东南内江小片，③川西南黄联小片；四川粤北片客家方言则只有一个小片，为川北仪陇片。

提取四川客家方言特征词步骤是：

1. 制订调查表，完成四川客家方言词汇调查。根据《汉语方言词汇》（第二版）1230 条词语略作调整，调查了成都凉水井、成都洛带、隆昌付家、西昌黄联关、仪陇乐兴 5 个点的客家方言词语共 1227 条。

2. 四川官话方言词汇调查。在完成 5 个点的客家方言词汇调查的同时，我们对各地与客家方言毗邻的官话方言做了定点调查，采集官话词语共 1227 条。

3. 四川客家方言特征词内部、外部验证。经过对比分析，初步分别提取出 5 个点或 4 个点客家方言点说法一致的词语，排除跟共同语说法相同的基本词，将剩下的词与四川官话词汇逐条对比，剔除相同者，余下的则为四川客家方言特征词。这些特征词，5 个点说法一致，我们称为一级特征词，4 个点说法一致，称为二级特征词。

李如龙先生指出，在一定区域的方言中，并不难找出一批"内同外异"

---

① 林寒生：《闽东方言的特征词》，载李如龙主编《汉语方言特征词研究》，厦门大学出版社 2002 年版，第 338 页。

② 温昌衍：《客家方言特征词研究》，载李如龙主编《汉语方言特征词研究》，厦门大学出版社 2002 年版，第 208 页。

的特征词，但是要每一条都是内部完全一致、外部完全排他的，却又是很难的①。在实际的操作过程中我们发现，特征词的提取有赖于深入、翔实、可靠的语料，也有赖于细致的验证分析。

通过以上步骤，我们提取出四川客家方言特征词 201 条，其中 5 点说法一致的一级特征词 109 条，4 点一致的二级特征词 92 条。当然，如果调查样本扩大，相信特征词的数量还会进一步增加。

一级特征词 109 条，注音采用凉水井客家方言语音。

1. 日头 ȵiʔ²tʻiəu¹³：太阳；
2. 月光 ȵieʔ⁵kɔŋ⁴⁵：月亮；
3. 昨晡日 tsʻu⁴⁵pu⁴⁵ȵiʔ²：昨天；
4. 昼边 tsəu⁵³piɛn⁴⁵：中午；
5. 上昼 sɔŋ³¹tsəu⁵³：上午；
6. 鸡入厩（了）kai⁴⁵noʔ⁵tɕi⁵³niau³¹：傍晚时分；
7. 三十晡（夜）san⁴⁵sʅʔ⁵pu⁴⁵ia³¹：年三十晚；
8. 牛嫲 ȵiəu¹³ma¹³：母牛；
9. 猪嫲 tsu⁴⁵ma¹³：母猪；
10. 狗嫲 kiəu³¹ma¹³：母狗；
11. 猫公 miau⁵³kuŋ⁴⁵：猫的总称，公猫；
12. 猫嫲 miau⁵³ma¹³：母猫；
13. 鹞婆 iau³¹pʻo¹³：老鹰；
14. 阿鹊 a⁴⁵ɕiaʔ²：喜鹊；
15. 鸡嫲 kai⁴⁵ma¹³：母鸡；
16. 蜗 kuai³¹：蛙，一般不单独用，如"麻蜗"、"奶蜗子（蝌蚪）"；
17. 乌蝇 vu⁴⁵in¹³：苍蝇；
18. 虱嫲 ɕiʔ²ma¹³：虱子；
19. □蠷 na¹³tɕʻia¹³：蜘蛛；
20. 番薯 fan⁴⁵su¹³：红薯；
21. 洋芋（子）iɔŋ¹³vu⁵³tsʅ³¹：马铃薯；
22. 萝苤 no¹³pʻieʔ⁵：萝卜；
23. 姜嫲 tɕiɔŋ⁴⁵ma¹³：姜；
24. 梗梗 kuaŋ³¹kuaŋ³¹：秆儿；

---

① 李如龙：《论汉语方言特征词》，《中国语言学报》，2001 年 5 月第 10 期。

25. 衫 san^{45}：衣服；

26. 衫袖 san^{45}tɕ'iəu^{53}：衣袖；

27. 屋下 vuʔ^{2}xa^{45}：家，家里；

28. 灶下 tsau^{53}xa^{45}：厨房；

29. 镬头 voʔ^{5}t'iəu^{13}：锅；

30. 镬铲 voʔ^{5}ts'uan^{31}：锅铲；

31. 勺嫲 soʔ^{5}ma^{13}：瓢；

32. 罂（头）aŋ^{45}t'iəu^{13}：坛子；

33. 钁锄 tɕioʔ^{2}ts'o^{13}：锄头；

34. 担竿 tan^{53}kɔn^{45}：扁担；

35. 学堂 xoʔ^{5}t'ɔŋ^{13}：学校；

36. 头那 t'iəu^{13}na^{45}：头；

37. 面 miɛn^{53}：脸；

38. 鼻公 p'i^{31}kuŋ^{45}：鼻子；

39. 奶 nien^{53}：乳房，乳汁；

40. 朘子 tsoi^{45}tsɿ^{31}：男阴；

41. 手指公 səu^{31}tsɿ^{31}kuŋ^{45}：大拇指；

42. 脚梗 t'uei^{31}kuaŋ^{31}：腿；

43. 鼻 p'i^{31}：鼻涕，闻；

44. 家娘 ka^{45}ȵiɔŋ^{13}：婆婆（丈夫的母亲）；

45. 老公 nau^{31}kuŋ^{45}：丈夫；

46. 老婆 nau^{31}p'o^{13}：妻子；

47. 阿哥 a^{45}ko^{45}：哥哥；

48. 老弟 nau^{31}t'ai^{45}：弟弟；

49. 老妹 nau^{31}moi^{53}：妹妹；

50. 倈子 nai^{53}tsɿ^{31}：儿子；

51. 两公婆 niɔŋ^{31}kuŋ^{45}p'o^{13}：两口子；

52. 子嫂 tsɿ^{31}sau^{31}：妯娌；

53. 后背 xiəu^{31}poi^{53}：后面；

54. 外背 ŋo^{31}poi^{53}：外面；

55. 地头 t'i^{31}t'iəu^{13}：地方；

56. 跌 teʔ^2：掉，丢；

57. 食 sɿʔ^5：吃、喝；

58. 啮 ŋaʔ²：咬；

59. 荷 k'ai⁴⁵：担；

60. 㨪 nan³¹：抱、搂；

61. 徛 tɕ'i⁴⁵：站；

62. 食饭 sɿʔ⁵fan³¹：吃饭；

63. 食朝 sɿʔ⁵tsau⁴⁵：吃早饭；

64. 食昼 sɿʔ⁵tsəu⁵³：吃午饭；

65. 食夜 sɿʔ⁵ia³¹：吃晚饭；

66. 食酒 sɿʔ⁵tɕiəu³¹：喝酒；

67. 食茶 sɿʔ⁵ts'a¹³：喝茶；

68. 食烟 sɿʔ⁵iɛn⁴⁵：抽烟；

69. 洗面 ɕie³¹miɛn⁵³：洗脸；

70. 洗身 ɕie³¹sən⁴⁵：洗澡；

71. 剃头那 t'ai⁵³t'iəu¹³na⁴⁵：剃头；

72. 劚 ts'ɿ¹³：杀；

73. 拗 au³¹：掰；

74. 偋 piaŋ⁵³：躲、藏；

75. 讲 kɔŋ³¹：说；

76. 讲话 kɔŋ³¹va³¹：说话；

77. 㨆…讲 nau⁴⁵…kɔŋ³¹：告诉，给…说…；

78. □vai¹³：叫，喊；

79. 噭 tɕiau⁵³：哭；

80. 打交 ta³¹kau⁴⁵：打架；

81. 鸟 tiau³¹：性交；

82. 挂纸 kua⁵³tsɿ³¹：上坟；

83. 嫽 niau³¹：玩儿；

84. 吭 k'iɛn³¹：咳嗽；

85. 头那晕 t'əu¹³na⁴⁵fən⁴⁵：头晕；

86. 发呕 poʔ²əu³¹：呕吐；

87. 爱 oi⁵³：要；

88. 唔爱 m̩¹³moi⁴⁵：不要；

89. 系 xe⁵³：是；

90. 唔系 m̩¹³ xe⁵³：不是；

91. 无 mau^{13}：没有；

92. 细 ɕie^{53}：小；

93. 乌 vu^{45}：黑；

94. 慒 tsau^{45}：干；

95. □niəu^{13}：稠；

96. 鲜 ɕiɛn^{45}：（汤、粥）稀；

97. 𠊎 ŋai^{13}：我；

98. 自家 tɕ'i^{53}ka^{45}：自己；

99. 𠊎个 ŋa^{45} kie^{53}：我的；

100. 你个 ȵi^{45} kie^{53}：你的；

101. 佢个 tɕi^{45} kie^{53}：他的；

102. 底边 ti^{31}piɛn^{45}：这边；

103. 咁 kan^{13}：那么，这么，表示程度深；

104. 脉个 maʔ^{2}kie^{53}：什么，或为么个 moʔ^2 ke^{53}；

105. 为脉个 uei^{13}maʔ^{2}ke^{53}：为什么；

106. 做脉个 tso^{53}maʔ^{2}ke^{53}：做什么；

107. 一餐饭 ieʔ^{2}ts'ɔn^{45}fan^{31}：一顿饭；

108. 言连 maŋ^{13}niɛn^{13}：没有、未曾，也说成言 maŋ^{13}；

109. 唔曾 m̩^{13}niɛn^{13}：没有。

4 点一致二级特征词（92 个）

1. 正 tsaŋ^{53}：刚才；

2. 日子辰 ȵiʔ^2 tsɿ^{31}sən^{13}：白天；

3. 暗晡 an^{53}pu^{45}：夜晚；

4. 下昼 xa^{45}tsəu^{53}：下午；

5. 鑢 nu^{45}：锈；

6. 羊嫲 iɔŋ^{13}ma^{13}：母羊；

7. 狗虱 kiəu^{53}ɕiʔ^2：跳蚤；

8. 翼拍 i^{45}p'aʔ^2：翅膀；

9. 细米 ɕie^{53}mi^{31}：小米；

10. 角菜 koʔ^{2}ts'oi^{53}：菠菜；

11. 口水枷（柳）xiəu^{31}suei^{31}ka^{45}ka^{45}：小儿用的围嘴儿；

12. 间 kan^{45}：房间；

13. 光窗（子）kɔŋ^{45}ts'ɔŋ^{45}（tsɿ^{31}）：窗户；

14. 粪缸 pən⁵³kɔŋ⁴⁵：粪坑，厕所；

˚15. 钵头 paʔ²tʻiəu¹³：罐子；

16. 嘴唇皮 tsoi⁵³suən³¹pʻi¹³：嘴皮；

17. 舌嫲 sŋʔ⁵ma¹³：舌头；

18. 颈茎 tɕiaŋ³¹tɕin⁴⁵：脖子；

19. 喉嗹 xiəu¹³niɛn¹³：喉咙；

20. 肚白 tu³¹pʻaʔ⁵：肚子；

21. 背笼 poi⁵³nuŋ¹³：背部；

22. 鸟子 tiau⁴⁵tsŋ³¹：鸟，男阴；

23. □□ naʔ⁵tɕʻieʔ²：胳肢窝；

24. 妇娘嫲 pu⁴⁵ȵiɔŋ¹³ma¹³：妇女；

25. 老阿公 nau³¹a⁴⁵kuŋ⁴⁵：老者，老头儿；

26. 老阿婆 nau³¹a⁴⁵pʻo¹³：老太婆；

27. 妹子 moi⁵³tsŋ³¹：姑娘、女儿；

28. 新娘 ɕin⁴⁵ȵiɔŋ¹³：新娘；

29. 老妹子 nau³¹moi⁵³tsŋ³¹：老姑娘；

30. 大肚白 tʻai³¹tu³¹pʻaʔ⁵：孕妇；

31. 阿公 a⁴⁵kuŋ⁴⁵：爷爷；

32. 阿婆 a⁴⁵pʻo¹³：婆婆；

33. 阿爸 a⁴⁵pa³¹：爸爸；

34. 阿姟 a⁴⁵mi⁴⁵：妈妈（多用于背称）；

35. 阿爷 a⁴⁵ia¹³：伯父；

36. 阿娘 a⁴⁵ȵiɔŋ¹³：妈妈，伯母；

37. 阿叔 a⁴⁵suʔ²：父亲的弟弟；

38. 馳公 tɕia³¹kuŋ⁴⁵：外公；

39. 馳婆 tɕia³¹pʻo¹³：外婆；

40. 舅爷 tɕʻiəu⁴⁵ia¹³：舅舅；

41. 舅娘 tɕʻiəu⁴⁵ȵiɔŋ¹³：舅妈；

42. 丈（人）老 tsʻɔŋ⁴⁵in⁴⁵nau¹³：岳父；

43. 丈（人）婆 tsʻɔŋ⁴⁵in⁴⁵pʻo¹³：岳母；

44. 家官 ka⁴⁵kɔn⁴⁵：公公（丈夫的父亲）；

45. 老弟心舅 nau³¹tʻai⁴⁵ɕin⁴⁵tɕʻiəu⁴⁵：弟弟的妻子；

46. 阿姐 a⁴⁵tɕia³¹：姐姐；

47. 老妹婿 nau³¹moi⁵³ɕie⁵³：妹夫；

48. 大娘姊 t'ai³¹ȵioŋ¹³tɕi³¹：大姑子；

49. 细娘姑 ɕie⁵³ȵioŋ¹³ku⁴⁵：小姑子；

50. 心舅 ɕin⁴⁵tɕ'iəu⁴⁵：媳妇儿；

51. 婿郎 ɕie⁵³noŋ¹³：女婿；

52. 爷娭 ia¹³oi⁴⁵：爹妈（多用于引称）；

53. 人客 ȵin¹³kaʔ²：客人；

54. 先行 ɕien⁴⁵xaŋ¹³：前面；

55. 里背 ti⁴⁵poi⁵³：里面；

56. 顶高 taŋ³¹kau⁴⁵：上面；

57. 上背 soŋ³¹poi⁵³：上面；

58. 城里背 saŋ¹³ti⁴⁵poi⁵³：城里；

59. 天光 t'iɛn⁴⁵koŋ⁴⁵：天亮；

60. 淋 nin¹³：浇；

61. 叨 t'au⁴⁵：骂；

62. 猋 piau⁴⁵：跑；

63. 逃猋 t'au¹³piau⁴⁵：逃跑；

64. 分 pən⁴⁵：给；

65. 生 saŋ⁴⁵：活的；

66. 发梦 poʔ²muŋ³¹：做梦；

67. 打搏 ta³¹tsən⁴⁵：发抖；

68. 打阿锤 ta³¹a⁴⁵tsuei⁵³：打喷嚏；

69. 抠□ k'əu⁴⁵xoi¹³：挠痒；

70. 发病 poʔ²p'iaŋ⁵³：生病；

71. 知 ti⁴⁵：知道；

72. 狭 tɕ'ieʔ⁵：窄；

73. 笨 p'ən⁴⁵：厚；

74. □□nai⁴⁵tai⁴⁵：肮脏；

75. 疴 ko⁴⁵：钝；

76. 鄙 pieʔ²：差，不够好；

77. 沸 pei⁵³：烫；

78. 暖 noŋ⁴⁵：暖和；

79. 瘰 tɕ'yoi⁵³：累、困；

80. □xoi^{13}：痒；

81. 底 ti^{31}：这；

82. 個 kai^{53}：那；

83. 哪侪 na^{31}sa^{13}：谁；

84. 哪只 nai^{31}tsaʔ^3：哪个；

85. 哪兜 nai^{31}təu^{45}：哪些；

86. 哪子 nai^{31}tsʅ^{31}：哪里；

87. 马跣 ma^{45}xoŋ^{53}：马上；

88. 唔爱 m̩^{13}moi^{45}：不要，别；

89. 分 pən^{45}：被（表被动）；

90. 拿分 pən^{45}：被（表被动）；

91. 摎 nau^{45}：同、给、跟、和（介词）；

92. 爱系 oi^{53}xe^{53}：如果（表假设）。

二　四川客家方言特征词的保留情况

温昌衍采纳了李如龙先生的理论，选取客家大本营地区 15 个客家方言点以及客家方言周边的赣语、粤语、闽语进行了调查，共调查词汇 1000 余条，最后得到客家方言特征词 187 条。他将这 187 条词汇中的前 100 个词称为"外区罕见词"[①]。这类词，内部多数点一致，外部未见或个别点同见，并认为"外区罕见"就是重要的特征词。后 72 条除见于客家方言外，还同见于某一外区方言区即周边的粤语区、赣语区、闽语区，其称为一区同见词（或关系特征词）。他认为据此可以考察客家方言与同见方言的关系（纵向的源流关系和横向的渗透关系、亲疏关系、发生学关系），故称为"关系特征词"。173—187 这 15 条词语，从词形、词义看，没有方言特征，从语音看则有方言特征，称为"语音特征词"。

温昌衍的特征词归纳具有一定的科学性，其归纳出来的这些特征词是多数客家方言点常用到的词语。我们认为，用这些特征词，特别是用前 172 条词语[②]和四川客家方言词语作比较，研究四川客家方言与广东客家方言的特征词的传承关系具有重要意义。请看表 4-1[③]。

[①] 温昌衍：《客家方言特征词研究》，暨南大学博士学位论文，2001 年，第 9—33 页。

[②] 15 条语音特征词只有语音上的方言特征，因两地语音差异，暂不比较；74 条"片区特征词"囿于广东客家方言的分布，此处也暂不作比较。

[③] 表右侧五列分别指"凉水井、洛带、隆昌、西昌、仪陇"五地客家方言，"＋"表示该地有此说法，"－"表示无此说法。

表 4-1　　　　　　　　　　外区罕见词表（100 条）

	释　义	词　条	凉水井	洛带	隆昌	西昌	仪陇
1	半个上午的时候，有时指（上午）很晚了	半昼 pan⁵⁶ tsu⁵⁶	+	+	+	+	−
2	坟墓	地 ti⁵⁶	+	+	+	+	−
3	小水坑，积水洼地	湖 fu²	−	−	−	−	−
4	蚂蟥	湖蜞 fu² khi²	−	−	−	−	−
5	雌性动物	嫲 ma²	+	+	+	+	+
6	虱子	虱嫲 set⁷ma²	+	+	+	+	+
7	猫	猫公 miau⁵⁶kuŋ¹	+	+	+	+	+
8	蟑螂	黄蚵 voŋ² tshat⁸	+	+	+	−	+
9	绿头苍蝇	屎乌蝇 sɿ³u¹in²	+	+	−	+	−
10	下雨前飞的蛾子	大水蚁（公）thai⁵⁶sui³ni²	−	−	−	−	−
11	剩饭	旧饭 khiu⁵⁶ fan⁵⁶	−	−	−	−	−
12	（被水）冲走	打走 ta³ tseu³	−	−	−	−	−
13	用滤水的器具快速捞起水中物	摗 sau²	−	−	−	−	−
14	帮忙	腾手 then⁵⁶ su³	+	+	−	−	−
15	靠他人帮忙	打帮 ta³ poŋ¹	−	−	−	−	−
16	（用锄头）挖	改 koi³	−	−	−	−	−
17	折叠式卷起袖口	粔 ŋiap⁷	+	+	+	−	−
18	（手指）搓（体垢）	寸 tshun⁵⁶	+	+	+	−	−
19	（用指甲）掐	𪗱 net⁷	−	−	−	−	−
20	胡乱地猛摔（较重物体）	横 vaŋ⁵⁶	−	−	−	−	−
21	（头）顶、遮盖	中 tuŋ¹	+	+	+	+	+
22	叠起（散乱的碗）	擸 lap⁷	−	−	−	−	−
23	一叠〔碗〕	擸 lap⁷	−	−	−	−	−
24	拿起一叠（碗）	擸 lap⁷	−	−	−	−	−
25	（捡）拢	（捡）聚 tshiu¹	−	−	−	−	−
26	用东西去换（糖果等）	较 kau⁵⁶	−	−	−	−	−

续表

	释　义	词　条	凉水井	洛带	隆昌	西昌	仪陇
27	蹲（兴宁）跕（有些说"孵"的地方也有此说）	孵 pu^1	−	−	−	−	−
28	身体转动或抖动	仰 $\eta io\eta^3$	−	−	−	−	−
29	嘴唇翕动	嗫 ηiap^7	−	−	−	−	−
30	冤枉、诬陷	□au^1	−	−	−	−	−
31	（双手合十）拜神、佛、祖宗等，伴有祈祷言语	唱喏 $tsho\eta^{56}ia^1$	−	−	−	−	−
32	保佑	保护 pau^3fu^{56}	−	−	−	−	−
33	巴不得	唔得 $m̩^2tet^7$	−	−	−	−	−
34	错过（车）	宕（车）$tho\eta^{56}$	−	−	−	−	−
35	趁（热）	赶（烧、滚）kon^3	−	−	−	−	−
36	倚赖，常带贬义	倚恃 $i^3s\eta^{56}$	+	+	−	−	−
37	（芋头）刺激（皮肤）	芋 ia^2	−	−	−	−	−
38	（新枝）长出，（笋）冒出	绽 $tshan^{56}$	−	−	−	−	−
39	额骨、悬崖突出	𡪤 ηam^2	−	−	−	−	−
40	砍断	裁 $tshoi^2$	−	−	−	−	−
41	（用长棍子）搅动	摝 luk^7	−	−	−	−	−
42	打伞	擎 $khia\eta^2$	−	−	−	−	−
43	挑	荷 $khai^1$	+	+	+	+	+
44	拔、扯	扰 $pa\eta^1$	−	−	−	−	−
45	（用罩子）罩住（鸡鸭）	噙 $khem^2$	+	+	+	−	+
46	铺楼板	棚楼 $pha\eta^2leu^2$	−	−	−	−	−
47	排干（水）	旱（水）hon^1sui^3	−	−	−	−	−
48	水面荡漾、波动	滟 iam^{56}	−	−	−	−	−
49	长出虫子	发虫 $pot^7tshu\eta^2$	+	+	+	+	+
50	买猪肉	斫猪肉 $tsok^7tsu^1\eta iu^1$	−	−	−	−	−
51	保养，珍惜	儉①$khia\eta^{56}$	+	+	+	+	−
52	禁口、忌口	儉啜 $khia\eta^{56}tsoi^{56}$	−	−	−	−	−

① 四川客家方言俗作"俭 $t\varepsilon'ia\eta^{31}$"。

续表

	释　义	词　条	凉水井	洛带	隆昌	西昌	仪陇
53	回家	转屋下 tson³ vuk⁷ khua¹	+	+	+	+	−
54	家（里）	屋下 vuk⁷ khua¹	+	+	+	+	+
55	屋脊	屋崠 vuk⁷ tuŋ⁵⁶	+	+	+		
56	楼板	楼棚 leu¹phaŋ²	−	−	−		
57	鸡舍	鸡厩 ke¹ tsi⁵⁶	+	+	+		+
58	种族遗传	种草 tsuŋ³ tshau³	−	−	−		
59	蛔虫	（米）蛇虫 sai² tshuŋ²	+	+	+		+
60	因缺油水而觉得极饿	蛇 sai²	+	+	+		
61	摩擦，烫伤引起的水疱	瘭 piau⁵⁶	+	+	+		+
62	体垢	浼 man⁵⁶	+	+	+		
63	脖子前面部分	骹 koi¹	−	−	−	−	−
64	嘴	嘴①tsoi⁵⁶	+	+	+	+	+
65	瓠子外壳做的瓢	匏勺 phu²sok⁸	+	+			
66	扫帚	秆扫 kon³sau³	−	−	−		
67	斗笠	笠嫲 lep⁷ ma²	+	+	+	+	+
68	母亲，多用作面称	婆（a¹）me¹	+	+	+	+	−
69	母亲，多用作引称	娭 oi¹	+	+	+		
70	两连襟	两姨丈 lioŋ³i² tshoŋ¹	−	−	−	−	−
71	妯娌	姊嫂 tsɿ³ sau³	+	+	+	+	+
72	风水先生	地理先生 thi⁵⁶ li³sin¹saŋ¹					
73	湿泥、面粉团等因含水多而稀烂难定型	夭 iau¹	−	−	−		
74	稀疏	鬠 lau⁵⁶	+	+	+	−	+
75	（衣服）伸展不给	伸叉 tshun¹ tsha¹	−	−	−		
76	（手指）冻僵，不灵活	据 kia¹	−	−	−		
77	（汤、粥）稀	鲜 sien¹	+	+	+	+	+
78	（车很）颠簸	抛 phau¹	−	−	−		

---

① 温昌衍博士原写作"啜"。

续表

	释　义	词　条	凉水井	洛带	隆昌	西昌	仪陇
79	（做事）差，不好	鄙 pe³	+	+	+	+	+
80	（池塘）水干了	潋 liam³	+	+	−	−	−
81	器具磨损、钝秃	疴 ko¹	+	+	+	+	+
82	结实耐用	耐 nai⁵⁶	−	−	−	−	−
83	谷物子实饱满，与"冇"相对	精 tsin¹	−	−	−	−	−
84	用作程度副词（很）和指示代词（那么）	腌① （或说合音词"个腌"）an³	+	+	+	+	+
85	如果	系话②he⁵⁶ va⁵⁶	+	+	+	+	+
86	越……越……	紧……紧…… kin³……kin³……	+	+	+	−	−
87	形容程度深	A疴A绝 ko¹……tshiet⁸	−	−	−	−	−
88	山脊	崬 tuŋ⁵⁶	+	+	−	−	−
89	常年被水浸泡着的农田	湖洋田 fu²ioŋ² thien²	−	−	−	−	−
90	（地表等）干燥不湿	燥爽 tsau¹soŋ³	−	−	−	−	−
91	起（来）、起（床）	□③hoŋ⁵⁶	+	+	+	+	+
92	不劳而吃，享受现成物	领食 liaŋ¹ sət⁸	−	−	−	−	−
93	不劳而穿，享受现成物	领着 liaŋ¹ tsok⁷	−	−	−	−	−
94	传染	迣 tshe⁵⁶	+	+	−	−	−
95	骗（钱财）	啜 tshot⁷	−	−	−	−	−
96	用锄头等在地表薄薄地刮泥沙	捋泥 lot⁸ nai²	−	−	−	−	−
97	米制糕点	粄④pan³	+	+	−	−	−
98	蒜柳（蒜的花茎）	蒜弓 son⁵⁶ kiuŋ¹	+	+	+	+	+
99	乳房	奶姑⑤nen⁵⁶ ku¹	+	+	+	+	+
100	儿子	俫子 lai⁵⁶e³	+	+	+	+	+

① 一般作"咁"。

② 四川各地客家方言一般说成"爱系"，因主要语素相同，故视为相同。

③ 俗作"魽"。

④ 过去成都客家有粄类的食物，今已消失。

⑤ 四川客家方言多说"奶"、"奶旁"，独仪陇为"奶姑"，因主要语素相同，故视为相同。

一区同见词（关系特征词）（72 条），见下面的表 4-2—表 4-4。

表 4-2　　　　　　　　　　客粤关系特征词表（40 条）

	释　义	词　条	凉水井	洛带	隆昌	西昌	仪陇
101	父子俩	两子爷 lioŋ³ tsŋ³ia²	+	+	+	+	+
102	死人（也作詈称）	死佬 si³lau³	+	+	−	−	−
103	青蛙（有的地方特指小青蛙）	蚜kuai³	+	+	+	+	+
104	苍蝇	乌蝇 u¹in²	+	+	+	+	+
105	痣，雀斑	乌蝇屎 u¹in² sŋ³	+	+	+	+	+
106	活鱼	生鱼 saŋ¹ m̩²	+	+	+	+	+
107	复活	翻生①fan¹ saŋ¹	+	+	+	+	+
108	遮盖住（水沟）	棚（沟）phaŋ²	−	−	−	−	−
109	后弯腰	拗腰 au³iau¹	−	−	−	−	−
110	袒护	争 tsaŋ¹	+	+	+	+	+
111	跳、窜	烕 piau¹	−	−	−	−	−
112	尽量伸长手（去取物）	探（他含切）tham¹	−	−	−	−	−
113	混合	摎 lau¹	+	+	+	+	+
114	是	系 he⁵⁶	+	+	+	+	+
115	端	兜 teu¹					
116	玩	嫽 liau⁵⁶	+	· +	+	+	+
117	连接（线）	驳 pok⁷	−	−	−	−	−
118	缝扣子	安纽 on¹ neu³	−	−	−	−	−
119	叫做、取做（什么名）	安做 on¹ tso⁵⁶	−	−	−	−	−
120	垫（楔子等）	贴②thiep⁷	+	+	+	+	+
121	使担子两端均衡	縢③（肩、头）then⁵⁶	+	+	+	+	+
122	强迫、逼迫	监 kam¹					
123	空手	打空手 ta³ khuŋ¹ su³	+	+	+	+	+
124	照相	影相 iaŋ³ sioŋ⁵⁶	−	−	−	−	−
125	（用、被热水）烫	熝 luk⁸	+	+	+	+	

---

① 四川客家方言说成"返生"。

② 四川客家方言写作"垫"。

③ 四川官话方言也说"縢头"，故它未能成为四川客家方言的特征词。

续表

	释　义	词　条	凉水井	洛带	隆昌	西昌	仪陇
126	眼珠子转来转去	睩 luk⁷	−	−	−	−	−
127	交合	鸟 tiau³	+	+	+	+	+
128	用粗话骂人	鸟（或鸟戳）tiau³	+	+	+	+	+
129	治病	医 i¹	+	+	+	+	+
130	睡觉翻身	转侧 tson³ tsat⁷	−	−	−	−	−
131	吃早饭	食朝 sɔt⁸ tsau¹	+	+	+	+	+
132	鸡腿	鸡髀 ke¹ pi³	+	+	+	+	
133	脑浆	脑屎 nau³ sʅ³	−	−	−	−	−
134	身上的小疙瘩	□nan⁵⁶	−	−	−	−	−
135	蚊虫叮咬引起的小肿块	膔 phuk⁸	−	−	−	−	−
136	累，疲倦	跬①khoi⁵⁶	+	+	+		
137	扁担	担竿 tam¹ kon¹	+	+	+	+	+
138	（一）根（针）	（一）枚 moi²	−	−	−	−	−
139	（一）床（被子、蚊帐）	（一）番 fon¹	−	−	−	−	−
140	拼命地、连续地做某事（如哭叫、转动）	V天V地（V指动词）	−	−	−	−	−

表 4-3　　　　　　　**客赣关系特征词表（20 条）**

	释　义	词　条	凉水井	洛带	隆昌	西昌	仪陇
141	弟弟	老弟 lau³ thai¹	+	+	+	+	+
142	临时工	零工 laŋ² kuŋ¹	+	+	−	−	−
143	贼	贼牯 tshet⁸ ku³	−	−	−	−	−
144	没有掺水的纯米酒	酒娘 tsiu³ ŋioŋ²	+	+	+		
145	松明，很好的易燃物，极适合照明用	松光 tshiuŋ² kuoŋ¹	−	−	−	−	−
146	树枝	树椏（石城音）su⁴⁶ kha³⁵（椏为方言字）	+	+	+		
147	一种蔗类植物，作燃料用	菖箕 lu¹ki¹	−	−	−	−	−

---

① 客家方言也作"瘃"。

续表

	释　义	词　条	凉水井	洛带	隆昌	西昌	仪陇
148	铁锈	鑢 lu¹	+	+	+	−	+
149	坐月子	做月 tso⁵⁶ ŋiat⁸	+	+	+	+	+
150	点（头）	颔（头）ŋam⁵⁶	+	+	−	−	−
151	砌	结 kiat⁷	−	−	−	−	−
152	捆绑	缫①thak⁷	+	+	+	+	+
153	往上叠	层 tshen²	−	−	−	−	−
154	捻（两指搓）	□nun³	+	+	+	+	+
155	喂〔鸡、猪〕	供②kiuŋ¹	+	+	−	−	−
156	天黑	断夜③thon¹ia⁵⁶	−	−	−	−	−
157	人多，热闹	穰 ioŋ⁵⁶					
158	（一）泡（尿）	堆 toi¹	+	+	+	+	+
159	一把（沙子）	摵 ia³	+	+	+	+	−
160	V 好了、V 妥了	正 tsaŋ⁵⁶	+	+	+	+	+

表4-4　　　　　　　　　**客闽关系特征词表（12 条）**

	释　义	词　条	凉水井	洛带	隆昌	西昌	仪陇
161	蜘蛛	蠾□khia²	+	+	+	+	+
162	鸡虱	鸡蜱 ke¹ tshŋ²	−	−	−	−	−
163	闻，嗅	鼻 phi⁵⁶	+	+	+	+	+
164	吃午饭	食昼 sət⁸ tsu⁵⁶	+	+	+	+	+
165	男阴	屩 lin³	+	+	−	−	−
166	女阴	膣 tsŋ¹	+	+	−	−	−
167	头部出的血	脑血 nau³ hiat⁷					
168	唾液、口水	澜 lan¹	−	−	−	−	−

---

①"缫"在凉水井和洛带客家方言中读成入声 t'aʔ²，在隆昌、西昌、仪陇读为阳平 t'au 阳平，此处姑且认定为同一字。另外"缫"也存在于川中一带的官话中，加之读音上的分歧，故未将之提取为四川客家方言的特征词。

②四川客家方言也说"喂"，"供猪"也用于骂人语。

③成都客家方言说"断暗"。

续表

	释　义	词　条	凉水井	洛带	隆昌	西昌	仪陇
169	末名	尾名 $mi^1 mian^2$	＋	＋	＋	－	－
170	同班	共班 $kiun^{56} pan^1$	－	－	－	－	－
171	拥挤	櫼 $tsiam^1$	－	－	－	－	－
172	表时间语素，用在指"昨天、今天、明天"、"上午、下午、晚上"等词中	晡 pu^1	＋	＋	＋	＋	＋

　　根据上文统计，在温昌衍提取的 172 条特征词中，凉水井和洛带客家方言保留了 87 条，占总数的 50.58%；隆昌客家方言保留了 73 条，占总数的 42.44%；西昌客家方言保留了 57 条，占总数的 33.14%；仪陇客家方言保留了 55 条，占总数的 31.98%。数据显示，四川境内的客家方言，成都东山一带对原乡客家方言特征的保留较好，其次是隆昌，西昌和仪陇较差。这与我们的田野调查直观感受一致。

　　毫无疑问，四川客家方言保留了一定批量的客家方言特征词，与粤地客家方言之间有着明显的传承关系，但我们也注意到，四川客家方言的部分词语甚至是特征词并非全部来源于客家方言，还有赣方言的痕迹。下举几例来讨论：

　　"不劳而吃，享受现成物"这个意思，客家方言用特征词 92 "领食 $lian^1 sat^8$"来表示，四川各客家方言点普遍说成"食现成个"，就是说四川客家方言无"领食"的说法而另用"食现成个"的说法。赣语多说"吃现成个"、"喫现个"，这跟四川客家方言中的"食现成个"说法高度相似。

　　"传染"这个意思，客家方言用特征词"迣 $tshe^{56}$"来表示，四川客家方言有"迣"、"过"、"惹"几种说法。其中"过"、"惹"跟赣语的说法相同，并且"过"不见于四川官话方言。

　　"米制糕点"，客家方言用"粄 pan^3"来表示，而四川客家方言多说"糕"、"米馃"。[①] "米馃"的说法与赣语相同。

　　再看以下赣方言的特征词[②]：

---

　　① 过去成都、隆昌等客家地区均有"粄"的说法，此说法仅存于部分老人的口中。"粄"为需经过发酵制成的点心，"糕"指糕点，以前多为米制，"米粿"为普通话之"馍"，三者稍有区别。

　　② 此处赣方言特征词语料来自曹廷玉《赣方言特征词研究》，载李如龙主编《汉语方言特征词研究》，厦门大学出版社 2002 年版，第 137 页。

咽（形容词）：嗓子沙哑叫"咽"，通行于整个赣方言区；

间（几日）（动词）：隔几天说"间"，赣方言区多数点有；

猴（动词）：羡慕、想得到说"猴"，通行于赣方言区多数点；

撒脱（形容词）：方便、容易说"撒脱"，通行于赣方言多数点；

野物（名词）：野兽叫"野物"，赣方言区一些点说；

屋场（名词）：村庄叫"屋场"，通行于赣方言区赣北片的永修、修水、安义、高安、都昌，赣西片的萍乡、新余、莲花、宜丰、吉水、峡江、永新及赣东北片的余干等点。湘东平江、酸陵及皖西南宿松等地赣方言也说；

纵（动词）：（向上）跳，特别指双脚一起向上跳叫"纵"，通行于赣方言区多点。

我们发现"咽、间、猴、撒脱、野物、屋场、纵"这 8 个特征词也通行于四川客家方言，同时，"猴、撒脱、屋场、纵"这 4 个词语也通行于四川官话方言。也许我们不能武断地说四川客家方言一定还受到了赣方言的影响，但无法否认的是四川客家方言和赣方言一定有某种联系。其实这一点不奇怪，一则客赣方言本就有诸多相似之处，二则四川客家方言是在闽粤赣客家移民迁徙到四川后重新整合形成的。我们习惯上将所有来自闽粤赣三地的移民都视为客家移民，实际上这其中有诸多误解。

据《成都通览》统计，成都人原籍的比例是"湖广 25%，河南、山东 5%，陕西 10%，云南、贵州 15%，江西 15%，安徽 5%，江苏、浙江 10%，广东、广西 10%，福建、山西、甘肃 5%"。此比例基本上可以代表清前期四川地区移民原籍的构成情况①。笔者也搜集了川渝地区 151 姓族谱，发现有 17 姓祖籍江西（其中罗氏、秦氏、杨氏、董氏在明代又从江西迁往湖北，后徙四川），所占比例为 11.25%。与上述数据相差不大，这个比例当与实际移民情况基本吻合。见表 4-5。

表 4-5　　　　　　　　江西籍移民入川一览表

	姓　氏	原居地	入川时间	入川始祖	入川后安插地点
1	采氏家谱（大清光绪庚申岁）	江西南康府星子县板仓桥	康熙乙卯年（1675）	正祥公	重庆府万州宫兴乡十四里堡，小地名两河口
2	方氏族谱（四川省叙州府富顺）	江西瑞州府高安县瓦硝坝	雍正七年（1729）	启仁公	叙州府富顺县怀德乡七仪九甲李家沟
3	卢氏家谱（民国壬申岁）	江西广信府弋阳县板仓桥	康熙十四年（1674）	朝煜公	潼川府乐至县张家坝

① 黄尚军：《湖广移民对四川方言形成的影响》，《川东学刊》，1997 年第 1 期。

续表

	姓　氏	原　居　地	入川时间	入川始祖	入川后安插地点
4	吕氏族谱（大清同治壬申刻）	江西南昌府丰城县古城寨	康熙癸酉年（1693）	应元公	顺庆府南充县龙胜场三保七甲，小地名塔子坝
5	罗氏家谱（大清光绪戊午岁）	献贼兵乱时由楚徙于江西吉水县又迁湖北麻城孝感乡麻石浦桥，乾隆五年入川	乾隆五年（1740）	仕祥公	潼川府蓬州二道河场二十保六甲，小地名吊楼子
6	秦氏家谱（大清光绪戊戌年）	江西广信府弋阳县清溪坝明承化八年迁湖北麻城孝感乡高阶堰	雍正七年（1729）	云德公	顺庆府南充县舞凤场五甲二支，小地名龙王角
7	施氏家谱（大清光绪丁亥岁至刻本）	江西饶州府余干县仙人冲	康熙癸酉年（1693）	大福公	重庆府涪州白洋坪
8	曾氏族谱	江西省吉安府太和县；后迁湖南长沙；次迁宝庆府邵阳县	不详	曾万镇	四川省北道潼川府遂宁县中安里
9	曾氏族谱	江西吉安府吉水县	不详	曾传先	四川广安明月乡清溪口
10	熊氏家谱（大清光绪辛巳年）	江西省南昌府，后迁吉安府吉水县	康熙年间	继明公	四川省重庆府万州永安场七保九甲
11	杨氏家谱（民国己巳岁）	江西南昌府卢陵县，后迁至麻城	康熙丙辰年（1676）	忠义公	四川省绵州江油县武都乡二堡七甲
12	何氏家谱（太阳观图兴公）	江西瑞昌	康熙五十九年（1720）	成化公	四川巴中
13	向氏族谱（四脉联谱）	江西吉安府太和县，元明分散到贵州、四川	康熙甲辰年（1664）	杨氏从子六人	遂宁新二甲学堂坝
14	邓氏族谱	江西吉安	洪武十三年	鹤轩公	广安州
15	董氏家谱（民国庚辰岁）	江西永丰县元明间到湖北麻城白果乡董家科场	康熙乙酉年次年1706	成良公	重庆府璧山县龙水镇四保九甲如水坝
16	冯氏家谱（民国丁丑岁）	江西建昌府永丰县瓦硝坝走马桥	康熙甲午年（1714）	开照公	重庆府万州开元乡九保四甲冯家老林
17	韩氏家谱（大清光绪癸巳岁）	江西饶州府太和县安顺桥	康熙三十二年（1692）	书成公	潼川府蓬州仁和场两河口

　　根据颜森《江西方言的分区（稿）》[①]，江西客家方言主要分布在全省南部的 17 个县和西北部的铜鼓县：兴国、宁都、石城、瑞金、会昌、寻乌、安远、定南、龙南、全南、信丰（不包括县城嘉定镇和城郊的部分农村）、大余、崇义、上犹、南康、赣县、于都、铜鼓。此外还包括广昌县、万载县、宜丰

---

① 颜森：《江西方言的分区（稿）》，《方言》，1986 年第 1 期。

县、奉新县、泰和县、靖安县、修水县、武宁县、永丰县、吉安县、万安县、遂川县、井冈山市、宁冈县、永新县的部分乡镇。

如果不考虑历史上客家在江西的分布变化因素，那么表 4-5 中的向氏（吉安府太和县）、邓氏（吉安）、曾氏、熊氏（吉安府吉水县）、冯氏（建昌府永丰县）可以看作是客籍；采氏（南康府星子县）、方氏（瑞州府高安县）、卢氏、秦氏（广信府弋阳县）、吕氏（南昌府丰城县）、施氏（饶州府余干县）、何氏（瑞昌）、韩氏（饶州府太和县）均非客籍。换句话说，实际上江西迁徙到四川的移民，不是所有的人都操客家方言，还有相当一部分人说赣方言。他们来到四川，繁衍生息，子孙遍及巴蜀。由于同乡情结，其中部分人与粤赣客家人居住在一起，就操方言相互影响、借鉴、融合。这也就为四川客家方言中保留了部分赣方言的特征词作了很好的解释。

当然，这只是初步的比较和简单的分析得出的认识，如果将四川客家方言和赣方言作深入的比较，相信将会有更多的发现。

除了上述 13 个词条，四川客家方言中还有以下 11 条词语与粤地客家方言特征词不一致，而与赣方言相同，同时也与四川官话相同，这部分词语不能简单地看成是赣方言或者四川官话方言对四川客家方言影响的结果。如：

66 扫帚：秆扫 kon³sau³。赣语说"扫把"、"帚哩"、"扫帚"。"扫把"的说法与四川客家方言、官话方言相同。

73 夭 iau¹：湿泥、面粉团等因含水多而稀烂难定型。赣语与此不同，其说法是"□ɕiat⁷（永修）、"稀"（吉安）。"稀"的说法与四川客家方言、官话方言相同。

78 抛 phau¹：（车很）颠簸。赣语说"抖、震、颠、簸"等的说法。"抖"与四川客家方言、官话方言相同。"颠、簸"的说法与官话方言相同。

82 耐 nai⁵⁶：结实耐用。赣语说法是"禁用"、"禁"。"禁用"的说法与四川客家方言、官话方言相同。

96 捋泥 lot⁸nai²：用锄头等在地表薄薄地刮泥沙。赣语与此不同，其说法是"刮泥"。四川客家方言、官话方言一般说"刮泥巴"。

109 拗腰 au³iau¹：后弯腰。赣语与此不同，其说法是"弯腰"。"弯腰"的说法与四川客家方言、官话方言相同。

115 兜 teu¹：端。赣语多说"掇"、"端"。"端"的说法与四川客家方言、官话方言相同。

117 驳 pok⁷：连接（线）。赣语与此不同，其说法是"接"。"接"的说法与四川客家方言、官话方言相同。

122 监 kam^1：强迫、逼迫。赣语与此不同，其说法是"逼"。"逼"的说法与四川客家方言、官话方言相同。

130 转侧 tson^3 tsat^7：睡觉翻身。赣语与此不同，其说法是"翻身"、"转身"等。"翻身"的说法与四川客家方言、官话方言相同。

139（一）番 fon^1：床（被子、蚊帐）。赣语说法是"床"。"床"的说法与四川客家方言、官话方言相同。

三　特征词的变化

四川客家方言保留了客家方言的基本特征。但即使是特征词，在离开客家大本营的 300 年时间里也发生了诸多变化，一是词义发生变化；二是使用范围明显缩小；三是部分特征词渐渐消失。

词义发生变化的情况如：賸手，广东客家方言为"帮忙"的意思。在成都客家方言中意思稍有变化，是"当副手帮忙"的意思，也常常说成"打下手"。

这是词义转移的情况，还有的特征词使用范围明显缩小。

如"屪lin^{13}"和"膣tsl^{45}"分别指男阴和女阴，在四川客家方言中一般不单说，常常用于骂人语，如"多屪膣活"表示"多此一举"。

又如，四川客家方言中 "公、嬷、婆、牯、哥"等语素与广东客家方言相比，其使用范围更窄。梅县客家方言中的"觋公（巫师）、蚓公（蚯蚓）、扣公（布纽珠）、后婆（填房者）、番婆（外国女子）、稳婆、老鼠嬷（母鼠）、老举嬷（妓女）、泼妇嬷（泼妇）、刀嬷（刀）、贼牯（贼）、矮牯（矮子）、老鼠牯（公鼠）、状勇哥（旧称兵）、蛇哥（蛇）、契哥（姘夫）"[1]等说法均不见于四川客家方言。

四川客家方言和广东客家方言的特征词比较统计结果显示，即使是客家方言保留情况较好的凉水井和洛带，特征词也只保留了 87 条，占总数一半强。四川客家方言特征词的流失是显而易见的。有一些词已无人能说，如说"火蛇（闪电）、摱大肚（怀孕）、猪哥（公猪）、蟾蜍罗（癞蛤蟆）、细螺哥（蜗牛）、吊菜（茄子）、鲁粟（高粱）、过身（去世）、莳田（栽秧）、遮（伞）"等，这些说法在四川客家方言中已无从寻觅。

又如："蟑螂"除了老年人说"黄蚱"外，年轻人都说"偷油婆"；"蚂蟥"少说"湖蟥"而说"蚂蟥"；"蜻蜓"少说"龙蚁子"而说"虹虹猫儿"。这样

---

① 侯精一主编：《现代汉语方言概论》，上海教育出版社 2002 年版，第 167—168 页。

的例子还不少，再如，少说"篓婆（一种装鱼的竹制器具）、鹦哥（鹦鹉）、蒜苔"多用"笆笼、鹦鹦儿、蒜薹子"；再如"屎缸、粪缸"渐渐被"厕所"代替，原因是随着生活水平的提高，出于文明的考虑，致使较为粗俗的说法的存在空间慢慢萎缩。

虽然四川客家方言保留了相当数量的客家方言特征词，但它也明显地打上了四川官话的烙印，如"沟子、屁眼、摆龙门阵、解手、冲壳子、瓜娃子、瓜"等词语是四川官话方言的特征词，但在四川客家方言中广为使用，它们驱逐了原有的客家方言说法，变得无可替代。曾为志对比了梅县客家方言、新都客家方言、成都官话、新都官话 1305 条词语，除去四点完全一致的词汇，新都客家方言与成都官话相同的共有 294 条，新都和梅县客家方言词汇的词形完全一致的有 296 条，二者大致相当①。这从一个侧面印证了四川客家方言受到官话方言的影响是十分显著的。

第二节　四川客家方言的借词研究

借词，一般指一种语言从另一种语言中"借"来的词。历史上，在民族交流中，当某种物品的名称在交流一方使用的语言中并不存在，或外来文化的强势影响，借词就产生了。萨丕尔说，语言像文化一样，很少是自给自足的。语言是一个开放的系统，借词的大量产生表明对外交流的拓展，文化的繁荣、经济的发展和社会的进步。汉语在历史的发展过程中产生了一定数量的借词，如来自域外"葡萄、苜蓿、石榴、琥珀、琵琶、唢呐、箜篌、胡笳"；来自佛教的"佛陀、罗汉、夜叉、塔、造孽、实际、唯心、正宗、忏悔、因缘、真谛、法门、世界、觉悟、刹那"等；近代的外来词尤多，如来自英语的"啤酒、咖啡、巧克力、沙发、扑克、爵士、吉普车、脱口秀、休克、马赛克、马拉松、芭蕾、维他命"，不胜枚举。当然英语里也有来自中文的借词，只不过数量较少，如"tea、TaiChi（太极拳）、Kungfu（功夫）、silk（丝）、mahjong（麻将）、typhoon（台风）、Shi Ching（诗经）、Taoism（道教）、fengshui（风水）、Confucius（孔子）、Mencius（孟子）、papetiger（纸老虎）"等。历史上，日语、韩语、越南语都从汉语中借去大量的词语，目前这些语言中还在使用的诸多词语仍与汉语渊源深厚。

---

① 曾为志：《新都客家话与梅县客家话及成都官话词汇比较研究》，四川师范大学硕士学位毕业论文，2006 年，第 63 页。

以上谈到的借词，严格意义上应该称为外来词，本节谈到的四川客家方言的借词，我们用"词汇的借用"来指称更为恰当。为方便表述，本书仍称为"借词"，有时也称借用词。

词汇的借用在方言间经常发生，其产生的原因主要有三：第一，甲方言区的事物为乙方言区所无，当这一事物传到乙方言区后，该词也借入乙方言；第二，在方言接触中，弱势方言放弃固有说法，借用强势方言词语；第三，甲方言里的词所表达的意思在乙方言区里无对应的词语，在这种情况下，乙方言容易借用甲方言的词①。

在四川客家方言与四川官话方言的接触中，由于经济落后、人口数量少等劣势因素，四川客家方言始终处于弱势地位。在客家移民入川 300 年间，其语言、风俗习惯和生活方式都受到了"湖广人"很大的影响，这种影响是全方位的，在语言上的表现尤其明显。借用四川官话词语便是突出的表现。

一　四川客家方言共有的借词

尽管客家方言内部有较大程度的一致性，但四川客家方言离开母体毕竟已近 300 年，300 年间跟四川官话有着深刻的接触，在词汇上表现为有一定数量的四川官话借词，且这些借词已经成为客家人在表达思想时不可或缺的词汇。

本节根据《汉语方言词汇》（第二版）1230 条词语略作调整，调查了成都凉水井、成都洛带、隆昌付家、西昌黄联关、仪陇乐兴 5 个点的客家方言词语共 1227 条。从调查的词汇材料来看，四川客家方言词汇与四川官话词汇有相当多的共同词语。究其原因，既有纵向的渊源关系，即都来自古代汉语；也有横向的渗透关系，即词语的借用。如四川客家方言中多用"坝"来表示地点："乡坝里、河坝、堤坝、日头坝、晒坝、院坝、操坝、平洋大坝"等。反观梅县、五华客家方言中仅五华有"院坝（院子）"一说。整个四川地区用"坝"来表示地名的例子数不胜数，这和四川盆地多山脉丘陵，少平原平地的地理环境息息相关。四川人用"坝"来命名由来已久，《广韵》就说"蜀人谓平川为坝"。今四川人仍称"平地、平原"为坝、坝坝、坝子。显然，用"坝"来表示地名，是四川客家方言从官话中借来的。

又如：客家方言是不说"吃"的方言。凡"吃"都说成"食"，这已经被

---

① 游汝杰：《汉语方言学教程》，上海教育出版社 2004 年版，第 165 页。

人们认为是客赣方言的区别特征之一①。据练春招的研究，"吃亏"一词除江西有 3 点外，福建的长汀、岩前亦说"吃亏"，广东有 3 点、永定则说"食亏"或"蚀底"②。四川客家方言中的情况也是如此，除了"吃亏"的"吃"，其他的"吃"字都说成"食"，那我们似乎也可以这么说，"吃亏"的"吃"字是从官话或普通话中借用的。

对于某些词语，四川客家人有自己的清楚认识。如"头"有"头那"和"脑壳"二说，"蟑螂"有"黄蛴"、"偷油婆"二说，他们清楚地知道"头那"和"黄蛴"是客家方言的说法，"脑壳"和"偷油婆"是来自四川官话的词语。在新都客家地区，如"押礼先生、耖田、下蛋"，当地的客家人都知道只有"湖广人"才这么说，新都客家方言"正宗"的说法是"犁田、生蛋"，而"押礼先生"在客家婚俗中本就没有这么一个角色，在指称这一角色的时候，仍然沿袭了"湖广人"的说法。这些词语显然来自官话，当地的客家人分得很清楚。类似的例子不在少数。

但是要分清哪些词是借词却是一件很困难的事。关于借词的区分，克劳森（J. Clauson）和 A.罗纳–塔斯（AndresRona-Tas）提出："如果一个词在语言甲和语言乙里有着系统的对应形式，但在语言甲里却没有它的语源，而它的词干（和构词词缀）却可在语言乙里找到，那么，这个词很可能是语言甲从语言乙借入的。""如果语言甲里有两个同义词表达一个事物，其中之一语言乙里也有，那么，语言甲里的这个词完全可能是借词。""如果语言甲和语言乙有两个相对应的词，如果能证明语言乙里的这个词是借自第三种语言，那么在语言甲里的那个词也是借词。""如果语言甲、乙、丙在语源上有亲缘关系，那么，它们由共同原始语继承下来的对应现象，在三种语言里的出现或多或少是相同的。如果语言甲和语言乙里的大量有对应关系的词，在语言乙和语言丙里没有对应关系，或者在语言乙和语言丙里有许多对应关系的词，而在语言甲和语言乙却没有对应关系（或者很少），那么，很可能这些对应现象都是借用的结果。"③

上述论断为我们厘清借词指出了具体的操作办法，但其主要针对不同的语言。就汉语方言而言，对于 5 个点上百条相同的词目，要分清哪些词是同源关系，哪些词是渗透关系，也非易事。同源关系是指四川的客家方言和四川官话都有共同的来源，即从古代汉语分化而来，因此存在大量的共同用词。

---

① 颜森：《江西方言的分区（稿）》，《方言》，1986 年第 1 期。

② 练春招：《从词汇看客家方言与赣方言的关系》，《暨南学报》（哲学社会科学版），2000 年第 5 期。

③ 转引自王远新《突厥历史语言学研究》，中央民族大学出版社 1995 年版，第 20—23 页。

渗透关系主要是指强势方言四川官话对弱势方言四川客家方言的影响，具体表现是一定量的官话词语进入四川客家方言的词汇系统中，并扮演重要的交际角色。据此，我们将 5 点相同的词语先与共同语普通话比较，剔除跟普通话一致的词语；将剩下的词语跟梅县、五华客家方言比对，去除说法一致的，最后余下明显具有官话特征的，我们把这批词看作是来自官话方言的借用词。

这样，我们得到了下列 23 条词语，是四川客家方言共有的借词：

凌冰（冰）、雾（或雾罩子）、雪弹子（冰雹）、虹（彩虹）、堰塘（蓄水的池塘）、打麻子眼（天快黑时）、摇裤（短裤）、龙门阵（故事）、脑壳（头）、屄（女阴）、倒拐子（或手倒拐，肘部）、棒老二（土匪）、老挑（连襟）、剃脑壳（或说剪脑壳，理发的意思）、摆龙门阵（也说冲壳子，略含贬义，讲故事闲谈）、晓得（知道）、烂（软）、相因（便宜）、楸楸角角（或单说楸楸、角角，角落的意思）、汽划子（汽艇）、面面（末儿）、洋马（或洋马儿、洋马子，即自行车）、遭（被）。

四川客家方言共有的借词有点出乎意料的少，虽然四川官话内部一致性非常强，但我们从地理位置和四川官话的分片来看，就能很好理解了。

凉水井和洛带客方言分布在成都东山，成都距川东隆昌约 260 公里；距川北仪陇约 350 公里；距川南西昌约 500 公里。四地官话亦多有不同，成都官话属于成渝片；隆昌官话属于灌赤片的仁富小片；仪陇官话归为成渝片，境内分布有湘方言，因靠近巴中，又有许多巴中方言的特点；西昌官话方言则更为复杂，城区方言在语音上有系统的平翘舌音，没有撮口呼韵母，带有昆贵片的特点，客家人所居地黄联关普遍使用 "四外话"，跟成都话相同者多，另有 "保十三话"，跟 "四外话" 差别较大。四地官话本有诸多不同，因为地缘的关系，四川各地客家人使用的官话有别，我们常常笼统地说四川客家方言受到四川官话方言的影响，确切地讲是受到客家方言所在地官话方言的影响。正因如此，四川客家方言共有的借词数量较少，而从各自所在地官话方言中所借的词语并不偏少。

二　四川客家方言中有差异的借词

四川客家方言和梅县、五华客家方言词汇一个显著的不同在于名词词尾的差异。梅县多用 "欸" 做词尾，一般发音为 "e"，五华则用 "哩"，多发音为 "li"；四川客家方言没有这种用法。梅县、五华客家方言用 "欸、哩" 的词，四川客家方言或用 "子"，或什么都不用，或用重叠形式。如梅县 "叫花欵、细心舅欵、袜欵、帽欵、桃欵、妹欵_{女儿}、俫欵_{儿子}、泡欵"在四川客家方言中分别叫做"叫花子、细心舅、袜子、帽子、桃子、妹子、俫子、泡泡"。五华"黄豆哩、糕哩、锤哩、筛哩、妹崽哩_{女孩}、钩哩"在四川客家方言中则分别叫做"黄豆子、糕子、锤子、筛子、妹崽子_{女孩}、钩钩"。这种区别是客家方言进入四川以后带来的变化。由于江西客家方言中也有丰富的"子"尾[①]，而江西客家方言也是四川客家方言的来源之一，况且四川客家方言的"子"尾的丰富程度完全超越了官话[②]，因此像"帽子、桃子"这样的词语不纳入借词之列。筛选方法同上文，经过比较，得出了四地来自四川官话方言的借用词，分别如下。

（一）凉水井、洛带客家方言中的官话借词[③]

共 102 条：星宿 $\varphi in^{45}\varphi iu\mathfrak{?}^2$（星星）、雾（罩子）$vu^{53}$（$tsau^{53}ts\mathfrak{l}^{31}$）（雾）、凌冰 $nin^{53}pin^{45}$（冰）、雪弹子 $\varphi ye\mathfrak{?}^2t'an^{31}ts\mathfrak{l}^{31}$（冰雹）、火闪 $fo^{31}san^{31}$（闪电）、虹 $ko\eta^{53}$（虹）、阴阴天 $in^{45}in^{45}t'i\epsilon n^{45}$（阴天）、堰塘 $i\epsilon n^{53}tu\eta^{13}$（池塘）、早先 $tsau^{31}\varphi i\epsilon n^{45}$（从前）、清早（八）晨 $t\varphi 'in^{45}tsau^{31}$（$pa\mathfrak{?}^2$）$s\theta n^3$（早晨）、打麻子眼 $ta^{31}ma^{13}ts\mathfrak{l}^{31}\eta an^{31}$（傍晚）、吸铁石 $\varphi i^{31}t'ie\mathfrak{?}^2sa\mathfrak{?}^5$（磁石）、面面 $mien^{31}mien^{31}$（末儿）、声气 $sa\eta^{45}\varphi i^{53}$（声音）、骒牛 $sa^{45}\dot{n}i\theta u^{13}$（母牛）、公马 $ku\eta^{45}ma^{45}$、骚羊 $sau^{45}i\mathfrak{o}\eta^{13}$（公羊）、蚌壳 $pan^{53}xo\mathfrak{?}^2$（蚌）、癞疙宝 $nai^{53}ke\mathfrak{?}^2pau^{31}$（癞蛤蟆）、亮火虫 $ni\mathfrak{o}\eta^{53}fo^{31}ts'u\eta^{13}$（萤火虫）、灶鸡子 $tsau^{53}kai^{45}ts\mathfrak{l}^{31}$（蟋蟀）、梭老二 $so^{45}nau^{31}\dot{n}i^{53}$（蛇）、四脚蛇 $\varphi i^{53}t\varphi io\mathfrak{?}^2sa^{5}$（壁虎）、灰面 $foi^{45}mien^{31}$（面粉）、麦麸子 $ma\mathfrak{?}^5fu^{45}ts\mathfrak{l}^{31}$（麸子）、洋芋（子）$i\mathfrak{o}\eta^{13}vu^{31}ts\mathfrak{l}^{31}$（土豆）、青果 $t\varphi 'ia\eta^{45}ko^{31}$（橄榄）、稀饭 $\varphi i^{45}fan^{31}$（粥）、米汤 $mi^{31}t'\mathfrak{o}\eta^{45}$（米汤）、猪旺子 $tsu^{45}v\mathfrak{o}\eta^{31}ts\mathfrak{l}^{31}$（猪血）、摇裤 $iau^{13}fu^{53}$（短裤）、手笼子 $s\theta u^{31}nu\eta^{13}ts\mathfrak{l}^{31}$（手套）、围腰 $vei^{13}iau^{45}$（围裙）、壁头 $pia\mathfrak{?}^5t'i\theta u^{13}$（墙壁）、角角 $ko\mathfrak{?}^2ko\mathfrak{?}^2$、枒枒角角 $k'a^{45}k'a^{45}ko\mathfrak{?}^2ko\mathfrak{?}^2$（角落）、洞洞 $tu\eta^{53}tu\eta^{53}$（窟窿）、缝缝 $fu\eta^{53}fu\eta^{53}$（缝儿）、包包 $pau^{45}pau^{45}$（口袋）、枋子 $f\mathfrak{o}\eta^{45}ts\mathfrak{l}^{31}$（棺材）、抽抽 $ts'\theta u^{45}ts'\theta u^{45}$（抽屉）、铺盖 $p'u\mathfrak{?}^5koi^{53}$（被子）、温水瓶 $v\theta n^{45}suei^{53}p'in^{13}$（暖水瓶）、洋铲 $i\mathfrak{o}\eta^{13}ts'uan^{31}$（铁锹）、洋火 $i\mathfrak{o}\eta^{13}fo^{31}$（火柴）、洋碱 $i\mathfrak{o}\eta^{13}kan^{31}$（肥皂）、栈房 $tsan^{53}f\mathfrak{o}\eta^{13}$（旅馆）、信壳子 $\varphi in^{53}xo\mathfrak{?}^2ts\mathfrak{l}^{31}$（信封）、洋马（子）$i\mathfrak{o}\eta^{13}ma^{45}$（$ts\mathfrak{l}^{31}$）（自行车）、滚滚 $k'u\theta n^{31}k'u\theta n^{31}$（轮子）、汽划子 $\varphi i^{53}va\mathfrak{?}^5ts\mathfrak{l}^{31}$（汽艇）、龙门阵 $nu\eta^{13}m\theta n^{13}ts\theta n^{53}$（故事）、脑壳 $nau^{31}k'o\mathfrak{?}^2$（头）、眼眨毛 $\eta an^{31}tsa\mathfrak{?}^2mau^{45}$（睫毛）、沟子 $ki\theta u^{45}ts\mathfrak{l}^{31}$（屁股）、夹肢窝 $ka\mathfrak{?}^2ts\mathfrak{l}^{45}vo^{55}$（胳肢窝）、掟子 $tin^{53}ts\mathfrak{l}^{53}$

① 参见刘纶鑫《江西客家方言概况》，江西人民出版社 2001 年版，第 284 页。

② 参见兰玉英、曾为志《洛带客家方言"子"尾的用法研究》，《西华大学学报》，2007 年第 2 期。

③ 这 102 条词语，凉水井和洛带客家方言无差异，故此处列在一起。注音采用凉水井语音。

（拳头）、倒拐子 tau⁵³kuai³¹tsʅ³¹（胳膊肘）、眼流水 ŋan³¹niəu¹³suei³¹（眼泪）、麻子 ma¹³tsʅ³¹（麻子）、寡母子 kua³¹mu⁴⁵tsʅ³¹（寡妇）、棒老二 pəŋ⁵³nau³¹ni⁵³（强盗）、贼娃子 tɕʻieʔ⁵va¹³tsʅ⁵³（小偷）、出虹 tsʻuʔ²kəŋ⁵³（出彩虹）、挼nau³¹（举）、跍 kʻu¹³（蹲）、剃脑壳 tʻai⁵³nau³¹kʻoʔ²、剪脑壳 tɕiɛn³¹nau³¹kʻoʔ²（理发）、康kʻaŋ³¹（盖）、攡 paʔ⁵³（铺）、窖 kau⁵³（埋）、摆龙门阵 pai³¹nuŋ¹³mən¹³tsən⁵³（讲故事，闲谈）、张识 tsəŋ⁴⁵sʅʔ⁵（理睬）、打啵ₙ ta³¹pər⁴⁵（接吻）、涮坛子 suan⁵³tʻan¹³tsʅ³¹（开玩笑）、扯筋 tsʻa¹³tɕin⁴⁵（吵架）、冲壳子 tsʻuŋ⁵³kʻo³¹tsʅ³¹（吹牛）、舔（肥）沟子 tʻiɛn³¹pʻei¹³kiəu⁴⁵tsʅ³¹（拍马）、睡瞌睡 soi³¹kʻo⁵³soi³¹（睡觉）、打呵嗨 ta³¹xo⁴⁵xai¹³（打呵欠）、啄瞌睡 tsuaʔ²kʻoʔ²soi³¹（打瞌睡）、脑壳昏 nau³¹kʻoʔ² fən⁴⁵（头晕）、屙稀 oʔ⁴⁵ɕi⁴⁵、焱稀 piau⁴⁵ɕi⁴⁵（泻肚）、晓得 ɕiau³¹teʔ²（知道）、扎实 tsaʔ²sʅʔ⁵、经使 tɕin⁴⁵sʅ³¹（结实）、炪pʻa⁴⁵（软）、瓜 kua⁴⁵（傻）、啬 seʔ²苟 kiəu³¹（小气、吝啬）、耿直 kiɛn³¹tsʻʅʔ⁵（直爽）、肇 tsʻau³¹（顽皮）、造孽 tsʻau³¹nieʔ⁵（可怜）、背时 pei⁵³sʅ¹³（倒霉）、将将 tɕiəŋ⁴⁵tɕiəŋ⁴⁵（刚）、利边 ni³¹piɛn⁴⁵（特地）、横顺 vaŋ¹³suən¹³、高矮 kau⁴⁵ai³¹（无论如何）、相因 ɕiəŋ⁴⁵in⁴⁵（便宜）、幸（喜）得好 ɕin⁵³（ɕi⁵³）teʔ²xau³¹、好得 xəu⁵³ teʔ²（幸好）、遭 tsau¹³（被）

（二）隆昌客家方言中的官话借词

共 105 条：星宿子 ɕin⁴⁵ɕioʔ³tsʅ³¹（星星）、凌冰 nin⁵³pin⁴⁵（冰）、雪弹子 ɕyɛʔ³tʻan⁵³tsʅ¹³（冰雹）、火闪 fo³¹san³¹（闪电）、虹 kəŋ⁵³（虹）、堰塘 iɛn⁵³tʻəŋ¹³（池塘）、打麻子眼 ta³¹ma¹³tsʅ³¹ŋan³¹（傍晚）、锈 ɕiəu⁵³（锈）、面面 miɛn⁵³miɛn⁵³（末儿）、檐老鼠 iɛn¹³nau⁵³tsʻu¹³（蝙蝠）、公牛 kuŋ⁴⁵niəu¹³（公牛）、骟牛 sa⁴⁵niəu¹³（母牛）、母马 mu⁴⁵ma⁴⁵（母马）、公羊 kuŋ⁴⁵iəŋ¹³（公羊）、公狗 kuŋ⁴⁵kəu³¹（公狗）、母狗 mu⁴⁵kəu³¹（母狗）、鬼灯哥ₙ kuei³¹təŋ⁴⁵kər⁴⁵（猫头鹰）、马马登ₙ ma⁵³ma³¹tər⁴⁵（蜻蜓）、嘤呀子 ŋin⁴⁵ŋa⁴⁵tsʅ³¹（蝉）、臭虫 tsʻəu⁵³tsʻuŋ¹³（臭虫）、虼蚤 keʔ³tsau³¹（跳蚤）、梭老二 so⁴⁵nau³¹ni⁵³（蛇）、角巴ₙ koʔ³pər⁴⁵（动物的角）、包谷 pau⁴⁵kuʔ³（玉米）、青果 tɕʻiaŋ⁴⁵koʔ³（橄榄）、慈姑ₙ tsʻʅ¹³kər⁴⁵（荸荠）、心子 ɕin⁴⁵tsʅ³¹（核儿）、稀饭 ɕi⁴⁵fan³¹（粥）、米汤 mi³¹tʻəŋ⁴⁵（米汤）、红豆腐 fuŋ¹³tʻəu⁵³fu⁵³（豆腐乳）、汗衫 xuɔn³¹kua⁵³（汗衫）、夹衫ₙ kaʔ³sər⁴⁵（夹袄）、背心 poi⁵³ɕin⁴⁵、钻钻 tsuan⁴⁵tsuan⁴⁵（背心）、摇裤子 iau¹³fu⁵³tsʅ³¹（短裤）、手笼子 səu³¹nuŋ¹³tsʅ³¹（手套）、围腰 vei¹³iau⁴⁵（围裙）、荷包 xo¹³pau⁴⁵（口袋）、桝桝角角 kʻa⁴⁵kʻa⁴⁵koʔ³koʔ³（角落）、茅厕 mau¹³sʅ⁴⁵（厕所）、枋子 fəŋ⁴⁵tsʅ³¹、寿材 səu⁵³tsʻoi¹³（棺材）、瓜瓢 kua⁴⁵pʻiau¹³（水舀子）、柴火 tsʻai¹³fo³¹（柴火）、温水瓶 uən⁴⁵suei³¹pʻin¹³（暖水瓶）、缝纫机 fuŋ¹³zən⁵³tɕi⁴⁵（缝纫机）、撑子

ts'ən⁴⁵tsʅ³¹（伞）、拄路棍 ts'u³¹nu⁵³kuən⁵³（拐杖）、洋火 ioŋ¹³fo³¹（火柴）、肥皂 fei¹³tsau⁵³、洋碱 ioŋ¹³tɕiɛn³¹（肥皂）、洋灰 ioŋ¹³foi⁴⁵（水泥）、栈房 tsan⁵³fɔŋ¹³（旅馆）、洋马儿 ioŋ¹³ma¹³ɚ³¹（自行车）、汽划子 ʂʅ⁵³fa¹³tsʅ³¹（汽艇）、声气 saŋ⁴⁵sʅ⁵³（声音）、脑壳 nau³¹k'oʔ³（头）、眼睛 ŋan³¹tɕin⁴⁵（眼睛）、眼眨毛 ŋan³¹tsaʔ³mau⁴⁵（睫毛）、鸡巴 tɕi⁴⁵pa⁴⁵（鸡巴）、麻屄 ma¹³p'i⁴⁵（女阴）、手倒拐 səu³¹tau⁵³kuai³¹（胳膊肘）、捏子 tin⁵³tsʅ³¹（拳头）、手指拇ₙ səu³¹tʂʅ³¹mər⁵³（手指）、幺（手）指拇ₙ iau⁴⁵（səu³¹）tʂʅ³¹mər⁵³（小拇指）、脚趾拇ₙ tɕioʔ³tʂʅ³¹mər⁵³（脚趾）、老者ₙ nau³¹tsər⁴⁵、老头子 nau³¹t'əu¹³tsʅ³¹（老头儿）、男娃儿 nan¹³va¹³ɚ⁴⁵（小伙子，男孩子）、女娃儿 ȵy³¹va¹³ɚ⁴⁵（姑娘，女孩子）、细崽子 se⁵³tse³¹tsʅ³¹、细娃儿 se⁵³ua¹³ɚ⁴⁵（小孩子）、蹇巴郎 tɕiɛn³¹pa⁴⁵naŋ⁴⁵（结巴）、麻子 ma¹³tsʅ³¹（脸上有麻子的人）、单身汉ₙ tan⁴⁵sən⁴⁵xər⁵³（单身汉）、寡母子 kua³¹mu⁴⁵tsʅ³¹（寡妇）、怀儿婆 fai¹³ɚ¹³p'o¹³（孕妇）、棒老二 pɔŋ⁵³nau³¹ni⁵³（强盗）、老挑 nau³¹t'iau⁴⁵（连襟）、出虹 ts'uʔ³kɔŋ⁵³（出虹）、丢 tiəu⁴⁵、甩 suai⁴⁵、撂 niau⁵³（扔）、挤 ɕiau⁴⁵（推）、剃脑壳 t'ai⁵³nau³¹k'oʔ³、剪脑壳 tɕ'iɛn³¹nau³¹k'oʔ³（理发）、康 k'aŋ³¹（盖）、摆龙门阵 pai³¹nuŋ¹³mən⁴⁵tʂən⁵³（闲谈）、打啵 ta³¹po³¹（接吻）、怄气 ŋəu⁵³sʅ⁵³（生气）、冲壳子 ts'uŋ⁵³xoʔ³tsʅ³¹、吹牛皮 tsuei⁴⁵niəu¹³p'i⁴⁵（吹牛）、舔肥 t'iɛn³¹p'ei¹³（拍马）、打呵嗨 ta³¹xo⁴⁵xai⁵³（打呵欠）、扯噗鼾 ts'a³¹p'u¹³xɔn⁵³（打鼾）、脑壳昏 nau³¹k'oʔ³fən⁴⁵（头晕）、爬 p'a⁴⁵（软）、经使 tɕin⁴⁵sʅ³¹（耐用）、扎实 tsaʔ³seʔ⁵（结实）、相因 ɕiɔŋ⁴⁵in⁴⁵（便宜）、喜得好 ɕi⁴⁵teʔ³xau³¹（幸亏）、高矮 kau⁴⁵ai⁵³（反正）、遭 tsau¹³、拿跟 na⁴⁵kən⁴⁵（被）、跟 kən⁴⁵（和，介词）

（三）西昌客家方言中的官话借词

共 127 条：星宿 ɕin⁴⁵ɕiuʔ³（星星）、雾罩 vu⁵³tsau⁵³（雾）、凌冰（子）nin⁵³pin⁴⁵（tsʅ³¹）（冰）、雪弹子 ɕieʔ³t'an⁵³tsʅ³¹（冰雹）、火闪 fo³¹ʂan³¹（闪电）、虹 kɔŋ⁵³（彩虹）、堰塘 iɛn⁵³t'ɔŋ²¹²（池塘）、海子 xuai³¹tsʅ³¹（湖）、清早八时 tɕ'in⁴⁵tsau⁵³paʔ³sʅ²¹²（早晨）、打麻暗 ta³¹ma²¹²an⁵³（傍晚）、大年三十 t'ai⁵³niɛn²¹²san⁴⁵seʔ⁵（三十晚上）、吸铁石 ɕieʔ³t'ieʔ³ʂeʔ⁵（磁石）、锈 ɕiəu⁵³（锈）、面面 miɛn⁵³miɛn⁵³（末儿）、毛狗ₙ mau³¹kər⁵³（狐狸）、檐老鼠 iɛn²¹²nau⁵³tʂ'u²¹²（蝙蝠）、骟牛ₙ ʂa⁴⁵niəu²¹²（母牛）、毛驴驴ₙ mau²¹²ni²¹²niər²¹²（驴）、公羊 kuŋ⁴⁵iɔŋ²¹²（公羊）、母羊 mu⁴⁵iɔŋ²¹²（母羊）、马马ₙ ma⁴⁵mər⁵³（马）、癞疙宝 nai⁵³keʔ³pau³¹（癞蛤蟆）、乌巴ₙ vu⁴⁵pər⁴⁵（蝌蚪）、蛐蟮（子）tɕ'iuʔ³ʂan⁵³（tsʅ³¹）（蚯蚓）、虹虹猫ₙ tin⁴⁵tin⁴⁵mər⁴⁵（蜻蜓）、亮火虫 niɔŋ⁵³xo³¹tʂ'uŋ²¹²（萤火虫）、灶鸡子 tsau⁵³kai⁴⁵tsʅ³¹（蟋蟀）、臭虫 tʂ'əu⁵³tʂ'uŋ²¹²（臭虫）、虼蚤 keʔ³tsau³¹（跳蚤）、蜘蛛 tʂeʔ³tʂu⁴⁵、老梭 nau³¹so⁴⁵（蛇）、翅膀 ts'ʅ⁵³pɔŋ³¹、鱼甲 m̩²¹²kaʔ³（鳞）、麦

麸子 maʔ⁵fu⁴⁵tsʅ³¹（麸子）、菠菜 po⁴⁵tsʻoi⁵³、包包白 pau⁴⁵pau⁴⁵pʻaʔ⁵（洋白菜）、南瓜 nan²¹²kua⁴⁵、核儿核儿 fər⁴⁵fər⁴⁵（核儿）、摇裤 iau²¹²fu⁵³（短裤）、手袖 ʂəu³¹ɕiəu⁵³（袖子）、茅厕 mau²¹²sʅ⁴⁵（厕所）、板子 pan³¹tsʅ³¹ 寿木 ʂəu⁵³muʔ³（棺材）、椏椏角角 kʻa⁴⁵ kʻa⁴⁵ koʔ³koʔ³（角落）、索索 soʔ³soʔ³（绳子）、伞 san³¹、拐棍儿 kuai³¹kuar⁵³（拐杖）、肥皂 fei²¹²tsau⁵³、洋马儿 ioŋ⁴⁵ma⁴⁵ɚ³¹（自行车）、滚滚儿 kuən³¹kuər³¹（轮子）、汽划子 ɕi⁵³fa²¹²tsʅ³¹（汽艇）、火炮（子）xo³¹pʻau⁵³（tsʅ³¹）（炮仗）、叫叫儿 tɕiau⁵³tɕiər⁵³（哨子）、声气 ʂaŋ⁴⁵ɕi⁵³（声音）脑壳 nau³¹kʻo³¹（头）、额颅 ŋeʔ³nəu⁴⁵（前额）、眼眉毛 ŋan³¹mi²¹²mau⁴⁵（眉毛）、眼眨毛 ŋan³¹tsaʔ³mau⁴⁵（睫毛）、麻雀儿 ma²¹²tɕʻiər⁴⁵（鸡巴）、屄 pʻi⁴⁵（女阴）、手倒拐 ʂəu³¹tau⁵³kuai³¹（胳膊肘）、皮砣 pʻi²¹²tʻo²¹²（拳头）、磕膝头儿 kʻeʔ³ɕi⁴⁵tʻər²¹²（膝盖）、□疤 tɕioŋ⁴⁵pa⁴⁵（疤）、老头 nau³¹tʻər²¹²、男娃儿 nan²¹²ua²¹²ɚ³¹（小伙子，男孩子）、女娃儿 ni³¹ua²¹²ɚ⁴⁵（女孩子）、麻子 ma²¹²tsʅ³¹（麻子）、疯子 fuŋ⁴⁵tsʅ³¹、贼哥儿 tsʻeʔ⁵kər⁴⁵（小偷）、老丈人 nau³¹tʂoŋ⁵³nin²¹²（丈人）、老丈母 nau³¹tʂoŋ⁵³mu⁴⁵（丈母）、婆娘 pʻo²¹²nioŋ²¹²（妻子）、老挑 nau³¹tʻiau⁴⁵（连襟）、小姨妹儿 ɕiau³¹˸²¹²mər⁵³（小姨子）、女婿 ni³¹i⁵³（女婿）、娃儿 ua²¹²ɚ⁴⁵（儿女）、两口子 nioŋ³¹kʻəu³¹tsʅ³¹（夫妻）、扯火闪 tʂʻa³¹fo³¹ʂan³¹（打闪）、下雾 xa⁴⁵vu⁵³、下凌 xa⁴⁵nin⁵³（结冰）、胎 tʻai⁴⁵（托）、挡 tsʻəu⁴⁵（推）、车 tʂʻe⁴⁵（拧）、跍 ku⁴⁵（蹲）、剪脑壳 tɕien³¹nau³¹kʻo³¹（理发）、甩 ʂuai³¹ 丢 tiəu⁴⁵（扔）、㡾 koŋ³¹（盖、罩）、收拾 ʂəu⁴⁵ʂeʔ⁵、打整 ta³¹tʂən³¹（收拾）、摆龙门阵 pai³¹nuŋ²¹²mən⁴⁵（闲谈）、吼 xəu³¹（喊）、拍巴巴掌 pʻeʔ⁵pa⁴⁵pa⁴⁵tʂoŋ³¹（鼓掌）、怄气 əu⁵³ɕi⁵³、日气 zʅ⁵³ɕi⁵³（生气）、冒火 mau⁵³xo³¹（发脾气）、打捶 ta³¹tʂʻuei²¹²（打架）、角逆 koʔ³nieʔ⁵（打架）、冲壳子 tʂʻuŋ⁵³kʻoʔ³tsʅ³¹、吹牛皮 tʂʻuei⁴⁵niəu²¹²pʻi⁴⁵（吹牛）、日 zʅ³¹（性交）、上坟 ʂoŋ⁴⁵fən²¹²（上坟）、摆龙门阵 pai³¹nuŋ²¹²mən⁴⁵tʂən⁵³（讲故事，闲谈）、睡瞌睡 ʂoi⁵³kʻoʔ³ʂoi⁵³（睡觉）、打呵嗨 ta³¹xo⁴⁵xai⁵³（打呵欠）、啄瞌睡 tʂuaʔ³kʻoʔ³ʂoi⁵³（打瞌睡）、扯噗鼾 tʂʻa³¹pʻu²¹²xuan³¹（打鼾）、做梦 tso⁵³muŋ⁵³（做梦）、打抖抖 ta³¹tʻəu³¹tʻau⁴⁵（发抖）、打喷嚏 ta³¹fən⁵³tʻi⁵³（打喷嚏）、脑壳晕 nau³¹kʻoʔ³in³¹（头晕）、晓得 ɕiau³¹teʔ³（知道，懂）、谙 ŋan²¹²（猜）、挂欠 kua⁵³tɕʻiɛn⁵³（挂念）、宽 kuan⁴⁵、爬 pʻa⁴⁵（软）、相因 ɕioŋ⁴⁵in（便宜）、跩实 tʂuai³¹ʂeʔ⁵、磴笃 tən⁴⁵（强壮）、笨 pən⁵³信 ɕin⁵³（笨）、嗇 seʔ³（小气，吝啬）、造孽 tsʻua⁵³nieʔ⁵（可怜）、挑自 niau⁴⁵sʅ⁵³（特地）、高矮 kau⁴⁵ai³¹（无论如何）、遭 tʂau²¹²（被）

（四）仪陇客家方言中的官话借词

共 130 条：凌冰 nin¹³pin³³（冰）、雪弹子 ɕyɛʔ⁵ tʻan⁵³ tsʅ⁵³（冰雹）、虹 koŋ¹³（彩虹）、堰塘 iɛn¹³tʻoŋ⁵³（池塘）、将才 tɕioŋ³³tsʻai⁵³（刚才）、清早八晨

tɕ'in^{33}au^{53}paʔ^{5}sən^{21}（早晨）、打麻子眼ㄦ ta^{53}ma^{21}tsʅ^{53}ŋər^{53}（傍晚）、面面 miɛn^{53}miɛn^{53}（末儿）、毛狗 məu^{21}kɛ^{53}（狐狸）、檐老鼠 iɛn^{21}nəu^{53}ts'u^{21}（蝙蝠）、脚牛 tɕiɔʔ^{5}ŋiɛ^{21}（公牛）、骟牛 sa^{33}ŋiɛ^{21}（母牛）、公马 kuŋ^{33}ma^{33}（公马）、母马 mu^{33}ma^{33}（母马）、公驴（子）kuŋ^{33}nu^{21}（tsʅ^{53}）（公驴）、母驴（子）mu^{53}nu^{21}（tsʅ^{53}）（母驴）、母猪 mu^{53}tsu^{33}（母猪）、牙狗 ia^{21}kɛ^{53}（公狗）、母狗（子）mu^{53}kɛ^{53}（tsʅ^{21}）（母狗）、男猫 nan^{21}miau^{33}（公猫）、女猫 y^{53}miau^{33}（母猫）、虾子 xa^{33}tsʅ^{53}（虾）、羊咪咪 iɔŋ^{21}mi^{33}mi^{33}（蜻蜓）、亮火虫 niɔŋ^{13}fəu^{53}ts'uŋ^{21}（萤火虫）、灶鸡子 ts'əu^{13}kei^{33}tsʅ^{53}（蟋蟀）、饭蚊子 fan^{13}mən^{21}tsʅ^{53}（苍蝇）、臭虫 ts'əu^{13}ts'uŋ^{21}（臭虫）、长虫 ts'ɔŋ^{21}ts'uŋ^{21}（蛇）、四脚蛇 ɕi^{13}tɕiɔʔ^{3}sa^{21}（壁虎）、翅膀 tsʅ^{13}pɔŋ^{53}、花生 fa^{33}san^{33}、洋芋 iɔŋ^{21}i^{13}（土豆）、莲花白 niɛn^{21}fa^{33}p'aʔ^3（洋白菜）、青果 tɕ'iaŋ^{33}kəu^{53}（橄榄）、藕 ŋiɛ^{33}、稀饭 ɕi^{33}fan^{53}（粥）、米汤 mi^{53}t'ɔŋ^{33}、抄手ㄦ ts'au^{33}sər^{53}（馄饨）、猪舌子 tsu^{33}sɛ^{21}tsʅ^{53}（猪舌头）、背心ㄦ pɔ^{13}ɕiər^{33}（背心）、摇裤 iau^{21}k'u^{13}（短裤）、茅厕 mau^{21}sʅ^{33}（厕所）、木头 muʔ^{5}t'ai^{21}（棺材）、角角 k'ɔʔ^{5}k'ɔʔ^5（角落）、铺盖 p'u^{33}kɔ^{13}（被子）、襴棉絮 pa^{13}miɛn^{21}suei^{13}（褥子）、瓢羹ㄦ p'iau^{21}kər^{33}（调羹）、洋火 iɔŋ^{21}fəu^{53}（火柴）、栈房 tsan^{13}fɔŋ^{21}（旅馆）、洋马ㄦ iɔŋ^{21}mər^{33}（自行车）、滚滚 kuən^{53}kuən^{53}（轮子）、汽划子 tɕ'i^{13}fa^{21}tsʅ^{53}（汽艇）、砚台 iɛn^{13}t'ɔ^{21}（砚台）、龙门阵 nuŋ^{21}mən^{21}tsən^{13}（故事）、火炮ㄦ fəu^{53}p'ər^{13}（炮仗）、叫叫 tɕiau^{33}tɕiau^{33}（哨子）、脑壳 nəu^{53}k'ɔʔ^3（头）、牙巴 ŋa^{21}pa^{33}（牙齿）、颈项 tɕiaŋ^{53}xaŋ^{21}（脖子）、沟子 kɛ^{33}tsʅ^{53}（屁股）、锤子 ts'uei^{21}tsʅ^{53}（鸡巴）、麻屄 ma^{21}p'i^{33}（女阴）、倒拐子 təu^{13}kuai^{53}tsʅ^{53}（胳膊肘）、掟子 tin^{13}tsʅ^{53}（拳头）、手指拇ㄦ səu^{53}tsʅ^{53}mər^{53}（手指）、大指拇ㄦ t'ai^{53}tsʅ^{53}mər^{53}（大拇指）、脚趾拇（子）tɕiɔʔ^{5}tsʅ^{53}mu^{53}（tsʅ^{53}）（脚趾）、壳壳 k'ɔʔ^{5}k'ɔʔ^5（痂）、老头ㄦ nəu^{53}t'ər^{21}、小伙子 ɕiau^{53}fɔ^{53}tsʅ^{53}、麻子 ma^{21}tsʅ^{53}（麻子）、秃子 t'u^{21}tsʅ^{53}（秃子）、疯子 fuŋ^{33}tsʅ^{53}、寡母子 kua^{53}mu^{53}tsʅ^{53}（寡妇）、四眼人 ɕi^{13}ŋan^{53}in^{21}（孕妇）、棒老二 pɔŋ^{53}nəu^{53}i^{53}（强盗）、贼娃子 tɕ'ie^{13}va^{33}tsʅ^{53}（小偷）、姑父ㄦ ku^{13}fər^{53}（姑夫）、老人公 nəu^{53}in^{21}kuŋ^{33}（公公）、老人婆 nəu^{53}in^{21}p'əu^{21}（婆婆）、妹夫 mɔ^{13}fu^{33}（妹夫）、老挑 nəu^{53}t'iau^{33}（连襟）、大姨妹ㄦ t'ai^{53}i^{21}mər^{13}（大姨子）、干儿子 kuən^{13}ə^{21}tsʅ^{53}（女婿）、两口子 niɔŋ^{53}k'ɛ^{53}tsʅ^{53}（夫妻）、起雾 tɕ'i^{53}vu^{13}（下雾）、打霜 ta^{53}sɔŋ^{33}（下霜）、闻 uən^{21}、啃 k'an^{53}、搡 ts'uŋ^{53}（推）、跳 t'iau^{13}、杀 sa^{21}（宰，杀）、攡 pa^{13}（铺）、埋 mai^{21}、窖 kau^{53}（埋）、摆龙门阵 pai^{53}nuŋ^{21}mən^{21}tsən^{13}（讲故事，闲谈）、拍巴巴掌 p'aʔ^{3}pa^{21}pa^{33}tsɔŋ^{53}（鼓掌）、剃脑壳 t'ei^{13}nəu^{53}k'ɔʔ^3（剃头）、打啵 ta^{53}pɔ^{53}（接吻）、涮坛子 suan^{13}t'an^{21}tsʅ^{53}（开玩笑）、扯筋 ts'a^{53}tɕin^{33}（吵架）、角逆 kɔʔ^{5}ieʔ^3（打架）、吹牛（皮）ts'uei^{33}ŋiɛ^{21}（p'i^{21}）、冲壳子 ts'uŋ^{13}k'ɔʔ^{5}tsʅ^{21}

（吹牛）、舔肥沟子 t'iɛn⁵³fei²¹kɛ³³tsɿ⁵³（拍马）、做活路 tsəu¹³xəu²¹nu¹³（干活）、日 zɿ²¹（性交）、上坟 səŋ¹³fən²¹、打呵嗨 ta⁵³xəu²¹xai¹³（打呵欠）、扯噗鼾 ts'a⁵³p'u²¹xən¹³（打鼾）、发吐 faʔ³t'u⁵³（呕吐）、过肚子 kəu¹³tu⁵³tsɿ⁵³（泻肚）、晓得 ɕiau⁵³teʔ⁵（知道，懂）、宽 k'uan³³、稀 ɕi³³、爬 p'a³³（软）、经事 tɕin³³sɿ⁵³、跩实 tsuai²¹sɿ²¹、牢实 nau²¹sɿ²¹（结实）、相因 ɕiəŋ³³in³³（便宜）、啬 seʔ³、苟 ke⁵³（小气）、肇 ts'au⁵³（顽皮）、造孽 ts'əu⁵³ieʔ⁵（可怜）、道 təu¹³（遍看一遍）、挑自 niau³³tsɿ⁵³（特地）、幸喜得好 ɕin¹³ɕi⁵³teʔ³xəu⁵³、好得 xəu⁵³teʔ⁵（幸亏）、将合适 tɕiəŋ³³xəuʔ⁵sɿ⁵³（恰巧）、遭 tsau²¹（被）。

经对比分析，凉水井、洛带客家方言中的官话借词共 102 条；隆昌客家方言中的官话借词共 105 条；西昌客方言中的官话借词共 127 条；仪陇客家方言中的官话借词共 130 条。成都、隆昌客家方言的官话借词基本相当，西昌、仪陇客家方言的官话借词也基本相当，西昌、仪陇多出成都、隆昌约四分之一。借词越多表明该点的客家方言受官话影响越大。换句话说，成都和隆昌客家方言及官话的影响要小一些，西昌、仪陇客家方言受到官话的影响最大。这与我们实际调查感受完全一致。

我们再从客家方言使用人口数量分析。成都东山客家方言岛是四川境内最大的客家方言岛，客家人口总数约 50 万[1]，客家人比例占 90% 以上的乡镇多达 15 个[2]。内江—隆昌是川东最大的客家人聚居地，隆昌和重庆客家聚居地与荣昌接壤，客家方言在地理上连成一片，方言分布集中，客家人口约 20 多万[3]。据笔者实地走访，目前约有 10 万人还能说客家方言（虽然有部分人说得不流利），这是没有异议的。西昌客家方言主要分布在境内的南宁区黄联关镇和盐中区中坝乡，约还有 6000 人能说客家方言。川北仪陇客家人口约 5 万[4]。乐兴乡是仪陇客家方言使用的核心地带，乐兴乡总人口 1 万余人，一半以上人会说客家方言，语言流失情况不容乐观，笔者调查估计全县会说客家方言者不超过 3 万人。从这一数据亦可看出，使用人数上的优势是成都、隆昌客家方言保留较好的重要前提条件，使用人数上的劣势导致西昌、仪陇客家方言受到更多的影响，这一影响在词汇上的表现最为突出。

四川客家方言借入了一定数量的官话词语，这些词在客家方言中的存在

---

① 刘义章、陈世松：《四川客家历史与现状调查》，四川人民出版社 2001 年版，第 5 页。

② 陈世松主编：《四川客家》，广西师范大学出版社 2005 年版，第 47—48 页。

③ 崔荣昌：《四川方言的形成》，《方言》，1985 年第 1 期。

④ 崔荣昌：《四川境内的客家方言》，巴蜀书社 2011 年版，第 520 页。

主要有两种方式：替代式和叠置式。替代式是指借词代替了客家方言的固有词；叠置式是指传承词与借词同时存在。再作细分会发现，替代式是官话词语挤占了客家方言词汇的生存空间，变得不可替代；叠置式则有三种情况：① 官话与客家方言词汇共存地位相当，可转换使用，不影响交际；② 官话词语稍占优势，在使用频率上高过客家方言常用词；③ 官话词语不占优势，偶有使用，对这类词，发音人都能明确指出不是客家方言的固有词语。此处主要列举替代式和叠置式的前两种情况。

（1）替代式：官话词语替代客家方言固有的词语。见表 4-6。

表 4-6　　　　　　　　　　　替代式举例表

方言点	词目	四川客家方言的官话借词	梅县的说法
成都①	公马	公马子 kuŋ⁴⁵ma⁴⁵tsʅ³¹	马牯 ma⁴⁴ku³¹
	癞蛤蟆	癞疙宝 nai⁵³keʔ²pau³¹	蟾蜍罗 tsʻam¹¹tsʻu¹¹lo¹¹
	屁股	沟子 kiəu⁴⁵tsʅ³¹	屎窖 sʅ³¹fut¹
	强盗	棒老二 pɔŋ⁵³nau³¹n̠i⁵³	土匪 tʻu³¹fi⁴⁴
	小偷	贼娃子 tɕʻieʔ⁵va¹³tsʅ³¹	贼牯 tsʻet⁵ku³¹
	吹牛	冲壳子 tsʻuŋ⁵³kʻoʔ²tsʅ³¹	车大炮 tsʻa⁴⁴ tʻai⁵³ pʻau⁵³
隆昌	蜻蜓	马马登ₙ ma⁵³ma⁵³tər⁴⁵	襄蚁欸 noŋ¹¹ni⁴⁴ie
	荸荠	慈姑ₙ tsʻʅ¹³kər⁴⁵	马荠 ma⁴⁴tsʻi¹¹
	衣兜	荷包 xo¹³pau⁴⁵、包包 pau⁴⁵pau⁴⁵	袋欸 tʻoi⁵³.ie
	伞	伞 san⁵³、撑子 tsʻən⁴⁵ tsʅ³¹	遮 tsa⁴⁴⁻⁵³.ve
	闲谈	摆龙门阵 pai³¹nuŋ¹³mən⁴⁵ tʂən⁵³	讲牙蛇 kɔŋ³¹ŋa¹¹sa¹¹
	软	炦 pʻa⁴⁵	软 ɲion⁴⁴
	便宜	贱 tɕʻien³¹、相因 ɕioŋ⁴⁵in⁴⁵	便宜 pʻien¹¹i¹¹、平 pʻiaŋ¹¹
	蛇	梭老二 so⁴⁵nau³¹n̠i⁵³、长虫 tsʻɔŋ¹³ tsʻuŋ¹³	蛇哥 sa¹¹ko⁴⁴
	被	遭 tsau¹³	分 pun⁴⁴
西昌	蝙蝠	檐老鼠 ien²¹²nau⁵³tʂʻu²¹²	□婆子 pʻet⁵ pʻo¹¹.e
	蝌蚪	乌巴ₙ vu⁴⁵pər⁴⁵	蚂鲶 kuai³¹ŋiam⁵³
	蚯蚓	蛐蟮（子）tɕʻiuʔ³şan⁵³（tsʅ³¹）	蛬公 hian⁵³kuŋ⁴⁴
	打架	打捶 ta³¹tʂʻuei²¹²、角逆 koʔ³nieʔ⁵	打交 ta³¹kau⁴⁴

① 本章成都客家方言的例词采用凉水井语音注音。

续表

方言点	词目	四川客家方言的官话借词	梅县的说法
西昌	宽	宽 kuan⁴⁵	阔 fat¹
	发抖	打抖抖 ta³¹tʻəu³¹tʻau³¹	打搏 ta³¹tsun⁴⁴
仪陇	蜻蜓	羊咪咪 iɔŋ²¹mi³³mi³³	囊蚁欶 nɔŋ¹¹ni⁴⁴ie
	翅膀	翅膀 tsʻ¹³pɔŋ⁵³	翼甲 it⁵kak¹
	粥	稀饭 çi³³fan⁵³	粥 tsuk¹
	短裤	摇裤 iau²¹kʻu¹³	节裤 tsiet¹fu⁵³⁻ve
	颈	颈项 tɕiaŋ⁵³xaŋ²¹	颈筋 kiaŋ³¹kin⁴⁴
	丈夫的父亲	老人公 nəu⁵³in²¹kuŋ³³	家官 ka⁴⁴kuon⁴⁴
	夫妻俩	两口子 niɔŋ⁵³kʻɛ⁵³tsɿ⁵³	两公婆 niɔŋ³¹kuŋ⁴⁴pʻo¹¹

（2）叠置式：又分两种情况，其一官话、客家方言词汇共存，使用频率相当。见表4-7。

表4-7　　　　　　　　　　　叠置式举例表之一

方言点	词目	官话借词	客家方言词语
成都	公羊	骚羊 sau⁴⁵iɔŋ¹³	羊公 iɔŋ¹³kuŋ⁴⁵
	衣兜	包包 pau⁴⁵pau⁴⁵	袋子 tʻoi⁵³tsɿ³¹
	抽屉	抽抽 tsʻəu⁴⁵tsʻəu⁴⁵	拖箱 tʻo⁴⁵çiɔŋ⁴⁵
	腋下	夹肢窝 kaʔ²tsɿ⁴⁵vo⁵⁵	□夹窝 naʔ⁵kaʔ²vo⁴⁵
	头	脑壳 nau³¹kʻoʔ²	头那 tʻəu¹³na⁴⁵
隆昌	玉米	包谷 pau⁴⁵kuʔ³	包粟 pau⁴⁵çiuʔ³
	公狗	公狗 kuŋ⁴⁵kəu³¹	狗牯 kəu³¹ku³¹tsɿ³¹
	母牛	骒牛 sa⁴⁵ȵiəu¹³	牛嫲 ȵiəu¹³ma¹³
	水瓢	瓜瓢 kua⁴⁵pʻiau¹³	勺嫲 soʔ⁵ma¹³
	男阴	鸡巴 tɕi⁴⁵pa⁴⁵	鸟子 tiau⁴⁵tsɿ³¹
	老大爷	老者ɪ nau³¹tsər⁴⁵	老阿公 nau³¹a⁴⁵kuŋ⁴⁵
	女孩儿	女娃儿 ȵy³¹ua¹³ɚ⁴⁵	妹崽子 moi⁵³tse³¹tsɿ³¹
西昌	蜘蛛	蜘蛛 tsɿʔ²tsu⁴⁵	□蠷 na²¹²tɕʻia²¹²①
	翅膀	翅膀 tsʻɿ⁵³pɔŋ³¹	翼拍 i⁴⁵pʻaʔ³
	男阴	麻雀ɪ ma²¹²tɕʻiər⁴⁵	脬子 tsoi⁴⁵tsɿ³¹

---

① 西昌客家方言把"蜘蛛网"说成 na²¹²tɕʻia²¹²mian³¹，在这个结构中保存了"蜘蛛"的客家方言说法。

续表

方言点	词目	官话借词	客家方言词汇
西昌	老大爷	老头儿 nau³¹t'ər²¹²	老阿公 nau³¹a⁴⁵kuŋ⁴⁵
	妻子	婆娘 p'o²¹²niɔŋ²¹²	老婆 nau³¹p'o²¹²
	女婿	女婿 ni³¹i⁵³	婿郎 sei⁵³nɔŋ²¹²
	上坟	上坟 ʂɔŋ⁴⁵fən²¹²	挂纸 kua⁵³tsʅ³¹
仪陇	蝙蝠	檐老鼠 ien²¹nəu⁵³ts'u²¹	飞老鼠 fei³³nəu⁵³ts'u²¹
	母狗	母狗子 mu⁵³kɛ⁵³tsʅ²¹	狗嫲 kɛ⁵³ma²¹
	公猫	男猫 nan²¹miau³³	猫公 miau³³kuŋ³³
	母猫	女猫 y⁵³miau³³	猫嫲 miau³³ma²¹
	闻	闻 uən²¹	鼻 p'i⁵³
	跳	跳 t'iau¹³	猋 piau³³
	性交	日 zʅ²¹	鸟 tiau²¹

（3）叠置式：其二是官话词语使用频率占优势。见表 4-8。

表 4-8　　　　　　　　叠置式举例表之二

方言点	词目	官话借词（使用频率高，占优势）	客家方言词汇
成都	彩虹	虹 kɔŋ⁵³	天弓 t'ien⁴⁵tɕiuŋ⁴⁵
	从前	早先 tsau³¹ɕien⁴⁵	家先 ka⁴⁵ɕien⁴⁵
	知道	晓得 ɕiau³¹teʔ²	知 ti⁴⁵
	被	遭 tsau¹³	分 pən⁴⁵
隆昌	锈	锈 ɕiəu⁵³	𪕎 nu⁴⁵
	跳蚤	疙蚤 keʔ³tsau³¹	狗虱 kəu³¹ɕiɛʔ³
	厕所	茅厕 mau¹³sʅ⁴⁵	粪缸 pən⁵³kɔŋ⁴⁵
西昌	子女	娃儿 ua²¹²ə⁴⁵	子女 tsʅ³¹m̩³¹
	知道、懂	晓得 ɕiau³¹teʔ³	知得 ti⁴⁵teʔ³
	做梦	做梦 tso⁵³muŋ⁵³	发梦 poʔ³muŋ⁵³
	讲故事，闲谈	摆龙门阵 pai³¹nuŋ²¹²mən⁴⁵tsən⁵³	讲古 kɔŋ³¹ku³¹
	喊、叫	吼 xəu³¹	喊 xan⁵³
仪陇	苍蝇	饭蚊子 fan¹³mən²¹tsʅ⁵³	乌蝇 u³³in⁵³
	丈夫的母亲	老人婆 nəu⁵³in²¹p'o²¹	家娘 ka³³iɔŋ⁵³
	稀疏	稀 ɕi³³	𪖻 nəu¹³

值得一提的是，四川客家方言词汇受官话方言的影响还表现为在对官话方言词汇的借用基础上所进行的全新改造，如唔存在 m̩^{13}ts'ən^{13}tsai^{13}（没关系，成都）、无来头 mau^{13}noi^{13}t'iəu^{13}（没事，成都）、偋猫ₙpiaŋ^{53}mər^{45}（捉迷藏，成都、隆昌、仪陇）、细娃儿 se^{53}ua^{13}ɚ^{45}（小孩，隆昌、西昌）、细马马ₙsei^{53}ma^{45}mər^{31}（小马儿，西昌）；"唔、无、偋、细"是客家方言固有词语，受当地官话方言"不存在、莫来头、藏猫ₙ、小娃儿、小马马ₙ"的影响，客家人巧妙地将客家方言和官话方言嫁接到一起，形成了这样特别的借词。

三　借词的读音

四川官话方言词语进入四川客家方言词汇系统后，四川客家方言对借词的语音形式进行了利用、吸收和改造，最终形成了客家方言特色的读音。利用、吸收和改造的方式主要有以下两种：折合音和借用音。

（一）折合音

早期的四川官话借词并非一成不变地进入客家方言中，而是经过了加工改造，依据的是类推原理，即用四川客家方言的语音规律改造四川官话借词的读音，使其变成自己的语音。这种改造涉及声韵调诸方面，下以成都客家方言为例来观察。

表 4-9　　　　　　　　　　成都客家方言借词读音举例表

	成都客家方言	成都官话方言
声母的类推	吸铁石 tɕi^{2}t'ie^{2}sa^{2}5	吸铁石 ɕie^{21}t'ie^{21}s̩^{21}
	汽划子 ɕi^{53}fa^{13}tʂ̩^{31}	汽划子 tɕ'i^{213}xua^{21}tʂ̩^{53}
	摇裤 iau^{13}fu^{53}	摇裤 iau^{21}k'u^{213}
韵母的类推	虹 kɔŋ^{53}	虹 kaŋ^{213}
	枋子 fɔŋ^{45}tʂ̩^{31}	枋子 faŋ^{55}tʂ̩^{53}
	烫 t'ɔŋ^{53}	烫 t'aŋ^{213}
	棒老二 pɔŋ^{53}nau^{31}n̩i^{53}	棒老二 paŋ^{213}nau^{53}ɚ^{213}
	苟 kiəu^{31}	苟 kəu^{53}
	梭老二 so^{45}nau^{31}n̩i^{53}	梭老二 so^{55}nau^{53}ɚ^{213}
声调的类推	癞疙宝 nai^{53}keʔ^{2}pau^{31}	癞疙宝 nai^{213}ke^{21}pau^{53}
	脑壳 nau^{31}k'o^2	脑壳 nau^{53}k'o^{21}
	龙门阵 nuŋ^{13}mən^{13}tsən^{53}	龙门阵 noŋ^{21}mən^{21}tsən^{213}

成都客家方言	成都官话方言
声调的类推 院坝 yen⁵³pa⁵³	院坝 yen²¹³ pa⁵⁵
缝缝 fuŋ⁵³fuŋ⁵³	缝缝 foŋ²¹³ foŋ⁵⁵

以上借词都读的是折合音，成都客家方言与成都官话在声韵调方面都能够建立起对应关系，很多字的读音都能反映出客家方言的特色。如"吸、划、裤"三字读为 tɕ、f、f 声母，"虹、烫、棒"三字的韵腹读 ɔ，都折合成了四川客家方言的特色音。

早期的借词当主要读折合音。"拖拉机、电视机、收音机、机械"等词的"机"字今一律读为"tɕi⁴⁵"。"飞机"的"机"进入客家方言，其早期读音为"kai⁴⁵"。早期读音有崇古的特点，后起读音则体现出从今从俗的特点。究其原因，可能是以前产生的新词较少，客家方言有时间和能力来"类推内化"这些词语，将之折合成具有自己特色的读音，这也是四川客家方言借词的主流读音。这样的情况在其他地区的客家方言中也多见①。

（二）借用音

四川客家方言在吸收借词的时候，与客家方言相同或相当的语音一般都按照客家方言固有的或相近读音来读。如表示"傻"义的说法，成都官话叫"瓜 kua⁴⁵"、隆昌官话叫"傻 xa⁵²"、西昌官话叫"信 ɕin¹³"、仪陇官话叫"憨 xan⁵⁵"，"瓜、傻、信、憨"的读音基本上原封不动地引进各地客家方言。这是最为直接简单而有效的处理借词读音的方式。再如"抽抽 ts'əu⁴⁵ ts'əu⁴⁵（抽屉）、慈姑ₙ tsʅ²¹ kuɐr⁵⁵（荸荠）、虹虹猫ₙ tin⁴⁵tin⁴⁵mɐr⁴⁵（蜻蜓）、鹦鹦ₙ ŋən⁴⁵ ŋɐr⁴⁵（鹦鹉）、车 ts'e⁴⁵（转）"等，均属于这种情况。

随着大量新词新语的涌入，四川客家方言以一种简便的方式吸纳了一大批官话借词，这些词的读音不加以折合，几乎原封不动地照搬。这些词多与政治、经济、文化、科技等有关，其读音往往与官话大体相同或相近。如"生产队、社会主义、下岗、联网、网络、下海、上网、打的、选秀、追星、按揭、减肥、打白条、包二奶、五一二（特指汶川大地震）、物理、化学、坑爹、日本、美国、天府广场、蜀都大道、金融危机、人才资源、网络电话、扩大内需、可持续发展"等等。

一般来说，借词也要服从于四川客家方言固有的语音系统，新音素的借

---

① 甘甲才：《中山客家话研究》，汕头大学出版社 2000 年版，第 153—154 页。

入很困难，但受官话借词读音的影响，四川客家方言的音韵系统还是悄然发生了变化，客家方言中没有的语音，一般按官话方言的读音来读，从而增加了新的音位。客家方言中本没有撮口呼，如今除了西昌客家方言只有少数几个撮口呼外[①]，四川其他地点的客家方言都有了全套的撮口呼韵母，演变为四呼俱全，并且还增加了一个舌尖浊擦音声母"z（或 $\textrm{z}$）"和一个韵母"ʅ"。这是借词读借用音带给四川客家方言语音系统的变化。

折合音和借用音反映了借词读音的演变轨迹。如表示屠夫的"刀儿匠"一词，成都客家方言内部读音有别，洛带、凉水井多读"tau⁴⁵ ʅ¹³ ɕioŋ⁵³"，新都客家方言则读为"tau⁴⁵ n̩i¹³ ɕioŋ⁵³"。就"儿"的读音来看，在成都客家方言中一般读作"ʅ¹³"，唯独"刀儿匠"一词，成都官话读作 ʅ³¹，而新都客家方言读作"n̩i¹³"。"儿"是日母止摄开口三等支韵字，中古发音潘悟云拟为"n̩ie"。新都客家方言虽然对其声调进行了改造，但仍保留了古音读法。后来这种读法在东山客家地区被"ʅ¹³"占据上风，因而变得跟官话一致。可以说，"刀儿匠"一词的读音为我们呈现了借词语音在四川客家方言中的演变轨迹。

第三节　四川客家方言的词形研究

本节说的词形概念指词这个语言单位的外形。词形问题涉及构词法，但这里并不全面研究四川客家方言的构词法，而只根据四川客家方言的词形特点，重点选择四川客家方言中带词缀的名词、儿化词、特征词作为构词语素、词语的音节、形容词的生动形式几个问题来讨论，以揭示四川客家方言在这些方面传承和变异的具体情形，从中观察四川客家方言与四川官话的接触影响。

一　加词缀的名词

四川客家方言有较为丰富的名词词缀，部分词缀能产性很强。常用的名词前缀有"阿、老、满"，后缀有"头、子、老老、公、嫲、婆、哥、牯"等。其中"公、嫲、婆、哥、牯"还可以充当词根语素。

（一）加前缀的名词

"阿、老、满"是三个主要的前缀，这三个前缀在四川客家方言中构成了很多名词。

---

① 西昌客家方言无撮口呼韵母的主要原因是西昌官话方言无撮口呼。不过这一特点近年来正发生变化。

1. "阿" +词根

"阿"的主要用法是加在某些亲属称谓和名字（多为小名）前，还可以加在某些动物名称前。如表 4-10。

表 4-10　　　　　　　　　　名词前缀"阿"构词表

成都	阿公 a⁴⁵kuŋ⁴⁵ 祖父	阿婆 a⁴⁵pʻo¹³ 祖母
	阿爸 a⁴⁵pa³¹ 父亲	阿嫚 a⁴⁵mi⁴⁵ 母亲
	阿爷 a⁴⁵ia¹³ 伯父	阿娘 a⁴⁵niɔŋ¹³ 伯母
	阿叔 a⁴⁵suʔ² 叔父	阿幺 a⁴⁵iau⁴⁵ 最小的儿子的昵称
	阿麻幺 a⁴⁵ma¹³iau⁴⁵ 同"阿幺"	阿弟 a⁴⁵tai⁴⁵ 弟弟
	阿哥 a⁴⁵ko⁴⁵ 哥哥	阿姐 a⁴⁵tɕia³¹ 姐姐
	阿妹 a⁴⁵moi⁵³ 妹妹	阿英 a⁴⁵in⁴⁵ 人的小名
	阿秋燕 a⁴⁵tɕʻiəu⁴⁵iɛn⁵³ 燕子	阿鹊 a⁴⁵ɕiaʔ² 喜鹊
隆昌	阿公 a⁴⁵kuŋ⁴⁵ 祖父	阿婆 a⁴⁵pʻo¹³ 祖母
	父亲 阿爷 a⁴⁵ia¹³ 阿爸 a⁴⁵pa³¹	阿娓 a⁴⁵me⁴⁵ 阿娘 a⁴⁵niɔŋ¹³ 母亲
	阿叔 a⁴⁵suʔ³ 叔父	阿哥 a⁴⁵ko⁴⁵ 哥哥
	阿姊 a⁴⁵tɕi³¹ 阿姐 a⁴⁵tɕia³¹ 姐姐	阿鹊子 a⁴⁵ɕiaʔ³tsɿ³¹ 喜鹊
西昌	阿公 a⁴⁵kuŋ⁴⁵ 祖父	阿婆 a⁴⁵pʻo²¹² 祖母
	阿爸 a⁴⁵pa⁴⁵ 父亲	阿娘 a⁴⁵niɔŋ²¹² 伯母
	阿爷 a⁴⁵ia²¹² 伯父	阿哥 a⁴⁵ko⁴⁵ 哥哥
	阿叔 a⁴⁵ʂuʔ³ 叔父	阿娃儿 a⁴⁵uə⁴⁵ 婴孩
	阿姐 a⁴⁵tɕia³¹ 姐姐	阿鹊鹊 a⁴⁵ɕiaʔ³ɕiaʔ³ 喜鹊
仪陇	阿□a³³ta³³祖父	阿哥 a³³kəu³³ 哥哥
	阿鹊子 a³³tɕʻiaʔ³tsɿ⁵³ 喜鹊	

2. "老" +词根

"老"也是名词前缀，可用于姓氏、称谓或其他事物前，构成的词语主要指人或动物。

表 4-11　　　　　　　　　　　　　名词前缀"老"构词

成都	老公 nau^{31}kuŋ^{45} 丈夫	老婆 nau^{31}p'o^{13} 妻子
	老弟 nau^{31}t'ai^{45} 弟弟	老妹 nau^{31}moi^{53} 妹妹
	老同 nau^{31}t'uŋ^{13} 同年	老鸦 nau^{31}a^{45} 乌鸦
	老表 nau^{31}piau^{31} 表兄弟	老挑 nau^{31}t'iau^{45} 连襟
	老姨 nau^{31}i^{13} 妻子的姐妹	老坎 nau^{31}k'an^{31} 吝啬的人
	老叫 nau^{31}tɕiau^{53} 疯子	老鼠子 nau^{53}ts'u^{13}tsʅ^{31} 老鼠
	老摆 nau^{31}pai^{31} 鱼	老陕 nau^{31}san^{31} 称来川的陕西人
隆昌	老公 nau^{31}kuŋ^{45}	老婆 nau^{31}p'o^{13}
	老弟 nau^{31}t'ai^{45} 弟弟	老妹 nau^{31}moi^{53} 妹妹
	老同 nau^{31}t'uŋ^{13} 同年	老挑 nau^{31}t'iau^{45} 连襟
	老表 nau^{31}piau^{31} 表兄弟	老鸦 nau^{31}va^{45} 乌鸦
西昌	老公 nau^{31}kuŋ^{45}	老婆 nau^{31}p'o^{212}
	老妹 nau^{31}muai^{53} 妹妹	老弟 nau^{31}t'ai^{45} 弟弟
	老大 nau^{31}t'ai^{53}	老幺 nau^{31}iau^{45} 排行最末的
	老挑 nau^{31}t'iau^{45} 连襟	老跰皮 nau^{31}tɕien^{31}p'i^{212} 跰子
	老庚儿 nau^{31}kər^{45} 同年	老搬 nau^{31}pan^{45} 曾姓隐语
	老顺 nau^{31}ʂuən^{53} 老刘,刘姓隐语	老拱 nau^{31}kuŋ^{45} 朱姓隐语
	老鸦 nau^{31}a^{45} 乌鸦	老摆 nau^{31}pai^{31} 鱼
仪陇	老公 nəu^{53}kuŋ^{33}	老婆 nəu^{53}p'əu^{21}
	老弟 nəu^{53}t'ei^{33} 弟弟	老妹 nəu^{53}mɔ^{13} 妹妹
	老表 nəu^{53}piau^{53} 表兄弟	老庚 nəu^{53}kan^{33} 同年
	老大 nəu^{53}t'ai^{53}	老幺 nəu^{53}iau^{33}
	老挑 nəu^{53}t'iau^{33} 连襟	老鸹子 nəu^{53}ua^{21}tsʅ^{53} 乌鸦

3. "满" + 词根

满: 名词前缀, 表示排行最末的, 类似四川官话的"幺", 但是"幺"可以作词根运用, 如"老幺", "满"没有这种用法。

表 4-12　　　　　　　　　　名词前缀"满"构词表

成都	满姨 man^{45}i^{13} 最小的姨妈	满子 man^{45}tsʅ^{31} 最小的儿子
	满女 man^{45}m̩^{31} 最小的女儿	满公 man^{45}kuŋ^{45} 最小的叔公
	满婆 man^{45}p'o^{13} 最小的叔婆	满大姨 man^{45}t'ai^{31}i^{13} 最小的姨妈

成都	满舅 man³³ tɕʻiəu³³ 舅父	满叔 man⁴⁵suʔ² 最小的叔叔
隆昌	细满姨 se⁵³man⁴⁵i¹³ 最小的姨妈	满叔 man⁴⁵ suʔ³ 最小的叔叔
	满舅爷 man⁴⁵ tɕʻiəu⁴⁵kuŋ⁴⁵ 最小的舅舅	满姑 man⁴⁵ ku⁴⁵ 最小的姑妈
	满公 man⁴⁵kuŋ⁴⁵	满女 man⁴⁵ m̩³¹ 最小的女儿
	满子 man⁴⁵tsŋ³¹ 最小的儿子	
西昌	满满 man⁴⁵ man⁴⁵ 姑母	满姨 man⁴⁵i²¹² 姨妈
	满叔 man³⁴ ʂuʔ³ 最小的叔叔	满子 man⁴⁵ tsŋ³¹
仪陇	满舅 man³³ tɕʻiəu³³ 舅父	满姨父 man³³i²¹ fu¹³ 姨父
	满姨 man³³i²¹ 姨妈	

（二）加后缀的名词

四川客家方言的名词后缀很丰富，有"头、子、老老、公、嫲、哥、牯、儿"等。这些后缀在四川客家方言中构成了很多名词。

1. 词根+头

"头"在四川客家方言中作名词后缀所构成的词语，多跟四川官话不同。如表4-13。

表4-13　　　　　　　　　　　名词后缀"头"构词表

成都	老汉头 nau³¹xɔn⁵³tʻiəu¹³ 老头儿	日头 n̠iʔ²tʻiəu¹³ 太阳
	地头 tʻi³¹tʻiəu¹³ 地点	膝头 tɕʻiʔ²tʻiəu¹³ 膝盖
	罂头 aŋ⁴⁵tʻiəu¹³ 罐子	钵头 paʔ² tʻəu¹³ 钵
	犁头 nai¹³tʻiəu¹³ 犁	芋头 vu³¹ tʻəu¹³ 芋头
	来头 noi¹³tʻiəu¹³	搭头 taʔ²tʻiəu¹³ 添头
	柱头 tsʻu⁴⁵tʻiəu¹³ 柱子	汤头 tʻɔŋ⁴⁵tʻiəu¹³ 固定的药方
	墙头 ɕiɔŋ¹³tʻiəu¹³ 墙	壁头 piaʔ²tʻiəu¹³ 墙壁
	灶头 tsau⁵³tʻiəu¹³ 灶	镬头 voʔ⁵tʻiəu¹³ 锅
隆昌	日头 n̠ieʔ³ tʻəu¹³ 太阳	柱头 tsʻu⁴⁵ tʻəu¹³ 柱子
	灶头 ts au⁵³ tʻəu¹³ 灶	壁头 piaʔ³ tʻəu¹³ 墙壁
	镬头 oʔ⁵ tʻəu¹³ 锅	罂头 aŋ⁴⁵tʻəu¹³ 坛子
	犁头 nai¹³ tʻəu¹³ 犁	钵头 paʔ³ tʻəu¹³ 罐子
	膝头 tɕʻieʔ³ tʻəu¹³ 膝盖	酵头 kau⁵³ tʻəu¹³ 老面

续表

西昌	暗晡头 an⁵³pu⁴⁵tʻəu²¹² 夜里	犁头 nai²¹²tʻəu²¹² 犁
	柱头 tʂʻu⁴⁵tʻəu²¹² 柱子	壁头 piaʔ³tʻəu²¹² 墙壁
	灶头 tsau⁵³tʻəu²¹² 灶	镬头 vuʔ⁵tʻəu²¹² 锅
	零头 naŋ²¹²tʻəu²¹²	
仪陇	日头 nieʔ³tʻai⁵³ 太阳	夜晡头 ia⁵³pu³³tʻai⁵³ 夜里
	犁头 nei²¹tʻai²¹ 犁	柱头 tsʻu¹³tʻai⁵³ 柱子
	壁头 piaʔ⁵tʻai²¹ 墙壁	镬头 voʔ³tʻai⁵³ 锅
	钵头 paʔ⁵tʻai⁵³ 罐子	斧头 pu⁵³tʻai²¹ 斧子
	锄头 tsʻu²¹tʻai⁵³	零头 niaŋ²¹tʻai²¹

另外，"头"附加在某些动词性语素后面，构成抽象名词，表示评价，相当于"有……的价值"，如"搞头、嫽头、做头、取头、想头、谈嫌头、讲头、食头、望头"等。

2. 词根+"子"

四川客家方言的"子"尾非常活跃，最主要的功能是附在一些词根语素后面构成名词，跟普通话和四川官话方言词缀"子"的功能基本相同，但是在四川客家方言中它的构词能力强于普通话和四川官话。用在名词中，"子"尾作为词缀构成了很多不同于普通话的名词，如"学生子_{学生}、脚背子_{脚背}、鸟子_{鸟儿}、鹅子_鹅、马子_马、鱼子_鱼、老鼠子_{老鼠}、蚂蚁子_{蚂蚁}、洋芋子_{土豆儿}、樱桃子_{樱桃}"。这些词中"子"尾不可缺少。跟"子"尾对应的后缀，梅县客家方言是"欵 e³¹"尾，五华和兴宁客家方言是"哩"尾，今四川客家方言在各点已无这两个后缀，普遍用"子"尾，仪陇客家方言有时也用"儿"尾代替。四川客家方言还吸收了四川官话中部分带"子"缀的名词，如"贼娃子、沟子、青沟子、掟子、两两子、斤斤子、分分子、角角子、块块子"等。下以成都客家方言为例说明。

表示某类人：

妇娘子 pu⁴⁵niaŋ¹³tsɿ³¹ 妇女　　　　　学生子 xoʔ²saŋ⁴⁵tsɿ³¹ 学生

酒醉子 tɕiəu³¹tsuei⁵³tsɿ³¹ 醉鬼　　　　结子 tɕieʔ²tsɿ³¹ 口吃的人

豁嘴子 xo⁴⁵tsoi⁵³tsɿ³¹ 豁嘴　　　　　婴伢子 ɔŋ⁴⁵ŋa¹³tsɿ³¹ 婴儿

哑子 a³¹tsɿ³¹ 哑巴　　　　　　　　跸子 pai⁴⁵tsɿ³¹ 瘸子

跍噜子 ku⁴⁵nu⁴⁵tsɿ³¹ 嗜赌的人　　　贼娃子 tɕʻieʔ⁵va¹³tsɿ³¹ 小偷

内伙子 nuei³¹ fo³¹ tsʅ³¹ 同伙　　　　　高长子 kau⁴⁵ tsʻɔŋ¹³ tsʅ³¹ 高个子

瓜娃子 kua⁴⁵ va¹³ tsʅ³¹ 傻瓜　　　　　驼背子 tʻo¹³ poi⁵³ tsʅ³¹ 驼背

左挎子 tso³¹kʻua³¹ tsʅ³¹ 左撇子　　　　寡母子 kua³¹ mu⁴⁵ tsʅ³¹ 寡妇

自伙子 tsʅ³¹fo³¹ tsʅ³¹ 同姓，同伙　　　青沟子 tɕʻiaŋ⁴⁵kiəu⁴⁵ tsʅ³¹ 调皮不懂事的少年

毛子 mau⁴⁵ tsʅ³¹ 受欺侮敲诈的人　　　炇子 pʻa⁴⁵ tsʅ³¹ 得了软骨病，不能站立的人

表示人的小名：

阿万子 a⁴⁵ van⁵³ tsʅ³¹　　　　　　　阿英子 a⁴⁵in⁴⁵ tsʅ³¹

光有子 kɔŋ⁴⁵iəu⁴⁵ tsʅ³¹　　　　　　贵根子 kuei⁵³ kiən⁴⁵ tsʅ³¹

金狗子 tɕin⁴⁵ kiəu³¹ tsʅ³¹　　　　　世芳子 sʅ⁵³ fɔŋ⁴⁵ tsʅ³¹

阿贵子 a⁴⁵ kuei⁵³ tsʅ³¹　　　　　　家贵子 ka⁴⁵ kuei⁵³ tsʅ³¹

表示人体部位和器官的名称：

脚背子 tɕioʔ² poi⁵³ tsʅ³¹ 脚背　　　胃子 vei³¹ tsʅ³¹ 胃

腰子 iau⁴⁵ tsʅ³¹ 肾　　　　　　　　岔肠子 tsʻa⁵³tsʻɔŋ¹³ tsʅ³¹ 盲肠；也指歪主意

掟子 tin⁵³ tsʅ³¹ 拳头　　　　　　　膀子 pɔŋ³¹ tsʅ³¹ 胳膊

蒙翳子 muŋ¹³i⁴⁵ tsʅ³¹ 耳膜　　　　瘝子 iɔŋ¹³ tsʅ³¹ 因病变肿大的淋巴结

沟子 kiəu⁴⁵ tsʅ³¹ 臀　　　　　　　倒拐子 tau⁵³ kuai³¹ tsʅ³¹ 手肘

湿子 sʅʔ² tsʅ³¹ 女性生殖器　　　　膁子 tsɔi⁴⁵ tsʅ³¹ 男性生殖器

鸟子 tiau⁴⁵ tsʅ³¹ 男性生殖器　　　卵子 nɔn³¹ tsʅ³¹ 睾丸

肝子 kɔn⁴⁵ tsʅ³¹ 肝　　　　　　　脚肚子 tɕioʔ² tu³¹ tsʅ³¹ 小腿肚

心子 ɕin⁴⁵ tsʅ³¹ 心脏　　　　　　衣胞子 i⁴⁵ pau⁴⁵ tsʅ³¹ 胎盘

表示动物名称：

公子 kuŋ⁴⁵ tsʅ³¹ 雄性动物　　　　嫲子 ma¹³ tsʅ³¹ 雌性动物

灶鸡子 tsau⁵³ kai⁴⁵ tsʅ³¹ 蟋蟀　　龙哩子 nuŋ¹³ ni⁴⁵ tsʅ³¹ 蜻蜓

羊子 iɔŋ¹³ tsʅ³¹ 羊　　　　　　　狗崽子 kiəu³¹ tɕie³¹ tsʅ³¹ 小狗

秧鸡子 iɔŋ⁴⁵ kai⁴⁵ tsʅ³¹ 秧鸡　　白鸽子 pʻaʔ⁵ kaʔ² tsʅ³¹ 鸽子

黄鼠狼子 vɔŋ¹³ tsu¹³ nɔŋ¹³ tsʅ³¹ 黄鼠狼　鹅子 ŋo¹³ tsʅ³¹ 鹅

马子 ma⁴⁵ tsʅ³¹ 马　　　　　　　鱼子 m̩¹³ tsʅ³¹ 鱼

老鼠子 nau⁵³ tsʻu¹³ tsʅ³¹ 老鼠　　蚂蚁子 ma⁴⁵ ni⁴⁵ tsʅ³¹ 蚂蚁

壁蛇子 piaʔ² sa¹³ tsʅ³¹ 壁虎　　　土狗子 tʻu³¹ kiəu³¹ tsʅ³¹ 蝼蛄

表示植物名称：

地瓜子 tʻi³¹ kua⁴⁵ tsʅ³¹ 地瓜　　　洋芋子 iɔŋ¹³ vu³¹ tsʅ³¹ 马铃薯

绿豆子 niəu³¹ tʻiəu⁵³ tsʅ³¹ 绿豆　　豌豆子 van⁴⁵ tʻiəu⁵³ tsʅ³¹ 豌豆

芫荽子 iɛn¹³ɕi⁴⁵ tsʅ³¹ 芫荽　　　　樱桃子 ŋiən⁴⁵ tʻuu¹³ tsʅ³¹ 樱桃

表示时间名称：

腊月子 naʔ² n̠ieʔ⁵ tsʅ³¹ 腊月　　　　　　　正月子 tsaŋ⁴⁵ n̠ieʔ⁵ tsʅ³¹ 正月

今年子 tɕin⁴⁵ n̠iɛn¹³ tsʅ³¹ 今年　　　　　　明年子 miaŋ¹³ n̠iɛn¹³ tsʅ³¹ 明年

旧年子 tɕʻiəu³¹ n̠iɛn¹³ tsʅ³¹ 去年　　　　　前年子 tɕʻien¹³ n̠iɛn¹³ tsʅ³¹ 前年

后年子 xiəu³¹ n̠iɛn¹³ tsʅ³¹ 后年　　　　　□阵子 niaŋ¹³ tsʻən⁵³ tsʅ³¹ 这会儿

表示其他名称：

调羹子 tʻiau¹³ kaŋ⁴⁵ tsʅ³¹ 羹匙　　　　　药引子 ioʔ⁵in⁴⁵ tsʅ³¹

鳃巴子 sai⁴⁵ pa⁴⁵ tsʅ³¹ 鱼鳃　　　　　眼镜子 ŋan⁴⁵ tɕiaŋ⁵³ tsʅ³¹ 眼镜

酒娘子 tɕiəu³¹ n̠iɔŋ¹³ tsʅ³¹ 米酒　　　　胡琴子 fu¹³ tɕʻin¹³ tsʅ³¹ 胡琴

梁子 niɔŋ¹³ tsʅ³¹ 山梁，喻纠纷、冤仇　　热痱子 n̠ieʔ⁵ mei⁴⁵ tsʅ³¹ 痱子

饼子 piaŋ³¹ tsʅ³¹ 月饼类的糕点　　　　撒呐子 sa⁴⁵ na⁴⁵ tsʅ³¹ 唢呐

干疮子 kɔn⁴⁵ tsʻɔŋ⁴⁵ tsʅ³¹ 疮疖　　　水痘子 suei³¹ tʻiəu⁵³ tsʅ³¹ 水痘

锯末子 tɕi⁵³maʔ⁵ tsʅ³¹ 锯末儿　　　　爆花子 pau⁵³ fa⁴⁵ tsʅ³¹ 爆米花

"子"在某些时候还可以做中缀，这种例子较少，如男子人（男人）。

名词后面的"子"缀大多数情况下没有什么附加意义，少数情况下表示小称，有"小"的意义。如：

关于人的称谓：小郎子（丈夫之弟弟）、阿文子、阿万子、阿英子、阿根子

表示幼小的动物：猪牯子（小公猪）、猪牸子（小母猪）

表示某些植物和物品名：番薯崽子（小地瓜）、芋崽子（小芋头）、刀崽子（小刀）

3. 词根+"老老"

"老老"为名词词缀，表示一类某一参数量多的事物。例如表 4-14。

表 4-14　　　　　　　　名词后缀"老老"构词表

成都	树子老老 su³¹ tsʅ³¹nau³¹ nau³¹	草草老老 tsʻau³¹ tsʻau³¹nau³¹ nau³¹
	豆豆老老 tʻiəu³¹ tʻiəu³¹nau³¹ nau³¹	竹子老老 tsuʔ² tsʅ³¹ nau³¹ nau³¹
	虫虫老老 tsʻuŋ¹³ tsʻuŋ¹³nau³¹ nau³¹	蚊蚊老老 mən⁴⁵ mən⁴⁵nau³¹ nau³¹
	渣渣老老 tsa⁴⁵ tsa⁴⁵ nau³¹ nau³¹	糕糕老老 kau⁴⁵ kau⁴⁵ nau³¹ nau³¹
	包包老老 pau⁴⁵ pau⁴⁵nau³¹ nau³¹	脚脚老老 tɕio²² tɕio²²nau³¹ nau³¹ 剩下的东西
隆昌	糕糕老老 kau⁴⁵ kau⁴⁵ nau³¹ nau³¹	包包老老 pau⁴⁵pau⁴⁵ nau³¹ nau³¹
	脚脚老老 tɕio²³ tɕio²³ nau³¹nau³¹	
西昌	虫虫老老 tʂʻuŋ²¹²tʂʻuŋ²¹²nau³¹nau³¹	脚脚老老 tɕio²³ tɕio²³nau³¹nau³¹
	包包老老 pau⁴⁵ pau⁴⁵ nau³¹nau³¹	虫虫老老 tsʻuŋ¹³ tsʻuŋ¹³ nau³¹nau³¹
仪陇	虫虫老老 tsʻuŋ²¹ tsʻuŋ²¹ nəu⁵³ nəu²¹	脚脚老老 tɕioʔ² tɕioʔ² nəu⁵³nəu²¹

名词后加上词缀"老老"，就改变为类名。比如"树子"可以指一棵树，加上"老老"以后，就指树这类植物，跟花草等另外的事物相区别。词缀"老老"的能产性较强，很多表示事物的名词都可以与之组合。

4. 词根+"公、嫲"

在四川客家方言中，"公、嫲"具有相同的性质和作用，这里把它们放在一起来讨论。顺便讨论"公、嫲"的词根用法。

"公、嫲"是很有特点的构词成分。所构成的词形体现出鲜明的客家方言特色。"公、嫲"的作用有三：一是"公"作为词根构词，多指称祖父及其同辈男子，"嫲"无此类用法；二是作为词根构词，表示属性，相当于普通话中的"雌、雄"和"公、母"；三是作为词缀构词，属性意义虚化。

作为属性义的"公、嫲"，用在表示动物名称的名词后，表示动物的性别是雌雄或公母，其结构方式是"正＋偏"式，这种用法在四川各地的客家方言中都完整地保留着。如：

　　鸡公　鸭公　鹅公　兔公　猪嫲　牛公　狗公　羊公　猫公
　　鸡嫲　鸭嫲　鹅嫲　兔嫲　猪嫲　牛嫲　狗嫲　羊嫲　猫嫲

如果雌性动物老且瘦，在成都、隆昌、仪陇客家方言中，还可以用"嫲壳"去称呼，这种用法在成都多见，隆昌仅见 2 例，仪陇 1 例，西昌则无此用法。如：

成都：鸡嫲壳 kai^{45} ma^{13} $xo?^2$ 狗嫲壳 $kiəu^{31}$ ma^{13} $xo?^2$ 牛嫲壳 $ɲiəu^{13}$ $ma^{13}xo?^2$ 羊嫲壳 $ioŋ^{13}$ $ma^{13}xo?^2$ 猪嫲壳 $tsu^{45}ma^{13}xo?^2$

隆昌：狗嫲壳 $kəu^{31}ma^{13}$ $xo?^3$ 猪嫲壳 $tsu^{45}ma^{13}xo?^3$

仪陇：猪嫲壳 tsu^{33} $ma^{21}k'ɔ?^5$

作词根的"公、嫲"用来构词的例子如表 4-15。

表 4-15　　　　　　　　　　词根"公、嫲"构词表

成都	公子 $kuŋ^{45}$ $tsɿ^{31}$ 雄性动物	䲡公 $tɕia^{31}$ $kuŋ^{45}$ 外祖父
	阿公 $a^{45}kuŋ^{45}$ 祖父	嫲子 ma^{13} $tsɿ^{31}$ 雌性动物
	月婆嫲 $nie?^5$ $p'o^{13}$ ma^{13}产妇	泼嫲 $pa?^2$ ma^{13} 刁蛮泼辣的人（多用于女性、小孩）
隆昌	公子 $kuŋ^{45}tsɿ^{31}$ 雄性动物	䲡公 $tɕia^{31}$ $kuŋ^{45}$ 外祖父
	嫲子 ma^{13} $tsɿ^{31}$ 雌性动物	怀子嫲 fai^{13} $tsɿ^{31}ma^{13}$
	产难嫲 $ts'an^{31}nan^{31}ma^{13}$ 难产的妇女	仙婆嫲 $ɕien^{45}$ $p'o^{13}$ ma^{13} 巫婆
西昌	公子 $kuŋ^{45}$ $tsɿ^{53}$ 雄性动物	太公 $t'ai^{53}kuŋ^{45}$ 祖父之父
	阿公 $a^{45}kuŋ^{45}$ 祖父	䲡公 $tɕia^{31}kuŋ^{45}$ 外祖父
	月婆嫲 $nie?^5p'o^{212}ma^{212}$ 产妇	爱嗷嫲 $ŋai^{53}$ $tɕiau^{53}ma^{212}$ 爱哭的人

续表

仪陇	公子 kuŋ³³ tsʅ⁵³ 雄性动物	老公 nəu⁵³ kuŋ³³ 丈夫
	太公 tʻai⁵³ kuŋ³³ 曾祖父	驰公 tɕia⁵³kuŋ³³ 外祖父
	□肚嫲 kuan⁵³ tu⁵³ma²¹ 孕妇	老虎嫲 nəu¹³ fu⁵³ ma²¹ 泼妇
	抱女嫲 pau¹³y⁵³ma²¹ 童养媳	妇娘嫲 puʻ¹³iɔŋ²¹ ma²¹ 妇女

　　西昌、仪陇只有"公子"的说法，并无"嫲子"的说法，相应的说法被替换成了"母子"，与官话方言相同，当是受到官话方言的影响而导致的结果。

　　用"公"来构成指人名词的时候，该名词用来称呼家族系列里的男性角色，如"老公"、"阿公"、"太公"、"祖公"、"舅公"。用"嫲"来构成指人名词的时候，表示"妇女"或"女人"的意思，它或者是一个生殖符号，或者带贬义色彩，所以"嫲"并没有用来称呼跟"公"相对应的那些女性亲属称谓，即没有"祖嫲"、"阿嫲"这样的称呼。

　　"牯"跟词根"公"的用法相同，常常表示雄性的属性，但构成的词语较少。如下表。

成都	猪牯 tsu⁴⁵ ku³¹ 公猪	牛牯 niəu¹³ ku³¹ 公牛
	狗牯 kəu³¹ ku³¹ 公狗	马牯 ma⁴⁵ ku³¹ 公马
隆昌	贼牯佬 tsʻeʔ⁵ ku³¹ nau³¹ 小偷	狗牯 kəu³¹ ku³¹ 公狗
仪陇	赖大牯 nai¹³ tʻai⁵³ ku²¹ 男孩子	牯牛 ku⁵³ ŋiɛ²¹ 公牛

　　在四川客家方言中，多数以"嫲"构成的词语表示性别，还有一部分词用来指称某一类人家，多指小孩儿，并无性别区别，这种用法在西昌客家方言中少见，而在仪陇客家方言中使用较多。例如表4-16。

表4-16　　　　　　　　　　　名词词缀"嫲"构词表

成都	泼嫲 pʻaʔ²ma¹³ 刁蛮泼辣的人（多指女性、小孩）	歪刁嫲 vai⁴⁵tiau⁴⁵ma¹³ 刁蛮泼辣的人（多指女性、小孩）
隆昌	怂祸嫲 tsʻuŋ³¹fo⁵³ma¹³ 爱挑拨是非、在背后告状或说人坏话的人	尖嘴嫲 tɕiɛn⁴⁵tsoi⁵³ma¹³ 嘴快、爱争辩的人
	好食嫲 xau⁵³seʔ⁵ma¹³ 对嘴馋贪吃的小孩的戏称	嗷嘴嫲 tɕiau⁵³ tsoi⁵³ma¹³ 戏称爱哭的孩子
西昌	爱嗷嫲 ŋai⁵³tɕiau⁵³ma²¹² 戏称爱哭的孩子	

续表

仪陇	尖嘴嫲 tɕien³³ tsɔ⁵³ ma²¹ 嘴快、爱争辩的人	怂祸嫲 tsʻuŋ⁵³ fɔ⁵³ma²¹ 爱挑拨是非、在背后告状或说人坏话的人
	好食嫲 xau⁵³ seiʔ³ma²¹ 戏称嘴馋贪吃的小孩	旱鸭嫲 fɔn⁵³ aʔ⁵ma²¹ 不会游泳的人
	来尿嫲 nɔ²¹iau¹³ ma²¹ 戏称爱尿床的小孩	向食嫲 ɕiɔŋ⁵³seiʔ³ma²¹ 戏称守着别人吃东西希望得到一点吃食的小孩
	赶脚嫲 kuɔn²¹tɕioʔ⁵ma²¹ 戏称爱跟大人一块儿出门的小孩	偷食嫲 tai³³seiʔ³ma²¹ 偷吃的人，多指小孩儿

作词缀用的"公"不用来进行雄性分类，它附在词根后面构成名词，其用法是封闭性的。概括起来有以下三类：

（1）表示动物的类名：猫公（猫的总称）、蚂蚁公（蚂蚁）、虾公（虾）；

（2）表示某些自然神明的名称：天公 雷公；

（3）表示身体器官的名称：鼻公、手指公、脚趾公。

词缀"嫲"的用法也是封闭性的，构成的词语有以下四类：

（1）动物名：黄鸡嫲（瓢虫）、鲤嫲（鲤鱼）、虱嫲（虱子）、蚜嫲（青蛙）、鲫甲嫲（鲫鱼）；

（2）人体器官名：舌嫲（舌头）；

（3）植物名：姜嫲（姜）；

（4）器物名：勺嫲（瓢）、笠嫲（斗笠）、色嫲（色子）。

5.词根+"婆"

"婆"可以充当词根语素，如"阿婆、太婆"，也可以充当名词后缀，如"鹞婆、袄婆"，性质与"嫲"相同。例如表 4-17。

表 4-17　　　　　　　名词后缀"婆"构词表

成都	太婆 tʻai⁵³pʻo¹³	阿婆 a⁴⁵pʻo¹³ 祖母
	鹞婆 iau³¹ pʻo¹³ 老鹰	袄婆 au³¹ pʻo¹³ 棉袄
	篓婆 nuei⁵³ pʻo¹³ 竹篾编制的用来装鱼和黄鳝的用具	黄蚝婆 vɔŋ¹³ tsʻaʔ⁵ pʻo¹³ 蟑螂
	打卦婆 ta⁵³ kua¹³ pʻəu²¹：打卦、驱鬼的神婆子；话多、爱唠叨的人	是非婆 sⁿ⁵³ fei⁴⁵ pʻo¹³ 爱搬弄是非的人
	怂祸婆 tsʻuŋ⁵³ xo¹³ pʻəu²¹ 爱挑拨是非、在背后告状或说人坏话的人	叉巴婆 tsʻa⁴⁵ pa⁴⁵ pʻo¹³ 张巴婆 tsɔŋ³³pa³³ pʻəu²¹ 爱大惊小怪、多嘴多舌的人
隆昌	太婆 tʻai⁵³pʻo¹³	阿婆 a⁴⁵pʻo¹³ 祖母
	鹞婆 iau³¹pʻo¹³ 老鹰	袄婆 au³¹ pʻo¹³ 棉袄

续表

隆昌	接话婆 tɕieʔ³ va³¹ pʻo¹³ 爱插嘴的人	叉巴婆 tsʻa⁴⁵ pa⁴⁵ pʻo¹³ 爱大惊小怪、多嘴多舌的人
	阐尖婆 tsʻan³¹ 爱说别人长短、搬弄是非的女人	打卦婆 ta³¹ kua⁵³ pʻo¹³ 打卦、驱鬼的神婆子；话多、爱唠叨的人
西昌	太婆 tʻai⁵³pʻo²¹²	阿婆 a⁴⁵ pʻo²¹² 祖母
	鹞婆 iau⁵³pʻo²¹² 老鹰	灵婆 nin²¹²pʻo²¹² 巫婆
	打卦婆：ta³¹kua⁵³pʻo²¹² 打卦、驱鬼的神婆子；话多、爱唠叨的人	阐尖婆 tʂʻan³¹ tɕien⁴⁵pʻo²¹² 爱说别人长短、搬弄是非的女人
仪陇	䲭婆 tɕia⁵³ pʻəu²¹ 外祖母	太婆 tʻai⁵³ pʻəu²¹ 曾祖母
	鹞婆 iau⁵³ pʻəu²¹ 老鹰	黄虾婆 uɔŋ²¹ tsʻaʔ⁵ pʻəu²¹ 蟑螂
	月婆 iɛʔ³ pʻəu²¹ 产妇	张巴婆 tsɔŋ³³pa³³ pʻəu²¹ 爱大惊小怪、多嘴多舌的人
	怂尖婆 suŋ⁵³tɕien³³pʻəu²¹ 爱说别人长短、搬弄是非的女人	怂祸婆 tsʻuŋ⁵³xɔ¹³pʻəu²¹ 爱挑拨是非、在背后告状或说人坏话的人
	打卦婆 ta⁵³ kua¹³ pʻəu²¹：打卦、驱鬼的神婆子；话多、爱唠叨的人	

6. 词根+"哥"

"哥"为名词后缀，用在名词后基本上已经失去了表示雌雄意义的属性特征。例如表4-18。

表 4-18　　　　名词后缀"哥"构词表

成都	猴哥 xiəu¹³ ko⁴⁵ 猴子	驴哥 □ny¹³ ko⁴⁵ tu⁵³ 驴子
	阿鸟哥 a⁴⁵ tiau³¹ ko⁴⁵ 对少年的贬称	嫽哥 niau³¹ ko⁴⁵ 贪玩的人
	鹩哥 niau¹³ ko⁴⁵ 八哥	鹦哥 ŋin⁴⁵ ko⁴⁵ 鹦鹉
隆昌	乌鹩哥 vu⁴⁵ niau¹³ ko⁴⁵ 八哥	鹦哥 ŋən⁴⁵ ko⁴⁵ 鹦鹉
	嫽哥 niau³¹ ko⁴⁵ 贪玩的人	
西昌	嫽哥 niau⁵³ko⁴⁵ 贪玩的人	鹦哥儿 in⁴⁵ kər⁴⁵ 鹦鹉
	贼哥儿 tsʻeʔ⁵kər⁴⁵ 小偷	

7. 词根+"儿"

"儿"也是四川客家方言中运用很普遍的名词后缀，所构成的词语将在下文详细讨论。

用"公、嬷、婆、哥、牯"称呼某种男女或区别某些动物的雌雄，是客家方言的一大特色。但跟梅县客家方言相比，四川客家方言中以"公、婆、嫲、牯、哥"作为后缀的词语明显偏少。总体而言，其在四川客家方言中的保留情况在成都、隆昌、西昌、仪陇几地呈现出依次递减的趋势。同时，四川客家方言吸收了四川官话的名词后缀"老老"、"儿"缀等，因此，四川客家方言的名词在词形上兼具客家方言和四川官话的特点。

二　四川客家方言中的儿韵词和儿化词

梅县、五华客家方言语音系统中没有"ɚ"的语音地位，可是四川客家方言却普遍都有这个成分，一个是独立的音节"儿"，单独作韵母，另一个是非独立音节的儿化韵，为区别起见，前者我们称为"儿韵词"，后者称为"儿化词"。儿韵词在四川各地客家方言中数量较少，例如表 4-19。

表 4-19　　　　　　　　　　　　儿韵词例表

成都	屁儿黑 pʻi⁵³ɚ³¹xeʔ² 心肠太坏，骂人用语	佛儿瓜 fu⁵³ɚ³¹kua⁴⁵ 佛手瓜
	帽儿头 mau⁵³ ɚ³¹tʻiəu¹³ 盛得冒尖的米饭	叶儿粑 ie⁵³ɚ³¹pa⁴⁵ 一种小吃
	疯儿动 fuŋ⁴⁵ɚ³¹tuŋ⁵³ 冒失或嬉戏无度者	牛儿 n̩iəu¹³ ɚ⁴⁵ 陀螺
隆昌	马儿 ma⁴⁵ ɚ⁴⁵ 马	细羊儿 se⁵³iɔŋ¹³ ɚ⁴⁵ 小羊
	细鸡儿 ɕie⁵³ kai⁴⁵ ɚ⁴⁵ 小鸡	仔猪儿 tʂ̩³¹ tsu⁴⁵ ɚ⁴⁵ 小猪
	飞蛾儿 fei⁴⁵o¹³ ɚ⁴⁵ 蝴蝶	笆儿 pa⁴⁵ ɚ⁴⁵ 笆篓
	娃儿书 ua¹³ ɚ⁴⁵su⁴⁵ 小人书	毛儿梗 mau¹³ ɚ⁴⁵kuaŋ³¹ 箬竹
西昌	瓢儿白 pʻiau²¹²ɚ²¹²pʻaʔ⁵ 一种菜	雀儿 tɕʻioʔ³ɚ²¹² 鸟儿
	梨儿 ni²¹²ɚ⁴⁵ 梨子	细猪儿 sei⁵³tʂu⁴⁵ɚ⁴⁵ 小猪
	娃儿 ua²¹²ɚ⁴⁵ 小孩儿	撵牛儿 tʂʻan⁵³niəu²¹²ɚ⁴⁵ 玩陀螺
	幼儿园 iəu⁵³ɚ²¹²iɛn²¹	天牛儿 tʻiɛn⁴⁵niəu²¹²ɚ⁴⁵ 天牛
仪陇	旋儿风 ɕyen¹³ɚ²¹fuŋ³³ 旋风	芋头儿 y⁵³tʻai²¹ɚ²¹ 芋头
	柑儿 kan³³ ɚ²¹柑橘	孵儿 pʻu⁵³ɚ²¹孵蛋
	养儿 iɔŋ³³ ɚ²¹产子	儿牛子 ɚ³³ŋie²¹tʂ̩⁵³小牛
	凳儿 tan¹³ ɚ³³凳子	干儿子 kuɔn³³ɚ²¹tʂ̩⁵³ 干儿子
	儿女 ɚ²¹y⁵³	刀儿 təu³³ ɚ³³刀
	痴儿 tsʻ̩³³ ɚ²¹傻瓜	刀儿匠 təu³³ ɚ³³ɕiɔŋ⁵³屠户

四川客家方言中的儿化词较多，远远多于儿韵词。从数量上看，仪陇、西昌、隆昌客家方言中的儿化词数量依次递减，儿化词最少的是成都客家方言。

表 4-20　　　　　　　　　　　　　　儿化词表

地区		
成都	凌包儿 nin⁵³pər⁴⁵ 地上结的冰	摸哥儿 mo⁴⁵kər⁴⁵ 扒手
	打窝巴儿 ta³¹vo⁴⁵pər³¹ 一种儿童游戏	老倌儿 nau⁵³kuər⁴⁵ 姅夫
	凌包儿 nin⁵³ pər⁴⁵ 地上结的冰	打伴儿 ta³¹pər⁵³ 作伴
	骆猴儿 no¹³hər¹³ 鬼	摩登儿红 mo⁴⁵tər⁴⁵fuŋ¹³ 胭脂红
	啵儿 pər⁴⁵ 吻	办姑姑筵儿 p'an³¹ku⁴⁵ku⁴⁵iər¹³ 过家家
	吞儿唔圆 t'ər⁴⁵m̩¹³yɛn¹³ 说不清楚	翘根儿了 tɕiau⁴⁵kər⁴⁵niau¹³ 死
	朽干儿 ɕiəu⁵³kər⁵³ 破烂，破旧，劣质	闷登儿 mən⁴⁵tər⁴⁵ 不爱说话或傻里傻气的人
	登儿啊噹哩 tər⁴⁵a³¹taŋ³¹ni¹³ 吊儿郎当的样子	
隆昌	泡儿 p'ər⁵³	老者儿 nau³¹tsər⁴⁵ 老头
	大泡汉儿 t'ai³¹p'au⁴⁵xər³¹ 身材魁梧的男子	阴凉坝儿 in⁴⁵niɔŋ¹³ pər⁵³ 荫凉地儿
	涡螺旋儿 o⁴⁵no⁴⁵tɕ'yər¹³ 旋涡	高石头儿 kau⁴⁵saʔ⁵t'ər⁵³ 鹅卵石
	屎厄厄儿 ʂʅ³¹pa⁵³pər³¹	囤包儿 t'ən³¹pər⁴⁵ 囤子
	慈姑儿 ts'ʅ¹³kuər⁴⁵ 荸荠	葡萄儿 p'u¹³tər⁴⁵ 葡萄
	调羹儿 t'iau¹³kər⁴⁵ 调羹	鱼鳔儿 m̩¹³p'ər⁵³
	钉耙儿 taŋ⁴⁵p'ər¹³	
西昌	樱桃儿 ŋɛn⁴⁵t'ər²¹²	男猫儿 nan¹³mər⁴⁵ 公猫
	瓦片儿 ŋa³¹p'iər⁵³	炭花儿 t'an⁵³xuər⁴⁵ 炭渣
	雪花儿 xieʔ³xuər⁴⁵	等下儿 tən¹³xər⁴⁵
	藤藤儿 t'ən²¹²t'ər⁴⁵ 藤	葱葱儿 ts'uŋ⁴⁵ts'uər⁴⁵ 葱子
	松豆儿 suŋ⁴⁵tər²¹² 松球	樱桃儿 ŋɛn⁴⁵t'ər⁴⁵
	板栗儿 pan³¹niərʔ⁵	花骨朵儿 fa⁴⁵ku³¹tər⁴⁵ 花蕾
	马马儿 ma⁴⁵mər⁵³	牯牯儿 ku³¹kuər³¹ 公牛
	毛狗儿 mau³¹kər⁵³ 狐狸	细羊羔儿 sei⁵³iɔŋ²¹²kər⁴⁵ 小羊
	天牛儿 t'iɛn⁴⁵niəu²¹²ər⁴⁵	八哥儿 pa³²kʔ³kər⁴⁵ 八哥
	青蛙儿 tɕ'iaŋ⁴⁵uər⁴⁵ 青蛙	鲫壳儿 tɕieʔ³k'ər⁵³ 鲫鱼
	罩钩钩儿 tʂau⁵³kəu⁴⁵ kər⁴⁵ 罩钩	乌巴儿 vu⁴⁵pər⁴⁵ 蝌蚪
	纸人人儿 tʂʅ³¹nin²¹²niər⁴⁵ 纸人	秤钩钩儿 tʂ'ən⁵³kəu⁴⁵ kər⁴⁵ 秤钩
仪陇	枇杷儿 p'i²¹p'ər³³	樱桃儿 in³³t'ər²¹
	褂褂儿 kua¹³kuər³³ 褂子	豆花儿 t'ai¹³far³³
	对门襟儿 tuei¹³mən²¹tɕiər³³	桌桌儿 t'ɔ²¹t'ər³³ 桌子
	棍棍儿 kuən¹³kuər³³	滚滚儿 kuən⁵³kuər³³

续表

仪陇	嘴嘴儿 tsɔ^{53} tsər^{53}	水水儿 suei^{53}suər^{53}
	悄悄儿 tɕiau^{33} tɕiər^{33}	刀刀儿 təu^{33}tər^{33}
	尖尖儿 tɕiɛn^{33} tɕiər^{33}	醪糟儿 nau^{21}tsər^{33}
	豌豆儿 van^{33} t'ɚ^{53}	麻芝官儿 ma^{21}tsɿ^{33} kuər^{33} 麻芝官儿
	羊肉串儿 iɔŋ^{21} niəuʔ^{5} ts'uər^{53}	花卷儿 fa^{33} tɕyər^{53}
	将将儿 tɕiɔŋ^{33} tɕiər^{33} 刚刚	

上面列举的四川客家方言的儿韵词和儿化词均能在各自所对应的官话方言中找到相同的说法。很显然儿韵和儿化的出现源于四川官话方言的影响。其中多数词也是四川官话方言的通用词语。

三　特征语素构词

四川客家方言中存在批量的特征词，这些特征词有的能独立成词，有的不能单独成词；有的成为构成语素组成新的词语，有的能产性较差，有的能产性很强。

能独立成词的如："食（吃）、衫（衣）、水（雨）、日（天）、暗（黑）、光（亮）、细（小）、猋（跑）、面（脸）、屋（房子）、嫽（玩耍）、鼻（闻）、晡（天，量词）"等。

有的不能单独成词，如"崬（顶）、桍（树枝）、蛶（蛙）、昼（白天）、禾（稻谷）"等。作为构词语素，有的特征词能产性较差。

特征词和有特征语素的词形具有鲜明的四川客家方言特色。前文已辟专节讨论四川客家方言的特征词，在此重点讨论特征词作为语素构词的情况。

崬（顶）：山崬（山顶）、屋崬（房顶）。

蛶（蛙）：麻蛶（一种土灰色的蛙，体型较青蛙小）、奶蛶子（蝌蚪）、蛶嫲（青蛙）。

禾（稻谷）：割禾（割稻子）、禾担杆（由一根竹子两头削尖制成的挑稻草的工具）、禾桩（稻茬儿）。

孩（担）：孩子（担子）、孩脚（旧时以帮人挑东西为生的人）。

啮（咬）：狗啮（狗叫）、啮人（咬人）、啮唔动（咬不动）。

作为构词语素，有的特征词表现出较强的能产性，如"食、水、细"等。

食（吃）：食朝（吃早饭）、食昼（吃午饭）、食夜（吃晚饭）、独食（吃独食）、打净食（吃饭时，只吃菜，少吃饭）、食鼓眼饭（吃饭时，无菜下饭）、食大户（到有钱人家吃白食）、食抹和（沾光吃东西或占便宜）、食裹搅（趁人多混乱捡便宜）、食唔消（吃不消）。

水（雨）：除仪陇客家方言外，四川各地客家方言皆说"雨"为"水"，"水"具有较强的构词能力。如水点子（雨点儿）、毛毛水（毛毛雨）、大水（大雨）、天东水（雷阵雨）、乌风暴水（暴雨）、过云水（阵雨）、淋水（淋雨）。

细（小）：细春（小春）、细米（小米）、细刀子（匕首）、细崽子（小孩子）、细子（小孩儿）、细姨（最小的姨妈）、细老弟（小叔子）、细病（小病）、细生日（小生日）、细钱（铜钱）、细船（小船）、细车子（轿车）、细名（小名）。

昼：上昼（上午）、半朝半昼、半昼（上午十点前后的一段时间）、昼边（中午）、下昼（下午）。

晡：暗晡辰（夜里）、夜晡里（夜里）、一晡夜（一晚上）、半下晡（下午三、四点前后的一段时间）、昨暗晡（昨晚上）、昨晡夜（昨晚上）、天天晚上日日暗晡（每天晚上）、每晡暗（每天晚上）、二晡日（改天）。

光（亮）：麻纱纱光（天蒙蒙亮）、麻麻光（天蒙蒙亮）、蒙蒙光（天蒙蒙亮）、大天地光（天大亮）、光华华（亮堂堂）。

镬（锅）：镬头（锅）、铁镬（铁锅）、砂镬（砂锅）、鼎镬（鼎锅）、镬锑（锑锅）、镬盖（锅盖）、镬铲（锅铲）。

面（脸）：洗面架（洗脸架）、洗面水（洗脸水）、洗身水（洗澡水）、洗面帕（洗脸帕）、面墩子（脸庞）、面模子（脸蛋）、面皮（脸皮）、面框骨（颧骨）、开面（开脸）、洗面（洗脸）、翻面（翻脸）、打肿面充胖子（打肿脸充胖子）、花面（花脸）。

四　词形比较

四川客家方言词汇在音节上跟四川官话有同有异，有些同源的历史悠久的基本词，音节和词形都相同，无论四川客家方言还是四川官话方言，无论在哪个地点都没有差别，这些词一般为单音节词。如：

风、云、霜、雪、河、火、光、牛、猪、狗、门、碗、瓦、钱、手、听、捧、打、坐、爬、戴、脱、洗、扫、开、关、问、借、买、卖、有、大、长、短、高、薄、深、浅、空、满、方、圆、平、正、反、直、斜、老、生（不熟）、熟、热、冷、白、红、多、少、远、近、乱、贵、你、飞、去、来、笑。

但有一些单音节的基本词，四川客家方言在各点或某些地点与四川官话音节相同，词形不同。例如表 4-21。

表 4-21　　　　　　　四川客家方言与四川官话词形对照表之一

词目	四川客家方言					四川官话			
	凉水井	洛带	隆昌	西昌	仪陇	成都	隆昌	四外话	仪陇
吃	食	食	食	食	食	吃	吃	吃	吃
宽	阔	阔	阔	宽	宽	宽	宽	宽	宽
累	累瘃	瘃	累	累	累	累	累	累	累
窄	狭	狭	狭	狭	狭	窄	窄	窄	窄
雨	水	水	水	水	水	雨	雨	雨	雨
干~燥	燥干	燥	燥	燥干	燥	干	干	干	干
锈	鑐	鑐	鑐 锈	锈	锈	锈	锈	锈	锈
脸	面	面	面	面 面墩儿	面巴	脸	脸	脸 面墩儿	脸

　　有一些基本词，词形基本相同，但四川多个客家方言点比四川官话的音节多。例如表 4-22。

表 4-22　　　　　　　四川客家方言与四川官话词形对照表之二

词目	四川客家方言					四川官话			
	凉水井	洛带	隆昌	西昌	仪陇	成都	隆昌	四外话	仪陇
马	马子	马子	马子 牲口	马马儿	宽	马	马马儿	马马儿 牲口	马牲口
鹅	鹅子	鹅子	鹅	鹅	鹅 大鸭嫲	鹅	鹅	鹅	大鸭子
学生	学生子	学生子	学生子	学生子	学生子	学生	学生	学生	学生
土豆	洋芋子	洋芋子	洋芋子	洋芋	洋芋	洋芋	洋芋	洋芋	洋芋
姜	姜嫲	姜嫲	姜嫲	姜嫲	姜	姜	姜	姜	姜
猫	猫公	猫公	猫公	猫公 猫儿	猫公	猫	猫	猫	猫

　　有一些基本词，在四川各客家方言点基本是双音节，四川官话也是双音节，但词形或全部相同，或部分相同。例如表 4-23。

表 4-23　　　　　　　四川客家方言与四川官话词形对照表之三

词目	四川客家方言					四川官话			
	凉水井	洛带	隆昌	西昌	仪陇	成都	隆昌	四外话	仪陇
太阳	日头	日头	日头	日头	日头	太阳	太阳	太阳	太阳

续表

词目	四川客家方言					四川官话			
	凉水井	洛带	隆昌	西昌	仪陇	成都	隆昌	四外话	仪陇
衣服	衫裤	衫裤	衫裤	衫	衫裤	衣裳	衣裳	衣裳	衣裳
翅膀	翼拍	翼拍	翼拍	翼拍 翅膀	翅膀	翅膀	翅膀儿	翅膀	翅膀
老鹰	鹞婆	鹞婆	鹞婆	鹞婆	鹞婆	老鹰	崖鹰	老鹰	老鹰
虱子	虱嫲	虱嫲	虱嫲	虱嫲	虱嫲	虱子	虱子	虱子	虱子
月亮	月光	月光	月光	月光	月光	月亮	月亮	月亮	月亮
上午	上昼	上昼	上昼	上昼	上昼	上午	上午	上午	上午

　　有的词语，包括一组同义词中的某个词，四川客家方言与四川官话在音节和词形上对应得比较整齐。例如表4-23。

表 4-24　　　　四川客家方言与四川官话词形对照表之四

词目	四川客家方言					四川官话			
	凉水井	洛带	隆昌	西昌	仪陇	成都	隆昌	四外话	仪陇
石头	石头	石头	石头	石头	石头	石头	石头	石头	石头
狮子	狮子	狮子	狮子	狮子	狮子	狮子	狮子	狮子	狮子
寡妇	寡母子	寡母子	寡母子	寡母子 寡妇	寡母子	寡母子	寡母子	寡妇	寡母子
冰雹	雪弹子	雪弹子	雪弹子	雪弹子	雪弹子 冷子	雪弹子	雪弹子	雪弹子	冰雹
土匪	棒客 棒老二	棒老二 棒客	棒老二	棒老二 土匪	棒老二	棒老二	棒老二	强盗	棒老二
小偷	贼娃子 贼哥摸 细贼娃子	贼娃子 细贼 细贼娃子	贼牯佬 偷哥儿	贼哥儿	贼娃子 溜表子	贼娃子 摸哥儿	贼娃子	偷儿 贼哥儿	贼娃子 摸哥儿
乞丐	告花子 讨口子	告花子 讨口子	告花子	告花子	叫花子	叫花子 讨口子	告花子 讨口子	告花子 讨口子	叫花子 讨口子
大雁	雁鹅	雁鹅	雁鹅	雁鹅	雁鹅	雁鹅	天鹅	雁鹅 大雁	雁鹅
泡儿	泡泡	泡泡	泡泡 泡儿	泡泡	泡泡	泡泡 泡儿	泡泡 泡儿	泡泡	泡泡儿
星星	星宿	星宿	星宿子	星宿	闪子	星宿儿	星宿儿	星星 星宿	宿宿
姑母	嬢嬢	嬢嬢	姑 前加排行	满满 满 前加排行	姑姑 大姑	嬢嬢	姑 前加排行	嬢嬢	姑姑 大姑

　　从上面的词形比较中看出，四川客家方言跟四川官话词语在词形上有同有异。就同的方面讲，有同源关系，比如"风、云、霜、雪、河、火、光、牛"等基本词，是汉语各个方言都共同从古代汉语继承而来的；也有接触关系，比如"雪弹子、贼娃子、棒老二、寡母子、星宿、嬢嬢"等，是四川客家方言从四川官话借用的词语，也有受四川官话词汇系统感染而产生的结构趋同，如"狮子"中的"子"。"狮子"一词，五华是"狮哩"，梅县是"狮欸"，其"哩"和"欸"这两个后缀四川客家方言没有在任何一个地点得到保存，多被后缀"子"替换，而"子"尾的广泛运用，正是四川官话的特点。就异的方面来说，客家方言特征词的特色鲜明，这是四川客家方言对祖籍方言的传承。所以，就词形的比较来看，四川客家方言词汇既有传承，也有变异。

第五章　四川客家方言与四川官话
接触下的语法研究

本章通过对四川客家方言在词法和句法两方面有关项目的比较研究，来反映四川客家方言语法面貌及其特色，重点分析和总结四川官话对四川客家方言语法带来的影响。

第一节　词法研究

本节从构词规则、封闭性的词类、动词的几种体貌来详细考察在与四川官话接触背景下四川客家方言词法的具体情形，主要包括保留了哪些特征，出现了哪些变化。

一　名词的重叠式

（一）四川客家方言的重叠式名词

名词重叠方式是指运用词根语素重叠的方式来构成名词的方式，名词重叠式是四川客家方言具有的重要语法特点，四川各客家方言点普遍都具有这个特点。四川客家方言用此方式构成了大量的名词，这与梅县、福建、江西等地的客家方言迥异。就目前对客家方言的研究情况看，闽粤赣客家方言普遍没有重叠式名词。例如表 5-1。

表 5-1　　　　　　　　　名词比较表

方言点	灰尘	（果）核儿	小水坑	稻茬儿	树枝
广东梅县	尘灰	核 fut⁵	水湖	禾头	树□pʻa³¹
广东五华	尘灰	核□fuk⁵ti⁵³	坑坜	谷粜	树桠哩
福建武平	尘灰	核 kʻvei?⁵	水湖	禾头	树□pʻa³¹
江西赣县	灰尘	仁	沟坑	禾稿□tɕi³¹	树柈

续表

方言点	灰尘	（果）核儿	小水坑	稻茬儿	树枝
成都	灰灰	核儿核儿 fər⁴⁵ fər⁴⁵ 心心 箍箍	水凼凼	谷桩桩	树子桠桠
隆昌	灰灰	心心	凼凼	禾桩	树桠桠 树桍桍
西昌	灰灰	核核 fuʔ⁵fuʔ⁵ 核儿核儿 fər⁴⁵ fər⁴⁵	细凼凼	谷桩桩	树枝枝 树桠桠
仪陇	渣渣	骨骨	水凼凼	谷头头	树枝枝

四川客家方言中名词重叠式以 AA 式为主。A 是词根，把这个词根加以重叠，便构成了一个新名词。A 多为名词性词根，也可为动词性、形容词性、量词性词根。分别如：蛾蛾_{蝴蝶；飞蛾}|款款_{用以挡住物体的东西，也指数目或限度}|炻炻_{容易获取的}|瓣瓣。

AA 式构成两字组名词，以 AA 式为基础，还构成了 AAB、ABB、AABB、AABC、ABBC、ABCC 等三字组、四字组名词。三字组中"抓抓匠"、"臊颗颗"，四字组中"罢衣钵钵"、"半架架鸡"等词语，从意义上看整体性较强，重叠的语素与非重叠语素结合比较紧密，在有些词中非重叠语素不能独立运用，所以把它们作为词来看待。

1. 跟四川官话词形相同的 AA 式名词

四川客家方言中有一些共同的重叠式名词，这些词也是四川官话中普遍具有的。如：

疤疤_{疤痕；补丁}	坝坝_{较小的平地}	边边_{边沿}	皮皮_{皮子}	钵钵_{缸子}
槽槽_{槽子}	坼坼_{裂痕}	底底_{底子}	洞洞_洞	凼凼_{小水坑}
缝缝_{缝子}	格格_{格子}	沟沟_沟	浆浆_{浆液}	角角_{角落}
坎坎_{坎儿}	胯胯_胯	篮篮_{篮子}	篷篷_{篷子}	坡坡_{坡坡}
路路_{纹路，印痕}	枓枓_{谷见}	圈圈_圈	竿竿_{竹竿}	窝窝_窝
舷舷_{器物边沿}	箱箱_{箱子}	渣渣_{渣滓}	桩桩_{木桩}	气气_{气味}
巾巾_{布条}	瓣瓣_{圈儿}	槌槌_{槌子}	堆堆_{个子；体积}	缝缝_{缝子}
壳壳_壳	缺缺_{缺口}	夹夹_{镊子，夹子}	铲铲_{铲子}	尖尖_{尖儿}
坨坨_{团状物}	偏偏_{披屋}	皱皱_{皱纹，褶子}	丝丝_{丝，丝儿}	片片_{片状的东西}

2. 只跟比邻官话相同的 AA 式名词

各客家方言点中都有些名词重叠式词语并不普遍见于四川官话而只见于

比邻官话。这类词比较少，例如表 5-2。

表 5-2　　　　　　　　四川客家方言与官话重叠式名词对照表

词目	成都客话、官话	隆昌客话、官话	西昌客话、四外话	仪陇客话、官话
（蛋）白白 蛋白	+			
（蛋）黄黄 蛋黄	+			
猫儿猫儿		+		
馍馍 蒸或煎成的块状食品			+	
牯牯 儿公牛			+	
马马 儿马；牲口			+	
楔楔 楔子			+	
烟烟 烟	+		+	
塌塌 地方	+			+

3. 跟四川官话不同的 AA 式名词

有些 AA 式词语是四川官话中没有的，其中有的词的词根是用客家方言固有语素（或特征语素）构成的，如"痟、岽、桍"等，这些名词特色鲜明。例如表 5-3。

表 5-3　　　　　　　　四川客家方言特征语素构成的 AA 式名词表

词　　目	成都	隆昌	西昌	仪陇
痟痟 蚊虫等咬起的小疱	+	+		
瘭瘭 身上长的小疱	+			
尾尾 植物的末梢	+	+	+	
梗梗 植物的杆	+	+	+	+
勺勺 勺子	+	+	+	+
罂罂 罐子	+	+	+	+
桍桍 树枝	+	+		
屎屎 容器器物的底部	+	+		
岽岽 山顶	+			
岭岭 成片的山；山	+		+	
迹迹 印迹	+			
荚荚 豆荚	+		+	

续表

词　　目	成都	隆昌	西昌	仪陇
末末_{粉末儿}	+			
镙镙_{刷锅}			+	
树树_树			+	
（稀）羹羹_{稀泥}			+	
鳃鳃_{鱼鳃}			+	
骨骨_{核儿}				+
印印_{印迹}				+
弓弓_{弓子}				+

　　四川客家方言中 AA 式名词的数量较大。如果说跟四川官话相同的重叠式名词还可以看成是借词的话，那么这些跟四川官话不同的重叠式名词则完全是由重叠式结构规则而构成的新名词，其词形既不同于四川官话，也不同于来源方言。

　　4. 多字组重叠式名词

　　包括三字组和四字组两种小类。或者前叠、或者后叠，有 ABB、AAB、AABC、ABCC 等形式。四川各客家方言点都有一定数量的多字组重叠式名词。下面分别举例说明。

　　成都[①]：

茶末末 ts'a¹³ maʔ⁵ maʔ⁵ 茶末　　　　谷吊吊 kuʔ² tiau⁴⁵tiau⁴⁵ 稻穗

花苞苞 fa⁴⁵pau⁴⁵pau⁴⁵ 花蕾　　　　筷笼笼 k'uai⁵³ nuŋ⁴⁵nuŋ⁴⁵ 筷篓子

帽搭搭 mau⁵³ taʔ² taʔ² 帽舌　　　　霉毛毛 mei¹³ mau⁴⁵mau⁴⁵ 霉

莲白白 nien¹³p'aʔ⁵p'aʔ⁵ 洋白菜　　　菜梗梗 ts'oi⁵³ kuaŋ³¹ kuaŋ³¹

沙沙土 sa⁴⁵ sa⁴⁵ t'u³¹ 沙土　　　　臊颗颗 sau⁴⁵k'o³¹k'o³¹ 青春痘

臊痛痛 sau⁴⁵p'u⁴⁵p'u⁴⁵ 青春痘　　　山崀崀 san⁴⁵kien⁵³ kien⁵³ 山脊

树桍桍 su³¹ k'ua³¹k'ua³¹ 树枝　　　水泡泡 suei³¹p'iau⁵³ p'iau⁵³ 水泡

凼凼田 toŋ⁵³toŋ⁵³ t'ien¹³ 低洼处的小块田　乌癫癫 vu⁴⁵naʔ² naʔ² 黑斑

毛毛水 mau⁴⁵mau⁴⁵suei³¹ 毛毛雨　　末末茶 maʔ⁵maʔ⁵ts'a¹³ 米茶

飘飘水 p'iau⁴⁵p'iau⁴⁵suei³¹ 斜风雨　月月开 ȵieʔ⁵ ȵieʔ⁵ xoi⁴⁵ 月季花

罂衣钵钵 aŋ⁴⁵i⁴⁵paʔ³²paʔ² 坛盖　　屁眼心心 pi⁵³ ŋan⁴⁵çin⁴⁵çin⁴⁵ 肛门

屁眼洞洞 p'i⁵³ŋan³¹tuŋ⁵³ tuŋ⁵³ 肛门　大髀桝桝 t'ai³¹pi³¹k'a⁴⁵k'a⁴⁵ 胯部

耳朵珠珠 ȵi³¹to³¹tsu⁴⁵tsu⁴⁵ 耳垂　头那顶顶 t'iəu¹³na⁴⁵taŋ³¹taŋ³¹ 头顶

---

① 注音依据凉水井语音。

包包凼凼 pau⁴⁵pau⁴⁵toŋ⁵³toŋ⁵³ 坑坑洼洼　　包包老老 pau⁴⁵pau⁴⁵nau³¹nau³¹ 众多的小山包

隆昌：

艾粑粑 ȵioi⁵³ pa⁴⁵ pa⁴⁵　　　　　　　菜梗梗 tsʻoi⁵³ kuaŋ³¹ kuaŋ³¹

鸡崽崽 kai⁴⁵tɕie⁴⁵tɕie⁴⁵ 小鸡儿　　　跰跰脚 pai⁴⁵ pai⁴⁵ tɕioʔ³ 跛脚

筷笯笯 kʻuai⁵³ no⁴⁵ no⁴⁵ 筷笼　　　　俫崽崽 nai⁵³ tɕie³¹ tɕie³¹ 男婴

莲白白 nien¹³pʻaʔ⁵pʻaʔ⁵ 洋白菜　　　冇壳壳 pʻaŋ⁵³ xoʔ³ xoʔ³ 秕谷

浣圿圿 man⁵³ kaʔ³ kaʔ³ 身体的污垢　　油圿圿 iəu¹³ kaʔ³ kaʔ³ 身体的污垢

米搅搅 kʻau¹³ kʻau¹³ 米糊　　　　　树槌槌 su⁵³ tsʻuei¹³ tsʻuei¹³ 木槌

树桍桍 su⁵³ kʻua³¹kʻua³¹ 树枝　　　　水瘭瘭 suei³¹ pʻiau⁵³ pʻiau⁵³ 水疱

水凼凼 suei³¹toŋ⁵³ toŋ⁵³ 小水坑儿　　药罂罂 ioʔ⁵ aŋ⁴⁵ aŋ⁴⁵ 药罐儿

芋崽崽 vu⁵³ tɕie³¹ tɕie³¹ 小芋　　　　猪篓篓 tsu⁴⁵nəu⁴⁵ nəu⁴⁵ 用于装猪的篮子

凼凼田 toŋ⁵³ toŋ⁵³ tʻien¹³　　　　　　杆杆匠 kuɔn⁴⁵ kuɔn⁴⁵ ɕioŋ⁵³ 以放鸭子为生的人

毛毛水 mau⁴⁵mau⁴⁵suei³¹　　　　　觑觑眼ɐ ɕy⁴⁵ ɕy⁴⁵iə⁵³

沙沙土 sa⁴⁵ sa⁴ tʻu³¹　　　　　　　坨坨炭 tʻo¹³ tʻo¹³ tʻan⁵³ 末子炭

谷子吊吊 kuʔ³ tsʅ³¹tiau⁴⁵tiau⁴⁵ 谷穗　番薯笐笐 fan⁴⁵ su¹³ təu⁴⁵ təu⁴⁵ 洗红薯的筐子

露水珠珠 nu⁵³ suei³¹ tsu⁴⁵ tsu⁴⁵ 露珠　萝苤缨缨 no¹³ pʻe⁴⁵in⁴⁵in⁴⁵

树子茎茎 su⁵³tsʅ³¹ 树根　　　　　头那顶顶 tʻəu¹³ na⁴⁵ taŋ³¹taŋ³¹

包包拱拱 pau⁴⁵pau⁴⁵ kuŋ³¹ kuŋ³¹ 坑坑洼洼

包包老老 pau⁴⁵pau⁴⁵nau³¹nau³¹ 众多的小山包

西昌：

笔梗梗 piʔ³kuaŋ³¹kuaŋ³¹ 笔杆　　　布缕缕 pu⁵³niəu⁴⁵ niəu⁴⁵ 布条

漕凼凼 tsau⁴⁵ toŋ⁵³toŋ⁵³ 旱塘　　　饭勺勺 fan⁵³suʔ⁵suʔ⁵ 饭勺

粪疮疮 pən⁵³ tsʻɔŋ⁴⁵tsʻɔŋ⁴⁵　　　　粪凼凼 pən⁵³toŋ⁵³ toŋ⁵³ 粪坑

岭顶顶 niaŋ⁴⁵ taŋ³¹taŋ³¹ 山顶　　　岭艮艮 niaŋ⁴⁵ kən⁵³kən⁵³ 山脊

岭沟沟 niaŋ⁴⁵ kəu⁴⁵ kəu⁴⁵ 山沟　　　岭崖崖 niaŋ⁴⁵ ŋai²¹²ŋai²¹² 山崖

毛毛水 mau⁴⁵ mau⁴⁵ ʂuei³¹ 毛毛雨　　米搅搅 mi³¹kʻau²¹²kʻau²¹² 米糊

绵绵水 mien²¹²mien²¹²ʂuei³¹ 连阴雨　　苕尾尾 ʂau²¹²mei⁴⁵mei⁴⁵

树叶叶 ʂu⁵³ieʔ⁵ieʔ⁵　　　　　　　糖人人ɐ tʻoŋ²¹²nin²¹²niə⁴⁵

稀羹羹 ɕi⁴⁵ kaŋ⁴⁵ kaŋ⁴⁵ 稀泥　　　幼渣渣 iəu⁵³tsa⁴⁵tsa⁴⁵ 末儿

鱼秧秧 m̩²¹²ioŋ⁴⁵ioŋ⁴⁵ 鱼苗　　　　毛毛沙 mau⁴⁵ mau⁴⁵ ʂa⁴⁵ 细沙

包包白 pau⁴⁵pau⁴⁵ pʻaʔ⁵ 洋白菜　　　炟炟蛋 pʻa⁴⁵pʻa⁴⁵tʻan⁵³ 软壳蛋

香香嘴 ɕioŋ⁴⁵ɕioŋ⁴⁵tʂuai 爱吃零食的人　偏偏屋 pʻien⁴⁵pʻien⁴⁵vuʔ³

花生壳壳 fa⁴⁵sən⁴⁵xoʔ³xoʔ³ 花生壳　　柳树条条 niəu⁴⁵ʂu⁵³tʻiau²¹²tʻiau²¹² 柳条

萝苤缨缨ₙ no²¹²p'eʔ³in⁴⁵iər⁴⁵　　　　雀儿窝窝 tɕ'o³¹ɚ⁴⁵vo⁴⁵vo⁴⁵ 鸟窝

舌嫲颠颠 ʂeʔ⁵ma²¹²tiɛn⁴⁵tiɛn⁴⁵ 舌尖　　头那顶顶 t'əu²¹²na⁴⁵taŋ³¹taŋ³¹ 头顶

心肝板板 ɕin⁴⁵kuan⁴⁵pan³¹pan³¹ 胸脯　　杏子核核 xən⁵³tsʔ³¹fuʔ⁵fuʔ⁵ 杏仁

月光坝坝 nieʔ⁵kɔŋ⁴⁵pa⁵³pa⁵³　　　　竹子竿竿 tʂuʔ³tsʔ³¹kuan⁴⁵kuan⁴⁵ 竹竿

疙疙包包 keʔ³keʔ³pau⁴⁵pau⁴⁵ 坑坑洼洼　虫虫老老 tʂ'uŋ²¹²tʂ'uŋ²¹²nau³¹nau³¹ 统称虫豸

仪陇：

笔梗梗 piʔ⁵kuaŋ⁵³kuaŋ⁵³ 笔杆　　　　草棚棚 ts'əu⁵³p'uŋ²¹p'uŋ²¹ 草棚

沟墩墩 kɛ³³tuən³³tuən³³ 屁股　　　　鸡皱皱 kei³³tsuŋ⁵³tsuŋ⁵³ 鸡皮疙瘩

脚爪爪 tɕiɔʔ⁵tsau⁵³tsau⁵³ 脚爪　　　面捞捞 miɛn⁵³nau²¹nau²¹ 笊篱

手颈颈 səu⁵³tɕiaŋ⁵³tɕiaŋ⁵³ 手腕　　　瘦框框 sai¹³tɕ'iɔŋ³³tɕ'iɔŋ³³ 高而瘦的人

树茎茎 su⁵³tɕin³³tɕin³³ 树根　　　　树秧秧 su⁵³iɔŋ³³iɔŋ³³ 树苗

叉叉裤 tɕ'ia⁵³tɕ'ia⁵³k'u¹³ 开裆裤　　茶缸缸 ts'a²¹kɔŋ³³kɔŋ³³ 茶缸

凭凭椅 p'an⁵³p'an⁵³i⁵³ 椅子　　　　沙沙地 sa³³sa³³t'i⁵³ 沙土

鼻头漏漏 p'i⁵³t'ai²¹nɔ¹³nɔ³³ 鼻孔　　羊咪咪 iɔŋ²¹mi³³mi³³ 蜻蜓

药罐罐 iɔʔ³kuan¹³kuan³³　　　　　　水囱囱 suei⁵³tɔŋ¹³tɔŋ¹³

耳朵锥锥 i⁵³təu³³tsuei³³tsuei³³ 耳垂　露水珠珠 nu¹³suei⁵³tsu³³tsu³³ 露珠

头那顶顶 t'ai²¹ŋa²¹tan⁵³tan⁵³ 头顶　　阴凉塌塌 in¹³niɔŋ³³t'aʔ³t'aʔ³ 荫凉儿

麻芝梗梗 ma²¹tsʔ³³kuaŋ⁵³kuaŋ⁵³ 芝麻秆　萝苤缨缨 nəu²¹p'ie³³in³³in³³

坑坑包包 k'aŋ³³k'aŋ³³pau³³pau³³ 坑坑洼洼

虫虫老老 ts'uŋ²¹ts'uŋ²¹nəu⁵³nəu⁵³ 统称虫豸

（二）四川客家方言重叠式名词的特点

四川客家方言的名词重叠式尽管源自跟它有深刻接触的四川官话，但在词形和读音上并非完全照搬，在母语构词法和读音规律的干扰下，四川客家方言的名词重叠式呈现出自己的不同特点。

1. 词形特点

词形上总的特点是跟四川官话不能完全对应，这表现在以下三个方面。

第一，有些名词，四川官话有重叠式，四川客家方言却没有重叠式，如四川官话有"椅椅ₙ"、"桥桥ₙ"、"线线ₙ"、"绳绳ₙ"等重叠式名词，四川客家方言中相对应的词语普遍都不用重叠式。

第二，有些名词，四川客家方言有重叠式，四川官话却没有重叠式，或都有重叠式，但重叠的语素不同。如"痡痡蚊虫等咬起的小包"，四川官话说"疙瘩"；"崇崇山顶"，四川官话说"山顶顶"；"树桍桍树枝"，四川官话说"树枝枝"或"树桠桠"。用"痡、崇、罥"等客家方言固有的语素构成的重叠式名词，在词形上跟四川官话完全不同。

第三，AA 式名词在四川官话中大都可以儿化，变成"AA儿"，在四川客家方言中儿化情况不一：成都客家方言中都不能儿化，如"杯杯、封封、缝缝、网网"不能说成"杯杯儿、封封儿、缝缝儿"，在隆昌客家方言有个别词语可以儿化，如"板板儿、猫儿猫、门扣扣儿"；在西昌客家方言中有较多的词语可以儿化，如"秤钩钩儿、葱葱儿、蹄蹄儿、纸飞飞儿、马马儿、牯牯儿、叫叫儿（哨子）"；在仪陇客家方言中也有较多的重叠式名词语存在儿化现象，如"杯杯儿、封封儿、缝缝儿、车车儿、手手儿、节节儿、窝窝儿、锅锅儿、桌桌儿、铺铺儿（小商铺）、壶壶儿"。

另外，从四川客家方言内部看，各客家方言点的重叠式名词也不能完全对应，显示四川客家方言的重叠式名词有自己的特点，各客家方言点也有自己的地缘性特点。

表 5-4　　　　　　　四川客家方言和成都官话重叠式名词比较表

普通话	瓶子	绳子	双胞胎	水疱	包菜	树桠	植物的茎	口哨
成都官话	瓶瓶儿	索索绳绳儿	双双儿	水疱儿	莲花白	树桠桠	杆杆	吹吹儿叫叫儿哨哨儿
洛带客话	瓶子	索嫲	双胞胎	（水）瘭瘭	莲白白	树桍桍	梗梗	吹吹叫叫
凉水井客话	瓶子	索嫲	双生	（水）瘭瘭	莲白白	树桍桍	梗梗	吹吹叫叫哨哨
隆昌客话	瓶子	索子	双巴躺	水瘭瘭	莲白白	树桍桍树桠桠	梗梗	叫叫儿
西昌客话	瓶瓶儿	索索	双胞胎	水疱	包包白	树枝枝树桠桠	梗梗	叫叫儿
仪陇客话	瓶子	索子	双生子	水瘭子	莲花白	树桠枝	梗梗	叫叫儿

2. 读音特点①

四川客家方言中的重叠式名词在读音上保留了自己的特点。

第一，两个阳平字相叠的名词，以及与四川官话阳平调值相似的重叠式名词，后字在四川客家方言中不发生音变。这跟四川官话不同。

阳平调的 AA 式名词，四川官话一律把后字变读阴平 55，而四川客家方言并不发生类似的音变。从调值看，阳平字在成都、隆昌、仪陇几地官话中念低降调 21，在西昌四外话中念中降调 31；阳平字在成都洛带、凉水井、隆

---

① 读音特点本属语音问题，但重叠式名词的读音特点与构词方式有关，姑且附在这里。

昌客家方言中读 13 调，在仪陇客家方言中读 21 调，在西昌客家方言中读 212 调。官话与客家方言的阳平调值，除了仪陇点完全相同外，成都、西昌、隆昌三个地点都不相同。这三地客家方言的上声调都读 31，才跟四川官话的阳平调很接近，但这几地的 31 调相叠而成的 AA 式名词，其后字仍读 31，也不发生跟四川官话相似的音变。

表 5-5　　　　四川客家方言与四川官话阳平重叠式名词读音比较表

		槽子	瓢子
四川官话	成都官话	槽槽 tsʻau²¹ tsʻau²¹⁻⁵⁵	瓢瓢 zaŋ²¹ zaŋ²¹⁻⁵⁵
	隆昌官话	槽槽 tsʻau²¹ tsʻau²¹⁻⁵⁵	瓢瓢ₙ zaŋ²¹ zər²¹⁻⁵⁵
	四外话	槽槽 tsʻau²¹ tsʻau³¹⁻⁵⁵	瓢瓢 zaŋ³¹ zaŋ³¹⁻⁵⁵
	仪陇官话	槽槽 tsʻau²¹ tsʻau²¹⁻⁵⁵	瓢瓢 zaŋ²¹ zaŋ²¹⁻⁵⁵
四川客家方言	洛带客方言	槽槽 tsʻau¹³ tsʻau¹³	瓢瓢 nɔŋ¹³ nɔŋ¹³
	凉水井客方言	槽槽 tsʻau¹³ tsʻau¹³	瓢瓢 nɔŋ¹³ nɔŋ¹³
	隆昌客方言	槽槽 tsʻau¹³ tsʻau¹³	瓢瓢 nɔŋ¹³ nɔŋ¹³
	西昌客方言	槽槽 tsʻau²¹² tsʻau²¹²	瓢瓢 zɔŋ²¹² zɔŋ²¹²
	仪陇客方言	槽槽 tsʻau²¹ tsʻau²¹	瓢瓢 zɔŋ²¹ zɔŋ²¹

第二，两个去声字相叠的名词，以及与四川官话去声调值相似的重叠式名词，后字在四川客家方言中基本不发生音变。

去声调的 AA 式名词，其后字在成都官话中一律变读为阴平 55 调，在成都客家方言中一律读原调 53。

去声调的 AA 式名词，在隆昌、西昌两地的官话和客家方言中都不发生音变，仍读去声。

去声调的 AA 式名词，在仪陇官话中基本上也要变读为阴平，在仪陇客家方言中则有变读阴平和保持原调两种情况。跟着四川官话发生相应音变的词语，说明受到了相当深度的渗透。

表 5-6　　　　四川客家方言与四川官话去声重叠式名词读音比较表

		皱纹，皱褶	棍棒
四川官话	成都官话	皱皱 tsoŋ²¹³ tsoŋ²¹³⁻⁵⁵	棒棒 paŋ²¹³ paŋ²¹³⁻⁵⁵
	隆昌官话	皱皱 tsoŋ¹³ tsoŋ¹³	棒棒 paŋ¹³ paŋ¹³
	四外话官话	皱皱 tsoŋ²⁴ tsoŋ²⁴	棒棒 paŋ²⁴ paŋ²⁴
	仪陇官话	皱皱 tsuŋ¹⁴ tsuŋ¹⁴⁻⁵⁵	棒棒 paŋ¹⁴ paŋ¹⁴⁻⁵⁵

		皱纹，皱褶	棍棒
四川客方言	洛带客方言	皱皱 tsuŋ⁵³ tsuŋ⁵³	棒棒 pɔŋ⁵³pɔŋ⁵³
	凉水井客方言	皱皱 tsuŋ⁵³ tsuŋ⁵³	棒棒 pɔŋ⁵³pɔŋ⁵³
	隆昌客方言	皱皱 tsuŋ⁵³ tsuŋ⁵³	棒棒 pɔŋ⁵³pɔŋ⁵³
	西昌客方言	皱皱 tsuŋ⁵³ tsuŋ⁵³	棒棒 pɔŋ⁵³pɔŋ⁵³
	仪陇客方言	皱皱 tsuŋ⁵³ tsuŋ⁵³	棒棒 pɔŋ¹³pɔŋ¹³⁻³³

第三，有个别重叠式名词的读音在西昌客家方言中兼有客家方言和四外话的语音。

在西昌客家方言中，把"牲口"和"马"都说成"马马儿"，读为 ma⁴⁵mər⁵³。前音节"马"读 ma⁴⁵，属于客家方言的读法，符合客家方言读音规律。因为古次浊上声字有部分字在西昌客家方言中读阴平，如"马、尾、藕、柳"等，"马"字在"马蜂"、"洋马儿_{自行车}"等词语中都读 ma⁴⁵。后音节儿化读 mər⁵³，跟相邻的官话四外话的读音完全相同，因为古次浊上声字在四外话中仍读上声，读 53 调，"马"字在"马狗_狼"、"灶马子_{蟑螂}"、"马蜂"中都读 53 调。四外话也把"马"说成"马马儿"，读作 ma⁵³mər⁵³。因此在西昌客家方言中"马马儿"读作 ma⁴⁵mər⁵³ 是西昌客家方言音与四外话音的组合。

（三）四川客家方言的名词重叠式是方言接触的成果

名词重叠式是西南官话显著的构词特点，就目前的研究成果看，闽粤赣客家方言一般都没有名词重叠式。

刘纶鑫先生研究江西客家方言得到的结论是：江西客家方言"名词一般没有重叠式"。①项梦冰先生研究闽西连城客家方言得到的结论是："连城方言的名词不能自由地进行单纯重叠，只有少数名词可以进行单纯重叠，但重叠式都不能单用，必须两两组合才成为一个自由形式。能够组合在一起的一般都是相近或相关的名词。"②项先生关于重叠的论述有三个要点值得注意：一是指构形重叠，不是构词重叠；二是只有少数名词可以进行构词重叠；三是重叠式不能单用，如"鞋鞋袜袜"中的"鞋鞋"和"袜袜"都不能单独使用。就项先生的论述和举的"疾疾病病"之类的例子来看，连城客家方言不具有跟我们上面所讨论的"单纯重叠"的特点，因此连城客家方言的名词也没有

---

① 刘纶鑫：《江西客家方言概况》，江西人民出版社 2001 年版，第 293 页。

② 项梦冰：《连城客家话语法研究》，语文出版社 1997 年版，第 24—25 页。

我们所讨论的名词重叠式。

黄映琼对梅县客家方言的重叠式进行过比较全面的研究,^①所讨论的名词重叠式跟我们这里讨论的名词重叠式有两点不同：

第一,"牛牛"、"马马"、"饭饭"、"灯灯"之类的 AA 式名词多只用于名词的重叠,属于名词的词形变化,也就是说 AA 式并没有作为名词的构成方式来运用。

第二,"屋屋舍舍"、"亲亲戚戚"、"朋朋友友"这些词的 AABB 式,是"屋舍"、"亲戚"、"朋友"的重叠形式,是构形重叠,这也不是我们上文讨论的构词重叠,而且四川客家方言也几乎没有这样的词语。表 5-6 "灰尘"、"(果)核儿"、"小水坑"等几个词,闽粤赣客家方言都不用重叠式名词,四川客家方言却都可以用重叠式名词。

对于西南官话的名词重叠式特点,学界有很多总结："西南官话跟北京话对比,语法上显著的不同在于名词和动词的重叠式"^②；"重庆话和贵阳话都有名词重叠式","湖北省有名词重叠的地区只限于湖北西部山区,其中主要是西南部"^③；"昆明方言单音节名词普遍能重叠"^④；贵州大方方言、贵阳方言、湖北长阳方言也具有名词重叠式^⑤。四川方言也不例外。杨月蓉的研究结论是："四川方言中有大量的双音节重叠式名词,……四川方言中还有一种较能产的重叠式构词方式——XYY 式或 XXY 式。"^⑥张一舟、张清源、邓英树对"成都话的重叠式构词"有过深入的研究^⑦。

四川客家方言的名词重叠式是四川客家方言在同四川官话的长期接触中而产生的。黄雪贞先生把成都东山客家方言点中的龙潭寺客家方言的重叠式与闽粤客话加以比较后得出结论："闽粤客话的重叠式较少,就永定说,只有'红通通 fuŋ˧ t'uŋ˥t'uŋ˥,慢慢行 man˦ man˦ haŋ˩'等格式。西南官话的重叠式丰富多样。龙潭寺客家方言受成都官话的影响,重叠式较多。"^⑧崔荣昌先生对

---

① 黄映琼：《梅县方言语法研究》,西南大学硕士学位论文,2006 年。

② 黄雪贞：《西南官话的分区》(稿),《方言》,1986 年第 4 期。

③ 汪平：《湖北省西南官话的重叠式》,《方言》,1987 年第 1 期。

④ 张宁：《昆明方言的重叠式》,《方言》,1987 年第 1 期。

⑤ 李蓝：《贵州大方方言名词和动词的重叠式》,《方言》,1987 年第 3 期；涂光禄：《贵阳方言的名词重叠式》,《方言》,1987 年第 3 期；杨发兴：《湖北长阳方言名词和动词的重叠式》,《方言》,1987 年第 3 期。

⑥ 杨月蓉：《四川方言的三字格重叠式名词》,《西南民族大学学报》,2003 年第 12 期。

⑦ 张一舟、张清源、邓英树：《成都方言语法研究》,巴蜀书社 2001 年版,第 34—41 页。

⑧ 黄雪贞：《成都市郊龙潭寺的客家话》,《方言》,1986 年第 2 期。

四川客家方言的研究也认为："名词的重叠"，"显然是受了四川官话的影响"。①

四川各客家方言点都有相当数量的重叠式名词，有些名词甚至还是客家方言的特征语素构成的，如"尾尾"、"痛痛"、"梗梗"等。用特征语素重叠起来构成新的名词，这说明名词重叠式的规则已经进入四川客家方言中了。

通过上面的研究，可以肯定地说，四川客家方言的名词重叠式不是客家方言固有的构词特点，既不是对客家方言特点的传承，也不是到达成都以后在自变条件下发生的语法变化，它来自于四川官话的影响，是客家方言到达四川以后吸收了西南官话构词特点而带来的变化。其产生的途径应该是从借词到借构词规则，即经过了词汇变异到语法变异的过程。四川客家人利用客家方言的构词材料，运用名词重叠式造出了一批名词，标志着名词重叠式已经成为四川客家方言语法异于原乡客家方言语法的一个特点。

二　名量搭配

（一）保留了客家方言的一些名量搭配关系

只：在客家方言里，"只"这个量词能够广泛地跟指人和指物的名词搭配，可跟普通话"只、个、间、块"等量词对应，四川客家方言在粤东片中保留了这个特点，粤北片的仪陇客家方言则不用"只"。在粤东片客家方言中，"一只鸡"用"只"；"一个人"说"一只人"；"一间房"说成"一只间"。

条：用于畜类动物和长条形状的东西，可以跟普通话中的"条、头、只、根"等量词对应。"一条鱼"，四川各客家方言点都说"一条鱼"；"一棵树"在洛带、凉水井、隆昌都可以说成"一条树"；"一只船"在成都和西昌都常说"一条船"；"一头牛"、"一根黄瓜"在成都可以说成"一条牛"、"一条黄瓜"。

响②：指甘蔗、竹子等植物长成的节：五华客家方言读 $sioŋ^{31}$，成都、隆昌、西昌客家方言读 $çioŋ^{31}$，仪陇读 $çioŋ^{53}$。"一节甘蔗"，四川客家方言都可以说"一响甘蔗"。

餐：可作名量词和动量词，用于指饭和打骂等行为的量。"一顿饭"四川各客家方言点都说成"一餐饭"，"打一顿"隆昌、西昌、仪陇也说成"打一餐"。

眼：$ŋan^{31}$，用于衣服，相当于普通话中的量词"件"，成都、隆昌客家方言把"一件衣服"都说成"一眼衫"，西昌客家方言也可以说成"一眼衫"。

---

① 崔荣昌：《四川方言与巴蜀文化》，四川大学出版社1996年版，第188页。

② "响"为同音字。

　　挂：用于成串或成套的东西，多用于交通工具，跟普通话中的"辆、架、座"等量词对应。"一辆车"在成都和仪陇客家方言中都可以说成"一挂车"。

　　皮：用于叶子、门、砖、墙等，相当于普通话中的"片、扇、堵"等量词。"一扇门"成都、隆昌都说"一皮门"。

　　（二）多个量词跟同一个名词搭配

　　一个人：洛带、凉水井、隆昌、西昌除了用"只"跟"人"搭配之外，也可以用"个"。不过，用"个"指人，客家老人一般都觉得不地道。

　　一只鸡：隆昌客家方言中除了用"只"跟"鸡"搭配之外，也可以用"个"。

　　一顶蚊帐：洛带、隆昌客家方言可以用"顶"或"床"跟"蚊帐"搭配。

　　一棵树：凉水井客家方言除了说"一条树"之外，还用"窝"或"堆"跟"树"搭配。

　　一节甘蔗：凉水井、隆昌和仪陇除了说"一响甘蔗"之外，凉水井、仪陇还说"一节甘蔗"，隆昌还说"一橦甘蔗"。

　　"一个人"、"一个鸡"、"一床蚊帐"、"一窝树"、"一橦甘蔗"之类的名量搭配已不具有客家方言的特点，除了"一个人"也是普通话的名量搭配外，其他几种名量搭配都具有鲜明的四川官话特点。

　　（三）用跟四川官话相同、跟来源方言不同的量词

　　一支烟：洛带、凉水井、隆昌、西昌都说"一杆烟"。

　　一把刀：梅县、五华客家方言说"一张刀"，四川各客家方言点都说"一把刀"。

　　一条被子：梅县、五华客家方言说"一番被"，四川各客家方言点都说成"一床铺盖"。

　　一瓶酒：梅县、五华客家方言说"一罂酒"，四川各客家方言点都说成"一瓶酒"。

　　一匹马：梅县、五华客家方言说"一条马"，隆昌、西昌、仪陇客家方言都说成"一匹马"。

　　一根针：梅县、五华客家方言说"一枚针"，洛带、凉水井说"一根针"，西昌、隆昌说"一颗针"。

　　一扇门：西昌、仪陇客家方言不用"皮"而用"扇"。

　　一棵树：西昌客家方言不说"一条树"而说"一窝树"。

　　劝一回：梅县、五华客家方言说"劝一摆"，四川客家方言不用"摆"，而用"回、盘、道"等量词。

表 5-7　　　　　　　　　四川客家方言与四川官话常见名量搭配比较

词目	成都官话	洛带客话	凉水井客话	隆昌官话	隆昌客话	四外话_{官话}	西昌客话	仪陇官话	仪陇客话
一个_人	个 ko^{213}	个 ke^{53} 只 tsaʔ^{2}	个 kie^{53} 只 tsaʔ^{2}	个 ko^{13}	个 ke^{53} 只 tsa^{23}	个 ko^{24}	个 ke^{53} 只 tʂa^{23}	个 ko^{14}	个 kai^{13}
一头_牛	头 tʻəu^{21}	条 tʻiau^{13}	条 tʻiau^{13}	根 kən^{55}	条 tʻiau^{13}	根 kən^{55} 条 tʻiau^{31}	条 tʻiau^{212}	头 tʻəu^{21}	条 tʻiau^{21}
一匹_马	匹 pʻi^{21}	条 tʻiau^{13}	条 tʻiau^{13}	匹 pʻi^{21}	匹 pʻi^{13}	条 ʻiau^{31}	匹 pʻi^{212}	匹 ma^{53}	匹 pʻi^{21}
一只_鸡	只 tsʅ^{55}	只 tsaʔ^{2}	只 tsaʔ^{2}	只 tsʅ^{55} 个 ko^{13}	个 ke^{53} 只 tsa^{23}	个 ko^{24}	只 tʂa^{23}	只 tsʅ^{55}	个 kai^{13}
一条_鱼	条 tʻiau^{21}	条 tʻiau^{13}	条 tʻiau^{13}	根 kən^{55}	条 tʻiau^{13}	条 tʻiau^{31}	条 tʻiau^{212}	条 ʻiau^{21}	条 tʻiau^{21}
一棵_树	根 kən^{55} 窝 o^{55}	条 tʻiau^{13}	窝 vo^{45} 条 tʻiau^{13} 堆 toi^{45}	根 kən^{55}	条 tʻiau^{13}	窝 o^{55}	窝 o^{45}	根 kən^{55} 窝 o^{55}	头 tʻai^{21}
一丛_草	窝 o^{55}	窝 vo^{45}	窝 vo^{45} 堆 toi^{45}	窝 o^{55}	头 tʻəu^{13} 窝 o^{45}	窝 o^{55}	窝 o^{45}	窝 o^{55} 丛 tsʻuŋ^{21}	头 tʻai^{21}
一串_{葡萄}	串 tsʻuan^{213}	挂 kua^{53}	挂 kua^{53}	串 tsʻuan^{13}	串 tsʻuɔn^{53}	串 tʂʻuan^{24}	挂 kua^{53} 串 tʂʻuan^{53}	串 tsʻuan^{14}	串 tsʻuɔn^{13}
一节_{甘蔗}	节 tɕie^{21}	响 ɕiɔŋ^{31}	节 tɕieʔ^{2} 响 ɕiɔŋ^{31}	节 tɕie^{13}	筒 tʻuŋ^{13} 响 ɕiɔŋ^{31}	节 tɕie^{31}	节 tɕie^{23}	根 kən^{55}	节 tɕieʔ^{3} 响 ɕiɔŋ^{53}
一支_烟	杆 kan^{53} 支 tsʅ^{55}	杆 kən^{31}	杆 kən^{31}	杆 kan^{55}	杆 kuɔn^{45} 筒 tʻuŋ^{13}	杆 kan^{55}	杆 kan^{45} 筒 tʻuŋ^{212}	杆 kan^{53} 支 tsʅ^{55}	只 tsaʔ^{3}
一瓶_酒	瓶 pʻin^{21}	瓶 pʻin^{13}	瓶 pʻin^{13}	瓶 pʻin^{21}	瓶 pʻin^{212}	瓶 pʻin^{53}	瓶 pʻin^{212}	瓶 pʻin^{21}	瓶 pʻin^{21}
一顿_饭	顿 tuən^{213}	餐 tʻɔn^{45}	餐 tʻɔn^{45}	顿 tən^{13}	餐 tsʻuɔn^{45}	顿 tən^{24}	餐 tʂʻuan^{45}	顿 tuən^{14}	餐 tsʻan^{33}
一件_{衣服}	件 tɕien^{213}	眼 ŋan^{31}	眼 ŋan^{31}	件 tɕien^{13}	件 tɕʻien^{31}	件 tɕien^{24}	件 tɕʻien^{53} 眼 ŋan^{31}	件 tɕien^{14}	件 tɕʻien^{53}
一条_{被子}	床 tsʻuan^{21}	床 tsʻɔŋ^{13}	床 tsʻɔŋ^{13}	床 tʂʻuan^{21}	床 tsʻɔŋ^{13}	床 tʂʻuan^{31}	床 tsʻɔŋ^{212}	床 tsʻuan^{21}	床 tsʻɔŋ^{21}
一顶_{蚊帐}	床 tsʻuan^{21}	顶 taŋ^{31}	顶 taŋ^{31} 床 tsʻɔŋ^{13}	床 tʂʻuan^{21} 笼 noŋ^{21}	床 tsʻɔŋ^{13} 顶 taŋ^{31}	床 tʂʻuan^{31}	顶 taŋ^{31}	床 tsʻuan^{21}	床 tsʻɔŋ^{21}
一把_刀	把 pa^{53}	把 pa^{31}	把 pa^{53}	个 ko^{13}	把 pa^{31}	把 pa^{53}	把 pa^{31}	把 pa^{53}	把 pa^{53}
一根_针	颗 kʻo^{53}	根 kien^{45}	根 kien^{45}	根 kən^{55}	只 tsaʔ^{3}	根 kən^{55}	颗 kʻo^{53}	颗 kʻo^{53}	颗 kʻəu^{53}
一座_{房子}	座 tso^{213}	墩 tən^{45}	墩 tən^{45}	个 ko^{13}	只 tsaʔ^{3}	座 tso^{24}	墩 tən^{45}	座 tso^{14}	栋 tuŋ^{13}
一间_{房间}	间 tɕien^{55}	只 tsaʔ^{2}	间 kan^{45} 只 tsaʔ^{2}	间 kan^{55}	只 tsa^{23}	间 kan^{55}	只 tʂa^{23}	间 tɕien^{55}	间 kan^{33}

续表

词目	成都官话	洛带客话	凉水井客话	隆昌官话	隆昌客话	四外话官话	西昌客话	仪陇官话	仪陇客话
一扇门	扇 san²¹³	皮 p'i¹³	扇 san⁵³ 皮 p'i¹³	道 tau¹³	道 tau⁵³ 皮 p'i¹³	扇 ʂan⁵⁵	扇 ʂan⁵³	扇 san¹⁴	扇 san¹³
一座桥	房 tso²¹³	挂 kua⁵³	座 ts'o³¹	座 tso¹³	道 tau⁵³	座 tso²⁴	道 tau⁵³	座 tso¹⁴	道 tsəu¹³
一辆车	辆 niaŋ⁵³	挂 kua⁵³	挂 kua³¹	架 tɕia¹³	架 ka⁵³	架 tɕia²⁴	架 ka⁵³	辆 niaŋ⁵³	挂 kua¹³
一只船	条 t'iau²¹	挂 kua⁵³	条 t'iau¹³	条 t'iau²¹	只 tsaʔ³	条 t'iau³¹	条 t'iau²¹²	条 t'iau²¹	挂 kua¹³
一件事情	件 tɕien²¹³	件 tɕien⁵³	件 tɕien⁵³	件 tɕien¹³	只 tsaʔ³	件 tɕien²⁴	件 tɕien⁵³	件 tɕien¹⁴	件 tɕien⁵³
遍 看~	道 tau²¹³	道 tau⁵³	遍 p'ien⁵³ 道 tau⁵³	道 tau¹³	道 tau⁵³	回 xuei³¹ 盘 p'an³¹	道 tau⁵³	道 tau¹⁴	道 təu¹³
回 劝~	回 xuei²¹	回 fei¹³	回 fei¹³ 盘 p'an¹³	回 xuei²¹	回 fei¹³ 道 tau⁵³	遍 p'ien²⁴ 道 tau²⁴	回 fei²¹² 盘 p'an²¹²	回 xuei²¹	转 tsuɔn⁵³
趟 走~	转 tsuan²¹³	趟 t'ɔŋ⁵³ 转 tson⁵³	趟 t'ɔŋ⁵³ 转 tson³¹	趟 t'aŋ¹³	趟 t'ɔŋ⁵³	趟 t'aŋ²⁴	趟 t'ɔŋ⁵³ 转 tʂuan⁵³	转 tsuan¹⁴	趟 t'ɔŋ¹³
顿 打~	顿 tuən²¹³	顿 tən⁵³	顿 tən⁵³	顿 tən¹³	餐 ts'uɔn	顿 rən²⁴	餐 ts'uan⁴⁵	顿 tuən¹⁴	餐 ts'an³³

（四）以洛带客家方言的量词为例

洛带客家方言的量词很有特点，下面就跟普通话不相同的一些量词加以举例说明。

只 tsaʔ²：可以跟很多名词搭配。①跟指人的名词搭配，如：一~人|头~老婆|头~老公|一~老师|三~妹子|一~客人|卫顾一~，整一~ 让一方得利，另一方吃亏 ②跟人体部位名称搭配，如：一~脚|一~手|一~耳朵|一~嘴巴|一~牙齿|一~舌嫲 舌头 ③跟指物的名词搭配，用于禽类动物，一~鹅子|几~鸟子|一~鹞婆|几~鸡 ④还可以用于其他事物，如：一~钟|一~兜兜|一~篮篮|一~池塘|一~屋 房屋 |一~间 屋子 |一~肥皂|一~镘头|安~名字|一~坟包|一~米|一~花生|一~古井|几~讲法|一~字。

“只”可以重叠为“只只”，如佢带个小崽子，~都争气得很|~都想去北京。

“只”跟普通话的“只、个、口、块”等量词对应。跟“个”对应的地方原则上可以替换为“个”，但用“个”洛带客家人觉得不正宗，是跟着湖广人讲的。

个 ke⁵³：一~人|一~鸡|一~包。

挂 kua⁵³：指成串或成套的东西，多用于交通工具，跟“辆、架、座”等

对应。如：一～车|一～火车|一～汽车 |一～纺车|一～摩托车|一～洋马子_{自行车}|一～鸡公车|一～架车|一～船|一～桥|一～飞机。

皮 p'i¹³：一～门|一～墙|一～山|一～砖|一～瓦|一～肋巴|一～鸡毛|一～瓦桷子。

条 t'iau¹³：①用于畜类动物，如：一～狗|一～马|一～牛|一～蛇|一～猪|一～兔子②用于鱼、蛇等动物，如：一～鱼子|一～梭老二_蛇③长条形状的东西，如：一～板凳|一～丝瓜|一～黄瓜|一～棒棒|一～莴笋|一～竹子|一～甘蔗|一～藕|一～头发|一～枪|一～裤子|一～布。

张 tsɔŋ⁴⁵：用于纸、凳椅，如：一～纸|一～板凳|一～凭椅。

顶 taŋ³¹：一～轿子|一～帽子|一～蚊帐。

床 ts'ɔŋ¹³：一～铺盖|一～蚊帐|一～席子|一～撑单|一～草席。

眼 ŋan³¹：一～袄婆|一～衫。

荷 k'ai⁴⁵：用于跟成挑的物和装物的工具搭配，相当于普通话中的"挑"。如：一～水|一～煤炭|一～谷子|两～包粟|一～箩篼|一～桶。

把 pa³¹：一～镜子|一～刀把|一～椅子。

坨 t'o¹³：一～饭|一～肉|一～石头。

饼 piaŋ³¹：一～爆竹。

餐 ts'ɔn⁴⁵：顿，如：一～饭。

橱 ts'u¹³：一～书。

罂头 aŋ⁴⁵t'iəu¹³：罐子。如：一～油|一～米。

窝 vo⁴⁵：用于一胎所生或一次孵出的动物，也用于草、树等植物，如：一～猪|一～猫|一～草|生好多～子|一～芹菜。

槽 ts'au¹³：一～人|一～玉米。

兜子、兜兜子："兜"读 tiəu⁴⁵，不定量词，"兜子、兜兜子"相当于普通话中的"一些"。

滴滴子 ti⁴⁵ti⁴⁵tsʅ³¹：表示微量，比"兜子"和"兜兜子"的量更少，相当于普通话中的"一点儿"。"半斤多滴滴子"是"半斤多一点儿"的意思，"一半多滴滴子"是"一半多一点儿"的意思。

三　方位名词

客家方言的方位名词在构词上也很有特点，最重要的特点是"背"用作方位词或用在合成方位名词中。"背"在普通话和四川官话中都表示"背部"的意思，作名词。在客家方言中的用法，据黄雪贞先生对梅县话的研究，"背"

字作为方位词时，有两种用法：① 用于"上下前后里外"之后，组成复合的方位词，功用跟其他方言的"头、面、边"一样，与本义没有联系，只表示方位而已；② "背"字用于名词之后，表示"一后，一外，一那边，一那儿"的意思，是由"腹背"的背引申来的。①以上例举的那些有特点的方位词，在四川客家方言中，各个点都还保留着"背"的第一个用法，但有所萎缩，并已渗透进四川官话的特点，比如有的地点在"前、后、外、里"后面不加"背"而加"头"。

又据练春招的研究，客家方言中"上、背、唇、豚（屄、屁）、肚、窦、脑、高、子"等与普通话不同或不完全相同的方位词，这些词"多与人体部位有关，这类方位词不是以人体部位本身作为参照来确定空间位置的，而是借人体部位比况物体部位，再以之为参照物来确定空间位置，体现了人类语言造词上'就近取譬'的共同规律。"②这些方位词中，除了"背"之外，四川客家方言还有"上"和"高"，没有"唇、豚（屄、屁）、肚、窦、脑、子"这些方位词。

"背"，成都、隆昌读 poi⁵³，西昌读 puai⁵³，这是四川客家方言中很有特点的方位词，各点都有数量不等的包含着"背"的方位名词。

前背：把"前面"说"前背"，还见于凉水井，其他点都不说，隆昌、仪陇说"前头"，跟四川官话相同。同时，"前面"在成都、隆昌、西昌常说"先行"。

后背：后面。各点都保留了"后背"这个词。

上背：上面。凉水井和仪陇说"上背"，与梅县客家方言相同，这也是客家方言普遍的说法。除了仪陇外，其他几个点都保留了"顶高"这个词，遍寻客家方言研究文献，在五华客家方言③中找到了"顶高"这个说法。

下背：下面。成都和隆昌说"下背"，西昌说"脚下"，这也是客家方言有的说法。隆昌、西昌、仪陇把"下面"说成"底下"，读 ᵗai ₌xa，跟梅县"底下" tai³¹ha⁴⁴④一致。在四川官话中普遍有"底下"，读 ᵗti ȵia˲，跟四川客家方言"底下"的读音差别较大，因此这个词还是具有鲜明的客家方言特点。

里背：里面。"里"读 ti⁴⁵，这个词很稳固，各点都有。

外背：外面。这个词也很稳固，各点也都有。

① 黄雪贞：《客家方言的词汇和语法特点》，《方言》，1994 年第 4 期。

② 练春招：《客家方言的几个方位词》，载李如龙、邓晓华主编《客家方言研究》，福建人民出版社 2009 年版，第 491—504 页。

③ 朱炳玉：《五华客家话研究》，华南理工大学出版社 2010 年版，第 213 页。

④ 李荣主编：《现代汉语方言大词典》，江苏教育出版社 2002 年版，第 2344 页。

"上"又作"阬",作为方位词,四川粤东片读 xɔŋ⁵³,跟梅县、五华的 hoŋ⁵³ 音义都相合,直接附在名词的后面,表示"X 上面"的意思。如山~,身~,石头~,地~,路~,天~,街~,门~,边~,尾巴~,猪头~,箢篼~,树~,坡~。上举用法中,"上"一般可以被替换为"顶高":路上=路顶高|天上=天顶高|门=门顶高。但"身上"不能换成"身顶高","边上"不能换成"边顶高"或"边边顶高","尾巴上"不能换成"尾巴顶高"。"顶高"是四川粤东片客家方言都有的方位词,"高"本是形容词,词义指从下到上的距离大,在方位名词中,"高"的意义跟其本义有关,但是已经虚化。粤北片的仪陇不说"上",也不说"顶高",而说"里"。如:顶顶里 tan⁵³ tan⁵³ ni³³(最上面),街里 kai³³ ni³³(街上),腰梗里 iau³³ kuaŋ⁵³ ni³³(腰上)。

左手、左手边:左边。四川各客家方言点都有"左手"和"左手边"的说法,这些说法跟相邻官话相同而跟客家方言不同。

右手、右手边:右边。情形同上。

侧边:旁边。五华客家方言把"旁边"说成"侧边",四川各客家方言点有这个词,四川官话也有这个说法。

对门:对面。洛带、西昌、仪陇有"对门"的说法,隆昌说"对门子"。凉水井既说"对门子"还说"对门边",词形略有改变。

方位名词的比较见表 5-8。

表 5-8　　　　　　四川客家方言和四川官话常见方位名词比较表

词目	洛带	凉水井	成都官话	隆昌	隆昌官话	西昌	四外话	仪陇	仪陇官话
前面	先行 前背	先行 前背	前头	前头 先行	前头	先行	前手	前头	前头
后面	后背	后背	后头 背后 背后头	后头 后背	后头	后背	后手	后背	后头
左边	左边 左手	左边 左手 左手边	左边 左手边	左手 左手边	左边 左手 左手边	左边 左手 左手边	左手	左手 左手边	左边 左手边
右边	右边	右边 右手 右手边	右边 右手 右手边	右手边 右手	右边 右手	右边 右手 右手边	右手 右手边	右手边 右手	右边
里边	里背	里背	里头 以头 后头	里背	以头	里背	以头	里 ti³³ 边 里背	里头
外边	外背	外边 外背	外头	外背	外头	外背	外头 外前	外背	外头

续表

词目	洛带	凉水井	成都官话	隆昌	隆昌官话	西昌	四外话	仪陇	仪陇官话
上面	顶高	顶高上背	高头上头	顶高上背	高底	顶高	上手	梁头上背	高头上头
下面	下背底下	下面脚下底下下背	下头底下	底下下背脚下	底下	底下脚下	下手	底下	下头
中间	中间	中间当中正中	中间	中间	中间	中间	中间当中	中间	中间
旁边	侧边	侧边	侧边	侧边	侧边	侧边	侧边	侧面侧边	侧边
对面	对门	对面对门子对门边	对门子	对门边	对面对门子对边	对门	对门子	对门	对门

四　代词

总的说来代词比较稳固，较好地保留了客家方言特点，但也受到了四川官话的一些影响，主要表现是从四川官话中借用了语素来跟客家方言的语素拼接为一个新词。

（一）人称代词的词形和读音

四川客家方言的人称代词在词形和读音上都较好地保留了客家方言的特点，但也发生了一些变化。

𠊎：我，人称代词第一人称单数，读 ⊆ŋai，见于四川各客家方言点，并且只此一个说法。

佢：他，人称代词第三人称单数，读 ⊆tɕi，见于四川各客家方言点，也只此一个说法。

我□：我们，第一人称复数。洛带读 ŋan^{13} nin^{45}，五华、兴宁客话为"𠊎兜人"，洛带客家方言中的 ŋan^{13} nin^{45} 当是"𠊎兜人"的语音变化形式，兰玉英认为 nin^{45} 是"𠊎兜人"在脱落和同化作用的影响下经过两个步骤而变成的合音。[①]"兜"读 tiəu^{45}，"人"读 ȵin^{13}，合音为 nin^{45} 的步骤是：

第一步"兜"字的声母、声调与"人"字的韵母合为 tin^{45}，第二步 tin^{45} 中的声母受"人"字鼻音声母 ȵ 的影响，由口音 t 变成鼻音 n。表示为：

---

① 兰玉英：《洛带客家方言研究》，四川人民出版社 2005 年版，第 49—50 页。

tiəu^{45}+n̩in^{13}> tin^{45}> nin^{45}

凉水井把"我们"说成 ŋan^{13}nin^{45}，也是"亻厓兜人"的语音演变形式，其音理跟洛带同。

凉水井还有"亻厓们 ŋan^{13}mən^{45}"的说法，成都的另一个客家方言点西河也把"我们"说成"亻厓们 ŋan^{13}mən^{45}"，"们"读作 mən^{45}，跟成都官话相同，是成都官话影响的结果，因此"亻厓们 ŋan^{13}mən^{45}"的说法是客家方言跟四川官话拼接的结果。

隆昌、西昌、仪陇把"我们"都说成"亻厓等"，梅县把"我们"说成"亻厓等人"，遍查现有客家方言研究文献，没有查到客家基本住地中有"亻厓等"的词形，"亻厓等"应该是"亻厓等人"的省略形式。

你□：第二人称复数，洛带、凉水井读"n̩in^{13} nin^{45}"，nin^{45} 为"兜人"的合音已如上文所证，凉水井又说成"你们 n̩i^{13}mən^{45}"，这也是客家方言跟四川官话拼接的结果。隆昌、西昌、仪陇把"你们"都说成"你等"，也应该是"亻厓等人"的省略形式。

佢□：第三人称复数，洛带、凉水井读 tɕin^{13}nin^{45}，凉水井还说"佢们 tɕi^{13}mən^{45}"，隆昌、西昌、仪陇把"他们"都说成"佢等"，其解释如上。

尽兜：人称代词，指一定范围内所有的人，跟普通话中的"大家"相同。洛带、凉水井、隆昌、西昌都有此词，仪陇不说"尽兜"；五华客家方言把"大家"说成"亻厓尽兜"，四川客家方言"尽兜"当源自五华话；凉水井、隆昌、仪陇还说"大齐家"，跟梅县话相同。四川客家方言中的"尽兜"进入了相邻的官话，成都官话、隆昌官话、四外话也有"尽兜"的说法，一般写作"尽都"。仪陇客家方言没有"尽兜"，仪陇官话也没有"尽兜"。

从人称代词在各点的词形看，比较明显的变化有二：一是把三音节词双音节化，或者通过合音的方式把"兜人"读为一个音节（成都），或者是丢掉"人"字，让三音节词"亻厓等人"变成"亻厓等"，"你等人"变成"你等"，"佢等人"变成"佢等"（隆昌、西昌、仪陇）；二是把从四川官话中借用的语素跟客家方言语素拼接为新词，如把"们"加在"亻厓"、"你"、"佢"三个表单数的人称代词后面表示第一、二、三人称代词复数。之所以说"们"是从四川官话借用的，是因为其读音为 mən 阴平，不读轻声，跟四川官话相同，意义也完全相合。

（二）近指代词和远指代词

近指代词和远指代词四川客家方言一般都不单说，可以通过对"这个"、"那个"等说法来提取。先看"这个"、"那个"在各地的说法，见表 5-9。

表 5-9　　　　　　　　　　　　四川客家方言代词举例

词目	洛带	凉水井	隆昌	西昌	仪陇
这个	$i^{31}ke^{53}$ $ia\eta^{13}ke^{53}$	$ti^{31}kie^{53}$ $nia\eta^{13}kie^{53}$ $ia\eta^{13}kie^{53}$	$ti^{31}tsa\widehat{}^3$ $kai^{13}tsa\widehat{}^3$	$i^{31}tsa\widehat{}^3$	$ti^{53}kai^{33}$
那个	$kai^{53}ke^{53}$ $i^{53}ke^{53}$ $e^{53}ke^{53}$	$kai^{53}kie^{53}$	$kai^{53}tsa\widehat{}^3$	$ei^{53}tsa\widehat{}^3$	$kai^{33}kai^{33}$

跟普通话"这"相应的近指代词在洛带、西昌读 i^{31}、凉水井和隆昌老派读 ti^{31}，这是几地很常用的表近指的单纯代词，实际上都是同一个近指代词"底"的不同读音。几地的说法可以互相印证。兰玉英根据洛带与凉水井近指代词的读音，考证"$i^{31}ke^{53}$"中的"i^{31}"与"$ti^{31}kie^{53}$"中的"ti^{31}"同形，本字即为"底"："i^{31}"由"ti^{31}"脱落而来。[①]其证据有二：

一是在古代文献中"底"也有用作"这"或"此"的例子，如：

陆游《遣兴》：子孙勉守东皋业，小甑吴粳底样香。

杨万里《游蒲涧晚归》：烟钟能底急，催我入城闉。

二是现代方言中江西瑞金客家、赣州蟠龙客话也把"底"用作近指代词"这"或"此"，长汀客话把"这个"说为"底个"。[②]

语音演变具有渐变性，其渐变性从不同地点的语音现象中找得到痕迹，也可以从同一地点中的语音现象中看出来。很有意思的是，近指代词在新都泰兴客家方言中同时具有 i^{31} 和 ti^{31} 两读，这为"底"脱落声母 t 读为 i^{31} 找到了进一步的证据。

同样，隆昌、西昌的近指代词应写作"底"无须赘言。仪陇客家方言上声读 53 调，ti 上声跟洛带等几地的读音完全能够对应，因此，仪陇客家方言的近指代词也当写作"底"。"底"后分别加上"个、子、边、兜、阵子"等语素构成的其他近指复合代词是：

底个——这个　　　　　底子——这里　　　　　　底边——这边

底兜——这些　　　　　底阵子——这会儿

普通话中的"这个"，凉水井还有 $nia\eta^{13}kie^{53}/ia\eta^{13}kie^{53}$ 的说法，洛带也有的 $ia\eta^{13}ke^{53}$ 的说法，$nia\eta^{13}$、$ia\eta^{13}$ 也应是一个词的两个读法，"$ia\eta^{13}$"是脱落 n 之后发生的音变，其本字待考，暂以同音字"样"记"$ia\eta^{13}$"这个音。

---

① 兰玉英：《洛带客家方言研究》，四川人民出版社 2005 年版，第 237 页。

② 许宝华、宫田一郎主编：《汉语方言大词典》，中华书局 1999 年版，第 3574 页。

跟普通话"那"相应的远指代词，除了西昌外，洛带等四地都有 kai^2 的读法，这是在几地很常用的表远指的单纯代词。兰玉英、曾为志考证，认为就是"个"。[1]客家方言远指代词记作"个"读音和用法皆合。

从读音上看，个：《广韵》古贺切，去箇见。"个"为果开一等字，果开一等字在客家方言中还有"哪、大、我、荷"读 ai 韵，这是保留上古时期韵母的读法。

在用法上看，跟梅县客家方言一致。张振兴和张惠英先生通过对梅县等方言点中量词、指示词和领属助词的比较发现，"梅县的量词和领属助词都是去声'个'$[k\varepsilon^5]$，远指词也是去声$[k\varepsilon^5]$，就是'个'"。[2]据笔者的调查，五华话远指代词读 kai^{53}，也是"个"，并且也兼有代词、量词和领属助词的用法。显然，四川客家方言传承了"个"（個、箇）远指代词、量词和领属助词一身三任的用法。

远指代词 kai^2 可以记为"个"，为了便于区分，本书从《泰兴客家方言研究》，用"个"常见的繁体字"個"来书写。"個"后分别加"个、子、边、兜、阵子"等语素构成的其他远指复合代词是：

個个——那个　　　　個子——那里　　　　個边——那边
個兜——那些　　　　個阵子——那会儿

远指代词梅县读 e^{53}，西昌读 ei^{53}，洛带还有 e^{53} 的说法，这跟梅县客家方言相同或基本相同，其本字待考。

在洛带和隆昌都有利用声调变化来构词的特点。在洛带客家方言中，"底"读 i^{31}，表近指"这"，读 i^{53} 表远指"那"；隆昌客家方言"個"读 kai^{13}，表近指"这"，读 kai^{53} 表远指"那"。

近指代词、远指代词的比较见表 5-10。

表 5-10　　　　四川客家方言近指代词、远指代词比较表

词目	洛带	凉水井	隆昌	西昌	仪陇
这个	底个 $ti^{31}kie^{53}$ 样个 $ia\eta^{13}ke^{53}$	底个 $ti^{31}kie^{53}$ □个 $nian^{31}kie^{53}$ 样个 $ia\eta^{13}kie^{53}$	底只 $ti^{31}tsa?^3$ 个只 $kai^{13}tsa?^3$	底只 $i^{31}\text{ʂa}?^3$	底个 $ti^{53}kai^{33}$
这里	底子 $i^{31}ts\text{ɿ}^{31}$ 样子 $ia\eta^{13}ts\text{ɿ}^{31}$	底子 $i^{31}ts\text{ɿ}^{31}$ □子 $nian^{13}ts\text{ɿ}^{31}$ □子 $ni^{31}ts\text{ɿ}^{31}$	底样 $ti^{31}ia\eta^{53}$ 个样 $kai^{13}ia\eta^{53}$ 个样子 $kai^{13}ia\eta^{53}ts\text{ɿ}^{31}$	底子 $i^{31}ts\text{ɿ}^{31}$ 样 $ia\eta^{53}$	底子 $ti^{53}ts\text{ɿ}^{53}$

---

① 兰玉英，曾为志、李瑞禾：《泰兴客家方言研究》，中国社会科学出版社、文化艺术出版社 2007 年版，第 251 页。

② 张振兴、张惠英：《从客家话表示"这里、那里"的处所词说开去》，载李如龙、周日健《客家方言研究》，暨南大学出版社 1998 年版，第 306—307 页。

词目	洛带	凉水井	隆昌	西昌	仪陇
这边	底边 i^{31}pien^{45} 样边 iaŋ^{13}pien^{45}	底边 ti^{31}pien^{45} 样边 iaŋ^{13}pien^{45} □边 niaŋ^{13} pien^{45} □边 ni^{31}pien^{45}	底边 ti^{31}pien^{45} 個边 kai^{13}pien^{45}	底边 i^{31}pien^{45}	底边 ti^{53} p'ien^{33} 底萨 ti^{53}saʔ^{5}
这些	底兜 i^{31}tiəu^{45} 样兜 iaŋ^{13}tiəu^{45}	哪兜 tai^{31}təu^{45} □些 niaŋ^{13}çi^{45} □兜 niaŋ^{13}təu^{45}	底兜 ti^{31}təu^{45} 個兜 kai^{13}təu^{45}	底兜 i^{31}təu^{45}	底兜 ti^{53} tai^{13}
那个	個 kai^{53}ke^{53} 底个 i^{53} ke^{53} □个 e^{53} ke^{53}	個个 kai^{53}kie^{53}	個只 kai^{53}tsaʔ^{3}	□只 ei^{53}tʂaʔ^{3}	個个 kai^{33} kai^{33}
那里	個子 kai^{53}tsʅ^{31}	個子 kai^{53}tsʅ^{31}	個样 kai^{53}iaŋ^{53} 個样子 kai^{53}iaŋ^{53}tsʅ^{31}	□只 ei^{53}iaŋ^{53}	個子 kai^{33}tsʅ^{53}
那边	個边 kai^{53}pien^{45}	個边 kai^{53}pien^{45}	個边 kai^{53}pien^{45}	□边 ei^{53}pien^{45}	個边 kai^{33}p'ien^{33} 個萨 kai^{33}saʔ^{5}
那些	個兜 kai^{53}tiəu^{45} □兜 e^{53}tiəu^{45}	個些 kai^{53}çi^{45} 個兜 kai^{53}təu^{45}	個兜 kai^{53}təu^{45}	□兜 ei^{53}təu^{45}	個兜 kai^{33} tai^{33}

（三）代替性质、方式、程度等的指示代词

代替性质、状态、方式、程度等的指示代词，普通话用"这么"、"那么"、"这样"、"那样"等词，四川客家方言相对应的词语见表 5-11。

表 5-11　　　　　　　　　四川客家方言指示代词一览表

词目	洛带	凉水井	隆昌	西昌	仪陇
这么	咁们 kan^{13}mən^{45}	咁们 kan^{53}mən^{45} 咁 kan^{53}	咁子 kan^{13}tsʅ^{31} 咁样子 kan^{13}ioŋ^{31}tsʅ^{31}	咹 an^{212} 咹们 an^{212}mən^{45}	咁子 kan^{53}tsʅ^{53}
那么	咁们 kan^{53}mən^{45} 咁 kan^{53}	咁们 kan^{53}mən^{45} 咁 kan^{53}	咁子 kan^{53}tsʅ^{31} 咁样子 kan^{53}ioŋ^{31}tsʅ^{31}	咹 an^{212} 咹们 an^{212}mən^{45}	咁子 kan^{53}tsʅ^{53}
这样	咁子 kan^{13}tsʅ^{31} 咁样子 kan^{13}iaŋ^{53}tsʅ^{31}	咁子 kan^{13}mən^{45} 底样 ti^{31}ioŋ^{31}	咁子 kan^{13}tsʅ^{31} 咁样子 kan^{13}ioŋ^{31}tsʅ^{31}	咹样 an^{212}ioŋ^{53} 底只样子 i^{31}tʂaʔ^{3}ioŋ^{53}tsʅ^{31}	咁子 kan^{53}tsʅ^{53}
那样	咁子 kan^{13}tsʅ^{31} 個样子 kai^{53}ioŋ^{53}tsʅ^{31}	咁子 kan^{13}mən^{45} 個样 kai^{53}ioŋ^{31}	咁子 kan^{53}tsʅ^{31} 咁样子 kan^{53}ioŋ^{31}tsʅ^{31}	咹样 an^{212}ioŋ^{53} □样 ei^{53}ioŋ^{53}	咁子 kan^{53}tsʅ^{53}

　　"咁、唉"是方言用字，"唉"只见于西昌，"咁"则见于其他四地，其实"咁、唉"仍出一源，"唉" ₌an 就是"咁" ₌kan 脱落声母而发生的音变。

　　表 5-12 中仪陇的词形和读音都最简单，都说"咁子 kan⁵³tsɿ⁵³"，隆昌则有"咁子"和"咁样子"两个说法，洛带、凉水井、西昌的词形则要复杂些，除了"咁"、"唉"单独成词之外，后还加表"子"、"们"或"样子"构成词，还有前加表示远指的"個"或"□ei⁵³"成词，其中后加"们 mən⁴⁵"也是客家方言跟四川官话拼接的结果。请看见表 5-12。

表 5-12　　　　　　　　　　四川官话方言指示代词一览表

词目	成都官话	隆昌官话	四外话	仪陇官话
这么	这们 tse²¹³ mən⁵⁵ 嘞们 ne²¹³ mən⁵⁵ 这么 tse²¹³ mo⁵⁵	这们 tse⁵⁵mən⁵⁵ 弄们 noŋ¹³mən⁵⁵ 弄 noŋ¹³	众们 tʂoŋ²⁴mən⁵⁵	这样 tse¹⁴iaŋ¹⁴
那么	那们 na²¹³ mən⁵⁵ 那么 na²¹³ mo⁵⁵ 浪 naŋ²¹³	那们 na¹³mən⁵⁵ 浪们 naŋ¹³mən⁵⁵ 浪 naŋ¹³	那么 nai²⁴mo⁵⁵	那样 na¹⁴iaŋ¹⁴ 弄们 noŋ⁵³mən⁵⁵

　　把表 5-12 跟表 5-11 加以对照即可发现，成都、隆昌、西昌几地的官话中有"这们"、"那们"等带"们"的代词，几地客家方言也带"们"，仪陇官话没有"这们"等词形，仪陇客家方言也少有带"们"的词。

　　（四）疑问代词

　　在常见的疑问代词中，"脉个、么个、哪兜、哪侪、哪只"是客家方言典型的或比较典型的疑问代词，四川客家方言传承了这些词，其他的疑问代词，词形有所改变。

　　脉个：什么。"脉"是方言用字，是同音字，洛带和西昌的首字韵腹为 o，故记作"么"。

　　哪兜：哪些。这个疑问代词在四川各地非常统一。

　　哪侪：谁。"侪"，是客家方言的特征词。

　　哪只：谁，哪一个。

　　哪子：哪里。后缀"子"跟梅县和五华客家方言的"e"、"li"不同，前面已述。

　　唥们、唥们子：怎么，怎样、怎么样，询问性质、状况、方式、原因等。这是比较普遍见于四川官话的疑问代词，对照梅县、五华客家方言来看，梅县说"酿般"ŋiɔŋ⁵³pan⁴⁴/"酿儿"ŋiɔŋ⁵³ŋe，五华说"酿般呢"ŋiɔŋ³¹ pan⁴⁴ni⁴⁴，四川客家方言"唥"niɔŋ³¹ 的韵母从读音上看也有祖籍方言的特点，但是中缀

"们"是从四川官话进入四川客家方言的，已如前述，这个词也应是客家方言与四川官话拼接的结果。

好多：多少，询问数量，跟四川官话完全一样。

几多：多少，询问数量。见于隆昌这一个点，读为 tɕi³¹to⁴⁵。梅县、五华都说"几多" ki³¹to⁴⁴，从词形和读音上看，此词应直接源自祖籍方言。

常见疑问代词的比较见表 5-13。

表 5-13　　　　　　　四川客家方言常见疑问代词比较表

词目	洛带	凉水井	隆昌	西昌	仪陇
谁	哪只 nai³¹tsaʔ² 哪人 nai³¹ȵin¹³ 哪侪 nai³¹sa¹³	哪只（人）nai³¹tsaʔ²（ȵin¹³） 哪侪（人）na³¹xa¹³（ȵin¹³） 哪人 nai³¹ȵin¹³	哪只 nai³¹ tsaʔ³ 哪人 na³¹ȵin¹³ 哪侪 na³¹sa¹³ 脉个人 meʔ³keʔ⁵³ȵin¹³	哪侪 na⁵³xa²¹² 哪个 nai⁵³keʔ⁵³	瞒人 man³³in²¹ 瞒呢 man³³ ne²¹
什么	么个 moʔ² keʔ⁵³ 脉个 maʔ²keʔ⁵³	脉个 maʔ²kie⁵³ 么个 moʔ² keʔ⁵³	脉个 meʔ³keʔ⁵³	么个 moʔ³keʔ³¹	脉個 maʔ⁵ keʔ⁵³
哪些	哪兜 nai³¹tiəu⁴⁵	哪兜 nai³¹təu⁴⁵/tiəu⁴⁵	哪兜 nai³¹təu⁴⁵	哪兜 nai⁵³təu⁴⁵	哪兜 nai⁵³ tai³³
哪里	哪子 nai³¹tsɿ³¹ 哪样 nai³¹iaŋ⁵³	哪子 nai³¹ tsɿ³¹ 哪样 nai³¹iaŋ⁵³	哪子 nai³¹ tsɿ³¹ 哪样 nai³¹iaŋ⁵³	哪样 nai⁵³iaŋ⁵³ 哪只地塌 nai⁵³tsaʔ³tʻi⁵³tʻaʔ³	哪子 nai⁵³tsɿ⁵³
怎么	唧们子 niəŋ³¹mən⁴⁵tsɿ³¹	唧们子 niəŋ³¹mən⁴⁵tsɿ³¹	唧们（子）niəŋ³¹mən⁴⁵（tsɿ³¹）	□们 niəu⁵³mən⁴⁵	唧们（子）nɔŋ⁵³mən³³（tsɿ⁵³）
怎样	唧们子 niəŋ³¹mən⁴⁵tsɿ³¹	唧们子 niəŋ³¹mən⁴⁵tsɿ³¹	唧们（子）niəŋ³¹mən⁴⁵（tsɿ³¹）	哪个样子 nai⁵³keʔ⁵³iəŋ⁵³tsɿ³¹	唧们（子）nɔŋ⁵³ mən³³（tsɿ⁵³） 唧们样 nɔŋ⁵³mən³³iəŋ⁵³
多少	好多 xau³¹to⁴⁵	好多 xau³¹to⁴⁵	几多 tɕi³¹to⁴⁵ 将多 tɕiaŋ⁴⁵to⁴⁵	好多 xau³¹to⁴⁵	好多 xəu⁵³ təu³³

五　动词的几种体标记

动词的体貌"指动词借形态变化表示动作行为实现的过程或状态"[①]，动词的体貌分为起始体、将然体、先行体、持续体、已然体、经历体、反复体、短时体、尝试体等各种类型，下面择要分析。

[①] 张清源、张一舟、黎新第、田懋勤：《现代汉语知识辞典》，四川人民出版社 1990 年版，第 250 页。

（一）先行体

所谓先行体是指在开始某一种行为之前须先完成另外一种行为，有 V1、V2 两个行为，V1 是先发生的行为，V2 是后发生的行为，V2 的实现需要以 V1 在时间上率先实现为条件。V2 从语法单位看可以是动词，也可以是动词短语，从表示的意义看，可以是动作、行为或事件。

"不要急着给钱，吃了再给。"这个句子，"吃"是 V1，"给钱"是 V2，说话人告诉对方，付钱要以吃完饭为条件。这句话梅县、五华话一般说成"V1 欸+正/再+V2"的格式：

梅县：唔无急等分钱佢，食欸正分_给。m̩^{11}mau^{11}kip^{1}ten^{31}pun^{44}ts'ien^{11}ki^{11}，sət^{5}e^{11}tsaŋ^{53}pun^{44}。

五华：唔无唵急分钱佢，食园再分_给。m̩^{13}mau^{44}an^{53}kip^{1}pun^{44}ts'en^{13}ki^{13}，ʃit^{5}ien^{13}tsai^{53}pun^{44}。

应该说，V2 前用的副词"正"最具有客家方言特色。

四川客家方言有三种先行体格式，一个地点可以有多种平行的格式。

1. V1 嘿+再+V2

凉水井：唔爱急等给钱，食嘿再讲。moi^{45} tɕieʔ^{2}tiɛn^{31} ke^{45}tɕ'iɛn^{13}，sʅ^{5}xe^{53}tsai^{53}kɔŋ^{31}。

洛带：唔爱急等给钱，食嘿再讲。moi^{45} tɕieʔ^{2}tiɛn^{31} ke^{45}tɕ'iɛn^{13}，sʅ^{5}xe^{45}tsai^{53}kɔŋ^{31}。

隆昌：唔爱急倒拿钱，食嘿再拿。moi^{45}tɕiʔ^{3}tau^{31}na^{45}tɕ'iɛn^{13}，sʅ^{5}xe^{45} tsai^{53}na^{45}。

仪陇：莫咁们忙给钱，食撒再给。mɔ^{21} kan^{53}mən^{33}mɔŋ^{53} kɛ^{33} tɕ'iɛn^{21}，seiʔ^{3}pɛ^{33} tsai^{53}kɛ^{33}。

2. V2+V1 嘿+正

西昌：唔爱急倒给我钱，食嘿正。muai^{45}tɕieʔ^{3}tau^{31}ke^{45}ŋa^{45}ɕien^{212}，ʂeʔ^{5}xe^{53}tʂaŋ^{53}。

在梅县客家方言中，"正"用于动词和形容词前，充当副词，相当于北京话中的"才"[①]，四川各客家方言点中，除了仪陇之外，都有"正晓得"、"正好"的搭配关系，但目前只发现在西昌客家方言中"正"才用于先行体中。又如：

西昌：你唔爱插啜，你听我讲了/嘿正。ni^{212}muai^{45}tʂ'aʔ^{3}tʂuai^{53}，t'aŋ^{53}ŋai^{212} kɔŋ^{31}niau^{31}/xe^{45}tʂaŋ^{53} _{你不要插嘴，听我说完了再说吧}。

① 黄雪贞：《梅县方言词典》，江苏教育出版社 1995 年版，第 208 页。

西昌：问下华斌正 omən⁵³xa⁵³ xa²¹² pin⁴⁵tʂaŋ⁵³ _{问下华斌再说}。

西昌客家方言的这个格式，"正"后不出现 V2，但依靠前文，很清楚 V2 指的是给我钱。

3. V2+V1 嘿+哆

凉水井客家方言：唔爱忙分佢钱，食嘿哆。moi⁴⁵məŋ¹³pən⁴⁵tɕi¹³tɕ'iɛn¹³, sɿʔ⁵xe⁵³to⁴⁵。

洛带客家方言：唔爱忙给钱，食嘿哆。moi⁴⁵məŋ¹³ke⁴⁵tɕ'iɛn¹³, sɿʔ⁵xe⁴⁵to⁴⁵。

V2"分佢钱"、"给钱"可以移到 V1 后面。"哆"是个语气词，在成都官话中它是先行体的标记之一，"本有'……再说'的意思，但已虚化"①。作为体标记，"哆"普遍见于四川官话，如"不要急着给钱，吃了再给"的说法：

成都官话：不要忙倒给钱，吃了哆。piau⁵⁵ maŋ²¹ tau⁵³ ke⁵⁵ tɕ'ian²¹, ts'ɿ²¹ no²¹ to⁵⁵。

隆昌官话：不要忙倒给钱，吃了哆。pu¹³iau¹³maŋ²¹to⁵²ke⁵⁵tɕ'iɛn⁵⁵, tʂ'ɿ¹³no⁵²to⁵⁵。

西昌四外话：不要忙倒给钱，吃了哆。pu³¹iau²⁴maŋ³¹tau⁵³ke⁵⁵ tɕ'iɛn⁵⁵, tʂ'ɿ³¹no⁵³to⁵⁵。

又如"你不要插嘴，听我说完了再说吧"的说法：

成都官话：你不要搭白，你听我说了哆嘛。n̠i⁵³ piau⁵⁵ ta²¹ pe²¹, n̠i⁵³ t'in⁵⁵ ŋo⁵³ so²¹ no²¹ to⁵⁵ ma²¹。

隆昌官话：你不要插嘴，你听我讲了哆。n̠i⁵²pu¹³iau¹³ts'a¹³tsuei⁵², t'in¹³ŋo⁵²tɕiaŋ⁵²no⁵²to⁵⁵。

西昌四外话：你不要多嘴，等我说完了哆。ni⁵³pu³¹iau²⁴to⁵⁵tsuei⁵³, tən⁵³ŋo⁵³ʂo³¹uan³¹no⁵³to⁵⁵。

"哆"作为先行体标记已经进入到四川成都、隆昌客家方言中了但还没有进入到西昌、仪陇客家方言中。再如"你不要插嘴，听我说完了再说吧"的说法：

凉水井客家方言：你唔爱插嘴，你听佢讲嘿哆。n̠i¹³moi⁴⁵ts'aʔ²tsoi⁵³, n̠i¹³t'aŋ⁵³ŋai¹³kɔŋ¹³xe⁴⁵to⁴⁵。

洛带客家方言：你唔爱接嘴，你听佢讲嘿哆。n̠i¹³moi⁴⁵tɕieʔ²tsoi⁵³, n̠i¹³t'aŋ⁵³ŋai¹³kɔŋ¹³xe⁴⁵to⁴⁵。

隆昌客家方言：你唔爱接嘴，听佢讲嘿哆。n̠i¹³ moi⁴⁵tɕieʔ³tsoi⁵³, t'aŋ⁵³ ŋai¹³ kɔŋ³¹ xe⁴⁵ to⁴⁵。

---

① 张一舟、张清源、邓英树：《成都方言语法研究》，巴蜀书社 2001 年版，第 61 页。

（二）持续体

持续体的含义有广义和狭义之分，狭义的持续体"在汉语语法体系里指的是动作行为的某种静止状态"，广义的持续体包括"进行体、狭义的持续体、连续体"。① 笔者采用的是广义的进行体。

持续体标记在梅县、五华客家方言中一般用动态助词"等"构成"V 等式"，这也是客家方言中最有特点的持续体标记。如"他们说着话"的说法：

梅县：佢等人讲等话。ki¹¹ten⁴⁴ŋin¹¹kɔŋ³¹ten³¹fa⁵³。

五华：佢兜讲等话。ki¹³teu⁴⁴kɔŋ³¹ ten³¹va³¹。

又如"走着来了"的说法：

梅县：走等来欸。haŋ¹¹ten³¹loi¹¹ie。

五华：走等来哩。tsiu³¹teŋ³¹loi¹³li⁴⁴。

四川客家方言有多种格式，一个地点也可以有多种平行的格式。

1. "V 等式"，跟梅县、五华相同，如"他们说着话"的说法：

凉水井：佢□讲等话。tɕin¹³nin⁴⁵kɔŋ³¹tiɛn³¹va³¹。

洛带：佢□讲等话。tɕin¹³ nin⁴⁵kɔŋ³¹tiɛn³¹va⁵³。

又如"走着来了"的说法：

凉水井：走等来了。tsəu³¹tiɛn³¹noi¹³niau³¹。

洛带：走等来了。tsəu³¹tiɛn³¹noi¹³niau³¹。

"V 等式"在成都洛带、凉水井使用的频率较高，隆昌也可以用，西昌很少用。再如"外面下着雨"在各地的说法：

凉水井：外面落等水。ŋoi³¹poi⁵³noʔ⁵ tiɛn³¹suei³¹。

洛带：外背落等水。ŋoi⁵³poi⁵³noʔ⁵tiɛn³¹suei³¹。

隆昌：外背落等水。vo³¹ po⁴⁵ noʔ⁵ tən³¹ suei³¹。

西昌：外背正在落水。nau⁵³/uai⁵³puai⁵³tʂən⁵³tsai⁵³noʔ⁵ʂuei³¹。

2. V 倒式　这种方式见于四川各客家方言点。如"门边站着一群人"的说法：

凉水井：门边徛等一群人。mən¹³piɛn⁴⁵tɕ'i⁴⁵ tau³¹iʔ²tɕ'yn¹³ n̠in¹³。

洛带：门边徛倒一群人。mən¹³ piɛn⁴⁵tɕ'i⁴⁵ tau³¹iʔ²tɕ'yn¹³ n̠in¹³。

隆昌：门边徛倒一堆人。mən¹³ piɛn⁴⁵ tɕ'i⁴⁵ tau³¹ie²³ tuei⁴⁵ n̠in¹³。

西昌：门边站/徛倒一群人。mən²¹²piɛn⁴⁵ tʂan⁵³/tɕ'i⁴⁵ tau³¹iʔ³tɕ'in²¹²nin²¹²。

仪陇：门边徛倒一群人。mən²¹ piɛn³³ tɕ'i³³ təu⁵³iʔ⁵ tɕ'yn²¹ in²¹。

---

① 张一舟、张清源、邓英树：《成都方言语法研究》，巴蜀书社 2001 年版，第 64 页。

3. 正得/正正/正在 V 式　动词前加副词"正正"这种格式仅见于隆昌客家方言，西昌和仪陇动词前可以加"正在"，洛带、凉水井可以前加"正得"。如"他们说着话"的说法：

凉水井：佢□正得讲话。tɕin¹³ nin⁴⁵ tsən⁵³ teʔ² kɔŋ³¹ va³¹。

洛带：佢□正得讲话。tɕin¹³ nin⁴⁵ tsən⁵³ tieʔ² kɔŋ³¹ va⁵³。

隆昌：佢等正正讲话。tɕin¹³ tən⁴⁵ tsən⁵³ tsən⁵³ kɔŋ³¹ va³¹。

西昌：佢等正在讲话。tɕi²¹²tən⁴⁵tʂən⁵³tsai⁵³kɔŋ³¹va⁵³。

仪陇：佢们正在讲话。tɕin²¹ tan³³ tsən¹³ tsʻɔ²¹ kɔŋ⁵³ va⁵³。

隆昌客家方言的"正正"跟隆昌官话一样，如：

火正正燃起了。xo⁵² tsən¹³ tsən¹³ zan²¹ tɕʻi⁵²no⁵²。

（三）完成体

"完成"是惯用术语，它实际上应该包括实现和完成两个方面。实现是动作行为成为了事实；完成是动作行为已经结束。

梅县客家方言用"欵"、"撇"，五华客家方言一般用"哩"、"核"来表示完成体标记，"欵"和"哩"表示动作或变化的完成，"撇"和"核"表示动作或变化完成并有了结果。五华客家方言中"哩"、"核"在某些情况下可以换用。[1]"欵"在梅县客家方言、"哩"在五华客家方言中都会因前一音素的影响而发生连读音变。这类体标记在四川各地的保存情况和读音情况有以下几种：

1. 洛带和凉水井除了用"哩"、"嘿"[2]之外，也可以用"了"来标记；"嘿"、"哩"这两个标记，多用"嘿"，有时也可以用"哩"，二者有时可以换用，有时不能换用。据兰玉英对洛带客家方言的研究："大致说来，表示完成可以用'哩'，也可以用'嘿'，用'嘿'的频率更高；表示实现用'哩'往往不用'嘿'，如果'嘿'包含有'掉'的意思，不能用'哩'替换。"[3]下例①②"嘿"与"哩"可以换用，③④"嘿"与"哩"不能换用：

① 食嘿昼了。＝食哩昼了。吃了午饭了。

② 佢食嘿昼就睡瞌睡。＝佢食哩昼就睡瞌睡他吃了饭就睡觉。

③ 佢当哩官了，就认唔到人了。*佢当嘿官了，就认唔到人了。

④ 佢发哩财了，买了新屋。*佢发嘿财了，买了新屋。

洛带：我照嘿相了。ŋai¹³ tsau⁵³xe⁴⁵ɕiɔŋ⁵³niau³¹。

凉水井：我照嘿相了。ŋai¹³ tsau⁵³xe⁴⁵ɕiɔŋ⁵³niau³¹。

---

① 朱炳玉：《五华客家话研究》，华南理工大学出版社 2010 年版，第 400 页。

② 跟五华话中的"核"相对应的词，根据其在四川客家方言中的读音记为"嘿"。

③ 兰玉英：《洛带客家方言研究》，四川人民出版社 2005 年版，第 246 页。

2. 隆昌只有"哩"、"了"，不用"嘿"。如：

你好久去？偓讲哩话就去。 $ni^{13}xau^{31}tɕiəu^{31}sᴉ^{53}$？ $ŋai^{13}kɔŋ^{31}ni^{13}va^{31}tɕiəu^{31}sᴉ^{53}$。

偓喝哩茶还渴。 $ŋai^{13}xo^{45}ni^{13}ts'a^{13}xa^{13}xoʔ^3$。

食了饭要慢慢子走。 $sᴉʔ^5no^{31}fan^{31}oi^{53}man^{31}man^{31}tsᴉ^{31}tsəu^{31}$。

3. 西昌用"嘿"、"了"，不用"哩"。如：

我喝嘿茶了还渴。 $ŋai^{12}ʂeʔ^5xe^{53}ts'a^{31}nau^{31}xai^{12}xoʔ^3$。

你哪只时候去？我讲了话就去。 $ni^{212}nai^{53}tʂaʔ^3sᴉ^{212}xəu^{53}ɕi^{53}$？ $ŋai^{212}kɔŋ^{31}$
$niau^{31}va^{53}tɕ'iəu^{53}ɕi^{53}$。

4. 仪陇用"哩"、"撇"、"了"。如：

有哩人，脉个事都好办。 $iəu^{33}nɛ^{21}in^{21}$， $maʔ^5kɛ^{21}sᴉ^{53}təu^{33}xəu^{53}p'an^{53}$。

偓照撇相了。 $ŋai^{21}tsau^{53}pɛ^{33}ɕiɔŋ^{13}nɛ^{21}$。

偓啜了茶还糟我喝了茶还口渴。 $ŋai^{21}ts'oʔ^3nɛ^{21}ts'a^{21}xai^{21}tsau^{33}$。

四川客家方言完成体标记有以下三个特点：

第一，较强地表现出五华客家方言的特点；

第二，基本没有完整保留客家方言的体标记；

第三，普遍增加了新的体标记"了"，"了"是四川官话也是普通话里用的完成体标记；

第四，几个动态助词在语境中的读音稳定，不随前面的音素影响而发生音变，这点也跟祖籍方言不同。

第二节　句式研究

句式指的是句子的结构格式，从各个不同的角度去观察句子的特征可以得到各种不同的句子格式。下面择要加以分析。

一　疑问句

四川客家方言疑问句也有是非问、正反问、选择问和特指问四个小类，在是非问和正反问两个小类的选择上，在自然状态下，发音合作人多用正反问而较少用是非问。各种疑问句主要在用词上体现出客家方言的特点，在具体格式上正反问中的特点较突出。

（一）无"来去"是非问句

"（咱们）看电影去吧？"梅县、翁源等地都可以说成"来去看电影（啊）"[①]

---

① 李如龙、张双庆主编：《客赣方言调查报告》，厦门大学出版社 1992 年版，第 453 页。

这样的格式，四川客家方言没有保存下来，这个问句在四川各地或者用是非问，或者用正反问：

凉水井：看电影去嘛？k'ɔn⁵³tiɛn⁵³in³¹ɕi⁵³ma³¹？

洛带：去看电影嘞？ɕi⁵³k'ɔn⁵³tiɛn⁵³iaŋ⁵³me⁴⁵？

隆昌：看电影去不去？k'ɔn⁵³ tiɛn⁵³in¹³ʂ̩⁵³ m̩¹³ʂ̩⁵³？

西昌：看电影去不？k'uan⁵³tiɛn⁵³in⁵³po⁵³？/去看电影不？ɕi⁵³k'uan⁵³tiɛn⁵³in⁵³po⁵³？

仪陇：看电影去莫？k'uɔn¹³ tiɛn¹³in⁵³ tɕ'i¹³ mɔ²¹？

（二）多用正反问句，少用是非问句

"来得及吗？"梅县、五华客家方言都用是非问，笔者在四川各地调查时发现，在自然状态下发音合作人全都用正反问。比较：

梅县：去□□无？hi⁵³et¹ts'at¹mo¹¹？

五华：来得□嘛？loi¹³tet¹ tʃ'et¹ ma³¹？

凉水井：来得及唔？noi¹³teʔ²tɕieʔ² m̩¹³？

洛带：搞唔搞得赢？kau³¹ m̩¹³ kau³¹tieʔ²iaŋ¹³？

隆昌：来唔来得赢？noi¹³ m̩¹³ noi¹³ teʔ³iaŋ¹³？

西昌：搞得赢不？kau³¹teʔ³iaŋ²¹²po⁵³？

仪陇：搞得赢莫？kau⁵³ tɛʔ⁵iaŋ¹³ mɔ²¹？

（三）正反问中的格式差异

因为否定词的位置、否定词的差别与否定词的省略等原因，在四川客家方言中正反问句的格式丰富多样，且在四川各点有明显的差异。

先以"还有饭没有？"的说法为例来比较：

1. 有+无得/莫/莫得+饭

凉水井：还有无得饭？xai¹³iəu⁵ mau¹³ teʔ²fan³¹？

洛带：还有无得饭？xai¹³iəu⁴⁵ mau¹³ tieʔ⁵fan⁵³？

仪陇：还有莫饭？xai²¹ iəu⁵³ mɔ²¹ fan⁵³？|还有莫得饭？xai²¹ iəu⁵³ mɔ²¹ tɛʔ⁵ fan⁵³？

2. 有+饭+无得/不

凉水井：还有饭无得？xai¹³iəu⁴⁵ fan³¹ mau¹³te⁴⁵？

洛带：还有饭无得？xai¹³iəu⁴⁵fan⁵³mau¹³tieʔ⁵？

隆昌：还有饭无得？xai¹³iəu⁴⁵ fan³¹ mau¹³ teʔ³？

西昌：还有饭无得？xai²¹²iəu⁴⁵ fan⁵³mau²¹²teʔ³？|还有饭不？xai²¹²iəu⁴⁵ fan⁵³po⁵³？

3. 有+饭+吗+莫+饭

仪陇：还有饭吗莫饭？xai²¹ iəu⁵³fan⁵³ ma⁵³ mɔ²¹ fan⁵³？

"没有"可以作动词和副词，上例中的"没有"作动词，四川客家方言用"无得"否定词来对应；"没有"作副词，四川客家方言一般用"唔曾"、"唔"来对应。"唔"是"唔曾"的省略形式。

再以"（你）去过北京没有？"为例来比较。

4. 去过+北京+唔曾/唔

"唔曾"、"唔"，相当于普通话的"未曾"，表示对从前有过某种行为或情况的否定，相当于副词"没有"，如"没有去"可以说"唔曾去"。在四川客家方言中，"唔曾"可以用在是非问句中，位置在句末，成都还可以省略"曾"，只说"唔"，或把"唔曾"二字读为合音 niɛn¹³。如：

凉水井：去过北京唔曾？tau⁵³ko⁵³ peʔ²tɕin⁴⁵ niɛn¹³？

洛带：去过北京唔？ɕi⁵³ko⁵³pieʔ²tɕin⁴⁵m̩¹³？ |去过北京唔曾？tau⁵³ko⁵³ pieʔ²tɕin⁴⁵ m̩¹³niɛn¹³？|去过北京曾？tau⁵³ko⁵³ peʔ²tɕin⁴⁵ niɛn¹³？

隆昌：去过北京唔曾？ʂʅ⁵³ ko⁵³ peʔ³ tɕin⁴⁵ m̩¹³niɛn¹³？

西昌：去过北京唔曾？ɕi⁵³ko⁵³peʔ³tɕin⁴⁵m̩²¹²tɕ'iɛn²¹²？

仪陇：你去过北京吗唔曾？ n̩²¹ tɕ'i¹³ kəu¹³ peʔ⁵ tɕin³³ ma³³ n̩²¹ tɕ'iɛn²¹？

5. 去过＋北京＋莫

仪陇：去过北京莫？tɕ'i¹³ kɔ¹³ peʔ⁵ tɕin³³ mɔ⁵³？

6. 去+莫+去过+北京

仪陇：去莫去过北京？tɕ'i¹³ mɔ²¹ tɕ'i¹³ kəu¹³ peʔ⁵ tɕin³³？

7. 去+北京+去过+莫

仪陇：去北京去过莫？tɕ'i¹³ peʔ⁵ tɕin³³tɕ'i¹³ kəu¹³ mɔ²¹？

再以"（他）敢不敢去？"为例来比较。

8. 敢+唔+敢+去

成都：敢唔敢去？kan³¹ m̩¹³kan³¹ɕi⁵³？

隆昌：敢唔敢去？kan³¹ m̩¹³kan³¹ʂʅ⁵³？

西昌：敢唔敢去？kan³¹m̩²¹²kan³¹ɕi⁵³？

仪陇：敢唔敢去？kan⁵³ n̩²¹kan⁵³ tɕ'i¹³？

9. 敢+去+不？

西昌：敢去不？kan³¹ɕi⁵³ po⁵³/ po³¹？

句末加"不"的格式，是仅见于西昌客家方言的一种正反问句。句末的"不"读音为 po⁵³ 或 po³¹，两个声调可以自由替换。否定词"不"在客家方言中没有地位，西昌客家方言在动词、形容词前也不用"不"来否定，唯独在句末用"不"提问很常见。

把西昌客家方言中带"不"提问的句子跟比邻官话四外话加以比较，发现跟四外话的格式完全一样。在四外话中，"不"有 pu^{31} 和 po^{31} 两个读音，前者是慢读音，后者是快读音。西昌客家方言借用的是快读音，请看表 5-14。

表 5-14　　　　　　　西昌四外话和西昌方言疑问句对照表

例句	四外话（官话）	西昌客家方言
我该不该来？	我该来不？	偓该来不？
他愿不愿意讲？	他愿意说不？	他愿意讲不？
你打算不打算去？	你想去不？	你打算去不？
你能来不能？	你来得到不？	你能来不？
他敢不敢去？	他敢去不？	佢敢去不？
还有饭没有？	还有饭不？	还有饭不？
这种事他知道不知道？	这件事他晓得不？	这件事他晓得不？
这个字你认得不认得？	这个字你认得倒不？	这个字你认得到不？
你还记得不记得？	你还记得倒不？	你还记得倒不？
这些水果吃得吃不得？	这些水果吃得不？	底兜果子食得不？
你来得了来不了？	你来得倒不？	你来得倒不？
来得及吗？	来得及不？ 来得赢不？	搞得赢不？
去看电影吗？	去看电影不？	去看电影不？ 看电影去不？

这种格式在攀西地区的官话中极为常见。在攀枝花本地方言（相对于移民方言）中的这个疑问句，有人认为是是非问句，把句末的词语写作"啵"，认为它相当于普通话中的疑问语气助词"吧"。[①]兰玉英等人曾探讨并论证了句末的"啵"实际上就是表示否定的"不"，这种句式应为正反问句。其主要证据是：带"啵"的疑问句，其肯定式在攀枝花本地话中能够合法存在，其否定式则不能合法存在，因为句末的"啵"代表的是否定部分，之前只能出现肯定的部分。[②]同样，在四外话里，也没有"我不该来啵？""他不愿意说

---

① 何永斌、彭德惠、陈奎彦：《攀枝花方言句类摭谈》，《攀枝花学院学报》，2004 年第 3 期。

② 兰玉英、蓝鹰、左福光、蔡斌：《攀枝花本土方言与习俗研究》，巴蜀书社 2011 年版，第 244—246 页。

啵？”这样的句子。因此我们认为，在四外话里，句末的成分仍然是表示否定的“不”。

正反问句又叫反复问句，在普通话里反复问句有完整式和省略式：“这件事他知道不知道？”“这件事他知道不？”分别代表了两种格式，在四外话中常用的格式是省略式。

西昌客家方言在跟四外话的长期接触中，接受了四外话的深刻渗透，这种正反问句式是深刻渗透的一种体现。

二　双宾句

双宾句是动词带上指人和指物两种宾语的句子，指人的宾语叫间接宾语，指物的宾语叫直接宾语。四川客家方言的双宾句部分保留了祖籍方言特点，同时也具鲜明的西南官话特色。下以“给我一本书”为例从直接宾语、间接宾语的位置与动词的使用两个方面来比较分析。

1. 间接宾语在直接宾语之前，一般使用“V+间接宾语+直接宾语”的格式，无“V+直接宾语+间接宾语”的格式

“给我一本书”梅县可以说成“分一本书偓　pun^{44}it^{1}pun^{31}su^{44}ŋai^{11}”，四川客家方言都没有这种说法。一般直接说成：

凉水井：分偓一本书。pən^{45}ŋai^{13}iʔ^{2}pən^{31}su^{45}。

洛带：分偓一本书。pən^{45}ŋai^{13}iʔ^{2}pən^{31}su^{45}。

隆昌：给偓一本书。ke^{45} ŋai^{13}ieʔ^{3}pən^{31} su^{45}。

西昌：给偓一本书。ke^{45}ŋai^{212}iʔ^{3}pən^{31}ʂu^{45}。

仪陇：给偓一本书。kɛ^{33} ŋai^{21}iʔ^{5} pən^{53} su^{33}。

指物的宾语如果要放在指人的宾语前面，需要增加动词或拷贝动词，这种句子也可作为双宾句的变化形式看待①。

凉水井：① 分一本书分偓。pən^{45}iʔ^{2}pən^{31}su^{45}pən^{45}ŋai^{13}。

② 拿本书分偓。na^{45}pən^{31}su^{45}pən^{45}ŋai^{13}。

③ 分一本书给偓。pən^{45}iʔ^{2}pən^{31}su^{45}ke^{45}ŋai^{13}。

洛带：① 分本书分偓。pən^{45}iʔ^{2}pən^{31}su^{45}pən^{45}ŋai^{13}。

② 拿本书分偓。na^{45}pən^{31}su^{45}pən^{45}ŋai^{13}。

③ 拿本书给偓。na^{45}pən^{31}su^{45}ke^{45}ŋai^{13}。

① 刘纶鑫先生在双宾语句中举到这类句子，看来是作为双宾语句处理的，参见《江西客家方言概况》，江西人民出版社2001年版，第329页。

隆昌：拿本书给偓。na^{45} pən^{31} su^{45} ke^{45} ŋai^{13}。

西昌：① 拿本书给我。na^{45} pən^{31} ʂu^{45} ke^{45} ŋai^{212}。

　　　② 给本书给我。ke^{45} pən^{31} ʂu^{45} ke^{45} ŋai^{212}。

2. 从动词看，在四川客家方言中，表给予意义的典型动词除了"分"还用"给"，"分"还可以跟其他给予类动词结合使用。

"分"是客家方言中典型的给予类动词，相当于普通话中的"给"，四川客家方言有的地点如西昌已经丢失了这个"分"而用"给"，例子如上。隆昌、仪陇还有"分"，但是一般多用"给"。"给"也已进入了成都洛带、凉水井等保留了"分"的地点。例如上举洛带、凉水井例（3）。

表示给予意义的动词"给"本来也是普通话常用词，但从其读音来看，显然是直接从四川官话而来。"给"，四川官话普遍读 ke^{45}，除了仪陇之外，四川其他客家方言点也都读 ke^{45}，四川客家方言几乎照搬了这个词的读音与用法。

给我一本书

成都官话	洛带、凉水井客方言
给我一本书。ke^{55}ŋo^{53}i^{21}pən^{53} su^{55}。	给偓一本书。ke^{45}ŋai^{13}i^{2}pən^{31}su^{45}。
拿本书给我。na^{21}pən^{53}su^{55}ke^{55}ŋo^{53}。	拿本书给偓。na^{45}pən^{31}su^{45}ke^{45}ŋai^{13}。
给我拿本书。ke^{55}ŋo^{53}na^{21}pən^{53}su^{55}。	给偓拿本书。ke^{45}ŋai^{13}na^{45}pən^{31}su^{45}。
拿给我一本书。na^{21}ke^{55}ŋo^{53}i^{21}pən^{53}su^{55}。	拿分偓一本书。na^{45}pən^{31} ŋai^{13}i^{2}pən^{31}su^{45}。

上面的例句，前三个中"给"的读音和语法功能在成都官话和成都客家方言中都完全一样，第四个例句，成都官话用"拿给"，成都客家方言说"拿分"，"分"是合成词中的构词语素。

在还保留了"分"用法的洛带、凉水井等地，"分"常常跟"拿"、"借"、"送"等词结合使用。如：

① 拿分偓一本书。

② 借分偓50块钱。

③ 送分佢好多东西。

"拿分"等词语中的"分"，跟成都官话中的"拿给"、"借给"、"送给"对应，但"拿给"等未进入成都客家方言。今梅县话还有"拿分偓一本书"之类的双宾句，因此可以说祖籍方言的"拿分"一词在成都客家方言的双宾句中还比较稳固。

综上可以看出，四川客家方言的双宾句具有以下特点：

第一，双宾语的语序是间接宾语在前，直接宾语在后；

第二，给予意义动词"给"通过四川官话进入了四川客家方言，并且有跟四川官话完全相同的语法功能；

第三，在成都洛带、凉水井客家方言点中还保留着祖籍方言的"分"、"拿分"等客家方言特征词；

第四，隆昌、西昌、仪陇几地由于已经没有或很少说客家方言特征词"分"、"拿分"，其双宾句的说法比较简单，而在成都客家方言中，由于兼具客家方言与四川官话的特点，双宾语或跟普通话双宾句相对应的句子非常复杂。详见第六章第一节末"简化与繁化的矛盾"中所列出的 9 种说法。

三　否定句

否定句是对事物作出否定判断的句子。四川客家方言否定句的特点主要体现在否定词方面。四川客家方言常用的否定词有"无、无得、唔、唔曾"等，下面分别分析。

（一）用"无、无得"否定

"无"、"无得"是表示否定意义的动词，相当于普通话中的"没"或"没有"，"无"读 $\subseteq$mau，粤方言写作"冇"。由于"冇"字在客家方言用来记 p'aŋˀ，如"冇壳空壳"，其读音跟表示否定意义的 $\subseteq$mau 差别较大，本书采用"无"字来记。仪陇不说"无得"而说"莫得"。"无得"、"莫得"中的"得"在四川各点的读音不尽一致，隆昌、西昌、仪陇读 teʔ$_\subset$，在凉水井有 $\subseteq$te 和 te$_\subseteq$两读，在洛带有 tie$_\subseteq$和 tie$_\subseteq$两读。"无"、"无得"、"莫得"，其意义跟"有"相对，是对"领有"、"具有"、"存在"等进行否定，后可以接名词性词语，"无"、"无得"这两个词可以换用，但"无得"使用频率更高。如"我没有书"的说法：

凉水井：倔无得书。ŋai^{13}mau^{13}te^{45}su^{45}。

洛带：倔无得书。ŋai^{13} mau^{13} tie^5 su^{45}

隆昌：倔无得书。ŋai^{13} mau^{13} teʔ^3 su^{45}。

西昌：倔无得书。ŋai^{212}mau^{212}teʔ^{3}ʂu^{45}。

仪陇：倔莫得书。ŋai^{21} mɔ^{21} tɛʔ^5 su^{33}。

动词"无"在梅县客家方言中读 mo^{11}，在五华客家方言中读 mau^{13}，"我没有书"，梅县客家方言和五华客家方言都说"倔无书"。梅县和五华客家方言中都没有"无得"这个词，"无得"、"莫得"这两个双音节词是在四川官话影响下产生的应该没有问题。

（二）用"唔"否定

"唔"是否定副词，用在动词或形容词前面，相当于普通话的"不"，仪

陇读 $_\subset$ŋ，其他几地读 $_\subset$m̩。四川客家方言普遍有这个词，"唔买"、"唔想"、"唔系_{不是}"、"唔好"、"唔灵"、"唔勤快"这些说法存在于各个客家方言点。又如"他不知道"的说法：

凉水井：佢唔晓得/知。tɕi^{13} m̩^{13} ɕiau^{31} te?^{2}/ti^{45}。

洛带：佢唔晓得/知。tɕi^{13}m̩^{13}ɕiau^{31}tie?^{2}/ti^{45}。

隆昌：佢唔晓得/知得。tɕi^{13} m̩^{13}ɕiau^{31} te?^{3}/ti^{45} te?^{3}。

西昌：佢唔晓得。tɕi^{212}m̩^{212}ɕiau^{31}te?^{3}。

仪陇：佢唔晓得。tɕi^{21} ŋ̍^{21} ɕiau^{53} te?^{5}。

（三）用"唔曾"否定

"唔曾"是时间副词，用在动词、形容词前面表示对从前有过某种行为或情况的否定，相当于普通话的"未曾"或"没有"，四川客家方言也普遍具有这个词。成都、隆昌读 $_\subset$m̩ $_\subset$nien，西昌读 $_\subset$m̩ $_\subset$tɕ'ien，仪陇读 $_\subset$ŋ̍ $_\subset$tɕ'ien^{21}：～走，～食饭，～熟，～光_{没有亮}。又如"东边没有住过人"的说法：

凉水井：东边唔曾住过人。tuŋ^{45}piɛn^{45}m̩^{13}nien^{13}ts'u^{31}ko^{53}ṋin^{13}。

洛带：东边唔曾住过人。tuŋ^{45}pien^{45}m̩^{13}nien^{13}ts'u^{53}ko^{53}ṋin^{13}。

隆昌：东边唔曾住过人。tuŋ^{45} pien^{45} m̩^{13} nien^{13} ts'u^{31} ko^{53} ṋin^{13}。

西昌：东边唔曾住过人。tuŋ^{45} pien^{45}m̩^{212}tɕ'ien^{212}tʂ'u^{53}ko^{53}nin^{212}。

仪陇：东边唔曾住过人。tuŋ^{33} pien^{33} ŋ̍^{21} tɕ'ien^{21} ts'u^{53} kəu^{13}in^{21}。

（四）用"唔爱"否定

"唔"本为否定副词，相当于"不"，"爱"本为能愿动词，相当于"要"，"唔"用在"爱"之前否定意愿，后面可以带宾语，如"唔爱钱_{不要钱}"、"唔爱蛋黄，只爱蛋白"。除了仪陇之外，在成都、隆昌、西昌各点，都有两字合音作副词的用法，两字合音在成都、隆昌读 moi^{45}，西昌读 muai^{45}，可用在动词之前表示否定，相当于普通话的副词"别"和"不要"，通常用于表示禁止的语气，如"唔爱去"、"唔爱挡等路"。仪陇没有"唔爱"这个词，相对应的词是"莫"。"你不要插嘴"在各点的说法是：

凉水井：你唔爱插嘴。ṋi^{13}moi^{45}ts'a?^{2}tsoi^{53}。

洛带：你唔爱接嘴。ṋi^{13}moi^{45}tɕie?^{2}tsoi^{53}。

隆昌：你唔爱接嘴。ṋi^{13} moi^{45} tɕie?^{3} tsoi^{53}。

西昌：你唔爱插嘴。ni^{212}muai^{45}tʂ'a?^{3}tʂuai^{53}。

仪陇：你莫参言。ŋ̍^{21} mɔ^{33} ts'an^{33} iɛn^{21}。

从否定句所用的否定词看，客家方言的特色词"无、唔、唔曾、唔爱"在四川客家方言中保留下来了。至于新增的"无得"一词，应是客家方言跟四川官话拼接的产物：四川官话有"没得"一词，用固有的否定成分"无"替换"没"，让其与"得"结合在一起，前半段是客家方言的成分，后半段是四川官话的构词语素，二者相拼接，便产生了新词"无得"。

四　被动句

四川客家方言中的被动句不用"被"，也不用"让、叫"等介词引进施事，而用介词"拿分、分、拿给、遭、摎、给、跟、遭给"八个介词引出施事或单用"遭"表示被动。"拿分、分、拿给、给、跟"后面总是要出现施事，"遭"后面可以隐去施事，隐去后"遭"则为助词。这些词语并非在四川各客家方言点都出现。各点使用的大致情况是：

成都凉水井：用"拿分、分、拿给、遭、给"，不用"跟、遭给"；

成都洛带：多用"拿分、遭"，少用"分、拿给、给"，不用"跟、遭给"；

隆昌付家：用"拿给、跟、遭给"，不用"拿分、分、遭、给"；

西昌黄联：用"拿给、给"，不用"拿分、分、遭、遭给"；

仪陇乐兴：只用"遭"，没有调查到其他的用法。

"拿分"、"分"在双宾句中已经提到其表示给予意义，相当于普通话的"给"，在成都客家方言中这两个词兼有动词和介词的用法，作介词时表示被动。被动句的比较见表 5-15 和表 5-16。

表 5-15　　　　　　　　　　四川客家方言被动句比较表

（1）给他猜着了。
凉水井：拿分/分/给/摎佢猜倒了。na^{45}pən^{45}/pən^{45}/kie^{45}/nau^{45} tɕi^{13}ts'ai^{45}tau^{31}niau^{31}。
洛带：拿分佢猜到了。na^{45}pən^{45} tɕi^{13} ts'ai^{45} tau^{53}niau^{31}。
隆昌：拿给 /跟佢估倒哩。na^{45}ke^{45}/kən^{45} tɕi^{13} ku^{31} tau^{31} ni^{13}。
西昌：拿给/给佢猜倒了。na^{45}ke^{45}/ke^{45} tɕi^{212} ts'ai^{45} tau^{31}nau^{31}。
仪陇：遭佢猜对了。tsau^{21} tɕi^{21} ts'ai^{33} tuei^{53} nɛ^{21}。
（2）碗叫他给打烂了。
凉水井：碗拿给/拿分/摎佢打烂（嘿）了。vɔn^{31}na^{45}ke^{45} / na^{45} pən^{45}/ nau^{45}tɕi^{13}ta^{31}nan^{31}（xe^{45}）niau^{31}。
洛带：碗拿分/遭佢打烂了。vɔn^{31}na^{45}pən^{45}/tsau^{13} tɕi^{13} ta^{31}nan^{53}niau^{31}。
隆昌：碗拿给/遭给佢打烂哩。vɔn^{31} na^{45} ke^{45} / tsau^{13} ke^{45} tɕi^{13} ta^{31}nan^{31} ni^{13}。
西昌：碗拿给佢打烂了。uan^{31}na^{45} ke^{45} tɕi^{212}ta^{31}nan^{53}nəu^{31}。
仪陇：碗遭佢打烂了。uɔn^{53} tsau^{21} tɕi^{21} ta^{53} nan^{53} nɛ^{21}。

表 5-16　　　　　　　　广东客家方言与四川官话被动句比较表

（1）给他猜着了。	
梅县客方言：分佢断着欤。pun⁴⁴ki¹¹ t'ɔn⁴⁴t'ɔk⁵e³¹。	
五华客方言：分佢口嗷哩。pun⁴⁴ki¹³nuk⁵au⁵³li⁴⁴。	
成都官话：拿给他猜对了。na²¹ke⁵⁵t'a⁵⁵ts'ai⁵⁵tuei²¹³no²¹。	
隆昌官话：拿给他猜倒了。na²¹ke⁵⁵t'a⁵⁵ts'ai⁵⁵to⁵²no⁵²。	
西昌四外话：拿给他猜对喽。na³¹ke⁵⁵t'a⁵⁵ts'ai⁵⁵tuei²⁴nau⁵³。	
仪陇官话：给他猜倒了。ke⁵⁵t'a⁵⁵ts'ai⁵⁵tau⁵³no²¹。	
（2）碗叫他给打烂了。	
梅县客方言：碗拿分佢打撒欤。vɔn³¹na⁴⁴pun⁴⁴ki¹¹ta³¹pet¹e¹¹。	
五华客方言：碗分佢打烂哩嗷。vɔn³¹pun⁴⁴ki¹³ta³¹lan³¹ni⁴⁴au¹³。	
成都官话：碗拿给/遭/给他打烂了。uan⁵³na²¹ke⁵⁵/tsau²¹/ke⁵⁵t'a⁵⁵ta⁵³nan²¹³no²¹。	
隆昌官话：碗拿给/遭/遭跟他打烂了。uan⁵²na²¹ke⁵⁵/tsau²¹/kən⁵t'a⁵⁵ta⁵²nan¹³no⁵³。	
西昌四外话：碗拿给他打烂了。uan⁵³na³¹ke⁵⁵t'a⁵⁵ta⁵³nan²⁴no⁵³。	
仪陇官话：碗遭他打烂了。uan⁵³tsau²¹t'a⁵⁵ta⁵³nan¹⁴no²¹。	

通过比较发现，四川客家方言被动句有以下三个主要特点：

第一，四川客家方言中表示被动的词语很丰富；"拿分"、"分"及"拿给"、"遭"都是表示被动的标记，"拿分"、"分"和"拿给"可以用于不愉快的事情，也可以用于愉快或无所谓愉快不愉快的事情，"遭"一般则用于不愉快甚至不幸的事情；

第二，各地点都有源自四川官话的被动标记；

第三，"拿分"、"分"是客家方言具有的被动标记，它们在成都客家方言中得到了较好的传承，在其他地点则已消失。此外，在以上的被动标记中，"挷"可能是对客家方言词语用法的创新，"遭给"则是同义复合而成的新词，其余的"拿给"、"遭"、"给"、"跟"则是直接从相邻的四川官话中借用的。

五　处置式

用介词把动作支配的对象提到动词前边，以强调动作的结果，这样的句式叫做处置式。四川客家方言的处置式一般用"把"字句，在隆昌、西昌还有"拿"字句，在成都洛带、凉水井等都还有"挷"字句与"V＋嘿＋佢"的句式。见表 5-17。

表 5-17	四川客家方言处置式对照表

（1）你把剩饭吃了。

凉水井：你把剩饭食嘿。ni¹³pa³¹sən³¹fan³¹ʂʅʔ⁵xe⁴⁵。
　　　　剩饭，撩佢食嘿。sən³¹fan³¹，nau⁴⁵tɕi¹³ʂʅʔ⁵xe⁴⁵。

洛带：你把剩饭吃嘿。ni¹³pa³¹sən⁵³fan⁵³ʂʅʔ⁵xe⁴⁵。
　　　剩饭，撩佢食嘿。sən³¹fan⁵³，nau⁴⁵tɕi¹³ʂʅʔ⁵xe⁴⁵。

隆昌：你拿剩饭食嘿佢。ni¹³na⁴⁵sən³¹fan³¹ʂʅʔ⁵xe⁴⁵tɕi¹³。

西昌：你把剩饭食嘿。ni²¹²pa³¹ʂən⁵³fan⁵³ʂeʔ⁵xe⁴⁵。
　　　剩饭，拿佢食嘿。ʂən⁵³fan⁵³，na⁴⁵tɕi²¹²ʂeʔ⁵xe⁴⁵。

仪陇：你把剩饭食撇了。ŋ²¹pa⁵³sən⁵³fan⁵³seiʔ³pu³³nɛ²¹。

（2）我没有把衣服取回来。

凉水井：偓唔曾把衫裤取转来。ŋai¹³m̩¹³niɛn¹³pa³¹san⁴⁵fu³¹tɕʻy³¹tsən³¹noi¹³。

洛带：偓唔曾把衫取转来。ŋai¹³m̩¹³nien¹³pa³¹san⁴⁵tɕʻi³¹tsən³¹noi¹³。

隆昌：偓唔曾拿衫取转来。ŋai¹³m̩¹³nien¹³na⁴⁵san⁴⁵tɕʻy³¹tsən³¹noi¹³。

西昌：偓唔曾把衫拿转来。ŋai²¹²m̩²¹²tɕʻien²¹²pa³¹san⁴⁵na⁴⁵tʂuan³¹nuai²¹²。

仪陇：偓唔曾把衫拿归来。ŋai²¹ŋ²¹tɕʻien²¹pa⁵³san³³na³³kuei³³nɔ²¹。

表 5-17 中的"撩"字句，把真正的处置对象放在句首，置于"撩"后的"佢"是复指。成都客家方言中还有这样一种具有强烈处置意味的句子：在具体的语境里，在受事已明的情况下，用"V+嘿+佢"的格式来表示处置，其中的"佢"是复指省略了的受事主语。这种句子是短句，表祈使语气。如：

① 燋嘿佢_{干了它，即干杯}！
② 丢嘿佢_{把它扔掉}！
③ 食嘿佢_{把它吃掉}！
④ 擦嘿佢_{把它擦掉}！

通过比较发现，四川客家方言的处置式有以下两个主要特点：

第一，多用"把"字句，跟四川官话和普通话相同，梅县、五华客家方言都没有"把"字句；

第二，个别地点保留了来源方言的特点，隆昌客家方言中用"拿"的句子在梅县、五华客家方言有相近的句式。

再比较：

（3）我没有把衣服取回来。

梅县：𠊎唔曾拿转衫裤来哟。ŋai¹¹m̩¹¹t'ien¹¹na⁴⁴tsɔn³¹sam⁴⁴fu⁵³loi¹¹io⁴⁴。	

五华：𠊎唔曾转衫裤来。ŋai¹³m̩¹³ts'en¹³na⁴⁴tʃon³¹sam⁴⁴fu⁵³loi¹³。

隆昌：𠊎唔曾拿衫取转来。ŋai¹³ m̩¹³nien¹³ na⁴⁵ san⁴⁵ tɕ'y³¹ tson³¹noi¹³。

六　比较句

比较句是用来进行比较的句子。根据比较的双方是否有差别分为平比、差比、渐进比三个小类。下面分别予以分析。

（一）平比句

平比句是指比较的对象甲乙双方没有差别的句子。四川客家方言平比句的基本格式是：甲跟乙一样。比较词有"跟、同、摎、像"等，后面可以有"一样"来呼应，不过这些比较词也并非在四川各个客家方言点都用。

成都：跟、同、摎、像（……一样，啊边）

隆昌：跟、像（……一样）

西昌：同、给、像、摎（……一样，啊样）

仪陇：同、跟、像（……一样）

平比句的比较见表 5-18。

表 5-18　　　　　　　　四川客家方言平比句比较表

（1）这个人同那个人一样高。

凉水井：□个人摎/同/跟个人一样高。niaŋ¹³tsaʔ²n̩in¹³nau⁴⁵/kiɛn⁴⁵/t'uŋ¹³ kai⁵³tsaʔ²n̩in¹³iʔ²iɔŋ³¹kau⁴⁵。

洛带：底只个摎/跟/同个只一样。i³¹ tsaʔ² nau⁴⁵/kiɛn⁴⁵/t'uŋ¹³ kai⁵³tsaʔ²iʔ²iɔŋ⁵³kau⁴⁵。

隆昌：个只人跟个只人一样高。kai¹³ tsaʔ³n̩in¹³ kən⁴⁵ kai⁵³ tsaʔ³n̩in¹³ ieʔ³ iɔŋ³¹ kau⁴⁵。

西昌：底只人同那个人一样高。i³¹ tʂʔ³nin²¹²t'uŋ²¹²iʔ⁵ tʂʔ³nin²¹²iʔ³iɔŋ⁵³kau⁴⁵。

仪陇：底个人同个个人一样高。ti⁵³ kai¹³in²¹ t'uŋ²¹ kai³³ kai³³in²¹ iʔ⁵iɔŋ⁵³ kəu³³。

（2）这个跟那个一般大。

凉水井：□只跟个只个一样大。niaŋ¹³tsaʔ²nau⁴⁵kai⁵³tsaʔ²iʔ¹iɔŋ³¹ t'ai³¹。

洛带：底个跟个个一样大。i³¹ke⁵³kiɛn⁴⁵kai⁵³ke⁵³iʔ²iɔŋ⁵³t'ai⁵³。

隆昌：个只跟个只一样大。kai¹³ tsaʔ³ kən⁴⁵ kai⁵³ tsaʔ³ieʔ³ iɔŋ³¹ t'ai³¹。

西昌：底只给那个一般大。i³¹tʂaʔ³ke⁴⁵ iʔ⁵ tʂaʔ³iʔ³iɔŋ⁵³t'ai⁵³。

仪陇：底个跟个个一样大。ti⁵³ kai¹³ kən³³ kai³³ kai³³iʔ⁵ iɔŋ⁵³ t'ai⁵³。

（3）这群孩子像猴子一样似的。

凉水井：□群孩子像猴子一样个。niaŋ¹³tɕ'in¹³ va¹³va⁴⁵tɕ'iɔŋ⁵³xiəu¹³tsɿ³¹iʔ²iɔŋ³¹kie⁵³。

洛带：底兜细崽子摞猴子啊边。i³¹tiəu⁴⁵ɕie⁵³ tɕie³¹ tsɿ³¹nau⁴⁵xiəu¹³ tsɿ³¹a³¹piɛn⁴⁵。
隆昌：個群娃儿像猴子一样。kai¹³ tɕʻyn¹³ua¹³ ə⁴⁵tɕʻiɔŋ⁵³ xəu¹³ tsɿ¹³ ie?³ iɔŋ³¹。
西昌：底群娃儿摞猴子啊样个。i³¹ tɕʻin³¹ua³¹ə⁴⁵ tɕʻiɔŋ⁵³/nau⁴⁵xəu²¹² tsɿ³¹a⁴⁵iɔŋ⁵³ke⁵³。
仪陇：底群大细子像猴子一样。ti⁵³ tɕʻyn²¹ tʻai⁵³ ɕi¹³ tsɿ⁵³ tɕʻiɔŋ⁵³ xai²¹ tsɿ⁵³ i?⁵ iɔŋ¹³。

（二）差比句

甲超过乙，或者不如乙，甲乙之间在性质、状态、数量等方面存在差别的句子叫差比句。基本格式是：甲比乙过 A/V、甲无得乙咁 A/V。A 是形容词或形容词性短语，V 是动词或动词性短语。比较词有"过、无得、当唔倒"。又分肯定比和否定比。见表 5-19。

表 5-19 　　　　　　　　　四川客家方言差比句比较表

（1）这个比那个大。
凉水井：□个比個只过大。niaŋ¹³tsaʔ²pi³¹kai⁵³tsaʔ²ko⁵³tʻai³¹。
洛带：底个比個个过大。i³¹ke³¹kai³¹ke⁵³ ko⁵³tʻai⁵³。
隆昌：個只比個只大。kai¹³ tsaʔ³ pi³¹ kai⁵³ ts aʔ³ tʻai³¹。
西昌：底只比□只大。i³¹tʂaʔ³pi³¹i?⁵tʂaʔ³tʻai⁵³。
仪陇：底个比個个大。ti⁵³ kai¹³ pi⁵³ kai³³kai³³ tʻai⁵³。
（2）妈妈比小儿子更想吃。
凉水井：阿娘比细俫子过想食。a⁴⁵ɳiɔŋ¹³pi³¹ɕie⁵³nai⁵³tsɿ³¹ko⁵³ɕiɔŋ³¹sɿ?⁵。
洛带：阿娘比细俫子过想食。a⁴⁵ɳiɔŋ¹³pi³¹ɕie⁵³nai⁵³tsɿ³¹ko⁵³ɕiɔŋ³¹sɿ?⁵。
隆昌：阿婆比小俫子过想食。a⁴⁵ me⁴⁵ pi³¹ se⁵³ nai⁵³ tsɿ³¹ kau⁴⁵ ɕiaŋ³¹ ʂɿ?⁵。
西昌：阿婆/婆婆比细俫子更/过想食。a⁴⁵ me⁴⁵/ me⁴⁵ me⁴⁵pi³¹se⁵³nai⁵³ tsɿ³¹kən⁵³/ko⁵³ɕiɔŋ³¹ʂe?⁵。
仪陇：娭□比幺赖子还想食。ə³³ie¹³ pi⁵³iau³³ nai⁵³ tsɿ⁵³ xai²¹ ɕiaŋ⁵³ sei?³。
（3）这个人比那个人高。
凉水井：□个只比個只人过高。niaŋ¹³tsaʔ²ɳin¹³pi⁵³kai⁵³tsaʔ²ɳin¹³ko⁵³kau⁴⁵。
洛带：底只比個只过高。i³¹ tsaʔ²pi³¹kai⁵³ tsaʔ² ko⁵³kau⁴⁵。
隆昌：個只人比個只人过高。kai¹³ tsaʔ³ ɳin¹³ pi³¹ kai⁵³ tsaʔ³ ɳin¹³ ko⁵³ kau⁴⁵。
西昌：個只人比個只人过高。kai¹³ tʂaʔ³ ɳin¹³ pi³¹ kai⁵³ tʂaʔ³ ɳin¹³ ko⁵³ kau⁴⁵。
仪陇：底个人比個个人高。ti⁵³ kai¹³in²¹ pi⁵³ kai³³ kai³³in²¹ kəu³³。

（4）电灯比油灯亮。

凉水井：电灯比清油灯过光。tiɛn⁵³tiɛn⁴⁵pi³¹iəu¹³tiɛn⁴⁵ko⁵³kɔŋ⁴⁵。

洛带：电灯比油灯过光/亮。tiɛn⁵³tiɛn⁴⁵pi³¹iəu¹³ tiɛn⁴⁵ko⁵³ kɔŋ⁴⁵/niɔŋ⁵³。

隆昌：电灯比油灯光。tiɛn⁵³ tən⁴⁵ pi³¹iəu¹³ tən⁴⁵ kɔŋ⁴⁵。

西昌：电灯比油灯亮。tiɛn⁵³tən⁴⁵pi³¹iəu²¹²tən⁴⁵niɔŋ⁵³。
　　　电灯比油灯过光。tiɛn⁵³tən⁴⁵ pi³¹iəu²¹²tən⁴⁵ ko⁵³kɔŋ⁴⁵。

仪陇：油灯ʮ比电灯ʮ光。iəu¹³ tər³³ pi⁵³ tiɛn¹³ tər³³kɔŋ³³。

（5）油灯不比电灯亮。

凉水井：油灯唔比电灯光。iəu¹³tiɛn⁴⁵m̩¹³pi³¹tiɛn⁵³tiɛn⁴⁵kɔŋ⁴⁵。
　　　　油灯无得电灯光。iəu¹³tiɛn⁴⁵mau¹³te?²tiɛn⁵³ tiɛn⁴⁵kɔŋ⁴⁵。

洛带：油灯无得电灯亮。iəu¹³ tiɛn⁴⁵mau¹³ tie?⁵tiɛn⁵³tiɛn⁵³niɔŋ⁵³。

隆昌：油灯无得电灯光。iəu¹³ tən⁴⁵ mau¹³ te?³ tiɛn⁵³ tən⁴⁵ kɔŋ⁴⁵。

西昌：油灯比唔倒电灯亮。iəu²¹²tən⁴⁵ pi³¹m̩²¹²tau³¹ tiɛn⁵³tən⁴⁵niɔŋ⁵³。

仪陇：油灯唔比电灯光。iəu¹³ tər³³ ŋ²¹ pi⁵³ tiɛn¹³ tər³³kɔŋ³³。

（6）那个没有这个好。

凉水井：個只无得□个好。kai⁵³tsa?²mau¹³te⁴⁵niaŋ¹³tsa?²xau³¹。

洛带：個个无得底个好。kai⁵³ke⁵³mau¹³ tie?⁵¹³¹ke⁵³xau³¹。

隆昌：個只冇得個只好。kai¹³ tsa?³ mau¹³te⁴⁵ kai⁵³ tsa?³ xau³¹。

西昌：□只无得底只好。i?⁵tʂa?²³mau²¹²i?³¹tʂa?²³xau³¹。

仪陇：個个莫得底个好。kai³³ kai³³ mɔ²¹ te?⁵ ti⁵³kai¹³xəu⁵³。

（7）我们的话跟你们的话不同。

凉水井：倻们个话摎你们个话唔同。ŋan¹³nin⁴⁵kie⁵³va³¹ nau⁴⁵ n̠in¹³nin⁴⁵kie⁵³va³¹ m̩¹³t'uŋ¹³。

洛带：倻们个话摎/跟你们个话唔同。ŋan¹³ nin⁴⁵ke⁵³va⁵³ nau⁴⁵kien⁴⁵/n̠in¹³ nin⁴⁵ke⁵³va⁵³m̩¹³ t'uŋ¹³。

隆昌：倻等个话跟你等个话唔同。ŋan¹³ tən⁴⁵ ke³¹ va³¹ kən⁴⁵ ni¹³ tən⁴⁵ ke³¹ va³¹ m̩¹³ t'uŋ¹³。

西昌：倻等个话跟你们个话唔同。ŋai²¹²tən⁴⁵ke⁵³va⁵³kən⁴⁵ni²¹²tən⁴⁵ ke⁵³va⁵³m̩²¹²t'uŋ²¹²。

仪陇：倻等个话跟你等个话唔同。ŋan²¹ tan³³ ke²¹ va⁵³ kən³³ ŋ²¹ tan³³ kɛ²¹ va⁵³ ŋ²¹ t'uŋ²¹。

　　比较词用"当唔倒"时，甲和乙都是名词或名词性短语。如：
　　① 白个当唔倒红个。白的比不上红的。
　　有的差比句不用比较词，通过动词（形兼动）直接带宾语的结构方式来表示甲超过乙或不及乙的具体内容。如：
　　② 倻矮你一只脑壳。我比你矮一个脑袋。

③ 佢大倕十岁他大我十岁。

④ 我多你十块钱我比你多十块钱。

⑤ 佢比你高半只头那他比你高半个脑袋。

（三）渐进比

渐进比表示程度的逐渐加深，要用"比"作比较词，其格式是：一＋量＋比＋一＋量＋A/V。如：

⑥ 一行比一行颇一行比一行稀。

⑦ 底今个生活一年比一年好现在的生活一年比一年好。

⑧ 佢个细崽子一只比一只会读书他的孩子一个比一个会读书。

⑨ 你们一个比一个会讲你们一个比一个能说会道。

从上面的分析中可以看出，四川客家方言的比较句保留了部分客家方言的特点，也具有跟四川官话相同的特点。

从比较词来看，在平比句中用"同"作为介词来引进比较的对象，在差比句中用"过"表示程度，这是对客家方言特点的传承。据林立芳的研究，"'同'是梅县话中用途很广的介词，口语中没有介词'和'、'跟'，其基本意义和基本用法跟普通话的介词'和'、'跟'、'同'大体相当"①。不过这些特点在四川各客家方言点的表现不一样。四川粤东片在差比句中普遍用"过"，在平比句和差比句中，西昌用"同"来引进比较对象比较常见，但也用"给"，成都洛带、凉水井则多用"摎、跟"，少用"同"。四川粤北片仪陇可用"同/跟"，不用"过"。用"跟"和"给"来引进比较对象，这就具有了四川官话的特点。此外，比较词"当唔倒"、"无得"兼具客家方言和四川官话的特点。

从结构模式来看，梅县用"过"来表示差比，有两种 A、B 具体的句子格式：

A. 甲+比乙+过+A/V

B. 甲+比乙+过+A/V+数量

例如：

A. 佢比倕过高他比我高。

B. 佢比倕过高一厘米他比我高一厘米。

为什么 A 式在四川粤东片客家方言中得到了保留？B 式没有保留？这应该跟四川官话的差比句结构有关系。客家方言的"过"，相当于四川官话的"更"，A 种说法对应于四川官话的"他比我更高"，B 种说法在四川官话中找

---

① 林立芳：《梅县方言语法论稿》，中华工商联合出版社 1997 年版，第 101 页。

不到对应，久而久之，这种格式就消失了。因此，从这个意义上来说，四川客家方言比较句的发展演变跟四川官话比较句的结构模式也密切相关，换句话说，四川官话差比句的结构模式制约着四川客家方言差比句的结构模式。

第三节　《华阳凉水井客家话记音》语料的语法分析

凉水井指成都东山地区一个纯客家聚居点，位于成都市的正东面，离牛市口直线距离 6 千米，总人口 800 多人；2006 年前归双林村管辖，包括双林五组和三组，今属千弓村管辖，其方圆约 2 千米。境内于五组地界曾有一口深井，井水清澈甘甜，故称之为凉水井，周围也因之得名。

董同龢在《华阳凉水井客家话记音》（以下简称《记音》）中说：根据凉水井客家人的族谱以及口头传说，其祖上入川时间最早的是清康熙年间，也有迟至同治时候的，来源多说是"长乐"。本书在第二章里已论证了凉水井客家方言跟五华客家方言的亲近关系。200 多年后，1946 年，董同龢做了凉水井的客家方言调查，写出了《记音》，这是关于四川客家方言研究的最早的一部记录地点方言口语的调查报告。记音材料保存了 60 多年前凉水井客家方言活生生的语言面貌，成为客家方言研究的珍贵文献。其珍贵性，不但在采用"把汉字丢掉，踏踏实实的依照语言研究的基本步骤，去记录一种汉语"①的方法获得了十分鲜活、丰富的语料，而且在于让我们看到了客家方言来到四川后，经过与四川官话长期接触而产生的演变成果。从 60 多年前凉水井客家方言对客家方言的传承情况与已经完成了的演变记录看，凉水井客家方言与其祖籍方言已有了较大的距离，可以说凉水井客家方言在当时就已经是被川化了的客家方言，无论语音、词汇还是语法，都是如此。对这个地点的客家方言语法的属性，董同龢先生说得很精辟："这个方言在语法方面跟国语的差别极少"②，如果从跟四川官话相比较的角度看，则可以说凉水井客家方言语法跟四川官话的差别更小。《记音》中的语料，无论对客家移民方言甚至移民方言的演变情况与速度，以及方言接触等方面的研究都有着重要的文献价值。

本节对《记音》③的语料全面进行词法和句法分析，选取词缀、重叠式、

---

① 董同龢：《华阳凉水井客家话记音》，科学出版社 1956 年版，第 82 页。

② 董同龢：《华阳凉水井客家话记音》，科学出版社 1956 年版，第 101 页。

③ 在音标方面尊重作者的注音，但原记的舌面塞音ȶ、ȶ'，作者说是为了方便，今根据音质和 ȶ 的协调性改记为相应的塞擦音 tɕ、tɕ'；在用字方面，原译注的字尽量对应为相应的汉字，有些空缺的字，根据其音韵地位和时贤的用法予以补充说明，对个别欠妥的字予以订正。

量词、语气词、疑问句、双宾句等项目的语料来做穷尽性的分析，意在以此为案例来全面探讨在与四川官话接触下的四川客家方言语法演变的具体成果。由于从族谱和语言特征上看，凉水井客家方言与五华客家方言的亲缘关系十分密切，后文将适当与五华客家方言进行比较。

一　《记音》词法分析

（一）《记音》中的词缀

《记音》中有名词前缀"阿"、"老"。

老：～婆　　　　　～表　　　　　～弟弟弟　　　　～鸦乌鸦　　　　～虎

　　　～妹妹妹　　　～官儿姘夫　　～北称北风

阿：～伯伯父　　　～公　　　　　～婆　　　　　～毑 tse^{45} 祖母

　　　～爷父亲　　　～娘母亲　　　～哥　　　　　～□ts‘uei^{53} 喷嚏

有后缀"子、头、公、婆、哥、巴"（包括中缀），其中"子"缀特别发达，构成的名词极多，还作代词、形容词、副词、量词后缀，在个别词中作中缀。见表 5-20。

表 5-20　　　　　　　　　　《记音》"子"缀词语一览表

人的名称	娭子　细子小孩子　妹子女儿　徕子儿子　寡母子寡妇　妇娘子妇女　男子人男人　细崽子小孩儿 踦子　驼子　驼背子　瞎子　贼娃子　瓜娃子　药婆子收生婆　胖子　秃子 聋子　败家子　厨子　高长子高个子　哈子傻子　私娃子私生子　息子曾孙　老姐子 □xoi^{13}毛子大人体毛　矮子　□oŋ^{45}伢子婴儿
人体器官及部件名称	嘴巴子　毛辫子　捉子拳头　肝子　心子　腋①子　肠子　腰子
动物及相关名称	蚊子　壁虎子壁虎　豹子　白鸽子鸽子　蚂蚁子　麻雀子　麻拐子②　鸟子鸟儿　兔子　鹿子 骡子　鱼子鱼　虱子　老鼠子　蚕子　狮子　筛子　□蠼 na^{13} tɕ‘ia^{13} tsʅ^{3}蜘蛛 鸡崽子　猴子　燕子　羊子　蚕茧子　肫子　嗉子　灶鸡子　□ŋo^{13}必子麻雀
植物及相关名称	秧子　树子　桃子　樱桃子　李子　竹子　枣子　葱子　柿子 树叶子　笋子　茄子　谷子　橘柑子　杏子　柚子
时间名称	日子辰白天　今年子　旧年子　前年子　上前年子　明年子　后年子　大后年子　底阵此刻
物品名称	车子　桌子　扇子　袋子　磨子　轿子　链子　钉子　银了　纽了 帽子　包子　刨子　鞭子　簿子　耙子　手帕子　火炮子　票子　瓜皮子瓜皮帽 碎米子　模子　马鞍子　担子　方凳子　墩子　帕子　帖子　夹马褂子短夹袄

① 原作"锥"。

② 原注释为"蝌蚪"，据调查，"蝌蚪"今说"拐奶子"kuai^{31}nien^{53} tsʅ^{31}，"麻拐子"是青蛙的一种。

续表

物品名称	碟子　梯子　台子　条子　调羹子　雪弹子(冰雹)　缎子　锭子　炉子　浆子 搞嫽子(玩具)　纽子　帘子　门帘子　链子　轮子　铃子　酒笼子　裤子　桌子 茶桌子　烟嘴子　肘子　簪子　钻子　粽子　折子(用竹编的简易席子)　桶折子(打谷桶上的簸席) 叉子　尺子　錾子　绸子　光窗子(窗户)　刷子　梳子　骰子　手帕子　手棍子 扇子　滚身子(马褂)　神龛子　髻子　锯子　金子　镜子　旗子　席子　圈子(手镯) 钳子　裙子　键子　镊子　碾子　纸捻子　银子　靴子　汗褂子(小褂) 竿子　罐子　箍子(戒指)　凳子　磉子　马鞍子　瓦桷子(椽子)　尿桶子(舀尿的勺子)
其他名称	隔壁子　样子　厅子　亭子　疹子　村子　菌子　格子　巷子　椅子
代词	底子(这里)　個子(那里)　咁子(这样,那样)　啷们子(怎么)
形容词等	慢慢子(慢慢)　好好子(好好)　悄悄子(悄悄)　滴滴子(一点)　兜子(些)

头：日~(太阳)　骨~　斧~　柱~(柱子)　膝~(膝盖)　地~
　　看~　来~　镬~(锅)　檐~(廊子)　罂~(坛子)　犁~
　　灶~　跟~　刀~(祭祀用的方形肉)

巴：嘴~子　尾~　肋~骨　节~　焦~湿　鲇~躬(鲇鱼)
　　哑~　耳~(耳光)

婆：袄~(棉袄)　鹞~(老鹰)

嫲：勺~(水瓢)　姜~(姜)　虱~(虱子)　牛皮~(厚皮菜)

公：鼻~(鼻子)

哥：抱虎~(蝇虎)　鹦~(鹦鹉)　假~(苤蓝)

以上词缀，多数都跟五华客家方言相同。凉水井词缀与五华客家方言最大的区别是：凉水井用"子"尾，五华用"哩"尾。如表示植物及有关名称的"子"尾词，五华都用"哩"尾[1]：

麦哩　柿哩　桃哩　竹哩　柚哩　李哩　葱哩
豆哩　树秧哩(树苗)　橘哩　稗哩　蒜哩　梨哩　蒲哩(瓠子)

此外，凉水井的有些说法跟五华不同：如"贼娃子、瓜娃子、鲇巴躬"等，因为这些词是源自成都官话的。

《记音》中反映的凉水井客家方言与成都官话在词缀方面的最大区别是"儿"韵词和儿化词很少，在整本材料中，我们只发现了"老官儿"一个儿化词，没有儿韵词。近几年的调查，则获得了儿韵词和更多的儿化词，这些词当是后起的无疑。

---

① 朱炳玉：《五华客家话研究》，华南理工大学出版社 2010 年版，第 139—142 页。

（二）《记音》中的重叠式

《记音》中的重叠式包括名词重叠式、形容词重叠式。

1. 名词重叠式

《记音》中呈现了凉水井客家方言中大量的名词重叠式词语，基本的方式是AA式，在AA式的基础上产生了ABB、AAB等方式。AA式名词最多。见表5-21。

表5-21　　　　　　　《记音》重叠式名词一览表（一）

凉水井客话	普通话	凉水井客话	普通话	凉水井客话	普通话
爸爸	爸爸	姐姐	姐姐	末末	碎末儿；玄孙
妹妹	妹妹	道道	不念经打醮的道士	娃娃	小孩儿
疤疤	疤，补丁	把把	把子	包包	包
杯杯	杯子	棒棒	棒	边边	边沿
叉叉	叉子	洞洞	洞，眼儿	笼笼	竹筐竹篮之类
墩墩	劈柴时垫在下面的树墩	蛾蛾	蝴蝶，飞蛾	缝缝	缝儿
盖盖	盖子	褂褂	坎肩儿	竿竿	竿子
盒盒	盒子	豁豁	豁子	角角	角落
坑坑	坑	缕缕	细条子	泡泡	泡儿
蓬蓬	蓬子	瓶瓶	瓶子	坡坡	坡
圈圈	圈儿	缺缺	缺口	仁仁	果核
塞塞	塞子	筛筛	筛蚕豆的筛子	索索	绳子，麻绳
藤藤	藤	芽芽	芽	秧秧	植物的苗
衣衣	薄膜	渣渣	渣子	皱皱	皱纹

《记音》中有一些ABB式、AAB式、ABCC式等词语。见表5-22。

表5-22　　　　　　　《记音》重叠式名词一览表（二）

凉水井	普通话	凉水井	普通话	凉水井	普通话
鼻洞洞	鼻孔	光胴胴	赤裸上身	花瓣瓣	花瓣
酒窝窝	酒窝儿	莲白白	包菜	老太太	称呼对方的母亲，即令尊
毛毛水	毛毛雨	锯锯镰	割稻、麦的镰刀	胡豆筛筛	筛蚕豆的筛子
鸡毛扫扫	鸡毛掸子	手指甲盖盖	指甲盖儿		

2. 形容词的重叠形式

《记音》中呈现的形容词重叠式包括单音节形容词的AA式，如"好好"、

"热热"、"□□"（kan^{53} kan^{53}）；双音节形容词的 AABB，如"强强勉勉"、"干干净净"、"迷迷昏昏"等；更多的是状态形容词 ABB 式，其中的 BB 是叠音词缀，强调性状的程度。另外还有个别 ABAC 式的词语。如：

　　弱哒哒_{弱貌}　　润哒哒_{湿润貌}　　肉叽叽_{有肉感貌}　　　　暗洞洞_{黑暗貌}

　　红通通　　暗摸摸_{黑貌}　　乌□□taŋ^{31} taŋ^{31}_{乌青貌}　　血流血滴_{滴血貌}

这些词，有的跟五华客家方言相同，如"暗摸摸"，有的跟四川官话相同，如"肉叽叽"、"血流血滴"，其来源应兼具客家方言和四川官话。这些重叠式形容词在句中一般要在其后加"个"或"哩个"，有的也可以加"哩"。这个用法，显示了鲜明的客家方言特色。如①：

　　① 踩倒<u>肉叽叽</u>个。（121 页）

　　② 打得佢□□<u>kan^{53}kan^{53}哩个</u>搏_抖，嘴皮吓得<u>乌□□taŋ^{31} taŋ^{31}哩个</u>了。（122 页）

　　③ 食到<u>迷迷昏昏哩个</u>，两个人就把佢扶到床里背去睡倒。（124 页）

　　④ 打得大髀啊<u>血流血滴个</u>。（125 页）

　　⑤ 讲完了，就<u>热热哩</u>晒起来了。（128 页）

其中后加"哩"是今五华客家方言有的特点，如果情态形容词作定语，"哩"后还需加"个"连接。如②：

　　⑥ <u>雄刀刀哩个</u>人一刻哩就话死核哩_{体力精力好得很的人一会儿就说死掉了}。

　　⑦ 阿张动啊动就<u>恶豺豺哩</u>_{老张动不动就凶得很}。

　　⑧ <u>耳角角哩</u>听等_{侧过头去认真地听着}。

（三）《记音》中的名量搭配

《记音》中收录的量词比较丰富，有些量词及其名量的搭配关系传承了客家方言的用法，也有不少量词跟四川官话甚至普通话相同。

只：名量词。搭配的名词可以是具体的人和物，如"人"、"茶杯"，也可以是抽象的，如"案子"、"东西"。前加数词或指示代词构成量词短语。在句中，如果"只"之前数词是"一"，"一只"位于动词后可以省去"一"，如"有只妹子"。《记音》中的"只"后搭配的名词和名词性的结构有：

一～造孽人|一～老阿婆|带～俫子|有～妹子|有～老汉几～节|有～县官|底～卖东西个|底～地头|底～案子| 一～疮| 一～贼娃子|一～茶杯|一～屋|一～方子|摆～龙门阵|出哩～谋夫案|底～东西。

　　① 董同龢：《华阳凉水井客家话记音》，科学出版社 1956 年版，第 121—129 页。

　　② 朱炳玉：《五华客家话研究》，华南理工大学出版社 2010 年版，第 396 页。

个：名量词。《记音》中"个"与"只"有共同的搭配关系，显示两个量词有时可以相互替换。用"个"的例子如有几~细子|有九~|五~俫子|四~妹子|两~人|底~案子|個~人命案|好多~月|好多~时候|那~①黄鳝|一~钟头。

条：名量词。一~黄鳝|一~树子|一~牛|一~猫公。

眼 ŋan³¹：件。做~新衫|一~棉袄。

晡 pu⁴⁵：表时间的名量词。今~清早|個~夜|第二~清早。

兜/兜子：些。有~么个人|灌~冷水|底~|個~|哪~。

顿坐②tun⁵³ts'o⁴⁵：本为动词，意思是往后摔倒，屁股先着地，借用为动量词。吓到一~。

其他还有以下名量词：

挂：一~煤炭船|一~船。

把：一~扇子|一~茶壶。

顶：一~毡帽。

包：一~书。

本：一~书。

封：一~信。

盏：一~灯。

滴：一~水。

种子：种。底~人。

双：一~男子人个鞋子。

层：几~。

阵：底~此刻|整③kun³¹一~。

餐：顿。一~饭。

块：几~腊肉。

杯：一~酒。

间：一~屋。

匹：一~布|一~马。

朵：一~花。

张：一~纸。

家：一~姓任个。

句：你一~我一~。

尺寸：三尺五寸鞋面布。

斤：一~。

还有以下是动量词：

回：底~|一~。

下子：听~。

觉：一~。

步：一~一~。

阵：一~。

下：打听一~。

道：头一~验|第二~。

---

① 《记音》中"黄鳝"有论"条"和"个"两种说法，这说明"个"的用法至少在 60 多年前就比较活跃了。

② "顿坐"两字为笔者所加。

③ 《记音》中有音无字，笔者考证为"整"字，认为声母读 k，是保留了上古音。参见兰玉英、曾为志、李瑞禾《泰兴客家方言研究》，中国社会科学出版社、文化艺术出版社 2007 年版，第 217 页。

　　从以上的统计分析可以看出，凉水井客家方言保留了客家方言的一些量词与名量、动量搭配关系，如"只"跟较多名词的搭配，还有"哺、挂、眼、餐、兜/兜子、顿坐"等客家方言固有的量词；也可以看出四川官话的影响，如"这种子、头一道、第二道"等是明显地受了四川官话的影响。同时，五华客家方言不用"个"作量词，普通话用的量词"个"一般都用"只"，而在凉水井客家方言中，"个"可以跟"只"换用，以及"个"跟名词搭配的活跃程度表明，"只"的量词用法在60多年前就已趋于萎缩了。

　　（四）《记音》中"个"的用法

　　"个"在凉水井客家方言中的用法很复杂，概括起来，有以下用法：

　　1. 作结构助词，标作"个$_1$"，读 kieʔ^{32}，包括（1）（2）（3）（4）（5）五种用法：

　　（1）用于定语和中心语之间，作定语的标记；

　　（2）用于状语和中心语之间，作状语的标记，有时也跟"哩"连用作标记；

　　（3）附于形容词性语法单位之后，作状态标记；

　　（4）用于动词和宾语之间，可看成是宾语标记；

　　（5）附在词和短语后面，构成相当"个"字短语，表示转指，所构成的短语，相当于普通话的"的"字短语。

　　2. 语气词，用在句末表示肯定语气，相当于普通话的语气词"的"，标作"个$_2$"。

　　3. 量词，如上。标作"个$_3$"。

　　4. 作指示代词，表示远指"那"，标作"个$_4$"。

　　这几个用法都记作"个"需要加以说明。

　　在《记音》中，结构助词读为 kieʔ^{32}，这几个用法具有同一性当没有问题，故标作"个$_1$"。

　　量词"个"《记音》中的读音为 kie^{53}，声母相同，韵母中韵头、韵腹相同，其53调、32调，在调型上有相同之处。

　　代词的"个"读作 kai^{53}，声母、声调都跟量词"个"相同，韵母读 ai，前已论证，这是上古韵母果开一等字读 ai 的残留，见第五章第一节"四、代词"中的"（二）近指和远指代词"。

　　在凉水井客家方言的语源地五华客家方言中，"个"似乎不作量词，但要作结构助词和语气词，作结构助词只有相当于普通话定语标记"的"的用法，都读作 ke^{53}，"kai^{53}kai^{53}里"是远指代词（作者记为"介介里"），其中 kai^{53} 跟凉水井表示远指的读音相同。① 我们采纳张振兴的研究结论，"个"还兼用代词的用法。前文用"個"区分，此同前。下面分别举例，为了醒目，连同相关的成分一起画线。

先看结构助词"个₁"的用例。作定语标记用的例如：

① 走个当时对摎佢讲。（103 页）

② 你个妹子嫁过去好唔好？（104 页）

③ 你系哪子个人？（105 页）

④ 佢无得咁们好个命。（108 页）

⑤ 你坐个么个车子呐？（111 页）

⑥ 公家上个事情还唔系赖一日算一日。（111～112 页）

⑦ 底兜乌心肝个妇娘子啊，好下得心啊。（120 页）

⑧ 佢入来看倒有一双男子人个鞋子。（123 页）

作状语标记的用例如：

⑨ 老鸦又呱呱哩个叫。（121）

⑩ 打得佢 kan⁵³kan⁵³ 哩个㨑抖。（122 页）

⑪ 佢两个就你一句佢一句个闹起来。（127 页）

⑫ 闹得正厉害个时候，佢们看到一只走路个人身上着一眼袄婆，头那戴一顶毡帽，一步一步个慢慢子走等来。（127 页）

作状态标记的用例如：

⑬ 弱哒哒哩个了，坐都坐②唔稳了。（106 页）

⑭ 佢坐倒气岔气急个。（108 页）

⑮ 唧们子你一个人焦眉愁面个呢？（113）

⑯ 你个面润嗒塔个唔糟。（116 页）

⑰ 踩倒肉叽叽个。（121）

⑱ 嘴皮吓得乌 taŋ³¹ taŋ³¹ 哩个了。（122 页）

⑲ 食到迷迷昏昏哩个，两个人就把佢扶到床里背去睡倒。（124 页）

构成"个"字短语的用例如：

⑳ 食鸦片个就唔爱。有食鸦片烟个去对班长讲，佢唔爱食鸦片个。（107 页）

---

① 朱炳玉：《五华客家话研究》，华南理工大学出版社 2010 年版，第 32—33 页，216 页。上声的调值朱先生标注为 51。五华话音系本书采用魏宇文《五华方言同音字汇》，《方言》，1997 年第 3 期，故上声调值标为 53 调。

② 原文无此动词，据我们的最新调查需重复前面的动词，故添加此动词。

㉑ 将就旧个着嘛，还系一样。（110 页）

㉒ 你们爱听老个教，爱听老个讲。（114 页）

㉓ 底只卖东西个还像广东人呀么个。（114 页）

㉔ 有一家姓任个。（118 页）

㉕ 唔准讲你讲出米个！（125 页）

㉖ 你看佢袄婆摎帽子还系好好个。（129 页）

作宾语标记的用例如：

㉗ 佢讲个 sa^{45}tau^{31} 唔得闲。（103 页）

㉘ 偓问佢还有无得面，佢讲个有。（116 页）

㉙ 佢讲个爱三百六。（116 页）

㉚ 官讲个："底个案子审唔清，偓唔当官了。"（122 页）

㉛ 佢娭子讲个，你们还 ¢ien^{45}sei^{53} 看倒过了，系你个方老表。（123 页）

再看语气词"个₂"的用例：

㉜ 你走哪子来个？偓走城里出来个。（111 页）

㉝ 偓中晡日人唔多于安乐，偓坐车子出来个。（111 页）

㉞ 你在哪子惹倒个呐？（113 页）

㉟ 照倒你做生意，只有发财个。（117 页）

㊱ 佢个意思啦，就系整佢冤枉个。（118 页）

㊲ 佢发胀肚病死个。（122 页）

再看量词"个₃"的用例：

㊳ 因为你一个人去割猪肉，佢划唔着。（103 页）

㊴ 几个妹子，几个徕子呢？（106 页）

㊵ 怕爱三十四个人正栽得完。（107 页）

㊶ 一日有二十四个时候。（110 页）

㊷ 佢们三个人嘛就动手食酒。（119 页）

再看指示代词"个₄"（個）的用例：

㊸ 個个就系公家上个东西。（112 页）

㊹ 就把個个黄鳝放倒碗里背。（119～120 页）

㊺ 县官走個个池塘边过，几多老鸦围倒佢个轿子放肆叫。（120 页）

从上面的分析中可以得到以下两个重要结论：

第一，"个"的结构助词用法在凉水井客家方言中有继承也有发展，"个"的量词用法是客家方言到凉水井后新增的，由于凉水井客家人普遍是成都官话的使用者，所以直接促成这种变化的是成都官话。

　　第二，"个"作宾语标记的用法也来自于成都官话的"的"［ni⁵⁵］。这个用法董同龢认为"有点像英文……say that 的 that"①，形式上的确跟英语宾语从句中的关系代词相像，之所以不判定为关系代词而判定为宾语标记的助词，是因为这个"个"可以去掉，去掉后句子的结构自足，基本意思不变。普通话中用于动宾之间的"的"，如"他昨天进的城"、"老王发的言，我没发言"之类，可作为助词来看待。②因此，我们也认为这个"个"是结构助词的用法。此用法在五华和其他客家方言中还没有发现，而成都官话中有相同的用法，受其影响，成都客家方言仿照了相应的句式。这种句式有以下 2 个主要特点：

　　A. 用于间接引语前，其后是转述他人的话；

　　B. "个"之前的动词限于"讲"，主语是"佢"，构成"佢+讲+个+宾"的格式。

　　成都官话也有这种句子，动词通常用"说"，"的"［ni⁵⁵］也可以去掉。

　　① 他说的下午不开会。

　　② 他说的不达目的决不罢休。

　　③ 他说的要慢慢来，嫑着急。

　　（五）《记音》中的语气词

　　1.《记音》中的语气词及其所表示的语气

　　《记音》中所用的语气词与所表示的语气是：

　　陈述语气：哦 o³¹、嘞（嘛）ma³¹、了 niau³¹、个 kieʔ³²、了哩 niau³¹nie³¹、啊 a³¹、哆 tau⁴⁵、哩 nie³¹、啦 na⁴⁵、咙 ie³¹、噻 se⁵³。

　　疑问语气：吗 ma⁴⁵、呐（喃）na⁴⁵、呢 nie⁴⁵、哦 o³¹。

　　祈使语气：嘞（嘛）、哦 o³¹。

　　感叹语气：哦 o³¹。

　　2. 与五华客家方言和成都官话的语气词比较

　　据李芳的研究③，五华客家方言的语气词及其所表示的语气是：

　　陈述语气：□au¹³、啊、啰、个、□tsek¹、来、来个。

　　疑问语气：么 mo¹³、乜、啊、啰、□au¹³。

　　祈使语气：□au¹³、啊。

---

　　① 董同龢：《华阳凉水井客家话记音》，科学出版社 1956 年版，第 103 页。

　　② 黄伯荣、廖旭东主编：《现代汉语》（增订五版），高等教育出版社 2011 年版，第 30 页。

　　③ 李芳：《广东五华县客家方言语法专题研究》，广西师范大学硕士学位论文，2012 年，第 45—49 页。在该文中，作者把语气词归为助词，称作语气助词。

感叹语气：啊。

又据课题组成员魏宇文博士的调查，五华客家方言还用"哦"表示陈述语气和感叹语气，用"嘛"表示疑问语气。如：

① 还吂□ŋen^{44} 寻倒哦 o^{31} _{还没有找着呢。}

② 佢对人十分好哦 o^{31} _{他对人可好着呢。}

③ 你去过北京嘛 ma^{31} _{你去过北京没有？}

据张一舟、张清源、邓英树的研究[①]，成都官话主要的语气词及其所表示的语气是：

陈述语气：了、在、哩 ni^{55}、的 ne^{55}/ni^{55}、得 te^{213}/te^{21}、去了 tɕ'ie^{213}no^{21}、哈 xa^{53}、嘛 ma^{21}、得嘛 te^{21}ma^{21}、哆 to^{55}、叫sæ^{55}（咵、噻、啥）、噻 se^{53}/se^{213}。

疑问语气：哇 ua^{55}、啊 a^{21}/呀 ia^{21}、哇 ua^{21}、嗦 so^{21}、哈 xa^{53}、嘎 ka^{53}、叫sæ^{55}（咵、噻、啥）、唉 æ^{55}（喃咧 næ^{55}）、哦 o^{21}（哟 io^{21}）。

祈使语气：得 te^{213}/te^{21}、哈 xa^{53}、叫sæ^{55}（咵、噻、啥）、喃咧 næ^{55}、嘛 ma^{21}、吔 iæ^{55}、哦 o^{55}/o^{21}（哟 io^{21}）。

感叹语气：哦 o^{21}、去了 tɕ'ie^{213}no^{21}。

以上的比较反映出凉水井客家方言与五华客家方言、成都官话在语气词项目上的四种情况：

A. 有的只跟五华客家方言相同，如"个"；

B. 有的只跟成都官话相同，如"呐/喃"、"噻"、"哆"；

C. 有的跟五华客家方言和成都官话都相同，如"啊"、"哦"、"嘛"；

D. 有的跟五华客家方言和成都官话都不相同，如"了哩"。

由于调查研究材料和精力所限，我们还无法对凉水井语气词做关于传承与渗透的全面研究，但根据目前所掌握的文献资料，可以肯定地说凉水井客家方言的语气词与其主要来源方言五华客家方言有了较大的差异。其差异的成因主要是跟成都官话的深刻接触，凉水井客家方言语气词也接受了成都官话的深刻渗透。

3. 凉水井客家方言语气词与成都官话的接触表现

（1）表示疑问的语气词"呐 na^{45}"来自于成都官话。"呐"是成都官话表示疑问的语气词"唉"的变体，成都官话写作"喃"。在成都官话中，"'唉'可有多种语音变体。其音变规律同普通话语气词'啊'差不多，有[næ^1] [iæ^1] [uæ^1]

---

① 张一舟、张清源、邓英树：《成都方言语法研究》，巴蜀书社 2001 年版，第 60～74 页，339～372 页。

[zæ¹] [æ¹]等语音形式，其中[næ¹]方言作品写作'咧'或'喃'……"①"喃"
的声调为阴平，在成都官话读 55 调，成都官话的"喃 næ⁵⁵"与凉水井"呐 na⁴⁵"
的读音、用法都相同，因此凉水井的疑问语气词"呐"即是成都官话中的"喃"。

"呐"在《记音》中主要用在特指问句末尾表示疑问语气。如：

① 过年爱做兜么个**呐** _{过年要做些什么呢}？（110 页）（询问事情）

② 你在哪子惹倒个**呐** _{（疮）你在哪里传染上的呢}？（113 页）（询问处所）

③ 底个事情系哪下做个**呐** _{这件事是谁做的呢}？（118 页）（询问人）

④ 唧们子你一个人焦眉愁面个**呐** _{怎么你一个人愁眉苦脸的呢}？（113 页）（询问原因）

"呐"还用在选择问句后的用例：

⑤ 你走路嘛坐车子**呐** _{你走路呢，还是坐车}？（111 页）

⑥ 有无菜**呐** _{有没有菜呢}？（119 页）

"呐"还有用在句中表示停顿的用例，如：

⑦ 偓因为唔晓得么个事情**呐**，偓才去看个嘛 _{我因为不知道什么事情，才去看的啊。}
（112 页）

（2）表示陈述的语气词"噻"se⁵³ 来自于成都官话。

《记音》中"噻"读为 se⁵³，吸收了成都官话"噻"的上声读音：成都官
话读为 se⁵³ 或 se²¹³，是一个表示假设语气的语气词，用于"复句的前一分句
之末，读音较长，有提示听话人话还没说完的作用，表示在某种条件下会有
或已有的结果"②。《记音》中有语料直接反映了"噻"的这个用法。例如：

有钱个**噻**，看把老太爷跌倒，坐倒屋下享福了 _{如果是有钱的人家，会小心老太爷跌倒，让他坐在}
_{家里享福了。}（115 页）

（3）表示陈述的语气词"哆 tau⁴⁵"来自于成都官话。

在成都官话中，语气词"哆 to⁵⁵"是先行体标记，成都官话还有"不要忙
哆"的用法。③

凉水井客家方言也直接吸收了这个语气词及其用法，"哆"今也读 to⁴⁵。

① 唔爱忙**哆**，你等偓一下，我出去解只手就来 _{暂且别忙，你等我一下，我去趟卫生间就来。}
（108 页）

② 等偓算下子**哆** _{我算下再说。}（129 页）

（4）"哦"、"嘿"等语气词的主要作用跟成都官话相协。

从现有研究材料看，语气词"哦"在五华客家方言中用得很少，在《记

① 张一舟、张清源、邓英树：《成都方言语法研究》，巴蜀书社 2001 年版，第 364 页。

② 张一舟、张清源、邓英树：《成都方言语法研究》，巴蜀书社 2001 年版，第 370 页。

③ 张一舟、张清源、邓英树：《成都方言语法研究》，巴蜀书社 2001 年版，第 60—62 页。

音》中读 o^{31}，没有发生音变，用例很丰富。叹词"哦"则读 o^{53}。语气词"哦"可以用在陈述句、疑问句、祈使句、感叹句末尾表示各种语气，主要作用跟成都官话相同。

① 你讲个咁容易个事，无钱<u>哦</u> <small>像你说的那么容易的事情，没有钱哪。</small>（111 页）

② 县官讲："底个事情系唔对<u>哦</u>。" <small>县官说："这个事情不对呀。"</small>（121 页）

③ 城里背咁阔，一下就整 kun^{31} 完了<u>哦</u><small>城里面那么宽，一下子就修得完吗？</small>（111 页）

④ 你食得好多<u>哦</u><small>你吃得到多少啊</small>？（119 页）

⑤ 哪子有咁们好个事情<u>哦</u><small>哪儿有这么好的事情啊</small>？（128 页）

⑥ 轿夫讲："唔系，系死人<u>哦</u>。" <small>轿夫说："不是（踩着鲤鱼），是死人呢。"</small>（121 页）

⑦ 你怕爱你个钱<u>哦</u>，公家出钱嘡 <small>你以为是要你的钱哪，公家出钱呢。</small>（111 页）

⑧ 搞哩半日，你还唔系图闹热，走<u>哦</u>走<u>哦</u>，转去<u>哦</u> <small>搞了半天，你还不是图热闹，走吧走吧，回家了。</small>（112 页）

⑨ 哦，慢慢子走<u>哦</u>，唔曾送你<u>哦</u>。（117 页，原作"呀"，根据注音 o^{31}，改用"哦"）

⑩ 好命<u>哦</u>！（106 页）（正文作"呀"，语汇 198 页中作"哦"，根据读音用"哦"）

⑪ 贼娃子在洞洞里看倒好笑<u>哦</u>。（120 页）

⑫ 哦哟，好深<u>哦</u>。（121 页）

上例①~③是在陈述句后表示陈述语气，④~⑥是在疑问句后表示疑问语气，⑦~⑨是在祈使句后表示祈使语气，⑩~⑫是在感叹句末尾表示感叹语气。

语气词"嘡/嘛"，这也是个在《记音》中使用频率很高的语气词，读 ma^{31}。从现有材料看，在五华客家方言中用得也很少。成都官话的嘛₁（表疑问语气，所表示的疑问度低）、嘛₂（表示陈述、疑问、祈使语气）都读 ma^{21}，这里合并为一个"嘛"。《记音》中"嘡"读 ma^{31}，跟成都官话的"嘛"音义相同，当是一个语气词的不同写法，所以这也是从成都官话来的一个语气词。

《记音》中，语气词"嘡"用来表示陈述、祈使语气，这些用法也跟成都官话的"嘛"相同。

① 偓因为唔晓得么个事情呐，偓才去看个<u>嘡</u> <small>我因为不知道是什么事情，才去看的嘛。</small>（112 页）

② 看倒也造孽<u>嘡</u> <small>看着也可怜嘛。</small>（109 页）

③ 系<u>嘡</u>，偓死嘿了你好嫁<u>嘡</u> <small>是嘛，我死了你就好嫁人嘛。</small>（114 页）

④ 整 kun^{31} 得佢老表在城里背<u>嘡</u>，就紧等 <small>整得他表哥（或表弟）就在城里面老等着。</small>（118—

119 页）

⑤ 底今随在么个事情，讲得快当嘞，做就慢 现在无论什么事，说起来很快，做起来慢。（112 页）

以上几例加强肯定语气，主要说明道理显而易见。例③"嘞"用在分句之后加强肯定语气，例④用在句中表示停顿，突出主语"佢老表"。例⑤用在句中，有"……的话"的假设语气。

⑥ 边走边歇嘞 边走边休息嘛。（103 页）

⑦ 唔一定，到里背坐嘞 不一定，到里面坐嘛。（105 页）

⑧ 你唔爱告倛嘞，悄悄子嘞 你不要对人说嘛，悄悄的嘛。（113 页）

⑨ 你拿出来倛看下子嘞 你拿出来我看下嘛。（116 页）

⑩ 算了算了，唔爱紧讲，称嘞 算了算了，不要老讨价还价，称嘛。（117 页）

以上几例表示祈使语气。"嘞"还可以用在不同的分句中表示陈述和祈使语气。如：

⑪ 你气不过嘞，日日你也去焱嘞 你气不顺的话，那么你也每天去跑嘛。（108 页）

（六）《记音》中的副词

1.《记音》中的副词

表示肯定否定：唔 m̩^{13}、唔爱 moi^{45}、唔曾 m̩^{13}ȵien^{13}/ m̩^{13}tɕ'ien^{13}、未必 vei^{31}piʔ^{32}、唔消 m̩^{13}ɕiau^{45}、一定 iʔ^{32}t'in^{31}。

表示程度：很 xien^{31}、极 tɕiʔ^{32}、□kau^{45}、越 ieʔ^{5}…越 ieʔ^{5}…、格外 kaʔ^{32} ŋoi^{31}

表示范围：尽 tɕ'in^{31}、都 tiəu^{45}、光 koŋ^{45}、尽都 tɕ'in^{31}tiəu^{45}、一下 iʔ^{32}xa^{31}、一路 iʔ^{32}nu^{31}（一起）。

表示时间、频率：正₁ tsaŋ^{53}（才）、正₂ tsən^{53}（正在）、得 tieʔ^{32}、将将 tɕioŋ^{45} tɕioŋ^{45}、还 xai^{13}、紧 tɕin^{31}、再 tsai^{53}、又 iəu^{31}、一来 iʔ^{32}noi^{13}、就 tɕ'iəu^{31}。

表示方式、情态：直见 tsʅʔ^{32} tɕien^{53}（不停地，一个劲儿地）、架势 ka^{53}sʅ^{53}（使劲地、极努力地）、放肆 foŋ^{53}sʅ^{31}、亲眼 tɕ'in^{45}ŋan^{31}、亲自 tɕ'in^{45} sʅ^{31}、搞快 kau^{31}k'uai^{53}、拼命 p'in^{45} miaŋ^{31}。

表示语气：倒 tau^{31}、简直 tɕien^{31} tsʅ^{5}、本来 pən^{31}noi^{13}、实在 sʅ^{5} ts'ai^{31}。

表示关联：就 tɕ'iəu^{31}、又 iəu^{31}、也 ia^{45}。

2. 与五华客家方言和成都官话的副词比较

据朱炳玉的研究①，五华客家方言常用的副词有下面这些。

---

① 朱炳玉：《五华客家话研究》，华南理工大学出版社 2010 年版，第 404—407 页。本书统一用《五华方言同音字汇》的音系给五华客家方言注音。

表示程度：忒 t'et^1、忒过 t'et^{1}ko^{53}、死 si^{31}、十分、纤虚 siam^{44}si^{44}。

表示范围：一下、完个、单只。

表示语气：好彩、好得、冤枉、争滴哩、三不知。

表示否定：唔 m̩^{13}、唔曾 m̩^{13}men^{35}、无 mau^{13}、言 maŋ^{13}、言曾 maŋ^{13}ts'en^{13}。

表示情态：硬 ŋaŋ^{31}、砝硬 kap^{1}ŋaŋ^{31}、打白。

表示时间：正 tṣaŋ^{53}、正早先、久唔久。

表示频率：紧 kin^{31}、添。

据张一舟、张清源、邓英树的研究，成都官话有而普通话没有或意义、用法跟普通话有所不同的副词有[①]：

表示范围：打听、一下 i^{21}xa^{213}、尽都、寡、寡是、独独、格外、单另、另自、单自。

表示时间：跟倒、看倒、立时、立马、先不先、早不早、再、一根笋、取总、要不要、时不时、久不久、昼时、长行、扯长、紧、紧倒、依还、又。

表示语气：横顺、左还、红黑、高矮、硬、硬是、担怕、靠实、果不其然、自不然、颠转、未必、喜得好、以宁、何犯于。

表示情态方式：利边、安心、架势、摔起、直见、老实、阴倒、悄悄密密、白痴痴、对直、端端、搭倒、一堆、来不来。

表示否定：不兴。

成都官话的副词，又据《成都方言词典》还有"将将"、"不消"、"一路"、"实在"、"很"等[②]。

以上的比较，也反映出凉水井客家方言与五华客家方言、成都官话在副词项目上的四种情况：

A. 有的副词只跟五华客家方言相同，如"唔"、"正₁"；

B. 有的语气词只跟成都官话相同，如"直见"、"架势"、"不消"、"将将"；

C. 有的跟五华客家方言和成都官话都相同，如"紧"、"一下"；

D. 有的跟五华客家方言和成都官话都不相同，如"唔爱"、"放肆"、"极"。

跟上个项目语气词的比较研究一样，也由于调查研究材料和精力所限，我们还无法对凉水井客家方言的副词作关于传承与渗透的全面研究，但根据目前所掌握的文献资料来看，可以肯定地说，凉水井客家方言的副词部分传承了五华客家方言的特点，部分接受了成都官话的渗透。

---

① 张一舟、张清源、邓英树：《成都方言语法研究》，巴蜀书社 2001 年版，第 253—313 页。

② 梁德曼、黄尚军：《成都方言词典》，江苏教育出版社 1998 年版，第 434—435 页。

3. 凉水井客家方言副词的传承与接触表现

（1）有一些副词，如"就 tɕ'iəu³¹、又 iəu³¹、也 ia⁴⁵"等是各方言都用的，由于这些字保留了五华客家方言的读音特点，所显示的继承性不用赘言。

（2）表示否定的副词"唔"、"唔曾"、"唔爱"传承了五华客家方言的用法。这是三个使用频率非常高的副词。"唔"相当于普通话的"不"，"唔曾"对"已然"或"曾经"进行否定，相当于普通话中的副词"没、没有"。这是五华客家方言有而成都官话没有的用法，因此是来自纵向的传承。五华用例①如：

① 唔知。

② 唔曾来过。

《记音》中"唔"的主要用法是用在动词和形容词前表示否定。如：

③ 人家唔晓得你东西放倒哪子个 别人不知道你的东西放到哪儿的。（103 页）

④ 你唧们唔去做事 你怎么不去做事情？（106 页）

⑤ （包粟米果）细子少食点，食多了唔好 （玉米馍）小孩子少吃点儿，吃多了对身体不好。（102 页）

⑥ 自己唔好看无人爱 自己长得不好看没有人要。（104 页）

还用在相同的动词或形容词中间，构成正反问。如果为双音节词语，肯定形式一般只出现前一音节，即"A 唔 AB"，如：

⑦ 大舅娘，你个妹子嫁过去好唔好 大舅妈，你的女儿嫁过去后好不好？（104 页）

⑧ 你看造唔造孽 你看可怜不可怜？（115 页）

⑨ 佢问佢娭子："老表走，你晓唔晓得？" （贼）问他母亲："表哥离开家，你知不知道？"（124 页）

《记音》中"唔"还广泛用在动补结构中，表示不可能获得某种结果。如：

⑩ 去了唔爱到处焱，食饭找唔到 你去了外公那儿，不要到处乱跑，吃饭都找不到你。（102 页）

⑪ 雾到日来得赢就泼，来唔赢就唔泼了 明天来得及就泼粪，来不及就不泼了。（107 页）

⑫ 生离唔得佢，死离唔得佢，还系钱正贵重 生离不开它，死离不开它，还是钱才贵重。（116 页）

"唔曾"和"吂曾"在五华客方言中都表示"未曾"的意思，《记音》中只用"唔曾"不用"吂曾"，一般用于动词前否定，也可以用在正反问句后。例如：

⑬ 第二晡清早鸡还唔曾啼 第二天早上鸡还没有叫。（124 页）

⑭ 底只人个袄袱摙帽子都唔曾吹下来 这个人的棉袄和帽子都没有吹下来。（129 页）

⑮ 日头讲，好了，你好唔曾 太阳说，我准备好了，你准备好了没有？（127 页）

---

① 朱炳玉：《五华客家话研究》，华南理工大学出版社 2010 年版，第 406 页。

在《记音》中，"唔爱"是短语与词同形，两个音节发生合音的音变，都读 moi⁴⁵，"爱"作动词表示"要/需要"的意义，跟普通话和四川官话的动词"要"相同，"唔"对其进行否定，二者构成偏正短语。如：

⑯ 食鸦片个就唔爱_{吃鸦片烟的就不要}。（107 页）

⑰ 𠊎唔爱食鸦片个_{我不要吃鸦片烟的}。（107 页）

"唔爱"这个偏正短语是五华客家方言有的，"唔爱"在五华客家方言中也有副词的用法，读 m̩¹³moi⁵¹ 意思是"不要"[1]，但作者在否定副词的内容中没有列出这个词，也没有例句，不知是不是这个词用得比较少的原因。"唔爱"，五华客家方言读 m̩¹³moi⁵³，所发生的是加音和同化音变，在《记音》中都读 moi⁴⁵。"唔爱"主要用在动词前（形容词只有"忙"一个），表示劝阻或禁止，相当于普通话的副词"别"，应看成是副词。《记音》中这种用法很多。如：

⑱ 家公作生日，去了唔爱到处焱，食饭找唔到你_{外公过生日，去了那里别到处跑，吃饭找不到你。}（102）

⑲ 你等倒𠊎，唔爱走嘿了_{你等着我，别走}！（108 页）

⑳ 算了算了。唔爱紧讲，称嘅_{算了，算了，别说了，称吧。}（117 页）

（3）"正₂"跟五华客家方言的"正"完全相同，具有显然的传承关系。

《记音》中有两个"正"，"正₁"读 tsən⁵³，用于动/形之前，表示动作在进行中或状态在持续中，跟普通话的"正在"用法相同。这当是后起的用法。"正₂"读 tsaŋ⁵³，相当于普通话的"才"，表示事情在前不久发生，事情发生或结束得晚等意义。例如：

① 爱做贼做棒客正半夜三更转_{要做贼做土匪才半夜三更回家。}（109 页）

② 都等到暗了，佢老表正转来_{都已经等到天黑了，他的表兄（或表弟）才回来。}（119 页）

③ 爱做后娭个心正有咁们毒_{做后娘的心才这么毒。}（109 页）

（4）"直见"、"架势"、"不消"、"一路"等词，是从成都官话的通道中吸收来的成都官话或四川官话词语。

"直见"今见于成都、金堂、双流、崇州、大邑、新津、蒲江、邛崃、都江堰、彭州等地，还不见于其他地点，是一个典型的成都方言词。[2]此词在成都官话中也很常用。例如[3]：

④ 他在前头直见走，我撵都撵不上。

⑤ 娃娃直见问我要风筝儿，我又莫得钱买。

① 朱炳玉：《五华客家话研究》，华南理工大学出版社 2010 年版，第 218 页。

② 黄尚军：《成都方言词汇》，巴蜀书社 2007 年版，第 638 页。

③ 梁德曼、黄尚军：《成都方言词典》，江苏教育出版社 1998 年版，第 2 页。

"架势"、"不消"、"一路"几个副词则不但见于成都方言，而且是四川官话共有的方言。成都官话的用法例如[①]：

⑥ 架势跑，还是撵不倒。

⑦ 不消送了。

⑧ 一路走。

二　《记音》的句法分析

（一）"分"字句

分，读 pən^{45}；"拿分"读 na^{45}pən^{45}，"分"字句是用"分"或"拿分"作动词和介词的句式，这是《记音》中很有特点的句式。

"分"和"拿分"作动词，可以带一个或两个宾语。"分"后所带的双宾语，表示人的间接宾语在前，表示物的直接宾语在后。如：

① 倨袋子里还有六百元，倨一下<u>拿分</u>佢 我口袋里六百元，我全部给了他。（115 页）

② 倨当时就<u>拿分</u>佢了 我当时就拿给他了。（115 页）

"分"后可以跟兼语，"分+兼语+动"这是《记音》中很有特色的结构。如：

③ 倨摆只龙门阵<u>分你们听</u> 我讲个故事给你们听。（119 页）

④ 你食得好多哦？有酒<u>分你食</u> 你能喝多少酒呢？有的是酒给你喝吗。（119 页）

⑤ 有床<u>分你睡</u> 有床给你睡。（119 页）

⑥ 灌兜冷水<u>分佢食</u> 灌些冷水给他喝。（119 页）

"分"还用在"背"、"卖"、"吹"等动词后面表示"给予"意义。如：

⑦ 你<u>背分</u>倨听看 你背给我听听看。（110 页）

⑧ 倨<u>背分</u>你听噢 你背给我听吧。（110 页）

⑨ 倨还佢二百五佢就<u>卖分</u>倨了 我给二百五十元他就卖给我了。（116 页）

⑩ 你<u>吹分</u>倨听听看 你吹（风）给我听听看。（126 页）

"分"、"拿分"可作介词，引进动作的受益者、受害者，或者引进施动者。如：

⑪ 倨还爱进城<u>分</u>倨老婆扯三尺五寸鞋面布 我还要进城给老婆买三尺五寸鞋面布。（113 页）

⑫ 你爱<u>分</u>倨买糖饼，倨还爱沙头和尚，还爱<u>分</u>倨做件新衫 你要给我买糖饼，我还要沙头和尚面具，还要给我做件新衣服。（110 页）

⑬ 你爱讲噢，倨<u>分</u>你想方子噢 你要说嘛，我给你想办法嘛。（113 页）

⑭ 整只磨子<u>分佢</u>捆倒身上噢 弄个磨子给他捆在身上。（120 页）

⑮ 生拉活扯<u>拿分</u>黄鳝钻死个 活生生地被黄鳝钻死的！（124 页）

① 梁德曼、黄尚军：《成都方言词典》，江苏教育出版社 1998 年版，第 107 页，第 47 页，第 43 页。

"分"、"拿分"是很有特点的客家方言句式，凉水井客家方言较好地传承了其用法。

（二）"摎"字句

摎，读 nau⁴⁵，在五华客家方言中可以作动词、介词和连词，作动词表示"和匀"、"搅拌"等意义，相当于普通话的动词"和"。"摎"字句是指用"摎"作动词、介词和连词的句子。

《记音》可能由于内容所限，其语料中没有"摎"字的动词用法，作介词的用法很多，连词用法也有几例。

"摎"作介词，相当于普通话的"跟"、"对"、"向"、"给"。如：

① 走个当时<u>摎佢讲</u>走的时候对他说。（103 页）

② 倻霎到日<u>摎佢</u>做红我明天给她做媒。（104 页）

③ 人齐了转来<u>摎倻讲</u>人齐了回来对我说。（107 页）

④ 去<u>摎班长讲</u>，倻唔爱食鸦片个去给班长说，我不要吃鸦片烟的。（107 页）

⑤ 早先你唔系<u>摎倻讲</u>，你<u>摎倻</u>想方子嘛先前你不是给我说，要给我想办法吗？（113 页）

⑥ 佢<u>摎倻</u>作揖他向我作揖。（115 页）

⑦ 倻转去<u>摎幺爸讲</u>……我回去给小叔说……（115 页）

⑧ <u>摎你</u>算二百五，你该唔食亏了给你算二百五十元，你应该不吃亏。（116 页）

⑨ 佢<u>摎佢娭子讲</u>，倻陪老表食杯酒他对他母亲说，我陪表哥（或表弟）喝杯酒。（123 页）

⑩ 就系个个人命案啊，底回<u>摎人家</u>判不清，头那还爱落地呢就是那个人命案这次要是给人家判不清，脑袋还要落地呢。（123 页）

⑪ <u>倻摎你讲</u>嘛，吹系无好处个，还系晒正好我给你说吧，吹风是没有好处的，还是晒才好。（129）

"摎"作连词，相当于普通话的"和"。如：

⑫ 当时拿<u>链子摎索嘛</u>把佢捆起来就拿链子和绳索把他捆起来。（121 页）

⑬ 有一回<u>北风摎日头</u>在个子争各侪本事大有一次，北风和太阳在那里争论谁的本事大。（125 页）

⑭ 底只人个<u>祅婆摎帽子</u>都唔曾吹下来 这个人的棉袄和帽子都没有吹下来。（129）

⑮ <u>五十摎三十</u>呐，就系八十里五十里和三十里，就是八十里。（129）

根据朱炳玉的研究，"摎"在五华客家方言中读 lau⁴⁴，有"使混合"的意义，①又据李芳的研究，五华客家方言中"摎"有介词和连词的用法，②凉水井客家方言比较全面地传承了"摎"字的这些用法，通过在句中与其他词和

---

① 朱炳玉：《五华客家话研究》，华南理工大学出版社 2010 年版，第 45 页。

② 李芳：《广东五华县客家方言语法专题研究》，广西师范大学硕士学位论文，2012 年，第 37—39 页。

结构的组合实现其功能。从《记音》材料的用例中可以看出，"摎"字句很丰富，并且具有很强的表现能力。

（三）"把"字句

客家方言"把"字句并不发达，五华客家方言也同样。"五华话的将字句相当于普通话的把字句。普通话也有将字句，但一般具有书面语色彩，而五华话的将字句却是地道的口语句式。"①《记音》中无一个"将"字句的用例，全都用的是"把"字句，说明迟至1946年时凉水井客家方言已经完成了"把"字句对"将"字句的替换。《记音》中有丰富的"把"字句。"把"字句多表示处置意义，谓语中动词的动作对介词"把"后的受事要施加影响。如：

① 雯到日清早晨喊做活路个，把大田耙出来 明天早上让干活的人把大田耙出来。（107页）

② 把佢丢倒外背堰塘里背去 把他扔到外面的池塘里面去。（120页）

③ 去把佢屋下个人喊倒来 去把他家里的人叫来。（121页）

④ 两个人就把佢扶到床里背去睡倒 两个人就把他扶到床上去睡下。（124页）

⑤ 把贼娃子摎偃拖出来 把贼给我拖出来！（125页）

⑥ 正在个子闹个时候，個只人已经把帽子戴到头那顶高了 正在那儿闹的时候，那个人已经把帽子戴到头上了。（128页）

⑦ 個只人就把袄婆勒得帮紧 那个人就把棉袄勒得紧紧的。（128页）

在有的"把"字句中，介词"把"后的成分跟谓语中动词的动作没有多少语义上的联系，而是跟其后的补语有联系。如：

⑧ 佢们弄兜酒来食，就把先行一只老公食醉了 他们弄了些酒米喝，就把她前夫喝醉了。（123～124页）

《记音》中关于"把"字句的用例很丰富，来源方言五华客家方言至今犹缺乏"把"字句，很显然，凉水井客家方言的"把"字句是对其祖籍方言语法的变异。此项变异是因客家方言进入成都后跟成都官话的接触而形成的。

（四）双宾结构

《记音》中的双宾结构多套在其他句型中，下面从双宾语的位置和带宾语的动词两个方面予以分析。

1. 从双宾语的位置看，都是间接宾语在直接宾语之前，运用的是"V+间接宾语+直接宾语"的格式，无"V+直接宾语+间接宾语"的格式，无一例外，这跟成都官话相同。如：

---

① 朱炳玉：《五华客家话研究》，华南理工大学出版社2010年版，第412页。

① 幺爸问俚："你分佢钱唔曾？" _{小叔问我："你给他钱没有？"}（115 页）

② 佢问佢爱好多钱一斤 _{我问他要多少钱一斤。}（116 页）

③ 佢问佢还有无得面 _{我问他还有没有面条。}（116 页）

④ 人家问佢么个名呢 _{人家问他什么名字。}（123 页）

⑤ 佢问佢娭子："老表走，你晓唔晓得？" _{他问他母亲："表哥（表弟）离开，你知不知道？"}（124 页）

⑥ 底下大老爷赏佢四十两银子 _{这下大老爷赏了他四十两银子。}（125 页）

五华客家方言的双宾结构至今还有 "V+直接宾语+间接宾语" 的格式，而《记音》中已无这种格式的用例，间接宾语作近宾语，直接宾语作远宾语，这是对祖籍方言的变异，这种变化可以说迟至 1946 年就完成了。

2. 从动词看，上例中带双宾语的动词有 "分"、"问"、"赏" 三个。"分" 和 "赏" 都是给予意义的动词，"分" 则是客家方言的典型特征词。由于发音合作人是用第三者的口吻转述问话的，上述双宾结构中有四个用的动词是 "问"，直接宾语是所问的内容。今凉水井客家方言给予类动词还用 "给"，很可能这是晚起的用法。

（五）疑问句

《记音》中的对话材料很丰富，有大量的疑问句。包括是非问、正反问、选择问、特指问四种小类。各种疑问句主要在词语的运用上体现出客家方言的特点。

1. 是非问句

《记音》中的语料，有一些是非问句，都是在陈述句后加语气词 "吗 ma^{45}" 构成，或肯定问，或否定问。如：

① 早先你唔系撍佢讲你撍佢想方子吗 _{先前你不是对我说你要替我想办法吗}？（113 页）

② 你们底保唔曾出得有事吗 _{你们这个保没有出过事吗}？（121 页）

③ 你讲你赢了吗？（128 页）

④ 你开当铺吗？（123 页）

⑤ 你唔系会吹吗 _{你不是会吹吗}？（126 页）

⑥ 你唔系看倒那个走路个人吗 _{你不是看见那个走路的人了吗}？（127 页）

⑦ 佢赢了吗 _{他赢了吗}？（128 页）

⑧ 佢把个只人用云盖起来就算赢了吗 _{他用云把那个人盖起来就算赢了吗}？（128 页）

2. 正反问句

《记音》中的正反问句比较丰富，其构成形式为谓语用正反形式，具体包括有 "有+无+宾"、"V/A+唔+ V/A"、"V/A+唔曾" 几种。

（1）"有+无+（宾/V）"正反问句

"有"是动词，表示存在或领有，"无"读 mau^{13}，是对"有"的否定，也是动词。这种正反问句末尾可以用疑问语气词"呐"、"啊"。如：

① 你格外还有无 你另外还有面条吗？（116页）

② 有无菜呐 有没有（下酒）菜呢？（119页）

③ 屋下有无人来啊① 家里有没有人来啊？（119页）

（2）"V/A+唔+ V/A"正反问句

这种正反问句末尾不用疑问词。双音节的动词、形容词，在肯定部分一般只出现头一个音节。如：

① 大舅娘，你个妹子嫁过去好唔好 大舅妈，你女儿嫁过去以后过得好不好？（104页）

② 精神还好唔好 精神还好不好？（106页）

③ 你看造唔造孽 你看可怜不可怜？（115页）

④ 世界上本来啊，系俚个主人，你晓唔晓得 世界上本来啊，是我做主人，你如不知道？（126页）

⑤ 你还来唔来 你还来不来（比）？（130页）

（3）"V/A+唔曾"正反问句

"唔曾"是副词，是对已然的否定，其后不出现所否定的内容。这种正反问句也不用疑问语气词。如：

① 张先生适屋下唔曾 张先生在家没有？（105页）

② 你分佢钱唔曾 你给他钱没有？（115页）

③ 日头讲，好了，你好唔曾 太阳说，好了，你准备好了没有？（127页）

3. 选择问句

《记音》中有的选择问句在两个选择性对象之间加"还系"连接，有的在前一种情况后加疑问词"嘞"、"吗"，这些疑问词还不可缺少。

① 你走路嘞坐车子呐 你走路呢还是做车子呢？（111页）

② 系你赢还系你输 是你赢了还是你输了？（129页）

③ 你屋下到底无油吗无米 你家里到底是没有油呢还是没有米呢？（113页）

4. 特指问

《记音》中的特指问非常丰富，一般用疑问代词表示疑问点，少数不用疑问代词。主要的疑问代词是：哪子、么个、哪俦 sa^{13}、嗯们（子）、好多、好久。特指问句末尾通常带疑问语气词"呐"，有的带"啊"，有的也可以不带

---

① 《记音》中，句末的语气词记为 xa^{53}，跟"哈"的读音相同，但 xa^{53}（哈）不用在正反问末尾表示疑问。据调查，今改用"啊"表示疑问。

语气词。用了语气词的显得疑问语气更加舒缓。

"哪子"相当于普通话的"哪里",是客家方言特征词,用来问处所。如:

① 佢去哪子去了 _{你到哪儿去了}?（105 页）
② 你系哪子个人 _{你是哪儿的人}?（105 页）
③ 你在哪子惹倒个呐 _{你在哪儿传染上的呢}?（113 页）
④ 把佢整倒哪子去呐 _{把他弄到哪里去呢}?（120 页）

"么个"相当于普通话的"什么",也是客家方言特征词,有的写作"脉个",用来问事情。如:

① 你安只么个名 _{你取的什么名字}?（105 页）
② 你屋下还有兜么个人 _{你家里还有些什么人}?（106 页）
③ 过年爱做兜么个呐 _{过年要做些什么呢}?（110 页）
④ 你讲么个啊 _{你说什么啊}?（128 页）

"哪侪 sa^{13}"、"哪侪人"相当于普通话的"谁"、"哪个",这也是客家方言特征词。又说"哪个","哪哈 xa^{31}"。询问人,有的句子无疑而问。如:

① 嘎人家随便哪侪人都系日子辰转来吗 _{那随便谁都是白天回家吗}?（109 页）
② 底个事情系哪哈 xa^{31} 做个呐 _{这件事情是谁做的呢}?（118 页）
③ 你们看,底只系哪哈 xa^{31} _{你们看,这人是谁啊}?（121 页）

"嘟们（子）"相当于普通话的"怎么"、"怎么样",询问状况、方式、原因等。如:

① 你嘟们唔去做事 _{你怎么不会做事呢}?（106 页）
② 时候嘟们子背个呐 _{时辰怎么背的呢}?（110 页）
③ 你讲嘟们子啊 _{你觉得怎么样啊}?（127 页）
④ 你嘟们子赢个呐 _{你怎么赢的呢}?（128 页）

"好多"相当于普通话的"多少",询问数量。如:

① 老阿婆好多岁了 _{老奶奶多少岁了}?（106 页）
② 一年有好多个月 _{一年有多少个月}?（109 页）

"好久"相当于普通话的"什么时候",询问时间。《记音》中只有一个用例:
好久转来呢 _{什么时候回来呢}?（105 页）

（六）否定句

《记音》中的否定句也在否定词的运用上体现出其特点。所用的否定词有:无、无得、唔、唔曾。

1. 无 mau^{13}、无得 $mau^{13}tie?^{32}$

其意义跟"有"相对,相当于普通话中的"没/没有",但在《记音》中只作动词用。用"无得"的例子比较多。如：

① 做事个人一日到晚无得事哦 做事的人一天到晚没有事啊。（108 页）

② 偓无得咁们好个命 我没有这么好的命。（108 页）

③ 你讲个咁容易个事，无钱哦 你说得容易，没有钱啊。（111 页）

"无"也是客家方言的特征词，但"无得"是比照成都官话的"没得"而产生的词语。

2. 唔 m̩¹³

相当于普通话的"不"，用在动词或形容词性词语前面否定。用得十分广泛。如：

① 嘎吗就唔去了 那就不去了。（103 页）

② 大舅娘，你个妹子嫁过去好唔好 大舅妈，你女儿嫁过去以后过得好不好？（104 页）

③ 底今看人户唔容易 现在找个好人家不容易。（104 页）

④ 你唔晓得偓个事情 你不知道我的事情。（113 页）

3. 唔曾 m̩¹³n̠ien¹³

"唔曾"相当于普通话中的副词"未曾"或"没有"，是对已然的否定。《记音》中也有大量的例句。在上文副词中已举到了几个例子。又如：

①（张先生）唔曾适屋下 张先生没有在家。（105 页）

② 底兜人唔曾见过大世面，挤倒挤倒去看 这些人没有见过大世面，挤着去看。（112）

③ 底回人家告个案子还唔曾摎人家判清呢 这次别人告的案子还没有给人家判清呢。（123 页）

4. 唔爱 moi⁴⁵

相当于普通话的副词"别"，在动词、形容词性词语前，对即将出现的某种行为或情况进行否定，有禁止的语气。上文讨论到副词时已举了很多例子，再看几例：

① 你等倒偓，唔爱走掉了 你等着我，别走掉了。（108 页）

② 唔爱讲，唔爱讲了，偓爱睡觉了 不要说，不要说了，我要睡觉了。（109 页）

③ 唔爱学倒好食懒做 别学着好吃懒做！（114 页）

附录：语法例句[①]

1. 把饭吃了。

梅县客家方言：食撇（□碗）饭□。set⁵p'et¹（e³¹vɔn³¹）fan⁵³ne¹¹。

五华客家方言：饭食得几去嗷。fan³¹ʃit⁵tct¹ki⁴⁴hi⁵³au³¹。

凉水井客家方言：把饭食嘿了。pa³¹fan³¹sʅʔ⁵xe⁴⁵niau³¹。

洛带客家方言：把饭食嘿（佢）。pa³¹fan⁵³sʅʔ⁵xe⁴⁵（tɕi¹³）。

成都官话：把饭吃了。pa⁵³ fan²¹³ tsʻʅ²¹ no²¹。

隆昌客家方言：把饭食佢。pa³¹fan³¹ʂeʔ⁵tɕi¹³。

隆昌官话：把饭吃喽。pa⁵²fan¹³tʂʻʅ¹³nəu⁵²。

西昌客家方言：把饭食喽。pa³¹fan⁵³ʂeʔ⁵nəu²¹²。

四外话（官话）：把饭吃掉。pa⁵³fan²⁴tʂʻʅ³¹tiau²⁴。|把饭吃了嘛。pa⁵³fan²⁴tʂʻʅ³¹no⁵³ma³¹。

仪陇客家方言：把饭食撇。pa⁵³ fan⁵³ seiʔ³pɛ³³。

仪陇官话：把饭吃了 pa⁵³fan¹⁴ tsʻʅ²¹ no²¹。

2.（屋里只有）两三个人。

梅县客家方言：两三个人。liɔŋ³¹sam⁴⁴tsak¹ŋin¹¹。

五华客家方言：两三只人。liɔŋ³¹sam⁴⁴tʃak¹ŋin¹³。

凉水井客家方言：两三个人。niɔŋ³¹san⁴⁵kie⁵³n̠in¹³。

洛带客家方言：两三个人。niɔŋ³¹san⁴⁵ke⁵³n̠in¹³。

成都官话：两三个人。niaŋ⁵³ san⁵⁵ ko²¹³ zən²¹。

隆昌客家方言：两三个人。niɔŋ³¹ san⁴⁵ ke⁵³ n̠in¹³。

隆昌官话：两三个人。niaŋ⁵²san⁵⁵ko¹³zən²¹。

西昌客家方言：两三个人。nɔŋ³¹san⁴⁵ke⁵³nin²¹²。

四外话（官话）：两三个人。niaŋ⁵³san²⁴ko²⁴zən³¹。

仪陇客家方言：两三个人。niɔŋ⁵³ san³³ kai¹³in²¹。

仪陇官话：两三个人。niaŋ⁵³ san⁵⁵ ko¹⁴ zən²¹。

3.（我）吃了饭了。

梅县客家方言：食哩饭。set⁵ le³¹fan⁵³。

五华客家方言：食得哩饭嗷。ʃit⁵tet¹ti⁴⁴fan³¹au³¹。

---

① 语法例句来自李如龙、张双庆主编《客赣方言调查报告》，厦门大学出版社，1992年版，第441—456页，梅县的语法例句注音也参考了该著，谨致谢忱！

凉水井客家方言：食嘿饭了。sๅʔ⁵xe⁴⁵fan³¹niau³¹。

洛带客家方言：食嘿饭了。sๅʔ⁵xe⁴⁵fan⁵³niau³¹。

成都官话：吃了饭了。tsʻๅ²¹no²¹fan²¹³no²¹。

隆昌客家方言：食哩饭。ʂeʔ⁵ni¹³fan³¹。

隆昌官话：吃嘎饭了。tʂʻๅ¹³ka⁵²fan¹³no⁵²。

西昌客家方言：食嘿饭了。ʂeʔ⁵xe⁵³fan⁵³nau²¹²。

四外话（官话）：吃过饭了。tʂʻๅ³¹ko²⁴fan²⁴nau⁵³。

仪陇客家方言：食撒饭了。seiʔ³pu³³fan⁵³nɛ²¹。

仪陇官话：吃了饭了。tsʻๅ²¹no²¹xuan¹⁴no²¹。

4.（收音机）坏了。

梅县客家方言：坏撇哩。fai⁵³pʻet¹le³¹。

五华客家方言：坏核哩嗷。fai³¹etʻⁱ⁵ti⁵³au³¹。

凉水井客家方言：坏嘿了。fai³¹xe⁴⁵niau³¹。

洛带客家方言：坏嘿了。fai⁵³xe⁴⁵niau³¹。

成都官话：烂了。nan²¹³no²¹。

隆昌客家方言：坏嘿哩。fai³¹xei¹³ni¹³。

隆昌官话：坏嘎了。xuai¹³ka⁵²no⁵²。

西昌客家方言：坏了。nan⁵³nau³¹。

四外话（官话）：坏喽。nan²⁴nəu⁵³。

仪陇客家方言：坏撒了。fai⁵³pu³³nɛ²¹。

仪陇官话：烂了。nan¹⁴no²¹。

5.（你）骗不了我。

梅县客家方言：撮𠊎唔倒。tsʻɔt¹ŋai¹¹m̩¹¹tau³¹。

五华客家方言：（你）骗唔倒𠊎。(ŋi¹³) pen⁵³m̩¹³tau³¹ŋai¹³。

凉水井客家方言：拐/骗唔倒𠊎。kuai³¹/pʻiɛn⁵³m̩¹³tau³¹ŋai¹³。

洛带客家方言：拐唔倒𠊎。kuai³¹m̩¹³niau³¹ŋai¹³。

成都官话：豁不倒我。xo⁵⁵pu²¹tau⁵³ŋo⁵³。

隆昌客家方言：骗/诈/豁/拐唔倒𠊎。pʻiɛn⁵³ / tsa³¹/ xo⁴⁵/ kuai³¹m̩¹³tau³¹ŋai¹³。

隆昌官话：哄/豁不倒我。xoŋ⁵²/xo⁵⁵pu¹³tau⁵²ŋo⁵²。

西昌客家方言：骗/豁唔倒我。pʻiɛn⁵³/xo⁴⁵m̩²¹²tau³¹ŋai²¹²。

四外话（官话）：豁不倒我。xo⁵⁵pu³¹tau⁵³ŋo⁵³。

仪陇客家方言：骗唔了𠊎。pʻiɛn⁵³n̩²¹niau⁵³ŋai²¹。

仪陇官话：豁不倒我。xo⁵⁵pu²¹tau⁵³ŋo⁵³。

6. 外面下着雨。

梅县客家方言：外背落等雨。ŋoi⁵³poi⁵³lɔk⁵ten³¹i³¹。

五华客家方言：外背落等水。ŋoi³¹men⁵³lok⁵ten³¹ʃui³¹。

凉水井客家方言：外背落等雨。ŋoi³¹poi⁵³noʔ⁵tiɛn³¹suei³¹。

洛带客家方言：外背落等水。moi⁵³poi⁵³noʔ⁵tiɛn³¹suei³¹。

成都官话：外头落起雨得。uai¹³t'əu²¹no²¹tɕ'i⁵³y⁵³ te²¹。

隆昌客家方言：外背落等水。vo³¹ po⁴⁵ noʔ⁵ tiɛn³¹ suei³¹。

隆昌官话：外头在落雨。uai¹³t'əu²¹tsai¹³no¹³y⁵²。

外头落起雨的。uai¹³t'əu²¹no¹³tɕ'i⁵²y⁵²nie⁵⁵。

西昌客家方言：外背正在落水。nau⁵³/uai⁵³puai⁵³tʂən⁵³tsai⁵³noʔ⁵ʂuei³¹。

四外话（官话）：外头下倒雨。uai²⁴t'əu³¹ɕia²⁴tau⁵³i⁵³。

仪陇客家方言：外背□倒水。ɔ⁵³pɔ¹³ts'ɔ²¹təu⁵³suei⁵³。

仪陇官话：外头下起雨得。uai¹⁴miɛn¹⁴ɕia¹⁴tɕ'i⁵³y⁵³te²¹。

7. 坐着吃。

梅县客家方言：坐等来食。ts'o⁴⁴ten³¹loi¹³set⁵。

五华客家方言：坐等来食。ts'o⁴⁴ten³¹loi¹³ʃit⁵。

凉水井客家方言：坐等/得食。ts'o⁴⁵tiɛn³¹/ tieʔ² sɿ⁵。

洛带客家方言：坐等（来）食。ts'o⁴⁵tiɛn³¹（noi¹³）sɿʔ⁵。

成都官话：坐倒吃。tso²¹³ tau⁵³ ts'ɿ²¹。

隆昌客家方言：坐倒食。ts'o⁴⁵ tau³¹ noi¹³ ʂeʔ⁵。

隆昌官话：坐倒吃。tso¹³to⁵²tʂ'ɿ¹³。

西昌客家：坐倒食。ts'o⁴⁵tsau³¹ʂeʔ⁵。|坐倒（来）食。ts'o⁴⁵tsau³¹（nuai²¹²）ʂeʔ⁵。

四外话（官话）：坐倒吃。tso²⁴tau⁵³tʂ'ɿ³¹。

仪陇客家方言：坐倒食。ts'əu³³təu⁵³seiʔ³。

仪陇官话：坐倒吃。tso¹⁴tau⁵³ts'ɿ²¹。

8. 站着，别动。

梅县客家方言：徛等，莫动。k'i⁴⁴ten³¹，mɔk⁵t'uŋ⁴⁴。

五华客家方言：徛等来，唔莫动。k'i⁴⁴ten³¹loi¹³，m̩¹³mau³¹t'uŋ⁴⁴。

凉水井客家方言：站等，唔爱动。tɕ'i⁴⁵tiɛn³¹，moi⁴⁵t'uŋ⁴⁵。

洛带客家方言：徛倒，唔爱动。tɕ'i⁴⁵tau³¹，moi⁴⁵t'uŋ⁴⁵。

成都官话：站倒，嫑蚴。tsan²¹³tau⁵³，piau²¹³ȵiəu²¹³。

隆昌客家方言：徛倒，唔爱蚴。tɕ'i⁴⁵tau³¹，moi⁴⁵ȵiəu⁵³。

隆昌官话：站倒，不要动/蚴。tsan¹³to⁵²，pu¹³iau¹³toŋ¹³/ȵiəu¹³。

西昌客家方言：倚倒，唔爱动/蚴。tɕʻi⁴⁵ tau⁵³，muai⁴⁵ tʻuŋ⁴⁵/niəu⁵³。

四外话（官话）：站倒，不要蚴。tʂan²⁴tau⁵³，pu³¹iau²⁴niəu²⁴。

仪陇客家方言：倚倒，莫动。tɕʻi³³ təu⁵³，mɔ²¹ tʻuŋ³³。

仪陇官话：站倒，莫动。tsan¹⁴ tau⁵³，mo²¹ tuŋ¹⁴。

9. 说着说着就笑起来了。

梅县客家方言：讲啊讲欸就笑欸。kɔŋ³¹ŋa⁵³kɔŋ³¹ŋe tsiu⁵³siau⁵³e³¹。

五华客家方言：讲等讲等就笑嗷。kɔŋ³¹ten³¹kɔŋ³¹ten³¹tsiu³¹siau⁵³au¹³。

凉水井客家方言：讲等讲等就笑跷来了。kɔŋ³¹tiɛn³¹kɔŋ³¹tiɛn³¹tɕʻiəu³¹ɕiau⁵³xɔŋ⁵³noi¹³niau³¹。

洛带客家方言：讲倒讲倒就笑了。kɔŋ³¹tau³¹kɔŋ³¹tau³¹tɕʻiəu⁵³ɕiau⁵³niau³¹。

成都官话：说倒说倒就笑起来了。so²¹tau⁵³ so²¹ tau⁵³ tɕiəu²¹³ ɕiau²¹³ tɕʻi⁵³nai²¹ no²¹。

隆昌客家方言：讲等讲等就笑等来了。kɔŋ³¹tən³¹ kɔŋ³¹tən³¹ tɕʻiəu³¹ ɕiau⁵³ tən³¹ noi¹³ no¹³。

隆昌官话：说倒说倒就笑起来了。so¹³to⁵²so¹³to⁵²tɕiəu¹³tɕʻiau¹³tɕʻi⁵²nai²¹no⁵²。|说起说起就笑起来了。so¹³tɕʻi⁵²so¹³tɕʻi⁵²tɕiəu¹³tɕʻiau¹³tɕʻi⁵²nai²¹no⁵²。

西昌客家方言：讲倒讲倒就笑跷来了。kɔŋ³¹tau³¹kɔŋ³¹tau³¹tɕʻiəu⁵³ɕiau⁵³xɔŋ⁵³nuai²¹²nau³¹。

四外话（官话）：说倒说倒就笑起来了。ʂo³¹tau⁵³ʂo³¹tau⁵³tɕiəu²⁴ɕiau²⁴nau⁵³。

仪陇客家方言：讲倒讲倒就笑起来了。kɔŋ⁵³təu⁵³kɔŋ⁵³təu⁵³tɕʻiəu⁵³ɕiau¹³tɕʻi⁵³nɔ²¹nɛ²¹。

仪陇官话：说起说起就笑起来了。so²¹tɕʻi⁵³so²¹tɕʻi⁵³tɕiəu¹⁴ɕiau¹⁴tɕʻi⁵³nai²¹no²¹。|说倒说倒就笑起来了。so²¹tau⁵³so²¹tau⁵³tɕiəu¹⁴ɕiau¹⁴tɕʻi⁵³nai²¹no²¹。

10. 给他猜着了。

梅县客家方言：分佢断着欸。pun⁴⁴ki¹¹tʻɔn⁴⁴tʻɔk⁵e³¹。

五华客家方言：分佢□嗷哩。pun⁴⁴ki¹³nuk⁵au⁵³li⁴⁴。

凉水井客家方言：分/给/撩佢猜倒了。pən⁴⁵/ke⁴⁵/nau⁴⁵tɕi¹³tsʻai⁴⁵tau³¹niau³¹。|拿/分佢猜倒了。na⁴⁵/pən⁴⁵ tɕi¹³tsʻai⁴⁵tau³¹niau³¹。

洛带客家方言：拿分/分佢猜到了。na⁴⁵pən⁴⁵/pən⁴⁵tɕi¹³ tsʻai⁴⁵tau⁵³niau³¹。

成都官话：拿给他猜对了。na²¹ke⁵⁵tʻa⁵⁵tsʻai⁵⁵tuei²¹³no²¹。

隆昌客家方言：跟佢估倒哩。kən⁴⁵tɕi¹³ku³¹tau³¹ni¹³。|拿给佢估倒哩。na⁴⁵ke⁴⁵tɕi¹³ku³¹tau³¹ni¹³。

隆昌官话：拿给他猜倒了。na²¹ke⁵⁵tʻa⁵⁵tsʻai⁵⁵to⁵²no⁵²。

西昌客家方言：拿给/给佢猜倒了。na^{45}ke^{45}/ke^{45}tɕi^{212}tsʻai^{45}tau^{31}nau^{31}。

四外话（官话）：拿给他猜对了。na^{31}ke^{55}tʻa^{55}tsʻai^{55}tuei^{24}nau^{53}。

仪陇客家方言：遭佢猜对了。tsau^{21}tɕi^{21}tsʻai^{33}tuei^{13}nɛ^{21}。

仪陇官话：给他猜倒了。ke^{55}tʻa^{55}tsʻai^{55}tau^{53}no^{21}。

11.（她）睡着了。

梅县客家方言：睡撇哩。soi^{53}pʻet^{1}le^{31}。

五华客家方言：睡落觉噢。ʃoi^{31}lok^{5}kau^{53}au^{13}。

凉水井客家方言：睡着了。soi^{31}tsʻoʔ^{5}niau^{31}。

洛带客家方言：睡着了。soi^{53}tsʻoʔ^{5}niau^{31}。

成都官话：睡着了。suei^{213}tsʻo^{21}no^{21}。

隆昌客家方言：睡着哩。soi^{31} tsʻoʔ^{5} ni^{13}。

隆昌官话：睡着了。ʂuei^{13}tsʻo^{55}no^{52}。

西昌客家方言：睡着了。ʂuai^{53}tʂʻoʔ^{5}nau^{31}。

四外话（官话）：睡着喽。ʂuei^{24}tʂo^{31}nəu^{53}。

仪陇客家方言：睡着哩。sɔ^{53}tsʻɔ^{13}nɛ^{21}。

仪陇官话：睡着了。suei^{14}tso^{21}no^{21}。

12. 赢得了赢不了？

梅县客家方言：赢欸到唔？iaŋ^{13}e tau^{53}mo^{13}？

五华客家方言：赢□倒赢唔倒啊？iaŋ^{13}ŋet^{5}tau^{31}iaŋ^{13}m̩^{13}tau^{31}a^{53}？

凉水井客家方言：赢得了赢唔了？iaŋ^{13}teʔ^{2}niau^{13}iaŋ^{13}m̩^{13}niau^{13}？|赢唔赢得倒？iaŋ^{13}m̩^{13}iaŋ^{13} teʔ^{2}tau^{31}？

洛带客家方言：赢唔赢得倒？iaŋ^{13} m̩^{13}iaŋ^{13} tieʔ^{2}tau^{31}？

成都官话：赢不赢得倒？in^{21}pu^{21}in^{21}te^{21}tau^{52}？

隆昌客家方言：赢得倒赢唔倒？iaŋ^{13}teʔ^{3}tau^{31}iaŋ^{13}m̩^{13}tau^{31}？

隆昌官话：赢不赢得倒？in^{21}pu^{13}in^{21}te^{13}tau^{52}？

西昌客家方言：赢唔赢得倒？iaŋ^{212}m̩^{212}iaŋ^{212}teʔ^{3}tau^{31}？|赢得倒不？iaŋ^{212}teʔ^{3}tau^{31}po^{31}？|赢得倒啊赢唔倒？iaŋ^{212}teʔ^{3}tau^{53}a^{45}iaŋ^{212}m̩^{212}tau^{31}？

四外话（官话）：赢得倒啊赢不倒？in^{31}te^{31}tau^{53}a^{55}in^{31}pu^{31}tau^{53}？|赢得倒不？in^{31}te^{31}tau^{53}po^{31}？

仪陇客家方言：赢唔赢得了？iaŋ^{21}n̩^{21}iaŋ^{21}teʔ^{5}niau^{53}？

仪陇官话：赢不赢得了？in^{21}pu^{21}in^{21}te^{21}niau^{53}？

13. 吃不下饭。

梅县客家方言：食饭唔落。set^{5}fan^{53}m̩^{11}lɔk^{5}。

五华客家方言：食唔落饭。ʃit⁵m̩¹³lok⁵fan³¹。

凉水井客家方言：食唔下/落饭。sɿʔ⁵m̩¹³xa⁴⁵/noʔ⁵fan³¹。

洛带客家方言：食唔下饭。sɿʔ⁵m̩¹³xa⁴⁵fan⁵³。|食唔落肚。sɿʔ⁵m̩¹³noʔ⁵tu³¹。

成都官话：吃不下饭。tsʻɿ²¹pu²¹ɕia²¹³fan²¹³。

隆昌客家方言：食唔落饭。ʂeʔ⁵m̩¹³noʔ⁵fan³¹。|食唔下饭。ʂeʔ⁵m̩¹³xa⁴⁵fan³¹。

隆昌官话：吃不下饭。tʂʻɿ¹³pu¹³ɕia¹³fan¹³。

西昌客家方言：食唔下饭。ʂeʔ⁵m̩²¹²xa⁴⁵fan⁵³。

四外话（官话）：吃不下去饭。tsʻɿ³¹pu³¹ɕia²⁴kʻe²⁴fan²⁴。

仪陇客家方言：食唔下饭。seiʔ³ṇ²¹xa³³fan⁵³。

仪陇官话：吃不下饭。tsʻɿ²¹pu²¹ɕia¹⁴fan¹⁴。

14. 不能喝酒，不能久坐。

梅县客家方言：唔好食酒，坐唉久唔得。m̩¹¹mau³¹set⁵tsiu³¹, tsʻo⁴⁴an³¹kiu³¹ m̩¹¹tek¹。

五华客家方言：唔敢食酒，唔无坐唉久。m̩¹³kam³¹ʃit⁵tsiu³¹, m̩¹³mau⁴⁴tsʻo⁴⁴ an⁵³kiu³¹。

凉水井客家方言：唔能喝酒，唔能久坐。m̩¹³nən¹³xo⁴⁵tɕiəu³¹, m̩¹³nən¹³tɕiəu³¹ tsʻo⁴⁵。

洛带客家方言：喝唔得酒，唔能够坐太久。xo⁴⁵m̩¹³tieʔ²tɕiəu³¹, m̩¹³nən¹³ kiəu⁵³tsʻo⁴⁵tʻai⁵³tɕiəu³¹。

成都官话：不能喝酒，不能久坐。pu²¹nən²¹xo⁵⁵tɕiəu⁵³, pu²¹nən²¹tɕiəu⁵³tso²¹³。

隆昌客家方言：唔敢喝酒，唔敢久坐。m̩¹³kan³¹xo⁴⁵tɕiəu⁵³, m̩¹³kan³¹tɕiəu³¹tsʻo⁴⁵。

隆昌官话：不能喝酒，不能久坐。pu¹³nən²¹xo⁵⁵tɕiəu⁵², ye⁵²pu²¹nən²¹ tso¹³tɕiəu⁵²no⁵²。

西昌客家方言：唔敢/能食酒，唔敢/能坐久了。m̩²¹²kan³¹/ nən¹³ʂeʔ⁵tɕiəu³¹, m̩²¹²kan³¹/ nən¹³tsʻo⁴⁵tɕiəu³¹nau³¹。

四外话（官话）：不能吃酒，不能坐久很喽。pu³¹nən³¹tʂʻɿ³¹tɕiəu⁵³, pu³¹nən³¹tso²⁴tɕiəu⁵³xən⁵³nəu⁵³。

仪陇客家方言：唔能啜酒，唔能久坐。ṇ²¹nən²¹tsʻəu³³tɕiəu⁵³, ṇ²¹nən²¹tɕiəu⁵³ tsʻəu³³。

仪陇官话：不能喝酒，不能坐久了。pu²¹nən²¹xo⁵⁵tɕiəu⁵³, pu²¹nən²¹tso¹⁴tɕiəu⁵³ no²¹。

15. 红的是他的。

梅县客家方言：红个系佢个。fuŋ¹¹ke⁵³he⁵³ki⁴⁴ke⁵³。

五华客家方言：红个系佢喂。fuŋ¹³ŋei⁵³hei⁵³kei⁴⁴vei¹³。

凉水井客家方言：红个是佢个。fuŋ¹³kie⁵³xe⁵³tɕi⁴⁵kie⁵³。

洛带客家方言：红个系佢个。fuŋ¹³ke⁵³xe⁵³tɕi⁴⁵ke⁵³。

成都官话：红的是他的。xoŋ²¹ni⁵⁵sʅ²¹³tʻa⁵⁵ni⁵⁵。

隆昌客家方言：红个系佢个。fuŋ¹³ke³¹xe⁵³tɕi⁴⁵ke³¹。

隆昌官话：红的是他的。xoŋ⁵²nie⁵⁵sʅ¹³tʻa⁵⁵nie⁵⁵。

西昌客家方言：红个系佢个。fuŋ²¹²ke⁵³xe⁵³tɕi⁴⁵ke⁵³。

四外话（官话）：红的是他的。xuŋ³¹ni⁵⁵sʅ²⁴tʻa⁵⁵ni⁵⁵。

仪陇客家方言：红个系佢个。fuŋ²¹kɛ²¹xe⁵³tɕi²¹kɛ³³。

仪陇官话：红的是他的。xuŋ²¹ti²¹sʅ¹⁴tʻa⁵⁵ti⁵⁵。

16. 你能来不能来？

梅县客家方言：来得无？loi¹¹tek¹mo¹¹？

五华客家方言：你来核倒来唔倒？ŋi¹³loi¹³et⁵tau³¹loi¹³m̩¹³tau³¹？

凉水井客家方言：你能来唔能来？n̠i¹³nən¹³m̩¹³nən¹³noi¹³？|你来得倒唔？
n̠i¹³noi¹³teʔ²tau³¹m̩¹³？

洛带客家方言：你来唔来得倒？n̠i¹³noi¹³m̩¹³noi¹³tieʔ²tau³¹？

成都官话：你来得倒不？n̠i⁵³nai²¹te²¹tau⁵³pu²¹？|你来不来得倒？n̠i⁵³nai²¹
pu²¹nai²¹te²¹tau³¹？

隆昌客家方言：你来唔来倒？n̠i¹³noi¹³m̩¹³noi¹³teʔ³tau³¹？

隆昌官话：你来不来得倒？n̠i⁵²nai²¹pu¹³nai²¹te¹³tau⁵²？|你来得倒不？
n̠i⁵²nai²¹te¹³tau⁵²pu¹³？

西昌客家方言：你来唔来得倒？ni²¹²nuai²¹²m̩²¹²nuai²¹²teʔ³tau⁵³？

四外话（官话）：你来得倒啊来不倒？ni⁵³nai³¹te³¹tau⁵³a⁵⁵nai³¹pu³¹tau⁵³？
你来得倒不？ni⁵³nai³¹te³¹tau⁵³po³¹？

仪陇客家方言：你来唔来得倒？n̠²¹nɔ¹³n̠²¹nɔ¹³tɛʔ⁵təu⁵³？

仪陇官话：你来不来得了？n̠i⁵³nai²¹pu²¹nai²¹te²¹niau⁵³？

17. 知道不知道？

梅县客家方言：知唔知得？ti⁴⁴m̩¹¹ti⁴⁴tek¹？

五华客家方言：晓得嘛？hiau³¹tet¹ma³¹？

凉水井客家方言：晓唔晓得？ɕiau³¹m̩¹³ɕiau³¹teʔ²？

洛带客家方言：晓唔晓得？ɕiau³¹m̩¹³ɕiau³¹tieʔ²？

成都官话：晓不晓得？ɕiau⁵³pu²¹ɕiau⁵³te²¹？

隆昌客家方言：知唔知得？ti⁴⁵m̩¹³ti⁴⁵teʔ³？|晓唔晓得？ ɕiau³¹m̩¹³ɕiau³¹

teʔ^{3}？|晓得无？ɕiau^{31}teʔ^{3}mau^{13}？

隆昌官话：晓不晓得？tɕ‘iau^{52}pu^{13}tɕ‘iau^{52}te^{13} ？

西昌客家方言：晓唔晓得？ɕiau^{31}m̩^{212}ɕiau^{31}teʔ^{3} ？|晓得不？ɕiau^{31}teʔ^{3}po^{53}？

四外话（官话）：晓得啊不晓得哦？ɕiau^{53}te^{31}a^{55} pu^{31}ɕiau^{31}te^{31}o^{53}？|晓得不？ɕiau^{53}te^{31}po^{31} ？

仪陇客家方言：晓唔晓得？ɕiau^{53}n̩^{21}ɕiau^{53}tɛʔ^{5}？

仪陇官话：晓不晓得？ɕiau^{53}pu^{21}ɕiau^{53}te^{21}？

18. 你前头走。

梅县客家方言：你行前背。n̩^{11}haŋ^{11}ts‘ian^{11}poi^{53}。

五华客家方言：你前面行。ŋi^{13}ts‘en^{13}men^{53}haŋ^{13}。

凉水井客家方言：你先行走。ȵi^{13}ɕiɛn^{45}xaŋ^{13}tsəu^{31}。

洛带客家方言：你先行走。ȵi^{13} ɕiɛn^{45}xaŋ^{13} tsəu^{31}。

成都官话：你走前头。ȵi^{53} tsəu^{53}tɕ‘ian^{21} t‘əu^{21}。

隆昌客家方言：你先行走。ȵi^{13}ɕiɛn^{45}xaŋ^{13}tsəu^{31}。|你走前头。ȵi^{13}tsəu^{31}tɕ‘iɛn^{13} t‘əu^{45}。

隆昌官话：你走前头。ȵi^{52}tsəu^{52}tɕ‘iɛn^{21}təu^{55}。

西昌客家方言：你先行走。ni^{212}ɕiɛn^{45}xaŋ^{212}tsəu^{31}。|你走先行。ni^{212}tsəu^{31}ɕiɛn^{45} xaŋ^{212}。

四外话（官话）：你前头/前手走嘛。ni^{53} tɕ‘iɛn^{31}t‘əu^{55}/ tɕ‘iɛn^{31}ʂəu^{53}tsəu^{53}ma^{53}。
你走前头/前手嘛。ni^{53}tsəu^{53}tɕ‘iɛn^{31}t‘əu^{55} / tɕ‘iɛn^{31}ʂəu^{53} ma^{53}。

仪陇客家方言：你前头走。n̩^{21}tɕ‘iɛn^{21} t‘ai^{21} tsai^{53}。

仪陇官话：你走前头。ȵi^{53} tsəu^{53} tɕ‘iɛn^{21} t‘əu^{21}。

19. 再吃一碗。

梅县客家方言：食一碗添。set^{5}it^{1}vɔn^{44} t‘iam^{44}。

五华客家方言：再食多一碗。tsai^{53}ʃit^{5}to^{44}it^{1}von^{31}。

凉水井客家方言：再食一碗。tsai^{53}sɿʔ^{5}iʔ^{2}vɔn^{31}。

洛带客家方言：再食一碗。tsai^{53}sɿʔ^{5}iʔ^{2}vɔn^{31}。

成都官话：再吃一碗。tsai^{213}ts‘ɿ^{21}i^{21}uan^{53}。

隆昌客家方言：再食一碗。tsai^{53}ʂeʔ^{5}ieʔ^{3}vɔn^{31}。

隆昌官话：再吃一碗。tsai^{13} tʂ‘ʅ^{13}i^{13}uan^{52}。

西昌客家方言：再食一碗。tsai^{53}ʂeʔ^{5}iʔ^{3}uan^{31}。

四外话（官话）：再吃一碗。tsai^{24}tʂ‘ʅ^{31}i^{31}uan^{53}

仪陇客家方言：再食一碗。tsai^{13}sei$ʔ^3$i$ʔ^5$uɔn^{21}。

仪陇官话：再吃一碗。tsai^{14}ts'ɿ^{21}i^{21}uan^{53}。

20. 让他先吃。

梅县客家方言：等佢先食。ten^{31}ki^{11}sian^{44}set^5。

五华客家方言：分佢先食。pun^{44}ki^{13}scn^{44}ʃit^5。

凉水井客家方言：让佢先食。ȵiɔŋ^{31}tɕi^{13}ɕiɛn^{45}sɿ$ʔ^5$。

洛带客家方言：等佢先食。tien^{31}tɕi^{13}ɕien^{45}sɿ$ʔ^5$。

成都官话：让他先吃。zaŋ^{213}t'a^{55}ɕian^{55}ts'ɿ^{21}。

隆昌客家方言：让/等佢先食。ȵiɔŋ^{31}/ tən^{31}tɕi^{13}ɕiɛn^{45}sɿ$ʔ^5$。

隆昌官话：等他先食。tən^{52}t'a^{55}ɕiɛn^{55}tʂ'ɿ^{13}。

西昌客家方言：等佢先/先行食。tən^{31}tɕi^{212}ɕiɛn^{45}/ ɕiɛn^{45}xaŋ^{212}ʂe$ʔ^5$。

四外话（官话）：等他先吃。tən^{53}t'a^{55} ɕiɛn^{55} ts'ɿ^{31}。

仪陇客家方言：让佢先食。iɔŋ^{53}tɕi^{21}ɕiɛn^{33}sei$ʔ^3$。

仪陇官话：让他先吃。zaŋ^{14}t'a^{55}ɕiɛn^{55}ts'ɿ^{21}。

21.（辣椒）辣了。

梅县客家方言：忒辣欸。t'iat^{1}lat^{5}le^{31}。

五华客家方言：忒辣嗷。t'et^{1}lat^{5}au^{13}。

凉水井客家方言：太辣了。t'ai^{31}na$ʔ^5$niau^{31}。

洛带客家方言：太辣了。t'ai^{53}na$ʔ^5$niau^{31}。

成都官话：太过辣了。t'ai^{213}ko^{213}na^{21}no^{21}。

隆昌客家方言：辣欸哩。ne$ʔ^5$ e^{45}ni^{13}。|太辣哩。t'ai^{53}ne$ʔ^5$ ni^{13}。

隆昌官话：辣了点。na^{13}no^{52}tiɛn^{52}。

西昌客家方言：太辣了。t'ai^{53}na$ʔ^5$nau^{31}。

四外话（官话）：好辣哦。xau^{53}na^{53}o^{53}。|辣得很 na^{53}te^{31}xən^{53}。

仪陇客家方言：（番椒）辣哩。（fan^{33}tɕiau^{33}）na^{21}nɛ^{53}。

仪陇官话：太辣了。t'ai^{14}na^{21}no^{21}。

22.（事）做完了。

梅县客家方言：做撇欸。tso^{53}p'et^{1}le^{31}。

五华客家方言：做完哩嗷。tso^{53}ien^{13}ni^{44}au^{13}。

凉水井客家方言：做完了。tso^{53}van^{13}niau^{31}。

洛带客家方言：做完了。tso^{53}van^{13}niau^{31}。

成都官话：做完了。tsu^{213}uan^{21}no^{21}。

隆昌客家方言：做了哩。tso^{53}niau^{31}ni^{13}。|做嘿了。tso^{53}xe^{45}no^{31}。

隆昌官话：做煞角了。tsu¹³sa¹³ko¹³no⁵²。

西昌客家方言：做了了。tso⁵³niau³¹nau³¹。|做嘿了。tso⁵³xe⁵³nau³¹。

四外话（官话）：做完了。tsu²⁴uan³¹nəu⁵³。

仪陇客家方言：做煞角了哩。tsəu¹³saʔ⁵kɔʔ⁵ne²¹。

仪陇官话：（事）做完了。tsu¹⁴uan²¹no²¹。

23.（到处）找遍了。

梅县客家方言：寻交欸。ts'im¹¹kau⁴⁴e³¹。

五华客家方言：寻交哩嗷。ts'im¹³kau⁴⁴li⁴⁴au¹³。

凉水井客家方言：找遍/交了。tsau³¹p'iɛn⁵³/kau⁴⁵niau³¹。

洛带客家方言：找交了。tsau³¹kau⁴⁵niau³¹。

成都官话：找交了。tsau⁵³tɕiau⁵⁵no²¹。

隆昌客家方言：寻交哩。tɕ'in¹³kau⁴⁵ni¹³。

隆昌官话：都找交了。təu⁵⁵tsau⁵²tɕiau⁵⁵no⁵²。

西昌客家方言：找交了。tʂau³¹kau⁴⁵nau³¹。

四外话（官话）：找交了。tʂau⁵⁵tɕiau⁵⁵nəu⁵³。|找交界了。tʂau⁵³tɕiau⁵⁵tɕiɛi²⁴nəu⁵³。

仪陇客家方言：找交了。tsau⁵³kau³³nɛ³³。

仪陇官话：找交了。tsau⁵³tɕiau⁵⁵no²¹。

24.（已经）说好了。

梅县客家方言：讲正欸。kɔŋ³¹tsaŋ⁵³ŋe¹¹。

五华客家方言：讲好哩嗷。koŋ³¹hau³¹li⁴⁴au³¹。

凉水井客家方言：讲好了。kɔŋ³¹xau³¹niau³¹。

洛带客家方言：讲好了。kɔŋ³¹xau³¹niau³¹。

成都官话：说好了。so²¹xau⁵³no²¹。

隆昌客家方言：讲好哩。kɔŋ³¹xau³¹ni¹³。

隆昌官话：说好了。so¹³xau⁵²no⁵²。

西昌客家方言：讲正/好了。kɔŋ³¹tʂən⁵³/xau³¹nau³¹。

四外话（官话）：说好了。ʂo³¹xau⁵³nəu⁵³。

仪陇客家方言：讲好哩。kɔŋ⁵³xəu⁵³nɛ²¹。

仪陇官话：说妥了。so²¹t'o⁵³no²¹。

25.（东西太多了）装不下。

梅县客家方言：装唔落。tsɔŋ⁴⁴m̩¹¹lɔk⁵。

五华客家方言：装唔落。tʃoŋ⁴⁴m̩¹³lok⁵。

凉水井客家方言：装唔下。tsɔŋ⁴⁵m̩¹³xa⁴⁵。

洛带客家方言：装唔下。tsɔŋ⁴⁵m̩¹³xa⁴⁵。

成都官话：装不倒。tsuaŋ⁵⁵pu²¹tau⁵³。

隆昌客家方言：装唔下。tsɔŋ⁴⁵m̩¹³xa⁴⁵。

隆昌官话：装不下。tʂuaŋ⁵⁵pu¹³ɕia¹³。

西昌客家方言：装唔下/倒。tʂɔŋ⁴⁵m̩²¹²xa⁴⁵/ tau³¹。

四外话（官话）：装不下/倒。tʂuan⁵⁵pu³¹ɕia²⁴/ tau⁵³。

仪陇客家方言：装唔下。tsɔŋ³³ŋ̩²¹xa³³。

仪陇官话：装不下。tsuaŋ⁵⁵pu²¹ɕia¹⁴。

26. 来得及吗？

梅县客家方言：去□□无？hi⁵³et¹tsʻat¹mo¹¹？

五华客家方言：来得□嘛？loi¹³tet¹ tʃʻet¹ ma³¹？

凉水井客家方言：来得及唔？noi¹³teʔ²tɕieʔ²m̩¹³？

洛带客家方言：搞唔搞得赢？kau³¹m̩¹³kau³¹tieʔ²iaŋ¹³？

成都官话：搞得赢不？kau²¹te²¹in²¹pu²¹？

隆昌客家方言：来唔来赢？noi¹³m̩¹³noi¹³teʔ³iaŋ¹³？

隆昌官话：来不来得赢？nai²¹pu¹³nai²¹te¹³in²¹？|来得赢不？nai²¹te¹³in²¹pu¹³？

西昌客家方言：搞得赢不？kau³¹teʔ³iaŋ²¹²po⁵³？

四外话（官话）：来得及不？nai³¹te³¹tɕi³¹po³¹？|来得赢不？nai³¹te³¹in³¹po³¹？|来得及啊来不及？nai³¹te³¹tɕi³¹a⁵⁵nai³¹pu³¹tɕi³¹？

仪陇客家方言：搞得赢莫？kau⁵³teʔ⁵iaŋ¹³mɔ²¹？

仪陇官话：搞不搞得赢？kau²¹pu²¹kau⁵³te²¹in²¹？

27. 这个比那个大。

梅县客家方言：□只大过个只。e³¹tsak¹tʻai⁵³kuo⁵³ke⁵³tsak¹。

五华客家方言：嘞只比个只大。lei¹³tʃak¹pi³¹kai⁵³tʃak¹tʻai³¹。

凉水井客家方言：□只比個只过大。nian¹³tsaʔ²pi³¹kai⁵³tsaʔ²ko⁵³tʻai³¹。

洛带客家方言：底个/只比个个大。i³¹ke⁵³/tsaʔ²pi³¹kai⁵³ke⁵³/tsaʔ²tʻai⁵³。

成都官话：这个比那个大。tse²¹³ko²¹³pi⁵³ne²¹³ko²¹³ta²¹³。

隆昌客家方言：個只比個只大。kai¹³tsaʔ³pi³¹kai⁵³tsaʔ³tʻai³¹。

隆昌官话：这个比那个大。tʂe¹³ko¹³pi⁵²nai¹³ko¹³ta¹³。

西昌客家方言：底只比□只大。i³¹tʂaʔ³piʔ³iʔ⁵tʂaʔ³tʻai⁵³。

四外话（官话）：这个比那个大。tʂe²⁴ko²⁴pi⁵³nai²⁴ko²⁴ta²⁴。

仪陇客家方言：底个比个个大。ti⁵³kai¹³pi⁵³kai³³kai³³tʻai⁵³。

仪陇官话：这个比那个大。tse¹⁴ ko¹⁴ pi⁵³ na¹⁴ ko¹⁴ ta¹⁴。

28. 两个一样大。

梅县客家方言：□两只平大。e³¹ liɔŋ³¹tsak¹p'iaŋ¹¹t'ai⁵³。

五华客家方言：两只一样样大。liɔŋ³¹tʃak¹it¹iɔŋ¹³iɔŋ⁵³t'ai³¹。

凉水井客家方言：两只一样大。niɔŋ³¹tsaʔ²iʔ²iɔŋ³¹t'ai³¹。

洛带客家方言：底两只一样大。i³¹niɔŋ³¹tsaʔ²iʔ²iɔŋ⁵³t'ai⁵³。

成都官话：两个一样大。niaŋ⁵³ ko²¹³i²¹iaŋ²¹³ta²¹³。

隆昌客家方言：两只一样大。niɔŋ³¹ tsaʔ³ ieʔ³iɔŋ³¹t'ai³¹。

隆昌官话：两个一样大。niaŋ⁵²ko¹³i¹³iaŋ¹³ta¹³。

西昌客家方言：两个一样大。niɔŋ³¹ke⁵³iʔ³iɔŋ⁵³t'ai⁵³。

四外话（官话）：两个一样大。niaŋ⁵³ko²⁴ⁱ³¹iaŋ²⁴ta²⁴。

仪陇客家方言：两个一样大。niɔŋ⁵³ kai¹³ iʔ⁵iɔŋ⁵³t'ai⁵³。

仪陇官话：两个一样大。niaŋ⁵³ko¹⁴ⁱ²¹iaŋ¹⁴ta¹⁴。

29. 一点儿不懂事。

梅县客家方言：一滴脉个都唔知。it¹tit¹mak¹ke⁵³ tu⁴⁴m̩¹¹ ti⁴⁴。

五华客家方言：一滴哩都唔懂事。it¹tit¹ti⁴⁴tu⁴⁴m̩¹³tuŋ³¹sɿ³¹。

凉水井客家方言：点点子都唔懂事。tiɛn³¹tiɛn³¹tsɿ³¹təu⁴⁵m̩¹³tuŋ³¹sɿ³¹。

洛带客家方言：点点子事都唔懂。tiɛn⁴⁵tiɛn⁴⁵tsɿ³¹sɿ⁵³tiəu⁴⁵m̩¹³ tuŋ³¹。

成都官话：一点儿不懂事。i²¹tɚ⁵³pu²¹toŋ²¹³sɿ²¹³。

隆昌客家方言：滴（都）唔懂事。ieʔ³ tiɛn⁴⁵təu⁴⁵m̩¹³ tuŋ³¹sɿ⁵³。

隆昌官话：点儿不懂事。tiɚ⁵²təu⁵⁵pu¹³toŋ⁵²sɿ¹³。|丁丁儿都不懂事。tin⁵⁵tiɚ⁵⁵ təu⁵⁵pu¹³toŋ⁵²sɿ¹³。

西昌客家方言：（一）点都唔懂事。（iʔ³）tiɛn⁴⁵təu⁴⁵m̩²¹²tuŋ⁵³sɿ⁵³。

四外话（官话）：一点儿都不懂事。i³¹tɚ⁵³təu⁵⁵ pu³¹tuŋ⁵³sɿ²⁴。|一点事都不懂。i³¹tɚ⁵³sɿ²⁴təu⁵⁵pu³¹tuŋ⁵³。

仪陇客家方言：一点儿都唔懂事。iʔ⁵tɚ¹³təu³³n̩²¹tuŋ⁵³sɿ⁵³。

仪陇官话：一点儿都不懂事。i²¹tɚ⁵³təu⁵⁵pu²¹tuŋ¹⁴sɿ¹⁴。

30. 我告诉过他。

梅县客家方言：俚话过佢知。ŋai¹¹va⁵³kuo⁵³ki¹¹ ti⁴⁴。

五华客家方言：俚话过分佢听。ŋai¹³va³¹ko⁵³ pun⁴⁴ki¹³t'aŋ⁵³。

凉水井客家方言：俚摎佢讲过。ŋai¹³nau⁴⁵ tɕi¹³kɔŋ³¹ko⁵³。

洛带客家方言：俚摎佢讲过。ŋai¹³nau⁴⁵tɕi¹³ kɔŋ³¹ko⁵³。

成都官话：我给他说过。ŋo⁵³ke⁵⁵ t'a⁵⁵so²¹ko²¹³。

隆昌客家方言：𠊎跟佢讲过。ŋai¹³kən⁴⁵tɕi¹³kɔŋ³¹ko⁵³。

隆昌官话：我跟他讲过。ŋo⁵²kən⁵⁵t'a⁵⁵tɕiaŋ⁵²ko¹³。

西昌客家方言：我搣/给/同佢讲过。ŋai²¹²nau⁴⁵/ke⁴⁵/t'uŋ²¹²tɕi²¹²kɔŋ³¹ko⁵³。

四外话（官话）：我给/搭他说过。ŋo⁵³ke⁵⁵/ta³¹t'a⁵⁵so³¹ko²⁴。

仪陇客家方言：𠊎跟佢讲过。ŋai²¹kən³³tɕi²¹kɔŋ⁵³kəu¹³。

仪陇官话：我给他说过。ŋo⁵³ke⁵⁵t'a⁵⁵so²¹ko¹⁴。

31.（他）不知道多好！

梅县客家方言：唔知几好欸！m̩¹¹ti⁴⁴ki³¹hau³¹ue！

五华客家方言：佢唔知几好哩！ki¹³m̩¹³ti⁴⁴ki³¹hau³¹li⁴⁴！

凉水井客家方言：唔晓得好好！tɕi¹³m̩³¹ɕiau³¹teʔ²xau³¹xau³¹！

洛带客家方言：唔晓得几好！m̩¹³ɕiau³¹tieʔ²tɕi³¹xau³¹！

成都官话：不晓得好好！pu²¹ɕiau⁵³te²¹xau⁵³xau⁵³！

隆昌客家方言：唔晓得将好！m̩¹³ɕiau³¹teʔ³tɕiaŋ⁴⁵xau³¹！

隆昌官话：不晓得好好哦！pu¹³tɕ'iau⁵²te¹³xau⁵²xau⁵²o⁵²！

西昌客家方言：唔晓得几好！m̩²¹²ɕiau³¹teʔ³tɕi³¹xau³¹！

四外话（官话）：不晓得有好好！pu³¹ɕiau⁵³te³¹iəu⁵³xau⁵³xau⁵³！

仪陇客家方言：唔晓得好好！ŋ̩²¹ɕiau⁵³tɛʔ⁵xəu⁵³xəu⁵³！

仪陇官话：不晓得有好好！pu²¹ɕiau⁵³te²¹iəu⁵³xau⁵³xau⁵³！

32. 看电影去吧？

梅县客家方言：来去看电影啊？loi¹¹hi⁵³k'ɔn⁵³t'ian⁵³iaŋ³¹ŋa？

五华客家方言：看电影去嘛？k'ɔn⁵³t'en³¹iaŋ³¹hi⁵³ma³¹？

凉水井客家方言：看电影去嘛？k'ɔn⁵³tiɛn⁵³in³¹ɕi⁵³ma³¹？

洛带客家方言：去看电影嘞？ɕi⁵³k'ɔn⁵³tiɛn⁵³iaŋ⁵³me⁴⁵？

成都官话：看电影去？k'an²¹³tian²¹³in⁵³tɕ'ie²¹³？

隆昌客家方言：看电影去唔去？k'ɔn⁵³tiɛn⁵³in⁵³ʂʅ³¹m̩¹³ʂʅ³¹？

隆昌官话：去不去看电影？tɕi¹³pu¹³tɕi¹³k'an¹³tiɛn¹³in⁵²？

西昌客家方言：看电影去不？k'uan⁵³tiɛn⁵³in⁵³po⁵³？|去看电影不？ɕi⁵³k'uan⁵³tiɛn⁵³in⁵³po⁵³？

四外话（官话）：去看电影不？k'e²⁴k'an²⁴tiɛn²⁴in⁵³po³¹？

仪陇客家方言：看电影去莫？k'uɔn¹³tiɛn¹³in⁵³tɕ'i¹³mɔ²¹？

仪陇官话：看电影去？k'an¹⁴tiɛn¹⁴in⁵³tɕ'ie¹⁴？

33.（你）上哪儿去？

梅县客家方言：去哪欸？hi⁵³ŋai⁵³e？

五华客家方言：去哪哩？hi⁵³lai³¹li⁴⁴？

凉水井客家方言：去/上哪子去？ɕi⁵³/soŋ⁴⁵nai³¹tsʅ³¹ɕi⁵³？

洛带客家方言：去哪子？ɕi⁵³nai³¹tsʅ³¹？

成都官话：去哪儿？tɕʻie²¹³nər⁵³？

隆昌客家方言：去哪样子？ʂʅ⁵³nai³¹iaŋ⁴⁵tsʅ¹³？

隆昌官话：走哪里去？tsəu⁵²na⁵²ni⁵⁵tɕi¹³？

西昌客家方言：去哪样？ɕi⁵³nai⁵³iaŋ⁵³？

四外话（官话）：朝哪去？tʂʻau³¹na⁵³kʻe²⁴？

仪陇客家方言：在哪子去？tsʻɔ⁵³nai⁵³tsʅ⁵³tɕʻi¹³？|往哪子去？uoŋ²¹ nai⁵³tsʅ⁵³ tɕʻi¹³？

仪陇官话：到哪儿去？tau¹⁴nər⁵³tɕʻie¹⁴？

34. 让我看看。

梅县客家方言：分偓看一下。pun⁴⁴ŋai¹¹kʻɔn⁵³it¹ha⁵³。

五华客家方言：分偓看一下。pun⁴⁴ŋai¹³kʻɔn⁵³it¹ha³¹。

凉水井客家方言：拿分我看下子。na⁴⁵pən⁴⁵ŋai¹³kʻɔŋ⁵³xa³¹tsʅ³¹。|让我看看。ȵioŋ³¹ŋai¹³kʻɔŋ⁵³iʔ²xa³¹。

洛带客家方言：拿分偓看下子。na⁴⁵pən⁴⁵ŋai¹³ kʻɔn⁵³a³¹tsʅ³¹。

成都官话：拿给/给我看下。na²¹ke⁵⁵/ ke⁵⁵ŋo⁵³ kʻan²¹³ xa²¹³。

隆昌客家方言：拿跟偓看一下。na⁴⁵kən⁴⁵ŋai¹³ kʻɔn⁵³ieʔ³xa³¹。|让偓看一下。ȵioŋ³¹ ŋai¹³ kʻɔn⁵³ieʔ³ xa³¹。

隆昌官话：拿给我看下。na²¹ke⁵⁵ŋo⁵²kʻan¹³xa¹³。

西昌客家方言：让/给偓看一下。niaŋ⁵³/ke⁴⁵ ŋai²¹²kʻuan⁵³iʔ³xa⁵³。

四外话（官话）：拿给我看下。na³¹ke⁵⁵ŋo⁵³kʻan²⁴xa²⁴。

仪陇客家方言：让偓看看。ioŋ⁵³ŋai²¹ kʻuon¹³kʻuon¹³。

仪陇官话：拿给我看下。na²¹ke⁵⁵ŋo⁵³kʻan¹⁴xa¹⁴。

35. 慢慢儿走。

梅县客家方言：慢行，行慢滴哩。man⁵³haŋ¹¹，haŋ¹¹man⁵³tit¹le³¹。

五华客家方言：慢慢哩行。man³¹man³¹ni⁴⁴haŋ¹³。

凉水井客家方言：慢滴子走。man³¹ti⁴⁵tsʅ³¹tsəu³¹。

洛带客家方言：慢慢子走。man⁵³man⁵³tsʅ³¹tsəu³¹。

成都官话：慢慢个儿走。man²¹³man⁵⁵kər²¹³tsəu⁵³。

隆昌客家方言：慢慢子走。man³¹man³¹tsʅ³¹tsəu³¹。|慢兜走。man³¹təu⁴⁵tsəu³¹。

隆昌官话：慢慢儿走。man¹³mər⁵⁵tsəu⁵²。

西昌客家方言：慢慢子走。man⁵³man⁵³tsʅ³¹tsəu³¹。

四外话（官话）：慢慢儿走。man²⁴mər⁵⁵tsəu⁵³。

仪陇客家方言：慢慢儿走。man⁵³mər³³tsai⁵³。|慢点儿走。man⁵³tər¹³tsai⁵³。

仪陇官话：慢点儿走。man¹⁴tər⁵³tsəu⁵³。

36. 把手洗洗干净。

梅县客家方言：快滴洗净啊手。kʻuai⁵³tit¹se³¹tsʻiaŋ⁵³ŋa⁵³siu³¹。

五华客家方言：□卡哩洗净手来。kiak¹ka⁴⁴li⁴⁴sei³¹tsʻiaŋ³¹ʃu³¹loi¹³。

凉水井客家方言：把手洗干净。pa³¹səu³¹ɕie³¹kɔn⁴⁵tɕʻiaŋ³¹。

洛带客家方言：把手洗净/干净。pa³¹səu³¹ɕie³¹tɕʻiaŋ⁵³/kɔn⁴⁵tɕʻiaŋ⁵³。

成都官话：把手洗干净。pa⁵³səu⁵³ɕi⁵³kan⁵⁵tɕin²¹³。

隆昌客家方言：把手洗干净。pa³¹səu³¹se³¹kɔn⁴⁵tɕʻiaŋ³¹。

隆昌官话：把手洗干净。pa⁵²ʂəu⁵²ɕi⁵²kan⁵⁵tɕin¹³。

西昌客家方言：把手洗干净。pa³¹ʂəu³¹se³¹kuan⁴⁵tɕʻiaŋ⁵³。

四外话（官话）：把手杆洗干净。pa⁵³ʂəu⁵³kan⁵³ɕi⁵³kan⁵⁵tɕin²⁴。

仪陇客家方言：把手洗干净。pa⁵³səu⁵³sei⁵³kuɔn³³tɕʻiaŋ⁵³。

仪陇官话：把手洗干净。pa⁵³səu⁵³ɕi⁵³kan⁵⁵tɕin¹⁴。

37. 把盖子拧紧。

梅县客家方言：盖欸扭紧来。koi⁵³e ŋiu³¹kin³¹loi¹¹。

五华客家方言：盖哩□稳拿哩。koi⁵³li³¹kʻem¹³vun³¹na⁴⁴li⁴⁴。

凉水井客家方言：把盖子/盖盖殻紧。pa³¹koi⁵³tsʅ³¹/koi⁵³ koi⁵³tɕiəu³¹tɕin³¹。

洛带客家方言：把盖盖殻紧。pa³¹koi⁵³koi⁵³tɕiəu³¹tɕin³¹。

成都官话：把盖盖车紧。pa⁵³kai²¹³kai⁵⁵tsʻe⁵⁵tɕin⁵³。

隆昌客家方言：把盖盖殻紧。pa³¹koi⁵³koi⁵³tɕiəu⁵³tɕin³¹。

隆昌官话：把盖盖殻紧。pa⁵²kai¹³kai¹³tɕiəu¹³tɕin⁵²。

西昌客家方言：把盖盖盖紧。pa³¹kuai⁵³kuai⁵³kuai⁵³tɕin³¹。|把盖盖殻紧。pa³¹kuai⁵³kuai⁵³tɕiəu²¹²tɕin⁵³。

四外话（官话）：把盖盖车紧。pa⁵³kai²⁴kai²⁴tʂʻe⁵⁵tɕin⁵³。

仪陇客家方言：把盖盖殻紧。pa⁵³kɔ¹³kɔ³³tɕiəu⁵³tɕin⁵³。

仪陇官话：把盖儿车紧。pa⁵³kai¹⁴ə²¹tsʻe⁵⁵tɕin⁵³。

38. 短短的绳子。

梅县客家方言：一短个索。it¹tɔn³¹ke⁵³sɔk¹。

五华客家方言：唵短个索哩。an⁵³tɔn³¹ke⁵³sɔk¹ki³¹。

凉水井客家方言：短索嬷。tɔn³¹sɔʔ²ma¹³。|短短子个索嬷。tɔn³¹tɔn³¹

tsๅ^{31}kie^{53}soʔ^{2}ma^{13}。

洛带客家方言：短短子个索嫲。tɔn^{31}tɔn^{31}tsๅ^{31}ke^{53}soʔ^{2}ma^{13}。

成都官话：短索索。tuan^{53}so^{21}so^{21}。|短绳子 tuan^{53}suən^{53} tsๅ^{53}。

隆昌客家方言话：短索子。tɔn^{31}soʔ^{3}tsๅ^{13}。

隆昌官话：嘿短的索子。xe^{52}tuan^{53}nie^{55}so^{13}tsๅ^{52}。

西昌客家方言：短索索。tuan^{31}soʔ^{3}soʔ^3。

四外话（官话）：短索索。tuan^{53}so^{31}so^{55}。

仪陇客家方言：短个索子。tuɔn^{53}tuɔn^{53}kɛ^{21}soʔ^{5}tsๅ^{53}。

仪陇官话：短绳子。tuan^{53}suən^{53}tsๅ^{53}。

39. 一样长的绳子。

梅县客家方言：平长个索。pʻiaŋ^{11}tsʻɔŋ^{11}ke^{53}sɔk^{11}。

五华客家方言：一样样长个索哩。it^{1}iɔŋ^{13}iɔŋ^{53}tsʻɔŋ^{13}ke^{53}sok^{1}ki^{31}。|般长个索哩。pan^{44}tsʻɔŋ^{13}ke^{53}sok^{1}ki^{31}。

凉水井客家方言：一样长个索嫲。iʔ^{2}iɔŋ^{31}tsʻɔŋ^{13}kie^{53}soʔ^{2}ma^{13}。

洛带客家方言：一样长个索嫲。iʔ^{2}iɔŋ^{53}tsʻɔŋ^{13} ke^{53}soʔ^{2}ma^{13}。

成都官话：一样长的绳子。i^{21}iaŋ^{213}tsʻàŋ^{21}ni^{55}suən^{21}tsๅ^{53}。

隆昌客家方言：一样长个索子。ieʔ^{3}iɔŋ^{31}tsʻɔŋ^{13}ke^{31} soʔ^{3}tsๅ^{13}。

隆昌官话：一样的长索子。i^{13}iaŋ^{13}tsʻaŋ^{13}nie^{55}so^{13}tsๅ^{53}。

西昌客家方言：一样长个索索。iʔ^{3}iɔŋ^{53}tʂʻɔŋ^{212}ke^{53}soʔ^{3}soʔ^3。

四外话（官话）：一样长的索索。i^{31}iaŋ^{24}tʂʻaŋ^{31}ni^{55}so^{31}so^{55}。

仪陇客家方言：一样长个索子。iʔ^{5}iɔŋ^{53}tsʻɔŋ^{21}kɛ^{21}soʔ^{5}tsๅ^{53}。

仪陇官话：一样长的绳子。i^{21}iaŋ^{14}tsʻaŋ^{21}ti^{21}suən^{21}tsๅ^{53}。

第六章 方言接触与四川客家方言的发展演变

本章在方言接触的视角下讨论四川客家方言的演变特点、演变方式、传承与演变规律、演变原因等问题，并对四川客家方言的反渗透、四川客家方言的混合成分与四川客家方言的前途等问题予以关注。

第一节 四川客家方言演变的特点

一 结构系统的简化

（一）语音结构系统的简化

四川客家方言语音结构系统的简化首先表现为语音成分的减少，这又集中体现在韵母内部语音成分的简单化。在声韵调系统中，声调的格局没有改变，平上去入四声，加上平、入分阴阳，一共 6 个调类；声母系统中的语音成分总体还略有增加，增加的成分主要是舌面前音 tɕ、tɕʻ、n̠、ɕ；主要变动在韵母结构中韵尾部分。韵尾发生了两个重要的变化：一是鼻音尾 m 与 n 尾合并，使得鼻音韵尾由源方言的-m、-n、-ŋ 三个减少为-n、-ŋ 两个；二是塞音韵尾-p、-t、-k 消失，产生喉塞音韵尾-ʔ，使得四川客家方言的塞音韵尾由梅县、五华客家方言的 3 个减少为 1 个。这两个变化既带来了语音成分的简化，相对梅县客家方言来说，又带来了韵母数量的减少。详见表6-1。

表6-1　　　　　　四川客家方言与主要来源方言声韵调比较表

声韵调 地点	声母 总数	韵母						声调	
		总数	鼻音尾			塞音尾韵母		总数	入声
			-m	-n	-ŋ	-p -t -k	-ʔ		
梅县	17	73	5	13	8	24	0	6	2
五华	20	56	4	9	7	17	0	6	2
成都_{洛带}	21	57	0	10	7	0	15	6	2

续表

声韵调 地点	声母 总数	韵　　母						声调	
		总数	鼻音尾			塞音尾韵母		总数	入声
			-m	-n	-ŋ	-p -t -k	-ʔ		
成都_{凉水井}	21	56	0	10	7	0	14	6	2
隆昌_{付家}	24	56	0	10	7	0	14	6	2
西昌_{大德}	23	48	0	7	7	0	12	6	2
仪陇_{乐兴}	21	54	0	10	8	0	15	6	2

其次，语音结构系统的简化还表现为声韵配合关系的改变。最重要的声韵拼合差异是：梅县、五华客家方言要分尖团，四川客家方言一律不分尖团。

分尖团与不分尖团是两种不同的拼合关系，分尖团的语音结构系统，由于 ts 组和 k 组声母与齐、撮二呼相拼，其拼合关系显得复杂。不分尖团的语音结构系统，由于 tɕ、tɕʻ、ɲ、ɕ 与齐、撮二呼相拼，分流了 ts 组和 k 组的拼合任务，使得声韵的拼合关系变得更加清晰简明。

表 6-2 以各地客家方言都有的几个齐齿呼韵母为例来比较。

表 6-2　　　　四川客家方言与主要来源方言齐齿呼韵母比较表

声韵 地点	i	ia	iau	in	iaŋ	ioŋ/iɔŋ	iuŋ
梅县	ts 组+i k 组+i	ts 组+ia k 组+ia	ts 组+iau k 组+iau	ts 组+in k 组+in	ts 组+iaŋ k 组+iaŋ	ts 组+iɔŋ k 组+iɔŋ	ts 组+iuŋ k 组+iuŋ
五华	ts 组+i k 组+i	ts 组+ia ŋ +ia	ts 组+iau k 组+iau	ts 组+in k 组+in	ts 组+iaŋ k 组+iaŋ	ts 组+ioŋ k 组+ioŋ	ts 组+iuŋ k 组+iuŋ
成都_{洛带}	tɕ 组＋i	tɕ 组＋ia	tɕ 组＋iau	tɕ 组＋in	tɕ 组＋iaŋ	tɕ 组＋iɔŋ	tɕ 组＋iuŋ
成都_{凉水井}	tɕ 组＋i	tɕ 组＋ia	tɕ 组＋iau	tɕ 组＋in	tɕ 组＋iaŋ	tɕ 组＋iɔŋ	tɕ 组＋iuŋ
隆昌_{付家}	tɕ 组＋i	tɕ 组＋ia	tɕ 组＋iau	tɕ 组＋in	tɕ 组＋iaŋ	tɕ 组＋iɔŋ	tɕ 组＋iuŋ
西昌_{大德}	tɕ 组＋i	tɕ 组＋ia	tɕ 组＋iau	tɕ 组＋in	tɕ 组＋iaŋ	tɕ 组＋ioŋ	tɕ 组＋iuŋ
仪陇_{乐兴}	tɕ 组＋i	tɕ 组＋ia	tɕ 组＋iau	tɕ 组＋in	tɕ 组＋iaŋ	tɕ 组＋ioŋ	tɕ 组＋iuŋ

从韵母方面来说，在梅县和五华客家方言中，齐齿呼韵母既要跟 ts 组相拼，又要跟 k 组相拼；从声母方面来说，在梅县和五华客家方言中，ts 组、k 组声母除了拼开口呼和合口呼之外，还要跟齐齿呼相拼，拼合关系比较复杂。

在四川客家方言中，ts 组、k 组声母只拼开口呼和合口呼，①不拼齐齿呼和撮口呼，tɕ 组声母则只拼齐齿呼和撮口呼，跟 ts 组、k 组声母形成互补关系，使得拼合关系变得简单。

（二）词汇系统的简化

词汇系统所涉及的内容很多，四川客家方言词汇系统的简化首先表现为古词、古义的消失，取而代之的是更加常见的语素和词形，其次还表现为语素的合并与变更、语义关系的调整等。下面分别讨论。

1. 用常见语素、词替代生僻的语素和词。

柴——樵

梅县、五华把柴说成"樵"，有"樵堆好来"、"熻樵"、"捡樵"、"靠山莫枉樵，近井莫枉水"等说法②，今尚未发现四川客家方言有"樵"的用法，而都用"柴"来替代了"樵"。

这类词一般为文言词。又如：

砍——斫

表示"用刀斧砍"的意义，梅县、五华用"斫"，梅县有"去山上斫樵"、"斫树"、"斫水"等说法，③今尚未发现四川客家方言有"斫"的用法，而都用"砍"来替代了"斫"。

怕——惊

表示"畏惧"的意义，梅县、五华都用"惊"，四川客家方言不用"惊"来表示"畏惧"的意思，通常说成"怕"，也可以说"害怕"。

粥——稀饭

表示"用粮食或粮食加其他东西煮成的半流质食物"这个意义，梅县和五华都用"粥"，四川客家方言全都说"稀饭"。

窝——窦

表示"鸟兽、昆虫住的地方"这个意义，五华、梅县用"窦"，有"鸟窦、蜂窦、鸡窦、狗窦、猫窦、一窦狗"等说法，四川客家方言除了仪陇外，一般说成"窝/窝窝"，成都把猫住的地方说成"猫公洞"，还有把"鸡窝"说为"鸡窦"的，仪陇还处于过渡状态，"窦"与"窝"并用：鸟子窦、蜂子窦、鸡窦/狗窝、猫窝。

2. 语素的合并与变更

语素合并与变更的原则是从简、从俗。

---

① 成都客家方言中，k 组要与 iəu、ien 相拼，还有尖团音的残留用法，这是比较特殊的。

② 黄雪贞：《梅县方言词典》，江苏教育出版社 1995 年版，第 166 页，第 294 页。

③ 黄雪贞：《梅县方言词典》，江苏教育出版社 1995 年版，第 95、112、147、214 页。

第二章说到表示动物的性别，梅县、五华用"公、嫲"来称呼禽类动物，用"牯、嫲"来称呼兽类动物，在四川客家方言中，合并为"公、嫲"的趋势非常明显，无论禽兽，雄性称"公"，雌性称"嫲"，如"鸡公、鸡嫲"，"狗公、公嫲"等（仅有个别例外）。"牯"这个语素在与"公"的竞争中处于弱势地位，出让了其所辖范围，而"公"则一领风骚，广泛用来称雄性兽类的动物。由原来的"公、牯、嫲"三角关系变为"公、嫲"一对，这是语素合并的一种方式。即：

"子"尾在四川客家方言里广泛地用来构成名词。这与梅县和五华不一样，梅县用"欸"，五华用"哩"，"哩"在梅县和五华客家方言中都可以用在形容词的生动形式中，相当于"的"，如"鼻躘躘哩_{流鼻涕貌}"，"哩"在四川客家方言中还用于形容词的生动形式后，但已不用于构词。面对四川官话普遍用"子"的情况，对于来源方言的"欸"和"哩"，四川客家方言是否继承，面临着四种选择：

第一，"欸"与"哩"并用；

第二，用"欸"不用"哩"；

第三，用"哩"不用"欸"；

第四，"欸"与"哩"都舍弃，换用"子"。

四川客家方言所做的是第四种选择。舍二取一，去掉生僻的"欸"与"哩"，用大众化的"子"来构成名词，简化了名词词缀。这是语素变更的一种方式。

"子"尾在四川客家方言中所构成的名词数量十分巨大，显示了极强的派生能力，派生了很多"子"尾词。

有些"子"尾词跟四川官话相同：

高长子（高个子）、瓜娃子（傻瓜）、疤子（得了软骨病，不能站立的人）、自伙子（自己一伙的人；同伙）、内伙子（自己人）、寡母子（寡妇）、青沟子（调皮而不懂事的少年）、瘟猪子（学习成绩差或工作能力差的人）、贼娃子（小偷）、肝子（肝）、倒拐子（手肘）、膀子（胳膊）、脚肚子（小腿肚）、胃子（胃）、心子（心脏）、腰子（肾）、掟tin⁵³子（拳头）、沟子（臀部）、鸭子（鸭）、羊子（羊）、树子（树；木料）、今年子（今年）。

有些"子"尾词还跟四川官话不同：

小郎子（小叔子）、细崽子（小孩儿）、阿伢子（婴儿）、大爷子（大伯子）、妇娘子（妇女）、娭子（母亲，多用于背称）、豁嘴子（豁嘴）、酒醉子（醉鬼）、倈子（儿子）、毛辫子（辫子，也代指大姑娘）、妹子（女儿）、驼背子（驼背）、学生子（学生）、哑子（哑巴）、左挎子（左撇子）、朘子（男性生殖器）、鸟 tiau⁴⁵ 子（男性生殖器，也指小鸟）、脚背子（脚背）、白鸽子（鸽子）、鹅子（鹅）、飞蛾子（飞蛾）、鸡子（小鸡）、黄鼠狼子（黄鼠狼）、老鼠子（老鼠）、马子（马）、鱼子（鱼）、蚂蚁子（蚂蚁）、洋芋子（马铃薯）、樱桃子（樱桃）、腊月子（腊月）。

3. 语义关系的调整

通过语素的替换对某些语素的意义进行调整，使得词义具有更强的理解性。"屎"在梅县话中有四个义项：

① 从肛门出来的排泄物；"粪"：屙～，牛～。

② 眼睛、耳朵等器官的分泌物：眼～、鼻～、耳～。

③ 黏稠物：脑～。

④ 细碎或粉末物：锯～_{锯末}、烟～。

"屎"的①②两个义项在四川客家方言中很常用，"屙屎、牛屎、屎凼、屎篼"与"眼屎、鼻屎、耳屎"这些词在四川各地都很常见，但都基本无"锯屎、脑屎、烟屎"这些词，"锯屎"被替换为"锯末子"（成都）、"锯面子"（隆昌）、"锯末灰"（仪陇），仅西昌说"锯末屎"。

唇　在梅县、五华客家方言中"唇"有以下意义：

① 人或某些动物口的周围的肌肉组织：嘴～。

② 边沿：边～，河～，桌～。

据考证，"唇"的"边沿"意义古已有之，《释名·释形体》："唇，缘也。唇者口之缘也。"① 梅县、五华客家方言保留了这个古义，"唇"的这个义项在四川客家方言中已不留痕迹，四川客家方言直接用"边/边边/边边里"之类的语素来表示，可见，"唇"在四川客家方言中的意义已变得很单一。

倒　作为动词，"倒"在梅县、五华有"砍"的意义，如"～树欸"。据考证，这也是一个保留古义的用法，《警世通言》卷十七："将定价钱，先倒一棵下来，中心都是虫蛀空的，不值钱了，再倒一棵，亦复如此。"②四川客家方言的"倒"已无此义。

根　此词梅县有"打听，询问"的意义，据考证，"'根'原指树木的根

---

① 黄雪贞：《梅县方言词典》，江苏教育出版社 1995 年版，第 202 页。

② 温美姬：《梅县方言古语词研究》，华南理工大学出版社 2009 年版，第 196 页。

部，后指追究、根究"①。

语义关系的调整，有的表现为语义范围的缩小。如：

话　在五华客家方言中，"话"有"告诉、语言、说的话"几个意义，是一个"兼类词，兼名词和动词"。②从梅县客家方言"话"有"讲话"、"话人知"的用法③中可以看出，"话"在梅县和五华客家方言中有共同的意义和用法。在四川客家方言中，如今无任何地点保留了动词"话"的"讲"、"告诉"之类的意义，下面各句中的"话"④，四川客家方言都需用"讲"来替换：

① 你去哪里旅游话我知啊哩，我也想去。

　你去哪子旅游给我讲下子，我也想去。

② 样般哩都话唔听佢。

　啷们子讲佢，佢都唔听。

4. 词形变更后，其理据更容易理解

插秧，梅县、五华说"莳田"或"莳禾"，"莳"这个语素比较生僻，一般不易理解。《现代汉语规范词典》：① 动 　＜文＞种植：播～五谷|～花。→动＜方＞移栽～|～田。⑤

理解"莳禾"这两个词的意义，需先解析"莳"的意义，其"插秧义"才可解。然"莳田"更难解：移栽田？字面意义与实际意义怎样关联？温美姬引段注"今江苏人移秧插田中曰莳田"⑥，由此看来需结合省去的文字，"莳田"的意义才可解。

在四川客家方言的各个地点中，仅仅陇还有"莳田"的说法，成都、隆昌、西昌都说"栽秧子"，其意义直白易解。

（三）语法结构系统的简化

四川客家方言语法结构系统的简化也是很明显的。集中体现在组合关系的简化。下面分别讨论。

1. "啊"组合能力的削弱

在五华客家方言中，助词"啊"可与"等"连用，"构成'动+啊+等'的句式，表示对某种持续状态的强调"⑦；"啊"还可以用在动补和动宾之间。"啊"

---

① 温美姬：《梅县方言古语词研究》，华南理工大学出版社 2009 年版，第 162 页。

② 朱炳玉：《五华客家话研究》，华南理工大学出版社 2010 年版，第 193 页，414 页。

③ 林立芳：《梅县方言语法论稿》，中华工商联合出版社 1997 年版，第 170 页。

④ 例句引自朱炳玉《五华客家话研究》，华南理工大学出版社 2010 年版，第 414 页。

⑤ 李行健主编：《现代汉语规范词典》，语文出版社 1998 年版，第 482 页。

⑥ 温美姬：《梅县方言古语词研究》，华南理工大学出版社 2009 年版，第 38 页。

⑦ 朱炳玉：《五华客家话研究》，华南理工大学出版社 2010 年版，第 400 页。

的这些用法，具有舒缓语气的作用，当属语气词。"啊"用于动补之间，除了在成都客家方言中还有残留外，"啊"跟"等"连用，以及在动宾之间的用法，四川客家方言无一保留。

① 噭啊等就唔停声 _{哭起来就没完没了。}（朱炳玉《五华客家话研究》400 页）

② 我个桌分佢占啊等唔肯还 _{我的桌子被他占着不肯还。}（同上，400 页）

③ 正割啊核禾，接等又莳田 _{刚收割了稻子，接着又插秧。}（同上，415 页）

2. 状语位置的单一化

在梅县、五华客家方言中，状语一般在中心语之前，但"多"、"少"修饰动词时，常置于动词之后①，用相当于普通话的"再"的副词"添"加于句子末尾②。就是说它们作状语时跟中心语的结合有两个位置。而在四川客家方言中，除了变式句之外，任何状语都只有一个位置，都只能放在中心语前。梅县、五华客家方言中的"食多一碗"、"着少两眼衫"、"等下添"。四川客家方言都说成"多吃一碗"、"少着两眼衫"、"再等下"。

状语位置减少为一个，状语跟中心语的组合定型为"状+中"的单一格式，是四川客家方言语法系统简化的内容之一。

3. 可能结果补语的位置

可能结果补语是在结果补语和中心语之前插进"得/不"表示动作的结果、趋向可能不可能实现③。在梅县客家方言中，可能结果补语有两个位置：第一个位置是放在宾语前，第二个位置是放在宾语后。如下例④：

① 食唔落饭。/食饭唔落。

② 打不赢佢。/打佢不赢。

③ 赚唔倒钱。/赚钱唔倒。

在四川客家方言中，各地点的可能结果补语都简化为一个位置：只能放在宾语之前。如：

凉水井：食唔下/落饭。

洛带：食唔下饭。/食唔落肚。

隆昌：食唔下/落饭。

西昌：食唔下饭。

仪陇：食唔下饭。

---

① 温昌衍：《客家方言》，华南理工大学出版社 2006 年版，第 175 页。

② 温昌衍：《客家方言》，华南理工大学出版社 2006 年版，第 175 页。

③ 黄伯荣、廖旭东主编：《现代汉语》，高等教育出版社 2008 年版，第 72 页。

④ 引自温昌衍《客家方言》，华南理工大学出版社 2006 年版，第 178 页。

4. 处置式的简化

梅县客家方言中，处置式可以用介词"将"或"将把"把宾语提前进行处置。如：

① 风将晒等个衫裤吹走哩。[①]

② 你将把脚车借分𠊎骑几日添。[②]

还可以用"同"字句表示处置式。"'同'字句是用介词'同'与定中式名词性偏正短语组合，用在动词前表示处置的句式。"[③]如：

③ 狗欸同伯婆个猪骨头偷食撇欸。[④]

这些"将把"句、"同"字句的处置句在四川客家方言中都已经消失，四川客家方言一般都用"把"字句表示处置，上面的例子一般都说成：

④ 风把晒等个衫裤吹走了。

⑤ 你把洋马子/洋马儿/自行车借分𠊎再骑几日。

⑥ 狗把阿婆个猪骨头偷食嘿了。

5. "来去"句中"来"的消失

客家方言普遍有一种"来去"句，"表示将去做某事"。[⑤] 据李如龙、张双庆等人的调查，"看电影去吧"在梅县、武平、赣县等都用"来去"句[⑥]。如：

梅县：来去看电影啊？

翁源：来去看电影？

揭西：来去看电影啊？

武平：来去看电影无？

长汀：来去暎电影？

宁都：来去看电影？

赣县：来去看电影可否？

这个句子四川客家方言可以说成是非问或正反问，但没有哪个点有"来去"的表达。如：

凉水井：看电影去嘛？

洛带：去看电影嘞？

---

① 引自谢永昌《梅县客家方言志》，暨南大学出版社 1994 年版，第 303 页。

② 引自温昌衍《客家方言》，华南理工大学出版社 2006 年版，第 178 页。

③ 黄映琼：《梅县方言语法研究》，西南大学硕士学位论文，2006 年，第 40 页。

④ 同上。

⑤ 温昌衍：《客家方言》，华南理工大学出版社 2006 年版，第 178 页。

⑥ 李如龙、张双庆主编：《客赣方言调查报告》，厦门大学出版社 1992 年版，第 458 页。

　　隆昌：看电影去不去？

　　西昌：看电影去不/去看电影不？

　　仪陇：看电影去莫？

　　（四）简化与繁化的矛盾

　　四川客家方言的发展演变，简化是主流，但其中也有繁化紧紧相随，比如叠置式与交混式演变就带来了繁化。以叠置来说，语音中不同来源的语音成分或音节叠置在一起，既使得字音变得复杂，也增加了语音系统的繁复性；词汇中不同的说法相叠，产生了意义上没有差别的同义词，也增加了词汇系统的繁复性；在语法方面，不同格式的相叠，产生了不少的同义句式，这也应该说是增加了其句式的复杂性。在语法方面，不同格式的相叠，产生了多达数种说法，这不能不说有累赘、繁复之处。多种方式的综合运用，可以产生难以想象的繁复性。据我们在成都的深度调查，"给我一本书"在成都客家方言中竟然有 9 种格式，比客家基本住地的哪一个地点的说法都复杂。

　　江西客家方言有两种说法①：

　　① 指物的宾语在前，指人的宾语在后：拿本书我。

　　② 用连谓句：你拿本书分（或畀）我，我拿块糖分（或畀）你。

　　梅县用连谓句，两个动词都用"分"②（下面几个点的资料来源相同）：

　　分（一）本书分佢。

　　连南、揭西、清溪、武平、陆川指人的宾语在后面：

　　分（一）本书佢。

　　秀篆、长汀、宁都、三都等也用连谓句，但动词不同：

　　秀篆　　提本书分佢。

　　长汀　　拿一本书得佢。

　　宁都　　拿本书跟佢。

　　三都　　拿本书到佢。

　　成都客家方言的 9 种说法是：

　　① 分一本书分佢。$pən^{45}i?^2pən^{31}su^{45}pən^{45}ŋai^{13}$。

　　② 拿本书分佢。$na^{45}pən^{31}su^{45}pən^{45}ŋai^{13}$。

　　③ 分佢拿本书。$pən^{45}ŋai^{13}na^{45}pən^{31}su^{45}$。

　　④ 拿本书给佢。$na^{45}pən^{31}su^{45}ke^{45}ŋai^{13}$。

---

　　① 刘纶鑫：《江西客家方言概况》，江西人民出版社 2001 年版，第 329 页。

　　② 李如龙、张双庆主编：《客赣方言调查报告》，厦门大学出版社 1992 年版，第 451 页。据笔者调查，梅县还可以有"分一本书佢"的说法。

⑤ 给𠊎拿本书。ke⁴⁵ŋai¹³na⁴⁵pən³¹su⁴⁵。

⑥ 拿分𠊎一本书。na⁴⁵pən⁴⁵ŋai¹³iʔ²pən³¹su⁴⁵。

⑦ 分𠊎一本书。pən⁴⁵ŋai¹³iʔ²pən³¹su⁴⁵。

⑧ 给𠊎一本书。ke⁴⁵ŋai¹³iʔ²pən³¹su⁴⁵。

⑨ 分一本书给𠊎。pən³¹iʔ²su⁴⁵ke⁴⁵ŋai¹³。

这 9 种说法中，只有①是典型的客家方言特色的格式，其他有的是借用的四川官话格式，有的是采用拼接方式产生的格式，多种格式的综合运用，致使表达格式繁复。但是，各种格式之间也有一个竞争问题。从当下的使用情况看，老年人较多用"拿分𠊎一本书"的说法，中青年人则多用"给𠊎一本书"这种说法。因此，从其趋势看，年轻人较少使用或不使用的格式将会逐渐消失，中青年人喜用的"给+𠊎+直接宾语"的格式将会逐渐取代其他格式，经过这样的竞争以后，最终仍趋于简化。

二　客家方言特征的减弱

语言接触引发的演变结果有特征的增加、特征的消失、特征的替代、特征的保留等。[①]这些结果也同样适用于方言接触。四川客家方言与四川官话的长期接触，致使客家方言的不少典型特征在四川客家方言中遭遇了明显的磨损，无论是语音、词汇还是语法方面都无例外，语音方面尤其明显。学界对客家方言特征的研究已经有了比较丰富的成果可资利用，由于四川客家方言主要来自广东，尤其是梅县、五华客家方言，所以我们将在全面参考客家方言特点的基础上重点参考梅县、五华客家方言的特征并尽量兼顾能跟四川客家方言特征相对应的其他地点的特征。

（一）客家方言语音特征的减弱

詹伯慧先生曾经全面总结了客家方言比较突出的 12 个特点[②]：

1. 古全浊声母不论平声、仄声今多读为相应的送气清声母；

2. 古晓匣母与合口呼韵母相拼，各地客家方言多读为唇齿擦音 f-；

3. 部分古非敷奉母的常用字在客家方言中念为"重唇音"p-、p'；

4. 各地客家方言大都有唇齿浊擦音声母 v；

5. 古见组声母细音在不少客家方言地区今读仍保持舌根音及喉音 k-、k'-、h-的发音部位；

---

① 吴福祥：《关于语言接触引发的演变》，《民族语文》，2007 年第 2 期。

② 詹伯慧：《方言及方言调查》，湖北教育出版社 2001 年版，第 94—100 页。

6. 古知、照、精三组声母的字在客家方言中有不同的分化情况，相当复杂；

7. 客家方言中鼻音声母比较丰富，不少地方除有 m、n 声母外，还有 ŋ、n̪两个鼻音声母；

8. 韵母中无撮口呼韵是客家方言带普遍性的一大特点；

9. 以 ɔ 为主要元音的韵母比较多，也是客家方言中带普遍性的一个语音特点；

10. 古流摄开口一等厚、侯韵和开口三等尤韵的字在客家方言不少地方都念为 eu 韵，这个 eu 韵也可算是客家方言语音的一个特点；

11. 古鼻音韵尾-m、-n、-ŋ 和塞音韵尾-p、-t、-k 在客家方言中不同程度地保留下来；

12. 客家方言声调一般以 6 个为主。

其中第 6 条，作者说明道：广东的粤客大都是三组声母不分，结果这三组都念为 ts-、ts‘-、s-声母。这个说明也适合梅县客家方言，就五华客家方言来说，知三、章组字今读 tʃ-、tʃ‘-、ʃ-声母，其余读 ts-、ts‘-、s-声母。此条的特色似不很鲜明。

根据李荣和黄雪贞先生的研究，"客家方言声调的特点在于古次浊平声、古全浊上声与古次浊上声都有读阴平的"，"这才是客家方言区别于其他方言的特点"①。因此还应该加上以下两条：

13. 古平声次浊声母有些字今读阴平；

14. 一些古上声次浊全浊声母字今读阴平。

以上 14 个语音特点中，第 6 条因特色不突出，此剔除。就 13 条特点来说，四川客家方言的总体传承情况是较好。传承情况是较好、不是完好也不是不好的判断是因为：

第一，四川客家方言保存了 1、2、3、4、7、9、12、13、14 共 9 个特点，但各个特点在各点保存的情况不尽相同，并且都遭到了不同程度的磨损；

第二，第 11 条中-m 和-p、-t、-k 尾已经完全消失，仅仅在隆昌、西昌的个别连读音变中还可看出端倪；

第三，第 8 条、第 10 条在四川客家方言中不见于任何一个地点；

第四，第 5 条的特点只在成都有遗存。

13 个特点中，保留了 9 个特点，所占比例为 69.23%；并且每个特点在四

---

① 李荣：《汉语方言的分区》，《方言》，1989 年第 3 期。

川各客家方言点都有不同程度的磨损，因此我们说四川客家方言在语音方面的传承情况是较好，而不是完好，也不是不好，但集中的指向是客家方言语音特征的减弱。下面就某些特征减弱情况加以重点说明。

关于第 1 条古全浊声母不论平声、仄声今多读为相应的送气清声母的特点。在四川客家方言中，古全浊声母今有相当数量的字读为不送气声母。在第三章已经全面比较了古全浊声母在四川各个地点中的读音情况，其中 144 个全浊平声字仅 1 个"松"字不读为送气音，所占比例仅 0.69%；而在 50 个全浊上声字中各点读为不送气音的字有 28—30 个字，所占比例为 60%—58%；在 70 个全浊去声字中各点读为不送气音的字有 33—36 个字，所占比例为 52.43%—47.14%；在 40 个全浊入声字中各点读为不送气音的字有 18—19 个字，所占比例为 47.5%—45%。从这个比较中可以看出，全浊上、去、入三声字的送气声母的读音在四川客家方言中已经有了一定程度的异化，其中全浊上、去的异化程度尤为深。

关于第 11 条"古鼻音韵尾-m、-n、-ŋ 和塞音韵尾-p、-t、-k 在客家方言中不同程度地保留下来"的特点。梅县、五华有辅音韵尾 6 个，包括-m、-n、-ŋ 三个鼻辅音韵尾和-p、-t、-k 三个塞音韵尾，四川客家方言在这方面的变化是：

1. 一律把-m、-n 合并为-n；

2. -p、-t、-k 消失，产生喉塞音韵尾-ʔ。

关于（1）点我们在第二章"三　语音特点比较"中已经提到过，此处不再赘言。关于第（2），需再加论证。

-p、-t、-k 韵尾，在四川客家方言中几乎没有留下什么痕迹。客家方言把"家"都说成"屋下"。"屋下"：五华读 vuk¹kʻa⁴⁴，梅县读 vuk¹kʻua⁴⁴，成都读 vuʔ²xa⁴⁵，隆昌读 vuʔ³kʻua⁴⁵/xa⁴⁵，西昌读 vuʔ³kʻua⁴⁵，仪陇读 vuʔ⁵kʻua³³。"下"字在隆昌、西昌、仪陇都跟梅县和五华一样，读为 kʻ。为何会读成 kʻ声母？"下"字原读[ha]，在"屋下"一词中读 kʻua⁴⁴，是受"屋"字韵尾的影响，读为 kʻua⁴⁴①："下"字被前字的-k 同化，声母变得与之相近。"屋下"中的"下"字读为 kʻ应该是很早以前就有的读音现象，隆昌、西昌、仪陇话中的 ‑kʻua 当是因为对词语整体读音的保留，从中可以看出曾经有过的-k 韵尾。凉水井客家人几乎都称祖籍源自五华，但他们对"屋下"这个词的读音却进行了重新清理，让其回到了本音上面，洛带的情况也是这样，-p、-t、-k 韵尾消失得干

---

① 黄雪贞：《梅县方言词典》，江苏教育出版社 1995 年版，第 190 页。

干净净，不留踪影。

关于第 10 条古流摄开口一等厚、侯韵和开口三等尤韵的字在客家方言不少地方都念为 eu 韵的特点。这个特点在四川客家方言中也找不到任何痕迹，厚、侯、尤三韵在成都、隆昌、西昌合流，读 əu/ieu，在仪陇厚、侯合流读 ai、ε，尤韵读 əu/ieu。

（二）客家方言词汇特征的减弱

语音是语言的底层装置，其元音和辅音数量有限，所组成的音节有限，具有很强的系统性。词汇属于语言的上层装置，由于词语的数量庞大，构词单位语素的数量巨大，词的形、音、义之间错综复杂的关系，词汇成员的多源性与变动不居，等等，各种复杂原因使得对词汇特点的概括比语音要困难得多。关于客家方言的词汇特点，袁家骅先生总结了"客家方言的单音词比普通话要多一些"，"客家方言中同义词也非常丰富"，"有一些字，客家方言和普通话所指的意义范围不同"，"客家方言词汇中保存了不少古汉语的语词"，"客家人喜欢在外国传入的物品名称上加上'番''洋''红毛'等字样"等特点。[1]

黄雪贞先生总结了以下几点：[2]

1. 在口语用字方面，常用"侪、唇、背、脚、掌、冇、公、牯、婆、嫲、哥、妹"；

2. 客家方言的代词、指示词、疑问词很有特色，比如"我"说"偓"，"什么"说"脉个"或"麻介"等；

3. 多外来语。

魏宇文先生通过把五华话与普通话比较研究，总结了五华话词汇的以下重要特点：[3]

1. 单音节词比普通话多，为古汉语直接传承下来的词语；

2. 其称谓名词前一般要加前缀"老、阿"；

3. 其部分称谓名词一般要加后缀"哩"；

4. 其普通名词的后缀为"哩、婆、嫲、公"等；

5. 保留古汉语词的词义比较多。

谢永昌在《梅县客家方言志》中总结了梅县话具有"保留了不少古语词"，

---

① 袁家骅：《汉语方言概要》（第二版），语文出版社 2001 年版，第 167—170 页。

② 侯精一主编：《现代汉语方言概论》，上海教育出版社 2002 年版，第 165—169 页。

③ 魏宇文：《五华客家方言的词汇特点》，《西南民族大学学报》，2011 年第 2 期。

"保留了较多的单音词"等八个特点。①

温昌衍根据现有研究，概括了"单音词比较丰富"、"保存了较多的古汉语语词"、"存在一些方言特色的语词"、"存在一些方言特色的语词"、"客家方言与外方言有一些鉴别词"等7个特点。②

综合时贤的研究，为便于跟四川客家方言加以比较，我们提出以下几个特点作为梅县、五华客家方言的特点（基本上也是客家方言的一般特点）：

1. 常用"侪、唇、背、脚、掌、冇、公、牯、婆、嫲、哥、妹"等口语用字；

2. 单音词比较丰富；

3. 保存了较多的古语词或词语的古义；

4. 有一批特征词；

5. 有一些来自粤语和潮汕话的借用词；

6. 有一些来自外来语的借词；

7. 一些外国传入的物品名称带上"番"、"洋"、"红毛"等字样。

在这7个特点中，1、2、3、4、7这5个特点在四川客家方言中得到了一定程度的保留，7这个特点在个别词语中还有所体现，5、6这2个特点却已难找痕迹。四川客家方言词汇集中体现的是客家方言词汇特征的减弱。下面就某些特征减弱情况加以重点说明。

关于常用"侪、唇、背、脚、掌、冇、公、牯、婆、嫲、哥、妹"等口语用字的特点。

这些客家方言常用字，表示的是语素或词，其中"背、脚、掌、冇、公、嫲、妹"在四川客家方言中比较常用，但使用范围一般都比梅县、五华客家方言小，具体表现在所构成的词语更少，或能够搭配的词语更少。下以"背、冇"字的用法为例来说明。

背 据黄雪贞先生的总结，"背"字作为方位词时，在客家方言里有两种用法：① 用于"上下前后里外"之后，组成复合的方位词，功用跟其他方言的"头、面、边"一样，② 用于名词之后，表示"一后、一外、一那边"的意思；所构成的词语有"上背、下背、前背、后背、里背|天背、河背、墙背、山背、田唇背、屋背、城背、灶头背、番背、间儿背"。③"背"在四川客家方言中一般也有这两个用法，但所构成的词语一般只有"上背、下背、前背、

---

① 谢永昌：《梅县客家方言志》，暨南大学出版社1994年版，第290—296页。

② 温昌衍：《客家方言》，华南理工大学出版社2006年版，第150—155页。

③ 侯精一主编：《现代汉语方言概论》，上海教育出版社2002年版，第166页。

后背、里背、屋背”几个，而没有“天背、河背”等词。

　　冇　　“冇”为客家方言常用的俗字，读为 p'aŋ^{53}，为“不实在、不充实”的意思，梅县客家方言有“冇湖、冇炭、冇谷、冇萝卜、冇糕、冇条、冇鬼、冇话、冇灰、冇卵”。[①]据我们的调查，西昌客家方言已不用此词，洛带有“冇壳_秕谷_、冇蛋_未受精的蛋_、讲冇、萝卜冇了”等说法，凉水井还有“冇鬼”、隆昌有“冇谷/冇壳壳、冇萝苤、冇春_未受精的蛋_、冇话”，仪陇有“冇谷、萝苤冇撇了”的说法。

　　有的字其常用性被大大削弱。“唇”，在洛带、凉水井、隆昌、仪陇都只有“嘴唇皮”一个词，西昌口语词中已不用“唇”字。又如“侪”字，洛带、凉水井都有“侪侪 sa^{13}sa^{13} _每人_、哪侪 nai^{31}sa^{13} _哪人_”的说法，凉水井还有“你两侪 ȵi^{13}nioŋ^{31}sa^{13} _你们俩_”，西昌有“侪侪 sa^{212}sa^{212}、哪侪 na^{53}xa^{212}”的说法，隆昌和仪陇已不用“侪”字。

　　关于单音词比较丰富的特点。四川客家方言还保留着这个特点，但也有明显的弱化，具体表现在梅县、五华客家方言中的单音节词，四川客家方言或者增加语素变为双音节词，或者重叠变成 AA 式名词，或者被别的词所替换。例如表 6-3。

表 6-3　　　　　　　　广东、四川客家方言单、双音节词对比表

普通话／客方言	冰雹	泥	粉状物	马	爪子	鳞	芽儿	皮儿	鞋子	墙	被子
梅县	雹	泥	粉	马	爪	鳞	芽	皮	鞋	壁	被
五华	雹	泥	粉	马	爪	鳞	芽	皮	鞋	壁	被
成都	雪弹子	泥巴	粉粉	马 马子	爪爪	鳞甲	芽 芽芽 芽子	皮皮 皮子	鞋子	壁头	铺盖
隆昌	雪弹子	泥巴	粉粉	马子 马牲口	爪子 爪爪	鱼鳞	芽芽	皮皮 皮子	鞋子	壁头	铺盖
西昌	雪弹子	泥巴	粉粉	马马儿 牲口	爪爪	鱼甲	芽芽	皮皮 皮子	鞋子	壁头	铺盖
仪陇	雪弹子 冷子	泥巴	粉	马 牲口	爪爪	鳞甲	芽芽 芽子	皮皮 皮子	鞋子	壁头	铺盖

　　关于有一批特征词的特点。四川客家方言有一批特征词，兰玉英曾从

---

① 侯精一主编：《现代汉语方言概论》，上海教育出版社 2002 年版，第 167 页。

称谓、人体部位、器官及其附着物名称、事物的名称、动作、行为、形状词语、方位、处所、代词等方面对成都客家方言中的特征词进行了分类列举。①客家方言的特征词在四川其他地点也得到了一定程度的保存，尽管如此，相对于其主要来源方言来说，客家方言特征词在四川客家方言中遭遇了一定程度的流失。所流失的特征词甚至可能是语言里的核心词。在第二章中，我们运用计量分析方法对四川客家方言中的 200 核心词进行分析，发现其中所包含的客家方言特征词也发生了变化：比如"宽"在西昌客家方言中不说"阔"而说"宽"，"小孩儿"在隆昌和西昌不说"细崽欸/哩"而说"细娃儿"。

关于一些外国传入的物品名称带上"番"、"洋"、"红毛"等字样的特点。四川客家方言中还有带"番"的词语，如成都、隆昌、西昌都把"红薯"说成"番薯"，洛带、凉水井、隆昌把"南瓜"说成"番瓜"，仪陇把"辣椒"说成"番椒"，把"玉米"说成"番粟"。但有的词，梅县带"番"，四川客家方言不带，如"花生"，梅县话说"番豆"，四川客家方言都说成"花生"；"肥皂"梅县、五华客家方言说"番枧"，四川客家方言说"洋碱"。四川客家方言中有带"洋"字的词语，如把"煤油"说成"洋油"，把"火柴"说成"洋火"，把"铁锹"说成"洋铲"，把"水泥"说成"洋灰"，把"自行车"说成"洋马（子/儿）"等，但并非带"洋"字的词语都是来自其祖籍语的，"洋火"、"洋铲"、"洋马（子/儿）"应该是从四川官话吸收的。

（三）客家方言语法特征的减弱

客家方言的语法特点也有很多学者做过研究，袁家骅先生归纳了以下特点：②

1. 在构词方式上，客家方言中有一些跟普通话意义相同的复音词，词素的位置跟普通话相反；

2. 客家方言的名词有丰富的词头、词尾等附加成分，比较常见的有"阿"、"老"、"欸"等；

3. 客家方言的人称代词，有数和格两个语法范畴；

4. 客家方言的指示代词，远指和近指的区分全靠声调，不同于普通话在声韵方面有显著差别的情况；

5. 客家方言第一人称多数一般没有包括式和排除式的区别；

---

① 兰玉英：《成都客家方言词汇与文化简论》，《成都信息工程学院学报》，2008 年第 5 期。

② 袁家骅：《汉语方言概要》，语文出版社 2001 年版，第 170—174 页。袁先生归纳得很详尽，这里择要来进行比较。

6. 客家方言表示动作时体的方式在动词的后面加上特定的词尾；

7. 客家方言的形容词在构词法上有一个特点，就是常在形容词词干后面加上一个重叠音节，使之更加生动活泼；

8. 客家方言里量词与名词、动词之间的搭配关系跟普通话有所不同；

9. 客家方言在句法上有显著的特点，主要表现在词序上，如作状语的"多"、"少"、作状语的"添"和作可能补语的"倒"放在句末等；

10. 双宾语的位置在客家方言具有一定的灵活性；

11. 比较句的格式客家方言是"甲+比+乙+过+性状词"；

12. 处置句客家方言用"将"字把宾语提前；

13. 被动句客家方言不用介词"被"、"给"，而用"分"。

黄雪贞先生总结了客家方言的一些具体和细致的语法特点：①

1. 客家方言常用后缀"子、儿、里②"表示小称；

2. 动作的进行时态，常用"动词+等欸③、紧、稳"等表示；

3. 有字句中的"有"可以直接加在动词前表示"已经、已然"；

4. 比较句中的差比句用"过"。

何耿镛先生对大埔客家方言语法的个案研究，显示了与客家方言的大同小异的语法特点。④刘纶鑫先生对江西客家方言的语法研究，全面揭示了江西客家方言的语法特点，⑤其中有不少特点丰富了我们对客家方言语法特点的认识。兹把与之相关的几条重要语法特点补充于下：

1. 结构助词"个"相当于普通话的"的"；

2. 用"动+哩/呃/嘿"表示动作的完成；

3. 经历体用否定词"呒⑥曾"；

4. 用"咁"表示程度，相当于普通话的"这么"，修饰形容词或表示心理活动的动词或能愿动词，用"咁子"修饰动词，表示行为的方法，相当于普通话的"这么"、"这样"；

5. 表示能力和趋向的补语放在宾语之后，与普通话的语序相反；

---

① 侯精一主编：《现代汉语方言概论》，上海教育出版社 2002 年版，第 170—171 页；黄雪贞：《客家方言的词汇和语法特点》，《方言》，1994 年第 4 期。

② 后缀有"里、哩"两个写法，本书统一作"哩"。

③ "儿"是梅县客家方言里的后缀，读 e，轻声，本书写作"欸"。

④ 何耿镛：《客家方言语法研究》，厦门大学出版社 1993 年版。

⑤ 刘纶鑫：《江西客家方言研究》，江苏人民出版社 2001 年版，第 284—335 页。

⑥ 表示否定的副词，有"呒、唔"两种写法，本书统一写作"唔"。

6. 在双宾句中，表物的宾语在前，表人的宾语在后，与普通话双宾语句的语序恰好相反。

温昌衍先生结合何耿镛、谢永昌、林立芳等人的研究，从构词特点、词缀特点、代词特点、词序方面"多、少、倒、添"的位置、比较句、双宾语句、被动句、"把"字句以及某些补语的位置等方面进行了概括论述。[①]

综合时贤对客家方言语法的研究，为便于跟四川客家方言加以比较，我们择要细分出以下具体特点作为客家方言的语法特点：

1. 称谓名词前一般要加前缀"老"、"阿"；

2. 广泛运用名词后缀"欸"或"哩"；

3. 人称代词单数有格的变化；

4. 有结构助词"个/介"，"个/介"相当于普通话的"的"；

5. 经历体用否定词"唔曾"；

6. 用"咁/咁子/咹"表示"这么"、"这样"；

7. 动作的进行时态常用"动词+等欸[②]、紧、稳"等表示；

8. 比较句中的差比句用"过"；

9. 用"动+哩/呃/嘿/撇"表示动作的完成；

10. 作状语的副词"多"、"少"放在动词后，"添"放在句末；

11. 表示能力、趋向和结果的补语放在宾语之后；

12. 有字句中的"有"可以直接加在动词前表示"已经、已然"；

13. 在双宾句中，表物的宾语在前，表人的宾语在后；

14. 处置句用"将"字把宾语提前；

15. 被动句不用介词"被"、"给"，而用"分"；

16. 用"来去"句，表示"将去做某事"。

以上特点，1、3、4、5 这 4 个特点保存得很好，6、7、9 这 3 个特点得到了较好的保留，8、15 这两个特点得到了一定程度的保留，至于 2、10、11、12、13、14、16 这 7 个特点则已难找其痕迹了。总的情况是，四川客家方言对客家方言的方言词法特点传承得较好，对句法特点则传承得较差，集中反映的是客家方言语法特征的减弱。有些特点的弱化，从第二章、第五章相关部分已经可以看出。

[①] 温昌衍：《客家方言》，华南理工大学出版社 2006 年版，第 170—178 页。

[②] "儿"是梅县话中的后缀，读 e，轻声，本书写作"欸"。

三 跟四川官话的趋同性

跟四川官话的趋同性与客家方言特征的减弱是彼消此长的关系。四川客家方言与四川官话深度接触的结果，一方面是磨损了客家方言的很多特征，另一方面是新增了四川官话的很多特征，强烈地表现出与四川官话的趋同性：不但在词汇方面有跟四川官话完全相同的词语（通过借贷而进入的），而且在语音成分、语法系统的格局、语法规则等方面也十分相似，四川客家方言与四川官话的接触影响基本上呈现出一边倒的局面。

首先从与四川官话相同的一般性特点来看。四川各个地点的客家方言都具有四川官话也是西南官话的一般特点：

1. 具有 tɕ、tɕʻ、n̠、ɕ、z、ɚ、y 这些语音成分。这些成分是四川客家方言的来源方言所缺乏的；

2. 鼻音韵尾只有-n、-ŋ 2 个，古鼻音韵尾-m 与-n 合并；

3. 韵母中有撮口韵；

4. 古流摄今一般读 əu/iəu 韵，流摄中的"某、亩、茂、贸、谋"几字读阳声韵，收-ŋ，读 oŋ/uŋ；

5. ɚ可以自成音节，还可以起儿化作用；

6. 不分尖团；

7. 广泛用后缀"子"构词；

8. "儿"能够作为后缀构词；

9. 用"坝"等语素构词；

10. 有一批四川官话常见的词语；

11. 用 AA 式重叠方式构成名词；

12. "多、少"等词作状语，跟其他状语一样，其位置在中心语之前；

13. "倒"作可能补语不放在句末，而放在动词后；

14. 处置句不用"将"字把宾语提前；

15. 表示能力、趋向和结果的补语不能放在宾语之后；

16. 有字句中的"有"不可以直接加在动词前表示"已经、已然"；

17. 在双宾句中，表人的宾语在前，表物的宾语在后；

18. 表示"优于"的比较句，用"NP1+比+ NP1+副词+A/V"的格式；

19. 表示动词的先行体用语气词"哆"。

我们再从各客家方言点与相邻官话点相同的特殊性特点来看：

1. 隆昌官话、西昌四外话有 ts 组和 tʂ组的分别，隆昌客家方言、西昌客家方言也有 ts 组和 tʂ 组的分别；

2. 新都官话翘舌音的辖字范围小，只包括知章庄组声母跟缉韵、质韵、职韵、昔韵相拼的部分字，新都客家方言几乎也只有这些字读翘舌音；

3. 成都官话、隆昌官话、仪陇官话有齐全的撮口韵，成都、隆昌、仪陇客家方言也有发达的撮口韵，西昌四外话没有撮口韵，西昌客家方言的撮口韵也就不发达；

4. 西昌四外话的儿化词特别多，西昌客家方言也有丰富的儿化词；

5. 西昌四外话的疑问句和正反问句末尾的"不"，西昌客家方言与之相同。

这些特点不是偶然的巧合，因为在客家方言分布的其他地区，更准确地说是客家方言没有与四川官话接触的地区，不可能与四川官话一般性和特殊性特点有如此高度的趋同性。正如凯特尔所说："互不往来的两群或两群以上的人们不可能作出相同的发现或发明，也就是所提到的'特征'不可能平行地产生。"[①]

四　演变的不平衡性

1. 某些要素的演变方向不同。比如山开一、山合一等字舒声韵读ɔn/on，是客家方言的一个重要的语音特点，四川客家方言也具有这个特点，但情况在变化之中，并且所涉及的字音演变方向有别。1984 年崔荣昌先生调查西昌客家方言时，山合一的字如"端短断暖团算酸"等已读成 uan，山开一的"碗看安汉汗"等字还读ɔn 韵，2010 年笔者赴西昌调查时山开一的字已经全部读为 uan。也就是说，山摄一等舒声韵在西昌客家方言中的演变方向是跟二等字合流读 uan，收-n 尾。1946 年董同龢调查凉水井客家方言时，上述山摄字统读为 on，60 多年后，有的字老派还保留 on/ɔn 的读音，如"暖 nɔn⁴⁵"，但有的字已读成ɔŋ了，如"换 vɔŋ³¹"，新派已经全读成了ɔŋ韵。也就是说，山摄一等舒声韵在凉水井客家方言中的演变方向是跟宕摄合流读 ɔŋ，收-ŋ尾。

2. 演变的速度不同。再以山摄一等舒声韵字的读音来说，泰兴客家方言跟凉水井客家方言演变的方向是一致的，但在泰兴，无论老派新派，都已不读ɔn 韵。这样，ɔn 这个韵母就从泰兴客家方言中消失了。在这项演变中，泰兴走到了凉水井客家方言的前面。再以舌面前音 tɕ、tɕ'、ɕ 来说，这几个语音成分，是客家方言迁移到四川以后才发生的历史音变。四川客家方言中的 tɕ、tɕ'、ɕ 有三个来源：一是精组字的舌面化，二是见组字的舌面化，三是少数知

---

① 凯特尔：《现代语言学》，北京大学出版社 1987 年版，第 193 页。

系字的舌面化，在这项演变中成都客家方言和隆昌客家方言走在了最前列。见表 6-4。

表 6-4　　　　　四川客家方言精见组、知系字舌面化情况对照表

方言点	死_心	四_心	姊_精	睿_从	贼_从	荽_心	胙_章	虱_生
成都	çi^{31}	çi^{53}	tçi^{31}	tç'i^{13}	tç'ieʔ^{5}	çi^{45}	tç'yn^{45}	çiʔ^{2}
隆昌	çi^{31}	çi^{53}	tçi^{31}	tç'i^{13}	tç'ieʔ^{5}	çi^{45}	tç'in^{45}	çiʔ^{3}
西昌	çi^{31}	çi^{53}	tçi^{31}	ts'ʅ^{13}	ts'eʔ^{5}	çi^{45}	tç'in^{45}	çiʔ^{3}
仪陇	çi^{53}	çi^{13}	tçi^{53}	tç'i^{21}	ts'ɛʔ^{3}	çy^{33}	tç'in^{33}	seʔ^{5}

再以古来母和泥母的分合来说，在成都、隆昌和仪陇，泥母字逢洪音跟来母字相混，拼细音读 n，而在西昌，泥母字无论逢洪细音都跟来母相混读 n。在这项演变中西昌客方言又走到了前列。

第二节　四川客家方言的演变方式

兰玉英、曾为志根据成都客家方言基本词汇的演变，概括出成都客家方言基本词汇演变方式有交混式、叠置式、替代式和创新式几种方式，认为成都客家方言通过交混、叠置、替代和创新等演变方式来重建了一个基本词汇系统，这个系统表现出传承性、包容性和开放性的特点。[①]这些认识基本上也适用于四川境内客家方言的语音、词汇和语法。在此研究基础上，我们进一步研究，增加了嫁接性演变的方式。各种方式的综合运用，导致了四川客家方言演变的现状。从交混式的演变可以观察到四川客家方言与祖籍方言的亲缘关系；从替代式的演变可以了解四川官话对四川客家方言的深刻渗透；从叠置式演变可以看出四川客家方言在传承与变异方面的竞争状态；从创新式演变可以看出四川客家方言在四川的发展演变所带来的积极成果。

一　交混式演变

（一）交混式演变的界定

之前我们针对成都客家方言基本词汇，把交混式演变界定为交错混合传承来自多个祖籍方言点的客家方言特色词的方式。鉴于四川客家方言这一更大范围的研究对象，现在把交混式界定为交错混合传承多个来源方言点的客

---

① 兰玉英、曾为志：《成都客家方言基本词汇的演变方式》，《西南民族大学学报》，2011 年第 2 期。

家方言要素的方式。这种方式也是客家方言内部整合的方式。

（二）交混式演变分析

四川客家方言的交混式演变发展在语音系统方面表现不明显，但在字音的分合上有交混的痕迹。比如，在腭化音变的对照比较中，我们发现有一些字在四川官话中不读腭化音，在四川客家方言的主要来源方言梅县、五华客家方言中也不读腭化音（它们本来也无腭化音），而在四川客家方言的各个地点却都读腭化音，“死、四、姊、粟”就是这样的例子。请看表 6-5。

表 6-5　　　　四川官话和客家方言腭化音对照表

词目	四川官话				四川客家方言				客家方言		
					粤东片			粤北片			
	成都话	隆昌话	四外话	仪陇话	成都	隆昌	西昌	仪陇	梅县五华	武平	宁都
死	sɿ^{53}	sɿ^{52}	sɿ^{53}	sɿ^{53}	ɕi^{31}	ɕi^{31}	ɕi^{31}	ɕi^{53}	si^{31}	ɕi^{31}	ɕi^{214}
四	sɿ^{213}	sɿ^{13}	sɿ^{23}	sɿ^{14}	ɕi^{53}	ɕi^{53}	ɕi^{53}	ɕi^{13}	si^{53}	ɕi^{452}	ɕi^{31}
姊	tsɿ^{53}	tsɿ^{52}	tsɿ^{53}	tsɿ^{14}	tɕi^{31}	tɕi^{31}	tɕi^{31}	tɕi^{53}	tsi^{31}	tɕi^{31}	tɕi^{31}
粟	su^{21}	su^{13}	su^{31}	su^{21}	ɕiuʔ^{2}	ɕiuʔ^{3}	ɕiuʔ^{3}	ɕiəu^{33}	siuk^{1}	ɕiək̀^{2}	ɕiuk^{2}

表 6-5 的字在福建武平①和江西宁都梅江镇②客家方言的整齐读音让我们找到了比较合理的解释。这两地语音都不分尖团，但“死、四、姊、粟”几字的读音却跟四川客家方言对应整齐，两地尤其是武平也是四川客家的来源之一，我们有理由相信，这些字音是运用交混方式把原乡的读音保留下来的。

四川客家方言交混式演变的突出表现在词汇和语法方面。客家方言内部尽管一致性很强，但并不意味着没有差异，即便在地理上临近的梅县和五华，只要把两地的客家方言加以详细比较，其差异也是可观的。交混方式在四川客家方言的运用，受四川客家方言来源地的影响，如果来源地多，交混的情况就越明显。成都客家方言岛最大，人口数最多，其来源方言以粤东为主，还兼具江西、福建的某些地点。梅县，尤其是五华客家方言在成都客家方言的形成过程中具有基础地位，起着主导作用，其他地点的来源方言也必然会留下痕迹。四川隆昌、西昌、仪陇客家方言来源相对集中一些，但也有交混式发

① 张双庆、李如龙主编：《客赣方言调查报告》，厦门大学出版社 1992 年版，第 50 页，51 页，346 页，233 页。

② 刘纶鑫：《江西客家方言概况》，江西人民出版社 2001 年版，第 211 页，210 页，219 页。又见谢留文《客家方言语音研究》，中国社会科学出版社 2003 年版，第 149 页，150 页，164 页。

展演变的成果。这些成果可以作为四川客家方言与四川客家人来源的佐证。

在词汇方面交混的情况有两种：一种是在一个条目下并列了多个来源方言点的客家方言特色词①，形成了一组源自客家方言的同义词；另一种是在若干条目下杂陈了多个源方言点的客家方言特色词。下以成都客家方言为例来比较②。

先看一条目下并列多个来源方言点的客家方言特征词，见表6-2③。

表6-6　　　　　　　　　　成都客家方言词汇交混例表之一

词目 / 方言点	下午	雾	麻雀	小牛
成都	下昼 xa⁴⁵ ts əu⁵³ 下晡 xa⁴⁵ pu⁴⁵	雾沙 muŋ¹³ sa⁴⁵ 雾露 muŋ¹³ nu⁵³	麻鸟子 ma¹³tiau⁴⁵ tsʅ³¹ 罗咇子 no¹³piŋ tsʅ³¹	细牛 ɕie⁵³ȵiəu¹³ 牛崽子 ȵiəu¹³tɕie³¹tsʅ³¹
梅县	下昼 [头] ha⁴⁴tsu⁵³[tʻeu¹¹]	雾沙 muŋ¹³ sa⁴⁴	禾咇□ vo¹¹pit¹e³¹	细牛□ se⁵³ȵiu¹¹e³¹
五华	下昼 ha⁴⁴ tsiu⁵³	雾沙 moŋ¹¹ sa⁴⁴	禾咇□ vo¹³puk⁵ti⁴⁴	牛仔哩 ȵiu¹³ tsai⁵³li
兴宁	下晡 xa⁴⁴pu⁴⁴	雾沙 moŋ¹¹sa⁴⁴	罗咇哩 ɔ¹¹piet²li³¹	牛崽子
翁源	下昼 ha²²tsiu⁵⁵	雾 vu⁵⁵	罗咇子 lou⁵¹pit²tsʅ²¹	牛仔 ŋe⁵³tsʅ²¹
长汀	下昼 ha³³ tʃəm⁵⁵	雾沙 moŋ²⁴sa³³	禾咇子 vɔ²⁴pit²⁴tsʅ⁴²	细牛子 sei⁵⁵ŋəu²⁴tsʅ⁴²
赣县	下昼 ha³³tɕiu⁵³	雾露 muŋ²¹¹lu⁵³	麻鸟子 ma²¹¹tiɔ³³tsʅ	牛崽子 niu²¹¹tsei³¹tsʅ³¹

以"下午"为例来加以说明。"下午"成都客家方言有"下昼、下晡"两个说法，考其主要源方言五华、梅县都只有"下昼"而无"下晡"的说法，再考其他地点，在兴宁客家方言中找到了"下晡"的说法，很有可能这个词是兴宁客家人带入成都，被成都客家方言保留了下来。之所以说"下晡"可能是而非必然是来自兴宁，是因为我们不能确定是否只有兴宁才把"下午"说成"下晡"。事实上，我们所要关注的重点不应该是有"下晡"说法的地点是一个还是多个，而应该是成都客家方言中"下昼、下晡"的说法需在原乡多个地点才能全部找到，其他的例子也当作如是观。

再看若干条目下杂陈了多个源方言点的客家方言特征词，见表6-7。

---

① 我们把在词义、词形和读音几方面或某一方面体现出客家方言特点的词语称为客家方言特色词。

② 兰玉英、曾为志：《成都客家方言基本词汇的演变方式》，《西南民族大学学报》，2011年第2期。

③ 本节表中梅县的材料主要来自黄雪贞《梅县方言词典》，还参考了谢永昌《客家方言志》；五华的材料由魏宇文提供，还参考了朱炳玉《五华客家话研究》；兴宁的材料来自罗美珍、林立芳、饶长溶主编《客家方言通用词典》；翁源、长汀、赣县三个地点的材料来自张双庆、李如龙主编《客赣方言调查报告》。

表 6-7　　　　　　　　　　成都客家方言词汇交混例表之二

方言点	翅膀	昨天	老鹰	姜
成都	翼拍 i⁴⁵p'aʔ²	昨晡日 tsʻu⁵³pu⁴⁵n̪iʔ²	鹞婆 iau⁵³p'o¹³	姜嫲 tɕioŋ⁴⁵ma¹³
梅县	翼胛 it⁵kak¹	昨日 tsʻa⁴⁴ŋit¹	鹞婆 iau⁵³p'o¹¹	姜 kioŋ⁴⁴
五华	翼劈 it¹p'ak⁵	昨晡日 tsʻap⁵pu⁴⁴ŋit¹	鹞婆 iau⁵³p'o¹³	姜嫲 kioŋ⁴⁴ma¹³
多地点	(惠东)翼拍 it⁵p'ak¹	(兴宁)秋晡日　昨晡日	(兴宁)崖鹰 ŋa¹¹z̩n⁴⁴ 夜鹰 z̩a⁵²p'o¹¹	
长汀	翼爬（拍）i²¹p'a²⁴	昨晡 tsʻiɔ²⁴pu³³	崖婆 ŋai³³p'o²⁴	
多地点	(石城)翼拍 it²p'ak²	(赣县)昨日 tsʻoʔ⁵nieʔ⁵	(赣县)麻鹞 ma²¹¹iɔ⁵³	

　　"翅膀"、"昨天"、"老鹰"、"姜"在成都客家方言中分别说成"翼拍"、"昨晡日"、"鹞婆"、"姜嫲"，这四个传承词，在惠东、梅县、五华各地都不能尽现：梅县无"翼拍"、"姜嫲"，五华无"昨晡日"，需在惠东、梅县、五华等多地才能全部找出；如果列出更多的传承词，则会覆盖更多祖籍方言点。

　　其他地点也有不少例子可以证明，如表 6-8 中隆昌客家方言中的几组词：

表 6-8　　　　　　　　　　隆昌客家方言词汇交混例表

词目 方言点	下午	姐姐	昨天	上面
隆昌	下晡 xa⁴⁵pu⁴⁵ 下昼 xa⁴⁵tsəu⁵³	阿姊 a⁴⁵tɕi³¹ 阿姐 a⁴⁵tɕia³¹	昨晡日 tsʻu⁴⁵pu⁴⁵nieʔ³ 秋晡日 tɕʻiəu⁴⁵pu⁴⁵nieʔ³	上背 soŋ³¹poi⁵³ 顶高 taŋ³¹kau⁴⁵
梅县	下昼[头] ha⁴⁴tsu⁵³[t'eu¹¹]	阿姊 a⁴⁴tsi³¹	秋晡日 tsʻiu⁴⁴pu⁴⁴ŋit¹	上背 soŋ⁵³poi⁵³ 顶上 taŋ³¹hoŋ⁵³
五华	下昼 ha⁴⁴tsiu⁵³	阿姐 a⁴⁴tsia³¹	昨晡日 tsʻap⁵pu⁴⁴ŋit¹	上面 soŋ³¹men⁵³ 顶高 taŋ³¹kau⁴⁴
兴宁	下晡 xa⁴⁴pu⁴⁴	阿姊 a⁴⁴tsi³¹	参晡日 tʂʻaŋ⁴⁴pu⁴⁴nit²	上背 ʂoŋ⁵²puoi⁵²
翁源	下昼 ha²²tsiu⁵⁵	阿姊 a²²tsi²¹	昨晡日 tsʻou⁵¹pu²²ŋit²	上背 soŋ²¹poi⁵⁵
长汀	下昼 ha³³tʃəm⁵⁵	姊哩 tsi⁴²le	昨晡 tsʻiɔ²⁴pu³³	上头 ʃoŋ³³t'əu²⁴
赣县	下昼 ha³³tɕiu⁵³	大姊 t'æ⁵³tɕi³¹	昨日 tsʻoʔ⁵nieʔ⁵	脑上 no³¹sõ⁵³

　　从表 6-8 中还可以看到，"姐姐"在隆昌客家话中有"阿姊"和"阿姐"两个说法，通过比较发现，在梅县有"阿姊"的说法，在五华有"阿姐"的说法，因此"阿姊"和"阿姐"当是整合了两个源方言点的说法。

　　再如，隆昌客家方言用"鸡窦"表示"鸡窝"，用"鸡春"表示"鸡蛋"，用"柱头"表示"柱子"，用"丈婆"表示"岳母"，用"瘕螺风"表示"旋风"，这些客家方言的特征词也不能在其主要源方言五华客话中尽现，通过比较，发现这些说法也是交混了多个地点的说法。例见表 6-9。

表 6-9　　　　　　　　　　　　隆昌客家方言传承词例表

方言点	鸡窝	鸡蛋	岳母	旋风
隆昌	鸡窦 kai^{45}təu^{53}	鸡春 kai^{45}ts'uən^{45}	丈婆 ts'ɔŋ^{45}p'o^{13}	瘕螺风 tɕiəu^{53}no^{13}fuŋ^{45}
梅县	鸡窦 kai^{44}teu^{53} 鸡棲	鸡卵 鸡春 ke^{44}ts'un^{44}	丈里婆 ts'ɔŋ^{44}li^{44}p'o^{11}	皱风 tsiu^{53} fuŋ^{44}
五华	鸡窦 kai^{44}teu^{53}	鸡春 kai^{44}tʃ'un^{44}	丈婆 tʃ'oŋ^{44}p'o^{13}	皱风 tsiu^{53} fuŋ^{44}
长汀				瘕螺风 tʃiəu^{54}lo^{24}foŋ^{33}
赣县				瘕螺风 tɕiu^{53}lo^{211}fəŋ^{33}

语法方面的交混情况主要表现在词法方面，具体指某些词类的特征交混整合了多个源方言的特色。下面重点以指示代词"这、那"为例来说明。

"这、那"在仪陇客家方言中很单纯，近指"这"用"底" ꜒ti 表示，远指"那"用"個" kaiꜛ 表示，读音上与成都客家方言、隆昌客家方言完全能够对应，所以本书中的用字也加以统一。粤北翁源"这"读 ꜒ti，"那"读 kaiꜛ。[1]仪陇近指、远指的声母、韵母和调类完全能够对应。

西昌客家方言的情况要复杂些。"这"西昌说 i^{31}，"这个"说"i^{31}只"，"这里"说"i^{31}子"，也说"样子"；"那"说"ei^{53}"，"那个"说"ei^{53}只"，"那边"说"ei^{53}边"。西昌客家方言的这对近指和远指代词应是多个客家来源方言交混的结果。梅县客家方言"这"读ke^{31}/ e^{31}，"那"读 ke^{53}/e^{53}。西昌表远指的ei^{53}，应该与梅县客家方言的远指表示法有关系，其近指代词 i^{31}，在第五章第一节代词部分论证过是由"底"脱落声母后的读音，本字作"底"，用"底"作近指，读为"i^{31}"，跟兴宁客家方言完全相同[2]，也跟上文说到的翁源客家方言能够对应，此外还有江西、宁都、西河也读类似或相同的音。

隆昌客家方言的近指代词有"底 ti^{31}、kai^{13}"两个，远指代词只有"kai^{53}"一个，对比五华客家方言的近指代词"这里"为"kai^{13}li^{44}"，远指读为"kai^{31}li^{44}"的读音，隆昌客家方言近指远指的声韵结构为"kai"，并且用阳平和去声来区别近指和远指与五华客家方言如出一辙，但是另一个近指代词"底"，当

① 张双庆、李如龙主编：《客赣方言调查报告》，厦门大学出版社 1992 年版，第 422 页。

② 罗美珍、林立芳、饶长溶主编：《客方言通用词典》，中山大学出版社 2004 年版，第 125 页。

另有来源。

洛带客家方言的指示代词反映了多个客家来源方言点的交混情况。洛带近指代词有"底 i^{31}、样 $ia\eta^{13}$"两个，远指代词也有"個 kai^{53}、□ e^{53}"两个。"这个"可以说"i^{31} 个"，也可以说"$ia\eta^{13}$"，"那个"可以说"e^{53} 个"，也可以说"kai^{53} 个"；"这些"可以说"底兜 i^{31} $tiau^{45}$"，也可以说"样兜 $ia\eta^{13}$ $tiau^{45}$"，"那些"可以说"個兜 $kai^{53}tiau^{45}$"，也可以说"□兜 $e^{53}tiau^{45}$"。从这些近指和远指代词的说法中可以看出，洛带的指示代词很可能混合了 4 个代词系统：

1. 远指代词"那"说"kai^{53}"当是来自五华客家方言的代词系统；
2. 远指代词"那"说"e^{53}"当是来自梅县客家方言的代词系统；
3. 近指代词"这"说"i^{31}"跟翁源、江西、宁都、西河等地相同或类似；
4. 近指代词"这"说"$ia\eta^{13}$"应当还有另一个来源。

凉水井的近指和远指代词更加复杂，复杂在近指代词：

"这"有四个说法：① $nia\eta^{13}$；② $ia\eta^{13}$；③ i^{31}；④ ni^{31}。其中①②很可能同出一源："$ia\eta^{13}$"是"$nia\eta^{13}$"脱落声母后的读音；遍查文献，广东惠东客家方言把"这里"说成"$lia\eta^{11}ten^{44}$"，"$lia\eta^{11}$"为阳平，跟凉水井调类相同，调值相近，此音的本字尚不清楚。读为"i^{31}"跟兴宁客家方言相同，读为"ni^{31}"则跟广东连山小三江客家方言的读音完全相同，跟长汀客家方言"ni^{42}"的调类相同，调值不同。

凉水井客家人祖籍多为五华，凉水井客家方言的远指代词只有"個 kai^{53}"，远指代词跟五华客家方言完全相同，显然是源自五华客家方言。

四川客家方言的代词系统，很典型地反映了客家方言到达四川以后的交混发展情况。由此看来，交混方式是四川客家方言内部用以整合并保存客家方言的方式。

二　叠置式演变

（一）叠置式演变的界定

叠置原本是个语音概念，往往指文白叠置，用来指不同的语音系统读音共存于普通话或方言的现象。陈保亚先生认为，叠置式音变具有方法论的意义，他把叠置引向了语法系统等层面。"叠置式音变是从音系入手来考虑系统的叠置，但叠置式音变在方法论上的意义远远不限于音系的叠置。语言各层面的系统都存在叠置的可能，语法层面也不例外。"[1]这个观点我们很认同，

---

① 陈保亚：《20 世纪中国语言学方法论》，山东教育出版社 1999 年版，第 453—454 页。

因此，这里的叠置概念也用于词汇和语法两个层面。

叠置式与交混式的区别在于，叠置式是一个层次概念，其中的底层是本方言的，上层是异方言的，而交混式没有明显的层次性。叠置的方式形成了语音层次、词汇层次和语法层次，正如王福堂所说："这些层次大多由从异方言（不同地区或不同时间的其他方言借入的部分和本方言原有的部分叠置而成。"

依据以上的观点，我们把叠置式演变界定为：传承与借用共存的演变方式。四川客家方言被四川官话的汪洋大海包围着，在与四川官话的接触过程中，因为处于弱势地位而受到了四川官话的深刻渗透。在纵的方面，四川客家方言要顽强地传承客家方言，在横的方面，又从四川官话中借用自己需要的东西，为了保持一定的平衡，就采用叠置的方式把借用的成分跟客家方言成分叠置在一起。

（二）叠置式演变分析

在语音方面，典型的叠置式演变是文白异读现象。四川客家方言有不同于其源方言的异读现象。表现在文白读音层面多借用四川官话的语音成分，有大量的借音异读。据调查，四川客家方言的文白异读，关涉到十五个摄（仅无假摄字），其中梗摄字最多，详见第三章第三节。不同的读音多出现在不同的词语里。例如表 6-10。

表 6-10　　　　　　　　　　四川客家方言借音异读举例表

例字	凉水井	洛带	隆昌	西昌	仪陇
生	$saŋ^{45}$ ~个 ~活 $çien^{45}$ 花~	$saŋ^{45}$ ~个 ~活 $çien^{45}$ 花~	$saŋ^{45}$ ~个 ~活	$saŋ^{45}$ ~个 $saŋ^{45}$ ~产	san^{33} ~个
	$sən^{45}$ ~产	$sən^{45}$ ~产	$sən^{45}$ 花~ ~产	$sən^{45}$ 花~ ~产	$sən^{33}$ ~产
影	$iaŋ^{31}$ ~~	$iaŋ^{31}$ ~~	$iaŋ^{31}$ ~~	$iaŋ^{31}$ ~~	$iaŋ^{53}$ ~子
	in^{53} 电~	in^{53} 电~	in^{53} 电~	in^{45} 电~	in^{53} 电~
荷	$k'ai^{45}$ ~担子	$k'ai^{45}$ ~担子	$k'ai^{45}$ ~~子	$k'ai^{45}$ ~担子	$k'ai^{33}$ ~~子
	xo^{13} 负~	xo^{13} ~~	$xoʔ^{3}$ 负~	$xoʔ^{5}$ 负~	xo^{21} 负~
扶	$p'u^{13}$ ~倒	$p'u^{13}$ ~倒	$p'u^{13}$ ~倒	$p'u^{212}$ ~倒	$p'u^{21}$ ~倒
	fu^{31} ~持	fu^{31} ~持	fu^{13} ~持	fu^{212} ~持	fu^{21} ~持
耳	$ȵi^{31}$ ~朵	$ȵi^{31}$ ~朵	$ȵi^{31}$ ~朵	ni^{31} ~朵	i^{53} ~朵
	$ə^{53}$ 木~	$ə^{31}$ 木~	$ə^{31}$ 木~	$ə^{31}$ 木~	$ə^{53}$ 木~

续表

例字	凉水井	洛带	隆昌	西昌	仪陇
毛	mau^{45} ～～	mau^{45} ～～	mau^{45} ～～	mau^{45} ～～	mau^{33} ～～
	mau^{13} ～病	mau^{31} 羽～	mau^{13} ～病	mau^{212} ～病	mau^{21} ～病
染	ȵiɛn^{31} ～布	ȵiɛn^{53} ～布	ȵiɛn^{31} ～布	ʐ an^{31} ～布	iɛn^{53} ～布
	zan^{53} 传～	zan^{53} 传～	ʐan^{53} 传～	ʐan^{53} 传～	zan^{53} 传～

词汇的叠置也是很普遍的。表现在借用词与传承词的叠置，其中传承词和借用词可能不止一个，由于各个地点所叠置的词语并非完全相同，下面分别举例，对读音相差较大的字进行注音。

成都凉水井、洛带：

	头	麻雀	公牛	母牛	蛇	厕所	倒霉	睡觉	发抖
传承	头那 na^{45}	麻鸟子 罗凇子	牛公	牛嫲	蛇 sa^{13}①	粪缸	衰	睡目	打擟 tsuən^{45}
借用	脑壳	麻雀子	牯牛	骍牛	梭老二	茅厕 sɿ^{45}	背时	睡瞌睡	打抖抖

隆昌：

	头	公牛	母牛	厕所	跳蚤	小偷	吹牛	讲故事	游泳
传承	头那 na^{45}	牛公	牛嫲	粪缸	狗虱	贼牯	打冇 p‘aŋ^{53} 嘴	讲古	洗身
借用	脑壳	牯牛	騇牛	茅厕 sɿ^{45}	虼蚤	偷跟儿	冲壳子	摆龙门阵	凫水

西昌：

	讲故事	猫	公猪	早饭	老婆	捆	游泳	知道	干湿之反
传承	讲古	猫公	猪牯	朝	老婆	缚t‘aʔ^{3}	洗身	知 ti^{45} 得	燥
借用	摆龙门阵	猫儿 mər^{45}	脚猪	早饭	婆娘	捆	凫水	晓得	干

① 在词形上没有什么特点但在语音上保留了客家方言的重要特点且通行于来源方言的词语，也当属于客家方言底层词。

仪陇：

	头	冰雹	母牛	猫	苍蝇	里面	跳	稀疏	漂亮
传承	头那	冷子	牛嫲	猫公	乌蝇	里 ti^{33} 背	猋	鬠nɔu^{13}	靓 tɕiaŋ^{33}
借用	脑壳	雪弹子	騍牛	男猫	饭蚊子	里边	跳	稀	漂亮

语法方面的叠置主要表现在客家方言与借自官话的语法成分与句式的并存，在使用时可以自由替换。如：

普通话里的介词"和"，五华用"摎"，梅县用"同"，四川官话多用"跟"。在成都洛带用介词"摎 nau^{45}"与"跟"叠置。例如：

① 我们的话跟你们的话不同。　⇨　
　　　　　　　　A. 倻们个话摎你们个话唔同。
　　　　　　　　B. 倻们个话跟你们个话唔同。

或者是两种格式的叠置。如表示正反问的句式，西昌客家方言有"V 唔 V？"和"V 不？"两种格式，第一种是客家方言有的句式，第二种即是从当地的官话方言借用的。例如：

② 我该不该来？　⇨　
　　　　　　　　A. 我该唔该来？
　　　　　　　　B. 我该来不？

③ 他愿不愿意讲？　⇨　
　　　　　　　　A. 佢愿唔愿意讲？
　　　　　　　　B. 佢愿意讲不？

又如表示比较的句式，隆昌客家方言表示"优于"的比较句，有"过+A"和"A+点子"两种句式，前一种是客家方言有的，后一种则是受隆昌官话影响而产生的。例如：

④ 那个更好。　⇨　
　　　　　　　　A. 個只过好。
　　　　　　　　B. 個只好点子。

三　替代式演变

（一）替代式演变的界定

上面所讨论的交混式演变所涉及的是客家方言内部成分的整合，叠置式演变涉及客家方言与异方言，即把客家方言与属于北方方言的西南官话（四川官话）的拿来分层次叠放。替代式演变则是来自四川官话的语言要素包括语音、词汇、语法几方面的内容替代了客家方言要素的演变方式。

四川客家方言在四川 300 年的发展过程，是跟四川官话的接触步步加深的过程，其客家方言特征逐渐减弱与四川官话特征的逐渐加强是这种接触加深的概括反映。客家方言的不少要素在与四川官话的竞争中丧失了生存的机会，便被四川官话取代了，用于替代的内容成为了客家方言的异质成分，对客家方言带来了变异性的改变。

（二）替代式演变分析

语音方面的替代式演变既有语音系统性方面的因素，也有非系统性方面的因素。系统性方面的因素体现在新增 z、ʂ、y、əu 等语音成分与结构，以及所形成的组合关系，替代了原有的某些相应的成分与组合关系，这在一定程度上促使了四川客家方言系统的改变。

以 y 来说，韵母系统中出现 y，就有了撮口呼，替代了原来的部分齐齿呼，声母按照开、齐、合、撮四类韵母来重新配置拼合关系，这对于四川客家方言语音结构系统来说，其变化是很显然的。

再以 ʂ 来说，这个成分的出现，替代了原有的相应成分，不但新增了卷舌元音，而且其儿化作用，导致了儿化韵和儿化音节的产生，使得四川客家方言语音结构中具有卷舌音色彩。

非系统性的改变是某些字音的变读。这些字根据其音韵地位，按照客家方言的语音特点应该读某类音，但是在四川客家方言中被另外的音替代了。以古全浊声母来说，古全浊声母字不论平仄，逢今塞音、塞擦音多读为送气清音，这是客家方言重要的语音特点。这个特点在四川客家方言中已经遭受到了相当程度的磨损。磨损的方式就是用不送气音替代了送气音。像"舵惰部杜肚腹~巨距拒聚婢技妓皂赵兆渐诞件键伴撰篡笨盾仗杖蚌静"这些字，在四川客家方言的各地点全都读为不送气音。这是以不送气音替代了送气音，这种替代并没有带来结构系统的改变，因为四川客家方言中在塞音 p 组、t 组、k 组与塞擦音 tɕ 组、ts 组等声母中仍然有送气音，仍然存在送气不送气的区别。

再以非组字中的重唇音来说。有些字，四川客家方言用轻唇音代替了重唇音，如"巫诬辅飞微"等字，在四川客家方言的各个地点都读为轻唇音。这种读法也没有带来语音结构系统的改变，甚至也没有带来语音特点的质变。因为在其语音结构中还有重唇音，在非组字中也还有一定量的重唇音字。

替代式演变在词汇上的表现是来自四川官话的词语替代了客家方言原词。

一些客家方言词，包括词形上并没有特点但发音上有客家方言特点的词语，在跟四川官话词汇的竞争中丧失了生存的机会，四川客家人已集体失去了对它们的记忆，取而代之的是用四川官话的词语，这些词语便成为四川客家方言中的借词。

有一些词是四川官话的通用词语，为四川人所习用，这些词也被四川各地点的客家方言所借用，这些词已经很难找到客家方言的同义词，但还可以有四川官话的同义词。如表 6-11。表中梅县、五华客家方言在词形上能够区别的词语不予注音。

表6-11　　　　　　　　　　四川客家方言替代式借词举例表

	馄饨	土匪	屁股	粥	配种的猪	打鼾	便宜	怎么
四川	抄手	棒老二	沟子	稀饭	脚猪	扯噗鼾	相因	啷们（子）
梅县	云吞	土匪 抢劫贼	屎窟 fut^1	粥 tsuk^1		（打）喷睡	便宜 平	酿般 酿儿
五华	云吞	土匪	屎窟坊	粥 tʃuk^1	猪哥	喷睡	便宜	酿般哩

有一些替代用的借词，在四川官话中具有地域性，被各点客家方言从相邻的官话所借用。比如普通话的"傻"，成都、西昌通常说"瓜"，梅县可说"戆 ŋɔŋ^{53}"；"蜻蜓"，隆昌说"马马登儿 ma^{53}ma^{31}tər^{45}"，仪陇说"羊咪咪"，梅县说"囊蚁儿 nɔŋ^{11}ni$^{44-53}$.ie"，五华说"囊蚁哩 nɔŋ^{13}ni^{44}li^{31}"；"牲口"西昌说"马马儿 ma^{45}mər^{53}"，梅县、五华都说"头牲"。这里举到的用来代替的词语都是各客家方言点的相邻官话有的而客家来源方言所没有的。

语法方面的替代式变化在词法和句法方面也都有反映。在词法方面普遍的表现是梅县客家方言的词缀"欸 e"，五华客家方言的"哩"被词缀"子"替代，表示动作或状态重复或继续的"添"被"再"代替，表示处置意义的介词"将"等普遍被"把"替换等，其他方面还有各种各样的表现。

在句法上面，被替代的内容很多，择要说明如下：

1."有"直接加在动词前表示"已经、已然"的有字句，如果确定是已然，多数地点被非有字句加"嘿……（了）"替代；如果不确定则直接去掉"有"。如：

① 佢打嘿电话了。←佢有打电话。

② 学生子食昼唔曾？←学生有食昼无？

2. 双宾句中两个宾语的顺序交换，由表物的宾语在前、表人的宾语在后的顺序变成表人的宾语在前、表物的宾语在后的顺序。如：

分倻一本书。←分一本书倻。

3. "来去"句中的"来去",被"爱去/去"或"到……去"等格式替换,直接表示"将去做某事"。如:

① 倻爱去栽秧子。←倻来去莳田。

② 倻到山上去。←倻来去岭上。

4. "动+多/少"的格式被"多/少+动"替换;"动+(宾)+添"的格式被"再+动(宾)"替换。如:

① 多买点。←买多点。

② 少着两眼衫。←着少两眼衫。

③ 再食一杯茶。←食一杯茶添。

四 创新性演变

前三种演变方式都是利用既有的语言要素来建构四川客家方言的结构系统,既有的语言要素或来自四川官话,或来其源方言,语言要素包括语音、词汇、语法各个方面,大到词、短语,到句子格式,小到音节、音素。所有这些要素无论是在来源方言还是在相接触的方言中都能够找得到。

创新式演变则是有规则地发生历史音变,或者利用现有语素或新的构词规则来造新词,这种演变给四川客家方言带来了不同于来源方言也不同于相接触的四川官话的内容,也是四川客家方言的崭新内容。

在语音方面,四川客家方言普遍发生的历史音变有:

1. 一律把-m、-n韵尾合并为-n韵尾。如"蓝"在梅县、五华客家方言中都读为"$_{\subset}$lam","兰"梅县、五华客家方言都读为"$_{\subset}$lan",四川客家方言则都读为"$_{\subset}$nan"。

2. -p、-t、-k韵尾消失,产生喉塞音韵尾-ʔ。如:"十"字,梅县客家方言读səp$_{\supset}$、五华客家方言读ʃip$_{\supset}$,都收-p尾;"割"字,梅县、五华客家方言都读"kɔt$_{\supset}$";"乐"字,梅县、五华客家方言读|ɔk$_{\supset}$/lok$_{\supset}$。这几个字,四川客家方言一律收-ʔ尾。

3. 不分尖团音。如"斜"字,梅县、五华客家方言都读尖音"$_{\subset}$tsia","骄"字读团音"$_{\subset}$kiau⁴⁴",这两字四川客家方言分别读"$_{\subset}$tɕʰia"、"$_{\subset}$tɕiau"。

4. 厚、侯、尤三韵在成都、隆昌、西昌合流,多读为əu/iəu,在仪陇分派比较复杂,其中也有读 əu/iəu 韵的。如"兜"字在梅县、五华客家方言中读"$_{\subset}$teu",四川客家方言统读"$_{\subset}$təu"。

以上历史音变中,第2条是典型的创新性演变。

在词汇方面普遍发生创新性变化是：

1. 根据西南官话规则而构造重叠式创新词，产生了不同于来源方言也不同于四川官话的重叠式词语，甚至还有用客家方言特征语素作为构词材料而造出的重叠式创新词。如"梗梗 kuaŋ³¹kuaŋ³¹ 秆儿：梗儿"、"瘭瘭 p'iau⁵³p'iau⁵³ 身上长的小疱"、"痡痡 p'u⁴⁵p'u⁴⁵ 蚊虫等咬起的小疱"、"桍桍 k'ua³¹k'ua³¹ 树枝"、"苳苳 tuŋ³¹ tuŋ³¹ 顶部"、"臊痡痡 sau⁴⁵p'u⁴⁵ p'u⁴⁵ 青春痘"、"尾尾 mei⁴⁵mei⁴⁵"、"罂罂 aŋ⁴⁵ aŋ⁴⁵ 罐子"等词语在四川多数客家方言点都有，西昌还有"镬镬 vuʔ⁵vuʔ⁵ 剃锅"、"树树 树"、"（稀）羹羹（ɕi⁴⁵）kaŋ⁴⁵ kaŋ⁴⁵ 稀泥"、"鰓鰓 sai⁴⁵sai⁴⁵ 鱼鳃"等重叠式词语。

2. 把客家方言有的语素或词与四川官话的语素或词拼接起来构成不同于四川官话也不同于源方言的词语或短语。

在客家方言中，"细"表示"小，幼小"的意思，这个词在四川客家方言中的各点都保存下来，并广泛运用，"细"跟其他词搭配形成的短语就很有四川客家方言特色。如西昌把"小马"说成"细马马儿 sei⁵³ma⁴⁵mər⁵³"，"小羊羔"说成"细羊羔儿 sei⁵³ioŋ²¹²kər⁴⁵"；洛带、凉水井把"小偷"说成"细贼 ɕie⁵³tɕ'ieʔ⁵"和"细贼娃子 ɕie⁵³tɕ'ieʔ⁵va¹³tsɿ³¹"的说法，双胞胎中的"小双"，西昌说"细双儿"，其余各点说"细双"。这里的"马马儿"、"羊羔儿"是来自西昌四外话的说法，因此"细马马儿"、"细羊羔儿"是一个拼接性的说法，"细贼"是与"小偷"相对应的说法，四川官话普遍把"贼"说成"贼娃子"，便在"贼娃子"前加"细"来表示"小偷"，因此"细贼娃子"也是一个拼接性的说法。

再说"小偷"一词。西昌把"小偷"说成"贼哥儿 ts'eʔ⁵kər⁴⁵"，这是对应于"偷哥儿"的词语。"偷哥儿"，是西昌四外话也是四川官话普遍有的称呼"小偷"或"贼"的说法，"小偷"在梅县、五华客家方言中说成"贼牯"，西昌客家方言比照"偷哥儿"的词形，截取客家方言有的"贼"并保留其发音把"偷"替换后，让"贼 ts'eʔ⁵"与"哥儿"拼接在一起，于是就产生了"贼哥儿"这个拼接词。

"糨糊"，梅县、五华客家方言都说"羹糊"，四川官话普遍说"糨子"，洛带客家方言则说"羹糨子"，这也是一个拼接性词语。

这些词语对于客家方言来说是一种全新的说法。拼接方式为四川客家方言带来了很多创新的词语。又如（注音为成都凉水井音）：

飞老鼠 fei⁴⁵nau⁵³ts'u¹³ 蝙蝠　　　　剪头那 tɕien³¹t'iəu¹³na⁴⁵ 理发

手梗 səu³¹kuaŋ³¹ 胳膊　　　　　　脚梗 tɕioʔ²kuaŋ³¹ 腿

腰梗 iau⁴⁵kuaŋ³¹ 腰　　　　　　　托大脚梗 mau³¹t'ai⁵³tɕioʔ²kuaŋ³¹ 拍马屁

拼接式词语其词源结构中包含了客家方言和四川官话的成分，形成了鲜明的四川客家方言特色。

在语法上的拼接用法主要表现为有由四川官话与客家方言成分来共同表示某些成分或语法意义的现象。如在第五章第一节说到动词先行体中的"V2+V1 嘿+哆"格式，这里的"嘿"表示完成，"哆"表示前一行为完成了再说，这是四川官话常用的语气词。

可以是实词与实词的拼接，也可以是实词与虚词的拼接，还可以是虚词与虚词的拼接，（语法单位也可以是语素）如：

① 拿跟𠊎看一下给我看一下。（隆昌）——拿+跟：实词+虚词

② 碗遭佢打烂哩碗被他打烂了。（隆昌、仪陇）——遭+哩：虚词+虚词

③ 碗拿给佢打烂了碗被他打烂了。（成都、西昌）——拿+给：实词+实词

④ 你系成都人，嘎你是成都人，是吧？（成都）——系+嘎：实词+虚词

创新的手段还很多，把来源方言的单音节词进行双音节化也是一种创新。如普通话的"欠"这个词，梅县、五华客家方言可以用"争"或者"欠"来表示，四川客家方言可以有"争、欠、争欠"三个同义词，其中"争欠"是"争"、"欠"两个词连文运用造出的双音词。

从同一种语言现象在四川客家方言的共时反映中可以看到多种方式在四川客家方言各个地点或某一个地点的表现。如：

在成都，表示"给予"义的动词"分"，有"给"叠置，还有"拿分"叠置；介词"分"，有"遭、拿分"两个同义词，其中"遭"是来自四川官话的借词，"分、拿分"是客家方言的传承词。

在隆昌，动词"分"可与"跟"相叠置，但介词"分"，现在几乎不说了，已渐被"给"、"拿跟"、"遭"所取代。

在西昌，表示动词和介词的"分"，已经完全被"给"、"拿给"替代了。

在仪陇，动词"分"、"给"叠置，介词"分"有"遭、拿跟、拿给"与"分"叠置。

第三节　四川客家方言传承与演变的规律

一　四川客家方言传承的规律

（一）显著特点具有很强的传承性

通过以上的研究可以知道，客家方言来到四川后，在历经 300 年的发展变化之后，既传承了本方言的重要特点，又发生了诸多的变异。四川客家方

言对客家方言特点的传承，是我们判断它是客家方言而不是别的方言的根本依据。

显著，是"非常明显"的意思。客家方言的显著特点，顾名思义，就是非常明显的客家方言特点。客家方言有很多特征，那么什么是客家方言的显著特点？怎么去寻找客家方言的显著特点？客家方言的显著特点是只见于客家方言而不见于其他方言，还是可同见于其他方言的特点？等等。这些问题从不同的角度、不同的研究对象和研究目的出发，想必会得到不同的答案。

基于对四川客家方言和与其相接触的四川境内的西南官话的研究，我们拟选择两个观察视角：一是就全川客家方言范围内来观察，二是从四川官话来反观。从全川客家方言的范围观察的目的在于提取四川客家方言的共有特点，这些特点存在于批量而不是零星的现象中；从四川官话反观，是不见于四川官话的特点，以验证其特点是源自传承而非来自渗透。四川各地点的客家方言具有相同的移入背景，但由于在各方言岛使用人口、地理、经济、文化等方面条件的差异，在发展变化速度方面具有不平衡性，对客家方言特点的保留情况也参差不齐。然而，存在的即是最稳固的，那些稳固的特点从区别性上讲即具有显著性。

纵观四川各客家方言点的特点，其由批量现象所决定的共有特点有：

1. 古全浊声母字不论平仄，逢今塞音、塞擦音多读为送气清音；

2. 古次浊平声字，古次浊、全浊上声部分字今读阴平；

3. 古入声分阴入和阳入；

4. 存有一定量的客家方言特征词；

5. 人称代词的词形和单数有格变化；

6. 有相当于"的"的结构助词"个"；

7. 动词体标记用"等、哩、嘿、撇"等；

8. 用"唔"表示否定。

关于第 1 条特点。撇开古全浊声母字平声逢今塞音、塞擦音多读为送气清音不论，因为这是很多方言都有的特点，只说全浊声母仄声字逢今塞音、塞擦音多读为送气清音的特点，这也是经过检验了的公认的客家方言的特点。据第三章的研究，159 个全浊仄声字，各个点读为送气音的情况是：洛带 77 个，凉水井 77 个，隆昌 75 个，西昌 75 个，仪陇 78 个，占比例为 47.17%—49.06%，这个比例看起来还没有过半，但有四点很重要，第一，是批量的字音而不是个别的字音；第二，各个地点比例高度统一；第三，读为送气音的字均为常用字；第四，常用字中有这么多字读送气音，能量比较巨大，其特征也很显著。

关于第 2 个特点。古次浊平声字，古次浊、全浊上声部分字今读阴平特点，这也是得到了充分验证的特点。① 据第三章的研究，67 个次浊平与古上声全浊、次浊声母字，各点读为平声的情况是：洛带 52，凉水井 52，隆昌 49，西昌 46，仪陇 38，所占比例在 56.72%—77.61% 之间，仪陇读平声的字最少，但比例也已过半，这个量也能够比较鲜明地体现客家方言的特点。

关于第 3 条特点。古入声分阴入和阳入的特点，如果放到入声分阴阳的吴方言、闽方言中去看，这个特点不突出，但如果放到四川官话中去看，尤其是放到与四川客家方言相邻的官话方言去看，这个特点就非常显著了。因为跟四川客家方言相接触的四川官话，只有成都客家方言北面的新都官话有入声，但新都官话的入声不分阴入阳入；成都官话、隆昌官话、西昌的四外话连入声调类都没有，就更分不出阴阳来了。我们在调查过程中发现，四川客家人对阴入阳入字一般都有很强的敏感性，比如 "约" 与 "药" 字的读音，"脉" 与 "麦" 的读音是不可以混淆的。其敏感性的逻辑基础是这些字音的明显差异，其差异与他们使用的第二方言四川官话很不相同。有比较才有鉴别，在四川客家方言新的生长环境中，其分阴阳入的特点显得十分显豁。

关于第 4 条特点。存有一定量的客家方言特征词，在前面我们把字面上有 "侪、唇、背、脚、掌、无、公、牯、婆、嫲、哥、妹" 等口语用字的特点单独提出来，因为这些用字代表的是构词语素，所构成的词语多属于客家方言特征词，此处合并到特征词中概括论述。据第三章的研究，就我们所采集的 1227 条来自于洛带、凉水井、隆昌、西昌、仪陇五个客家方言点的词语，四川客家方言词汇保存的客家方言特征词的总量有 201 条，其中 5 个地点说法一致的一级特征词 109 条，4 个地点一致的二级特征词 92 条。如果调查样本扩大，相信特征词的数量还会增加。这些词也是四川客家人区别说客家方言说得是否地道的标准之一，"蟑螂" 的说法是 "黄蚻"，如果说成 "偷油婆"，会被笑话为 "倒湖不广" 的。

关于第 5、6、7 条特点也是相当显著，在第五章已有详细论述。

（二）常用的内容具有很强的传承性

常用，是从使用频率来讲的，跟 "显著特点" 有联系也有区别，"显著特点" 是 "质" 的概括，常用与否是对某一特点所概括对象的使用频率的区分。

① 谢留文：《客家方言语音研究》，中国社会科学出版社 2003 年版，第 87 页。

某一个特点，往往概括了若干对象，哪些对象保持了其特点，哪些对象未能保有其特点，就我们的观察，发现跟其是否常用有很大的关系，那些常用的字、词（包括虚词）往往比较好地被传承下来了。下面通过字频和词频比较来加以证明。

　　字频是指汉字使用的频度。汉字的字频统计有多种版本，由于所选取的语料总量的差异、风格的差异、语料产生时代的差异，以及分类标准的差异，各种版本的字频频序都不尽相同。比如说"坐"字，在国家语委语料库①中的频序为 628，在北京大学汉语语料库②中的频序为 738，在清华大学《6763 字频表》③中的频序是 405。由于这些差异，同时由于语料库中的语料多来自书面语，而四川客家方言纯粹是四川客家人口头交际的语言，不少字的字频差异与现有统计会有较大出入，同时还考虑到方言差异等原因，我们不全部而部分利用现有字频统计的频序来分析。

　　1. 以全浊上声字在四川各客家方言点读送气音的字为例

　　第三章我们比较了 49 个全浊声母字在各点读不送气音的情况，下面则对各点读送气音的情况加以比较。49 个全浊声母字是：

舵惰坐部杜 肚_腹~苧_麻巨距拒 聚柱罪被~_子婵 技妓跪道皂 造赵兆舅
白淡渐俭诞 践件键伴断~_绝 撰篆尽近笨 盾荡丈仗杖 强_勉蚌静艇挺
各点读为送气音的字是：

洛带 20 字：坐苧~_麻柱罪跪道造舅白淡俭践断_绝尽近荡丈_{人老}强艇挺

凉水井 19 字：坐苧~_麻柱罪跪道造舅白淡俭断_绝尽近荡丈_{人老}强艇挺

隆昌 19 字：坐苧~_麻柱罪跪道造舅白淡俭断_绝尽近荡丈_{人老}强艇挺

西昌 18 字：坐柱罪跪道造舅白淡俭断_绝尽近荡丈_{人老}强艇挺

仪陇 19 字：坐苧~_麻柱罪跪道造舅白淡俭断_绝尽近荡丈_{人老}强艇挺

　　从这里可以看出，几个点读为送气音的字数很接近，读为送气音的字也比较一致。这些字基本上都是口语里的常用字。有的字看起来在其他方言可能不是常用字，如"荡"、"俭"，可是在客家方言里确实是很常用的字："荡"读 t^hɔŋ，是"洗、涮 ʂuan⁵¹"的意思，把碗涮下即说"荡"，"漱口"也说"荡嘴巴"；"俭"是节俭的意思，还单独使用，"爱勤爱俭"就是说既要勤劳又要节俭。表中的"艇挺"二字常用性比较差，其读为送气音是受四川官话或普通话的影响所致。反观那些读为不送气音的古全浊声母字，如"舵惰部杜巨

---

① 国家语委语料库在线查询网址：http://www.cncorpus.org。

② 北京大学汉语语料库在线查询网址：http://ccl.pku.edu.cn:8080/ccl_corpus/CCL_CC_Sta_Xiandai.pdf。

③ 在线查询网址：http://ishare.iask.sina.com.cn/f/15649647.html?f。

距拒聚婢"等，其常用性都要差得多①，不少字都是用于具有书面语色彩的词语中，由于平时比较少说，偶尔说上这些字也是跟着四川官话说不送气音。

2. 再以"个_的"、"𠊎_我"、"唔_不"、"等_着"、"爱_要"为例

四川客家方言用"个"表示结构助词，相当于普通话的"的"；用"𠊎"表示第一人称代词单数，相当于普通话的"我"；用"唔"表示否定，相当于普通话的"不"；用"等"表示动作持续，相当于普通话的"着"；用"爱"表示意愿，相当于普通话的"要"。这几个词都是很常用的词，分别跟普通话的"的"、"我"、"不"、"着"、"要"能够准确对应，我们不妨用各种词频统计结果来比较下（如表6-12所示）。

表 6-12　　　　　　　　　　四川客家方言部分例字词频表

对应词 ＼ 频序 ＼ 例词		语料库字频	语料库词频	6763 字频	CCL 语料库
的	个	1	1	1	1
我	𠊎	14	10	6	7
不	唔	4	12	5	13
着	等	35	15	20	51
要	爱	21	26	33	26

语料库字频收字 5708 个，6763 字频收字 6763 个，CCL 语料库字数 9711 个。表 6-12 中比较有意思的是"的"出现的频率都是第一，其他的词有些出入，但全都是高频词。高频词意味着常用性，常用性强，对于保持其固有特性十分有利，在日复一日地复现中，客家方言的这些特点和内容就被传承下来了。

（三）词法特点具有很强的传承性

跟句法特点比较，客家方言的词法特点在四川客家方言中得到了较好的传承。就全川范围来看，四川客家方言传承了客家方言的很多词法特点。比如：

1. 有一定量的正偏式构词方式，如"牛嫲、猪嫲"；
2. 有"阿、老、公、嫲、满"等名词词缀，如"阿爷、老妹、鼻公、虱嫲、满姨"；

---

① "肚"字是个例外。"肚"也是一个常用字，此字分属端母和定母，定母的"肚"梅县、五华都读不送气 t，四川客家方言也读 t，当是从祖籍语的读法。

3. 量词"只"广泛与名词搭配①，如"一只人、一只鸡、一只间－间屋"；

4. "个"作为结构助词，如"𠊎个书、红个"；

5. 人称代词单数有格变化，如"你"与"你阿姐"中的读音不一样；

6. 动词有体标记用"等、哩、嘿、撒"②等。

下以凉水井的一段文字材料为例③来加以分析：

今晡上街碰倒一只造孽人，着个稀炟烂。𠊎问佢有好多岁了。佢讲："今年子八十四。"𠊎问佢屋下还有兜么个人。佢讲还有老婆子女。𠊎袋子里还有六百元，一下拿分佢。佢对𠊎作揖，𠊎心里背很过唔得。𠊎转去对幺爸讲："大路里有只老汉，七八十岁了，④路上爱钱，你看造唔造孽？"幺爸问𠊎"你分佢钱唔曾？""𠊎当时就拿分佢了。"底个就系无钱个下落。有钱个噻，看把老阿公跌倒，坐倒屋下享福了。子孙满堂，你怕佢还无食无着？有钱个人家又唔同了，日日跐来讲食讲着，今晡上街看电影，霎到上街进餐馆，食唔完用唔尽个钱。家物咁子败还是很快就穷。看起来底个钱啊，还很爱紧。生离唔得佢，死离唔得佢，还是钱正贵重。

上段文字中能够在很大程度上反映四川客家方言的语法特点：

1. "只"用作量词跟名词搭配，相当于普通话的"个"：一只造孽人｜有只老汉；

2. "个"用作结构助词：无钱个下落（定语标记）｜有钱个人家（定语标记）｜食唔完用唔尽个钱（定语标记）｜有钱个噻（构成名词性短语，相当于普通话的"的"字短语）；

3. 有前缀"阿、老、幺"：老阿公｜老婆｜幺爸；

4. 有后缀"子"：今年子｜咁子；

5. 双宾语句指人的宾语在前，指物的宾语在后：𠊎问佢有好多岁了。｜𠊎问佢屋下还有兜么个人。｜你分佢钱；

6. 正反问的格式用"A 唔 AB"或者"A+唔曾"：你看造唔造孽？｜你分佢钱唔曾？

以上特点，1、2 和 3 当中的"阿、老"都是客家方言的显著特点，5 中

---

① 仪陇客家方言里"只"的搭配范围较窄。

② 这些体标记是从各个点抽象出来的，具体到某一个地点，可能只具有 2 个或者 3 个。成都有"等、哩、嘿"3 个，西昌有"等、嘿"2 个，仪陇有"哩、撒"2 个。

③ 语料见董同龢《华阳凉水井客家话记音》，科学出版社 1956 年版，第 115 页。原文未注出汉字的予以补注。

④ 适：梗开三入昔书，清音声母应该读阴入，声调不合，暂用此字。

"你分佢钱"之类的说法，在用词上体现了客家方言特色，在格式上，"V+间接宾语+直接宾语"不能体现客家方言的句式特点。6 中的正反问格式，"A 唔AB"和句末用"唔曾"表示否定，也是在用词上而不是在句法上体现出客家方言特色。

综上，客家方言的词法特点在四川客家方言中得到了较好的传承，在句法方面传承客家方言固有的句法特点则比较有限，其原因值得探讨。

二　四川客家方言演变的规律

（一）无界接触律

无界有阶性是陈保亚先生根据傣语和汉语的接触研究而提出来的理论。其基本思想是，语言系统的任何层面都可能受接触的影响，划不出哪些层面是不受影响的界限，区别只是越是核心的结构和核心的词汇受到冲击的量越小，时间越晚，呈现出不同的"阶"[①]。无界有阶性也是语言接触的规律，我们认为这一规律也适合四川客家方言与四川官话的接触。对其有阶性，我们尚无力做比较研究，在这里重点就四川客家方言与四川官话接触的无界性进行论述，意在说明四川客家方言在演变过程中在语音、词汇、语法各个层面都受到了四川官话的强烈干扰，在与四川官话无界性接触中四川客家方言发生了诸多变异。

1. 因语音的无界性接触导致的语音变异

在第三章里，我们从语音成分、语音特点、语音结构几个方面讨论了四川客家方言跟四川官话接触的情况，我们发现，四川客家方言在语音方面具有"tɕ、tɕʻ、ȵ、ɕ、y、ɘ"等语音成分，这些成分是四川官话包括四川客家方言的相邻官话都普遍具有，在四川客家方言的主要源方言中没有或比较缺乏的，因此我们断定这是四川客家方言与四川官话接触的成果。语言的演变是一环扣一环的，语言接触带来的演变成果也是一环扣一环的，这些语音成分的产生进一步带来了韵母结构和音节结构的改变。以 y 这个撮口成分来说，在四川各客家方言点都可以作韵头，除了西昌之外，四川其他地点的客家方言还可以用 y 作韵母，y 或 y 作韵头的撮口韵可以自成音节，还能够跟 n、tɕ、tɕʻ、ȵ、ɕ 相拼，这些拼合关系也是顺着跟四川官话的接触轨迹而产生的。

通过第三章的研究我们还发现，客家方言中很一致的、很稳固的特点，比如古全浊声母字不论平仄，逢今塞音、塞擦音多读为送气清音，古平声次浊与古上声的全浊、次浊声母字中有一部分读阴平等特点，在四川客家方言

---

① 陈保亚：《论语言接触与语言联盟》，语文出版社 1996 年版，序第 3 页。

中遭遇到了磨损，尽管这些特点还没有被磨平，但其磨损的程度已经相当可观。并且，被磨损后的字音多跟四川官话一致：比如"松"字，在梅县、五华读 ts'uŋ⁴⁴，四川客家方言读为 ₌suŋ。"巨距拒"几字，在梅县、五华读 k'i⁴⁴，四川客家方言都读为 tɕ 声母，这些字的声母读不送气之后，在成都、隆昌、仪陇三地，韵母全都读 y，都读去声，跟四川官话的读音相同。把这些字的读音放到凉水井客家方言中去考察，发现跟读送气音的全浊上字的声调不同，逢今塞音、塞擦音读为送气清的全浊上字，今在凉水井有的读阴平，有的读为上声，"巨距拒"在凉水井客家方言中既不读阴平，也不读上声，走浊上归去的道路，这种例外的产生是由于接触的原因所致。"舵惰部杜肚_腹~被_子婢技妓皂赵兆渐诞件键伴撰篆笨盾仗杖蚌静"这些字音在四川各客家方言点都已经改读为不送气音了，声母改读以后，韵母也跟着改变，变为跟四川官话一致。这说明四川客家方言与四川官话的接触涉及到了语音成分、韵母结构、音节结构等内容。

在上一个问题的讨论中，我们说到了四川客家方言保留了客家方言阴入和阳入的声调特点，这个特点应该是在语音方面保留得最好的特点。现在的问题是：四川客家方言在声调方面是不是没有跟四川官话发生接触关系呢？或者，入声方面是不是没有发生接触关系呢？也就是说声调的接触是不是有界的呢？我们的回答也是否定的。声调方面也是无界的。上举到的"巨距拒"几字在凉水井客家方言中读去声的例子，也可以用来说明声调方面的接触，下面以入声的辖字变化来说明声调方面接触给四川客家方言带来的演变。

"及、特、察、杀、压、曰、匹、秩、窟、术、佛、物、膜、雀、跃、雹、朔、逼、殖、植、翼、剧_戏~、辟、赤、易、踢、划_计~、扑、秃、鹿、速、福、覆、肃、宿、畜_{~牧}蓄、育、录、粟、俗、属、曲、玉、狱、欲、浴"这些古入声字，在四川客家方言的主要来源方言梅县、五华客家方言中都读入声，并且阴入、阳入的读法也很统一：

梅县：及 k'ip⁵ 特 t'it⁵ 察 ts'at¹ 杀 sat¹ 压 ap¹ 曰 iat⁵ 匹 p'it¹ 秩 tsət⁵ 窟 k'iut⁵ 术 sut¹ 佛 fut⁵ 物 vut⁵ 膜 mɔk⁵ 雀 tsiɔk¹ 跃 iɔk¹ 雹 p'ɔk⁵ 朔 sɔk¹ 逼 pit¹ 殖植 ts'ət⁵ 翼 it⁵ 剧_戏~k'iak¹ 辟 p'it¹ 赤 ts'ak¹ 易 it⁵. 踢 t'et¹ 划计~vak⁵ 扑 p'ɔk¹ 秃 t'ut¹ 鹿 luk⁵ 速 suk¹ 福覆 fuk¹ 肃宿 siuk¹ 畜_{~牧} 蓄 hiuk¹ 育 iuk¹ 录 liuk⁵ 粟俗 siuk¹ 属 suk⁵ 曲 k'iuk¹ 玉狱 ŋiuk⁵ 欲浴 iuk⁵

五华：及 k'ip⁵ 特 t'it⁵ 压 ap¹ 察 ts'at¹ 杀 sat¹ 曰 iat⁵ 匹 p'it¹ 秩 tʃ'it¹ 佛 fut⁵ 物 vut⁵ 雀 tsiok¹ 跃 iok¹ 雹 p'ok⁵ 朔 sok¹ 殖植 tʃ'it⁵ 翼 it⁵ 剧_戏~ k'iak¹ 赤 tʃ'ak¹ 易 it⁵踢 t'et¹ 划计~vak⁵ 役 it⁵ 扑 p'ok¹ 秃 t'ut¹ 鹿 luk⁵ 速 sək¹ 福覆 fuk¹ 肃宿 siuk¹ 畜~ 牧蓄 ʃuk¹ 录 liuk⁵ 粟俗 siuk¹ 属 ʃuk⁵ 曲 k'iuk¹ 玉狱 ŋiuk⁵ 欲浴 iuk⁵

以上字四川客家方言在各点读为非入声的字见表 6-13。

表 6-13　　　　　　　　　四川客家方言入声字变读非入声字举例表

方言点	入声字变非入声字
洛带	压 ia⁵³ 曰 ye⁴⁵ 匹 p'i¹³ 秩 tsʅ⁵³ 窟 k'u⁴⁵ 术 su⁵³ 膜 mo¹³ 雀 tɕ'io⁴⁵ 跃 iau⁴⁵ 雹 pau⁴⁵ 朔 su⁵³ 逼 pie⁴⁵ 翼 i⁴⁵ 剧戏~ tɕy⁵³ 赤 ts'ʅ⁵³ 易 i⁵³ 划 fa⁵³ 鹿 nu⁵³ 录 nu⁵³ 玉欲浴 y⁵³
凉水井	压 ia⁵³ 曰 ye⁴⁵ 匹 p'i¹³ 秩 tsʅ⁵³ 窟 k'u⁴⁵ 术 su⁵³ 佛 fu¹³ 膜 mo¹³ 雀 tɕ'io⁴⁵ 跃 iau⁵³ 雹 pau⁴⁵ 朔 su⁵³ 逼 pie⁴⁵ 翼 i⁴⁵ 剧戏~ tɕy⁵³ 赤 ts'ʅ⁵³ 易 i⁵³ 划 fa⁵³ 录 nu⁵³ 玉 y⁵³ 欲 io³¹ 浴 y⁵³
隆昌	察 ts'a¹³ 匹 p'i¹³ 术 su⁵³ 膜 mo¹³ 跃 iau⁵³ 雹 pau⁴⁵ 朔 su⁵³ 逼 pie⁴⁵ 翼 i⁴⁵ 剧戏~ tɕy⁵³ 易 i⁵³ 划 fa⁵³ 肃 su⁵³ 欲浴 i⁵³
西昌	压 ia⁵³ 杀 ʂa³¹ 匹 p'i²¹² 秩 tsʅ⁵³ 膜 mo²¹² 雀 tɕ'io³¹ 跃 iau⁵³ 翼 i⁴⁵ 易 i⁵³ 划 fa⁵³ 鹿 nu⁵³ 录 nu⁵³ 玉 i⁵³
仪陇	压 ia²¹ 匹 p'i²¹ 秩 ts'ʅ²¹ 术 su²¹ 佛 fu²¹ 物 vu²¹ 膜 məu²¹ 跃 iau¹³ 雹 pau³³ 朔 su¹³ 特 t'ɛ²¹ 殖植 tsʅ²¹ 翼 i³³ 剧戏~ tɕy¹³ 易 i¹³ 划 fa¹³ 役 y²¹ 扑 p'u²¹ 秃 t'u²¹ 鹿 nu²¹ 速 ɕy²¹ 福覆 fu²¹ 肃 su²¹ 宿畜~牧 蓄俗 ɕy²¹ 育 y²¹ 录 nu²¹ 粟 ɕiəu³³ 属 su²¹ 曲 tɕ'y²¹ 玉浴 y¹³ 狱欲 y²¹

先讨论入声读为非入声的字音。尽管各点读非入声的字数多少有别，入声改读后字的声调归属也有差别，但只要加以比较分析，就会发现基本上都跟四川官话的读音有非常密切的关系，或者说大都能够从与四川官话的接触影响中去找到解释。

这些古入声字失掉入声后，其声调的归属可能有：A. 读阴平，B. 读阳平，C. 读上声，D. 读去声。上面比较的字除了西昌点有"杀、雀"两个上声字之外，其他字读阴平、阳平、去声的字均有。所读的各种声调跟四川官话的关系有以下两种：

第一种：跟相邻官话调值相同或十分接近，调类也几乎相同，除了个别字之外，声母韵母也相同。

成都洛带：曰 ye⁴⁵ 雀 tɕ'io⁴⁵ 逼 pie⁴⁵ 窟 k'u⁴⁵ 雹 pau⁴⁵

成都凉水井：曰 ye⁴⁵ 雀 tɕ'io⁴⁵ 逼 pie⁴⁵ 窟 k'u⁴⁵ 雹 pau⁴⁵|欲 io³¹

隆昌付家：雹 pau⁴⁵ 逼 pie⁴⁵

西昌黄联：杀 ʂa³¹ 雀 tɕ'io³¹

仪陇乐兴：粟 ɕiəu³³ |匹 p'i²¹ 佛 fu²¹ 物 vu²¹ 膜 məu²¹ 特 t'ɛ²¹ 殖植 tsʅ²¹ 役 y²¹ 扑 p'u²¹ 秃 t'u²¹ 鹿 nu²¹ 速 ɕy²¹ 福覆 fu²¹ 肃 su²¹ 宿畜~牧 蓄俗 ɕy²¹ 育 y²¹ 录 nu²¹ 属 su²¹ 曲 tɕ'y²¹ 玉浴 y¹³ 狱欲 y²¹ |跃 iau¹³ 易 i¹³ 划 fa¹³ 朔 su¹³ 剧戏~tɕy¹³

以上字在仪陇客家方言中读为非入声的字最多，而且入声失掉以后读为阳平的字也最多，另外还有"跃易划剧玉浴"等字读去声，巧的是在仪陇官话中，古入声字今多归阳平，调值读为 21，仪陇客家方言的阳平也读为 21，

"跃易划剧玉浴"几个字在仪陇官话中均读为去声（四川官话亦同），仪陇官话的去声读 14，仪陇客家方言读 13，调值十分接近。

说调类几乎相同，是因为西昌有"杀、雀"这两个字在西昌客家方言中读为上声，而在与其相邻的四外话中读阳平。这两个字为何也是接触带来的影响呢？原来四外话阳平的调值正是读 31，这个调值与西昌黄联客家方言上声的调值完全相同。因此可以肯定地说"杀、雀"在西昌客家方言的读音是来自四外话。

第二种：跟比邻官话的调类相同，调值不同，这是通过类推调类后而获得的读音。

比如"压"字，在四川官话中普遍读 ia⁷ 去声，洛带、凉水井、西昌客家方言读 ia⁵³。ia⁵³ 这个读音的获得经过了去声调类对应——改读为自己系统的去声调值 53 两个步骤。又比如"匹"字，在四川官话中都读为匹 ₌pʻi 阳平，洛带、凉水井、隆昌读为 pʻi¹³，西昌读为 pʻi²¹²，也是经过了阳平调类对应——改读为自己系统的阳平声调值两个步骤而获得的读音。又如：

成都洛带：匹 pʻi¹³ 膜 mo¹³|压 ia⁵³ 秩 tsʻɿ⁵³ 术 su⁵³ 跃 iau⁵³ 剧 tɕy⁵³ 易 i⁵³ 划 fa⁵³ 玉 y⁵³

成都凉水井：匹 pʻi¹³ 膜 mo¹³|佛 fu¹³ 压 ia⁵³ 秩 tsʻɿ⁵³ 术 su⁵³ 跃 iau⁵³ 剧 tɕy⁵³ 易 i⁵³ 划 fa⁵³ 玉 y⁵³

隆昌付家：察 tsʻa¹³ 匹 pʻi¹³ 膜 mo¹³|术 su⁵³ 跃 iau⁵³ 剧戏~ tɕy⁵³ 易 i⁵³ 划 fa⁵³

西昌黄联：匹 pʻi²¹³|压 ia⁵³ 秩 tsʻɿ⁵³ 跃 iau⁵³ 易 i⁵³ 划 fa⁵³ 玉 i⁵³

2. 因词汇的无界性接触导致的词汇变异

四川客家方言与四川官话的词汇接触的无界性可以从词汇系统的构成来观察。根据词汇的地位和功能，一般把词汇分为基本词汇和一般词汇，基本词汇中的核心通常称为根词。武占坤明确提出，基本词汇分为根词和非根词两个层次。①

世纪之交以来，我国语言学界比较关注语言中核心词汇的接触情况。陈保亚先生根据美国语言学家莫里斯·斯瓦迪士（Morris Swadesh）列出 200 词的核心词表进行了分阶，并用于傣语和汉语的接触研究，继此之后，200 核心词及其高阶词与低阶词的成果被诸多研究者用于语言的接触研究。

考 200 核心词，绝大多数都具有语言中根词的特性，在这里姑且以核心词代替根词的名称。这样我们观察的四川客家方言与四川官话的词汇接触范围即包括了核心词、基本词和一般词。

① 武占坤：《词汇》，上海教育出版社 1983 年版，第 84 页。

　　一般词汇具有非稳定性和非常用性的特点，方言的分类词汇、方物类词汇、方俗类词汇都能充分显示其特点。[1]分类词汇是按照意义给词汇分成的类别，也包括基本词汇中的基本词。一般词汇的接触毋须赘言，但此处不妨提供疾病医疗中的一些基本词以管中窥豹。为了节约篇幅，表 6-14、表 6-15、表 6-16、表 6-17 把生理疾病中有接触关系的词语一并列举，带*号的词条为《汉语方言词汇》[2]和《汉语方言词汇差异比较研究》中的千词表[3]收入了的，需要说明的是，其中的有些词还有客家方言母语的说法叠置，为了简洁，此处略去这些词语。

表 6-14　　　　　　　　成都客家方言疾病医疗类基本词借用表

词目	借用词	词目	借用词
*打鼾	扯噗鼾	*打呵欠	打呵嗨
*生病	唔好　唔舒服	小病	毛毛病
*头晕	脑壳昏　脑壳晕	*头痛	脑壳痛
*恶心	想呕	*傻子	瓜娃子　哈宝子
长期生病的人	病壳壳	身体不好或精神不好	阴尸倒阳
小孩生病	变狗（狗）	草药	草草药
*药罐子	药罐罐	抽筋	钻筋
消食	打饮食	*泻肚	屙稀　焱稀　肠子打滑
气喘	扯风箱	跌落伤手足	祝* tsu?^{5}
疝气	气包卵	伤寒	寒二哥　寒老二
患肺结核病很久的人	痨病腔腔	*腮腺炎	寸耳寒
*结痂	结疤疤　结壳壳　告口	一只眼睛的人	独眼龙　边花
*豁嘴	豁豁	扁嘴巴；嘴扁的人	扁 pia^{31} 嘴

表 6-15　　　　　　　　隆昌客家方言疾病医疗类基本词借用表

词目	借用词	词目	借用词
*打鼾	打噗鼾　扯噗鼾	*打呵欠	打呵嗨
*头晕	脑壳昏　脑壳晕	*头痛	脑壳痛
*恶心	想呕	*傻子	傻包儿xa^{53} pɔ^{45}　憨憨

---

[1] 董绍克：《汉语方言词汇差异比较研究》，民族出版社 2002 年版，第 140—141 页。

[2] 北京大学中国语言文学系语言学教研室编：《汉语方言词汇》（第二版），语文出版社 1995 年版。

[3] 董绍克：《汉语方言词汇差异比较研究》，民族出版社 2002 年版，第 109—112 页。

续表

词目	借用词	词目	借用词
*生病	唔好　唔舒服	长期生病的人	病壳壳　老病汉ㄦ　病汉ㄦ
身体不好或精神不好	阴尸倒阳	小孩生病	变狗　装狗
病松了	病松活（点儿）了	草药	草草药
*药罐子	药罐罐	药粉	药面面
*发疟疾	打摆子	*发冷	打冷摆子
*泻肚	过肚　焱稀	*恶心	想吐
哮喘	齁	患哮喘的人	齁包ㄦ
休克	昏死	疝气	气包卵
掉肠子	脱肛	伤寒	寒二哥　寒老二
患肺结核病很久的人	痨病腔腔	*腮腺炎	寸耳寒
（皮肤）皲裂	爆冰口	喷饭	打枪
冻疮	冻疤儿	*溃脓	灌脓
疥疮	干疮子	*豁嘴	豁豁
鼻子耳朵塞	□tsəu⁵³	一只眼睛的人	独眼龙
*结痂	结疤疤　结壳壳　告口	火眼	红眼棒
抽筋	钻筋	荨麻疹	风丹
*羊痫风	扯羊儿风	一种癫痫	扯母猪风
嘴歪的人	歪嘴	扁嘴巴；嘴扁的人	扁pia³¹嘴ㄦ
瘸手	瘸手ㄦ	糊涂的老年人	老癫倸

表6-16　　　西昌客家方言疾病医疗类基本词借用表

词目	借用词	词目	借用词
*打鼾	扯噗鼾	*打呵欠	打呵嗨
*头晕	脑壳昏　脑壳晕	*头痛	脑壳痛
*傻瓜	瓜娃子　宝器	言行有些疯傻的人	疯儿动
*打瞌睡	啄tʂuaʔ³瞌睡	*打冷战	打冷噤
*发抖	打抖抖	*生病	唔舒服
长期生病的人	病砣砣　病汉ㄦ	小孩生病	变狗
*药罐子	药罐罐	药粉	药面面
消食	打饮食	*着凉	凉倒了

续表

词目	借用词	词目	借用词
*泻肚	拉稀　打滑	哮喘	齁
患哮喘的人	齁包儿	休克	昏死
疝气	气包卵	掉肠子	脱肛
患肺结核病很久的人	痨病腔腔	*腮腺炎	寸耳寒
（皮肤）皲裂	爆冰口	（手脚）扭伤	崴
冻疮	冻疤儿	*溃脓	灌脓
疥疮	干疮子	皮肤上抓出的印痕	印子
鼻子耳朵塞	□tʂuʔ³	一只眼睛的人	独眼龙
*结痂	结疤疤　结壳壳　告口	眼球突出的人	暴眼花儿
瘌痢头	亮头儿	夜盲症	鸡摸眼
斜视眼	偏花儿	半身不遂	半边风
抽筋	钻筋	荨麻疹	风丹
*豁嘴	豁豁儿	糊涂的老年人	老癫傶

表 6-17　　　　　　仪陇客家方言疾病医疗类基本词借用表

词目	借用词	词目	借用词
*打鼾	扯噗鼾	*打呵欠	打呵嗨
*生病	唔好　唔安逸	多病的人	病壳壳　病汉儿
小病	毛毛病	*傻瓜	宝器
小孩生病	变狗	草药	草草药
*药罐子	药罐罐	药粉	药面面
患消化不良	钉倒了　隔倒了	消食	打饮食
*恶心	想呕	*泻肚	拉稀　屙稀
低烧	毛毛烧	气喘	扯风箱
哮喘	齁	患哮喘的人	齁包儿
疝气	气包卵	掉肠子	脱肛
伤寒	寒老二	*腮腺炎	衬耳寒
（皮肤）皲裂	（皮肤）皲裂	（手脚）扭伤	崴
冻疮	冻包	*溃脓	灌脓
*结痂	告口子	鼻子耳朵塞	□tsəu⁵³

续表

词目	借用词	词目	借用词
一只眼睛的人	独眼龙	沙哑的喉咙	哈 xa^{33} 喉咙
火眼	炮眼	荨麻疹	风丹子
抽筋	钻筋	一种癫痫	扯母猪风
*羊痫风	扯羊儿风	半身不遂	半边风
扁嘴巴；嘴扁的人	扁嘴儿	阴阳人	公母人

在第二章我们通过 200 个核心词的计量研究来探讨五华、梅县、成都洛带、凉水井、隆昌、西昌、仪陇客家方言 200 核心词的相似度关系，其中影响相似度的重要因素便是因与四川官话导致的核心词的变异，各个点都有一定数量的核心词发生了词形变异：或者是四川官话借用词代替了其祖语词，或者是把四川官话借用词与祖语词叠置在一起，下面只列举来自四川官话的借用词。

凉水井：

鸟儿：雀雀|头：脑壳|爪子：爪爪|知道：晓得|星星：星宿|沙：沙沙|害怕：虚火|打架：打捉子|雾：雾罩子|结冰：起凌冰|水果：果木|怎样：啷们子|湖：海子|左边：左手、左手边|右边：右手、右手边|擦：抹|盐：盐巴|蛇：梭老二|棍子：棒棒|吮吸：喍tɕio?^{5}

洛带：

头：脑壳|爪子：爪爪|知道：晓得|星星：星宿|沙：沙沙|打架：打捉子、打捶角逆|结冰：起凌冰|水果：果木|怎样：啷们子|湖：海子|左边：左手边|右边：右手边|擦：抹|蛇：梭老二|棍子：棒棒|吮吸：喍tɕio?^{5}

隆昌：

男人：男娃儿|鸟儿：野猫子|头：脑壳|牙齿：牙巴|爪子：爪爪|知道：晓得|游泳：凫水|星星：星宿子|沙：沙沙|夫妻：两口子|害怕：虚火|打架：打捶|怎样：啷们（子）|湖：海子|左边：左手、左手边|右边：右手、右手边|右边：右手、右手边|绳子：索子|擦：揩|盐：盐巴|蛇：梭老二|棍子：棒棒|吮吸：喍tɕy^{31}

西昌：

鸟儿：雀儿|牙齿：牙巴|爪子：爪爪|知道：晓得|游泳：凫水|星星：星宿|沙：沙沙|夫妻：两口子|害怕：虚火|打架：打捶、角逆、打捶角逆|雾：雾罩|结冰：起凌冰|水果：果木|怎样：哪个样子|左边：左手、左手边|右边：右手、右手边|绳子：索索|擦：揩|盐：盐巴|棍子：棍棍|吮吸：喍tɕio?^{5}|老婆：婆娘

仪陇：

女人：婆娘|头：脑壳|鼻子：鼻头|爪子：爪爪|肚子：肚皮|脖子：颈项|知道：晓得|星星：闪子|夫妻：两口子|角逆：打捉子|雾：雾罩子|结冰：结凌冰|嘟们（子）：嘟们样|湖：海子|左边：左手、左手边|右边：右手、右手边|绳子：索子|棍子：棒棒

事实上在接触中发生的变异还不止这些词。比如动词"给"，在梅县、五华客家方言中说"分 pun⁴⁴"，四川客家方言除西昌外都有这个词，西昌不说"分"而说"给 ke⁴⁵"，其他几点也用"给"，并把"给"与"分"叠置在一起，就其读音来看，四川客家方言中的"给 ke⁴⁵/ kɛ³³"与四川官话更接近而与普通话相差更大，我们认为四川客家方言中的这个"给"是因四川官话方言的接触而渗透的。由此看来，在核心词汇的层面，四川客家方言与四川官话也发生了一定程度的接触关系。

3. 因语法的无界性接触导致的语法变异

四川客家方言与四川官话在语法层面的接触也是无界的。其无界性可以从语法单位和结构规则两方面来证明。在实词里面，名词表示人或事物的名称，客家移民到四川后，新的土地山川、生产生活、人事风物等带来的称谓的改变自不待言，就连表示性质的、一般认为具有超强稳定性的单音节形容词在有的地点也已发生了替换，比如"宽"，在客家方言中普遍说"阔"（梅县、五华读 fat¹），四川的西昌和仪陇已经用"宽"来替代了，至于其他形容词，借用四川官话的词语就更加常见，比如把"便宜"说成"相因"，把"聪明"说成"精灵"，把"傻"说成"瓜、哈、憨"，把"吝啬"说成"苟、夹、啬"，把"倒霉"说成"背时"等。动词里面发生词语借用的情况也不少，其他实词除了数词中的基数词之外，也都发生了不同程度的接触变化。

下面谈谈虚词的接触问题。

介词也因接触带来了变异。介词的变异有两种情况：一种是替代，比如四川客家方言都用"把"替代"将"来表示处置意义，西昌用"遭、拿给"来替代"分"表示被动意义等；另一种是叠置，比如洛带、凉水井用"遭"与"分、拿分"相叠置表示被动意义，隆昌用"遭、拿跟"与"分"（旧说）表示被动意义，仪陇用"遭、拿跟、拿给"与"分"相叠置表示被动意义，凉水井用"跟"与"擞"叠置、洛带、隆昌用"跟"与"擞、同"相叠置、西昌用"给、跟"与"擞、同"相叠置来表示引进比较的对象，等等。

　　语气词也因接触带来了变异。由于材料和精力所限，笔者还无力对此项目的传承与接触情况作出全面的比较，但在本章的第一节和第二节中，我们提到过语气词"呐"、"哆"、"嘎"在四川客家方言中的运用，已体现了语气词的渗透。此外，隆昌客家方言用在句末表示出现新情况的"啰 no^{13}"、用常用在句中表示停顿或用在句末表示疑问的语气词"呢 ne^{45}/唵 $_{=}an$"也当是来自四川官话的语气词，或者说是在与四川官话的接触中通过四川官话的通道进入的语气词。

　　在结构规则方面因接触而发生的语法变异也是惊人的。在第五章里，我们讨论到的名词重叠式问题是构词法方面的借用。在构词法方面还有形容词的生动形式的变异。梅县客家方言有 AAAA 式形容词，如用"洋洋洋洋"来"水流满地的样子"，用"喂喂喂喂"来"形容大声讲话的样子"等，还有"A 哥 A 绝"式形容词，如用"发哥发绝"来形容"甚为富有"，用"快哥快绝"来形容"极为勤奋或肯干"等。[①]这些结构方式我们目前还未发现在四川客家方言中有残留痕迹。"ABB 哩"（后文去掉"哩"，直接用"ABB"）是梅县客家方言具有的形容词的重叠方式，四川客家方言运用这种方式发生了三个变化：一是大都发生了词语的替换；二是有些"ABB"式形容词在 A 与 BB 之间可以插入"不"，变为"A 不 BB"；三是多数有 ABAB 的词形变化。[②]通过把《梅县客家方言志》中所举的"头探探哩"等 140 余条词语，拿来与成都客家方言所进行的比较研究，发现成都客家方言中还存有"毛繷繷哩、眼睛睛哩、烧漉漉哩、惊罗罗哩、恶豺豺 $_{=}$sai 哩、圆罗罗哩"等 10 余条词，其他大量的词语只能对应成跟成都官话相同的说法：如"扯稀稀、矮矬矬矮墩墩、瓜稀稀傻乎乎、圆纠纠圆乎乎、紧绷绷绷紧貌、冷浸浸冷清清；形容冷落寂静、满秋秋充满貌、胖杵杵形容胖而矮、绵扯扯软而韧或疲香、火燎燎火辣辣、惊抓抓形容大声吼叫、喧嚷、矮趴趴矮貌、烂朽朽破烂貌、飞叉叉动作迅猛、粗野貌、长梭梭长貌、湿鲊鲊湿貌"等。

　　在 A 与 BB 之间插入"不"的 ABB 式形容词限于部分贬义形容词，"不"在格式中没有否定意义，插入以后程度不变。如：

扯不稀稀	瓜不稀稀	霉不浊浊	冷不秋秋
懒不稀稀	傲不稀稀	酸不叽叽	慢不椭椭
矮不矬矬	病不稀稀	死不赳赳	空不捞捞
蛮不格格	洋不歪歪	娑不溲溲	湿不焦焦

　　① 谢永昌：《梅县客家方言志》，暨南大学出版社 1994 年版，第 227—228 页，243 页。
　　② 兰玉英：《洛带客家方言研究》，四川人民出版社 2005 年版，第 254—257 页；兰玉英、曾为志、李瑞禾：《泰兴客家方言研究》，中国社会科学出版社、文化艺术出版社 2007 年版，第 271—273 页。

发生 ABAB 词形变化的形容词，相对于 ABB 式，所表示的语法意义在程度上有所减弱。如：

雾沉沉——雾沉雾沉	灰普普——灰普灰普	长梭梭——长梭长梭
扯稀稀——扯稀扯稀	短杵杵——短杵短杵	肉扯扯——肉扯肉扯
霉浊浊——霉浊霉浊	冷秋秋——冷秋冷秋	死纠纠——死纠死纠
笑稀稀——笑稀笑稀	胖杵杵——胖杵胖杵	紧绷绷——紧绷紧绷

成都客家方言中 ABB 式形容词所发生的格式和词形变化，跟成都官话完全相同，断定是因接触而发生的变异应该是能够成立的。

四川客家方言跟四川官话的无界性接触给四川客家方言带来的影响应包括两个互相印证的结果：一是四川客家方言向四川官话靠拢，一是四川客家方言与来源方言的疏离感增强。在本章第一节里我们已经说到，四川客家方言已经失掉了广泛运用名词后缀"欸"或"哩"，作状语的副词"多"、"少"放在动词后，"添"放在句末，"有"可以直接加在动词前表示"已经、已然"，在双宾句中，表物的宾语在前，表人的宾语在后，处置句客家方言用"将"字把宾语提前等词法、句法特点，这些特点的丧失，使得四川客家方言出现了很多跟四川官话相同的结构特征。在语音、词汇、语法三要素中，语法最具有稳固性，四川客家方言语法所发生的这些变异，足见其与四川官话接触的深度，因此接触的无界性，不但指广度，也包含着深度。在 300 年间全方位的、由表层向里层的逐渐接触和渗透中，四川客家方言与其来源方言在语法方面已经产生了相当大的距离。

（二）竞争律

在语言或方言接触的过程中，往往会因为政治、经济、文化、人口等方面的差异而形成方言地位的差别，占优势的一方称为优势方言或强势方言，占劣势的一方称为劣势方言或弱势方言。尽管强势方言对弱势方言施加的影响巨大，但弱势方言也不会轻易缴械投降。客家方言入川已 300 余年，时间已不算短，在四川官话的包围下，不但存在于偏远的山村，而且也存在于成都这个大都市的市郊，并且都还能保持其客家方言的基本特性，明显地具有客家方言的归属感，其原因远不是四川客家人对母语的忠诚态度所能解释得了的，我们认为更重要的原因是方言机制的干预，具体地说是四川客家方言机体的功能运行所带来的对抗力量，这种力量在与四川官话的无界性接触中也显得坚挺。

竞争既是对抗四川官话渗透的力量，也是四川客家方言自身发展演变过程中存在的规律。

什么是竞争？徐通锵说："它 A 与 B 同时共存，相互竞争，一个挤掉另一个，完成取而代之的演变过程，体现语言在空间上的横向扩散。"[①]　徐先生认为汉语的文白异读是这种"竞争"的一种典型表现形式。就徐先生对文白读的界说来看，他使用的文白读概念涵盖了所有的异读现象。四川客家方言在与四川官话的接触中，当是处处存在着或明或暗的竞争，叠置现象是比较容易观察到的典型的"明争"。在第三章的研究中我们提到，四川客家方言中的异读音除了无假摄字外，其余的十五个摄都有，尤以梗摄字为最多。梗摄字的文白读音多，这是跟来源方言一致的特点，然多到十五个摄都有异读，这又是不同于来源方言的特点。这么多的异读说明了什么问题呢？　概括言之，是双方的竞争，是四川客家方言与四川官话的竞争，或者是四川客家方言新旧读法的竞争；具体言之，既反映了四川官话语音的影响，也反映了四川客家语音的对抗。总之，四川客家方言是参与到竞争中来了。

有的是通过不同词语的异读音来竞争。如"额"在"额门"一词中，洛带、凉水井读 ȵieʔ² 、西昌读 ȵiaʔ³ 、仪陇读 ŋaʔ⁵ ，这几个音都体现了客家方言特色，都是白读音；在"超额"中洛带读 ŋeʔ² 、凉水井读 ŋe¹³ 、西昌读 ŋe³¹ 、仪陇读 ŋe⁵³ ，是文读音，来自于四川官话的渗透。

有的就在同一个词里发生异读竞争。如在"轻视"这个词里的"轻"字，凉水井客话有 tɕʻiaŋ⁴⁵ 、tɕʻin⁴⁵ 两读，前者体现了客家方言特色，后者是受四川官话影响产生的后起读音。

上面举到的"额"和"轻"字，都是一个白读音对一个文读音，属于一对一。还有的是二对一，如在成都客家方言中，"生个"和"生活"中的"生"字读 saŋ⁴⁵ ，"花生"中的"生"字读 ɕien⁴⁵ ，"生产"中的"生"字则读 sən⁴⁵ 。前两个都是白读音，后一个是文读音，比较有意思的是，"生活"和上文说到的"轻视"都是比较文的词语，这些词语却可以用白读音来读，从这里可以看出四川客家方言的特色音在竞争中的积极性。

本书把"叠置"的概念加以扩大化，不单用于语音层面的文白叠置，还用于词汇层面的词语叠置和语法层面的语法单位和句式的叠置。这些叠置同样显示了四川客家方言竞争机制的干预。词汇和语法层面的叠置，也体现了时间和层次概念，四川官话层是上层，是后来进入的，客家方言层是下层，是其固有的。对此，四川客家人一般有比较敏感的判断，像"公牛"的名称有"牛公"和"牯牛"两个，很多四川客家人都会说，"牛公"是客家方言的

---

① 徐通锵：《历史语言学》，商务印书馆 1996 年版，第 348 页。

说法，"牯牛"是跟着湖广人说的。同样，"母牛"的"牛嫲"和"骟牛"，四川客家人一般也能区别出前者属客家方言的说法，后者属四川官话的说法。词语叠置的例子还很多。这些不同来源的词相叠在一起，为使用者的表达提供了更多的选择性，只要四川客家人使用双言，那么这种叠置将会长期存在。

语法的叠置在上一节里也已经谈到其主要表现在客家方言与借用的语法成分与句式的并存，语法的叠置表明了竞争机制在语音、词汇和语法几方面的全面覆盖。

（三）对应律

对应律的提出源于语音对应关系。"从一种语言分化而来的方言或亲属语言，虽然由于语言发展的不平衡性而使各方言或亲属语言的语音呈现出种种差异，但是语音的发展有严整的规律性，这就使得差异之中存在着有规律的对应关系。"[①]客家方言与北方方言都是从古代汉语发展而来的，作为其地域变体的四川客家方言和四川官话之间存在着语音对应规律是不言而喻的。在词汇和语法的研究中，我们发现很多有规律性的演变现象其实也存着对应，比如五华方言的"哩"尾、梅县方言的"e"尾在四川客家方言中全部消失，取而代之的是"子"尾，这样的替代结果无疑是对应规律在起作用。

对应律在语音接触中表现得很显豁。所借用的字词一般总是"借助汉字的连接"[②]，按照语音对应关系对应成符合自己音系结构的语音：或者是音类对应，或者是音节对应，或兼而有之。这类音通常也称为折合音。

在成都客家方言中，u类韵母不能自成音节，所以从成都官话来的以u开头的字词，成都客家方言一律对应成v开头。如表6-18所示

表6-18　　　　　成都官话 u 与成都客家方言 v 对应关系表

词目	成都官话	成都客方言	对应处	对应类型
小偷儿	贼娃子 $tsuei^{21}ua^{21-55}ts\eta^{53}$	贼娃子 $t\varphi'ie?^5va^{13}ts\eta^{53}$	娃 $ua^{21} \rightarrow va^{13}$　u→v	音类

有时，新的对应需要已有对应关系的参照。由于成都官话"鱼 y^{21}"与洛带客家方言"鱼 η^{13}"已建立了对应关系，这一关系影响着 y 音节的其他借用字的对应。如表6-19所示。

①　叶蜚声、徐通锵、王洪君、李娟：《语言学纲要》，北京大学出版社2011年版，第249页。

②　陈保亚：《20世纪中国语言学方法论》，山东教育出版社1999年版。

表 6-19　　　　　　　　成都官话 y 与成都客家方言 m̩ 对应关系表

词目	成都官话	洛带客方言	对应处	对应类型
痰盂	痰盂 t‘an²¹y²¹	痰盂 t‘an¹³m̩¹³	盂 y²¹→m̩¹³	音类、音节对应
渔船	渔船 y²¹ts‘uan²¹	渔船 m̩¹³sɔn¹³	渔 y²¹→m̩¹³	音类、音节对应

　　声调的对应则更加普遍，其顺序是先对应调类，后改读调值。在上一节里举到的入声字变非入声字的用例，新产生的非入声读音，一般都遵守了语音对应规律。如表 6-20 所示。

表 6-20　　　　　　　四川官话与四川客家方言声调对应关系表

方言点	膜	匹	对应类型	跃	易	对应类型
四川官话[①]	mo²¹	p‘i²¹		iau²¹³	i²¹³	
洛带客话	mo¹³	p‘i¹³	阳平→阳平	iau⁵³	i⁵³	去声→去声
凉水井客话	mo¹³	p‘i¹³	阳平→阳平	iau⁵³	i⁵³	去声→去声
隆昌客话	mo¹³	p‘i¹³	阳平→阳平	iau⁵³	i⁵³	去声→去声
西昌客话	mo²¹²	p‘i²¹²	阳平→阳平	iau⁵³	i⁵³	去声→去声
仪陇客话	məu²¹	p‘i²¹	阳平→阳平	iau¹³	i¹³	去声→去声

　　在有的借词中会存在音类对应、音节对应和声调对应多种情况。如表 6-21 所示。

表 6-21　　　　　　　四川官话与四川客家方言声韵调对应关系表

方言点	打闪	冰雹	土匪	打鼾
四川官话	扯火闪 ts‘e⁵³xo⁵³san⁵³	雪弹子 ɕye²¹tan¹³tsʅ⁵³	棒老二 paŋ²¹³nau⁵³ɚ²¹³	扯噗鼾 ts‘e⁵³p‘u²¹xan²¹³
洛带客话	扯火闪 ts‘a³¹fo³¹san³¹	雪弹子 ɕyeʔ²t‘an⁵³tsʅ³¹	棒老二 pɔŋ⁵³nau³¹ɲi⁵³	扯噗鼾 ts‘a³¹p‘u¹³xɔn⁵³
凉水井客话	扯火闪 ts‘a³¹fo³¹san³¹	雪弹子 ɕyeʔ²t‘an³¹tsʅ³¹	棒老二 pɔŋ⁵³nau³¹ɲi⁵³	扯噗鼾 ts‘a³¹p‘u¹³xɔn⁵³
隆昌客话	扯火闪 ts‘a³¹fo³¹san³¹	雪弹子 ɕyɛʔ³t‘an⁵³tsʔ²¹³	棒老二 pɔŋ⁵³nau³¹ɲi⁵³	扯噗鼾 ts‘a³¹p‘u¹³xɔn⁵³
西昌客话	扯火闪 tʂ‘a³¹fo³¹ʂan³¹	雪弹子 ɕieʔ²t‘an⁵³tsʅ³¹	棒老二 pɔŋ⁵³nau³¹ɲi⁵³	扯噗鼾 tʂ‘a³¹p‘u²¹²xuan⁵³
仪陇客话	扯闪 tʂ‘a⁵³san⁵³	雪弹子 ɕyeʔ²⁵ t‘an³¹tsʅ⁵³	棒老二 pɔŋ⁵³ nəu⁵³ i⁵³	扯噗鼾 ts‘a⁵³p‘u²¹xuɔn¹³

---

① 各点官话读音一致的字，用四川官话统称，注音以成都官话为代表，同后。

词汇对应首先表现为词缀的替换。上文说到的"e"尾、"哩"尾被替代，即是建立在对应关系的基础上。四川各客家方言点用来替换的词尾有所不同，西昌、仪陇被替代成了"子"尾和"儿"尾，成都则被替代成了"子"尾，隆昌也多被替代为"子"尾。成都客家方言的"子"尾与"e"尾、"哩"的对应关系应该包括了由分解到整合的两个环节：

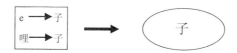

其逻辑关系是：e 尾换成"子"，"哩"尾换成"子"，所有 e 尾和"哩"尾都应换成"子"尾。因此，e 尾和"哩"尾的被替换，是经过了这样一个联言推理的思维过程建立的对应关系。

前些年，我们在做洛带客家方言研究的时候，发现其"子"尾比成都官话还发达，即带"子"尾的词比成都官话还多，我们找不到解释，现在通过对应规律找到了答案：那些比成都官话多出的"子"尾词语，原来是在对应关系的作用下所产生的词形。下面的词语，在洛带、凉水井客家方言中都带"子"尾，在四川官话中都不带"子"尾，其来源方言五华客家方言都带"哩"尾，梅县方言有的带 e 尾。其对应关系见表 6-22。

表 6-22　四川客家方言"子"尾与主要源方言"欸、哩"尾对应关系

词目	梅县	五华	洛带	凉水井	隆昌
鲫鱼	鲫鱼欸 tsit¹n₁¹¹ne	鲫鱼哩 tsit¹ŋ⁴⁴ni⁴⁴	鲫鱼子 tɕi²²m̩¹³tsŋ³¹	鲫鱼子 tɕi²²m̩¹³tsŋ³¹	鲫鱼子 tɕie²³m̩¹³tsŋ³¹
小鸡儿	细鸡欸 se⁵³ke⁴⁴e	鸡崽哩 kai⁴⁴tsai⁵³li³¹	鸡崽子 kai⁴⁵ tɕie³¹tsŋ³¹	鸡崽子 kai⁴⁵ tɕie³¹tsŋ³¹	细鸡儿 çie⁵³kai⁴⁵ɚ⁴⁵
绿豆	绿豆 liuk⁵t'eu⁵³	绿豆哩 liuk⁵t'eu³¹li³¹	绿豆子 niau²⁵t'iəu⁵³tsŋ³¹	绿豆子 niau²⁵t'iəu³¹tsŋ³¹	绿豆子 niəu²⁵t'əu⁵³ tsŋ³¹
学生	学生 hɔk⁵sen⁴⁴	学生哩 hok⁵saŋ⁴⁴ŋi⁵³	学生子 xo²⁵saŋ⁴⁵tsŋ³¹	学生子 xo²⁵saŋ⁴⁵tsŋ³¹	学生子 xo²⁵saŋ⁴⁵tsŋ³¹
男人	男欸人 nam¹¹me ŋin¹¹	男哩人 nam¹³mi⁵³ŋin¹³	男子人 nan¹³tsŋ³¹n̩.in¹³	男子人 nan¹³tsŋ³¹n̩.in¹³	男子人 nan¹³tsŋ³¹n̩.in¹³
调羹	调羹 t'iau¹¹kaŋ⁴⁴	调羹哩 t'iau¹³kaŋ⁴⁴ŋi⁵³	调羹子 t'iau¹³ kaŋ⁴⁵tsŋ³¹	调羹子 t'iau¹³ kaŋ⁴⁵tsŋ³¹	调羹子 t'iau¹³kaŋ⁴⁵tsŋ³¹

"学生"，西昌和仪陇也带"子"尾。西昌：学生子 xu²⁵saŋ⁴⁵tsŋ³¹，仪陇：学生子 xo²⁵ saŋ³³tsŋ⁵³，也是因对应而产生的"子"尾词语。

　　词汇的对应有时候表现为比照四川官话的词语及其结构方式，用自己有的语言材料来仿照词语。

　　"辣椒"在四川官话中叫做"海椒"，四川客家方言中仪陇称为"番椒"，其他地点称为"鸡椒 kai⁴⁵tɕiau⁴⁵"，"西红柿"在成都、隆昌客家方言中说"洋鸡椒"。"洋鸡椒"这个名称是怎样产生的呢？原来"西红柿"在四川官话中有"番茄"和"洋海椒"两个名称，仿照"洋海椒"的名称，在"鸡椒"前加上修饰语"洋"，于是就产生了"洋海椒"这个名称。客家方言还用"梗"这个语素与"手"构成"手梗"一词来表示"手臂"。四川客家方言也具有这些意义，并传承了"手梗"一词。不但如此，还把"梗"用来跟四川官话中的"杆"相对应，造出系列的相应的词语。如表 6-23 所示。

表 6-23　　　四川官话"杆"与四川客家方言"梗"的对应关系

词目	四川官话	成都客话	隆昌客话	西昌客话	仪陇客话
秆儿	杆杆 kan⁵³ kan⁵³	梗梗 kuaŋ³¹kuaŋ³¹	梗梗 kuaŋ³¹kuaŋ³¹	梗梗 kuaŋ³¹kuaŋ³¹	梗梗 kuaŋ⁵³ kuaŋ⁵³
玉米秆	包谷秆 pau⁵⁵ku²¹kan⁵³	包粟梗 pau⁴⁵ɕiu²²kuaŋ³¹	包谷梗 pau⁴⁵ ku²³kuaŋ³¹	包谷梗 pau⁴⁵ ku²³kuaŋ³¹	番粟梗梗 fan³³ɕiəu³³kuaŋ⁵³kuaŋ⁵³
腿	脚杆 tɕio²¹ kan⁵³	脚梗 tɕio²²kuaŋ³¹	脚梗 tɕio²³kuaŋ³¹	脚梗 tɕio²³kuaŋ³¹	脚梗 tɕio²⁵ kuaŋ⁵³
腰	腰杆 iau⁵⁵ kan⁵³	腰梗 iau⁴⁵ kuaŋ³¹	腰梗 iau⁴⁵ kuaŋ³¹	腰梗 iau⁴⁵ kuaŋ³¹	腰梗 iau³³ kuaŋ⁵³
秤杆	秤杆 tsʻən²¹³kan⁵³	秤梗 tsʻən⁵³kuaŋ³¹	秤梗 tsʻən⁵³ kuaŋ³¹	秤梗 tʂʻən⁵³kuaŋ³¹	秤梗 tsʻən¹³ kuaŋ⁵³

　　所仿照的词，在四川客家方言的语法功能也跟四川官话对应。

　　给：在四川官话中，通常作为动词，表示"给予"义，四川客家方言在多数地点传承了祖籍方言的动词"分 pən⁴⁵"，也表示"给予"义。作为单音节动词，二者意义和用法可以对应。

　　没得：在四川官话中作为动词，通常表示对"领有、具有"的否定，相当于普通话中的"没有"，或者表示"不如"等意义，四川客家方言本来有"无 mau¹³"来表示对"领有、具有"的否定，成都、隆昌、西昌几地客家方言再比照"没得"的结构，仿造了"无得"一词，其语法功能也多与官话相同。例如：

　　四川官话：我没得书。|饭吃完了，没得了。|要去就去嚜，又没得哪个挡倒你。

成都客家方言：偓无得书。|饭食完了，没得了。|爱去就去噻，又无得哪人挡等/拦倒你。

隆昌客家方言：偓无得书。|饭食完了，没得了。|爱去就去，无哪侪拦倒你。

西昌客家方言：偓无得书。|饭食完了，没得了。|爱去就去噻，又无得哪侪挡你。

在以上例句中，"无得"是对"领有、具有"的否定，下面例句中的"无得"表示"不如"义。

四川官话：油灯没得电灯亮。

成都、隆昌、西昌客家方言：油灯无得电灯光。

语法对应还表现为句式直接对应。如四川官话表示可能意义的句子，常用"V+得+倒"，其否定式是"V+不+倒"。"得倒/不倒"是表示可能/不可能意义的补语。四川客家方言吸收了这个格式，用于表示某种动作的可能情况都可以用这个格式，显示这是经过了深层结构意义的对应而吸收的。这个格式跟来源方言不同，如"这个字我不认得"的说法：

梅县客家方言：□e^{31}只偓唔识得。

五华客家方言：嘞只字偓唔识得。

凉水井客家方言：□nian^{13}只字我认唔倒。

洛带客家方言：底 i^{31}只字偓认唔倒。

隆昌客家方言：個 kai^{13}只字偓认唔倒。

西昌客家方言：底 i^{31}只字偓认唔倒。

仪陇客家方言：底 ti^{53}字偓认唔倒。

如果用于提问，在"得倒"前加"V+唔"，成为"V+唔+得+倒"的格式。这一格式则是在四川官话方言的"V+不+得+倒"的基础上对应而来的。"V+唔+得+倒"的格式是省略式，还可以有完整式："V+得倒+唔倒"，这个格式成为四川客家方言表达可能意义的常用句式。

比较"你能不能"的说法：

梅县客家方言：你来□iet^{1}倒无 mo^{11}？

五华客家方言：愚来□iet^{5}倒嘛？

洛带、凉水井客家方言：你来唔来得倒？

隆昌客家方言：你来得倒还系来唔倒？

西昌客家方言：你来唔来得倒？

仪陇客家方言：你来唔来得倒？

可以说对应律的作用无处不在，几乎来自四川官话的要素，都需经过对应以后呈现，对应的结果无论是在词形还是在语法结构中，都留下了四川客家方言的东西，即便是借用词，也要经过语音的对应，按照四川客家方言各个地点的音系结构来发音，四川官话的各要素在四川客家方言中，是你中有我，我中有你地交融在一起。

（四）有序变化律

1. 什么是有序变化律？有序变化律，简单地说就是按照规则而发生演变的规律。无论是从共时变化还是从历时演变看，语言的演变都是在规则的控制下进行的。具体到四川客家方言来说，在与四川官话接触过程中发生的接触变化，尽管看起来眼花缭乱，好像处于无序状态，但无论与四川官话的接触演变还是客家方言到四川后自身发生的历史变化，总体上都是有序的，都是可以解释的。因此有序变化律是四川客家方言发展演变的总规律，可以统领来自横向的接触和来自纵向的历史变化。

2. 四川客家方言的接触变化的有序性。这个观点的提出，我们受到了"有序异质论"的启发。20世纪中期，兴起了"有序异质"的语言变异理论。关于这个理论，劲松、瞿霭堂作了简明扼要的介绍和客观的评论："'异质'是指语言系统不是一种统一的'质'，是由不同的若干'质'共同组成的"、"这种'质'不是简单地指从语言系统外部混进来的，也不是指语言系统内部分化出来的，而是从语言系统的属性和功能角度对语言性质的一种认定"，[①]这些思想我们也很认同。有序异质论，顾名思义，涉及有序和异质两个问题，徐通锵认为"核心的问题是'有序'"[②]。关于"异质"中的"质"，是本质？还是性质？还是结构系统？这是值得研讨和明确的问题。受徐通锵用"有序异质"论阐释普通话和上海话的子系统[③]的启发，我们把"异质"的"质"用于指汉语方言包括次方言等下一级方言的子系统的质，具体地说，客家方言与北方方言及其下位方言是不同的子系统，四川客家方言中，与其"同质"的内容属于客家方言子系统，与其"异质"的内容属于四川官话的内容。

四川客家方言的接触变化的有序性通过上一条规律"对应律"可以得到证明。对应就是一种有序，在语音、词汇、语法各个层面产生的各种对应关系，强烈地指向并证明着有序性，指向四川客家方言系统属性和功能认定后的结果。所以，四川客家方言在各个地点虽然有不少四川官话的异质成分，但是由于这

---

① 劲松、瞿霭堂：《"有序异质论"辩》，《语言研究》，2011年第1期。

② 徐通锵：《历史语言学》，商务印书馆1996年版，第274页。

③ 徐通锵：《历史语言学》，商务印书馆1996年版，第275页。

些异质成分不是直接从四川官话中混合进来的，而几乎都经过了语音对应，有的还经过了词汇、语法对应，其结果是，四川客家方言继续跟四川官话平行发展，如果不是双言使用者，四川客家方言与四川官话是无法对话的。

3. 四川客家历史变化的有序性。本章讨论的四川客家方言的发展演变问题，也是属于历史语言学研究的范畴。客家方言来到四川已经 300 余年，由于 300 年前的面貌无法复原，我们只能把四川客家方言与其主要源方言梅县、五华客家方言加以比较，通过比较得到四川客家方言与其主要来源方言的差异，再通过分析空间的差异来揭示四川客家方言在时间上的发展变化。四川客家方言 300 年的发展变化，是在与四川官话的深刻接触中发展演变的，在语音、词汇和语法方面都沉淀了四川官话与四川客家方言内部要素的接触而导致的演变。这里所说的历史变化的有序性，着眼于时间序列上的规则变化，一环扣一环的前后相接的系列变化，其中包括接触引起的"连锁式或滚雪球式的连续性"[①]变化。

舌尖音和舌根音的舌面化是客家方言到四川以后所发生的重要的历史音变。四川客家方言的主要源方言梅县和五华客家方言有 k 组、ts 组，但至今尚没有 tɕ 组，tɕ 组音在汉语史上是比 k 组、ts 组音晚起的现象，因此不可能是 tɕ 组音分化出了 k 组、ts 组音，也就是说 300 年前，梅县、五华客家人移民入川时是没有舌面音 tɕ、tɕ'、ȵ、ɕ 的。

四川成都、隆昌、仪陇客家方言 ts 组在 i 组、y 组前腭化为 tɕ、tɕ'、ɕ，k 组在 i 组、y 组前腭化为 tɕ、tɕ'、ȵ、ɕ（成都、仪陇有个别例外），西昌客家方言撮口呼不发达，除了 yɛn、ye 之外，ts 组在 i 组前腭化为 tɕ、tɕ'、ɕ，k 组在 i 组前腭化为 tɕ、tɕ'、ɕ。这项历史音变的有序性表现在四个方面。

（1）产生的音类不是单个的，而是系列的。即：

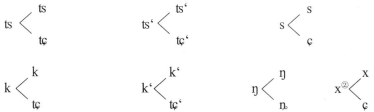

（2）tɕ、tɕ'、ȵ、ɕ 的产生给四川客家方言带来了拼合关系的变化：ts 组和 k 组只能拼开口呼和合口呼（在成都、仪陇有个别例外），tɕ 组则只能与齐齿

① 吴福祥：《关于语言接触引发的演变》，《民族语文》，2007 年第 2 期。

② 在四川客家方言中，经过了 h→x 的过程。

呼和撮口呼相拼，致使 ts 组、k 组、tɕ 组三组声母与开齐合撮四呼拼合时留下了空格。见表 6-24。

表 6-24　　　　四川客家方言 ts 组、k 组、tɕ 组与四呼的拼合关系表

声母　　韵母	开口呼	齐齿呼	合口呼	撮口呼
ts 组	+		+	
k 组	+		+	
tɕ 组		+		+

（3）ts 组和 k 组的辖字范围缩小，字随音分流，ts 组和 k 组与 i 组、y 组相拼的字，随其声母的变化读为 tɕ、tɕ'、ȵ、ɕ（有个别例外）。

（4）调整各音类的范围。其中最大的调整是全浊上、去、入声母字逢今 ts'、tɕ'读送气音特点的弱化，这部分字纳入古全浊声母字逢今塞音、塞擦音是否读送气音的整体进行调整，其调整的过程受到了四川官话有关字音的影响以及字频问题的影响。

撮口韵的产生也是客家方言到四川以后发生的重要的历史音变。其产生以后在各个点带来的与声母的组合关系，填补了撮口呼与 tɕ'和 n/l 拼合的空格，让齐齿呼韵母的辖字范围减少。尽管有同一个字 y、i 皆可读的歧异现象，但总体上还是受有序变化律的控制。

第四节　四川客家方言发展演变的原因

通过以上的研究，我们发现相对于梅县和五华客家方言，四川客家方言已经发生了很多的变化，离其来源方言已经有了比较大的距离。那么四川客家方言发展演变的原因是什么呢？像所有事物一样，其发展演变的原因概括起来不外乎外部原因和内部原因，简称外因和内因，四川客家方言的发展演变也是由这两个原因所决定的。换句话说，四川客家方言的面貌是其外部原因和内部原因综合作用的结果。

一　四川客家方言发展演变的外因

外因是事物发展变化的外在原因，即一事物和他事物的相互联系和相互影响。对于语言的发展演变来说，其外因则是影响语言发展变化的、语言系统之

外的因素，"物理世界、文化世界和心理世界的因素，都是语言系统之外的因素。"[①]因此，四川客家方言发展变化的原因包括四川客家方言到四川以后所处的不同的物理世界、文化世界、心理世界。关于"物理世界"，当是包括自然界和人类社会在内的客观世界，本文用更通行的"客观世界"代替"物理世界"。

（一）客家移民四川以后的客观世界

四川客家方言的发展演变始自客家移民四川。客家移民四川，不论是所面临的地理环境还是社会环境都发生了很大的改变，这些改变成了四川客家方言演变的重要推动力量。

在四川地理环境方面，四川盆地的地形、气候、土壤类型、日照条件以及自然资源等方面的条件跟粤东地区都有比较大的差异。主要的气候特点是：四季分明，春早、夏热、秋雨、冬冷，多云雾、少日照、生长季长。同时，四川各地客家的居住地还有差异。

成都位于四川盆地的西部，有广阔的平原。成都客家人聚居在东郊，他们面向成都平原，背靠龙泉山脉，其居住地浅山连绵，沟壑纵横，脚下的土壤并不是肥沃的黑色土地，而是黄色的黏土，贫瘠而透气性差。

隆昌地处四川盆地南部，属典型丘陵地貌，穿插在丘陵间的是大小不等的平地和沟壑。

仪陇县地处四川盆地北部低山与川中丘陵过渡地带，以低山为主，仪陇客家人集中居住在仪陇中部丘陵地区，山间有不少小块的平地、斜坡和沟壑。

西昌市被称为"小春城"，四季如春，年平均气温17℃，冬季日照长，气候温和干燥，夏季凉爽，空气湿润。西昌客家人集中分布的黄联关镇位于西昌市西南部安宁河畔，背靠旅游胜地螺髻山。安宁河两岸是河谷冲积成的狭长平地，河谷两侧高山耸立，常年风沙大，洪水季节安宁河水泛滥，时常淹没农田和房屋。

新的生存空间，带来了四川客家人生计方式的改变。以水稻的种植来说，由于气候的关系，四川一年只能种一季，而在粤东可以一年种三季。屈大均说："东粤自来多谷。志称南方地气暑热，一岁田三熟：冬种春熟，春种夏熟，秋种冬熟。……故东粤多谷之地也。"[②]夏收小麦，再加菜籽、豌豆、胡豆，秋收水稻、玉米，以及秋冬收红薯，这是四川客家人劳作的共同目标。此外，

---

① 王希杰：《词汇演变发展的内因和外因》，《浙江师范大学学报》，2003年第4期。

② 屈大均：《广东新语》下，中华书局1985年版，第371页。

隆昌客家人还种苎麻，织夏布，成都客家人还种植葡萄、水蜜桃、枇杷等水果，西昌客家人种植石榴等。这些说明了生计方式的变化。

与之相应的是所面对的社会空间的改变。在新的土地上生活的人并不都是客家人。在湖广填四川的移民浪潮中，湖广人已先期大量移民入川，占据了更好的地理条件。占据人口优势和经济优势的是湖广人，在西昌黄联关镇，跟客家人相对的称呼是"四外人"和"保十三"。在仪陇，跟客家人相对的称呼是"四邻人"（或"四里人"，下文统称"湖广人"）。由于四川客家人不可能在逼仄的空间里自给自足，因此必然要跟湖广人接触。早期的接触至少会涉及到生产劳动、买卖交易方面，进一步的接触则会涉及文化教育、婚丧嫁娶等方面。这些接触必然会引起四川客家方言的变化。

湖广人说的是湖广话，跟客家方言差异很大，两种方言不能直接对话，又由于客家方言处于弱势地位，这就注定了四川客家人需要改变语言策略，发生由单言向双言的转变。四川客家双言制的普遍实行，加速了四川客家方言的演变，也让四川客家方言的演变找到了方向。

"坪"与"坝"　"坪"是客家方言的特征词，为"小块平地"的意思，[1] 梅县、大埔把晒谷场说成"禾坪"[2]，五华也把晒谷场说成"禾坪"。"坝"，在梅县客家方言中可用来表示"沙滩"、"沙洲"的意思，还有"三河坝"的地名。[3] "坝"在四川官话中用得很多，《广韵》去声祃韵必驾切："蜀人谓平川为坝。""坝"表示"平川"的意义在四川官话中保存了下来，"平原"俗称为"平洋大坝"即是此义，经过引申后，"坝"在四川官话中可以表示或大或小的平地，也可以用作地名。客家人移民到四川以后，无论是一望无际的成都平原，还是丘陵、山区的大小平地，抑或是房前屋后院落中的平地，原有的"坪"都不能反映新的地理特征，若要扩大其词义范围，一来处于劣势无法竞争，二来已有湖广话的命名在先，最简单的做法就是跟着湖广人说各种各样的"坝"。这恐怕就是在四川客家地区很少见到用"坪"字的原因。在四川客家方言中，除了"草坪"这个来自共同语的词语之外，仅有少数带"坪"的地名，如青白江客家乡镇日新有"马坪"，西昌有"谢家坪"，隆昌还有"坪"跟"坝坝、坝子"叠置，而其他跟平地有关的词语几乎都用"坝"字了。

---

① 温昌衍：《客家方言特征词》，暨南大学博士学位论文，2001 年。

② 黄雪贞：《梅县方言词典》，江苏教育出版社 1995 年版，第 70 页；温昌衍：《客家方言》，华南理工大学出版社 2006 年版，第 79 页。

③ 黄雪贞：《梅县方言词典》，江苏教育出版社 1995 年版，第 39 页。

成都：

太阳地儿：日头坝 |阴凉儿：阴凉坝 |月亮地儿：月光坝、月光坝坝|小块平地：坝坝、坝子|平原：平洋大坝|河滩：河坝|沙滩：沙坝|晒谷场：晒坝|院子：院坝|乡下：乡坝、乡坝里|天府广场：皇城坝|露天电影：坝坝电影

隆昌：

太阳地儿：日头坝 |阴凉儿：阴凉坝ﾉﾚ、阴凉坝（子）|月亮地儿：月光坝

一块平地：坝坝、坝子、坪|平原：平洋大坝|河滩：河坝|沙滩：沙坝|晒谷场：晒坝|院子：坝子|乡下：乡坝、乡坝头

西昌：

太阳地儿：日头坝坝|阴凉地儿：阴凉坝|月亮地儿：月光坝坝|平地：平坝、坝子| 平原：平洋大坝 |山间狭长的平地：岭坝坝|河滩：河坝|沙滩：沙坝|晒场坝：院坝

露天电影：坝坝电影|乡下：乡坝上

仪陇：

太阳地儿：日头坝（子）|月亮地儿：月光坝里|平地：平坝、坝坝、坝子|平原：平原大坝|河滩：河坝|沙滩：沙坝 |晒谷场：晒坝、坝子|院子：院坝

（二）四川客家人的文化世界

存在决定意识。客观世界的变化必然会带来文化世界和心理世界的改变。四川客家文化属于客家移民以后形成的区域文化。谢重光先生在谈到台湾客家文化时曾经说："台湾客家文化承传了原乡的文化传统，但并不是原封不动地照搬原乡文化。台湾客家人的原乡本自多样……来到台湾后，客家人与原住民、福佬人之间，以及不同祖籍的客家与客家之间，发生错综复杂的关系，族群间的文化交流和融合，加上对所在地区环境和其他物质条件的适应，不同地区的客家而后都形成了鲜明的区域特色。对于不同地区客家文化形成区域特色的过程，台湾学者称之为'台湾客家在地化'，实际上就是我们所说的客家文化在台湾的变迁。"①谢先生的这些论断对于观照四川客家文化的区域特色具有指导意义。同样，我们也可以把客家文化在四川的变迁概括为"四川客家文化的在地化"。陈世松先生从四川客家的分布态势说明四川客家文化受巴蜀文化侵蚀的必然性："由于四川客家分布的地域，远离华南客家文化的中心区域，属于客家文化的边缘区，加之它又散落在以西南官话为标志的巴蜀文化的汪洋大海之中，从数十万到数千人不等，因此它不能不遭遇到强势

---

① 谢重光：《闽台客家社会与文化》，福建人民出版社 2003 年版，第 342 页。

的巴蜀文化的侵蚀和影响。"①

　　客家文化在四川具有鲜明的地域特色,四川客家人的文化世界呈现出蜀地风貌。语言是文化的重要组成部分,又是文化的重要反映。四川客家人文化世界的变化带来了四川客家方言的变化,这在习俗文化层面尤其显而易见。比如成都客家方言中的一些习俗词语,就我们现在的材料,还没有发现存在于客家基本住地。如:

　　抢童子②:三月三举行的祈子习俗

　　食九斗碗、坝坝筵:四川地区的民间宴会,按照习俗,筵席上不少于九样主菜

　　炖雨水、送雨水、送寄生:雨水日出嫁的女儿买"寄生"炖制肉食送给年满 60 岁的父母吃

　　送钩钩伞:端午节丈母娘送给女婿雨伞的习俗

　　坛神:一种被认为常常给人带来厄运的俗神

　　(三)四川客家人的心理世界

　　在时空转换中,客家人的心理世界也在发生变化。陈世松先生所概括的巴蜀客家定居融合的"不同而和"与"和而不同"的族群特征,可视为四川客家族群的心理特征。在"主动遵从当地的风俗习惯"、"在生产劳动中加强交流沟通"、"打破族内通婚的禁忌"方面体现出"不同而和","又在不断的文化交融中固守自己的个性,从语言、心理和意识上维护族群的自我认同性和内聚力,以确保'和而不同'"。③其"不同而和"与"和而不同"的心理特征体现在语言上,对母语保持忠诚态度,既传承自己的客家母语,又对湖广话采取接纳的态度,学习湖广人的方言,实行双言制,这便是语言上的"不同而和"与"和而不同"。双言现象普遍存在于成都、西昌、隆昌、仪陇几地的客家聚居区,并且这种情况由来已久。四川客家的双言现象当是从客家移民四川不久即发生,至今还在继续。通过近年在各地的随机访问,我们了解到了四川客家的语言态度和双言使用方面的情况。

---

　　① 陈世松:《论巴蜀客家的定居融合及其历史意义》,《客家文化与社会和谐》,广西师范大学出版社 2011 年版,第 112 页。

　　② 旧时在洛带燃灯寺内,每年三月三要举行"抢童子"的祈子俗,这也是洛带客家人的一个热闹非凡的庙会。在抢童子之前,先要唱川剧《仙姬送子》,戏毕主持者便通秉神灵,然后鸣炮三响抛出童子,台下的人便开始激烈争夺。

　　③ 陈世松:《论巴蜀客家的定居融合及其历史意义》,《客家文化与社会和谐》,广西师范大学出版社 2011 年版,第 112—117 页。

什么是语言态度？王远新认为："在双语和多语（包括双方言和多方言）社会中，由于社会或民族认同、情感、目的和动机、行为倾向等因素的影响，人们会对一种语言或文字的社会价值形成一定的认识或作出一定的评价，这种认识和评价通常称为语言态度。"①王远新认为语言态度属于语言的社会心理范畴，是一个由认知、感情、行为倾向等因素组合成的一个有机组合体；语言态度既具有稳固性，也具有可变性；语言态度调查应该把调查对象的背景情况、语言文字的学习途径、掌握程度和使用情况等跟语言态度有密切关系的因素包括在内。②客家人对母语的忠诚态度举世闻名，有"宁卖祖宗田，不卖祖宗言"客家祖训可证。兰玉英、严奇岩各自在四川各地的走访调查表明，四川客家人认为说客家方言是敬祖的体现。③近期的调查也显示，四川客家人对母语还基本持有忠诚态度。

四川客家的双言现象普遍存在于四川各个客家方言岛，在导论中我们已加以分析，并有调查数据。四川客家的双言现象，可以说是四川客家"不同而和"与"和而不同"的族群心理特征的投射。客家方言来到四川，其所面临的自然、社会、客家文化与客家心理世界都合力成为四川客家方言演变的力量。四川客家双言现象的产生和持续的过程，是一个客家方言跟四川官话不断深入接触的过程，也是四川客家方言逐步向四川官话靠拢的过程。

二　四川客家方言发展演变的内因

语言的演变还有语言内部原因，跟其他事物一样，外因需通过内因而起作用。内因是语言系统内部各个子系统的发展趋势及其相互制约与促进的力量。下面分三方面进行简述。

（一）趋势性演变

有一些演变，不是依靠四川官话的参照性而发生的，而是四川客家方言独立产生的。最典型的现象是-p、-t、-k→-ʔ的变化。这种变化不只是四川客家方言单独的变化，也是福建武平、上杭和江西蟠龙、于都、全南、龙南、兴国等地有的变化。④从更大的范围来看，也是吴方言、湘方言和闽方言北

①　王远新：《中国民族语言学理论与实践》，民族出版社 2002 年版，第 89 页。

②　王远新：《中国民族语言学理论与实践》，民族出版社 2002 年版，第 90—94 页。

③　刘义章、陈世松：《四川客家历史与现状调查》，四川人民出版社 2001 年版，第 232 页；严奇岩：《"宁卖祖宗田，不卖祖宗言"的文化解读——以四川客方言为考察对象》，《天府新论》，2007 年第 2 期。

④　蓝小玲：《闽西客家方言》，厦门大学出版社 1999 年版，第 65 页；刘纶鑫：《江西客家方言概况》，江西人民出版社 2001 年版，第 116—118 页。

部地区（如福州话、建瓯话等）和北方方言的某些地区（如晋中、晋北等地）①方言的共同现象，这种现象当属于语言的趋势性演变，这种演变很难从语言系统之外的原因去解释。入声韵尾在汉语各方言的分布具有不平衡性，在北方方言的大部分地区，包括西南官话的多数地点，入声韵尾都已经消失。根据入声韵尾在汉语方言中的分布状态，人们推断："入声字的消失大体可以分为三个阶段：最早的形式为-p、-t、-k，后来这三个韵尾合并为一个喉塞音-ʔ，这个-ʔ后来又脱落，变成北方方言（如北京话）的开尾韵。"②在"-p、-t、-k→-ʔ→0"这个链条中，-ʔ的演变属于中间环节，因此，四川客家方言的塞音韵尾-p、-t、-k 到 -ʔ的演变，反映了塞音韵尾的阶段性演变。

（二）内部结构要素的相互作用

有些现象的变化涉及语言系统的各个部分或相关要素的相互作用。比如四川客家方言中"ɚ（儿）"的产生到儿尾词、儿化词的产生与儿化词的数量，既有跟四川官话接触导致的外因，也是各客家方言点语音、词汇和构词法相互运动的内因。据我们的观察，四川客家方言中儿化词的多少跟"子"缀的运用密切相关："子"缀与"儿"缀共同加词根来构词的情况比较少，一般是用"子"缀就不用"儿"缀。

成都客家方言带"子"缀的词特别多，"儿"缀词较少，西昌客家方言"儿"缀发达，"子"缀词相对较少，隆昌和仪陇的"子"缀词较成都少，"儿"缀词较成都多，但各个地点的"儿"缀词都不如四川官话多。表 6-25 中的几个词在四川官话中都可以用"儿"缀（儿化用下标），四川各客家方言点用"儿"缀的情况不尽相同，主要原因就是其内部"儿"缀词与"子"缀词平衡与协调的结果。

表 6-25　　　　　　　　　　"儿"、"子"缀对应关系表

普通话	四川官话	成都客方言	隆昌客方言	西昌客方言	仪陇客方言
小鸡	鸡儿	鸡子	细鸡儿 鸡崽崽	细鸡儿 鸡儿	细鸡儿
马	马儿	马子	马儿 马牲口	马马儿 牲口	马 牲口
调羹	调羹儿	调羹子	调羹儿 调羹子	调羹儿	瓢羹儿
炮仗	火炮儿	火炮子	火炮子	火炮子	火炮儿

① 徐通锵：《历史语言学》，商务印书馆 1996 年版，第 82 页。
② 同上。

普通话	四川官话	成都客方言	隆昌客方言	西昌客方言	仪陇客方言
驼子	驼背儿	驼背子	驼子	驼背儿	驼背子
瘸子	蹁蹁儿	蹁子	蹁子	蹁蹁儿	蹁子

（三）语言规律的控制作用

在本章第三节中我们探讨了四川客家方言的多种演变规律，尽管还不详尽，但通过这些规律，也可以了解到它们对很多现象的支配作用，甚至某一种现象都是多种规律控制下产生的。下面再以语音中的文白叠置来展开讨论。之所以选择文白叠置来讨论，是因为文白叠置最复杂、看起来也最纷乱，其实也最能说明问题。通过琢磨与比较，我们发现，文读音也是有语言规律控制的。首先反映了竞争，是文白读之间的竞争，文读音形成的原因主要跟接触有关，但文读音以哪个具体的音来呈现，往往受对应律的控制，对应的目的在于使音系结构相协。如表 6-26 中字的读音：

表 6-26　　　　　　　四川客家方言文读音对应表之一

	生 ~产		声 ~明		城 ~市		对应
	官话	客方言	官话	客方言	官话	客方言	
成都	$sən^{55}$	$sən^{45}$	$sən^{55}$	$sən^{45}$	$ts'ən^{21}$	$ts'ən^{13}$	调类对应，调值改读以相协
隆昌	$sən^{55}$	$sən^{45}$	$sən^{55}$	$sən^{45}$	$ts'ən^{21}$	$ts'ən^{13}$	
西昌	$sən^{55}$	$sən^{45}$	$ʂən^{55}$	$ʂən^{45}$	$ts'ən^{31}$	$tʂ'ən^{212}$	
仪陇	$sən^{55}$	$sən^{33}$	$sən^{55}$	$sən^{33}$	$ts'ən^{21}$	$ts'ən^{21}$	"生、声"调类对应，改读调值以相协

对应有多种原则，如果都选择相同的原则，那么各个点会出现相同的文读音，如"择"在"选择"中读文读音，各四川官话的声调并不完全相同，但在四川各客家方言点中的读法却很接近，读 $ts'e\mathit{ʔ}^2$ 或 $ts'e\mathit{ʔ}^3$ 这是选择相同的原则对应的结果。然而这个读音并不符合"择"字的音韵地位。

择：梗开二入陌澄，这是个古全浊声母字，声调应该读阳入，事实上成都、隆昌、西昌几点的白读音却读的是阴入（此字在仪陇白读音已不读入声）。

古入声字在成都官话和仪陇官话中都归阳平，读 21 调，在西昌四外话中也归阳平，读 31 调，隆昌官话归去声，读 13 调。"择"字在四川官话中的声韵结构 ts'e 跟四川各客家方言点的声母结构协调，声调则按照入声＋调值相同或相近的原则来对应，成都读 $ts'e\mathit{ʔ}^2$，成为阴入字，隆昌、西昌读 $ts'e\mathit{ʔ}^3$，也成为阴入字，仪陇读 $ts'e\Omega^3$，却成为阳入字。在这里，成都、隆昌、西昌的对应读音出现了归类上的错误，仪陇的对应读音正符合读阳入的音韵条件，但这是碰了个巧。

有的文读音不光包含着横向的音类对应，还包含着纵向的汉字读音分派规律，如表 6-27 中的"味"、"袖"字。

表 6-27   四川客家方言文读音对应表之二

	味~精		对　　应	袖 领~		对　　应
	官话	客家方言		官话	客家方言	
成都凉水井	uei^{213}	vei^{31}	u→v，古次浊去今读上	$\varphi i\partial u^{213}$	$\varphi i\partial u^{31}$	古全浊去今读上
成都洛带		vei^{53}	u→v，古次浊去今读去		$\varphi i\partial u^{53}$	古全浊去今读去
隆昌	uei^{13}	vei^{31}	u→v，古次浊去今部分读上	$\varphi i\partial u^{213}$	$\varphi i\partial u^{53}$	古全浊去今部分读去
西昌	uei^{23}	vei^{53}	u→v，古次浊去今读去	$\varphi i\partial u^{24}$	$\varphi i\partial u^{53}$	古全浊去今读去
仪陇	uei^{14}	vei^{53}	u→v，古次浊去今部分读上	$\varphi i\partial u^{14}$	$\varphi i\partial u^{13}$	古全浊去今部分读去

也有直接照搬过来的，照搬过来的文读音，显得跟各个点的音系很不协调，只有这部分音好像游离于语言规律之外，如"电影"的"影"字，成都、隆昌都读"in^{53}"，直接来自于四川官话的读法，因为按照这个字的白读音，声调和古全浊上今读上的字音规律，都应该读 in^{31}。这种不受规律控制的情况，是少数，至少在双语阶段是少于受规律控制的。

第五节　四川客家方言与四川官话接触的几个其他问题

一　四川客家方言的反渗透问题

从本书前面的内容中可以了解到，四川客家方言与四川境内的西南官话因接触而引起的变化是很可观的，其演变的方向是向四川官话靠拢，演变的结果是跟四川官话趋同，或者说与四川官话同构。四川客家方言在语音、词汇和语法方面有很多的共同点，这些共同点大多是四川官话方言渗透进来的。前面说过，四川客家方言与四川官话的接触影响基本上呈现出一边倒的局面，亦即几乎是接受来自四川境内的西南官话的影响。这种影响我们表述为"相协"，而不是"互协"。"相"作为副词，有"互相"和"表示一方对另外一方的动作"的意义，"相协"中的"相"的意义便是后者，如"实不相瞒"中的"相"；"互协"中的"互"则是"互相"的意思，如"相距太远"中的"相"。四川客家方言与四川官话在使用人口的数量、语言、经济等方面的地位悬殊决定了四川客家方言与四川官话接触影响的主流是"相协"而不是"互协"。

四川客家方言与四川官话接触的历史长达 300 年，在这漫长的历史过程中，难道就没有对四川官话产生过影响吗？从理论上讲应该是有的，四川客家方言对四川官话的渗透我们称为"反渗透"。渗透与反渗透的研究都是很复杂的课题，因为牵涉到的方面很多。这里重点以语音为例试着对一些反渗透和可能的反渗透现象进行讨论。

兰玉英曾注意到部分仄声的全浊塞音、塞擦音声母，在四川官话读为送气音的情况，如"臼捕哺避傍拔跋铎跌造截凿撞辙秩浊择泽宅"等[①]，这些字的声母跟北京音读不送气不相同，也不符合四川官话古全浊仄声逢塞音、塞擦音读不送气音的规律，这些字音我们称之为歧异读音，简称歧读音。这种歧读音是怎么形成的呢？周骥研究隆昌客家方言语音，注意到这些歧读音，得到的结论是："可以初步判断，很可能来自于四川当地的客家方言，即是四川话向客家方言'借'来的。"[②]作者把这些字音跟隆昌客家方言与四川各地客家方言及梅县话加以比较发现，在客家方言中都读的是送气声母，又据麻城话、孝感话全浊声母"平送仄不送"的规律，以及四川湘方言老派浊音都读不送气的规律，排除这些歧异读音来自麻城话、孝感话和湘方言的可能性，从而作出了这些字音很可能来自客家方言的断定。

"很可能"，这是比较谨慎的措辞，原则上也只能得到或然性断定，因为判断这些字音的来源本是一个复杂的系统工程。决定其复杂性的原因概有三端：一是汉语方言间错综复杂的关系，二是四川移民与四川方言形成问题的复杂性，三是缺乏明清季全面系统的四川官话的语言资料。进行四川客家方言的反渗透研究，需要综合地全方位地考虑各种因素，包括"湖广填四川"运动中四川移民的来源、移民祖籍方言的特点、用来比较的字在相关方言点的读音，等等。

从移民来看，清朝前期"湖广填四川"时四川移民的来源地，遍及今天的湖北、湖南、山西、陕西、河南、山东、江西、安徽、浙江、福建、广东、

---

① 兰玉英：《简析汉字声母在四川方言中的歧异读音》，《西南民族学院学报》，2001 年第 7 期。

② 周骥：《隆昌客家话语音研究》，西南大学硕士学位论文，2008 年，第 71 页。

广西、贵州等十余省区，以湖北、湖南两地移居四川的人最多。①众多移民的汇聚，使得当时的四川形成了五方杂处的局面。嘉庆九年（1804年），杨燮的《锦城竹枝词》写道："大姨嫁陕二姨苏，大嫂江西二嫂湖。戚友初逢问原籍，现无十世老成都。"这首诗反映的就是"湖广填四川"后成都出现各省籍移民人融汇的情形。宣统年间出版的《成都通览》记载当时成都人的籍贯情况也很复杂：湖广籍占25%，河南、山东籍占5%，云贵籍占15%，江西籍占15%，安徽籍占5%，广东籍占5%，广西籍占5%，福建、山西、甘肃籍占5%。省会城市如此，四川其他县市人口的省籍大体也是如此。

　　根据四川移民的主要来源地及其在四川官话形成过程中的影响我们拟选择武汉、麻城、长沙、南昌、梅县的材料来加以比较。理由简述如下。

　　湖北话在四川方言形成过程中具有基础地位，崔荣昌先生的研究指出："四川方言的现状同六百年间的两次大移民紧紧地连在一起。元末明初的大移民把以湖北话为代表的官话方言传播到四川，从而形成了以湖北话为基础的四川话"②，武汉当时是湖广省的省会，影响力很大，武汉话的材料应当作为首选。

　　麻城孝感乡，是很多四川人族谱和口述中的祖居地，尽管我们认为麻城孝感乡跟山西洪洞大槐树、福建宁化石壁村一样，不可能是多数四川移民的实际来源地，应当是当时多数移民的中转站，它更多地反映了四川移民关于祖籍的心理认同，具有文化符号的意义，但也不妨把麻城话拿来比较。

　　湖南、江西也是四川移民的重要来源地。《蜀故》卷三③的资料显示，乾隆以后入川的湖南人和江西人的数量不少。

乾隆十八年　广东省入川民人杨国能等408户

　　　　　　湖南省入川民人蒋玉先等991户

　　　　　　广西省入川民人胡志章等8户

　　　　　　江西省入川民人萧药荣等394户

　　　　　　福建省入川民人林理臣等17户

乾隆十九年　广东省入川民人姚官秀等281户

　　　　　　湖南省入川民人谢恭敬等1612户

　　　　　　江西省入川民人萧天祥等140户

　　　　　　广西省入川民人李子杰等73户

---

　　① 崔荣昌：《四川方言的形成》，《方言》，1985年第1期。

　　② 同上。

　　③ 有关数据转引自崔荣昌《四川境内的湘方言》，中央研究院历史语言研究所，中华民国八十五年版，15—16页。

乾隆二十年　　湖南省入川民人蔡芝茂等 1860

　　　　　　　广东省入川民人高三才等 590

　　三年中移民计 6374 户。其中湖南籍最多，为 4463 户，占总户数的 70% 以上；其次是广东籍，为 1279 户，占总户数 20% 以上，再其次是江西籍，为 534 户，占总户数 8.38%，广西和福建移民都很少。

　　从可能性来分析，以上各省移民所操的方言对四川官话的形成都应该带来了程度不等的影响。具体到上面所说的歧读音恐也如此。表 6-28 比较《汉语方音字汇》中"大、导、骤、捷、截、凿、浊、撞、择、泽"10 个字在客、湘、赣等方言中的读音来讨论。四川官话方言以成都话为代表。

表 6-28　　　　　　　　　　全浊去、入部分字读音比较

古音\地点	大 大小\果开一 去箇定	导\效开一 去号定	骤\流开三 去宥崇	捷\咸开三 入叶从	截\山开四 入屑从	凿\宕开一 入铎从	浊\江开二 入觉澄	撞\江开二 去绛澄	择\梗开二 入陌澄	泽\梗开二 入陌澄
成都话①	ta⁼ ᵗt'ai	tau⁼ t'au	ts'əu⁼	⊂tɕie	⊂tɕie ⊂tɕie	⊂ts'o	⊂ts'o	⁼ts'uaŋ tsuaŋ⁼	⊂ts'e	⊂ts'e
武汉话	ta⁼ tai⁼	tau⁼	ts'ou⁼	⊂tɕie	⊂tɕie	⊂tso	⊂tso	⁼ts'uaŋ tsuaŋ⁼	⊂ts'ɤ 择	⊂ts'ɤ 择
麻城话②	ta⁼	tau⁼	tsəu⁼	tɕie⁼	tɕie⁼	tsau⁼	tʂo⁼	ts'aŋ⁼	tse⁼	tse⁼
长沙话	ta⁼ 文 tai⁼ 白	tau⁼	ts'əu⁼	tɕ'ie⊂	tɕ'ie⊂ tɕie⊂	ts'o⊂	ts'o⊂	⁼tɕ'yan tɕ'yan⁼	ts'ɤ⊂ 文 ts'ɤ⊂ 择	ts'ɤ⊂
南昌话	t'ai⁼ 文 tɔ⁼ 白	t'au⁼	ts'ɛu⁼	tɕ'iɛt⊂	tɕiɛt⊂ 文 tɕ'iɛt⊂ 白	ts'ɔk⊂	ts'ɔk⊂	ts'ɔŋ⁼	ts'ɛt⊂ 文 t'ɔk⊂ 白	ts'ɛt⊂
梅县客话	t'ai⁼	⊂t'au	⊂ts'eu	ts'iap⊂	ts'iɛt⊂	ts'ɔk⊂	ts'uk⊂	ts'ɔŋ⁼	ts'ɛt⊂ 文 t'ɔk⊂ 白	ts'ɛt⊂
成都客话	t'ai⁼	t'au⁼	ts'ɔ⁼	tɕ'ie?⊂	tɕ'ie?⊂	ts'o?⊂	ts'o?⊂	ts'ɔŋ⁼	ts'e?⊂ 文 t'o?⊂ 白	ts'e?⊂
隆昌客话	t'ai⁼	t'au⁼	ts'ɔ⁼	tɕ'ie?⊂	tɕ'ie?⊂	ts'o?⊂	ts'o?⊂	ts'ɔŋ⁼	t'o?⊂	ts'a?⊂
西昌客话	t'ai⁼	t'au⁼	ts'ɔ⁼	tɕ'ie?⊂	tɕ'ie?⊂	ts'o?⊂	ts'o?⊂	ts'ɔŋ⁼	ts'e?⊂ 文 t'o?⊂ 白	ts'e?⊂
仪陇客话	t'ai⁼	t'au⁼	ts'əu⁼	tɕ'ie?⊂	tɕ'ie?⊂	ts'o?⊂	ts'o?⊂	ts'ɔŋ⁼	ts'ɛ?⊂	ts'ɛ?⊂

　　① 成都话第一行"大"，梁德曼、黄尚军：《成都方言词典》注音用训读字，记为：呔，意思是"大"。例如：你这件衣服好～哦！| 这双鞋子小得很，换双～点儿的。见该词典 167 页。

　　② 麻城话材料出自夏中华《麻城方言调查报告》，广西民族大学硕士学位论文，2011 年。

　　表中在四川官话里读为送气音的 10 个（包括"大"字的两读）古全浊仄声字，在其他地点的读音情况如下所示。

　　武汉话：1 个字（骤）读送气音，3 个字（撞、择、泽）有两读，6 个字（大、导、捷、截、凿、浊）读不送气音；

　　麻城话：1 个字（撞）读送气音，9 个字（大、导、骤、捷、截、凿、浊、择、泽）读不送气音；

　　长沙话：7 个字（骤、捷、凿、浊、撞、择、泽）读送气音，1 个字（截）两读，2 个字（大、导）读不送气音；

　　南昌话：8 个字（导、骤、捷、凿、浊、撞、择、泽）读送气音，2 个字（大、截）两读；

　　梅县客家方言和四川客家方言：全读为送气音。

　　再把以上情况加以数值化：设定读送气音为 1，两读音为 0.5，上述各点的排序是：

　　梅县和四川客家方言：10 > 南昌话：9.5 > 长沙话：7.5 > 武汉话：2.5 > 麻城话：1。

　　从这个比较中可以得到哪些结论呢？结合四川官话方言的形成和有关方言的语音特点，可以比较肯定的是，四川官话方言的某些歧读音来自非官话方言。那么是来自客家方言吗？客家方言中读为送气音的字与表中四川官话的读音高度重合，这似乎有作出肯定回答的充分理由，然而南昌话读送气音的字很多，为什么又不是来自南昌话的呢？长沙话中读送气音的字也不少，为什么又不是来自湘方言的呢？

　　这里需讨论一下湘方言的影响。长沙话是湘语的代表话，关于湘语，通常的认识是，古浊音声母今逢塞音和塞擦音时，无论保留浊音或浊音清化，不管平仄，一般为不送气音，并以此作为确认湘语的标准①。说到湘语，人们常常也注意其全浊声母读为不送气音的一般特征，而比较少关注那些特殊现象。对照《汉语方音字汇》中的有关例字，我们惊讶地发现，四川官话中那些读送气音的歧读字，在长沙话中也多读为送气音。表 6-28 中湘方言读送气音的字属于全浊入声。湘方言中全浊入声字今读送气音的现象是早期的读法还是后来的演变所致？田范芬通过研究长沙话古全浊入声从《训诂谐音》（1882）到《湘音检字》（1937）送气音字的变化，说明其清化以后本读送气音，不送气音是后来的变化，并认为这种演变发生在《训诂谐音》之前的一

---

　　① 侯精一主编：《现代汉语方言概论》，上海教育出版社 2002 年版，第 123 页。

段时间。[①]不但长沙话如此，入声字清化后读送气音的情况也比较普遍地存在于湘方言中，陈晖通过大量语言事实的调查统计，指出"湘方言中，除极少数地方外，古全浊声母舒声字清化后一般读不送气，入声字清化后部分送气，部分不送气，有不少地方送气占绝对优势"[②]。长沙话浊音清化发生的准确时间今还未探明，倘若在操湘语的移民入川的时候就已发生，四川官话里全浊入声中的歧读音也有可能来自湘方言。崔荣昌先生通过比较成都话与 11 个汉方言点在词汇上的同异，认为长沙话跟成都话关系亲密："长沙话同成都话的亲密关系显示出新湘语对成都话、对四川官话的影响深远，而这种影响是伴随明清之季'湖广填四川'的大移民，即由湖南湘语区移民四川造成的"[③]。又据崔荣昌先生的调查，四川湘语的现状是："可能是湘方言本身就同西南官话比较接近，两次大移民活动中从湘方言区移居四川的人数又远比湖北人少，进川以后受到湖北话的巨大影响，时间一久就逐步融化进四川话了，只在个别地区残存一些影响。比如仪陇县新城乡周围两万余人至今还说'永州腔'。"[④]这段话透露出这样的信息：操湘语入川的湖南人大都发生了方言转用。明末清初的移民，湖南籍移民虽不及湖北移民多，但跟广东、江西移民相比较，其数量也是相当的可观。上列乾隆十八、十九、二十年的人口统计数据可以说明这点。因此我们可以这样来推断：湖南籍移民改用四川官话以后，把自己母语的一些成分带到四川官话中，再经某种力量的推动，使这些成分的影响扩散到四川各地。上表中的四川官话中歧读音很可能是新湘语的底层读音。表中四川官话中读送气音的全浊入声字，新湘语的代表话长沙话也读送气音，这些全浊入声字的读音能够实现点对点的对接，不能不令人相信新湘语的影响，因此不能排除新湘语对上举歧读音的影响。

　　客家方言对四川官话的歧读音当然也有影响。四川客家方言虽然是弱势方言，但也会产生一定的反作用，四川官话中"大"字的白读音便是铁证。如"好大"中的"大"，四川官话在各地口语中大都读 tʻai⁵³。声母为送气音，声调为上声，这不符合四川官话声母和声调的演变规律。因为"大"是古定母去声字，在四川官话中今应读 t 声母去声才符合规律；声调读为上声也不合规律，因为全浊去今应读去，笛韵读 ai，这是上古音，四川官话中别无他字读这个韵母。此读音源自客家方言是最合理的分析。请看表 6-29。

<hr>

①　田范芬：《近代长沙话声母特点及演变》，《语言研究》，2008 年第 3 期。

②　转引自陈立中《论湘语的确认标准》，《汉语学报》，2008 年第 4 期。

③　崔荣昌：《四川方言与巴蜀文化》，四川大学出版社 1996 年版，第 132 页。

④　崔荣昌：《四川方言的形成》，《方言》，1985 年第 1 期。

表 6-29   "大~小"字读音比较

方言点	读音	声母	韵母	声调		比较结果
				调值	调类	
四川官话	t'ai^{53}	t'	ai	53	上声	"大" t'ai^{53}：声母读送气音，调类为上声，在西南官话中独树一帜
武汉话	ta^{35}/tai^{35}	t	a/tai	35	去声	
柳州话	ta^{24}	t	a	24	去声	
贵阳话	ta^{24}	t	a	24	去声	
四川官话	t'ai^{53}	t'	ai	53	上声	"大" t'ai^{53}：跟梅县音完全一致。跟南昌文读的声母、韵母相同，调值不同；跟南昌白读音声母同，韵母、调值不同。跟长沙音文读的声母、韵母、调值均不同
梅县客话	t'ai^{53}	t'	ai	53	去声	
南昌话	t'ai^{21} 文	t'	ai	21	阳去	
	tɔ^{21} 白	t'	ɔ	21	阳去	
长沙话	ta^{55} 文	t	a	55	阳去	
	tai^{21} 白	t	ai	21	阳去	

    以上比较的思路是，把歧读字"大"放到西南官话中去比较，以考察是否为西南官话的固有特点或读音，因为固有与渗透是两个对立的现象；如果属于其他方言的渗透，则需同有关方言点比较，以更准确地确定其来源。"大"字读 t'ai^{53}，在西南官话中独具特色，断定这个歧读音是外方言渗透来的，当无问题。跟四川形成和发展有密切关系的方言除了湖北话之外，还有客家方言和湘方言，所以把这个读音跟梅县话、南昌话和长沙话加以分项比较，然后再一一分析确认。"大"字的读音跟长沙话的声韵调无一相同，首先予以排除；跟南昌话白读音的声韵调也都不相同，也加以排除，其文读音声韵相同，但调值差异大，并且其文读音不大可能影响到四川官话的白读音。"大"读 t'ai^{53}，四川官话与梅县音完全相同，声母读 t'，满足梅县话古全浊声母逢今塞音、塞擦音今读送气音的规律；韵母读 ai，是上古音的遗留，在箇韵中还有"哪 nai、我 ŋai、个 kai"几个字在梅县及客家方言其他地点（包括四川客家方言）读 ai；声调读 53（去声）满足梅县话古全浊去今读去的规律。显然，"大"读 t'ai^{53}，是客家方言的常例，客家方言的常例整体移植到四川官话，就成了四川官话的特例，成了例外，产生了歧读音。上表各语音项目的比较，调类上四川官话跟梅县话不相同，调值决定调类，53 调是四川官话上声的调值，这为从客家方言来的 53 调找到了安放的位置，所以这个字不必采用调类对应、改读调值的方法来借用，因为是读音的整体植入，所以形成了调类上的不一致。

综上，通过比较全面的考察，四川官话口语用字"大 t'ai⁵³"，跟梅县客家方言的读音对接是无缝的，犹如卯榫般镶嵌。至此完全可以肯定地说，四川官话把"大"读作 t'ai⁵³，是客家方言影响的结果。

至于其渗透的途径很可能也是方言的转用。在明末清初"湖广填四川"的移民浪潮中，客家移民数量也比较可观，并且其分布的范围很广，几乎遍布全川各县市。上列乾隆十八、十九、二十年的人口统计数据中，广东籍占总户数 20%以上。广东籍的移民主要是客家人。今四川客家方言主要存在于成都、隆昌、西昌、仪陇几个客家聚居区，而在四川各地散居的客家人大都发生了方言转用。因此"大"读为 t'ai⁵³，很可能是客家人方言转用后留在四川官话里的客家方言底层。

词汇的反渗透研究问题也异常复杂。有些共见于四川官话和客家方言的特色词语，如"星宿、踳、闹热、屙痢、脷子、打摆子、争ꜛ、联缝"等，我们不能轻易判断是四川官话与客家方言渗透与反渗透的成果，因为有的词可能是共同来自古代汉语的，古汉语是源，在各个方言的分布是流，而不是横向的接触。通过对有关文献资料[①]的比较，我们初步判断四川官话中的"脷子"是客家方言影响的结果。

"脷子"是四川官话中普遍运用的方言词。

《四川方言词典》：脷子，（名）指专供食用的猪舌。

《成都方言词典》：【利子】ni˩ tsɿ˥，rʅ˩ ȵin˩，作为食物的猪、牛等的舌头，多指的猪的舌头，因"舌"与"蚀"同音，故反其意而称之：卤点儿～来下酒。也作"脷子"。

《汉语方言大词典》：脷子，猪牛等的舌头。西南官话。四川成都[ni²¹³ tsɿ⁵³]、自贡[ni² ꜛtsɿ]、仁寿[ni²¹³ tsɿ⁴²]、南充[ni² .tsɿ] 买了两个～。湖南宁远[li³¹ tsɿꜛ]。

在客家方言、粤语和闽语中有"脷"，表示舌头的统称：

《汉语方言大词典》：脷，舌头① 客话。福建永定下洋 li³³。广东惠州 li³¹。② 粤语广东广州 lei²² 等，③ 闽语。

《现代汉语方言大词典》：【脷】梅县 li˩，东莞 ŋian˩ 舌头：△猪脷～酒下酒——双舌"蚀"的谐音，（梅县）|自己咬着自己唧～|猪～|牛～（东莞）。【脷】广州 lei˩ 舌头：牛～|卤水猪～|～尖|～底……

---

① 材料来自许宝华、宫田一郎主编《汉语方言大词典》，中华书局出版社 1999 年版，第 5674 页；李荣主编：《现代汉语方言大词典》，江苏教育出版社 2002 年版，第 3918 页；梁德曼、黄尚军：《成都方言词典》，江苏教育出版社 1998 年版，第 30 页；王文虎、张一舟、周家筠：《四川方言词典》，四川人民出版社 1989 年版，第 268 页。

　　粤语和闽语跟四川官话在历史上无明显的接触关系，可以排除它们对四川官话的影响。从四川客家方言与四川官话的深刻接触关系来看，"脷子"完全有可能是借用客家方言的"脷"并加以双音化的结果。

　　"舌"为什么要说成"脷"？"舌"梅县读 sat⁵，跟"蚀"同音，说"舌"sat⁵极易联想到同音词"蚀"，而"蚀"可是人们不喜欢、不愿意直接说出的词，因此需要避讳。"脷"与"利"同音，把舌头说成"脷"，跟"利"产生很好的联想，满足趋利避害的心理期许。

　　无独有偶，四川官话"舌"字读 se²¹（成都音），与"蚀本"的"蚀"字同音，也易产生不好的联想，有避讳的必要。避讳是人类很普遍的现象，但避讳的方式却有差别。"猪牛羊等舌头"讳称为"赚头"，是中原官话、江淮官话、吴语以及西南官话中武汉、襄樊等地说法①，四川官话不称"赚头"而称"脷子"，词根与客家方言的"脷"相同，这个"脷"当是通过四川客家方言的通道借用的。

　　客家方言缺乏"子"缀已如前述，"脷"当初应是以单音节的形式被带入四川的。今四川客家方言中的不少单音节词，在其来源方言中仍是单音节词。如：

| 裙子←裙 | 尾巴←尾 | 笋笾（笋筐）←笋 | 泥巴←泥 |
| 索嫲←索 | 颜色←色 | 声音、声气←声 | 冰雹文←雹 |

　　上列单音词是粤东客家方言的词形，双音词是四川客家方言的词形。就是说四川客家方言中的某些双音节词是到四川以后的变化，"脷子"也是经过了由"脷→脷子"的过程。

　　四川客家方言今不用单音词"脷"，而用复音词"脷子"，词义只指猪牛的舌头，而不指人的舌头，词义范围较祖籍方言小。表面看起来好像是四川官话对四川客家方言的影响，实际上这反映了四川客家方言与四川官话在接触过程中的互动。互动的起点是四川客家方言向四川官话借出"脷"，中间点是经四川官话在词形和词义关系上的改造后成为"脷子"，终点是以"脷子"的形式再回到四川客家方言中。

　　四川官话的"子"尾很发达，有些表示相同事物的词语，普通话不用"子"尾而四川官话要用"子"尾。如"羊子、蝉子、虾子、蚕子、树子、蒜子、胃子、烟子、葱子、衣架子、今年子、去年子"等词，四川官话带"子"尾普通话不带"子"尾。"脷"被借入到四川官话，其单音节的形式跟四川官话

---

① 许宝华、宫田一郎主编：《汉语方言大词典》，中华书局 1999 年版，第 6823 页。

的词形特点不协调，于是便加"子"尾，使之双音节化。

尽管"腘子"是四川官话把"腘"改造以后产生的词形，但因为其词根来自四川客家方言，在互动环节中处于起始点，所以我们说这是四川客家方言对四川官话的反渗透。

经改造过的"腘子"再回到四川客家方言，便把"腘"取而代之，跟四川官话在词形和表义范围上完全趋同，这或许可以看成是方言接触中两方"互协"的一个例子。

二　四川客家方言的混用成分问题

本书呈现了客家方言入川以后，在与四川境内的西南官话深刻接触下发展演变的大端，客家方言特征的减弱与四川官话特征的增强是演变的趋势和基本特征，据此，可以把四川客家方言概括为是"川化的客家方言"。川化的客家方言，表明其基本属性是客家方言，同时揭示指出其在四川的变化，这与四川客家方言保存完好，或者说是唐宋古音的说法有很大的区别，同时也表明四川客家方言不是一种混合方言。

混合与混用是两个不同的概念。郭熙把皮钦和克里奥尔都称为混合语，认为"它们都是操不同语言的人由于基本的交际需要而被迫找出的一种共有的交际系统"。[①]语言及其变体在社会语言学中通常被称为语码。语码的混合与语码的混用也是两种不同的情况。"所谓语码的混用是指在使用一种语码时，由于特定的原因，大量混合使用另一种语码要素的情况。语码的混用与语码的混合不同。因为语码混用的出现不是不同语码使用者为交际的需要而构成共有交际系统。"[②]

四川客家方言的"川化"属性，似可以从特征的川化和用词的川化方面去论述，本书在第三、四、五章中，分别从语言、词汇和语法特征方面进行了论述，这里我们将讨论川化的用词问题。川化用词属于四川客家方言现阶段典型的混用成分。

所谓川化用词，是指不进行词汇和语音对应，而直接照搬四川官话的词形及其读音的词汇运用现象。在第四章的借词内容中我们谈到借词读借用音的情况即也是属于川化用词。我们发现，四川客家人在日常交际中，会不自觉地在客家方言中夹杂官话方言的词汇和发音。社会方言中有一种特殊的"文

---

① 郭熙：《中国社会语言学》（增订本），浙江大学出版社 2004 年版，第 190 页。

② 同上书，第 191 页。

理"和"土白"对立的现象，其中重要的一层含义就是指读书时用文读音读汉字，说话时则离开汉字使用方言口语①。四川客家人读书时，往往使用当地官话方言，说话时则用客家方言，这是一种特殊的文理和土白的对立现象。四川各地教师无论是否客家人，从来都以官话方言或普通话作为教学语言②。长期以来造成的结果，使得许多书面语和新词新语披着官话语音的外衣进入到四川客家方言中。这些词往往是客家方言中原本没有的概念，多是表示人名、地名、专有名词和近年来出现的新词新语等。

以下一段对话，发生在成都客家乡镇龙潭寺。

$\text{ȵi}^{13}\text{tɕin}^{45}\text{pu}^{45}\text{ȵiʔ}^{3}\text{oi}^{53}\text{ɕi}^{53}\text{nai}^{31}\text{tsɿ}^{13}$?

甲：你 今 晡 日 爱 去 哪 子你今天要到哪里去？

$\text{ŋai}^{13}\text{ɕi}^{53}\text{mo}^{53}\text{tsɿ}^{31}\text{tɕ'iau}^{13}$, <u>$\text{tien}^{13}\text{nau}^{53}\text{ts'ən}^{31}$</u>。

乙：𠊎_我去 磨 子 桥， <u>电 脑 城</u>。

$\text{ȵi}^{13}\text{ts'o}^{45}\text{tɕi}^{31}\text{nu}^{53}\text{ts'a}^{45}$?

甲：你 坐 几 路 车？

ŋai^{13} ts'o^{45} <u>iau^{45} iau^{45} ɚ^{13}</u>。

乙：𠊎 坐 <u>1 1 2</u>_{我坐112路。}

$\text{ts'a}^{45}\text{tsɿ}^{13}\text{oi}^{53}\text{noi}^{13}\text{niau}^{13}$, $\text{ŋa}^{45}\text{iaŋ}^{13}\text{tsɿ}^{31}\text{iəu}^{45}\text{naŋ}^{13}\text{tɕ'ien}^{13}$,

甲：车 子 爱 来 了， 𠊎 样 子 有 零 钱，

$\text{ŋai}^{13}\text{ieʔ}^{3}\text{tɕ'ie}^{13}\text{pən}^{45}$。

　𠊎 一 起 分_{车子要来了，𠊎这儿有零钱，我一起给。}

m̩^{13} ɕiau^{45}, m̩^{13} ɕiau^{45}, ŋai^{13} iəu^{45} <u>kuŋ^{45} tɕiau^{45} k'a^{53}</u>。

乙：唔 消， 唔 消， 𠊎 有 <u>公 交 卡</u>_{不用，不用，我有公交卡。}

$\text{ȵi}^{13}\text{ɕi}^{53}\text{kai}^{53}\text{tsɿ}^{31}\text{tso}^{53}\text{maʔ}^{3}\text{ke}^{53}$?

甲：你 去 個 子 做 脉 个_{你去那里做什么？}

$\text{ŋai}^{13}\text{ɕi}^{53}\text{ke}^{45}\text{ŋa}^{45}\text{se}^{53}\text{tsɿ}^{31}\text{mai}^{45}\text{tsaʔ}^{3}\text{tien}^{53}\text{nau}^{31}$, $\text{kai}^{53}\text{tsɿ}^{31}\text{mai}^{53}\text{tien}^{53}\text{nau}^{31}$

乙：𠊎 去 给 𠊎 细 子 买 只 电 脑， 個 子 卖 电 脑

$\text{ke}^{31}\text{to}^{45}$。

個 多_{我去给我孩子买个电脑，那儿卖电脑的多。}

---

① 游汝杰、邹嘉彦：《社会语言学教程》，复旦大学出版社2004年版，第25页。

② 现在课堂上主要使用普通话，其他时间往往使用官话。

o³¹, i³¹tɕin⁴⁵tsaŋ⁵³to⁴⁵n̩in¹³tiəu⁴⁵teʔ<u>uaŋ⁵³saŋ</u>¹³mai⁴⁵, t'au¹³pau³¹,

甲：哦，底今正多人都得<u>网上</u>买，淘宝、
tɕin⁴⁵tuŋ⁴⁵xai¹³iəu⁴⁵<u>ia¹³ma⁵³ɕyn</u>¹³, iaŋ¹³t'iəu⁴ɕie⁵³tsɿ³¹tiəu⁴⁵ɕiau³¹teʔ³,
京东还有<u>亚马　逊</u>，样兜细子都晓得，
oi⁵³ko⁵³ɕiəŋ⁴⁵in⁴⁵。

爱　过　相　因。<small>哦，现在很多人都在网上买，在淘宝、京东还有亚马逊嘛。这些孩子都知道，要更便宜。</small>
o⁵³io³¹, ŋai¹³tɕ'iəu⁵³kau³¹m̩¹³ tuŋ³¹niau¹³。ŋai¹³t'aŋ⁵³tɕin¹³nin⁴⁵kɔŋ³¹xai¹³

乙：哦哟，俚就搞唔懂了。　俚听佢们讲还
oi⁵³maʔke⁵³<u>tsɿ⁴⁵fu¹³pau</u>⁵³, kau³¹m̩¹³ tuŋ³¹, xai¹³xe⁵³ɕi⁵³kɔŋ⁵³tau³¹mai⁴⁵
要　脉个<u>支付　宝</u>，搞唔懂，还系去看到东
ɕi⁴⁵ mai⁴⁵ko⁵³sɿʔ⁵ts'ai⁵³。

西买过实在<small>哦哟，我就搞不懂了。我听他们说还要什么支付宝，搞不懂，还是去看到东西买更实在。</small>
tɕ'iəu⁵³xe⁵³, van⁵³ieʔ³mai⁴⁵tau³¹<u>vai⁵³xo</u>¹³。tuei⁵³niau¹³, n̩i⁴⁵ke³¹nai⁵³

甲：就　系，万一买到<u>Y货</u>。对了，你个倈
tsɿ³¹t'oʔ⁵tɕi³¹n̩iɛn¹³tɕieʔ³niau¹³。
子读几年级了<small>就是，万一买到假货，你的儿子读几年级了？</small>
t'oʔ⁵ts'u⁴⁵n̩i⁵³。

乙：读初二。
ts'ən¹³tɕieʔ³xau³¹m̩¹³xau³¹?

甲：成绩好唔<small>不</small>好？
tɕ'iəu⁵³xe⁵³su⁵³xoʔ⁵nau⁴⁵<u>xua</u>¹³ɕio²¹m̩¹³t'ai⁵³xau³¹, tɕ'i¹³t'a⁴⁵xai¹³

乙：就系数学掺<u>化学</u>唔太好，其他还
ko³¹i⁴⁵。
可　以<small>就是数学和化学不太好，其他还可以。</small>
ka⁵³n̩i¹³nau⁴⁵tɕi¹³tɕ'iaŋ³¹tsaʔtɕia⁴⁵tɕiau¹³ma³¹,

甲：嘎你掺佢请只<u>家教</u>嘛，
pu³¹ieʔ³xa³¹k'o⁵³。
补一下课<small>那你给他请个家教嘛，补一下课。</small>
tɕ'iaŋ³¹teʔ³ɕi³¹a³¹ʔɚ³¹suan⁴⁵tsɿ¹³iəu⁵³ɚ³¹suan⁴⁵fu³¹,

乙：请　得　起啊？<u>儿孙自有儿孙福</u>，
ko⁵³mən⁵³tɕi¹³。
过问佢。<small>请得起啊？儿孙自有儿孙福，管他的。</small>

以上对话中，"电脑城、112（路）、公交卡、网上、亚马逊、支付宝、Y

货、化学、家教、儿孙自有儿孙福"都发成了成都官话的读音。其中有些词本来可以通过类推转换成客家方言读音的，如"电脑城、112（路）、公交卡、支付宝、化学、家教"类推读为"tien⁵³ nau³¹ saŋ¹³、iau⁴⁵ iau⁴⁵ ȵi⁵³、kuŋ⁴⁵ tɕiau⁴⁵ kʻa³¹、tsʅ⁴⁵ fu⁵³ pau³¹、fa⁵³ xoʔ⁵、ka⁴⁵ kau⁵³"，而"网上、亚马逊、Y货、儿孙自有儿孙福"等却难以类推为客家方言读音，在交际中非得使用官话的读音。这种现象在四川各地客家方言中都很常见，这种语言现象是在特定社会条件下形成的两种方言的混用成分。这种状态类似香港粤语夹杂英文，但其语言的主要特征仍然是汉语方言。四川客家方言的主要特征也仍然是客家方言，除了少数词语的借用，其语音、词汇、语法的主体仍保留客家方言的特征，它不可能形成像今天的"雅江倒话①"、"赫哲语②"一样的混合语。客家方言夹杂少量官话词汇的说法也不会作为一种标准语言的范例教授给下一代。在官话方言和客家方言的深刻接触中，最终的结果很可能是官话排挤和替代客家方言，成为客家人的使用语言。事实证明，上一代人说客家方言，下一代人说官话方言的现象早已产生；上一代人讲这种有混合特点的方言，下一代并不会沿袭，也不会进行对应、类推，或者直接投身官话方言的怀抱了。

不过，从趋势性看，四川客家人交际中带上川化词语会越来越多。社会生活急遽变化，新词新语层出不穷、日新月异，对新词新语，四川客家人用客家方言表达往往感到无所适从，语言交际是一种即时即景的行为，容不得多想，解决这种困境的最简单的办法就是从官话里直接拿过来用，即使用川化词语。这种词语使用得越多，混合的成分也就相应增多。

三 四川客家方言的前途问题

四川客家方言的前途跟四川客家方言岛的前途直接相关，因为迄今发现四川客家方言仅存于客家方言岛。四川客家方言未来的存亡首先取决于各个方言岛的存亡。

---

① 雅江倒话存在于甘孜州雅江县境内，作为一种混合语它有两个基本特点：词汇成分主要来自汉语，但语法结构却与藏语有着高度的同构关系。这些来自汉语的词汇成分读法上与汉语有严格的对应关系，但语音要素格局（元音格局与辅音格局）却与藏语有相当高的一致性。同时，倒话的语法结构及各种要素的功能与藏语有相当一致的同构性，如动词的名物化标记，体、态、式标记以及名词代词的一些格标记等，并且"倒话"已经成为某一言语共同体的第一交际语和孩子们学习的母语。参见意西微萨·阿错《雅江"倒话"的混合特征》，《民族语文》，2002年第5期。

② 凌纯声先生根据1930年掌握的调查资料在《松花江下游的赫哲族》中专门研究了赫哲人的语言问题，认为今天的赫哲语，是在以原来的赫哲语为主干，加入满洲语、蒙古语、古亚洲语及一小部分汉语而成为的一种混合语。参见何日莫奇、吴宝柱《赫哲语使用现状的调查与分析》，《民族语文》，2004年第4期。

　　四川各客家方言岛是因客家移民入川后在成都、内江—隆昌、西昌、仪陇几地采用聚居方式而形成的。其形成的时间从乾隆年间算起，也已近 280 年。这个时间已不算短。四川客家方言岛的长期存续有赖于客家聚居方式的延续、四川客家双言交际生活的长期维持和四川客家人对母语的持续忠诚等诸多因素。但对于弱势方言来说，这诸多因素所产生的力量，远不足以跟强势方言抗衡。因此四川客家方言岛的前景并不乐观。从趋势上看，现存的四川各客家方言岛都处于进一步萎缩的态势中，从已有的调查看，有的方言岛则已经消亡。

　　在导论中曾说到，客家方言曾经分布在四川的 49 个县市。在很多县市，由于客家人居住分散，已无人能说客家方言了，客家方言便已在那里消失。如今尚存的客家方言岛，方言的萎缩速度也在加快，这种变化自世纪之交以来表现尤为突出。

　　四川省威远县石坪乡（今属观英滩镇），位于威远县城西北山区，距威远县城 50 千米，北与资中县铁佛场毗邻，距资中县城 30 余千米，这里是客家人聚居的地方。镇上崔氏是当地大姓，其族谱记载崔氏于康熙五十五年（1716年）由广东惠州府龙川县迁往西蜀，其后又有族人陆续来川，繁衍生息，崔氏分居成都、绵阳、资中、威远、金堂等地。以前镇上通行客家方言。1961年，时就读于四川大学中文系的崔荣昌先生回到故乡对自己的母语威远客家方言进行了调查。时过 30 年后，1993 年崔先生回到故乡再次进行调查。这次回乡调查，他发现石坪只有个别老人会说客家话，于是预言道："客家话在威远境内即将消失，或许再过十年、二十年，石坪这个客家方言点就消失了。"[①] 又过近 20 年，笔者于 2010 年暑假实地调查，发现仅有个别老人会说一些客家话，年轻人非但不能说客家话，就连"广东话"、"客家人"的概念也都没有。今日的情况，正如崔先生当年的预见，石坪客家方言点已处于消亡状态。

　　类似的现象在内江、宜宾、泸州、隆昌、自贡、富顺、资中、资阳等地比比皆是。据陈伟平[②]实地调查，目前在宜宾县和翠屏区北部主要有五个客家聚集乡镇，分别是：菜坝镇、喜捷镇、高场镇、蕨溪镇和观音镇。其中菜坝镇郑、陈、谢、林和喜捷镇蓝、陈等姓氏祖籍福建汀州；菜坝镇黄、刘，喜捷镇李、黄，高场镇曾、杨，蕨溪镇曾、王、黄、蓝，观音镇罗、叶等姓氏

　　① 崔荣昌：《四川境内的客方言》，巴蜀书社 2001 年版，第 300 页。
　　② 陈伟平，广东中山市华侨中学历史教师，四川宜宾客家人，热心于客家文化的研究和传播。

祖籍广东嘉应州；另有高场镇曾氏和观音镇白氏祖籍广东惠州。大约在 20 世纪 80 年代，菜坝镇丝茅坪的黄姓氏移民中尚有人会说一些客家话，尤其在丧礼中，多用"广东腔"哭丧。如今这些客家人都已不会说客家话，仅仅在称谓上保留了个别客家方言的特征。

再把目光转向成都，成都沙河流域一带是客家杂居之处，20 世纪 40 年代，这一带的双水村、新鸿村、八里村、圣灯村、联合村、青龙场等地以客家方言为主要交际语言，驷马桥、万年场、牛市口、莲花小区等地曾经是客家方言和成都官话并行，然而现在这些地方已很难听到有人说客家方言了①。

就整个四川的客家方言岛而言，客家方言的消失总是从方言岛的边缘地带开始的。如沙河流域就处于东山客家方言和成都官话的接壤地带，其消失也较早。西昌的黄联关镇大德村是客家方言通行的核心地带，保留程度较好，而边缘地带的鹿马村、中坝乡大中村等地，一般村民说客家话都"拗口"。川北仪陇客家方言以乐兴乡为中心分布，处于方言区边缘马鞍镇的居民也已经少有人讲客家话了。

成都凉水井因董同龢先生的《华阳凉水井客家话记音》蜚声海外，如今，曾经流淌着甘甜清水的凉水井已经湮没在杂草之中，整个凉水井地区也被钢筋建筑水泥围了个结结实实，外地人潮水般涌入，操"土广东话"的人口数量急剧减少，到处听到的都是官话方言。只有主动用客家方言与部分当地老人交谈时，他们才会说说久违的客家方言。"也许再过 10 年、20 年，'华阳凉水井客家话'这个遐迩闻名的方言岛就会从中国方言地图上消失掉。"②崔先生的预言正在一步步变成现实。谢桃坊先生在调查成都沙河的客家人时说："（沙河）尚残存着某些客家文化，但在沙河整个客家及其后裔中，其数量是极微的，而且正迅速地衰退……客家人盼望进入城市化，企图走向现代文明，愿意接受现代生活方式……这势必在新的文化选择中遗弃某些传统的东西，因此，祖宗的遗训已变得毫无现实意义了。现代的客家人必将融入主流社会，他们与其他汉族人民一样是与时俱进的。"③郏远春谈到成都十陵镇客家方言时说："尽管客家话在十陵镇的使用已经萎缩至家庭或熟人之间的交际用语，但是多数客家人并没有想要改变这种现状的愿望，而是任其自由发展。有一半以上的客家人甚至认为客家话终将被成都官话所取代，有近四分之一的人

---

① 谢桃坊：《成都沙河客家的变迁》，天地出版社 2005 年版，第 294 页。

② 崔荣昌：《四川方言与巴蜀文化》，四川大学出版社 1996 年版，第 401 页。

③ 谢桃坊：《成都沙河客家的变迁》，天地出版社 2005 年版，第 337 页。

认为客家话终将被普通话所取代。"[1]事实上，成都东山其他地区的客家方言也面临同样的遭遇，隆昌、西昌、仪陇等地的客家方言也不会例外。在全球化的今天，四川各客家方言岛正在进一步萎缩。

四川各客家方言岛正处于四川官话的蚕食中，面临着严重的生存危机，四川客家方言岛前景不容乐观，四川客家方言的前途也不容乐观。

四川客家方言的生命，需要一代又一代客家双言人来传承。我们通常都说四川客家人采用双言交际，并为此感到欣慰。四川客家地区双言情况到底是怎样的呢？这次问卷调查，尽管我们看到了四川客家人基本上还在使用双言交际的事实，但是双言使用者小于双言能力者、有些会说客家话的人不愿意说客家话、年轻客家人在家庭里使用湖广话的比例很高等数据情况，不禁令人加深了四川客家方言的危机感。请看下面表中的各项统计。

表 6-30　　　　　　　四川客家人家庭内双言使用调查表

		成都（44-1）	隆昌（39-1）	西昌（17）	仪陇（27）	网络（25）
家里晚辈跟长辈交流用	A. 广东话	48.48%	52.63%	47.06%	48.14%	80%
	B. 湖广话	39.39%	28.95%	17.65%	33.33%	8%
	C. 长辈用广东话，晚辈用湖广话	12.13%	18.26%	35.29%	18.53%	12%

表 6-30 显示：四川客家人在家庭里晚辈跟长辈说话用湖广话的比例在成都、隆昌和仪陇都很高。同时，在家庭内部使用的方言，各处都有半双言现象和单言交际的情况。

这种情况跟社会生活的变化密切相关。改革开放后，客家子弟纷纷走出自己生长的地方，外出学习或做生意、打工，在改变四川客家人生活方式的同时也给客家人的语言生活带来了很大的影响。问卷调查显示，说客家方言的人越来越少。见表 6-31。

表 6-31　　　　　　　四川客家运用客家方言的趋势调查表

		成都(44-3)	隆昌（39）	西昌（17）	仪陇（27）	网络(25)
本地广东人出去做生意或打工的人多吗？	多	41.46%	97.44%	52.94%	92.59%	72%
	少	19.52%	2.56%	35.29%	0	24%
	个别	39.02%		11.77%	7.40%	4%

---

① 郯远春：《成都客家话研究》，中国社会科学出版社 2012 年版，第 217 页。

续表

		成都(44-3)	隆昌(39-1)	西昌（17-1）	仪陇（27-2）	网络(25)
这几年随着经济的发展，您觉得说广东话的人是	越来越多	7.32%	28.95%	6.254%	4%	8%
	越来越少	92.68%	71.05%	68.75%	92%	92%
	不变			25%	4%	

　　由于客家方言处于弱势地位，客家人在走出客家聚落以后得使用四川官话或普通话交际，有的会说客家方言的人便放弃了自己的母语而转用四川官话。这给四川客家的双言现象带来很大的冲击，也给四川客家方言的前途带来很大的危机。

　　更大的危机是四川客家社会生活的变化。进入 20 世纪以后，随着经济的发展，人口流动日益频繁，原本是典型的客家地区，因外来人口的进入，导致客家人的比例直线下降。如成都市龙泉驿区十陵镇为典型的客家镇，全镇90%以上的人口为客家人。2001 年，十陵镇下辖 11 个行政村，4 个居委会，总人口 63200 人，其中农业人口 26477 人[1]。而 2011 年 2 月，《龙泉驿区十陵街道建设发展情况》显示：十陵镇下辖 7 个社区，5 个行政村，总人口 13 万余人[2]。2009 年整个龙泉驿区的境外人口迁入 1.5983 万人，境内人口迁出1.1573 万人；净增人口 7542 人，人口增长率 12.91‰[3]。大量的非客家人进入客家地区，改变了当地居民成分，也促使客家方言生活加速变化。这是四川客家方言的前途不容乐观的主要原因。

　　四川客家地区急遽变化的社会生活，带来了四川客家人由双言人到单言人的变化，也反映了四川客家人语言态度的变化。我们得承认，四川客家人对母语的忠诚态度已悄然发生变化，前面我们用"基本忠诚"来限定其语言态度的忠诚度，应该是实事求是的评价。问卷调查支持这个评价。

---

　　① 刘义章、陈世松主编：《四川客家历史与现状调查》，四川人民出版社 2001 年版，第 21 页。

　　② 十陵镇街道办政府网：http://www.cdsl.gov.cn/htm/zoujinshiling/shilinggaikuang/565.htm。

　　③ 参见《龙泉驿年鉴·社会民生》，龙泉驿区公众信息网，http://www.longquanyi.gov.cn/detail.asp?ID=31846&ClassID=020112。

表 6-32 　　　　　　　　　 四川客家人语言态度调查表之一

		成都 (44)	隆昌 (39)	西昌 (17)	仪陇 (27)	网络 (25)
语言 态度 之一 （多 选）	A. 听说过"不说广东话，就是卖祖宗""宁卖祖宗田，不卖祖宗言"	52.27%	79.49%	52.94%	66.67%	60%
	B. 觉得广东话有用	56.82%	76.92%	88.24%	74.04%	92%
	C. 在别人的注视下说客方言	45%	66.67%	70.59%	62.96%	64%
	D. 广东话有必要保存下去	84.09%	79.49%	94.12%	88.89%	92%
	E. 会教后代说客方言	45%	71.79%	76.47%	55.56%	76%

从表 6-32 的数据可以看出，几地的受访者中大都表示出了对于母语的热爱和忠诚。这种态度在年老的客家人身上体现得更加强烈。网络调查对象中，金堂赵镇的张开毅女士提供了她的大阿爷对孙辈们不说广东话感到痛心的情况。从她大阿爷身上，看到了年长的客家人对于客家方言的极端忠贞和依恋，同时也从侧面反映出年轻人在语言态度上的变化，表中成都地区的各项数据偏低，很可能是由于成都客家人地处大都市的近郊，交通方便、经济发展水平较高、跟外界交流频繁的原因。

表 6-33 　　　　　　　　　 四川客家人语言态度调查表之二

			成都(42)	隆昌(38)	西昌(16)	仪陇(27)	网络(25)
语言态度之二	年轻人不用广东话交谈，老年人的态度是	A. 批评不要祖宗	38.64%	39.47%	43.75%	25.93%	16%
		B. 支持	0	10.53%	0	3.70%	0
		C. 无所谓	61.36%	50%	56.25%	70.37%	84%

"宁卖祖宗田，不卖祖宗言"一直是在客家人中流传的祖训，但是随着经济与社会日新月异的发展变化，客家人的思想观念也发生了很大的变化，对待母语的忠诚程度较老一辈的客家人已弱得多。统计数据还显示，就连年长的客家人的语言忠诚度也有一定程度的减弱，对于年轻人不说客家话大都没有严格的要求而抱无所谓的态度了。有的家庭已不再要求小孩子一定要学会客家话，老年人对不会说客家话的年轻人在语言态度上一般也不会指责为卖祖宗了。

今四川客家人的语言态度与从前相比，的确存在着很大的反差。过去，只要有人对内不使用客家话，就会被家长斥之为"卖祖宗"。董同龢先生在《华阳凉水井客家话记音》里说："他们（凉水井客家人）的保守力量很大，虽然同时都会说普通的四川话以为对外之用，可是一进自己的范围，就有一种无形的力量使他们非说自己的话不可。据说他们都有历代相传的祖训，就是'不要忘掉祖宗的话'。小孩子如在家里说一句普通四川话，便会遭致大人的训斥。"[①]时至今日，这种说法仍常被提起。旧时男子"休妻"的一般理由是已婚妇女触犯"七出"[②]之条而被休弃，而在成都东山客家地区则讲究"八出"，即在"七出"的基础上加上一条"不讲客家话者，出"。可见，过去四川的客家人是多么重视自己的本族语言。在成都东山客家地区有一则"只说客家话"的故事。

从前，有个客家小伙子偷偷学会了湖广话，就去勾引湖广人的姑娘。

这天，他下山去，看到一个姑娘在菜园头摘菜，便上去答白（搭话）。他东拉西扯地跟姑娘说着说着，便动手动脚来。姑娘默倒（以为）是自家人，见他又长得好看，也装着不晓得，不开腔（说话）。

哪晓得姑娘的父亲回来，看到小伙子对女儿摸摸搞搞，鬼火冒。跑过去把小伙子逮倒，又吹起牛角。周围的湖广人听到牛角声，都攒拢来站了一院坝。

他们把小伙子吊在树上，拿吆牛条子打，打得小伙子血流血滴，惊叫唤。小伙子抵不住了，只好说出自己是山上的客家人。

姑娘的父亲马上派人上山，要客家首领带一百挑桃子、一百挑苹果和一百挑梨子来换人。

客家首领晓得了这件事情后，只好喊人挑东西下山把人换回来。随后，他把小伙子带到山上就吹起海螺，团转做活路的客家人听到海螺声，都风快地跑拢来。

客家首领到神龛上点起香蜡叫小伙子跪在祖宗的灵牌前，给大家说他犯的罪。小伙子晓得自己犯了死罪。就向祖宗磕了一个头，然后，拉伸趟子跑到山崖边，跳下去死了。

随后，首领喊大家跪在祖宗灵牌跟前，高声说："从今天起，客家人只说客家话，哪个说了湖广话就背叛祖宗，要按宗法治罪。"客家人听了一齐说："我们决不背叛祖宗。"从此，客家人世世代代都说客家话，不说湖广话。

---

① 董同龢：《华阳凉水井客家话记音》，历史语言研究所集刊，中华书局1987年版，第19册第81页。

② 《大戴礼·本命》对此有详细记载："妇有七去：不顺父母，去；无子，去；淫，去；妒，去；有恶疾，去；多言，去；窃盗，去。"

　　这则故事反映的实际上是客家人和湖广人的矛盾与冲突，湖广人上川具有路程短的优势，他们先来占据了肥沃的成都平原，客家人后到，只有住在贫瘠的山上。区位的优劣和经济、文化的差异造成了二者的冲突，冲突的结果是人少势寡的客家人处于下风，发誓不说湖广话，永不背叛祖宗。强烈的族群意识和语言认同在客家移民徙入四川定居的初期起到了团结族人、凝聚人心、巩固势力的作用。

　　成都东山地区还流传一则"不跟湖广人通婚"的故事。

　　原先，湖广首领的女儿嫁给客家首领的儿子。

　　一天，客家首领生日，来了好多朝贺（祝贺）的人。他的新妇（媳妇儿）帮着端茶，不小心被一个尖桩桩石头绊了一下，盘子打烂了，茶泼了一地。首领说这不吉利，就莽起骂新妇，儿子见阿爸发气了，就去打婆娘。

　　新妇觉得没脸见人，就跑到后山吊死了

　　湖广首领听到女儿被逼死了，马上带着一拨人，拿着棍棒来问罪。

　　客家首领晓得湖广人多，赶紧去报官。官府也怕湖广人，就判客家人由湖广人随便处罚。

　　湖广首领喊人把客家首领的衣服脱光，捆在木桩上。然后就一手拿钻子，一手拿黄豆，朝客家首领身上钻一个洞，按一颗黄豆进去。客家首领咬着牙，颗子汗直冒。侧边的客家人都埋着头，流着泪。湖广首领按完一包黄豆后，才得意地走了。

　　客家首领叫大家跪在祖宗灵牌跟前，说："湖广人心太毒了。从今天起，客家人不准跟湖广人打亲家。"说完就断气了，从那时候起，客家人就再也不跟湖广人通婚了。

　　这则传说跟"只说客家话"如出一辙，将客家语言与客家认同、客湖交流与冲突糅合在一起，展现了移民入川初期不同族群的文化交流。相同的语言基础和心理认同、文化认同是客家人通婚的先决条件。"不跟湖广人通婚"是四川客家人坚守文化认同、保持文化纯洁性的重要措施，它反映了客家人的封闭，这种封闭恰恰有利于语言的保存。

　　后来，婚姻的壁垒终被打破。一些非客家媳妇儿嫁到客家家庭，她们都慢慢学会了说一口流利的客家话。近几十年来，这种情况被逆转。客家族群娶进来、嫁出去的都很多，以前讲究"八出"，现在连"八出"都鲜有人知了。这种与非客家人结婚的结果是孕育了越来越多的不会讲客家话的下一代。特别是在当下，如果母亲不是客家人，不会说客家话，她生养的儿子多半不会讲客家话。于是在一个普通的客家人家庭，我们常常可以看到这样的现象：

老年人"敬宗睦祖",坚持说着客家话;中年人对内说客家话,对外说官话;青少年"丢宗卖祖",一部分人只能说很不流利的客家话,部分人甚至不能说也不愿意说客家话了。

面对四川客家方言使用情况的变化,很多人显得无奈。如考上大学,到城里工作,出外打工,没有了语言环境,对自己的母语也渐渐陌生起来。也许这些客家人仍坚守着自己的客家情结,那他们的子女呢?是否如他们一样,还操着"格格不入"的语言与人交往?在调查中我们发现,多数人的态度是无所谓,有的人甚至觉得讲客家话是低人一等,在外面不愿意暴露自己是客家人。

四川客家人的语言生活由初入川时的只说客家话,到长期说双方言,再到今天四川客家方言面貌的川化特征,以及多数四川客家人已发生方言转用,300年的发展过程,是一个客家方言不断川化的过程,也是一个不断衰微的过程。那么四川客家方言会不会在短期内消失呢?

总体而言,四川客家方言的消失不会是瞬间的事,必然要经过一段长期的历程。这段过程以前是缓慢的,但随着全球化、一体化的快速推进,方言消失的过程已经步入快车道。以前要经历数百年才消失的方言,现在可能几十年就消失了。以至于有学者认为成都客家话在不久的将来,极有可能为湖广话取代,这只不过是时间的早晚而已①。不过鉴于四川客家地区的地理环境、使用人口等客观环境,以及客家人经济地位的提高和客家意识的觉醒,四川客家方言的演变也许会出现新情况,其真正退出历史的舞台,恐怕需要相当长的时间。

---

① 郯远春:《成都客家话研究》,中国社会科学出版社 2012 年版,第 219 页。

参 考 文 献

一 著作

［英］AdamGrainger（钟秀芝）：《西蜀方言》，*Western Mandarin of the Spoken Language of West China*，上海 American Presbyterian Mission Press 1900。

爱德华·萨丕尔：《语言论》，商务印书馆 1986 年版。

北京大学中国语言文学系语言学教研室编：《汉语方言词汇》，语文出版社 1995 年版。

布龙菲尔德：《语言论》，商务印书馆 1930 年版。

曹道巴特尔：《蒙汉历史接触与蒙古语言文化变迁》，辽宁民族出版社 2010 年版。

陈保亚：《20 世纪中国语言学方法论》，山东教育出版社 1999 年版。

陈保亚：《论语言接触与语言联盟》，语文出版社 1996 年版。

陈世松主编：《四川客家》，广西师范大学出版社 2005 年版。

崔荣昌：《四川方言与巴蜀文化》，四川大学出版社 1996 年版。

崔荣昌：《四川境内的客方言》，巴蜀书社 2011 年版。

崔荣昌：《四川境内的湘方言》，中研院历史语言研究所，1985 年版。

丁声树、李荣：《汉语音韵讲义》，上海教育出版社 1984 年版。

董绍克：《汉语方言词汇差异比较研究》，民族出版社 2002 年版。

董同龢：《华阳凉水井客家话记音》，科学出版社 1956 年版。

方欣欣：《语言接触三段两合论》，武汉大学出版社 2008 年版。

甘甲才：《中山客家话研究》，汕头大学出版社 2003 年版。

郭熙：《中国社会语言学》，浙江大学出版社 2004 年版。

何耿镛：《客家方言语法研究》，厦门大学出版社 1993 年版。

何九盈：《中国古代语言学史》，河南人民出版社 1985 年版。

贺小燕：《多族群语言的接触与交融——贺州本地话研究》，民族出版社 2007 年版。

侯精一主编：《现代汉语方言概论》，上海教育出版社 2002 年版。

黄尚军：《成都方言词汇》，巴蜀书社 2007 年版。

黄雪贞：《梅县方言词典》，江苏教育出版社 1995 年版。

凯特尔：《现代语言学》，北京大学出版社 1987 年版。

柯杜霍夫：《普通语言学》，外语教学与研究出版社 1987 年版。

兰玉英：《洛带客家方言研究》，四川人民出版社 2005 年版。

兰玉英、蓝鹰、左福光、蔡斌：《攀枝花本土方言与习俗研究》，巴蜀书社 2011
　　年版。

兰玉英、曾为志、李瑞禾：《泰兴客家方言研究》，中国社会科学出版社、文
　　化艺术出版社 2007 年版。

蓝小玲：《闽西客家方言》，厦门大学出版社 1999 年版。

李荣主编：《现代汉语方言大词典》，江苏教育出版社 2002 年版。

李如龙、张双庆主编：《客赣方言调查报告》，厦门大学出版社 1992 年版。

李如龙、周日健主编：《客家方言研究》，暨南大学出版社 1998 年版

李如龙、邓晓华主编：《客家方言研究》，福建人民出版社 2009 年版。

李如龙、张双庆主编：《动词谓语句》，暨南大学出版社 1997 年版。

李如龙：《汉语方言的比较研究》，商务印书馆 2003 年版。

李如龙：《汉语方言学》，高等教育出版社 2001 年版。

练春招、侯小英、刘立恒：《客家古邑方言》，华南理工大学出版社 2010 年版。

梁德曼、黄尚军：《成都方言词典》，江苏教育出版社 1998 年版。

林立芳：《梅县方言语法论稿》，中华工商联合出版社 1997 年版。

刘纶鑫：《江西客家方言概况》，江西人民出版社 2001 年版。

刘义章、陈世松主编：《成都东山客家氏族志》，四川人民出版社 2001 年版。

刘正刚：《闽粤客家人在四川》，广西教育出版社 1997 年版。

罗美珍、林立芳、饶长溶主编：《客家话通用词典》，中山大学出版社 2004 年
　　版。

罗香林：《客家研究导论》，上海文艺出版社 1992 年版。

马学良、瞿蔼堂、黄布凡、罗美珍、王远新：《普通语言学》，中央民族大学
　　出版社 1997 年版。

彭玉兰：《语言学简史》，湖南大学出版社 2007 年版。

郗远春：《成都客家话研究》，中国社会科学出版社 2012 年版。

屈大均：《广东新语》，中华书局 1985 年版。

四川省内江市东兴区志编纂委员会：《内江县志》，巴蜀书社 1994 年版。

四川省西昌市志编纂委员会：《西昌市志》，四川人民出版社 1996 年版。

孙晓芬：《清代前期的移民填四川》，四川大学出版社 1997 年版。

孙晓芬：《四川的客家人与客家文化》，四川大学出版社 2000 年版。

索绪尔：《普通语言学教程》，商务印书馆 1980 年版。

王福堂：《汉语方言语音的演变和层次》，语文出版社 1999 年版。

王力：《汉语史稿》，中华书局 1980 年版。

王力：《龙虫并雕斋文集》，中华书局 1980 年版。

王文虎、张一舟、周家筠：《四川方言词典》，四川人民出版社 1989 年版。

王晓明：《世界贸易史：一个普通中国人的诠释》，中国人民大学出版社 2009
年版。

王远新：《突厥历史语言学研究》，中央民族大学出版社 1995 年版。

王远新：《中国民族语言学理论与实践》，民族出版社 2002 年版。

温昌衍：《客家方言》，华南理工大学出版社 2006 年版。

温美姬：《梅县方言古语词研究》，华南理工大学出版社 2009 年版。

[美] 威廉·克罗夫特：《语言类型学与语言共性》，龚群虎等译，复旦大学出
版社 2009 年版。

汪锋：《语言接触与语言比较——以白语为例》，商务印书馆 2012 年版。

武占坤：《词汇》，上海教育出版社 1983 年版。

项梦冰：《连城客家话语法研究》，语文出版社 1997 年版。

谢栋元主编：《客家方言研究》（第四届客家方言研讨会论文集），暨南大学出
版社 2002 年版。

谢留文：《客家方言语音研究》，社会科学出版社 2003 年版。

谢桃坊：《成都沙河客家的变迁》，天地出版社 2005 年版。

谢永昌：《梅县客家方言志》，暨南大学出版社 1994 年版。

谢重光：《闽台客家社会与文化》，福建人民出版社 2003 年版。

谢重光：《闽西客家》，生活·读书·新知三联书店 2002 年版。

徐通锵：《历史语言学》，商务印书馆 1996 年版。

许宝华、宫田一郎主编：《汉语方言大词典》，中华书局 1999 年版。

薛才德主编：《语言接触与语言比较》，学林出版社 2007 年版。

杨时逢：《四川方言调查报告》，中央研究院历史语言研究所印行，中华民国
七十三年版。

叶蜚声、徐通锵、王洪君、李娟：《语言学纲要》，北京大学出版社 2011 年版。

游汝杰、邹嘉彦：《社会语言学教程》，复旦大学出版社 2011 年版。

游汝杰:《汉语方言学导论》,上海教育出版社 1992 年版。

游汝杰:《汉语方言学教程》,上海教育出版社 2004 年版。

袁家骅:《汉语方言概要》,语文出版社 2001 年版。

詹伯慧:《现代汉语方言》,湖北人民出版社 1985 年版。

张清源、张一舟、黎新第、田懋勤:《现代汉语知识辞典》,四川人民出版社
　　1990 年版。

张维耿主编:《客家话词典》,广东人民出版社 1995 年版。

张兴权:《接触语言学》,商务印书馆 2012 年版。

张一舟、张清源、邓英树:《成都方言语法研究》,巴蜀书社 2001 年版。

赵元任:《现代吴语的研究》,科学出版社 1956 年版。

赵元任:《赵元任语言学论文选》,中国社会科学出版社 1985 年版。

中国社会科学院、澳大利亚人文科学院:《中国语言地图集》,香港朗文(远
　　东)有限公司 1987 年版。

朱炳玉:《五华客家话研究》,华南理工大学出版社 2010 年版。

朱建颂:《汉语方言讲话》,华中师范大学出版社 1990 年版。

二　论文

陈保亚、李子鹤:《核心词自动分阶的一种计算模型——以纳西族玛丽玛萨话
　　为例》,《云南民族大学学报》(哲学社会科学版)2012 年第 5 期。

陈立中:《论湘语的确认标准》,《汉语学报》2008 年第 4 期。

陈世松:《论巴蜀客家的定居融合及其历史意义》,载《客家文化与社会和谐》,
　　广西师范大学出版社 2011 年版。

陈中原、李续明:《古今战争知多少》,《建筑工人》1999 年第 9 期。

崔荣昌:《四川方言的形成》,《方言》1985 年第 1 期。

段英:《四川黄联关客家话与梅县客家话的比较》,《汕头大学学报》(人文社
　　会科学版)2002 年第 4 期。

何日莫奇、吴宝柱:《赫哲语使用现状的调查与分析》,《民族语文》2004 年第
　　4 期。

何永斌、彭德惠、陈奎彦:《攀枝花方言句类摭谈》,《攀枝花学院学报》2004
　　年第 3 期。

侯小琳:《梅县话里的"欸"[•e] 探析》,《嘉应大学学报》(哲学社会科学版)
　　1999 年第 2 期。

侯小英:《龙川客家话语音的内部差异》,载李如龙、邓晓华主编《客家方言

研究》，福建人民出版社 2009 年版。

黄灵燕：《再论钟秀芝〈西蜀方言〉的入声和基础音系问题》，《语言科学》2010年第 4 期。

黄雪贞：《成都市郊龙潭寺的客家话》，《方言》1986 年第 2 期。

黄雪贞：《客家方言的词汇和语法特点》，《方言》1994 年第 4 期。

黄雪贞：《客家方言声调的特点》，《方言》1998 年第 4 期。

黄雪贞：《梅县客家话的语音特点》，《方言》1992 年第 4 期。

黄雪贞：《西南官话的分区》（稿），《方言》1986 年第 4 期。

黄映琼：《梅县方言语法研究》，西南大学硕士学位论文，2006 年。

金丽藻：《赵元任与常州方言语音研究》，《常州工学院学报》（社科版）2011年第 3 期。

劲松、瞿霭堂：《"有序异质论"辨》，《语言研究》2011 年第 1 期。

兰玉英、曾为志：《成都洛带客家方言"子"尾的用法研究》，《西华大学学报》（哲学社会科学版）2007 年第 2 期。

兰玉英、曾为志：《成都客家方言基本词汇的演变方式初探》，《西南民族大学学报》（人文社会科学版）2011 年第 2 期。

兰玉英：《成都客家方言词汇与文化简论》，《成都信息工程学院学报》2008 年第 5 期。

兰玉英：《简析汉字声母在四川方言中的歧异读音》，《西南民族学院学报》（哲学社会科学版）2001 年第 7 期。

李芳：《广东五华县客家方言语法专题研究》，广西师范大学硕士学位论文，2012 年。

李蓝：《贵州大方方言名词和动词的重叠式》，《方言》1987 年第 3 期。

李荣：《汉语方言的分区》，《方言》1989 年第 3 期。

李如龙：《论汉语方言特征词》，《中国语言学报》2001 年第 10 期。

李如龙：《闽方言的特征词》，载李如龙主编《汉语方言特征词研究》，厦门大学出版社 2002 年版。

李如龙：《闽西七县客家方言语音的异同》，载李如龙、周日健主编第二届客方言研讨会论文集《客家方言研究》，暨南大学出版社 1998 年版。

李瑞禾：《西昌市黄联乡的客家话》，《西昌师专学报》1996 年第 4 期。

李瑞禾、曹晋英：《西昌黄联客家话同音字汇》，《西昌师专学报》2001 年第 2 期。

练春招：《从词汇看客家方言与赣方言的关系》，《暨南学报》（哲学社会科学版）2000 年第 5 期。

练春招：《客家方言的几个方位词》，载李如龙、邓晓华主编《客家方言研究》，福建人民出版社 2009 年版。

林寒生：《闽东方言的特征词》，载李如龙主编《汉语方言特征词研究》，厦门大学出版社 2002 年版。

林立芳：《梅县话同音字汇》，《韶关大学学报》（社会科学版）1993 年第 1 期。

刘纶鑫：《江西客家方言中的客籍话和本地话》，《南昌大学学报》（社会科学版）1996 年第 4 期。

刘涛：《梅州客话音韵比较研究》，暨南大学博士学位论文，2003 年。

刘镇发：《客家人的分布与客语的分类》，李如龙、周日健主编：《客家方言研究》（第二届客方言研讨会论文集），暨南大学出版社 1998 年版。

刘正刚：《清代福建移民在四川分布考——兼补罗香林四川客家人说》，《中国历史地理论丛》1995 年第 3 期。

刘志伟：《论英法百年战争对英国的影响》，《考试周刊》2009 年第 24 期。

彭金祥：《四川方音在宋代以后的发展》，《乐山师范学院学报》2006 年第 3 期。

四川方言调查工作组：《四川方言音系》，《四川大学学报》（专号）1960 年第 3 期。

田范芬：《近代长沙话声母特点及演变》，《语言研究》2008 年第 3 期。

涂光禄：《贵阳方言的名词重叠式》，《方言》1987 年第 3 期。

汪平：《湖北省西南官话的重叠式》，《方言》1987 年第 1 期。

王士元、沈钟伟：《方言关系的计量表述》，《中国语文》1992 年第 2 期。

王希杰：《词汇演变发展的内因和外因》，《浙江师范大学学报》（社会科学版）2003 年第 4 期。

魏宇文：《五华方言同音字汇》，《方言》1997 年第 3 期。

魏宇文：《五华客家方言的词汇特点》，《西南民族大学学报》（人文社会科学版）2011 年第 2 期。

温昌衍：《客家方言特征词研究》，李如龙主编《汉语方言特征词研究》，厦门大学出版社 2002 年版。

吴福祥：《关于语言接触引发的演变》，《民族语文》2007 年第 2 期。

西微萨·阿错：《雅江"倒话"的混合特征》，《民族语文》2002 年第 5 期。

夏中华：《麻城方言调查报告》，广西民族大学硕士学位论文，2011 年。

肖娅曼：《关于成都话舌尖后音声母的调查》，《四川大学学报》（哲学社会科学版）1999 年第 6 期。

谢栋元：《梅县客方言"子"尾、"儿"尾辨》，谢栋元主编《客家方言研究》（第四届客家方言研讨会论文集），暨南大学出版社 2002 年版。

谢留文、黄雪贞：《客家方言的分区》（稿），《方言》2007 年第 3 期。

徐通锵：《历史上汉语和其他语言的融合问题说略》，《语言学论丛》1981 年第七辑。

严奇岩：《"宁卖祖宗田，不卖祖宗言"的文化解读——以四川客方言为考察对象》，《天府新论》2007 年第 2 期。

颜森：《江西方言的分区》（稿），《方言》1986 年第 1 期。

杨蓓：《吴语五地词汇相关度的计量研究》，《语言文字应用》2003 年第 1 期。

杨春宇：《东北亚语言发展与辽宁文化战略对策》，《理论界》2010 年第 2 期。

杨发兴：《湖北长阳方言名词和动词的重叠式》，《方言》1987 年第 3 期。

杨卫东、戴卫平：《英国地名的历史文化涵义》，《开封大学学报》2008 年第 1 期。

杨月蓉：《四川方言的三字格重叠式名词》，《西南民族大学学报》（人文社科版）2003 年第 12 期。

游汝杰、杨蓓：《上海话、广州话、普通话接近率的计量研究》，邹嘉彦等编《汉语计量和计算研究》，香港城市大学语言资讯科学研究中心 1998 年版。

余伯禧、林立芳：《韶关方言概说》，《韶关大学韶关师专学报》1991 年第 3 期。

余志鸿：《语言接触与语言结构的变异》，《民族语文》2000 年第 4 期。

曾为志：《新都客家话与梅县客家话及成都官话词汇比较研究》，四川师范大学硕士学位论文，2006 年。

詹伯慧：《方言及方言调查》，湖北教育出版社 2001 年版。

詹伯慧：《汉语方言研究 30 年》，《云南师范大学学报》（哲学社会科学版）2009 年第 2 期。

张宁：《昆明方言的重叠式》，《方言》1987 年第 1 期。

张倩红：《解读阿拉伯人的内心创伤——评〈阿拉伯人眼中的十字军东征〉》，《世界历史》2006 年第 3 期。

张振兴、张惠英：《从客家话表示"这里、那里"的处所词说开去》，载李如龙、周日健《客家方言研究》，暨南大学出版社 1998 年版。

赵元任：《北京、苏州、常州语助词的研究》，《清华大学学报》（自然科学版）1926 年第 2 期。

甄尚灵：《〈西蜀方言〉与成都语音》，《方言》1988 年第 3 期。

郑锦全：《汉语方言亲疏关系的计量研究》，《中国语文》1988 年第 2 期。

周及徐：《从移民史和方言分布看四川方言的历史——兼论"南路话"与"湖广话"的区别》，载四川师范大学汉语研究所《语言历史论丛》，巴蜀书社 2012 年版。

周骥：《隆昌客家话语音研究》，西南大学硕士学位论文，2008 年。

周日健：《广东新丰客家方言记略》，《方言》1992 年第 1 期。

庄初升：《双方言现象的一般认识》，《韶关大学学报》（社会科学版）1995 年第 1 期。

庄初升：《粤北客家方言语音概貌》，《韶关学院学报》（社会科学版）2005 年第 5 期。

附录一 基本词汇干词对照表①

词目	五华客方言	梅县客方言	凉水井客方言	洛带客方言	成都官话	隆昌客方言	隆昌官话	西昌客方言	西昌四外话	仪陇客方言	仪陇官话
太阳	日头	日头	日头	日头	太阳	日头	太阳	日头	太阳	日头	太阳
月亮	月光	月光	月光	月光	月亮	月光	月亮	月光	月亮	月光	月亮
星星	星哩	星敍	星宿	星宿	星宿儿	星宿子	星宿儿	星宿	星星 星宿	闪子	宿宿
银河	银河	天河	银河 河溪	河溪 天河 银河	天河	河溪 天河	银河	天河	银河	天河	天河
风	风	风	风	风	风	风	风	风	风	风	风
云	云	云	云	云	云	云	云	云	云	云	云
雨	水	雨	水	水	雨	水	雨	水	雨	水	雨
雾	朦沙	蒙雾 蒙纱	雾 雺露	雾 雺露 雺沙	雾（罩子）	雺露 雺露	雾	雾罩	雾 雾罩	雾罩子	烟罩子
露水	露水	露水	露水	露水	露水	露水	露水	露水	露水	露水	露水

① 此表参考了以下几种文献：北京大学中国语言文学系语言学教研室编：《汉语方言词汇》，语文出版社 1995 年版；黄雪贞：《梅县方言词典》，江苏教育出版社 1995 年版；梁德曼、黄尚军：《成都方言词典》，江苏教育出版社 1998 年版。共收 994 个词（包括个别短语，表中儿化词用下标，写不出字的加注音标；圆括号中的语素可以跟前面或后面的语素构成一个词。

续表

词目	五华客方言	梅县客方言	凉水井客方言	洛带客方言	成都官话	隆昌客方言	隆昌官话	西昌客方言	西昌四外话	仪陇客方言	仪陇官话
霜	霜	霜	霜	霜	霜	霜	霜	霜	霜	霜	霜
雪	雪	雪	雪	雪	雪	雪	雪	雪	雪	雪	雪
冰	冰 口k'en53	冰	冰 凌冰	冰 凌冰	凌冰儿	冰	冰	冰 凌冰子	冰 凌冰	凌冰	冰 凌冰
冰雹	雹	雹	雪弹子	雪弹子	雪弹子	雪弹子	雪弹子	雪弹子	雪弹子	雪弹子 冷子	冰雹
闪电	火蛇	火蛇	火闪	火闪	火闪	火闪	霍闪	火闪	闪电 霍闪	扯闪	霍闪
雷	雷公	雷公	雷公	雷	雷 雷公	雷公	雷 雷公	雷 雷公	雷	雷公	雷
虹	天弓	天弓	虹 天弓	虹 天弓	虹	虹	虹	虹	虹	虹	天虹
晴天	好天	天晴	天晴	天晴	天晴	晴天 大日头	晴天	晴天 好天	天晴	天晴	天晴
阴天	乌阴天	乌阴天	阴天 阴阴天	阴天 阴阴天	阴天 阴阴天	(阴),阴阴天	阴天	阴天	阴天	阴阴天	阴阴天
山	山·山岭 岭岗	山岭 岭岗	山岭岗	山 岭岗	山	山岭岗	山	山岭 岭岗		山 岭子	山
海	大海	海	海 大海	海 大海	海 大海	大海 海子	海 大海	海 大海	海	海	大海
河	河	河	河	河	河	河	河	河	河	河	河
湖	湖	湖	湖 海子	湖 海子	湖	湖	湖	海子	海子	湖	海子
池塘	水塘	池塘 陂塘	堰塘	池塘	堰塘	堰塘	堰塘	池塘	堰塘	堰塘	堰塘
现在	今下	今晡下	样阵子 底今 样奎子	底阵子 底今	现在 这阵子 现目前	底下子 现时 现目今	这哈	现在 暂┐子 现时 底阵子	现在 暂┐子 这阵	现在 底先	现在 这阵子

续表

词目	五华客方言	梅县客方言	凉水井客方言	洛带客方言	成都官话	隆昌客方言	隆昌官话	西昌客方言	西昌官话	西昌四外话	仪陇客方言	仪陇官话
从前	原先	以前	早先 家先	原先 早先	早先原先	以前 先先	原先 早先	原先 先	原先 先	从前 先前 原先 前手	原来	早年
刚才	正先	头先	头先	将将	才将 将将	将正	刚才 将才	刚才 正	刚才 正	才将 将将	将才	将才
今年	今年	今年	今年（子）	今年（子）	今年（子）	今年（子）	今年	今年（子）	今年（子）	今年（子）	今年（子）	今年
明年	明年	明年	明年（子）	明年子	明年（子）	明年（子）	明年（子）	明年（子）	明年（子）	明年（子）	明年（子）	明年
后年	后年	后年	后年（子）	后年子	后年（子）	后年（子）	后年（子）	后年（子）	后年（子）	后年（子）	后年（子）	后年
去年	旧年	旧年	旧年（子）	旧年子	去年（子）	旧年（子）	去年（子）	旧年子	旧年	去年	旧年（子） 上年（子）	去年（子）
前年	前年	前年	前年（子）	前年子	前年子	前年（子）	前年 前年子	前年	前	前年 前年子	前年（子）	前年子
今天	今日	今晡日	中晡日 今晡日	中晡日	今天	今晡日 今日	今天	中晡日 今晡日	中晡 今晡日	今天	今日	今天
明天	天光日 辰晡日	天光日 辰朝日	窦到日	窦到日	明天	窦日 明日	明天	窦晡日 窦朝日	窦晡日 窦朝日	明天	明日	明天
后天	后日	后日	后日	后日	后天	后日	后天	后日	后日	后天	后日	后天
昨天	昨晡日	秋晡日	昨晡 秋晡日	昨晡日 秋晡日	昨天	昨晡日 秋晡日	昨天	昨晡日	昨天	昨天	昨晡日	昨天
前天	前日	前日	前日	前日	前天	前日	前天	前日	前	前天	前日	前天
白天	日子辰	日辰头 日时头	日子辰	日子辰	白天	日子辰	白天（家）	白日 日子辰	白日 日子辰	白天 白天家	日子头	白天
夜里	夜晡辰	暗晡 夜晡	暗晡夜 夜晡晨 暗晡	暗晡辰 暗晡	晚上	暗里 暗晡（辰） 夜晡里	晚上	暗晡夜 暗晡	暗晡夜 暗晡	夜里 晚上 晚夕	夜晡头	晚上

续表

词目	五华客方言	梅县客方言	凉水井客方言	洛带客方言	成都官话	隆昌客方言	隆昌官话	西昌客方言	西昌四外话	仪陇客方言	仪陇官话
早晨	朝晨头	朝晨	清早辰 清早八晨	清早晡 清早辰 清早八晨	早上 清早辰 早八晨 清早八晨	清早辰 清早八晨 朝清早	早晨 清早辰 清早八晨	清早 清早辰 清早八时	早上 早晨家 清早八晨 清早八时	早晨　天光 清早八晨	早上早晨 清早八晨
上午	上昼	上昼	上昼	上昼	上午	上昼	上午	上昼	上午 上半天	昼边	上午
中午	当昼	当昼 当昼头	当昼　昼了 昼边辰	当昼　昼了 昼边 昼边辰	晌午 中午	半昼　昼边	晌午　中午	昼边	晌午　中午	昼边	晌午　中午
下午	下昼	下昼	下晡　下昼	下昼　下晡	下午	下晡　下昼	下午	下昼	下午 下半天	下昼	下午
傍晚	断暗	临暗 临暗边 临夜 断夜	麻麻暗 要暗了 鸡入厩了 打麻子眼	麻麻暗 要暗了 鸡入厩了 打麻子眼	鸡进圈了 擦黑了 打麻子眼	鸡入厩 爱暗夜 打麻子眼	打麻子眼儿	打麻眼 爱暗了 鸡叙架了	打麻眼了 鸡叙架了	爱夜了 鸡进厩了 打麻子眼儿	鸡进圈 擦黑了
晚上	夜晡辰	暗晡 夜晡	暗晡辰 暗晡夜 暗晡头	暗晡辰 暗晡夜 暗晡	晚上 晚夕	暗晡辰 暗晡夜 暗晡里	晚上	暗晡夜 暗晡	晚上 晚夕了 要黑了	夜晡头	晚上
端午	五月节	五月节 端午节	端阳 五月节	端阳 五月节	端午节 端阳节	端阳	端午	端阳	端阳	端午节	端午节 端阳
中秋	八月半	八月半 中秋节	中秋节 八月半	中秋节 八月半	中秋节 八月半	中秋 八月半	中秋	八月十五	八月十五	中秋节	中秋节 月半节
三十晚上	年三十晡	年三十晡	三十晡 大年三十	三十晡 三十晚夜 大年三十	三十晚上 大年三十 三十	大年三十晡 三十晚夜(夜)	三十晚上	年三十晡(夜) 年三十暗晡 大年三十	年三十 大年三十	年三十暗晡夜 大年三十	三十夜

续表

词目	五华客方言	梅县客方言	凉水井客方言	洛带客方言	成都官话	隆昌客方言	隆昌官话	西昌客方言	西昌四外话	仪陇客方言	仪陇官话
金子	金子	金	金子	金子	金子	金子	金子	金子	金子	金子	金子
银子	银	银	银子	银子	银子	银子	银子	银子	银子	银子	银子
铜	铜	铜	铜	铜	铜	铜	铜	铜	铜	铜	铜
铁	铁	铁	铁	铁	铁	铁	铁	铁	铁	铁	铁
锡	锡	锡	锡	锡	锡	锡	锡	锡	锡	锡	锡
磁石	□sap^{5}铁	磁石	吸铁石	吸铁石	吸铁石	磁铁	吸铁石	磁石/吸铁石	吸铁石	磁铁	磁铁
石头	石头	石头	石头	石头	石头	石头	石头	石头	石头	石头	石头
沙子	沙	沙	沙子	沙子	沙子	沙子	沙子/沙沙	沙子	沙子/沙沙	沙子	沙子
泥	泥	泥	泥巴	泥巴	泥巴	泥巴	泥巴	泥巴	泥巴	泥巴	泥巴
灰尘	生灰	尘灰/生泥	灰尘/灰灰	灰灰/生	灰尘/灰灰	灰尘/灰灰	灰尘/灰	灰尘/灰灰	灰灰	灰尘	灰尘/灰灰
锈	鏽/鏽哥	鏽/鏽哥	鏽	鏽	锈	鏽/锈	锈	锈	锈	锈	锈
粉	粉	粉	粉粉	粉粉	粉	粉粉	粉/粉	粉粉	面面	粉	粉
末儿	末渣	末	渣渣/面面/末末	面面/渣渣/末末	渣渣/面面	面面	面面	幼渣渣	渣渣	面面	渣渣
泡儿	泡	泡	泡泡	泡泡	泡泡/泡儿	泡泡/泡儿	泡泡/泡儿	泡泡	泡泡	泡泡	泡泡儿
光	光	光	光	光	光	光	光	光	光	光	光亮
影子	影哩	影	影影	影影	影子	影影	影子	影影	影子	影子	影子
声音	声	声/声音	声音/声气	声音/声气	声音/声气	声气	声音	声气	声音/声气	声音	声气

续表

词目	五华客方言	梅县客方言	凉水井客方言	洛带客方言	成都官话	隆昌客方言	隆昌官话	西昌客方言	西昌四川话	仪陇客方言	仪陇官话
颜色	颜色	色	颜色	颜色	颜色	颜色	颜色	颜色	颜色	颜色	颜色
味道	味道	味道	味道	味道	味道	味道	味道	味道	味道	味道	味道
气味	气味	味道	气味	气味 气气	气味	气气	气味	气气	气味儿	气味	气味
畜生	头牲	畜生	牲畜	牲畜	牲畜	畜生	畜生	牲畜	牲口	畜生	畜生
牲口	头性	头性	牲口	牲畜	牲口	牲口	牲口	马马儿	牲口	牲口	牲口
老虎	老虎	老虎	老虎	老虎	老虎	老虎 大花猫	老虎	老虎	老虎	老虎	老虎
狮子	狮哩	狮欸	狮子	狮子	狮子	狮子	狮子	狮子	狮子	狮子	狮子
豹子	豹哩	豹欸	豹子	豹子	豹子	豹子	豹子	豹子	豹子	豹子	豹子
狼	狼	豺狼	狼	狼	狼	狼	狼	獠狗	狼马狗儿	狼	野狗
狐狸	狐狸	狐狸	狐狸	狐狸	毛狗	狐狸	狐狸	狐狸 毛狗儿	狐狸 毛狗儿	狐狸 毛狗	毛狗
鹿	鹿哩	鹿欸	鹿子	鹿子	鹿子	鹿子	鹿子	鹿子	鹿子	鹿子	鹿子
猴子	猴哥	猴哥	猴子 猴哥	猴子 猴哥	猴子	猴子 猴子精	猴子 猴狲儿	猴子	猴子	猴子	鹿子
兔子	兔哩	兔欸	兔子	兔子	兔子	兔子	兔儿	兔子	兔儿	兔子	长耳朵 地猫子
老鼠	老鼠	老鼠	老鼠子	老鼠子	耗子	老鼠子	耗子	老鼠子	老鼠子 耗子	老鼠子	老鼠suei53子
蝙蝠	□pʰek5 婆子	□pʰet5 婆子	飞老鼠子	飞老鼠	檐老鼠儿	檐老鼠	檐老鼠儿	檐老鼠	檐老鼠儿	檐老鼠 飞老鼠	檐老鼠 夜白鹤儿

续表

词目	五华客方言	梅县客方言	凉水井客方言	洛带客方言	成都官话	隆昌客方言	隆昌官话	西昌客方言	西昌四外话	仪陇客方言	仪陇官话
牛	牛	牛	牛	牛	牛	牛	牛	牛	牛	牛	牛
公牛	牛牯	牛牯	牯牛 牛公	牯牛	牯牛 骟牛	牯牛 牛公	公牛 牯牛	牯牯	牯子	脚牛 牯牛	牯牛 脚牛
母牛	牛嫲	牛嫲	骑牛 牛嫲	骑牛 牛嫲	骑牛	骑牛 母牛	沙牛	牛嫲 骚牯子	骑牛	骑牛 牛嫲	骑牛
小牛	牛崽哩	细牛牸	细牛 牛崽子	细牛 牛崽崽 牛崽	小牛儿	(细)牛崽崽	小牛儿	细牛儿	小牛儿	细牛子 儿牛子	喋牛儿
马	马	马	马子	马子	马	马子 牲口	马马儿	马马儿 牲口	马马儿	马牲口	马
公马	马牯	马牯	公马子 公马	公马子	公马	公马	雄马	公马马儿	公马	公马	公马
母马	马嫲	马嫲	马嫲	母马	母马	母马	母马	母马马儿	儿马	母马	母马
小马	细马哩	细马牸	马崽子 马崽崽	马崽子 马崽崽	小马	细马崽崽 细马儿	马崽崽	细马马儿	小马马儿	细马	小马
驴	驴哩	驴牸	驴子	驴子	驴子	驴子	驴子	毛驴儿	毛驴儿	驴子	驴子
公驴	驴牯	驴(牯)	驴公 公驴子	公驴子	公驴	公驴	公驴	公毛驴儿	公驴	公驴子	公驴子
母驴	驴嫲	驴嫲	驴嫲	母驴子 驴嫲壳	母驴	母驴 驴嫲	母驴	母毛驴儿	母驴	母驴子	母驴子
羊	羊哩	羊牸	羊子	羊子	羊子	羊子	羊子	羊子	羊子	羊子	羊子
公羊	羊牯	羊牯	羊公 骚羊	羊公 骚羊	骟羊子 公羊子	公羊 骟羊	公羊	公羊 骚羊	公羊	公羊(子)	公羊子
母羊	羊嫲	羊嫲	羊嫲	羊嫲	母羊子	羊嫲	母羊	母羊 羊嫲	母羊	母羊(子)	母羊子

续表

词目	五华客家方言	梅县客家方言	凉水井客家方言	洛带客家方言	成都官话	隆昌客家方言	隆昌官话	西昌客家方言	西昌四川话	仪陇客家方言	仪陇官话
小羊	羊崽哩	细羊崽	细羊崽崽（子）	细羊 羊崽崽	小羊儿 羊儿子	细羊儿 羊崽崽	小羊儿	细羊羔儿	小羊羔儿	细羊	咩羊子
猪	猪	猪	猪	猪	猪	猪	猪	猪	猪	猪	猪
公猪	猪哥 猪牯	猪哥	猪公	猪公	脚猪	公猪	公猪	猪牯 脚猪	公猪 牙猪	牙猪	脚猪
母猪	猪嫲	猪嫲	猪嫲	猪嫲	母猪	母猪 猪嫲（壳）	母猪	猪嫲	母猪	母猪 猪嫲	母猪
狗	狗	狗	狗	狗	狗	狗	狗	狗	狗	狗	狗
公狗	狗牯	狗牯	狗公	狗公	牙狗	公狗 狗牯	公狗 牙狗	狗牯	牙狗	牙狗	牙狗子
母狗	狗嫲	狗嫲	狗嫲	狗嫲	母狗 草狗	母狗 狗嫲（壳）	母狗 草狗	狗嫲	母狗	母狗子 狗嫲	母狗儿 草狗儿
猫	猫公	猫公	猫公	猫公	猫儿	猫公	猫儿	猫儿 猫公	猫儿	猫公	猫儿
公猫	猫牯	猫牯	猫公	猫公	男猫	猫公	公猫儿	猫公	男猫	猫公	男猫
母猫	猫嫲	猫嫲	猫嫲	猫嫲	女猫	猫嫲	母猫儿	猫嫲	女猫儿	母猫 女猫	女猫
老鹰	鹞婆	鹞婆	鹞婆	鹞婆	老鹰	鹞婆	崖鹰	鹞婆	老鹰	鹞婆	老鹰
猫头鹰	猫头鸟	猫头鸟	猫头鸟	猫头鸟 猫头鹰	鬼灯哥	鬼灯哥儿 舂卜啰 夜猫子	鬼灯哥儿	猫头鹰	猫头鹰	猫鬼啼 舂卜啰 猫骨啼	猫骨头
大雁	大雁	雁鹅	雁鹅	雁鹅	雁鹅	雁鹅	雁鹅	雁鹅	大雁	天鹅	雁鹅
燕子	燕哩	燕秋	阿秋燕	燕子 阿秋燕	燕子	燕子	燕子	燕子	燕子	燕子	燕儿
乌鸦	老鸦	老鸦	乌鸦 老鸦	乌鸦 老鸦	老鸦	乌鸦 老鸦	乌鸦 老鸦	老鸦	乌鸦 老鸦	老鸦子 老鸦	老鸦

续表

词目	五华客方言	梅县客方言	凉水井客方言	洛带客方言	成都官话	隆昌客方言	隆昌官话	西昌客方言	西昌四川外话	仪陇客方言	仪陇官话
喜鹊	阿鹊	阿鹊欸	阿鹊	阿鹊	鸦鹊	阿鹊子	喜鹊	阿鹊鹊	鸦鹊	阿鹊子	鸦鹊子
麻雀	禾必哩	禾笔哩	麻雀子 禾必子	麻雀子 罗必子	麻雀子 家麻雀	麻鸟子	麻雀儿	麻雀 麻雀子	麻雀	麻鸟子	麻雀
鸽子	月鸽哩	月鸽哩	白鸽子	白鸽子	鸽子	鸽子	鸽子	鸽子	鸽子	鸽子	鸽子
八哥	乌鹩哥	乌鹩哥	八哥	八哥	八哥	乌鹩哥	鹦哥	八哥儿	八哥	八哥	八哥
公鸡	鸡公	(生)鸡公	鸡公	鸡公	鸡公	鸡公	叫鸡	鸡公	公鸡	鸡公	鸡公
母鸡	鸡嫲	鸡嫲	鸡嫲	鸡嫲	母鸡	鸡嫲	潵鸡	鸡嫲	母鸡	鸡嫲	母鸡
小鸡儿	鸡崽哩	细鸡欸	细鸡 鸡崽子 鸡崽崽	鸡崽子 细鸡 鸡崽崽	鸡儿	鸡崽崽 细鸡儿	鸡崽崽	细鸡儿 鸡儿	小鸡儿	细鸡 细鸡儿	小鸡儿
鸭子	鸭哩	鸭欸	鸭子	鸭子	鸭子	鸭子	鸭子	鸭子	鸭子	鸭子	鸭子
鹅	鹅哩	鹅	鹅子	鹅子	鹅	鹅	鹅	鹅	鹅	鹅 大鸭嫲	大鸭子
鲤鱼	鲤鱼哩	鲤鱼欸	鲤嫲	鲤鱼子	鲤鱼	鲤鱼嫲	鲤鱼	鲤鱼	鲤鱼	鲤鱼	鲤鱼
鲫鱼	鲫鱼哩	鲫鱼欸	鲫鱼(子)	鲫鱼子	鲫鱼	鲫鱼(子)	鲫鱼 鲫壳儿	鲫壳儿	鲫鱼	鲫甲嫲	鲫鱼
螃蟹	老蟹	老蟹	螃蟹	螃蟹	螃蟹	螃蟹	螃蟹	螃蟹	螃蟹	螃蟹	螃蟹
虾	虾公	虾公	虾公	虾子 虾公	虾子	虾子 虾公	虾子	虾子	虾子	虾子	虾子
蚌	蚌	蚌玫欸	蚌壳	蚌壳	蚌壳儿	蚌壳(子)	蚌壳儿	蚌壳儿	蚌壳	蚌壳儿 蚌壳	蚌壳
青蛙	蚂拐哩	田鸡 蚂拐欸	青鸡 蚂拐子	青鸡 麻蚂拐子	青蛤蚂儿	蚂拐嘛	蛱蚂儿	青蛙 青鸡 田鸡	青蛙	青蛤子	青蛤蚂子

续表

词目	五华客方言	梅县客方言	凉水井客方言	洛带客方言	成都官话	隆昌客方言	隆昌官话	西昌客方言	西昌四外话	仪陇客方言	仪陇官话
癞蛤蟆	蟾蜍罗	蟾蜍罗	癞疙宝	癞疙宝	癞疙宝	癞疙宝	癞疙宝	癞疙宝	癞疙宝	癞疙宝	癞疙宝
蝌蚪	蚜鱼子 蚜蚧子	蚜蚧	鲶蚜子	鲶蚜子	马屎放灯儿	细蚜嫲	小蚜剪儿	乌巴儿	乌八儿	蛤蟆$\square$ien²¹ 蛤蟆$\square$iar³³	黑蚂鸡儿
乌龟	乌龟	龟	乌龟	乌龟	乌龟	乌龟	龟	乌龟	乌龟	乌龟	乌龟
鳖	团鱼	团鱼	团鱼	团鱼	团鱼	团鱼	团鱼	团鱼	团鱼	团鱼	团鱼
蜗牛	细螺哩	细螺哥	蜗牛	肉螺丝	螺蛳	蜗牛	西牛	蜗牛	蜗牛	螺蛳	螺蛳
蚯蚓	红蚗	蚗公	红蚗	红蚗	蚰蟮儿	蛇公虫	蚰蟮儿	蚰蟮（子）	蚰蟮	虫宛	蚰蟮
蚕	蚕哩	蚕欸	蚕子	蚕子	蚕	蚕子	蚕子	蚕子	蚕子	蚕子	蚕
蜜蜂	蜂哩	蜂蜂欸	蜂子	蜂子	蜂子	蜂子	蜂子	蜂子	蜂子	蜂子	蜂子
蝴蝶	蝴蝶	蝴蝶 蝉叶儿	蛾蛾	蛾蛾	蛾蛾	飞蛾儿	飞蛾儿	飞蛾儿	飞蛾子	飞蛾子	飞蛾
蜻蜓	囊蚁哩	囊蚁儿	龙蚊子 虹虹猫	龙蚊子 虹虹猫	叮叮猫儿	马马登儿	马马登儿	虹虹猫儿	虹虹猫儿	羊咪咪	羊咪咪
蝉	蝉哩	蝉欸	蝉子	蝉子	蝉子	嘤呀子	呀衣子	知了儿	叮嘎子	懒蝉子 野蝉子	蝉子
螳螂	倒虎哩	螳蜋	（草）猴子	猴子	青猴子	草猴子	猴孙	砍刀虫	猴孙	青猴子	猴子
萤火虫	火炎虫	火炎虫	亮火虫	亮火虫	亮火虫	火鸡子	亮火虫	亮火虫	亮火虫	亮火虫	亮火虫
蟋蟀	土狗哩	蟋蟀欸	灶鸡子	灶鸡子	灶鸡子	叫鸡子 灶鸡子	叫鸡子	灶鸡子	灶鸡子	灶鸡子	灶鸡子
蚂蚁	蚁公	蚁公 蚁欸	蚂蚁子	蚂蚁子	蚂蚁	蚂蚁子	蚂蚁儿	蚂蚁子	蚂蚁	蚂蚁子	蚂蚁

续表

词目	五华客方言	梅县客方言	凉水井客方言	洛带客方言	成都官话	隆昌客方言	隆昌官话	西昌客方言	西昌四外话	仪陇客方言	仪陇官话
苍蝇	乌蝇	乌蝇	乌蝇	乌蝇	苍蝇	苍蝇子 乌蝇	苍蝇	乌蝇	苍蝇	乌蝇	饭蚊 苍蚊儿
蚊子	蚊子	蚊虼	蚊子	蚊子	蚊子	蚊子	蚊子	蚊子	蚊子	饭蚊 蚊子	蚊子
臭虫	干蜱	干蜱	臭虫	臭虫	臭虫	臭虫	臭虫	臭虫	臭虫	臭虫	臭虫
虼蚤	虼蚤	虼嫲	虼嫲	虼嫲	虼蚤	虼嫲	虼子	虼嫲	虼子	虼嫲	虼子
跳蚤	狗虱	狗虱	狗虱	狗虱	吃蚤	蛇蛋 狗虱	蛇蛋	吃蚤	跳蚤 吃蛋	狗虱	吃蛋子
蜘蛛	□la^{44}矔	□la^{11}矔	□na^{13}矔子	□na^{13}矔子	蛰蛛	□na^{13}矔子	波丝	蜘蛛 □na^{212}矔子	蜘蛛	□na^{21}矔	波丝
蜈蚣	蜈蚣虫	蜈蚣虫	蜈蚣虫	蜈蚣虫	雷蚣虫	蜈蚣虫	蜈蚣	蜈蚣虫	蜈蚣虫	蜈蚣虫	雷蚣虫
蛇	蛇	蛇哥	蛇 梭老二	蛇 梭老二	蛇 梭老二	长虫 梭老二	蛇 梭老二	蛇老梭	蛇 老梭	长虫 蛇	蛇 梭老二 长脚
壁虎	壁蛇	檐蛇虼	四脚蛇	四脚蛇	四脚蛇	壁虎	四脚蛇	四脚蛇	四脚蛇	四脚蛇	四脚蛇
翅膀	翼劈	翼甲	翼拍	翼拍	翅膀	翼拍	翅膀儿	翅膀	翅膀	翅膀	翅膀
角（牛～）	角	角	角	角	角	角巴儿	角巴儿	角	角	角	角郎
蹄子	蹄	蹄	蹄子	蹄子	蹄子	蹄子	蹄子	蹄子	蹄蹄儿	蹄子	蹄子
爪子	爪	爪	爪爪	爪爪	爪爪	爪子 爪爪	爪爪	爪爪	爪爪儿	爪爪	爪爪
尾巴	尾巴	尾	尾巴	尾巴	尾巴	尾巴	尾巴儿	尾巴	尾巴	尾巴	尾巴
鳞	鳞	鳞	鳞甲	鳞甲	甲	鱼鳞	甲子	鱼甲	鱼甲	鳞甲	鱼甲
蛋	春	卵	春	蛋	蛋	蛋春	蛋	蛋	蛋	春	蛋
卵⬚～	鱼春	鱼卵	蛋	蛋	鱼蛋	蛋春	蛋	蛋	鱼蛋	春	鱼蛋子

续表

词目	五华客方言	梅县客方言	凉水井客方言	洛带客方言	成都官话	隆昌客方言	隆昌官话	西昌客方言	西昌四外话	仪陇客方言	仪陇官话
荷花	莲花	荷花 莲花	荷花	荷花 藕花	莲花	荷花	莲花	荷花 莲花	藕花	藕花	荷花
艾	野艾	艾	艾 艾蒿	艾 艾蒿蒿	艾 艾蒿蒿	艾（蒿）	软口草	青蒿	黄花儿菜	艾	陈艾
青苔	溜苔	溜苔	溜苔	溜苔	青苔	溜苔	青苔	溜苔	青苔	溜苔	青苔
向日葵	葵花	葵花	照木圆	照木圆	向尔麦 太阳花	日头花	向尔红	向日葵	瓜子	向阳花	向尔麦
稻子	禾水稻	禾	谷子	谷子	谷子	谷子	谷子	谷子	谷子	谷子	谷子
糯米	糯米	糯米	酒米	酒米	酒米	酒米	酒米	酒米	酒米	糯米	糯米
麦子	麦哩	麦欻	麦子	麦子	麦子	麦子	麦子	麦子	麦子	麦子	麦子
面粉	麦粉	面粉	灰面 麦粉	灰面	灰面	灰面	灰面	灰面	灰面	灰面	灰面
麸子	麦皮	麦皮	麸子 麦麸子	麦麸子	麦麸子	麦麸子	麦麸子	麦麸子	麦麸	麦麸子	麦麸子
糠	糠	糠	糠	糠	糠	米糠	糠	糠	糠	口ie² 米糠	糠
高粱	高粱粟	鲁粟	高粱	高粱	高粱	高粱	高粱	高粱	高粱	高粱	高粱
玉米	包粟	包粟	包粟	包粟	黄豆	包谷 包粟	包谷	包谷	包谷	番薯	包谷
黄豆	黄豆哩	黄豆	黄豆（子）	黄豆（子）	玉麦	黄豆子	黄豆 黄豆儿	黄豆	豆子	黄豆	黄豆
蚕豆	胡豆哩	胡豆 蚕豆	胡豆（子）	胡豆（子）	胡豆	胡豆	胡豆 胡豆儿	胡豆	胡豆 胡豆儿	胡豆	胡豆
芝麻	麻哩	麻欻	麻子	麻子	芝麻	芝麻 麻子 油麻	油麦儿	芝麻	芝麻	麻芝	芝麻
花生	地豆	番豆	花生	花生	花生	花生	花生	花生	花生	花生	花生
白薯	薯哩	番薯	番薯	番薯	红苕	番薯	白番苕	番薯	白苕	红薯	红苕

续表

词目	五华客方言	梅县客方言	凉水井客方言	洛带客方言	成都官话	隆昌客方言	隆昌官话	西昌客方言	西昌四外话	仪陇客方言	仪陇官话
土豆	马铃薯	马铃薯	洋芋子	洋芋子	洋芋	洋芋子	洋芋	洋芋	洋芋	洋芋	洋芋
菠菜	角菜	角菜	角菜	角菜	菠菜	角菜　田菜	甜菜	菠菜	菠菜	角菜	菠菜
洋白菜	包菜	包菜	莲白白	莲白白	莲花白	莲花白/莲白白	莲花白	包包白	包包白	莲花白	莲花白
南瓜	冬瓜		番瓜	番瓜	南瓜	番瓜	南瓜	南瓜	南瓜	金瓜	南瓜
冬瓜	毛瓜	（猪欸）冬瓜	冬瓜	冬瓜	冬瓜	冬瓜	冬瓜	冬瓜	冬瓜	冬瓜	冬瓜
黄瓜	孵瓜	青瓜	黄瓜	黄瓜	黄瓜	黄瓜	黄瓜	黄瓜	黄瓜	黄瓜	黄瓜
萝卜	长菜萝卜/雪萝菜	萝卜	萝苦	萝苦	萝卜	萝苦	萝卜菜	萝苦	萝卜	萝苦	萝卜
茄子	吊菜	吊菜欸/茄欸	茄子	茄子	茄子	茄子	茄子	茄子	茄子	茄子	茄子
西红柿	番茄	番茄	洋鸡椒　番茄	洋鸡椒番茄	番茄	洋鸡椒番茄	番茄	番茄	番茄	洋番椒	番茄
葱	葱子	葱	葱子	葱子	葱子　葱	葱子	葱葱儿	葱儿	葱葱儿	葱子	葱
蒜	蒜（子）	蒜	蒜子	蒜子	蒜	蒜（子）	蒜子	蒜子	蒜子	蒜子	蒜
姜	姜嫲	姜　姜嫲	姜嫲	姜嫲	生姜	姜嫲	姜	姜嫲	生姜	姜	生姜
辣椒	辣果	辣椒	鸡椒	鸡椒	海椒	鸡椒	海椒	辣椒	海椒	番椒	海椒
水果	生果	水果	水果　果木	水果　果木	水果	水果	水果	水果　果木	水果	水果	水果
桃儿	桃哩	桃欸	桃子	桃子	桃子	桃子	桃子	桃子	桃子	桃子	桃子
梨	梨哩	梨欸	梨子	梨子	梨子	梨子/鹅梨	梨子	梨儿	梨儿	梨子	梨子
橘子	甜哩	橘欸	柑子	柑子	柑子	柑子	柑子	橘子	橘子	柑儿	柑儿

续表

词目	五华客方言	梅县客方言	凉井客方言	洛带客方言	成都官话	隆昌客方言	隆昌官话	西昌客方言	西昌四外话	仪陇客方言	仪陇官话
柚子	柚哩	柚欶	柚子	柚子	柚子	柚子	柚子	柚子	柚子	柚子	柚子
樱桃	樱桃	樱桃	樱桃子	樱桃子	樱桃儿	樱桃儿	樱桃儿	樱桃儿	樱桃儿	樱桃	樱桃儿
橄榄	榄哩	橄榄 榄欶	青果	橄榄 青果	青果	青果	青果	橄榄果儿	橄榄果儿	青果	青果
马芽	马荠	马荠	马芽 慈姑儿	马芽 慈姑儿	慈姑儿	慈姑儿	慈姑儿	荸荠果	荸荠	慈管	慈姑儿
藕	莲圣	莲圣 莲藕	藕	藕	藕	藕	藕	藕	藕	藕	藕
枣儿	枣哩	枣哩	枣子	枣子	枣子	枣	枣子	枣子	枣子	枣子	枣子
栗子	栗哩	栗哩	板栗	板栗	板栗	板栗	板栗	板栗儿	板栗儿	板栗	板栗
核桃	核桃	核桃	核桃	核桃	核桃	核桃	核桃	核桃	核桃	核桃	核桃
香蕉	弓蕉	弓蕉 香蕉	香蕉	香蕉	香蕉	香蕉	香蕉	香蕉	香蕉	香蕉	香蕉
荔枝	荔果	荔果	荔枝	荔枝	荔枝	荔枝	荔枝	荔枝	荔枝	荔枝	荔枝
桂圆	龙眼	牛眼	桂圆 圆圆	桂圆 圆圆	桂圆儿	龙眼	龙眼	桂圆	桂圆儿	桂圆	桂圆
西瓜	西瓜	西瓜	水瓜	水瓜	西瓜	西瓜	西瓜	西瓜	西瓜	西瓜	西瓜
核儿	核	核	核核 核儿核儿	核核 核儿核儿	核核 心心	心子	心子核核 米米	核核	核核儿	骨骨	核核
芽儿	芽	芽	芽 芽	芽 芽芽	芽芽	芽芽	芽芽 芽子	芽芽	芽芽	芽芽 芽子	芽芽
叶子	叶哩	叶欶	叶子 叶叶	叶子 叶叶	叶子 叶叶	叶子 叶叶	叶叶	叶叶 叶子	叶叶儿	叶子	叶子
花儿	花	花	花	花	花	花	花	花	花	花	花
秆儿	秆	秆 梗	梗梗	梗梗	秆秆	梗梗	秆秆儿	梗梗	秆秆	梗梗	秆秆

续表

词目	五华客方言	梅县客方言	凉水井客方言	洛带客方言	成都官话	隆昌客方言	隆昌官话	西昌客方言	西昌四外话	仪陇客方言	仪陇官话
梗儿	梗子	梗	梗梗	梗梗	杆杆	梗梗	杆杆儿	梗梗	杆杆	梗梗	杆杆
根儿	根	根	根根	根根	根根	根根	根根儿	根根	根根	根根	根根
皮儿	皮	皮	皮皮 皮子	皮皮 皮子	皮皮	皮皮 皮子	皮皮	皮皮 皮子	皮皮	皮皮	皮皮
早饭	朝	朝	朝	朝	早饭	朝	早饭	朝 早饭	早饭	朝	早饭
午饭	昼	昼	昼	昼	晌午	昼	晌午	昼 昼边饭	晌午	昼	晌午
晚饭	夜	夜	夜	夜	夜饭	夜	夜饭	夜饭	晚饭	夜	夜饭
粥	粥	粥	稀饭	稀饭	稀饭	粥 稀饭	稀饭	稀饭	稀饭	稀饭	稀饭
米汤	粥汤 粥汤	饭汤 粥汤	米汤	米汤	米汤	米汤	米汤	米汤	米汤	米汤	米汤
馒头	馒头	馒头	馒头	馒头	馒头	馒头	馒头	馒头	馒头	馒头	馒头
包子	包哩	包欸	包子	包子	包子	包子	包子	包子	包子	包子	包子
饺子	饺	饺欸	饺子	饺子	饺子	饺子	饺子	饺子	饺子	饺子	饺子
馄饨	云吞	云吞	抄手	抄手	抄手	抄手		抄手	抄手	抄手儿 包面	抄手 抄手儿
面条	面	面	面	面	面	面	面	面	面	挂面	面条儿
糕	糕哩	粄欸	糕子	糕子	馍馍	糕子	糕粑	馍馍	糕点	糕糕	馍馍
猪舌头 (作动物的)	猪脷	猪脷	猪脷子	猪脷子	猪舌头儿 脷子	猪脷子	脷子	猪舌嘛	猪舌头	招财儿 猪脷子 猪舌头儿	猪脷子
猪血	猪红	猪红	猪旺子	猪旺子	猪血 (猪)旺子	猪旺子	猪血 旺子	猪血 猪盍子	猪旺子	猪血 血旺子	猪血
鸡蛋	鸡春	鸡卵 鸡春	鸡蛋	鸡蛋	鸡蛋	鸡蛋 鸡春	鸡蛋	鸡蛋	鸡蛋	鸡春	鸡蛋

续表

词目	五华客方言	梅县客方言	凉水井客方言	洛带客方言	成都官话	隆昌客方言	隆昌官话	西昌客方言	西昌四川外话	仪陇客方言	仪陇官话
豆腐	豆腐	豆干	豆腐	豆腐	豆腐	豆腐	豆腐灰毛儿	豆腐	豆腐	豆腐	豆腐
豆腐乳	豆腐乳	豆腐乳	豆腐乳 红豆腐 霉豆腐	豆腐乳 红豆腐 红豆乳	红豆腐	红豆腐	红豆腐 酱灰毛儿	豆腐乳	捂豆腐	红豆腐 臭豆腐	红豆腐
作料	味料	配料	相料	相料	相料	调料 相料	相料	作料	相料	相料	相料
盐	盐	盐	盐巴	盐	盐 盐巴	盐巴	盐巴	盐巴	盐巴	盐	盐
酱油	豉油	豉油	酱油	酱油 豆油	豆油 酱油	豆油	豆油	酱油	豆油	豆油	豆油
醋	酸醋	酸醋	醋	醋	醋	醋	醋	醋	醋	醋	醋
糖	糖	糖	糖	糖	糖	糖	糖	糖	糖	糖	糖
开水	沸水	滚水 沸水	开水	沸水 开水	开水	沸水 开水	烟	开水	开水	开水	滚开水 鲜开水
冰棍儿	雪条	雪支	冰糕	冰糕	冰糕	冰糕	冰糕	冰糕	冰糕	冰棒	冰糕
泔水	潲水	潲水	潲水	潲水	潲水	潲水	潲水	潲水	潲水	潲水	潲水
衣服（衣~）	衫裤	衫裤	衫裤	衫	衣裳	衫裤	衣裳	衫	衣裳	衫裤	衣裳
上衣	衫	短衫	衫	衫	上衣	衫	衣裳	衫	上衣	衫	上装
衬衣	衬衫	恤衫	衬衫	衬衫	衬衣	衬衫	衬衣	衬衫	衬衣	衬衣	衬衣
汗衫	底衫	底衫	汗衫 汗褂子	汗衫子 汗褂子	汗衫	汗衫 汗褂子	汗衫	汗褂子	汗衫儿 褂褂儿	架架	汗褂儿

续表

词目	五华客方言	梅县客方言	凉水井客方言	洛带客方言	成都官话	隆昌客方言	隆昌官话	西昌客方言	西昌四川话	仪陇客方言	仪陇官话
夹袄	夹袄	夹袄	夹衫子	夹衫子	夹袄	夹衫儿 袄婆	夹衫儿	棉袄	夹衫儿	夹衫	夹袄
毛衣	羊毛衫	羊毛衫	毛线衫	羊毛衫	毛线衣	毛线衫	毛衣	羊毛衫	毛衣	毛线衫	毛线衣
裤子	裤	裤	裤子	裤子	裤子	裤子	裤儿 小衣	裤子	裤子	裤子	裤子
裙子	裙	裙	裙子	裙子	裙子	裙子	裙子	裙子	裙子	裙子	裙子
短裤	节裤	节裤	短裤子 摇裤	短裤子 摇裤子	摇裤	摇裤子	短裤儿	短裤 摇裤	短裤儿 摇裤	摇裤	短裤 摇裤儿
鞋	鞋	鞋	鞋子	鞋子	鞋子	鞋（子）	鞋子	鞋子	鞋子	鞋子	鞋子
拖鞋	拖鞋	鞋拖欸	拖鞋	拖鞋	拖鞋	拖鞋	拖鞋 靸片鞋	拖鞋	靸片儿鞋	拖鞋	拖鞋
木拖鞋	屐	屐	木拖鞋 木板板鞋	木拖鞋 板板鞋	拖板板鞋	板板鞋	板板鞋	木拖鞋	木拖鞋	木板板鞋	木板板鞋
靴子	靴哩	靴欸	靴子	靴子	靴子	靴子	靴子	靴子	靴子	靴子	靴子
围巾	颈围	颈围	项巾	围巾	围巾	围巾	围巾	围巾	围巾	围巾	围巾
手套	手袜	手套欸 手袜欸 手□lap¹欸	手笼子	手笼子	手笼子	手笼子	手套 手笼子	手套	手套	手套子	手笼子
袜子	袜	袜欸	袜子	袜子	袜子	袜子	袜子	袜子	袜子	袜子	袜子
围裙	围身裙	围身裙	围腰	围腰	围腰	围腰	围腰	围腰	围腰	围裙	围腰
围嘴儿	滩丫	滩丫	口水柳	口水柳柳	围裙儿	口水柳	口水兜	口水叉叉	围裙儿	口水柳柳	围裙儿
领子	衫领	衫领欸	衫领	领衫领	领子	衫领	衣领	领子	领领口	封领	衣领

续表

词目	五华客家方言	梅县客家方言	凉水井客家方言	洛带客方言	成都官话	隆昌客家方言	隆昌官话	西昌客方言	西昌四外话	仪陇客家方言	仪陇官话
袖子	衫袖	衫袖	衫袖	衫袖	袖子	衫袖	袖子	手袖 衫袖	手袖儿	衫袖	袖口
面子	面哩	面欸	面子	面子	面子	面子	面子	面子	面子	印心	面子
里子	里哩	里欸	里子	里子	里子	里子	里子	里子	里子	包单	里子
口袋	衫袋	袋欸	包包 袋袋	袋子 包包 袋袋	包包	荷包 包包	荷包	口袋	口袋 包包	包包	荷包儿
家	屋下	屋下	屋下	屋下	屋头	屋下	屋头	屋下	家 屋头	屋 屋下	屋头
房子	屋	屋 屋舍	屋	屋	房子	屋	房子	屋 屋子	房子	屋	房子
房间	间	间	间	间	房间	间	房圈	间	房圈儿	歇房 房圈儿	房间儿
柱子	柱墩	柱墩	柱头	柱头	柱头 柱子	柱头	柱子	柱头	柱头	柱头	柱头
梁~	梁	屋梁	梁	梁	梁	梁	梁	梁 大梁	梁	梁	梁担
屋顶	屋顶	屋顶	房顶	屋顶	屋顶	屋顶	房顶	屋顶	屋顶 房顶	屋背	屋顶 房顶
屋檐	屋檐	屋檐	屋檐	屋檐	屋檐 阶檐	屋檐	屋檐	屋檐	屋檐	屋檐 阶檐	屋檐
墙	壁	壁	墙头 壁头	墙头 壁头	壁头	墙壁	墙	壁头	墙壁	壁头	壁头
窗户	窗哩	窗儿	窗子	光窗子	窗子	光窗子	窗子	光窗	窗子	光窗	窗子
门	门	门	门	门	门	门	门	门	门	门	门
门槛	门槛	户槛	门槛 门圈	门槛	门槛	门圈 门槛	门槛	门槛	门槛	门槛 门圈	门槛
栏杆	栏杆	栏杆	栏杆	栏杆	栏杆	栏杆子	栏杆儿	栏杆	栏杆	栏杆	栏杆

续表

词目	五华客方言	梅县客方言	凉水井客方言	洛带客方言	成都官话	隆昌客方言	隆昌官话	西昌客方言	西昌四川话	仪陇客方言	仪陇官话
台阶	石断	石断	梯子	梯子	梯坎儿/梯子	梯步	梯坎儿	坎坎	台阶	石梯子	梯坎儿/梯子
院子	院坪	门坪	院坝	院坝	院坝(儿)	坝子	院坝儿	院坝	院子/院坝	院坝	院坝
天井	天井	天井	天井	天井	天井	天井	天井	天井	天井	天井	天井
井	井	井	古井	古井	井	古井/水井	井	井	井	井	井
角落	口liap¹角	角落/角落头	角角/栋栋角角	角角/栋栋角角	角角头/栋栋角角	栋栋角角	角角/栋栋	角角	角角上/栋栋角角	角角/栋栋角角	角角头/栋栋角角
窟儿	隆	窿儿	洞洞	洞/洞洞	洞洞	洞洞	洞洞	洞洞	洞洞	洞洞	洞洞
缝儿	缝	必鳞	缝缝	缝缝	缝缝	缝缝/缝子	缝缝/缝缝儿	缝缝/缝子	缝缝/缝	坏/缝子	冰缝
厨房	灶下里	口bak¹下	灶下	灶下	灶房	灶下	灶房	灶下	灶房	灶下	灶下/灶屋
厕所	屎缸	屎窖	屎缸/粪缸	粪缸	茅厕	茅厕/粪缸	茅厕	茅厕	茅厕	厕所	茅厕
鸡窝	鸡斗	鸡楼/鸡斗	鸡斗	鸡窝	鸡窝窝	鸡窝	鸡窝	鸡窝	鸡窝	鸡斗	鸡窝
猪圈	猪栏	猪栏	猪圈	猪圈	猪圈	猪圈	猪圈	猪圈	猪圈	猪栏	猪圈
坟	坟地	地	坟包	坟包	坟包	坟包地	坟包儿	坟	坟	坟山/坟	坟包
棺材	长生树	棺木/棺材	棺材/枋子/寿枋	棺材/枋子/寿枋	棺材/枋子/寿枋	枋子/寿材/棺材	枋子/寿材	板子/棺材/寿木	棺材/板子/寿木	木头	棺材/木头
家具	家私	家私	家具	家具	家具/家什	家具	家具	家具	家具	家具	家具
桌子	桌哩	桌	桌子	桌子	桌子	桌子	桌子	桌子	桌子	桌子	桌子

续表

词目	五华客家方言	梅县客家方言	凉水井客家方言	洛带客家方言	成都官话	隆昌客家方言	隆昌官话	西昌客家方言	西昌四外话	仪陇客家方言	仪陇官话
椅子	椅哩	凭椅	凭椅	凭椅子	凭椅	椅子 凭椅	椅子	椅子	椅子	椅子	圈椅
凳子	凳哩	凳𢵦	板凳	板凳	长板凳	板凳 凳子	板凳	板凳	板凳	凳儿 凳板	长板凳
书桌	书桌	书桌	写字台	写字台	写字台	写字台	写字台	书桌	写字台	书桌	写字台
柜子	柜哩	橱𢵦	柜子	柜子	柜子	柜子	柜子	柜子	柜子	柜子	柜子
抽屉	书桌格	拖格	抽抽 拖拖	拖箱 抽抽	抽抽 抽屉	抽屉	抽屉 抽抽儿	抽抽	抽屉 抽抽儿	抽屉	抽抽 抽屉
箱子	箱哩	箱	箱子	箱子	箱子	箱子	箱子	箱子	箱子	箱子	箱子
床	床	眠床	床	床	床	床铺	床	床	床	床	床
被子	被	被	铺盖	铺盖	铺盖	铺盖	铺盖	铺盖	铺盖	铺盖 棉絮	铺盖 被盖
褥子	褥哩	褥絮	摛絮	摛絮	摛絮	贴单	垫絮	贴垫	褥子	摛絮 棉絮	棉絮
枕头	枕头	枕头	枕头	枕头	枕头	枕头	枕头	枕头	枕头	枕头	枕头
席	席哩	席𢵦	席子	席子	席子	席子	席子	席子	席子	席子	席子
蚊帐	蚊帐	蚊帐	蚊帐	蚊帐	罩子 蚊帐	蚊帐	罩子	罩子	罩子	蚊帐	罩子
锅	镬头	镬	镬头	镬头	锅	镬头	锅头	镬头	头	镬头	锅
锅铲	镬铲	镬铲	镬铲	镬铲	锅铲	镬铲	锅铲	镬铲	锅铲	镬铲	锅铲
菜刀	刀嫲	菜刀	菜刀	菜刀	菜刀	菜刀	菜刀	菜刀	菜刀	菜刀	菜刀
砧板	砧头	砧头	菜板	菜板	菜板儿	菜板	菜板	菜板	菜板	菜板	菜板子
杯子	杯哩	杯𢵦	杯子 杯杯	杯子 杯杯	杯子 杯杯儿	杯杯	杯杯 杯杯儿	杯子 杯杯 杯杯	杯子 杯杯儿	杯子	杯子

词目	五华客方言	梅县客方言	凉水井客方言	洛带客方言	成都官话	隆昌客方言	隆昌官话	西昌客方言	西昌四川外话	仪陇客方言	仪陇官话
椅子	椅哩	凭椅	凭椅	凭椅子	凭椅	椅子 凭椅 凳子	椅子	椅子	椅子	椅子	圈椅
凳子	凳哩	凳欸	板凳	板凳	长板凳	板凳 凳凳	板凳	板凳	板凳	凳儿 凳板	长板凳
书桌	书桌	书桌	写字台	写字台	写字台	写字台	写字台	书桌	写字台	书桌	写字台
柜子	柜哩	橱欸	柜子	柜子	柜子	柜子	柜子	柜子	柜子	柜子	柜子
抽屉	书桌格	拖格	抽抽 拖拖	拖箱 抽抽	抽抽 抽屉	抽屉	抽屉 抽抽儿	抽抽	抽屉 抽抽儿	抽屉	抽抽 抽屉
箱子	箱哩	箱	箱子	箱子	箱子	箱子	箱子	箱子	箱子	箱子	箱子
床	床	眠床	床	床	床	床铺	床	床	床	床	床
被子	被	被	铺盖	铺盖	铺盖	铺盖	铺盖	铺盖	铺盖	铺盖 棉絮	铺盖
褥子	褥哩	褥欸	擤絮	擤絮	擤絮	贴单	垫絮	贴垫	褥子	擤褥絮	棉絮
枕头	枕头	枕头	枕头	枕头	枕头	枕头	枕头	枕头	枕头	枕头	枕头
席	席哩	席欸	席子	席子	席子	席子	席子	席子	席子	席子	席子
蚊帐	蚊帐	蚊帐	蚊帐	蚊帐	罩子 蚊帐	蚊帐	罩子	罩子	罩子	蚊帐	罩子
锅	镬头	镬	镬头	镬头	锅	镬头	锅头	镬头	头	镬头	锅
锅铲	镬铲	镬铲	镬铲	镬铲	锅铲	镬铲	锅铲	镬铲	锅铲	镬铲	锅铲
菜刀	刀嬷	菜刀	菜刀	菜刀	菜刀	菜刀	菜刀	菜刀	菜刀	菜刀	菜刀
砧板	砧头	砧头	菜板	菜板	菜板儿	菜板	菜板	菜板	菜板	菜板	菜砧子
杯子	杯哩	杯欸	杯子 杯杯	杯子 杯杯	杯子 杯杯儿	杯杯	杯杯 杯杯儿	杯子 杯杯 杯杯	杯子 杯杯儿	杯子	杯子

续表

词目	五华客方言	梅县客方言	凉水井客方言	洛带客方言	成都官话	隆昌客方言	隆昌官话	西昌客方言	西昌四川话	仪陇客方言	仪陇官话
绳子	索嘛	索 索嘛(晚辈)	索嘛	索嘛	索索 绳子	索子	索索	索索	索索	索子	索索
缝纫机	衣车	衣车	打衫机	缝纫机 打衫机	缝纫机	缝纫机 打衫机	缝纫机	缝纫机	缝纫机	缝纫机	缝纫机
锁	锁头	锁头	锁	锁	锁	锁	锁	锁	锁	锁	锁
钥匙	锁匙	锁匙	锁匙	锁匙	钥匙	锁匙	钥匙	钥匙	钥匙	锁匙	钥匙
扇子	扇哩	扇欸	扇子	扇子	扇子	扇子	扇子	扇子	扇子	扇子	扇子
伞	遮哩	遮	伞	伞	伞 撑花儿	伞 撑子	撑子	伞	伞	伞	伞
拐杖	手杖哩	杖欸 手杖 短口kai^{5}欸	拐棍 拐杖	拐棍 拐拐	拐棍儿	拐棍 拄路棍	拄路棍	拐棍儿	拐棍儿	拐棍棒 拄路棒	拐杖
电灯	电火	电火	电灯	电灯	电灯	电灯	电灯	灯泡儿	电灯儿	电灯	电灯
手电筒	电筒	电筒	手电筒 电筒	电筒 手电筒	电棒 电筒	电棒 手电筒	手电筒 电棒	电筒	手电筒	手电筒 电棒	电棒
火柴	火柴	火柴 自来火	洋火	洋火	洋火 火柴	洋火	火柴 洋火	火柴 洋火	火柴 洋火	洋火	洋火
镜子	镜哩	镜欸	镜子	镜子	镜子	镜子	镜子	镜子	镜子	镜子	镜子
梳子	梳哩	梳欸	梳子	梳子	梳子	梳子	梳子	梳子	梳子	梳子	梳子
肥皂	番碱	番碱	洋碱	肥皂 洋碱	洋碱 肥皂	肥皂 洋碱	肥皂 洋碱	肥皂	肥皂	肥皂	洋碱
毛巾	手巾哩	面帕儿 手帕	洗面帕	洗面帕	洗脸帕	洗面帕	洗脸帕	洗面帕 帕帕	洗脸帕	洗面帕	洗脸帕

续表

词目	五华客方言	梅县客方言	凉水井客方言	洛带客方言	成都官话	隆昌客方言	隆昌官话	西昌客方言	西昌四外话	仪陇客方言	仪陇官话
手绢	手帕哩	手帕/手巾欶	手帕子	手帕子	手帕子	手帕子	手帕子	手帕子	手拂儿	手帕子/手帕儿	手帕子/手帕儿
扫帚	扫把	摮把(大扫把)/扫筒	扫把	扫把	抹布	扫把/地扫把	扫把	扫把	扫把	扫把	扫把
痰盂	痰筒	痰筒	痰盂	痰盂/痰盂盒/痰盂盒子	痰盂	痰盂盒子	痰盂	痰盂	痰盂	无	痰盂
尺	尺哩	尺	尺子	尺子	尺子	尺子	尺子	尺子	尺子	尺子	尺子
锤子	锤哩	铁锤欶	钉锤	锤子	钉锤儿/锤锤儿	钉锤子/锤锤	钉锤儿	锤锤	铁锤	钉锤儿/锤锤/榔锤儿	钉锤儿
斧子	斧头	斧头	斧头	斧头	斧头/开山儿	斧头	猫刀	大刀	大刀	斧头	毛铁
钳	钳哩	钳欶	钳子	钳子	钳子	钳子	钳子	钳子	钳子	钳子/咬丝钳	钳子
镊子	夹哩	夹欶	夹子/夹夹	夹夹	镊子	夹子	拈拈/夹子	夹子/夹夹	镊子	夹夹	镊子
凿子	凿哩	凿欶	凿子	凿子	凿子	凿子	凿子	凿子	凿子	凿子	凿子
锯	锯哩	锯欶	锯子	锯子	锯子	锯子	锯子	锯子	锯子	锯子	锯子
锉	锉哩	锉欶	锉子	锉子	锉	锉子	锉子	锉子	锉子	桩	锉
钻	钻哩	钻欶	钻子	钻子	钻子	钻子	钻子	钻子	钻子	钻子	钻子
锥子	钻哩	钻哩	钻子	锥子/钻子	锥子	锥子/鞋居子	锥子	锥子	锥子	锥子	锥子
刨子	刨哩	刨欶	刨子	刨子	刨子	刨子	刨子	推刨儿	推刨儿	刨子	刨子

续表

词目	五华客方言	梅县客方言	凉水井客方言	洛带客方言	成都官话	隆昌客方言	隆昌官话	西昌客方言	西昌四外话	仪陇客方言	仪陇官话
刀子	刀哩	刀	刀子	刀子	刀儿	刀	刀子	刀刀	刀子	刀子 刀儿	刀儿
钩子	钩哩	钩	钩子 钩钩	钩子 钩钩	钩钩儿	钩钩	钩子 钩钩儿	钩钩儿	钩钩儿	钩钩	钩钩儿
钉子	钉哩	钉钗	钉子	钉子	钉子	钉子	钉子	钉子	钉子	钉子	钉子
铁锹	铲哩	铁铲	洋铲	洋铲	洋锨	洋铲	洋铲	钢铲	洋铲	洋铲	洋锨
锄	镬锄	镬头	镰锄	镬锄	锄头	镬锄	锄头	镬锄	锄头	锄头	锄头
镰刀	镰刀	镰刀	镰刀	镰刀	镰刀	镰刀	镰刀	镰刀	镰刀	镰刀	镰刀
扁担	担竿	担竿	担竿	担竿	扁挑	担杆	扁担 扁挑	担竿	扁挑	担竿	扁挑
筛子	筛哩	筛钗	筛筛	筛子	筛子	筛子 筛筛	筛筛	筛筛	筛筛儿	筛子	筛子
磨	磨哩	磨钗	磨子	磨子	磨子	磨子	磨子	磨子	磨子	磨子	磨子
木头	树哩	树料 木头	树子	树子	木料	树子	木头 树子	木头	木头	树子	木料
竹子	竹子	竹	竹子	竹子	竹子	竹子	竹子	竹子	竹子	竹子	竹子
石灰	石灰	石灰 红毛灰	石灰	石灰	石灰 白灰	石灰	石灰	石灰 白灰	石灰	石灰	石灰
水泥	红毛灰	土敏泥	洋石灰	洋灰	洋灰	洋灰	水泥	洋灰	水泥	洋石灰 洋灰	洋灰
玻璃	玻璃	玻璃 镜钗	玻璃	玻璃	玻璃	玻璃	玻璃	玻璃	玻璃	玻璃	玻璃
瓦	瓦	瓦	瓦	瓦	瓦	瓦	瓦	瓦	瓦	瓦	青瓦
钱	钱	钱	钱	钱	钱	钱	钱	钱	钱	钱	钱
商店	店子	店 铺头	铺子 店子	铺子 店子	铺子	铺子 店子	店子	商店 店子	店 店儿	店子	铺子

续表

词目	五华客方言	梅县客方言	凉水井客方言	洛带客方言	成都官话	隆昌客方言	隆昌官话	西昌客方言	西昌官话	西昌四外话	仪陇客方言	仪陇官话
饭馆	饭店	饭店	饭铺 饭馆	馆子 饭铺	馆子	馆子	饭馆儿	饭馆 饭店	馆子	馆子	食店	饭店儿 餐厅
旅馆	旅店	客栈 旅馆	旅馆 栈房	旅馆 栈房	旅馆儿 栈房	旅馆 栈房	旅馆 栈房	旅馆 旅店	旅社	旅社	栈房	旅馆 栈房
信封	信皮	信封	信封 信壳子	信封 信壳子	信壳子	信壳子	信封 信壳子	信封 信壳子	信壳 信壳儿	信壳 信壳儿	信封 信壳子	信壳子
路费	路费	路费 盘缠	盘缠	路费 盘缠	路费	路费 车费	路费 盘缠	盘缠钱	路费 盘缠	路费 盘缠	路费 盘缠	路费 盘缠
自行车	单车	脚车 单车 自行车	洋马（子）	洋马车 洋马子	洋马儿 自行车	自行车 单车 洋马儿	洋马儿	自行车 洋马儿 单车	自行车 洋马儿	自行车 洋马儿	洋马儿 单车	洋马儿 自行车
轮子	轮哩	轮欸	滚子	滚子 滚滚儿 滚儿滚	滚滚儿	滚子 滚滚 车滚子	轮子 车滚滚	滚滚 车滚滚儿	滚滚儿	滚滚儿	滚滚	滚滚
汽艇	电船	电船	汽划子	汽划子	汽划子	汽划子	汽划子	汽艇 汽划子	汽划子	汽划子	汽划子	汽划子
路	路	路	路	路	路	马路	路	路	路	路	路	路
街	街路	街	街	街	街	街道	街	街	街	街	街	街
胡同	巷哩	巷欸	巷子 巷巷	巷子 巷巷	巷子 巷巷儿	巷子 巷巷	巷子 巷巷儿	巷儿	巷巷儿	巷巷儿	巷子 巷巷儿	巷子
桥	桥	桥	桥	桥	桥	桥	桥	桥	桥	桥	桥	桥
学校	学校	学堂 学校	学堂	学堂	学校 学堂	学堂	学校	学校	学堂	学堂	书房	学堂 黉门
本子	木哩	簿欸	本子	本子	本子	本子	本子 本本儿	本子	本本儿	本本儿	本子 本本儿	本子

续表

词目	五华客方言	梅县客方言	凉水井客方言	洛带客方言	成都官话	隆昌客方言	隆昌官话	西昌客方言	西昌四川外话	仪陇客方言	仪陇官话
砚台	墨砚盘	（墨）砚盘	墨盘	墨盘	墨盘	墨盘	墨盘	墨盘	墨盘	砚台	墨盘
墨	墨	墨	墨	墨	墨	墨	墨	墨	墨	墨	墨
钢笔	自来水笔	钢笔	钢笔 蓝水笔 自来水笔	钢笔 自来水笔	水笔 钢笔	蓝水笔	钢笔	钢笔	钢笔 蓝水笔	钢笔 水笔	钢笔
糨糊	糵糊	糵糊 糨糊	糨子	糨子 糵糨子	糨糊	糨子	糨糊 糨子	糨糊	糨糊 糨子	糨糊	糨糊
橡皮筋	牛筋	牛筋	橡皮筋 橡皮索	橡皮筋 橡皮索	橡皮筋儿	橡皮筋	橡皮筋	橡皮筋	橡皮胶	橡皮	皮筋
故事	故事	古	龙门阵	龙门阵	龙门阵	龙门阵	龙门阵 故事	龙门阵	龙门阵	龙门阵	龙门阵
球	球哩	球	球	球	球	球	球	球	球	球	球
秋千	千秋	千秋	秋千	秋千	打秋	秋千	秋千	秋千	秋千	秋千	打秋
风筝	纸鹞哩	纸鹞欸 风筝	纸鹞子 风筝	风筝	风筝儿	风筝	风灯儿	风筝	风筝	风筝	风筝
炮仗	纸炮欸	纸炮欸	火炮子	火炮子	火炮儿	火炮子	火炮子 火炮儿	火炮（子）	火炮儿	火炮儿	火炮儿4
哨子	哨哩	萧欸	哨子 吹吹 叫叫	哨子 吹吹 叫叫	哨子 叫叫儿 哨哨儿	叫叫儿	哨哨儿 叫叫儿	叫叫儿	哨哨儿 叫叫儿	叫叫儿	哨儿 叫叫
笛子	笛哩	笛欸	笛子	笛子	笛子	笛子	笛子	笛子	笛子	笛子	笛子
头	头那	头那	脑壳 头那	头那	脑壳	脑壳 头那	脑壳	头那	脑壳	头那	脑壳
头发	头那毛	头那毛	头发 头发毛	头那 头发毛	头发	头发毛	头发	头发	头发	头毛 头那毛	头发

续表

词目	五华客方言	梅县客方言[44]	凉水井客方言	洛带客方言	成都官话	隆昌客方言	隆昌官话	西昌客方言	西昌四外话	仪陇客方言	仪陇官话
脸	面	面	面	面	脸	面	脸	面 面壈儿	脸 脸壈	面巴	脸
前额	额门	额角	额门	额门	额项	额门	额项	额项	额项	额头	额项
眼睛	目珠	眼珠	眼珠	眼珠	眼睛	眼珠	眼睛	眼睛	眼睛	眼珠 眼睛	眼睛
眼珠	目珠仁	眼珠仁	眼珠	眼珠	眼珠珠(儿)	眼仁	眼睛珠珠	眼珠	眼珠 眼珠子	眼珠	眼珠子
眉毛	目眉毛	目眉毛	眼眉毛	眼眉毛	(眼)眉毛	眼眉毛	眉毛	眼眉毛	眉毛 眼眉毛	眉毛	眉毛
睫毛	目汁毛	目汁毛 木溃毛	眼眨毛	眼眨毛	眼眨毛	眼眨毛	眼眨毛	眼眨毛	眼眨毛	眼皮毛	眼眨毛
鼻子	鼻公	鼻公	鼻公	鼻公	鼻子	鼻公	鼻子	鼻公	鼻子	鼻头	鼻子
耳朵	耳公	耳公	耳朵	耳朵	耳朵	耳朵	耳朵	耳朵	耳朵	耳朵	耳朵
嘴	嘴巴	嘴	嘴巴	嘴巴	嘴巴	嘴巴	嘴巴	嘴巴	嘴巴	嘴巴	嘴巴
嘴唇	嘴唇皮	嘴唇	嘴唇皮	嘴唇皮	嘴皮	嘴唇皮	口皮	嘴皮	嘴皮	嘴皮(子) 嘴唇皮	嘴皮
舌头	舌嫲	舌嫲	舌嫲	舌嫲	舌头儿	舌嫲	舌头儿	舌头	舌头儿	舌头	舌头儿
牙齿	牙齿	牙齿	牙齿	牙齿	牙齿儿	牙巴 牙齿	牙齿	牙齿	牙齿	牙巴 牙齿	牙巴
下巴	下耙	下口ŋam⁴⁴	下巴	下巴	下巴儿	嘴壳	下巴儿	下巴	下巴	下巴	下壳儿
胡子	须始	胡须 须始	胡子	胡子	胡子	胡子	胡子	胡子	胡子	胡子	胡子
脖子	颈	颈筋	颈茎	颈茎	颈项	颈茎	颈子	颈茎	颈子	颈项	颈项
喉咙	喉哩	喉哩 喉咙 管	喉哩	喉哩	喉咙儿	喉哩	喉咙杆儿	喉哩梗梗	喉咙	喉咙	喉咙管儿
肩膀	肩头	肩头	肩膀	肩膀	肩膀	肩膀	肩膀	肩膀	肩膀	肩头	肩膀

续表

词目	五华客家方言	梅县客家方言	凉水井客家方言	洛带客家方言	成都官话	隆昌客方言	隆昌官话	西昌客方言	西昌四川外话	仪陇客方言	仪陇官话
胸脯	心肝前	胸前	胸脯子 心肝板板	胸脯 心肝板板	胸口儿 心口儿	胸口 胸脯	胸口儿	心肝板板		胸膛子	胸口儿
乳房	奶姑	奶姑	奶	奶	奶奶	奶 奶旁 奶边	奶	奶奶	奶奶	奶姑	奶奶
肚子	肚拍	肚笥	肚白	肚白	肚子	肚子	肚子	肚白	肚子	肚子 肚皮	肚皮
背脊背	背囊	背囊	背笼	背笼	背	背笼	背	背笼	背脊	□□ pɔŋ33 lɔŋ33	背
屁股	屎窟坊	屎窟	沟子	沟子	沟子	沟子	屁股 屁儿	屁股 沟子	屁股 屁儿	沟子	沟子
鸡巴	鸟哩	朘棍 朘㞗(亲子阴)	朘子 乌子	朘子 乌子	锤子 鸡巴 雀雀儿	鸡巴 鸡冠子 乌子 朘子	鸡儿 鸡巴 麻雀儿	麻雀 朘子 腚子	鸡巴鸡儿 雀雀儿 锤子儿	锤子 麻乌子 乌子 腚子	锤子 鸡巴 雀儿
尿女阴	膣鳖	膣口pai11	屄 嫲屄	湿子 嫲屄	(嫲)屄	(嫲)屄	嫲屄	屄 麻屄 屄□□na?5tɕ'ie?3 45	屄	(麻)屄	(麻)屄
胳肢窝	肋夹下	肋下	夹肢窝 □na?5夹窝	夹肢窝 □□na?5tɕ'ie?2窝	夹肢窝儿 夹窝儿	□na?5脚下	夹肢孔	□□na?5tɕ'ie?3下	夹肢窝儿	□se?5夹下	夹肢窝儿
胳膊	手臂	手臂	膀子 手梗	手膀子 手梗	手杆 膀子	手膀子	手杆	手膀子	手杆	手梗	手杆 膀子
胳膊肘	手胫	手胫	倒拐子	倒拐子	倒拐子	手倒拐	手倒拐	手倒拐	手倒拐	倒拐子	倒拐子
手	手	手	手	手	手	手	手	手	手	手	手
左手	左手	左手	左手	左手	左手	左手	左手	左手	左手	左手	左手
右手	右手	右手	右手	右手	右手	右手	右手	右手	右手	右手	右手

续表

词目	五华客家方言	梅县客家方言	凉水井客家方言	洛带客家方言	成都官话	隆昌客方言	隆昌官话	西昌客方言	西昌四川外话	仪陇客家方言	仪陇官话
手掌	手巴掌	巴掌	手掌 巴掌	手巴掌 巴掌	手巴掌	巴掌	手巴掌	巴掌	手掌 手板	手板	手板
拳头	拳头	拳头	砣子 皮砣子	掟子 皮砣子	掟子（皮）砣子	掟子 砣子	掟子 砣儿	皮砣	掟子 皮砣	（皮）砣子 掟子	掟子
手指	手指	手指	手指拇	手指	手指拇儿	手指拇儿	手指拇儿	手指指	手指	手指拇	手指拇儿
大拇指	手指公	（大）手指公	大手指 手指公	手指公 大手指公	大指拇	大手指 手指公	大指拇儿	手指公	大拇指	大指拇 手指公	大指拇
小拇指	手指尾	手指尾	幺巴指 尾手指	幺巴指 尾手指	幺指拇儿	幺手指拇儿 尾手指拇儿	小指拇 幺指拇	尾手指	小拇指儿	细指拇	幺指拇
指甲	手指甲	手指甲	手指甲	手指甲	指拇儿盖盖	指甲	指甲 指甲壳儿	指甲	指甲	指甲子	指拇儿盖盖
腿	脚臂	脚	脚梗	脚梗	脚杆	脚梗	脚杆	脚梗	脚杆	脚杆	脚杆
膝盖	膝头	膝头	膝头盖	膝盖	磕膝头	膝头	磕膝头儿	磕膝头儿	磕膝头儿	膝头 包 nəu33 口	磕膝头
脚	脚	脚脚板	脚	脚	脚板儿	脚	脚板	脚	脚	脚	脚板儿
脚掌	脚盘	脚脚板	脚板	脚板	脚板儿心	脚掌	脚板	脚板	脚板儿心	脚板	脚板儿心
脚趾	脚趾	脚趾（头）	脚趾趾	脚趾趾	脚趾拇儿	脚趾拇	脚趾拇儿	脚趾拇儿	脚趾拇儿	脚趾拇（子）	脚趾拇儿
眼泪	目汁	目汁	眼流水 眼汁	眼流水 眼汁	眼流水	眼泪水 眼水	眼流水	眼流水	眼泪	眼流水	眼泪水
鼻涕	鼻水	鼻	鼻	鼻 鼻流水	鼻子	鼻	鼻子	鼻脓	鼻子	鼻	鼻子
口水	口水	口潾 口水	口水	口水	口水	口水	口水	口水	口水	口水	口水
痣	痣	痣	痣	痣	痣	痣	痣	痣	痣	痣	痣

续表

词目	五华客方言	梅县客方言	凉水井客方言	洛带客方言	成都官话	隆昌客方言	隆昌官话	西昌客方言	西昌四外话	仪陇客方言	仪陇官话
疤	烂疤	疤	疤疤	疤疤	疤疤	疤疤	疤疤	口疤	江疤	疤（疤）	疤疤
痂	疤㾴	㾴	亮亮	亮亮	亮亮 疤疤	亮亮 疤疤	亮 亮亮	亮亮	亮亮	亮亮	亮亮
男人	男哩人	男欸人	男个 男子人	男个 男子人	男的	男个 男娃儿 男子人	男人 男的	男人 男个	男的	男个	男的 男客
女人	妇道人	妇人家 妹欸人 大细姑	女个 妇娘子 妇娘嫲	女个 妇娘子 妇娘嫲	女的	女个 妇娘子 妇娘嫲	女人	女人 女个	女的	女个 婆娘 妇娘嫲	女的 女客
老头儿	老阿公	老阿公	老大爷 老阿公 老汉头	老汉头 老阿公 老大爷	老汉儿家	老大爷 老把子 老阿公 老者儿 老头子	老把子 老者儿 老头子	老头儿 老阿公	老头儿	老头儿 老者者	老头儿
老太婆	老阿婆	老阿婆	老阿婆	老阿婆	（老）太婆 老婆婆	老婆婆 老阿婆 老太婆	老婆婆	老阿婆	老太婆	老嬢儿 老嬢子 老婆婆	老太婆
小伙子	细哥哩	后生欸	小伙子	小伙（子）	小伙子	小伙子 男娃儿	小伙子 男娃儿	男娃儿	小伙子 男娃儿	小伙子	小伙子
姑娘	细妹哩	细妹欸	妹子	妹子	女娃娃 女娃儿 女花花	女娃儿 妹子 妹崽子	姑娘儿 女娃儿	女娃儿	姑娘	妹子人 满妹子	姑娘
小孩子	细崽哩	细人欸	细崽子	细崽子	小娃娃 小娃儿	细崽子 细娃儿	小娃儿 小崽崽	细娃儿	小娃儿	大细娃子（人）	咵姑儿

续表

词目	五华客方言	梅县客方言	凉水井客方言	洛带客方言	成都官话	隆昌客方言	隆昌官话	西昌客方言	西昌四川外话	仪陇客方言	仪陇官话
男孩子	赖崽哩	赖欸人	男娃子 俫崽子	俫崽子	男娃儿 男娃娃	俫崽子 男娃儿	男娃儿	男娃儿	男娃儿	赖崽人 赖大牯	男娃儿
女孩子	妹崽哩	细妹欸	妹崽子	妹崽子	女娃儿 女娃娃	妹崽子 女娃儿	女娃儿	女娃儿	女娃儿	妹子姑 妹子人	女娃儿
聋子	聋哩	聋欸 耳聋鬼	聋子	聋子	聋子	聋子	聋子	聋子	聋子	聋子	聋子
瞎子	瞎目哩	瞎子 瞎眼欸	瞎子	瞎子	瞎子	瞎子	瞎子	瞎子	瞎子	瞎子	瞎子
哑巴	哑哩	哑欸	哑帮 哑子	哑巴 哑舌子	哑巴	哑巴 哑巴子	哑巴	哑帮*	哑巴	哑巴	哑巴
结巴	结舌哩	鸠舌欸 重舌欸	结子 结舌子	结子 结舌子	结巴儿	蹇巴郎	蹇巴郎	结巴王	结巴子	结巴子	结巴
麻子	斑面	斑面欸	麻子	麻子	麻子	麻子	麻子	麻子	麻子	麻子	麻子
驼子	驼背哩	驼背欸	驼子 驼背子	驼背子 驼子	驼背儿	驼子 驼背儿	驼子 驼背子	驼背儿	驼背儿	驼背子	驼背子
瘸子	踔脚子	踔欸	踔拜子	踔拜子	踔拜子	踔拜子	踔拜子 踔拜儿	踔拜儿	踔拜子 踔拜儿	踔拜子	踔拜子
疯子	狂鬼	癫鬼	疯子 癫子	疯子 癫子	疯子	疯子 癫子	疯子 癫子	疯子	疯子 癫子	疯子 癫子	疯子
新郎	新郎公	新娘公 新郎	新娘公	新郎公	新男儿	新郎倌 新贵人	新郎倌儿	新郎 新郎公	新郎	新郎公 新干儿子	新郎倌儿
新娘	新娘	新娘	新娘 新娘子	新娘 新娘子	新媳妇儿 新姑娘儿	新娘子	新娘子	新娘子	新娘 新娘子	新客	新媳妇儿

续表

词目	五华客方言	梅县客方言	凉水井客方言	洛带客方言	成都官话	隆昌客方言	隆昌官话	西昌客方言	西昌四外话	仪陇客方言	仪陇官话
单身汉	单鸟哥	单鸟哥 单只阿哥	单身汉	单身汉	光棍	单身汉	单身汉儿	单身汉	光棍儿	单身汉	光棍儿
老姑娘	老妹子	老姑婆 老姑娘	老妹姐	老大妹姐 老妹姐	老姑娘儿	老妹子 老姑婆	老姑娘	老妹子	老嬢儿	老妹子（人）	老姑娘儿
寡妇	寡妇	寡妇	寡母子	寡母子	寡母子	寡母子	寡母子	寡妇 寡母子	寡妇	寡母子	寡母子
孕妇	大肚嫲	大肚妇人家 大肚嫲	大肚白 怀子嫲 双身人	大肚白 怀子嫲 四眼人	大肚子 四眼人 双身人	大肚白 四眼婆 怀儿婆 怀子嫲 双身人 怀胎婆	怀儿婆	大肚口	有好处的	大肚子 四眼 口kuan⁵³肚嫲	四眼人 怀肚婆
双胞胎	双生	双巴卵	双生	双生 双胞胎	双双儿	双巴躬	双双儿生	双胞胎	双胞胎	双生子	双双儿
教师	先生	先生 老师	老师 先生	老师	老师 先生 教书匠	老师 先生	老师	老师	老师	教书先生	老师
学生	学生哩	学生	学生子	学生子	学生	学生子	学生	学生子	学生	学生子	学生
医生	医生	医生	老师	老师 太医老师	老师 先生	医生 药老师 太医	医生	医生	医生	先生	先生
乞丐	讨食子	告化敉	告化子 讨口子	告化子 讨口子	叫化子 讨口子	告花子	告花子 讨口子	告花子	叫化子	告花子 讨口子	叫化子 讨口子
强盗	土匪	土匪 抢劫贼	棒客 土匪	棒老二 棒客 土匪	棒老二 棒客	棒老二	棒老二	棒老二 土匪	强盗	棒老二	棒老二

续表

词目	五华客方言	梅县客方言	凉水井客方言	洛带客方言	成都官话	隆昌客方言	隆昌官话	西昌客方言	西昌四外话	仪陇客方言	仪陇官话
小偷	贼牯	贼牯	贼娃子 贼哥摸 细贼娃子	贼娃子 细贼 细贼娃子	贼娃子 摸哥儿	贼牯佬 偷哥儿	偷儿 贼娃子	贼哥儿	偷哥儿 贼娃子	贼娃子 溜表子	贼娃子 摸哥儿
祖父	阿公	阿公	阿公	阿公	爷爷	阿公 公爷爷	爷爷 公	阿公	爷爷	阿爹	爷爷 爹爹
祖母	阿婆	阿婆	阿婆	阿婆	奶奶	阿婆 阿口vei53	婆 奶奶	阿婆	奶 奶奶	奶奶	婆婆
父亲	阿爸	阿爸 爷呢逆	阿爸 阿爷	阿爸 阿爷	(爸)爸 老汉儿	伯 阿爷 阿爸	爸爸 老者儿 老汉儿	阿爸 老头儿	爹爹	爹爹 老者	爸爸 爹
母亲	阿娘 阿㜷	阿㜷 阿嬷	阿娘 阿㜷	阿娘 阿㜷	妈	阿㜷 伯	妈妈	阿㜷	妈	㜷口ia33	妈妈
后母	后㜷	后㜷 㜷叔	后娘	后㜷子	后妈	后㜷	后妈 后娘	细阿㜷	后妈	后㜷	后妈
伯父	阿伯 阿爷前加排行 伯伯	阿伯	阿爷	伯前加排行 阿爷	排行+爸儿	阿爷前加排行	爷前加排行	爷前加排行	大爷 爷儿前加排行	大爹爹 细爹爹 伯伯	伯伯 大爹
伯母	阿娘前加排行	伯姆	阿娘 排行+娘	阿娘 娘前加排行	㜷㜷	阿娘前加排行 大伯㜷 大伯娘	娘前加排行	阿娘前加排行	大妈 妈前加排行	伯娘 幺娘	大娘
叔父	阿叔	阿叔	阿叔前加排行	阿叔	爸儿前加排行	阿爸 阿叔前加排行	爷前加排行	阿叔	爸	叔叔前加排行	爸儿
婶母	阿娘前加排行 叔娘	叔婆	叔娘 娘前加排行	叔娘 娘前加排行	㜷	阿爸 阿㜷 娘前加排行	娘	娘娘 娘前加排行	㜷	叔㜷 叔婆 幺婆	㜷

续表

词目	五华客家方言	梅县客家方言	凉水井客家方言	洛带客家方言	成都官话	隆昌客方言	隆昌官话	西昌客方言	西昌四外话	仪陇客方言	仪陇官话
姑夫	姑丈	姑丈	姑爷	姑爷	姑爷	姑爷	姑爷	姑爷	姑爷	姑爷 姑父儿	姑父儿
姑母	大（满）姑	阿姑	嬢嬢 阿婆	嬢嬢	嬢嬢	姑 前加排行	姑 前加排行	满满 满 前加排行	嬢嬢	姑姑 大姑	姑姑 大姑
外祖父	姆公	外阿公	姆公	姆公	外公 家公	姆公	家公 外公	姆公	家公	姆公	外公
外祖母	姆婆	外阿婆	姆婆	姆婆	外婆 家婆	姆婆	家婆 外婆	姆婆	家婆	姆婆	外婆
舅父	男爷	阿男	男爷	男爷	男男	男爷	男男	男爷	男男	满男	男男
舅母	男娘	舅姆	男娘	男娘	男母儿	男娘	男娘	男娘	男母	男鋻	男母
姨夫	姨丈	姨丈	姨爹	姨爹	姨爹	姨爹	姨爹	姨爹	姨爹	姨父 满姨父	姨父
姨母	阿姨 前加排行	阿姨	排行+姨	姨 加排行	姨妈 加排行	姨嬢 前加排行	姨嬢	满姨 前加排行	姨嬢	满姨 大姨 幺姨	姨 前加排行
丈人	丈人老	丈人老	丈人老	丈人老	老丈人	丈老	老丈人	老丈人	老丈人	丈佬	老丈人
丈母	丈母婆	丈里婆	丈人婆	丈人婆	老丈母	丈婆	老丈母	老丈母	老丈母	丈娘娘	老丈母
公公	家官	家官	家官	家官	老人公	老人公 家官	家爷 老者儿	家官	老人公	老人公	老公
婆婆	家娘	家娘	家娘	家娘	老人婆	老人婆 家娘	家娘 老妈儿	家娘	婆	老人婆 家娘	老人婆
丈夫	老公	老公	老公	老公	男的	老公	男的 男娃儿	老公	男的	老公 屋下	男客 男人

续表

词目	五华客家方言	梅县客家方言	凉水井客家方言	洛带客家方言	成都官话	隆昌客方言	隆昌官话	西昌客家方言	西昌四外话	仪陇客家方言	仪陇官话
妻子	老婆	老婆	老婆	老婆	女的 婆娘	老婆	婆娘 女的	婆娘 老婆	婆娘 女的	老婆 屋下	婆娘
哥哥	阿哥	阿哥	阿哥	阿哥	哥哥	阿哥	哥 哥老倌	婆娘 哥哥 阿哥	哥哥	哥哥 阿哥	哥哥
嫂子	阿嫂	阿嫂	大嫂	大嫂	嫂嫂	大嫂	嫂子 嫂嫂 前加排行	大嫂	嫂子 大嫂	嫂嫂	嫂嫂
弟弟	老弟	老弟	老弟	老弟	弟娃儿	老弟	弟娃儿	老弟	兄弟	老弟	弟娃儿
弟妹	老弟心舅	老弟心舅	老弟心舅	老弟心舅	兄弟媳妇儿	老弟嫂 老弟心舅	兄弟媳妇儿	老弟心舅	兄弟媳妇儿	老弟嫂	兄弟媳妇儿
姐姐	阿姊	阿姊	阿姊	阿姊	姐姐	阿姊 阿姐	姐姐	阿姐	姐姐	姊姊	姐姐
姐夫	姊丈	姊丈	姊夫	姊夫	姐夫哥	姐夫	姐丈 姐夫	姐夫	姐夫	姊夫	姐夫
妹儿	老妹	老妹	阿妹	老妹	妹妹	老妹	妹儿	老妹	妹妹	老妹	妹夫
妹夫	老妹婿	（老）妹婿	老妹婿	老妹婿	妹夫	老妹婿	弟	老妹婿	妹弟	妹夫	妹子
大伯子	大郎	大郎	大爷子	大叔子	大伯子	大伯子	大伯子	大伯子	大伯子	大伯子	大哥
小叔子	小郎	小郎欸	小叔子	小郎子	小叔子	细老弟	小叔子	小叔子	小叔子	细叔子	小叔子
大姑子	大娘姑	大娘姊	大娘姑	大姑子	大姑子	大娘姊	大姑子	大郎姐 大娘姐	大姑子	姊姊	大姑子
小姑子	细娘姑	小（娘）姊	小娘姑	小娘姑 细姑子	小姑子	细娘姊	小姑子	小妹姐 细娘姑	小姑子	老妹	小姑子
大舅子	大妻舅	妻舅	大舅子	大舅子	大舅子	大舅子	大舅子	大舅子	大舅子	大舅子 大舅老倌	大舅子
小舅子	细阿舅	细阿舅	细舅子	细舅子	小舅子	小舅子	小舅子	细舅子	小舅子	细舅子 细舅老倌	小舅子

续表

词目	五华客方言	梅县客方言	凉水井客方言	洛带客方言	成都官话	隆昌客方言	隆昌官话	西昌客方言	西昌四外话	仪陇客方言	仪陇官话
大姨子	大姨	姜阿姨	大姨子	大姨子	大姨妹儿	大老姨	大姨妹儿	大姨妹儿	大姨子	大姨妹儿	大姨妹儿
小姨子	细姨	姜阿姨	小姨子	姨妹子	小姨妹儿	细老姨	小姨妹儿	小姨子 细姨子 姨妹子	小姨妹儿	姨妹 姨妹儿	小姨妹儿
儿子	俫子	赖敆	俫子	俫子	儿子	俫子	儿子 儿娃子	俫子	儿子	赖子	儿
媳妇	心舅	心舅	心舅	心舅	媳妇儿	心舅	媳妇儿	心舅	媳妇儿	□$san^{33}p'ei^{33}$	媳妇儿
女儿	妹俚	妹敆	妹子	妹子	女儿	妹子	女儿	妹子	女儿	妹子	女子
女婿	婿郎	婿郎	婿郎	婿郎	女婿	客婿郎 半边俫子	女婿	女婿 婿郎	女婿 门客	干儿子	干儿子
侄子	侄俚	侄敆	侄子	侄子	侄儿子	侄子	侄子	侄俫子 侄子	侄儿子	侄娃儿	侄儿子
侄女	侄女	侄女	侄女	侄女	侄女儿	侄女	侄女儿	侄俫子 侄俫女	侄女儿	侄女	侄儿子
外甥	外甥	外甥	外甥 外甥	外甥	外甥儿	外甥	外甥	外甥子	外甥外甥儿	外甥娃儿	外甥儿
外甥女	外甥女	外甥女	外甥女 外甥女	外甥女 外甥女	外甥女	外甥女	外甥女	外甥女	外甥女儿	外甥女	外甥女
孙子	孙俚	孙敆	孙子	孙子	孙儿 孙孙儿	孙子	孙儿	孙子	孙子 孙子儿	孙子 孙儿	孙子
孙女	孙女	孙女	孙女	孙女	孙女儿	孙女	孙女儿	孙女	孙女儿	孙女儿	孙女

续表

词目	五华客方言	梅县客方言	凉水井客方言	洛带客方言	成都官话	隆昌客方言	隆昌官话	西昌客方言	西昌四川话	仪陇客方言	仪陇官话
外孙	外孙哩	外孙	外孙	外孙	外孙儿	外孙子	外孙	外孙儿	外孙儿	外孙子／外孙儿	外孙儿
外孙女	外孙女	外孙女	外孙女	外孙女	外孙女	外孙女	外孙女	外孙女	外孙女儿	外孙女	外孙女
父母	爷娭	爷娭	爷娭	爷娭	妈老汉儿	爷娭	妈老汉儿／妈老者儿／娘老汉儿	爷娭	妈老汉儿	娅子老者儿	妈老汉儿／老人
兄弟	弟兄	兄弟	弟兄	弟兄	弟兄	弟兄	弟兄	弟兄	弟兄	弟兄	弟兄
姐妹	姊妹	姊妹	姊妹	姊妹	姊妹	姊妹	姊妹	姊妹	姊妹	姊妹	姊妹
儿女	子女	子女	子女	子女	子女	子女／侬妹	娃儿些	娃儿子女	娃儿／娃儿些／子女	儿女	子女
夫妻	两公婆	（两）公婆	两公婆／两口子	两公婆／两口子	两口子	两口子／两公婆	两口子	两口子	两口子	两口子	两口子
连襟	连襟	连襟	老挑	老挑	老挑	老挑	两老挑	老挑	挑担	老挑／挑担伙	挑担子
妯娌	子嫂	子嫂	子嫂	子嫂	前后（家）	子嫂	妯娌	子嫂	妯娌	子嫂	妯娌
客人	人客	人客	人客　客	人客　客	客	人客　客	客人	客人	客	人客　客	客
前面	前面	前背	先行／前背	先行／前背	前头	前头	前头	先行	前手	前头	前头
后面	后面　后背	后背	后背	后背	后头	后背	后头	后背	后手	后背	后头
左边	左边	左片／左手口sak¹	左边／左手边左手	左边／左手边	左边	左边／左手边／左手	左边／左手	左边／左手边	左手	左手／左手边	左边
右边	右边	右片	右边／右手边	右边／右手边	右边	右边／右手／右手边	右手／右边	右边／右手边	右手	右手／右手边	右边

续表

词目	五华客方言	梅县客方言	凉水井客方言	洛带客方言	成都官话	隆昌客方言	隆昌官话	西昌客方言	西昌四川外话	仪陇客方言	仪陇官话
里边	里面 里边	里背	里背	里背	里头 后头	里背	里头	里背	以头	里边 里背	里头
外边	外面	外背	外背	外背	外头	外背	外头	外背	上手	外背	外头
上面	上面 顶高	上背	顶高 上背	顶高 上背	高头 上头	顶高 上背	高底	顶高	下手	梁头 上背	高头 上头
下面	下面 脚下	下背	脚下 下背 底下	下背 脚下 底下	下头 底下	底下 脚下	底下	底下 脚下		底下	下头
中间	中间	中心	中间	中间	中间	中间	中间	中间	中间 当中	中间	中间
旁边	侧边	侧角	侧边	侧边	侧边	侧边	侧边	侧边	侧边	侧面 侧边	侧边
隔壁	隔壁	隔壁	隔壁子	隔壁子	隔壁子	隔壁子	隔壁子	隔壁	隔壁 隔壁子	隔壁（子）	隔壁子
对面	对门	对门	对门 对门子 对门边	对门 对门子	对门	对门边	对面 对门子 对门边	对面 对门子 对门边	对门子	对门	对门
城里	城肚里	城肚紶	城里背	城里背	城里头	城里背	城里头	城里背	城里 城里以头	城里 城里后背	城里头
乡下	农村间	乡下	乡坝里	乡坝里	乡坝头	乡坝里	乡坝头	乡下 乡坝上	乡下 乡坝	乡下 乡里	乡下
地方	地方	地方	地方 地踏 地头	地方 地踏 地头	地方 地塌塌	地方 地踏 地头	地方 哒	地方 踏踏 地头	地头	地口tian53 塌塌	地塌 塌塌
话	话	话	话	话	说话	话	话	话	话	话	说
天亮	天光	天光	天光	天光	天亮	天光	天亮	天光	天亮	光不了	天亮
天黑	断暗	天暗	天暗	天暗	天黑	天暗 天乌	天黑	天暗	天黑	夜不了	天黑

续表

词目	五华客方言	梅县客方言	凉水井客方言	洛带方言	成都官话	隆昌客方言	隆昌官话	西昌客方言	西昌四外话	仪陇客方言	仪陇官话
下雨	落水	落雨 落水	落水	落水	下雨	落水	落雨	落水	下雨	落水	下雨
打闪	闪火蛇	目矗 火蛇	扯火闪	扯火闪	扯火闪	扯火闪	扯火闪	扯火闪	扯霍闪	扯火闪	扯霍闪
打雷	打雷公	响雷公	打雷	打雷	打雷	响雷	打雷公	打雷	打雷	打雷	打雷
出虹	出天弓	出天弓	出虹 出天弓	出虹 出天弓	出虹	出虹	出虹	出虹	打虹	出虹	出天虹
下雾	落雾沙	起雾沙 起露雾	下露 起雾 扯露雾	下落雾 起雾 露起雾	起雾 起雾（罩子）	下雾 扯雾露 扯露水	下雾 起雾	下雾 起雾 下雾罩	下雾	起雾（罩子）	起雾起 烟罩子
下霜	落霜	落霜	下霜 打霜	下霜 打霜	打霜	打霜	打霜	下霜 打霜	打霜	打霜 下霜	打霜
结冰	青雪	落□k'en53	下凌 起凌冰	下凌 起凌冰	结凌冰儿	结冰	结冰	下凌 起凌冰	下凌	结凌冰	打黑凌
化雪	融雪	融雪	化雪	化雪	化雪了	化雪	化雪	化雪	雪化了	雪化不了	化雪了
淋雨	涿水	涿雨	教水	教水	淋雨 教雨	淋水	淋雨	淋雨	淋雨 □to31雨	淋水	淋雨
地震	地震	地震 天地 转侧	地震 鳌鱼翻身 鳌鱼眨眼睛	地震 鳌鱼翻身	地震	地动 鳌鱼眨眼地 翻身	地震	地震 地动 鳌鱼翻身 鳌鱼眨眼珠 鳌鱼眨眼地 翻身	地震	地震 鳌鱼眨眼 地动	鳌鱼翻身
掉(米)	跌	跌	跌	跌	掉	跌	落	跌	落	跌	落
看	睐	看 睐	看	看	看	看	看	看	看	看	看
听	听	听	听	听	听	听	听	听	听	听	听
闻	鼻	鼻	闻鼻	鼻	闻	鼻	闻	鼻	闻	鼻	闻

续表

词目	五华客方言	梅县客方言	凉水井客方言	洛带客方言	成都官话	隆昌客方言	隆昌官话	西昌客方言	西昌四川话	仪陇客方言	仪陇官话
吃	食	食	食	食	吃	食	吃	食	吃	食	吃
喝	食	食	喝 食	喝 食	吃 喝	喝 食	喝	喝	喝	啜	吃
咬	啃	啃	啃	啃	咬	啃	咬	咬	咬	咬	咬
啃	啃 口lot¹	啃	啃	啃	啃	啃	啃	啃	啃	啃	啃
嚼	噍	噍	噍	噍	嚼	噍	嚼	噍	嚼	嚼	嚼
舔	舐 口sɛ⁴⁴	舐	舐	舔	舔	舔	舔	舔 舐	舔	舔	舔
吞	吞	吞	吞	吞	吞	吞	吞	吞	吞	吞	吞
吸（水、气）	嚛	嚛 嚛	喝	喝	喝	喝	呼	喝	吸	吸 喝	喝
吐~唾、气	退	退 吐	退 吐	退 吐	吐	吐	吐	吐	吐	吐	吐
尝	尝	尝	尝	尝	尝	尝	尝	尝	尝	尝	尝
拿	拿	拿	拿	拿	拿	拿	拿	拿	拿	拿	拿
捏	捻	口nak⁵ 捻	捏	捏	捏	捏	捏	捏	捏	捏	捏
掐	掐	搭 口net¹	搭	搭	掐	搭	掐	搭	掐	搭	掐
摘	摘	摘	摘	摘	摘	摘	摘	摘	摘	摘	摘
摸	摸	摸	摸	摸	摸	摸	摸	摸	摸	摸	摸
揉	挼	挼	挼	挼	揉 搓	挼 搓	揉	挼	揉 挼	揉	揉
搓	搓	搓	搓	搓 提	搓 挼	搓	搓	搓	搓	搓	揉
提	又 括	又 惯	又	又	提	又	提	又	提	无	提

续表

词目	五华客方言	梅县客方言	凉水井客方言	洛带客方言	成都官话	隆昌客方言	隆昌官话	西昌客方言	西昌四川话	仪陇客方言	仪陇官话
举	擎	擎	举	举	托	举	举 托	举 托	举 肘 托	举	举 托
托	托	托	胎	胎	胎	胎	胎	胎	胎	□an³³ 捧	胎
端	端	□聂	端	端	端	端	端	端	端	端	端
捧	捧	捧	捧	捧	捧	捧	捧	捧	捧	捧	捧
抬	扛	扛	抬	抬	抬	抬	抬	抬	抬	扛	抬
挑	挟	挟	挟	挟	担 挑	挑	挑	挟	挑	挟	担 挑
扛(扛枪枝)	背	背 □k'ia¹	背 托	背 托	托	背	托背	背	背	背	背
背(背负)	背	背 □pa¹¹	背	背	背	背	背	背	背	背	背
搬	搬	搬	搬	搬	搬	搬	搬	搬 盘	搬	搬	搬
压	榨	□tsak¹	压 榨	压 榨	榨	榨	榨	压 榨	榨	榨	榨
按	拨	撤	按	按	按	按 揪	按	按	按	揪	按 按
推(一门)	叔	叔	捎	捎	揎	揎 叔	揎 揎	推 挡	挡	揉	推 揎 揉
挡	挡	挡	挡	挡	挡	挡	挡	挡	挡	挡	挡
撑(撑住)	撑	撑	撑	撑	撑	撑	撑	撑	撑	撑 揪	撑
拖(拖桌子)	拖	拖	拖	拖	拖	拖 挪	拖	拖	拖	拉	拖
拉(拉绳子)	拉	拉	拉	拉	拉	挪	拉	拉	拉	拉	拉
牵(牵牛)	牵	牵	牵	牵	牵	牵	牵	牵	牵	牵	牵

续表

词目	五华客方言	梅县客方言	凉水井客方言	洛带客方言	成都官话	隆昌客方言	隆昌官话	西昌客方言	西昌四外话	仪陇客方言	仪陇官话
拉（拉扯、直）	扯	拗	拉	拉	扯	扯 挪	拉	拉	拖	扯 牵	扯
抽（用橡皮）子	打 □fin⁵³	□iu³¹ 抽	打	打	搇	抽 □tsʰeʔ⁵	打	打	打	打	打 抽
拔	拗	拗	扯	扯	扯	扯 挪	扯	扯	扯	扯	扯
扶	扶	扶	扶	扶	扶	扶 抬	扶 抬	扶	扶	扶	扶
搂	摘	摘	摘	摘	抱	摘 撸	抱	摘	搂	摘	抱
抱	摘	摘 □let⁵	摘 托	摘 撸 托	抱	摘	抱	摘	抱	摘	抱
打	打	打	打	打	打	打	打	打	打	打	打
敲（敲门）	推	敲	推	推	敲	推	敲	敲	敲	推	敲
捅	□tsʰiam⁴⁴	捅 督*	拧	拧	拧	捅	拧	拧	拧	拧	拧
碰	动	□ŋam⁵ □kʰap⁵	捞	捞	捞	捞	捞	碰	碰	捞	碰 捞
撞	撞	撞	撞	撞	撞	撞	撞	撞	撞	撞	撞
撕	扯	扯	撕 扯	撕 扯	扯 撕	撕 □ȵiou⁴⁵	撕 扯	撕	撕 扯	撕 扯	扯
折（折断）	拗	拗	拗	拗	□pʰie⁵³	□tsaʔ³ 拗	□pʰie⁵²	拗	□pʰie⁵³	拗	□pʰie⁵³
拧（拧毛巾）	铰	扭	铰	铰 车	铰	铰 车	铰	铰	铰	铰	铰
拧（拧螺丝）	扭	扭	扭 车	铰	铰	铰	铰	车	铰	车 铰	铰
弹	弹	弹	弹	弹	弹	弹	弹	弹	扒	弹	弹
扔（扔砖）	丢 □fut¹ □ep⁵	□fit¹ □taŋ⁴⁴	丢 甩	丢 甩	甩 丢	甩 丢	甩 丢	甩 丢	弹	网	甩 丢

续表

词目	五华客方言	梅县客方言	凉水井客方言	洛带客方言	成都官话	隆昌客方言	隆昌官话	西昌客方言	西昌四川话	仪陇客方言	仪陇官话
走	行	行	走	走	走	走 行	走	走	丢 扔	走	走
跑~步	跑	趱 跑 焱	焱	焱	跑	焱	跑 焱(快跑)	焱	跑	跑	跑
跳	蹦		跳	跳	跳	跳	跳	跳	跳	跳 焱	跳
踩	踏	踏 □naŋ⁵³	踩	踩	踏 踩	踩 踏	踩 踏	踩	跳	踩	踏 踩
踢	踢	踢	踢	踢 啄	踢	踢	踩(啄)	踢 啄	踢 啄	踏 啄	踩
跨	跨	跃	跨	跨	跨	跨	跨	跨	跨	跨	跨
站	徛	徛	徛	徛	站	徛	站	徛	站	徛	站 立
坐	坐	坐	坐	坐	坐	坐	坐	坐	坐	坐	坐
蹲	蹲	蹲 □pu⁴⁴半蹲	蹲	蹲	蹲	蹲	蹲	蹲	蹲	蹲	蹲
靠	凭	凭	凭	凭	凭	凭	凭	靠 凭	靠	凭	凭
躺	睡 眠抗	眠抗	睡	睡	躺	睡	睡	睡	躺	睡	躺
爬	爬	爬	爬	爬	爬	爬	爬	爬	爬	爬	爬
钻	钻	钻	钻 拱	钻 拱	钻 拱	钻	钻 拱	钻	钻	钻 拱	钻
挤	挤	尖*	挤	挤	挤	挤	挤	挤	挤	挤	挤
摔	绊	跌	绊	绊 跌	跘	跘 跌	跘	跘	跘	跘	跘
吃饭	食饭	食饭	食饭	食饭	吃饭	食饭	吃饭	食饭	吃饭	食饭	吃饭
吃~w饭	食朝	食朝	食朝	食朝	吃早饭	食朝	吃早饭	食朝	干饭 吃早饭	食朝	吃早饭

续表

词目	五华客方言	梅县客方言	凉水井客方言	洛带客方言	成都官话	隆昌客方言	隆昌官话	西昌客方言	西昌四外话	仪陇客方言	仪陇官话
吃～午饭	食昼	食昼	食昼	食昼	吃午饭	食昼	吃晌午	食昼	吃午饭 吃晌午	食昼	吃午饭
吃～晚饭	食夜	食夜	食夜	食夜	吃晚饭	食夜	吃晚夜饭	食夜 宵夜	吃宵夜	食夜	吃晚饭
喝酒	食酒	食酒	食酒	喝酒 食酒	吃酒	喝酒 食酒	喝酒	喝酒 食酒	喝酒	啜酒	吃酒
吸烟	食烟	食烟	食烟	食烟	吃烟	食烟 叭烟	吃烟 抽烟	抽烟 叭烟 食烟	吃烟	食烟	吃烟
穿	着	着	着	着	穿	着	穿	着	穿	着	穿
戴	戴	戴	戴	戴	戴	戴	戴	戴	戴	戴	戴
脱	脱	脱	脱	脱	脱	脱	脱	脱	脱	脱	脱
洗	洗	洗	洗	洗	洗	洗	洗	洗	洗	洗	洗
刷	刷	刷	刷	刷	刷	刷	刷	刷	刷	刷	刷
涮	汤	汤	浪汤	浪汤	涮	浪 汤	涮	涮 汤	涮	澜	涮
洗脸	洗面	洗面	洗面	洗面	洗脸	洗面	洗脸	洗面	洗脸	洗面	洗脸
漱口	汤嘴	汤嘴	汤嘴巴	汤嘴巴	漱口	汤嘴	漱口	漱嘴	漱口	漱嘴	漱口
洗澡	洗身	洗身欶	洗身	洗身	洗澡	洗身	洗澡	洗身	洗澡	洗身	洗澡
理发	剃头	剪发	剃头那 剪脑壳 剃脑壳	剃头颅 剃头颅 剪脑壳	剃脑壳 剪脑壳	剃头（那） 剃脑壳 剪脑壳 剃头发	理发 剃脑壳 剪脑壳	理发 剃头颅 剃脑壳 剪脑壳	剪脑壳 剃头发	剃头那	剃脑壳 剪脑壳
晒	炙	炙 晒	炙	炙	晒	晒	晒	炙 晒	晒	晒	晒
熨	熨	熨	熨	熨	熨	熨	熨	熨	熨	熨	熨

续表

词目	五华客方言	梅县客方言	凉水井客方言	洛带客方言	成都官话	隆昌客方言	隆昌官话	西昌客方言	西昌四外话	仪陇客方言	仪陇官话
染	染	染	染	染	染	染	染	染	染	染	染
剪	剪	剪	剪	剪	剪	剪	剪	剪	剪	剪	剪
裁	裁	裁	裁	裁	裁	裁	裁	裁	裁	裁	裁
切	切	切	切	切	切	切	切	切	切	切	切
削	削	削 刡	削	削	削	削	削	削	削	削	削
割	割	割	割	割	割	割	割	割	割	割	割
刹	斫	斫	刹 宰	宰 戳	刹 宰	宰	宰	宰	宰	斫	宰
砍	斫	斫	砍	砍	砍	砍 斫	砍	砍	砍	砍	砍
劈	破	破	破 砍 划	破 砍 划	砍	砍	划	砍	划	剖	砍
宰	剐	剐	宰	剐	杀	剐	杀	剐	杀	杀	杀
杀	剐	剐 杀	剐	剐	杀	剐	杀	剐	杀	杀	杀
泼	泼	泼	泼	泼	泼	泼	泼	泼	泼	泼	泼
浇	淋	淋	淋	淋	淋	淋	㧡	淋	㧡	灌	淋
洒	洒	洒	洒	洒	洒	泼	洒	洒	洒	洒	洒
擦（桌椅）	拌	拌	拌 抹 揩	揩 抹	揩涂 抹	揩 / □ts'e⁵	抹	擦 揩	抹	擦	揩 抹
扫	扫	扫	扫	扫	扫	扫	扫	扫	扫	扫	扫
开	开	开	开	开	开	开	开	开	开	开	开
关	关	关	关	关	关	关	关	关	关	关	关

续表

词目	五华客方言	梅县客方言	凉水井客方言	洛带客方言	成都官话	隆昌客方言	隆昌官话	西昌客方言	西昌四外话	仪陇客方言	仪陇官话
封(封口性)	封	封	封	封	封	封	封	封	封	封	封
塞	□tsut⁵	塞 □tsut⁵	塞 挨	塞 挨	塞	挨	塞	挨	挨	挨	塞
盖	塞	盖	盖	盖	康 盖	㿷 盖	康	康	康	盖	康
罩	罩	罩 康	罩 康	罩 康	康	康	康	罩 康	康	康	康
套	套	套	套	套	套	套	套	套	套	套	套
卷	套	卷	卷	卷	卷	卷	裹	卷	裹	卷	卷
包	包	包	包	包	包	包	包	包	包	包	包
裹	包	包	裹	裹	裹	裹	包 包	包	包	包	裹
捆	绳	捆	缃	缃	绑	缃 绑	捆	缃 捆	捆	捆	绑
系	绳	缃	缃	绢	拴	缃 捆	拴	缃	拴	缃	拴
斜	拗	擘	拗	拗	㧟 板	拴	㧟	拗	㧟	拗	揿 板
解	解	解	解	解	解	解 取	解	解	解	解	解
揭(揭锅盖)	打	揭	揭	揭	揭	揭	揭	揭	揭	揭	揭
揭(一菁)	扯揭	擘	撕	撕	撕	撕	撕	扯	撕	起	撕
剥	剥	擘 □mat¹	扯	扯	剥	剥	剥	剥	剥	剥	剥
折(折衣裳)	折	折	剥	剥	折	折	折	折	折	折	折
叠	层 堆	叠 层	折	折	码 摞	码 砌	堆	码 摞 层	重	重	码 摞
摊(摊开)	摊	摊	码 摞	码 摞	摊	摊	摊	摊	摊	摊 损	摊
铺	铺	铺	摊	铺 橹	橹	铺 摊	橹	铺	橹	铺	橹

续表

词目	五华客方言	梅县客方言	凉水井客方言	洛带客方言	成都官话	隆昌客方言	隆昌官话	西昌客方言	西昌四川外话	仪陇客方言	仪陇官话
装	装	装	装	装	装	装	装	装	装	装	装
挖	挖	挖	挖	挖	挖	挖	挖	挖	挖	挖	挖
抠	抠	抠	抠	抠	抠	抠	抠	抠 兑	抠	抠 刨	抠
填	坉	填 坉	填	填	填	填 堵	填	填	填	填	填
埋	埋	埋	埋	埋	埋	窨 埋	埋	埋	埋 窨	埋	窨
捞	捞	捞	捞	捞	捞	捞	捞	捞	捞	捞	捞
搲搲木	兑 □t'eu^{31}	□ts'eu^{31} □k'au^{44}	兑 搲	搲 兑	兑	搲	搅	兑	搲	搲	兑
搅	搲	搲	搲 槽	搲 槽	搲槽 搲和	槽 搲	搲 槽	搲	搲	搲	搲 槽
拌	搲	搲	搲	搲	和	和	拌	拌 和	拌	和	和
挑选	择	择	挑 择	挑 择	挑	挑	挑	择	挑	选	挑
放	放	放	放 搁	放 搁	搁	放	搁	放	搁	搁	搁
藏收藏	㧟 捏	㧟	㧟 收	㧟 收	㧟 收	㧟 收	㧟收	㧟	㧟	㧟	㧟 收
扔丢弃	□	丢	甩 丢	甩 丢	甩 丢	丢 用 □niau^{53}	丢	甩 丢	丢 扔ʒ^{53}	□uaŋ^{53}	甩 丢
遗失	跌	跌	跌	跌	掉	跌	掉 不在	跌	落 掉	跌	掉
找寻找	寻	寻	找	找	找	找 寻	找	找	找	寻	找
拾拾取	捡	捡	捡	捡	捡	捡	捡	捡	拿 帕	捡	捡
收拾	捡 打叠	捡擎 打叠	收捡 打整	收捡 打整	收捡 打整	收捡	收捡 杀贴	收拾 拾捡 收捡捡好	收拾 打整	收拾 收捡	收捡 打整

续表

词目	五华客方言	梅县客方言	凉水井客方言	洛带客方言	成都官话	隆昌客方言	隆昌话	西昌客方言	西昌四外话	仪陇客方言	仪陇官话
说话	讲 话	话 讲	讲	讲	说	讲	讲 说	讲	说	讲	说
说话	讲话	讲话	讲话	讲话	说话	讲话	说话	讲话	说话	讲话	说话
闲谈	讲牙蛇	讲牙蛇	摆龙门阵	摆龙门阵 摆闲谈	摆龙门阵 冲壳子 吹牛	摆龙门阵 吹牛 摆闲条	摆龙门阵	摆龙门阵 吹牛 摆闲谈	摆龙门阵	吹壳子 摆龙门阵	摆龙门阵
问	问	问	问	问	问	问	问	问	问	问	问
告诉	话…听…	话…知…	摆…讲…	摆…讲…	给…… 说……	摆…讲… 跟…讲…	给…讲…	给…讲摆…讲	说… 搭…说	同…讲…	给…说…
理（理睬）	□sot⁵	□sot⁵	张识	张识	理 张识	张识 理睬	理睬 张识	理睬 张识	理睬	张识 □fei⁵³	理睬 尔识
叫（大叫）	□vai¹³	叽	叫唤 □vai¹³	叫唤 □vai¹³	叫唤 喊	□vai¹³ 叽	叽 叫唤	叫 叫唤²¹² □vai²¹²	叫 叫唤	□ai²¹	叫唤
喊（大叫）	喊	喊	喊	喊	叽	叽 □vai¹³	喊	叽	喊 叽	喊	叽 喊
笑	笑	笑	笑	笑	笑	笑	笑	笑	笑	笑	笑
哭	嗷	嗷	嗷	嗷	哭	嗷	哭	嗷	哭	嗷	哭
骂	骂	骂	骂 叨	骂 喈	骂	喈 骂	喈	喈	骂 喈	诀	骂 诀
鼓掌	拍掌	拍手	拍巴巴掌	拍巴掌	拍巴巴掌	拍巴掌 打vai¹³ 巴巴掌	拍巴（巴）掌 打	拍巴巴掌	拍巴巴掌	拍巴巴掌	拍巴巴掌
接吻	亲嘴	斟嘴	打啵儿 亲嘴	亲嘴	打啵儿 亲嘴儿	打啵儿	打啵儿 亲嘴儿	亲嘴	亲嘴	打啵 亲嘴儿	打啵 亲嘴儿
开玩笑	讲笑	讲笑	涮坛子 讲瘟娼子	涮坛子 讲笑 讲瘟娼子	开玩笑 涮坛子	涮坛子 讲笑话	开玩笑 涮坛子	开玩笑 涮坛子	开玩笑 说笑	开玩笑 涮坛子	开玩笑 涮坛子

续表

词目	五华客方言	梅县客方言	凉水井客方言	洛带客方言	成都官话	隆昌客方言	隆昌官话	西昌客方言	西昌四外话	仪陇客方言	仪陇客话
生气	口口 pok¹at¹	激气 □at¹	恼气 □a²气	恼气 □a²气	恼气	恼气 □a³气	生气 恼气	生气 日气	生气 恼	发气 生气	恼气
发脾气	发火	发火 发脾气	发脾气 冒火 发火	发火 发脾气	冒火 发脾气	发气 冒火	发脾气 冒火	发脾气 发火 冒火	冒火	发脾气 发火	冒火 发火
吵架	吵交逗	吵仗 吵交钦	扯筋	扯筋	扯筋 闹架	扯筋 吵交	吵架	闹嘴 扯筋	吵嘴	扯筋 闹交	扯筋
打架	打交逗	打交	打捉子 打交 打捶	打捉子 打交 斗交 打捶	打捶 角逆 打捶角逆	打交 肇交 打捶	打架	打捶 角逆 打捶角逆	打捶 角逆	打交 角逆 打捉子	打捶 角逆 打捶角逆
求饶	讨饶	讨饶	告饶	下矮桩 告饶	告饶	求情	求饶	告饶	告口 tɕi⁵⁵	求饶	告饶
劝	劝	劝	劝	劝	劝	劝交	劝	劝	劝	劝	劝
吹牛	打白嘴	车大炮	吹牛 冲壳子	吹牛 冲壳子 吹牛皮	冲壳子 吹牛（皮）	冲壳子 吹牛皮 打白嘴	吹牛 冲壳子 吹牛皮	吹牛 冲壳子 吹牛皮	吹牛 舔肥 冲壳 吹牛皮	吹牛（皮） 冲壳子	冲壳子 吹牛皮
拍马	搅大脚脾	捧人 捧大脚	舔肥 舔沟子	舔肥沟子 蒙大脚梗 托大脚梗	拍马屁 抱大脚杆	舔肥	拍马屁 舔肥	舔肥 舔肥沟子 □nia³¹肥	拍马屁	舔沟子 舔肥沟子	拍马屁 舔肥屁股 舔肥沟子
发誓	发誓	咒鬼	赌咒发誓	赌咒发誓	赌咒发誓	赌咒发誓	发誓 赌咒发誓	发誓	发誓 赌咒发誓	赌咒	赌咒发誓
陪	陪	陪	陪	陪	陪	陪	陪	陪	陪	陪	陪
躲	偋	偋	偋	偋	藏	偋躲	躲	偋	躲 藏	偋	藏 躲
跟	黏	跟 腾=	跟	跟	跟	跟	跟倒	跟	跟倒	跟	跟

续表

词目	五华客方言	梅县客方言	凉水井客方言	洛带客方言	成都官话	隆昌客方言	隆昌官话	西昌客方言	西昌四外话	仪陇客方言	仪陇官话
拦	拦	拦 把	挡	挡	拦 挡	挡	挡	拦 挡	挡	断 拦	拦 挡
追	赶 趣	趣	逐	逐	撵	逐 追	追 撵	逐	撵	逐	撵
逃跑	偷走	偷走	逃焱	逃焱	逃跑	逃焱	逃跑	逃焱 偷焱	逃跑	逃跑	逃跑
干活	做活路	做纽	做活路	做活路	做活路	做活路	做活路	做活路	做活路	做活路	做活路
种地	耕田	耕田	种庄稼	种庄稼	做庄稼	种庄稼 做田	做庄稼	种庄稼	种田	做庄稼	种田 种地
开车	驶车	驶车	开车	开车	开车	开车	开车 驶车	开车	开车	开车	开车
划船	扒船	扒船	划船	摇船	划船	划船	划船	划船	撑船	划船	划船
用~电	使	使用	用 使	使用	用	用 使	用	使	使	用	使
讨	讨	讨	爱	爱	讨	爱	要 家	爱	要	要	讨
借	借	借	借	借	借	借	给	借	借	借	借
给	分	分	分 给	分 给	给	分 给 送	给	给	给	分 给	给
还	还	还	还	还	还	还	还	还	还	还	还
欠	欠	欠 争	争	争 争欠	争 争欠	争	争 争欠	欠 争	争	争	争 争欠
赔赔偿	赔	赔	赔	赔	赔	赔	赔	赔	赔	赔	赔
换	换	交 换	换 掉	换 掉	掉	换 掉	换 掉	换	掉	换 交	掉
买	买	买	买	买	买	买	买	买	买	买	买
买米	买米	籴米	买米	买米	买米	买米	买米	买米	买米	买米	买米

续表

词目	五华客方言	梅县客方言	凉水井客方言	洛带客方言	成都官话	隆昌客方言	隆昌官话	西昌客方言	西昌四外话	仪陇客方言	仪陇官话
买布	扯布	剪布 买布	扯布	扯布	扯布	扯布	扯布	买布 割布	割布	扯布	扯布
买油	倒油	倒油 买油	打油	打油	打油	打油	打油 倒油	买油 倒油	打油	买油 打油	打油
买~中药	捡药	捡药 买药 抬药	拣药 抓药	拣药 抓药	捡药	捡药 抓药 买药	捡药 抓药	捡中药	捡药	买药	捡药
买肉	割肉	买肉	割肉	割肉	割肉	割肉	割肉	买肉 割肉	割肉	割肉	割肉
卖	卖	卖	卖	卖	卖	卖	卖	卖	卖	卖	卖
赊	赊	赊	赊	赊	赊	赊	赊	赊	赊	赊	赊
找~钱	寻	找	找	找	找	寻 找	补	找	补	找	找
挣~钱	赚	做	赚	赚	挣	赚	赚	赚	挣	赚	挣
赚	赚	赚	赚	赚	赚	赚	赚	赚	赚	赚	赚
赔~本	蚀	蚀	蚀	赔 蚀	赔 蚀	赔 蚀	蚀	赔本 蚀本	赔 蚀	蚀	赔 蚀
节省	俭	俭	俭 俭惜	俭	俭省	俭省	俭省	俭省 俭惜	俭省	省	俭省
结婚男方	娶老婆	讨老婆	娶新娘 娶老婆	娶老婆 娶新娘	接（新）媳妇儿 接婆娘儿	娶老婆	接婆娘	讨老婆	结婚 接媳妇儿 娶儿媳妇儿	接口口 san³³p'ei³³ 接姐子 讨口口 san³³p'ei³³	接（新）媳妇儿 接婆娘
结婚女方	嫁老公	嫁 行嫁	嫁 嫁老公	嫁 嫁老公	嫁	嫁妹子 行嫁	嫁	嫁人	嫁人 出嫁	嫁妹子	嫁人
入赘	入屋	入屋	上门	上门	上门	上门	倒插门	上门	上门	子女抱男	上门

续表

词目	五华客方言	梅县客方言	凉水井客方言	洛带客方言	成都官话	隆昌客方言	隆昌官话	西昌客方言	西昌四外话	仪陇客方言	仪陇官话
性交	鸟婆□pet¹	鸟婆□pai¹¹	鸟	鸟	日	鸟	日 日㞗尻	鸟	日	鸟	日
生育	养	生	带	带	生	带	生	生带	生	养	生
活(生存)	生	生	活 生	活 生	生	在生	话	生 还在 在生	活	话	生
死	死 过身	死 过身	死	死	死	死	死	死	死 过世 老了	死	死
上坟	挂纸	挂纸 醒地	上坟 挂纸 铲地 扫墓	铲地 上坟	上坟	上坟 挂纸	上坟 看坟	上坟 挂纸	上坟	挂纸 上坟	上坟
上课	上堂	上堂	上课	上课	上课	上课	上课	上课	上课	上课	上课
下课	下堂	下堂	下堂	下课	下课	下课	下课	下课	下课	下课	下课
教	教	教	教	教	教	教	教	教	教	教	教
学	学	学	学	学	学	学	学	学	学	学	学
玩儿	嫽	嫽	嫽	嫽	耍	嫽	耍	嫽	耍	嫽	耍
讲故事	讲故事	讲古	摆龙门阵	摆龙门阵	摆龙门阵	摆龙门阵 讲古 吹牛	讲故事	摆龙门阵 讲古	摆龙门阵	摆龙门阵	摆龙门阵
捉迷藏	倮人哩 伏人哩	倮人软 伏人软	倮伏 子	倮伏 子	藏猫儿	倮猫儿	逮猫儿 躲猫儿	捛猫猫儿	藏猫	倮猫猫儿 倮猫儿	藏猫儿
游泳	洗身	洗身软	凫水 洗身	洗身	洗澡	凫水 洗身子	凫水 洗澡澡	凫水 洗身	洗澡	板澡 凫水	板澡
下棋	捉棋哩	捉棋	下棋 捉棋	下棋	下棋	下棋	下棋	下棋	下棋	下棋	下棋
赢	赢	赢	赢	赢	赢	赢	赢	赢	赢	赢	赢

续表

词目	五华客方言	梅县客方言	凉水井客方言	洛带客方言	成都官话	隆昌客方言	隆昌官话	西昌客方言	西昌四川外话	仪陇客方言	仪陇官话
输	输	输	输	输	输	输	输	输	输	输	输
休息	嫽阿里	歇	歇气 歇	歇班	歇气	歇气 歇媒	歇	歇气 歇	歇 歇气	歇气	歇气
睡觉	睡目	睡目	睡瞌睡	睡瞌 睡睡目	睡瞌睡	睡目睡	睡瞌睡	睡瞌睡	睡瞌睡 睡觉	睡觉	睡瞌睡
打阿欠	打阿火	开火	打阿嗨	打阿嗨	打阿嗨	打阿嗨	打阿嗨	打阿嗨	打阿嗨 打阿嗨	打阿嗨	打阿嗨
打盹儿	督目睡	督目睡	打瞌睡 啄瞌瞌睡	打瞌睡 啄瞌瞌睡	打瞌睡 啄瞌瞌睡	打瞌睡 钓鱼子□tsʰuei⁵³ 目睡	啄瞌睡	啄瞌睡	践瞌睡 啄瞌瞌睡	觳眼睡	打瞌睡 啄瞌瞌睡
打鼾	喷睡	（打）喷睡	扯噗鼾	扯噗鼾	扯噗鼾	扯噗鼾	扯噗鼾	扯噗鼾	扯噗鼾	扯噗鼾	扯噗鼾
做梦	发梦	发梦	发梦	发梦	做梦	发梦	做梦	做梦 发梦	做梦	做梦 扯昏老二	做梦
打冷颤	打冷搂	打□nuk⁵	打冷颤 打抖 打冷浸	打冷颤 打抖 打冷浸	打冷颤	打冷浸	打冷浸	打冷凛	打冷凛	□peʔ³冷樽	打冷颤
发抖	打搂	搂	打搂 打抖抖 打闪闪 打抖	打搂 打抖抖 打闪闪 打抖	打颤颤	打搂 发抖	打抖抖	打抖抖	发抖 打抖抖	发抖 □peʔ³樽	打尿颤
打喷嚏	打阿睡	打□□hat⁵ tsʰui¹¹	打阿锤	打阿锤	打喷嚏	打阿□tɕʰie⁵³	打阿□tɕʰau¹³	打喷嚏	打喷嚏	打哈□tɕʰio¹³	打喷嚏
挠痒	搂□hoi¹³	搂痒	搂□xoi¹³	搂□xoi¹³	抓痒	抓 搂□xoi¹³	抓痒	搂□xoi²¹²	抓痒	抠□ŋau³³	搂痒

续表

词目	五华客方言	梅县客方言	凉水井客方言	洛带客方言	成都官话	隆昌客方言	隆昌官话	西昌客方言	西昌四外话	仪陇客方言	仪陇官话
擤鼻涕	搙鼻	搙鼻	搙鼻	搙鼻	搙鼻子	涕搙鼻	搙鼻子	搙鼻脓	□$tʂʰu^{55}$鼻子 □$tʂʰu^{55}$鼻齈	搙鼻　喝鼻	搙鼻子
拉屎	屙屎	屙屎	屙屎	屙屎	屙屎	屙屎	屙屎	屙屎	屙屎	屙屎	屙屎
撒尿	屙尿	屙尿	屙尿	屙尿	屙尿	屙尿	屙尿	屙尿	屙尿	屙尿	屙尿
放屁	打屁卵	打屁卵	打屁	放屁	打屁　放屁	打屁	打屁	打屁	放屁　打屁	打屁	打屁
生病	发病	发病	唔好　发病 唔舒服 唔安乐 唔自在	发病　唔好 唔舒服	得病 不好 不舒服 不安逸	唔好　发病 得病 唔舒服 唔安乐 唔自在	病了 不好	着$tsau^{212}$病 唔安乐 唔自在 唔舒服	不好 着$tsau^{31}$病	唔好 唔安逸 唔舒服 害病	害病　不好 不舒服 病了
着凉	冻倒	冻倒了	凉倒　冻倒	冷倒了	凉倒了 冷倒了	凉倒哩	凉啰 凉倒了	凉倒了 冷倒了	凉倒了	冷住了 凉住了	凉倒了
中暑	中暑	发痧	中痧　发痧	发痧	发痧	发痧	中暑　发痧	中暑	中暑	闭痧	闭痧
发疟疾	打摆子	打摆	打摆子	打摆子	打摆子	打摆子	打摆子	打摆子	打摆子	打摆子	打摆子
发冷	发寒	发寒　发冷	发冷　发寒 发寒冷 醉寒冷	浸寒冷 发寒 发寒冷	醉寒冷	打冷摆子	发寒	醉寒冷	发寒	发冷 醉寒醉冷	醉寒冷
咳嗽	吭	咳	吭	吭	咳嗽	吭	咳嗽	咳	咳	吭	咳嗽
恶心	作呕	想翻	发呕心翻 心翻肚闷	心翻肚闷 心翻翻跳	心头翻 心翻肚闷	想吐	恶心 心头不好	心翻	心翻	想呕	心头翻
呕吐	呕	呕	发呕	发呕	发吐	呕发呕	吐 □$ɕin^{13}$发呕	吐发　呕	吐	呕发呕　发吐	发吐

词目	五华客方言	梅县客方言	凉水井客方言	洛带客方言	成都官话	隆昌客方言	隆昌官话	西昌客方言	西昌四川话	仪陇客方言	仪陇官话
泻肚	屙痢肚	屙（痢）肚	屙肚子 屙肚白 屙痢 肠子打滑	过肚白 奁稀 打滑	拉肚子 过肚子奁稀	屙稀 屙痢 过肚白	屙稀 拉稀 过肚皮	拉稀 肚白屙 打滑	拉肚子 屙痢巴	拉稀 过肚子 屙痢稀	拉肚子 过肚子 跑肚子 奁稀
喜欢	惜	中意 好	喜欢 爱惜	喜欢 惜	爱 喜欢	欢喜 惜	喜欢 爱	喜欢	喜欢	喜欢 爱	爱 喜欢
讨厌	嫌 厌恶	恼	讨厌 见唔得 嫌 厌恶	厌恶 见唔得	讨厌 讨嫌	恶口ts'a53 嫌 恶黜 见唔得 厌恶 厌烦 讨人嫌	讨厌 见不得	讨厌	见不得 讨人嫌	讨厌 见唔得	讨厌 讨嫌
恨	恼	恨	恨	恨	恨	可恨	恨	恨	恨	恼	恨
后悔	后悔	后悔	后悔 失悔	后悔	后悔 失悔	失悔 后悔	失悔 后悔	后悔 失悔	后悔	后悔	后悔
怕	惊	畏惊	怕	怕	怕	怕	怕	怕惊	怕害怕	怕	怕
知道	知得	知道	知道 晓得	晓得	晓得	知得 晓得	晓得	晓得 知道	晓得	晓得	晓得
懂	晓得	晓得	懂 晓得	晓得	晓得	知得 晓得	懂	懂 晓得	晓得	懂 晓得	晓得
认识	识得	识 认得	认识 认得	认得倒	认得倒	认得倒	认得倒	认识 认得倒	认得倒	认得	认得倒
想念	愐	愐 想	想	想	想 想默	想	想	想	想	想	想
猜	想 nuk5	揆 估	猜 估谙	谙估谙	估谙	猜谙 估谙	猜 谙	猜谙 谙估倒	猜谙 估计	谙 估谙	估谙

续表

词目	五华客方言	梅县客方言	凉水井客方言	洛带客方言	成都官话	隆昌客方言	隆昌官话	西昌客方言	西昌四川外话	仪陇客方言	仪陇官话
相信	信	相信	相信/信/肯信	相信/肯信/信	信	信	相信/信实	相信/信	相信	相信/信实	相信/信
想(想念)	愐	想/思念	想/欠	想/欠	想/欠	欠/想/念倒/望	欠	想	想/欠	想	念
挂念	念倒	挂心/挂念	挂欠/挂念/念倒	挂念/挂欠/牵挂/念倒	念倒/欠	挂欠/牵挂	挂欠	挂欠/牵挂	念念/挂欠	挂念	念倒
忘记	添放	添忘/添放	忘记/忘/记唔倒/添忘	忘忘/添忘/搞忘了	搞忘	忘记/搞天望	忘	忘记	忘记/搞忘/记不倒	忘记/记唔唔倒	忘
要(要求)	爱	爱	爱	爱	要	爱	要	爱	要	爱	要
不要~	唔爱	唔爱	唔爱	唔爱	不要	唔爱	不要	唔爱	不要	唔爱	不要
要~看书	爱	爱	爱	爱	要	爱	要	爱	要	爱	要
值得	抵得	值得/抵得	值得/值得倒	值/值得倒	值得倒	值得	值得	值得/值得倒	值得/值得倒	值得	值得倒
会	晓	会/识晓	会晓得	会	会	会	会	会	会	会	会/晓得
不会	唔晓	唔晓/唔识得	唔晓得/唔认得	唔晓得/唔晓知	不会	唔会	不会	唔会	不会	唔会	不会
是	系	系	系	系	是	系	是	系	是	系	是
不是	唔系	唔系	唔系	唔系	不是	唔系	不是	唔系	不是	唔系	不是
有	有	有	有	有	有	有	有	有	有	有	有
没有~	无	无	无/无得	无/无得	没得	无得	没得	无得/无	没得	莫得/唔曾	没得
大	大	大	大	大	大	大	大	大	大	大	大

续表

词目	五华客方言	梅县客方言	凉水井客方言	洛带客方言	成都官话	隆昌客方言	隆昌官话	西昌客方言	西昌四川话	仪陇客方言	仪陇官话
小	细	细	细	细	小	细	小	细	小	细	呷
高	高	高	高	高	高	高	高	高	高	高	高
低	低	低		低	矮	矮	低	低	低	矮	矮
矮	矮	矮	矮	矮	矮	矮	矮	矮	矮	矮	矮
长	长	长	长	长	长	长	长	长	长	长	长
短	短	短	短	短	短	短	短	短	短	短	短
粗（除细线细）	大	粗 大	粗 大	粗 大	粗	粗	粗	粗 大	粗 大	粗	粗
细（除细线细）	细	细	细 幼	细	细	细 幼	细	细	细	细	细
宽	阔	阔	阔	阔	宽	阔	阔	宽	宽	宽	宽
窄	狭	狭	狭	狭	窄	狭	窄	狭	窄	狭	窄
厚	笨 p'un^{44}	笨 p'un^{44}	笨 p'ən^{45}	笨 p'ən^{45}	厚	笨 p'ən^{45}	厚	笨 p'ən^{45}	厚	厚	厚
薄	薄	薄	薄	薄	薄	薄	薄	薄	薄	薄	薄
深	深	深	深	深	深	深	深	深	深	深	深
浅	浅	浅	浅	浅	浅	浅	浅	浅	浅	浅	浅
空	空	空	空	空	空	空	空	空	空	空	空
满	满	满	满	满	满	满	满	满	满	满	满
方	方	方	方	方	方	方	方	方	方	方	方
圆	圆	圆	圆	圆	圆	圆	圆	圆	圆	圆	圆
凹	窝	窝 凹	窝 窠	窝	窝	凹 窝	窝	窝	凹	窝	窝

续表

词目	五华客方言	梅县客方言	凉水井客方言	洛带客方言	成都官话	隆昌客方言	隆昌官话	西昌客方言	西昌四外话	仪陇客方言	仪陇官话
凸	鼓拱	凸	鼓拱	鼓拱	拱	鼓拱	鼓	鼓拱	鼓	拱	拱
平	平	平	平	平	平	平	平	平	平	平	平
正	正	正	正	正	正	正	正	正	正	正	正
反	反	反	反	反	反	反	反	反	反	反	反
倒	□o^{44}	倒	倒颠倒	倒	倒	颠倒	倒	倒	倒	倒	倒
歪	鳌	歪鳌	鳌	歪鳌	歪	斜鳌	歪	歪鳌	歪	歪	歪
横	横	横	横	横	横	横	横	横	横	横	横
竖	直	直	竖立	直立	竖	立	竖立	竖立	竖	竖	竖立
直	直	直	直	直	直	直	直	直	直	直	直
斜	斜	斜	斜	斜	斜	斜	斜	斜	斜	斜	斜
陡	崎	崎	陡	陡	陡	陡	陡	陡	陡	陡	陡
弯	曲	弯曲	弯	弯	弯	弯	弯	弯	弯	弯	弯
亮	光	光	亮光	亮光	亮	光	亮	亮	亮	光	亮
暗	暗	暗	暗	暗	暗	暗	暗	暗	暗	暗	暗
黑	乌	乌	青乌	青乌	黑	乌	黑	乌	黑黑	乌	黑
轻	轻	轻	轻	轻	轻	轻	轻	轻	轻	轻	轻
重	重	重	重	重	重	重	重	重	重	重	重
干	燥	干燥	干燥	燥	干	燥	干	干燥	干	燥	干
湿	湿	湿	湿	湿	湿	湿	湿	湿	湿	湿	湿

续表

词目	五华客方言	梅县客方言	凉水井客方言	洛带客方言	成都官话	隆昌客方言	隆昌官话	西昌客方言	西昌四外话	仪陇客方言	仪陇官话
潮	润	润	润	潮 润	润 潮	润	潮	潮	潮 润	潮	潮
醇	醇	醇	醇	醇	醇	醇	醇	醇	醇	醇	醇
稠	□neu^{13}	□neu^{11} 结	醇 □neu^{13}	□neu^{13}	醇	浓 □neu^{13}	醇	稠 □neu^{212}	醇	醇	醇
稀稀薄	鲜	鲜	鲜	鲜	稀	鲜	稀清	鲜	稀	鲜	稀
密	厚	密	密	密	密	密	密	密	密	密	密
稀稀疏	霎	霎	霎	霎	稀	稀	稀	稀	稀	霎	稀
粗	粗	粗	粗	粗	粗	粗	粗	粗	粗	粗	粗
细细小	幼	幼　细	细　幼	幼	细	幼	细	幼	细	细　嫩	细
硬	硬	硬	硬　硬肘硬扎	硬	硬	硬肘 硬	硬	硬　硬肘	硬　硬肘	硬	硬
软	软	软	软　把	软　把	把	把	把	软	软　把	把	把
老老嫩	老	老	老	老	老	老	老	老	老	老	老
嫩	嫩	嫩	嫩　嫩气	嫩	嫩	嫩	嫩	嫩	嫩	嫩	嫩气
结实	坚固	结实	结实践实 扎实经使	扎实	经事扎实	经事扎实 经使	经事扎实	结实践实	结实牢固	牢实践实 扎实	经事牢实践实
生生不熟	生	生	生	生	生	生	生	生	生	生	生
熟	熟	熟	熟	熟	熟	熟	熟	熟	熟	熟	熟
整齐	齐	齐	整齐　扎齐	整齐　齐整	齐	齐　齐斩 齐整	整齐	齐整	齐扎	斩齐	整齐
乱	乱	乱	乱	乱	乱	乱	乱	乱	乱	乱	乱

续表

词目	五华客方言	梅县客方言	凉水井客方言	洛带客方言	成都官话	隆昌客方言	隆昌官话	西昌客方言	西昌四外话	仪陇客方言	仪陇官话
破	烂	烂	破烂	烂	烂	破烂	烂	烂	烂	烂	烂
干净	净	净	干净	净	干净	干净	干净	干净	干净	干净	干净
热闹	闹热	闹热	闹热	闹热	闹热	闹热	闹热	闹热	闹热	闹热	闹热
模糊	蒙	蒙	模糊 昏 蒙	蒙	昏 糊	模糊 蒙	模糊	模糊	模糊	雾	糊
浑	浑	浑	浑 整	浑	浑	浑	浑 只	浑	浑	浑	浑
快锋利	利 快	利	快	快	快	快	快	快	快	快	快
钝	钝	钝	钝 瘸	瘸	钝	瘸	钝	钝 瘸	钝	□npu^{21}	钝
快迅速	快 □kiak^{1}	快	快当	快当	快当	快当	快当	快 快当	快 快当	快	快当
慢	慢	慢 □nem^{53}	慢	慢	慢	慢	慢	慢	慢	慢	慢
多	多	多	多	多	多	多	多	多	多	多	多
少	少	少	少	少	少	少	少	少	少	少	少
远	远	远	远	远	远	远	远	远	远	远	远
近	近	近	近	近	近	近	近	近	近	近	近
早	早	早	早	早	早	早	早	早	早	早	早
晚	迟	迟	晏 迟	晏 迟	晚	晏 迟	晏	晏 迟	晚 迟	迟 夜	晚
好	好	好 嬚	好	好	好	好	好	好	好	好	好
坏	坏	坏	坏	坏	坏	坏 鄙	坏	坏	坏	坏	坏

续表

词目	五华客方言	梅县客方言	凉水井客方言	洛带客方言	成都官话	隆昌客方言	隆昌官话	西昌客方言	西昌四外话	仪陇客方言	仪陇官话
差（不好）	鄙	鄙　差斗	差　拙　鄙	鄙	鄙	鄙	孬 p'ie13	鄙　差	差　孬 p'ie24	鄙　差	鄙
对	着	着　啱	对　对头	对对头	对头	对	对　对头	对　对头	对　对头	对	对头
错	差	差	错　拐　差	错	错　拐	错	错	错　拐	错拐	错	拐
难	难	难	难	难	难	难	难	难	难	难	难
贵	贵	贵	贵	贵	贵	贵	贵	贵	贵	贵	贵
便宜	便宜	便宜　平	相因	相因	相因	贱　相因	相因	相因	便宜　相因	相因	相因
要紧	紧要	紧要	爱紧　紧要	爱紧	紧要	紧要　要紧	要紧	爱紧	要紧	要紧	紧要
热	烧	烧	热烧	热	热	热	热	热	热	热	热
冷	冷	冷	冷	冷	冷	冷	冷	冷	冷	冷	冷
烫	沸	滚	滚	烫　沸	烫	㷱　沸	烫	沸	烫	烧	滚
温	温吞	温吞	温　温热	温　温热	温　温热	温	温　温热	温　温热	温	温	温　温热
凉	凉	凉冷	凉	冷	冷	凉冷	冷	凉冷	冷	凉	冷
暖和	烧	暖	暖	暖	热和	暖	热和	暖	热和	烧和	热和
香	香	香	香	香	香	香	香	香	香	香	香
臭	臭	臭	臭	臭	臭	臭	臭	臭　酸臭	臭	臭	臭
涩	夹	涩	涩　夹嘴	涩　夹嘴	夹嘴　涩口	夹口	涩口	涩　夹嘴	涩口	夹舌头　夹舌头儿	夹嘴　杀嘴巴
傻	傻	傻	傻	傻	傻	傻	傻	傻	傻	傻	傻
甜	甜	甜	甜	甜	甜	甜	甜	甜	甜	甜	甜

续表

词目	五华客方言	梅县客方言	凉水井客方言	洛带客方言	成都官话	隆昌客方言	隆昌官话	西昌客方言	西昌四外话	仪陇客方言	仪陇官话
咸	咸	咸	咸	咸	咸	咸	咸	咸	咸	咸	咸
淡	淡	淡	淡	淡	淡	淡	淡	淡	淡	淡	淡
饿	肚□$k'oi^{31}$	肚饥 饿	饿	饿	饿	饿	饿	饿	饿	饿	饿
饱	饱	饱	饱	饱	饱	饱	饱	饱	饱	饱	饱
渴	肚渴	（肚）渴	渴 口干	渴 嘴巴	口干	渴	口干	口渴 口干	渴 口干	嘴燥	口干
累	痓	痓 □hot^{5}	累	痓	累	疲倦	累	累	累	累	累
瞌	苦	瞌	瞌	瞌	瞌	瞌	瞌	瞌	眼睛涩	想睡了	困
疼	痛	痛	痛	痛	痛	痛	痛	痛	疼	痛	痛
痒	□hoi^{13}	痒	痒	□xoi^{13}	痒	□xoi^{13}	痒	咬 □$xuai^{212}$	痒	咬	痒
舒服	安乐	舒服 快活	安乐 巴适	安乐	安逸	舒服 安乐	安逸	安乐 舒服巴适	安逸	舒服	安逸
忙	唔闲 忙	唔闲 忙	忙	忙	忙	忙	忙	忙	忙	忙	忙
闲	闲	闲	闲	闲	闲	闲空	闲	闲	空	闲	闲
胖	富 泰肥	肥	胖 富泰	胖 富泰	胖 富泰	胖 富泰	胖 富泰	胖	胖	胖	富泰
肥	肥	肥	肥	肥	肥	肥	肥	肥	肥	肥	肥
瘦	瘦	瘦 精	瘦	瘦	瘦	瘦	瘦	瘦	瘦	瘦	精
老不年轻	老	老	老	老	老	老	老	老	老	老	老
年轻	后生	后生	年轻	年轻	年轻	年轻	年轻	年轻	年轻	年轻	年轻

续表

词目	五华客方言	梅县客方言	凉水井客方言	洛带客方言	成都官话	隆昌客方言	隆昌官话	西昌客方言	西昌四川话	仪陇客方言	仪陇官话
漂亮	俏 靓	好看 精 俏	漂亮 乖	漂亮	好看	漂亮	漂亮	漂亮 行	漂亮 乖 好看	漂亮 靓	好看 乖
丑	丑	丑 难睇	丑 难看	丑 难看	丑	丑怪	丑	丑 唔行 难看	丑 不行 难看	鄙	丑 鄙
强壮	结实 壮	健壮	结实 践实 碳笃	碳笃	碳笃	结实 碳笃	结实 碳笃	践实 碳笃	结实 碳笃	墩实 践实	碳笃
聪明	精	聪明 机灵	聪明 精灵	聪明 精灵	精灵	精灵	聪明	精灵	精灵	聪明	精灵
笨	蠢	笨	笨	笨	笨	笨 莽	笨	笨 否	笨	笨 闷	蠢
傻糊涂	傻	傻 憨	蠢 瓜 憨	瓜 哈 憨	瓜 憨 闷	憨	哈	哈 瓜 憨	哈 傻瓜 憨	莽 温 憨 痴	傻 憨
能干	会	会 叻 liak⁵	得行 会	得行	得行	能干 得行	能干	能干 行	得行 行势	出息	得行
勤快	勤	勤	勤快	勤快	勤快	勤快	勤快	勤快	勤快	勤力	勤快
懒惰	懒尸	懒	懒	懒	懒惰	惰懒 懒尸	懒	懒	懒	懒	懒惰
老实	老实	老实	老实	老实	老实	老实	老实	老实	老实	老实	老实
滑头	奸	滑头	滑头 滑	滑	尖	狡猾	滑头 尖		滑头 尖	尖	尖
大方不吝啬	大方	大方	大方	大方	大方	大方	大方	大方	大方	大方	大方
小气吝啬	小气	哨 孤寒	小气 抠 啬 坎	小气 啬 坎	啬 小气 哨	抠 啬 孤寒	抠 哨	夹啬 口kau⁴⁵斗	小气 啬	啬	啬 哨 抠
乖听话	听话	乖	乖 听话	乖 听话	乖 听话	乖听话	乖 听话	乖 听话	乖	乖	听话
顽皮	绽头 蛮	蛮（皮） 翻绽	淘气 费 绽	泗面 淘气 绽	淘气 费	干翻	干儿 绽	调皮 干翻 绽	调皮	绽	淘气 费

续表

词目	五华客方言	梅县客方言	凉水井客方言	洛带客方言	成都官话	隆昌客方言	隆昌官话	西昌客方言	西昌四川外话	仪陇客方言	仪陇官话
可爱	唵懒	得人惜	可爱 得人惜	惹人 喜欢	逗人爱	得人惜	逗人爱	乖 逗人爱	逗人爱	出息	逗人爱
可怜	可怜	罪过					可怜				
讨厌/厌恶	孬	得人憎	讨厌	厌恶 讨厌	讨嫌	恶口ŋa53 厌恶 讨肇 讨嫌	讨厌 讨嫌	讨厌 讨人嫌	讨厌	得人劳	讨嫌
高兴	欢喜	欢喜 兴	高兴 欢喜	高兴	喜欢	高兴 欢喜	满意	高兴	喜欢	喜欢 欢喜	喜欢
烦恼	烦	烦	恼火	恼火	恼火	发烦 恼火	发烦 恼火	烦恼 恼火 焖躁	日气 恼火 闷肇	恼火	恼火
难过	难过	难过	难过 过唔得	过唔得	难过	难过 过唔得	不好过 过不得	唔好过 烦好躁 过唔得	不好过	难过 过唔得	过不得
倒霉	衰	衰	倒霉 霉衰 背时 行衰运	倒霉 衰 背时 背时倒灶	背时	背时 倒霉	倒霉 背时	倒霉 背时 背霉 背时倒灶	日霉 背时	倒霉 背时	背时
害羞	畏羞	怕羞 畏羞	害羞	怕羞	怕羞	害羞	害羞	害羞 唔好意思	害羞	怕羞	怕羞
害怕	惊	惊	害怕 虚火	害怕 怕	害怕 怕 虚火	怕 虚火		虚 虚火 害怕	害怕 怕 虚火	怕	害怕 怕 怯火
我	偓	偓	偓	偓	我	偓	我	偓	我	偓	我
你	你	你	你	你	你	你	你	你	你	你	你
他	佢	佢	佢	佢	他	佢	他	佢	他	佢	他

续表

词目	五华客方言	梅县客方言	凉水井客方言	洛带客方言	成都官话	隆昌客方言	隆昌官话	西昌客方言	西昌官话	西昌四外话	仪陇客方言	仪陇官话
我们	催尽兜	催等人	催们	催们	我们	催等	我们	催登	我们	我们	催等	我们
你们	嗖兜人	你等人	你们	你们	你们	你等	你们	你登	你们	你们	你等	你们
他们	佢兜人	佢等人	佢们	佢们	他们	佢等	他们	佢登	他们	他们	佢等	他们
大家	催尽兜	齐家 大齐家	大家 尽都 大齐家	大家 尽都	大家	尽都 大齐家 尽侪	大家 尽都 下	大家 尽都	大家 尽都	大家 尽都	大家 大齐家	大伙儿
这个	嘞 只	□e^{31}个	这ni^{31}个 □niang^{13}	底个 样个	这个	個kai^{13}只 底只	这个	底只 □ei^{53}只	这个	这个	底個	这个
那个	個只	□ke^{53}个	個个	個个	那个	個kai^{53}只	那个	□ei^{53}只	那个	那个	個个	那个
这么	哝	哝 哝歌	咁们 咁	咁们	这	咁子 咁样子	这们 弄们	咹们	众们	咹们	咁子	这样
那么	哝	咹 □ke^{53}哝歌	咁们 咁	咁们	那样子 那个样子	咁子 咁样子	那们浪 浪们	咹们	那么	那么	咁子	那样
这样	嘞样	咹样 咹样歌	底样 咹们	咁子 咁样子	这样子 这个样子	咁子 咁样子	这个样子 弄个子 弄个样子	底只样子 咹样	这样	这样	咁子	这样
那样	咹 样	□ke^{53}样 □ke^{53} 咹样歌	咁子 個个	咁子	那样	咁子 咁样子	那个样子 浪个子 浪个子	□ei^{53}样 咹样	那样子 那样子	那样子	咁子	那样
谁	哪侪	瞒人	哪只 哪侪 哪人	哪个 哪侪	哪	哪只 哪侪 脉个人	哪个	哪侪 哪个	哪个	哪个	脉人 脉呢	哪个
什么	脉个	脉个	脉个	么个	啥子	脉个	啥子哎个	么个	啥子	啥子	脉個	啥子

续表

词目	五华客方言	梅县客方言	凉水井客方言	洛带客方言	成都官话	隆昌客方言	隆昌官话	西昌客方言	西昌四川话	仪陇客方言	仪陇官话
哪个	哪只	哪个	哪只 哪个	哪侪	哪个	哪只	哪个	哪只 哪侪	哪个	脉人 脉呢 哪一个	哪个
哪些	哪兜	哪兜	哪子 哪只地塌	哪兜	哪些	哪兜	哪些	哪兜	哪些	哪兜	哪些
哪里	哪哩	哪欸	哪兜	哪子	哪儿 哪个塌塌	哪子 哪样	哪间前 哪堂姑儿	哪样 哪只地塌	哪下儿	哪子	哪儿 哪个塌塌
怎么	酿般哩	酿般 酿欸	嘟们仔子	嘟们仔子	咋个	嘟们（子）	咋个 嘟样子 嘟个子	口们	咋个	嘟们（子）	咋个
怎样	酿般	酿般	嘟们仔子	嘟们仔子	咋个	嘟们（子）	嘟个样子 嘟个子	哪个样子	咋个样	嘟们（子）嘟们仔样	咋个
多少	儿多	儿多	好多	好多	好多	儿多 多	好多	好多	好多	好多	好多
刚	正	正	刚 将将	将将	将才 将将	正	将将	将将 正	将将 将才	将才	将才
常常	时常	贴常 时常 长时 时常	经常 随时 常时 昼时	经常 随时	经常 扯长	经常 随时 昼时	经常 随时	经常 时唔时 随时	随时	经常 长时	经常 扯长
马上	黏时	黏时 即时	马上	马上 跟倒	跟倒 马上	跟倒 马跣	马上 跟倒	马上	马上 跟倒	跟倒 马上	跟倒 马上
更	更	又过	过	过	更	过	更	更	更	更见	更
多么	多么	儿	咁们 项	多 儿 咁	好多	咁将	好儿	好儿	多	多好	好多
都	尽都	都	都下 尽都 一齐	都下 尽都	一下 都 一齐	一下 尽都	都	都 一下	都 尽都	都 一下 全部	一下 一齐 都
偏偏	偏偏	偏偏	偏偏 偏系	偏偏	偏偏	硬要	偏 偏偏	偏偏	偏偏	偏偏	偏偏

续表

词目	五华客家方言	梅县客家方言	凉水井客家方言	洛带客家方言	成都官话	隆昌客方言	隆昌官话	西昌客家方言	西昌四外话	仪陇客家方言	仪陇官话
特地	专门	特事	专门 特事	专门 利边	利边	挑身 专门	专门 特意	专门 利边 □niau⁴⁵事	专门 挑自	专门 利边 撩子	挑自
辛亏	辛得	好彩 好得	辛（喜）得好 好在 好道	辛得好 辛好 辛喜得好	辛亏（辛）喜得 好好 好得 好在	辛好 喜得好	辛得好 辛喜得好 好在	辛喜得好 喜得好 辛得好 好在	喜得好 好在	辛（喜）得 好得 好在	辛喜得好 辛好 好得 好在
反正	反正	输赢	反正 左横 总还	反正 横顺 高矮	反正 横顺 高矮	横顺 高矮 左还 总系	反正 高矮	反正 高矮 总横	反正 高矮 总还	反正 左还	反正 横顺 高矮
一定	定着	定着 一定	一定	一定	一定	一定	一定	一定	一定	一定	一定
恰巧	唰好	唰唰	恰恰	将好 正好	将好 恰好 将合适	将好 将合适 将将	恰恰 恰好 将好	刚好 恰好 将合适	恰恰	奇巧 恰恰 将合适	将好 恰好 将合适
不	唔	唔	唔	唔	不	唔	不	唔	不	唔	不
没（副词）	唔连 唔连	唔连 口t'ien¹¹ 唔连	无 无得 唔曾	唔曾	没得	无得 唔连 唔连	没有	无得 唔曾	没有	唔曾	没得
别	唔好	莫 唔爱 唔好	唔爱	唔爱	不要 要	唔爱	不要	唔爱	不要	唔爱	莫 不要
不用	唔使	唔使	唔用 唔使 唔必	唔消	不消 不用 用	唔消	不消	唔消 唔必要	不消	唔要 唔使 唔要丁	不消 用不着
把	将	将	把	把	把	把	把	把	把	把	把

续表

词目	五华客方言	梅县客方言	凉水井客方言	洛带客方言	成都官话	隆昌客方言	隆昌官话	西昌客方言	西昌四外话	仪陇客方言	仪陇官话
被	畀	分	被 拿分 / 遭 分	遭分 / 拿分	遭	遭 分 / 拿 跟	遭 / 拿跟	遭 / 拿给	拿跟 / 遭	遭 / 拿给	遭
使	话	使	分 喊 / 使 叫	喊	喊	喊	叫	喊	喊 叽	喊	喊
替	摎	同 代	摎 同	摎	帮 给 跟	帮 摎 / 督 给	帮	帮 给 / 跟	帮 给	帮 跟 / 同	帮 给 跟 / 同
用~毛笔字	捉	用 拿	拿 用	使	拿 用	拿 适 / 使	用	用 使	拿 使	用	拿 用
在	朝	嗷	在 朝	适 朝 / 在	在	适	在	在 朝	在	在 朝	在
向~向他借	同	同	给 分 / 跟	适 朝 / 跟	问 跟	跟 同 / 给 摎	给	跟 给		问 给	问 跟
比	比	比	比	比	比	比	比	比	比	比	比
和~介词	摎	同	跟 摎 / 跟	跟	跟 同	跟 同 / 摎	和 跟	摎 给 / 跟	给	同	跟 同
和~连词	同	同	跟 同	同 摎	和 同	跟 同 / 摎	跟	跟 同 / 摎	同 跟 / 同	和	和 同
如果	爱系	系话	爱系	爱系	假如	假如 / 爱系	如果	如果 / 爱系	如果 要是	如果 爱系	假如

附录二　四川客家人使用客家方言情况调查问卷

被调查人基本情况：

姓名：　　　性别：　　　年龄：　　　文化程度：　　　　　职业：

家庭住址或家庭所在的市县区乡：

调查的30个问题：

1. 您一直都住在这个地方吗？（A. 是　B.否　C. 外出打工、学习或工作过几年。）

2. 广东话和湖广话您都会说吗？（A. 都会说　B. 只会说广东话　C. 只会说湖广话　D. 说广东话拗腔　E. 说湖广话拗腔）

3. 您跟广东人交谈说广东话还是湖广话？（A. 广东话　B. 湖广话　C.广东话和湖广话换着说）

4. 您跟广东人交谈说广东话是因为（A. 习惯　B. 表达更顺　C. 觉得广东话好听　D. 觉得说广东话更亲热　E. 觉得不应该丢了"祖宗言"）

5. 您的父母都是广东人吗？（A. 都是　B. 父亲是　C. 母亲是）

6. 在您家里，晚辈跟长辈交谈用（A. 广东话　B. 湖广话　C. 长辈用广东话说，晚辈用湖广话答）

7. 年轻人不用广东话交谈，老年人的态度是（A. 批评不要祖宗了 B. 支持　C. 无所谓）

8. 您和同伴一起进城，在别人的注视下，相互交谈会用广东话吗？（A. 会　B. 不会）

9. 在别人的注视下说广东话（A. 会引起别人的好奇　B. 别人会觉得很土　C. 自己也觉得很土　D. 不在乎其他人）

10. 您听老人说过"不说广东话就是卖祖宗"、"宁卖祖宗田，不卖祖宗言"这样的话吗？（A. 听过　B. 没有）

11. 您觉得广东话有用没用？（A. 有用　B. 无用　C. 有时有用）

12. 本地不会说湖广话的广东人多不多？（A. 没有　B. 个别　C. 少数　D. 较多）

13. 本地广东人中会说广东话的年轻人多不多？（A. 多　B. 较多　C.少数　D. 个别）

14. 本地广东人中会说广东话的小孩子多不多？（A. 多　B. 较多 C. 少数　D. 个别）

15. 本地湖广人中会说广东话的人多不多？（A. 多　B. 较多　C. 少数 D. 个别）

16. 您觉得老年人说的广东话跟年轻人有区别吗？（A. 有　B. 无 C. 区别大　D. 区别小）

17. 这几年随着经济的发展，您觉得说广东话的人是（A. 越来越多 B. 越来越少）

18. 您知道广东人被称为客家人吗？（A. 知道　B. 不知道）

19. 您的祖先是从哪里迁到四川的？（A. 广东　B. 江西　C. 福建 D. 不清楚）

20. 你们这一大姓人现在还有族谱吗？（A. 有　B. 无　C. 不清楚）

21. 您会教您的后代说广东话吗？（A. 会　B. 不会　C. 顺其自然）

22. 您听到过老人摆广东人来历、风俗、故事等的龙门阵吗？（A. 听过 B. 没有）

23. 你们这儿的广东人操办红白喜事跟"湖广人"有区别吗？（A. 有 B. 无）

24. 现在你们操办红白喜事沿用的是广东人的习俗吗？（A. 是　B. 否 C. 混用）

25. 您小时候最先学会的是广东话还是湖广话？（A. 广东话　B. 湖广话）

26. 您觉得湖广话对您说的客方言影响大吗？（A. 大　B. 比较大 C. 很小　D. 没有影响）

27. 您觉得广东话有必要世代保存下去吗？（A. 有　B. 没有）

28. 您找配偶愿意找广东人吗？（A. 愿意　B. 不愿意　C. 无所谓）

29. 本地电台、报刊、学校老师等经常介绍和宣传客家吗？（A. 经常 B. 偶尔　C. 基本不）

30. 本地广东人出去做生意或打工的人多吗？（A. 多　B. 少　C. 个别）

附录三　发音合作人简介

客家方言发音合作人

地点	姓名	性别	出生年份	文化程度
成都洛带	刘国文	男	1952	高中
成都洛带	张海群	女	1963	初中
成都洛带	江朝先	男	1963	高中
成都凉水井	张传治	男	1945	高中
成都凉水井	戴家禄	男	1942	高中
成都凉水井	史德英	女	1980	硕士研究生
成都泰兴	曾本昌	男	1958	初中
成都泰兴	李吉琼	女	1928	小学
隆昌付家	梁尚树	男	1956	小学
隆昌付家	廖贞伟	男	1956	初中
西昌黄联大德	刘绍刚	男	1947	初中
西昌黄联大德	谢朝俊	男	1951	初中
西昌黄联大德	钟文国	男	1968	小学
仪陇乐兴	陈良义	男	1946	初中
仪陇乐兴	陈建	男	1971	初中
仪陇乐兴	陈超群	男	1964	大专
仪陇乐兴	蔡勇琼	女	1979	初中
广东五华	魏志辉	男	1966	大专
广东梅县	黄庆松	男	1961	大学
广东梅县	魏宇文	女	1962	博士研究生

四川官话发音合作人：

地点	姓名	性别	出生年份	文化程度
成都	黄尚军	男	1956	硕士研究生
隆昌	兰庭纹	女	1941	高中
隆昌	周晓霞	女	1971	大学
西昌黄联（四外话）	张其红	男	1968	初中
西昌黄联（四外话）	李典英	女	1968	小学
仪陇	齐大吉	男	1946	初中
仪陇	唐向东	男	1943	中专

后　记

　　2001 年 8 月，我从沱江之滨的内江师院来到了成都信息工程学院龙泉校区工作，校区位于成都客家方言岛的东面，与西部客家第一镇洛带毗邻。工作环境的变动让我与成都客家有亲密接触的便利，深厚的客家情结、对客家方言与文化的热爱，我的工作和生活便与客家紧密地联系在了一起，我的研究也因此转向了客家方言与文化。光阴荏苒，转瞬已是十年又四。十余年的研究，起步于成都客家方言岛，在完成了成都洛带和泰兴两个客家方言点的调查研究后，2009 年课题组所申请的"汉语方言接触视角下的四川客家方言研究"的项目获得了国家社科基金立项，我们的足迹得以遍及四川各客家方言岛，研究范围才有条件扩大到全川的客家方言，这本书便是我所在的团队对四川客家方言研究的一个总结。

　　四川客家方言是闽粤赣客家移民到四川以后形成的，并在与四川境内的西南官话的深刻接触中发展演变的。客家方言来到四川已 300 余年，今尚存于成都、隆昌、西昌、仪陇各客家方言岛。由于山川阻隔和传统的小农经济生计模式的影响，四川各地的客家方言既无法与闽粤赣客家方言对话，相互之间也缺少交流，各自便在其生长的空间里在比邻官话的影响下沿着一定的方向进行着相对独立的发展演变。四川客家方言是移民方言的样品，其传承和变异的事实可为方言接触研究提供典型的案例。我们力图在汉语方言学、接触语言学、普通语言学、社会语言学等理论和方法指导下，立足于方言接触的视角对四川客家方言在语音、词汇、语法几方面进行系统的研究，以全面反映在四川官话的影响下四川客家方言发展演变的事实，揭示四川各地客家方言因地缘性的方言接触而产生的共同点与不同点，并对四川客家方言的发展演变特点、方式、规律等进行理论概括，在四川客家方言的形成和发展、语音接触、词汇接触、语法接触等问题上提出我们的思考和看法。2005 年我在《洛带客家方言研究》的《后记》中说过，尽管我想拿着"镢锄"去挖到这个方言的根根底底，但恐怕所呈现的还大都是其皮毛。十年之后，希望我们的"镢锄"挖到、至少接近了四川客家方言的根底。是耶？非耶？敬请方家教正。

　　回顾客家的研究之路，我们付出了一路的艰辛，更收获了一路的关怀、支持与感动。在拙著付梓之际，谨向一路提携、支持我们的前辈、时贤、师长和友人等致以由衷的感谢！

　　多年来，中国社会科学院语言所的黄雪贞研究员一直不断给予我们悉心的指导和亲切的鼓励。还清楚记得十年前我确定洛带客家方言音系遇到问题时黄先生为我指点迷津的情景；本著的写作提纲，由于研究材料多、所涉范围广、研究难度大等问题，课题组一度难以定夺，多亏黄先生的肯定与指教，提纲才得以确定，我们也才能够及时动笔写作书稿；书定稿后，黄先生通读并审阅了全书，校正了音标、文字等大大小小的很多问题，还承蒙她慨允赐序奖掖后进。我们还一直得到了南昌大学刘纶鑫先生的关注、支持和指导。每次学术会议上相逢时刘先生的鼓励和赐教，无数次电邮中刘先生的答疑解惑，让我受益匪浅；也承蒙他邀请参加"教育部 211 工程南昌大学二期重点建设学科赣学子课题赣客方言研究"，为我们提供了进步的机会和平台。在此，谨向黄雪贞、刘纶鑫二位先生表示深深的谢意！20 世纪 80 年代中期我在四川大学进修，有机会听崔荣昌先生讲授方言课程，我来到成都做客家方言研究后，跟崔荣昌先生联系渐多，曾多次在他家中聆听他的教诲。课题立项后，崔先生非常高兴地做了课题的咨询专家，指导我们的课题研究似乎成了他有生之年最重要的学术兴趣。课题开题后，围绕着专著提纲、调查地点、参考文献等诸事，他多次打电话给我谈他的想法，还亲自为我们找参考文献，课题关于四川客家方言的内部比较研究与四川官话的外部比较研究的思路也得益于崔先生的指导。在此，向崔荣昌先生表示衷心的感谢和深切的怀念！

　　多年来，我还得到了我国和我省语言学界的前辈、师长、同仁与友人直接和间接的支持和帮助，借此机会，向张振兴、李如龙、罗美珍、李蓝、谢留文、严修鸿、温昌衍、庄初升、练春招、林清书、唐君励、张振德、梁德曼、张一舟、邓英树、杨宗义、夏中易、黄尚军诸位先生表示诚挚的感谢！

　　客家方言是客家文化的重要组成部分，在从事客家方言与文化研究的过程中，我有幸认识了客家文化研究的著名学者谢重光、陈世松先生，他们给我提供了很多帮助、支持和指导，我还从他们的学术思想中汲取到了丰富的营养，这使我能够从文化的角度去看待一些语言问题。在此，也向谢先生、陈先生表示衷心的谢忱！

　　多年来，我们一直得到我的工作单位成都信息工程大学以及社会科学系、文化艺术学院、科技处、研究生处等部门的大力支持，得到有关领导余万伦、于世祥、常征、董一平、李燕玲、刘松涛、蓝鹰等先生的鼓励、支持与照顾，这也是我克服困难、坚持学术研究的动力。在此，也向诸位先生表示衷心的感谢！

在做学术研究的道路上，我还一直得到了恩师西南民族大学徐其超教授的热情鼓励和大力支持，在此，也向尊敬的徐老师表示衷心的感谢！

本书是团队合作的成果，也衷心感谢各位同仁的密切合作！本书各位作者的工作单位是：

兰玉英：成都信息工程大学文化艺术学院；

蓝鹰：成都信息工程大学文化艺术学院；

曾为志：成都信息工程大学文化艺术学院；

左福光：宜宾喜捷中学；

魏宇文：广东嘉应学院；

闵卫东：成都信息工程大学继续教育学院。

还要感谢刘国文、白德通、李声鸿、刘晓双、张海群、江华钦、范康明、张传治、曾本昌、刘绍刚、谢朝俊、钟文国、陈良义、陈婷、魏志辉、黄庆松、张彬、刘志强、邬雨来、史德英等客家乡亲的大力支持！

本书的责任编辑任明先生热情、真诚、敬业，他为本书的出版付出了极大的心血，在此谨表诚挚的谢意！

最后还要感谢我的家人。我致力于客家方言研究的这些年，父母年迈体弱，疾病缠身，以至于卧床不起，常年都由我的姐姐和弟弟照料，他们对我毫无怨言，只有理解和支持，让我深切感受到血浓于水的亲情。愿父母在天堂安好，愿我的家人健康快乐！

秋意已浓，橙黄橘绿，最是一年好景。我也到了人生之秋，只是近黄昏，夕阳无限好。

铭记，感恩。

兰玉英

乙未年孟秋月于成都龙泉山下